José de Creft: *César Vallejo* / bronce (perfil)

(El autor tiene el permiso necesario
para reproducir esta obra aquí)

César Vallejo
en su fase trílcica

EDUARDO NEALE - SILVA

UNIVERSIDAD DE WISCONSIN

EE. UU.

THE UNIVERSITY OF WISCONSIN PRESS

Published 1975

The University of Wisconsin Press

Box 1379, Madison, Wisconsin 53701

The University of Wisconsin Press, Ltd.

70 Great Russell Street, London

First printing

Printed in Spain

Impreso en España

ISBN 84-399-3853-5

Depósito legal: M. 21.732 - 1975

ESCELICER, S. A.—Comandante Azcárraga s/n.—Madrid-16

CON SINCERA ADMIRACION Y APRECIO

DEDICO ESTE LIBRO

AL PERU,

CUNA DE CULTURAS,

DESAFIO DE LA IMAGINACION

TABLA DE MATERIAS

SEGUNDA PARTE: MODOS DE SIGNIFICACION

CAP. VI. FUNCION SIMBOLICA

CAP. VII. FORMA INTERIOR

CAP. VIII. COMPENETRACION LIRICA

CAP. IX. PITAGORISMO: ESENCIA E IMAGEN

CAP. X. ESTILIZACION LINGÜISTICA

CAP. XI. ESTRUCTURACION SIGNIFICANTE

CAP. XII. MODULOS INTERPRETATIVOS

INTRODUCCION

El interés del mundo hispánico por conocer mejor la obra de CÉSAR VALLEJO se ha traducido, por una parte, en muy variadas publicaciones —artículos informativos, estudios críticos, biografías, correspondencia epistolar, ediciones de algunas obras desconocidas, registros bibliográficos, anecdotarios, antologías en lenguas extranjeras, etc.— y, por otra, en expresiones de admiración, tanto en el Perú como en el extranjero —actos culturales conmemorativos, homenajes en números especiales de revistas, erección de monumentos y actividades múltiples de organismos internacionales o centros de estudio, tales como el Instituto del Nuevo Mundo de la Universidad de Córdoba (República Argentina) y las Aulas vallejianas recientemente fundadas en Montevideo—. El poeta ha resucitado: unos reexaminan su vida e ideología, otros destacan ciertos aspectos de su personalidad creadora, y otros —los menos— enjuician la literatura crítica de los últimos años para desvanecer falsas premisas. Pero, después de examinar lo dicho por admiradores, exegetas y críticos, todavía cabe preguntar: ¿conocemos a fondo la obra poética del insigne peruano? Interrogación comprometedora e indiscreta.

1. Punto de partida.

Nuestro proyecto inicial fue traducir Trilce (1922) al inglés. Como esto no era posible sin tener una idea clara del sentido de los poemas trílcicos, nos vimos obligados a estudiar en detalle cada

9

una de las setenta y siete composiciones de dicho poemario. El presente libro es el resultado de ese trabajo preliminar (1).

2. Indole de los textos.

En todo el volumen trílcico hay dos composiciones que se asemejan a un patrón métrico (XXXIV y XLVI), y algunos segmentos rimados (XV, XIX, LXI). Todo lo demás no tiene rima, ni un tipo de cadencia, ni una estructuración estrófica particular. A veces se ve con claridad, tras la primera lectura, en qué descansa la coherencia de un poema, ni se halla una razón inmediata que justifique los espacios en blanco, la aparente desconexión entre estrofas, los neologismos y arcaísmos, el retorcimiento léxico, o la distribución irregular de unos versos que no parecen versos. Pero aún más apremiante es no saber qué significan docenas y docenas de pasajes anfibológicos y enigmáticos, muchos de los cuales no han sido nunca discutidos (2). Por esta razón, algunos lectores se han preguntado si los versos herméticos de Trilce *no son, en realidad, absurdos. Y hasta hay quienes, por no haber entendido segmentos o composiciones enteras, ponen en duda la calidad artística de todo el volumen* (3).

A veces la forma exterior basta para desanimar al lector desprevenido. Nosotros hemos respetado esa forma, por rara que parezca en algunas ocasiones. El lector notará la falta de algunos signos de puntuación, el uso irregular de mayúsculas y numerales, y algunos casos de "incorrección" ortográfica o sintáctica: peluza, trascendiente, ameracanizar, quiere que no hayan adentros, se va al altar... para que no le pasase nada a mi madre, *etc. En algunos casos éstos pueden ser "deslices" intencionales, o bien, peculiari-*

---

(1) Este libro quedó terminado hace algo más de cuatro años. Esta circunstancia explica por qué en él no se mencionan algunos valiosos trabajos publicados en años recientes.

(2) El único trabajo —que nosotros sepamos— en que se estudian los poemas trílcicos uno por uno, aunque en forma somera, es el de Mariano Iberico, hecho en colaboración con las señoras Yolanda de Westphalen y María Eugenia de Gerbolini: "En el mundo de *Trilce*", *Letras*. UNMSM. Lima, 1963, Nos. 70-71, pp. 5 - 52.

(3) Sirva de ejemplo la opinión expresada sobre *Trilce* por E. Díez Echarri y J. M. Roca Franquesa: "Es una poesía descoyuntada, incoherente, ininteligible y, no hay por qué asustarse del calificativo, absurda. Frases sin contenido, imágenes desquiciadas, agrupaciones de sílabas y letras carentes de toda significación... Todo el libro... es poco más o menos del mismo corte. Confesamos nuestra incapacidad para enjuiciar esto. No falta quien a esta forma de expresarse le (*sic*) llame 'hondura y trascendencia'." Véase: *Historia general de la literatura española e hispanoamericana*, Madrid, Ed. Aguilar, 1960, pp. 1342 - 1343.

*dades del estilo vallejiano; en otros, se trata de faltillas del poeta,
o de simples errores de imprenta.* Naturalmente tendremos un grado
mayor de seguridad sólo después de hacerse una edición crítica de
Trilce.

3 Actitud del lector.

Para comprender a un poeta es preciso tener un conocimiento
cabal de su modo de pensar y sentir el mundo, su manera de configurar un poema, la gama de su expresividad artística, su intención
y las peculiaridades de su vehículo poético. Pero en el caso de
Trilce *estamos ante un problema de índole muy especial, pues
contiene un arte nuevo, al cual no se puede acercar el lector con
la disposición de ánimo con que leería, por ejemplo, la poesía
romántica, o la modernista.*

Trilce *exige una voluntad constructivista*: el lector ha de colabo-
rar con el lírico y estructurar el poema a medida que lo aprehende
en el tiempo. Hay más. Para gustar a VALLEJO *es preciso poseer
eso que el profesor* MANUEL GARCÍA MORENTE *llamaba "ingenuidad"*, esto es, una actitud libre de prejuicios, de normas artísticas
excluyentes y de sistemas ideológicos inflexibles. La experiencia estética de un poema trílcico se logra después de un acondiciona-
miento mental y emocional. Este sólo es posible como resultado de
la cabal inteligencia de lo que el poema declara en sus diferentes
planos expresivos, y la creación de un sistema de valores, conjunto
relacional que el lector se ha de crear a base de su reacción ante
los significados y contenidos anímicos de la obra poética misma.
Los constituyentes de la nueva receptividad son, pues: conocimiento, una axiología y una atemperación afectiva. La base de todo el
proceso es la justa comprensión del poema como creación literaria.
Sin ese conocimiento todo comentario podría llevar a la postulación
de falsos significados y de valores estéticos inexistentes.

Aun cuando se lean algunas composiciones trílcicas con un máximum de atención, no siempre se logra entrar fácilmente en su
interioridad. Pero hay gratas compensaciones. Muchas veces ocurre
que esta "poesía de comunión" (4) entrega su secreto después de repetidas lecturas y, entonces, lo que parecía oscuro o desconcertado
se torna nítido y plenario, y adquiere, como por obra de un milagro,
una fuerza antes ni siquiera sospechada.

---

(4) Son palabras de Ricardo Paseyro. Véase "Poesía y verdad", *Indice*
(Madrid), No. 134, marzo, 1960, p. 11, a.

4. Propósitos.

El presente volumen tiene por objeto: 1) precisar los significados —y lo decimos en plural— de cada uno de los poemas trílcicos, y 2) determinar el valor artístico de éstos. En más de una ocasión se señala cómo pueden no ser correlativas estas dos tareas, aunque nuestro papel como críticos sea, más comúnmente, destacar de qué manera la expresión da categoría al contenido. Hemos omitido todo lo relacionado con fuentes de la creación poética y reminiscencias literarias, como también lo puramente anecdótico, a menos que el dato comparativista o biográfico sea realmente significativo para la mejor comprensión de un poema.

Al decir que nuestra preocupación fundamental es el poema, no queremos afirmar con ello que nos interesan sólo los valores estéticos. Sin duda alguna, los contenidos constituyen los cimientos mismos de la obra vallejiana, pero éstos los estudiaremos, ante todo, como componentes de un poema. En algunas ocasiones hasta hacemos un parangón entre una experiencia viva y su transmutación artística, porque este tipo de confrontación es, en ciertos casos, lo que puede hacernos comprender más claramente la genialidad poética de Vallejo.

5. Plan.

A fin de dar alguna variedad a este libro hemos agrupado nuestros estudios bajo dos rúbricas generales: I) Contenidos, y II) Modos de significación. Esta dicotomía es de carácter puramente práctico y no representa, en ningún sentido, una concepción bipartita del arte poético. En los estudios de la primera parte prestamos especial atención a lo que el poema representa, sin olvidar, claro está, la forma poética. En la segunda parte, hacemos fundamentalmente lo mismo, pero atendiendo a varios problemas de concepción, estructura y expresión verbal que exigen un comentario más detallado. Cuando un mismo motivo aparece en un grupo considerable de poemas, y algunos de éstos se prestan a ser incluidos en la segunda parte, lo hemos hecho sin grandes cargos de conciencia, porque sabemos que el lector podrá relacionar los poemas de ambas partes sirviéndose del Léxico Poético. Al final hay también un Epílogo sobre la palabra "Trilce", un Apéndice sobre temas por desarrollar, un Registro de Poemas y un Indice de Nombres Propios.

6. Enfoque.

Nuestra orientación al indagar significados ha sido doble: a) *entender cada poema como totalidad,* explicando el sentido de las partes dentro de esa totalidad, *y* b) *esclarecer las relaciones de cada poema con otras composiciones del mismo volumen, y con lo que Vallejo escribió, en prosa y verso, antes y después de 1922. El significado de los poemas lo presentamos como ideación contenida en cada composición y, muy particularmente, en el presente caso, como parte integrante de la entidad espiritual de un poeta en una etapa determinada. Con esto queda explicado el título de este libro.*

Después de dejar en claro los significados, hacemos una valoración artística a través del juego de valores inmanentes en cada poema y los recursos empleados para destacarlos. El centro de rotación de la crítica es, para nosotros, lo que Eliseo Vivas llama, con gran propiedad, la "transacción artística", es decir, la aprehensión intransitiva de los significados y valores del objeto artístico (5), *experiencia fundamental que estudiaremos apoyándonos en consideraciones subjetivas sobre unidad, coherencia, tono, intensidad, hondura, vuelo imaginativo, sugestividad, concentración semántica, sentido simbólico, forma interior, sutileza de expresión, novedad de formas, esto es, cuanto el creador ha hecho, por medio de estilizaciones, para aclarar y enriquecer una visión humana del mundo. Nuestro juicio se fundamenta, naturalmente, en el grado de mutualidad y consonancia que haya entre las calidades artísticas del poema, en cuanto estructura analizable, y los valores que ésta encierra* (6). *No diremos, pues, qué es* Trilce *—y esto lo confesamos sin ambages— sino lo que expresa a nuestra sensibilidad.*

Tratándose de un poeta como Vallejo, es imposible dar opiniones absolutas. Abandonamos el campo de las relatividades, sin embargo, cuando hacemos distinciones entre lo que nos parece correcto y aquellas interpretaciones que, a nuestro modo de entender, desvirtúan el sentido del poema. A falta de pruebas de primera mano, nos ceñimos a hechos y consideraciones que tengan una buena medida de plausibilidad y, si nos permitimos hacer algunas conjeturas, las hacemos a base de comparaciones e inferencias.

Nuestra postura ante la obra vallejiana es doble: por una parte deseamos desentrañar y convivir la intimidad del poema y, por otra,

---

(5) Véase: Vivas, Eliseo, *The Artistic Transaction,* Columbus (Ohio), Ohio State University Press, 1963.

(6) Los detalles de esta aproximación los expone Murray Krieger en su libro *The New Apologists for Poetry,* Bloomington, Indiana University Press, 1963. Véase en particular el capítulo 10.

queremos comunicarla a los lectores dentro de un marco crítico. Son éstas, dos funciones distintas y antagónicas. Ojalá que, al ra⋅ cionalizar nuestras vivencias, logremos también revelar por lo menos una pequeña dosis del encantamiento que dio origen al estudio de Vallejo, promoviendo así en el lector la posibilidad de una consustanciación con el poema.

7. Metodología.

Aun cuando nuestro enfoque crítico es fundamentalmente contextual, hemos recurrido a varias metodologías, aprovechando de ellas todo lo que pudiera servir a nuestra intención esclarecedora. En este libro hallará el lector explicitaciones hermenéuticas, análisis lógico, aproximaciones estilísticas, estudio gramatical, semántico y lexicográfico del vehículo poético, enfoques fenomenológicos, elementos de historia literaria y valoraciones estéticas.

Hay, sin embargo, un modo de seudoparáfrasis —si se nos permite el término— que hemos tratado de evitar en todo momento: el usar palabras y frases enigmáticas del propio autor como explicación de pasajes oscuros. También hemos eludido los deslizamientos semánticos, esto es, la unión artificial de una parte de un pensamiento con algún aspecto de otro, y éste, con un tercer detalle, y así sucesivamente, hasta formar una cadena heteróclita de fragmentos ideológicos. No habiendo sino lejana afinidad entre las totalidades de las cuales se han desprendido los segmentos asociados, es posible llegar a falsas conclusiones, especialmente cuando las partes proceden de libros no escritos por Vallejo. Detrás de este tipo de imbricación múltiple se advierte, a veces, el deseo de cohonestar pre-conceptos introducidos desde fuera. El resultado de estos ayuntamientos conceptuales es siempre defraudante.

Citaremos textos vallejianos en función aclaratoria sólo después de convencernos de que su significado es realmente aplicable al poema bajo estudio. En otras ocasiones haremos mención de una misma palabra dentro de diferentes contextos precisamente para señalar sus muchos sentidos, y dar a entender así cuáles son, y cuáles no son, las posibles extensiones connotativas de dicha palabra en el mundo artístico vallejiano.

De vez en cuando relacionamos al poeta con su época a fin de entender mejor su obra; también nos hemos valido de la psicología para conocer mejor los resortes de una personalidad compleja. Estas excursiones por zonas extrínsecas tienen por objeto lograr lo que verdaderamente nos interesa: ingresar en el poema en cuanto poema. Creemos que a Vallejo no se le entenderá nunca como artista *si se vuelca hacia afuera su poesía para dilucidar su contenido a la luz de las realidades de la vida diaria.* Se ha de entender, por lo tanto, que, cuando decimos *"el poeta"* o *"el lírico"* no nos referimos a la persona llamada Vallejo, sino a un creador de realidades espirituales capaces de promover una experiencia por vía de la imaginación. Ese ente creador puede dársenos como un modo de sentir, una atmósfera, una disposición de ánimo. Ese es *"el poeta"* que a nosotros nos interesa (7).

Hemos citado siempre el texto completo de cada composición antes de comenzar el estudio analítico, a fin de que el lector pueda estructurar en su mente una interpretación personal desde el principio. De esta manera podrá hacer luego un estudio comparativo entre su modo de pensar y nuestros comentarios. Si los lectores que no concuerdan con nuestro parecer hallan en su discrepancia motivo suficiente para interesarse en el estudio de Vallejo, nos daremos por satisfechos. De la diferencia de opiniones bien podrían surgir juicios que logren tener mayor aceptación que los nuestros.

El lector notará que a veces comentamos muy rápidamente algunos versos de alta calidad estética. Esto ocurre cuando un poema ha sido ya estudiado por otros críticos, como, por ejemplo, *Tr. II,* creación que ha merecido por lo menos cuatro comentarios explicativos, con cuyo contenido estamos esencialmente de acuerdo. Para que el lector pueda complementar nuestro análisis, daremos, en tales casos, las referencias bibliográficas correspondientes.

De vez en cuando variamos nuestra aproximación crítica. A veces entramos en el sentido de un poema examinándolo verso por verso, estrofa por estrofa; en otras ocasiones, estudiamos el motivo central y comparamos el contenido de diferentes partes del poema para destacar algún punto importante. Es lo que hemos hecho al examinar el poema *LXX.* En unos cuantos casos, seguimos la pista del significado haciendo suposiciones preliminares que luego rectificamos. A través de esta aproximación *"detectivesca"* es posible mostrar cómo se construye un poema difícil en la mente del lector, pasando de su fase potencial a la fase intuible. Sirva de ejemplo nuestro escrutinio del poema *XVI.* En un caso particular —el poema *XXII*— damos los varios sentidos que las partes sugieren sin decidirnos en favor de ninguno, sino al final, a fin de mostrar cómo son posibles distintos significados en un mismo poema, según cuál sea la orientación mental que nos guíe. También hacemos peque-

_____

(7) Concordamos, pues, con el punto de vista de C. S. Lewis. Véase: *The Personal Heresy - A Controversy,* London, Oxford University Press, 1959 (primer ensayo).

ños estudios comparativos teniendo presentes otras composiciones *trílcicas*, *las crónicas de Vallejo, algunos poemas tomados de otros volúmenes, sus novelas y cuentos y su epistolario; siguiendo este último procedimiento hemos intentado aclarar, provisionalmente, algunos versos muy oscuros.*

También nos hemos permitido reorganizar los poemas en órdenes que no representan la colocación que tienen en el volumen, ya para establecer series significativas, como en el Cap. IV, 4, o para hacer un parangón entre los poemas de una misma sección, como ocurre en el Cap. V, 4.

8. Labor interpretativa.

Como es fácil de suponer, al interpretar algunos poemas se nos presentaron varios escollos. De éstos quisiéramos señalar, por lo menos, siete.

a) *El primero de ellos es dar un sentido determinado a la palabra poética. Es bien sabido que Vallejo recurría a símbolos múltiples, afirmaciones paradójicas, connotaciones sutiles y plurivalencias de significado; éstos eran medios primordiales de su bagaje expresivo, y no aceptarlos en toda su virtuosidad semántica es un modo de empobrecerlos. Hemos tenido que decidirnos, a veces, en favor de una interpretación específica, pero siempre lo hacemos sin desdeñar posibles multivalencias.*

Problema parecido, aunque no igual, presentan los neologismos y palabras inventadas por Vallejo. No basta acercarse a estas "rarezas" por analogía o afinidad intuicional, ya que el factor decisivo en todo caso, es el contexto del poema (8). Y con esto resulta un círculo vicioso: no se sabe qué significa el neologismo, si no se entiende el poema, pero tampoco se entiende el poema, si no se sabe qué significa el neologismo. En estos casos es forzoso tener presentes otros textos vallejianos. Queda así explicado por qué a menudo recurrimos a los relatos de Escalas melografiadas, *pues fueron concebidos y escritos por la misma época en que el poeta preparaba la versión final de* Trilce.

b) *Es indiscutible que el pensamiento de Vallejo cambia de una época a otra, lo cual nos obliga a interpretar las palabras clave de su poesía dentro de la particular cosmovisión que les da sentido, y*

---

(8) El único estudio formal de los neologismos vallejianos —notable por su rigurosidad y amplitud— es el de Giovanni Meo Zilio, *Neologismos en la poesía de César Vallejo* (en colaboración con Xavier Abril Chaves, Giuseppe D'Angelo, Roberto Paoli), Lavori della sezione fiorentina del grupo ispanistico C. N. R., Firenze, Casa Editrice d'Anna, 1967, pp. 11-98.

no suponer que, porque emplea la misma palabra, nos está expresando siempre la misma idea. ¿Qué significa en 1918, 1922, 1931 y 1937 las palabras unidad, Dios, número, muerte, armonía, cristianismo, etc., etc.? *El estudio semántico de la poesía vallejiana tiene que hacerse dentro de diferentes marcos referenciales* (9).

c) *El lector observará que, en muchas ocasiones, no hemos insistido en hallar "ideas" específicas en los versos trílcicos. Cada composición encierra contenidos que son derivaciones de la totalidad del poema. Aun en aquellos versos en que hay serializaciones de carácter intelectual —Tr. X, por ejemplo—, éstas valen menos por lo que dicen sus componentes que por la proyección recolectiva que se infiere de dichos componentes* (10). *Es aquí donde cristaliza la "verdad" del poema. Esta verdad no es una idea, o cuerpo de ideas, sino una lucidez que, aun no siendo lógica o específica, hace posible un convencimiento por parte del lector, sin ser necesarias ni pruebas, ni demostraciones* (11).

d) *El estudio del arte vallejiano se hace aún más difícil en el caso de composiciones en que el poeta no nos hace partícipes de un sentido, o de una pluralidad de sentidos, sino de una atmósfera de sueño o alucinación, configurada a través de vagas anotaciones y recónditas sugerencias, todo superpuesto o entrelazado en múltiples formas, ya para dar los contornos de una impresión general, o para ensanchar el sentido con innumerables reverberaciones. Aunque tales mundos poéticos no pueden analizarse en toda su gama expresiva, queda en el ánimo del lector una fortísima y múltiple resonancia que constituye la esencia misma del poema. En estos casos, intentar una explicitación del efecto total es imposible.*

e) *El mero hecho de desmenuzar un poema con intención explicativa es hacerle doble violencia, porque los componentes dejan de ser lo que eran dentro de la totalidad de la composición, y por que, al dar de ellos una explicación, se superpone un elemento de lógica externa, que puede anular totalmente la potencialidad signi-*

---

(9) Sirva de ejemplo el estudio de Noël Salomon, "Sur quelques aspects de 'lo humano' dans *Poemas humanos* et *España aparta de mí este cáliz*" *Caravelle*, 1967, No. 8, pp. 97 - 130.

(10) Tales síntesis son las "abstracciones" de que habla Cleanth Brooks en su libro *The Well Wrought Urn*, New York, 1947.

(11) "Sólo necios, o pedantes —dice Fernando Alegría— pueden intentar un análisis lógico de los poemas de *Trilce*. Buscar una razón de vida, de experiencia, sí puede hacerse. Especular sobre intenciones ocultas también es dable, siempre que uno recuerde que juega con fuego... Es preciso, entonces, jugar *su* juego [el de *Trilce*], de acuerdo con sus reglas...", "César Vallejo: Las máscaras mestizas", *Mundo Nuevo*, No. 3, septiembre, 1968, p. 30. (La cursiva es del autor).

ficativa de un verso o de un poema. A fin de remediar, por lo menos en parte, lo que hay de destructivo en todo enfoque analítico, hemos presentado a la consideración del lector varios esquemas y gráficos que destacan las relaciones de las partes con el todo orgánico a que pertenecen. En ellos señalamos paralelismos, correlaciones y contrastes, serializaciones, órdenes reiterativos, patrones de minoración y acrecentamiento, marcos poéticos, segmentaciones graduadas, rupturas, ensanches, fusiones, resúmenes, etc. Esperamos que estos materiales, por ser de carácter general, contribuyan a reestructurar lo analizado. Asimismo, en cada una de las secciones de este libro, al discutir las composiciones incluidas en cada grupo temático, volvemos a considerar cada poema como unidad antes de cerrar la discusión. Reconocemos que ninguno de estos intentos reconstituyentes es en verdad satisfactorio.

f) También ocurre que los significados implícitos de un poema pueden estar insertos en el lenguaje mismo —su morfología, patrón oral, ortografía, rareza, disposición tipográfica, acentuación, contenido vocálico y consonántico, efectos aliterativos, etc. Si hacemos un repaso mental de ciertos "hechos" imprecisos recogidos durante la lectura de un poema —digamos, Tr. XXV—, y buscamos luego los elementos lingüísticos que contienen esos "hechos", bien puede resultar que no hallemos ni una sola palabra que a ellos se refiera directamente. Hay, pues, una potencia creadora en el lenguaje que da origen a impresiones o reacciones anímicas por su simple virtuosidad lingüística. El lector hallará varias secciones en que atendemos a estos contenidos fantasmales, sin referirnos a ninguna declaración o idea específica; en tales casos señalamos ciertas sutilezas psicológicas, aun a riesgo de parecer excesivamente minuciosos.

g) La creación poética es siempre el resultado de procesos conscientes e inconscientes que promueven variadísimas adherencias de significado, ya por afinidad ideacional, consonancia emotiva, similitud eufónica, o la simple posición de una palabra o frase dentro del verso. A esto último se refería Maupassant, sin duda, al afirmar que, por encima de su valor semántico, los vocablos adquieren un "alma" en virtud del simple contacto con otras palabras. Las adherencias crean, a su vez, otras reverberaciones, aún más sutiles, añadiendo nuevas insinuaciones y múltiples ecos. Imposible es garantizar, por lo tanto, que los contenidos secundarios discutidos en nuestros estudios son en realidad parte de los que el lírico había intuido (12). Reconocemos, sí, que, aun siendo el poema una reali-

---

(12) Recientemente se han publicado varios cuadernos de notas literarias.

dad eidética no podemos, como críticos, hacer ensanchamientos caprichosos. Nos apresuramos, pues, a declarar que nuestros "hallazgos" no son antojadizos, pues hemos intentado siempre no desconocer lo que el poema nos transmite como conjunto, y ceñirnos, además, a lo que el volumen trílcico nos dice en cuanto reflejo de una mentalidad, de un modo de ser y de un modo de crear.

9. Limitaciones.

El escrutinio crítico de un poeta lleva necesariamente a la consideración de varias zonas del saber relacionadas con la literatura —filosofía, teoría literaria, historia del arte, religión, psicología, folklore, antropología, ciencias fisiconaturales varias, etc.—. Si no hemos profundizado en éstas es por habernos ceñido a nuestro deseo inicial de considerar, ante todo, el material primario, es decir, el poema. Nuestro trabajo está centrado, pues, en el contenido y forma de los textos trílcicos, y no en predilecciones intelectuales, o en intereses extrínsecos, tales como probar la ventaja de tal o cual teoría literaria, o la superioridad de esta o aquella aproximación crítica. Tampoco nos interesa defender "causas", probando que Vallejo era (o no era) católico, comunista, ateo, cristiano, etc. Tenemos que ir indefectiblemente a las muchas fases ideológicas del poeta, pero lo haremos siempre refiriéndolas a su obra como creación literaria. Asimismo, no queremos simplificar o engrandecer a Vallejo haciéndole, artificialmente, epígono o antecedente de una teoría del vivir (¿era freudiano, jungiano, nietzscheano, etc.?). Preferimos estudiarlo en toda su multiplicidad, tratando de entender los motivos trílcicos como expresiones de un proceso espiritual, pero sin dar a éste una trascendencia injustificada o fuera de proporción. Es muy tentador interpretar los versos trílcicos más oscuros viendo en ellos ya significados esotéricos o absurdos, ya débiles destellos de algo profundo, impenetrable o misterioso. El "misterio" de algunos poemas desaparece, si se los interpreta como expresiones de humanidad, y no como un conjunto de pensamientos abstrusos. En esto no hay nada degradante, ya que un poeta puede ser grande aun cuando escriba sobre las más prosaicas o bochornosas realidades humanas. Por otra parte, hay algunos poemas trílcicos de manifiesto alcance metafísico que no pueden ser reducidos al bagaje de concreciones

---

Véanse las páginas finales de: *Contra el secreto profesional*, Lima, 1973, y *El arte y la revolución*, Lima, 1973.

que a menudo incluyen. El problema está, pues, en no añadir ni quitar a lo que el poema representa.

Al estudiar a un poeta es posible distinguir, por lo menos teóri- mente, tres grandes campos de investigación: a) materia poética (valores, actitudes, intuiciones, carga emocional, motivos, ideacio- nes, etc.); b) configuración y expresión (patrones mentales, asocia- ciones comunes, procedimientos estilizantes, mundo imaginístico, vocabulario, etc.) y c) fundamentación teórica (declaraciones hechas por el poeta en diferentes épocas de su vida y principios desentra- ñados de su obra misma). A través de este triple enfoque se podrían determinar, con un mínimo de seguridad, las cifras genéricas y diferenciativas del arte trílcico. El lector notará que, en vez de de- dicar sección aparte a estos campos, hemos tenido que limitarnos a comentarios parciales que hemos ido incorporando a lo largo de toda la discusión. Naturalmente, este procedimiento nos impidió elaborar una visión de conjunto, trabajo que por necesidad hemos de dejar para otra ocasión.

10. Revisiones.

Algunas de las secciones de este libro aparecieron como artícu- los en revistas profesionales. Al incorporar dichas secciones en el presente volumen hicimos uno que otro cambio de forma, organiza- ción y contenido, porque así lo requería la visión de conjunto. Asi- mismo, tuvimos que hacer modificaciones después de examinar al- gunos artículos recientes, o la seguda edición de algún trabajo crí- tico, como por ejemplo, el de André Coyné, que reapareció con título diferente y muy importantes adiciones y reformas: César Va- llejo, Buenos Aires, Ediciones Nueva Visión, 1968. En varios senti- dos es ésta una nueva contribución, como también un testimonio más de la asiduidad y amor con que el crítico francés ha estudiado la vida y obra del bardo peruano. De positiva utilidad nos han sido también dos obras recientes de James Higgins, reputado vallejista y miembro del Centro de Estudios Latinoamericanos de la Universi- dad de Liverpool. Nos referimos a su libro César Vallejo: An An- thology of his Poetry (Oxford, New York, Pergamon Press, 1970) y a sus estudios sobre Poemas humanos: Visión del hombre y de la vida en las últimas obras poéticas de César Vallejo (México, Si- glo XXI, editores, 1970.

11. Fondo bibliográfico.—Siglas.

Sería muy largo decir cuántas enseñanzas hemos recogido de los que nos precedieron en el estudio de Vallejo, pero queremos de-

jar aquí constancia de nuestra deuda: sin los·materiales aportados por distinguidos mentores, este libro no hubiera sido posible. El lector hallará las referencias bibliográficas correspondientes en las notas que acompañan a nuestros estudios. Para ahorrar espacio hemos empleado las siguientes abreviaturas:

AO.—Artículos olvidados, *Lima, Asociación peruana por la libertad de la cultura, (Edición de Luis Alberto Sánchez), 1960.*

Elrom.—Vallejo, *César, El romanticismo en la poesía castellana (Tesis de bachillerato), Lima, Juan Mejía Baca y P. L. Villanueva, 1954.*

Esc.—Escalas melografiadas. *En:* Novelas y cuentos completos, *Lima, Fco. Moncloa editores, S. A., 1967.*

Esp.—España, aparta de mí este cáliz. *En:* Poesías completas, *Buenos Aires, Edit. Losada, 1949.*

Fabla.—Fabla salvaje. *En:* Novelas y cuentos completos, *Lima, Fco. Moncloa editores, S. A., 1967.*

LHN.—Los heraldos negros, *Buenos Aires, Edit. Losada, 1966, 2.ª edición.*

LityA.—Literatura y arte *[Crónicas vallejianas], Buenos Aires, Ed. del Mediodía, 1966.*

NyCC.—Novelas y cuentos completos, *Lima, Fco. Moncloa editores, S. A., 1967.*

OPC.—Obra poética completa, *Lima, Fco. Moncloa editores, S. A., 1968.*

PC.—Poesías completas, *Buenos Aires, Edit. Losada, 1949. (Recopilación y prólogo de César Miró).*

PH.—Poemas humanos, *Buenos Aires, Edit. Losada, 1949. (Edición de César Miró.)*

Tr.—Trilce, *Buenos Aires, Edit. Losada, 1967, 2.ª ed.*

Tungs.—El tungsteno. *En:* Novelas y cuentos completos, *Lima, Fco. Moncloa editores, S. A., 1967.*

Como tendremos que referirnos a algunos trabajos críticos en repetidas ocasiones, usaremos las abreviaturas propuestas por Coyné, con algunas adiciones:

AC I.—André Coyné, *César Vallejo y su obra poética, Lima, Editorial Letras Peruanas (1958).*

AC II.—André Coyné, *César Vallejo, Buenos Aires, Ediciones Nueva Visión, 1968.*

AF.—Américo Ferrari, *César Vallejo, Présentation... París, Ed. Seghers, 1967.*

21

AV 1.—Aula Vallejo 1, *Córdoba (Argentina), 1961.*
AV 2.—Aula Vallejo 2 - 3 - 4, *Córdoba (Argentina), 1962.*
AV 5.—Aula Vallejo 5 - 6 - 7, *Córdoba (Argentina), 1967.*
CMZ I.—*Giovanni Meo Zilio,* Stile e poesia in César Vallejo, *Padua, Liviana Editrice, 1965.*
GMZ II.—*Giovanni Meo Zilio,* Neologismos en la poesía de César Vallejo. *Lavori della sezione fiorentina del gruppo ispanistico,* C. N. R., *Firenze, Casa Editrice d'Anna, 1967.*
JEA.—*Juan Espejo Asturrizaga,* César Vallejo — Itinerario del hombre, *Lima, Libr. Editorial Juan Mejía Baca, 1965.*
JH I.—*James Higgins,* Visión del hombre y de la vida en las últimas obras poéticas de César Vallejo, *México, Siglo XXI editores, S. A., 1970.*
JH II.—*James Higgins,* César Vallejo: An Anthology of his Poetry, *Oxford, New York, Pergamon Press, 1970.*
JL.—*Juan Larrea,* César Vallejo, o Hispanoamérica en la cruz de su razón, *Córdoba (Argentina), Universidad Nacional de Córdoba, 1957.*
LM.—*Luis Monguió,* "César Vallejo — Vida y obra, Bibliografía y Antología", *Revista Hispánica Moderna, Año XVI, Nos. 1 - 4, enero - diciembre, 1958.*
MI.—*Mariano Iberico (en colaboración con Yolanda de Westphalen y María Eugenia de Gerbolini),* "En el mundo de Trilce", *Letras, UNMSM, Lima, 1963, Nos. 70 - 71, pp. 5 - 52.*
RevCul.—Revista de Cultura *(Lima), No. 4, Julio, 1969.*
RevIb.—Revista Iberoamericana, *No. 71, Abril - junio, 1970.*
RP.—*Roberto Paoli,* Poesie di César Vallejo, *Milano, Lerici, 1964.*
SY.—*Saúl Yurkievich,* Valoración de Vallejo, *Resistencia (Chaco, Argentina), Universidad Nacional del Nordeste, 1958.*
XA I.—*Xavier Abril,* Vallejo — Ensayo de aproximación crítica. *Buenos Aires, Ediciones Font, 1958.*
XA II.—*Xavier Abril,* Dos estudios: I—Vallejo y Mallarmé; II— Vigencia de Vallejo, *Cuadernos del Sur, Bahía Blanca, 1960.*
XA III.—*Xavier Abril,* César Vallejo, o la teoría poética, *Madrid, Taurus, 1963.*

12. Punto de llegada.

En la tarea interpretativa que nos impone la obra vallejiana hay dos procesos que se siguen dentro de un orden fijo: 1) comprensión de los significados primordiales y secundarios de cada poema, y 2) elaboración de panoramas valorativos *sobre fundamentos genéricos propios de* Trilce *y de* Vallejo *en general. Análisis y síntesis. He aquí dos procesos que se pueden estudiar con distinto grado de intensidad, pero nunca aisladamente.*

A lo largo de este libro se ha sostenido la tesis de que es imposible invertir el orden propuesto. Creemos, pues, que no es legítimo hacer estudios conceptuales sobre el arte trílcico antes de analizarlo y entenderlo. Nosotros nos hemos dedicado principalmente a esta última labor, sabiendo que tal tarea no podrá hacerse jamás en forma exhaustiva (13). Tenemos el convencimiento de que no logramos nunca aprehender todo lo que el poeta vertió en sus versos. Hay, además, una zona de lo inefable —comarca de luminosa irracionalidad— a la cual no alcanza la luz de la crítica. Ofrecemos, pues, este libro como una aventura por los reinos del espíritu, consciente en todo momento de sus imperfecciones y lagunas (14).

Damos sinceras gracias a los colegas que leyeron los borradores de diferentes estudios: profesores Earl M. Aldrich, Jorge de Sena, Jorge Medina Vidal, Charles Piano, Mack H. Singleton y la señora Brenda Wegmann. Muy especialmente queremos recordar aquí al señor Luis Alberto Sánchez, distinguido crítico peruano, quien tuvo la gentileza de poner a nuestra disposición una copia a máquina de las crónicas vallejianas que ha recogido para completar la serie por él iniciada bajo el título de Artículos *olvidados. Igualmente comprometidos nos sentimos con el profesor Luis Monguió, de la Universidad de California, en Berkeley, quien nos dio copia de los dos números de* Favorables.

Agradecemos igualmente al Comité de Investigaciones de la Escuela Graduada y al Comité de Estudios Iberoamericanos de la Universidad de Wisconsin el habernos facilitado la terminación de este trabajo. Deseamos expresar también nuestra gratitud al señor Javier Núñez, estudiante graduado de la Universidad de Wisconsin, quien repasó citas, fechas y títulos con ejemplar minuciosidad.

E. N - S.

---

(13) Véase el Apéndice.

(14) A modo de exculpación, recordemos aquí un pensamiento de T. S. Eliot: "Me atrevo a opinar que, en toda gran poesía, hay algo imposible de explicar, por muy completo que sea nuestro conocimiento del poeta. Una vez creado el poema ha ocurrido algo nuevo, algo que no puede ser explicado totalmente *por nada de lo ocurrido antes.* Esto es, en mi entender, lo que se quiere decir cuando hablamos de 'creación'," On Poetry and Poets, New York, Noonday Peperbound Edition, 1961, p. 124. (La traducción es nuestra. La cursiva es del autor).

23

PRIMERA PARTE: CONTENIDOS

CAPITULO I. LITERATURA

1. El quehacer literario: Tr. I.

Es curioso que Vallejo haya escogido dos composiciones sobre el literato y su mundo para abrir y cerrar *Trilce;* éstas llevan los números I y LXXVII. En ellas aparece el lírico orientado en dos direcciones diferentes: en la primera, mira hacia el conjunto social y esboza su posición en un medio hostil; en la otra, se centra en su yo interior y expresa la ansiedad del que teme un estancamiento espiritual. En ambos poemas se deja traslucir la disparidad que hay entre el ámbito del poeta y las circunstancias apremiantes en que crea y, por ello, no es de extrañar que el lírico no se sienta seguro de sí mismo. Tr. I y Tr. LXXVII nos transmiten, pues, la doble incertidumbre del artista, soñador iluso que desafía las tempestades de la incomprensión y también las sequías de tiempos adversos.

Dejemos en claro, desde luego, un punto esencial: en Tr. I y Tr. LXXVII no se formula una teoría poética sino que se diseña un ámbito vivencial. En vez de hacer una abstracción de su quehacer, el sujeto creador se contempla a sí mismo como actor que hace dos papeles distintos. Además, el poeta se desdobla y es objeto y sujeto al mismo tiempo, como se explica en el siguiente diagrama:

1. Objeto de ambos poemas.	Tr. I: El lírico como creador frente a su medio social.	T r. LXXVII: El lírico como creador frente a su yo poético.
2. Sujeto estructurador de ambos poemas.	↑	↑
	El doble del lírico en actitud poética.	

Aunque la génesis y naturaleza de la creación artística son motivos predilectos de muchos poetas modernos, son apenas dos las veces que Vallejo se sirvió de ellos para hacer poesía. Si consideramos el cuidado que puso el bardo peruano en no llevar ideologías o programas teóricos a su arte, hemos de suponer que el presentar "convicciones" en verso debió de ser algo así como una violación de la excelsitud del arte. "Los materiales artísticos que ofrece la vida moderna —dijo el poeta en 1926— han de ser asimilados por el espíritu y convertidos en sensibilidad" (1). Por esta razón, los poemas que vamos a estudiar no constituyen una "Poética"; ambos son síntesis de significados vertidos en imágenes. En dos palabras: son poesía.

Comencemos ahora el estudio hermenéutico de Tr. I, poema que está entre los más oscuros de todo el libro (2).

Trilce I

1. Quién hace tanta bulla, y ni deja
   testar las islas que van quedando.

   Un poco más de consideración
   en cuanto será tarde, temprano,
5. y se aquilatará mejor
   el guano, la simple calabrina tesórea
   que brinda sin querer,
   en el insular corazón,
   salobre alcatraz, a cada hialóidea
10.   grupada

   Un poco más de consideración,
   y el mantillo líquido, seis de la tarde

   DE LOS MAS SOBERBIOS BEMOLES

   Y la península párase
15. por la espalda, abozaleada, impertérrita
   en la línea mortal del equilibrio (3).

---

(1) "Poesía nueva", LityA, p. 11.
(2) El análisis y crítica de Tr. I es la versión en español de un artículo nuestro publicado en inglés en *Hispanic Review*, de la Universidad de Pennsylvania (Vol. XXXVIII, No. 1, January, 1970, pp. 1 - 16). Como aquí no nos interesa destacar los problemas de la traducción de *Trilce* al inglés, omitiremos todo aquello que no cabe dentro del plan propuesto en la Introducción.
(3) En las ediciones Losada de 1949 y 1967 se lee: *de equilibrio.*

Echemos una mirada preliminar al poema: no tiene rima, ni forma métrica identificable. Algunos versos son largos, otros cortos, y hasta hay uno reducido a una sola palabra. Los versos no constituyen siempre unidades de pensamiento, y uno de ellos aparece en letras mayúsculas.

La primera lectura trae a la mente de los lectores hispánicos una confusa mezcla de ideas que no se integran en un todo coherente. El lenguaje y la estructura parecen contribuir también a la oscuridad del poema. Fuera de palabras "raras", como *calabrina,* un término médico; *hialóidea,* neologismos, tales como *tesórea* (que se parece a "tesoro"), *grupada* (o grupo de cierta clase) y coloquialismos, como *abozaleada* y *bulla,* el poema incluye, para mayor abundamiento, algunas expresiones crípticas, como *será tarde temprano* y *la línea mortal del equilibrio.* Notemos, de paso, que falta el verbo principal en la estrofa 3. Además, el poema contiene ambigüedades, solecismos y ambivalencias semánticas.

Si el poema se lee sin proyectar la imaginación, es muy probable que no se entienda nada, ni siquiera su "fachada", es decir, su organización tipográfica. Tr. I, bien puede ser, para muchos, un antro de oscuridad, un laberinto sin entrada ni salida. Naturalmente, la poesía trílcica no ha de leerse así. El lector atento está obligado a "construir" el poema a medida que va leyendo, a fin de darle un sentido. Es lo que hemos intentado hacer nosotros.

Trataremos de justificar ahora nuestra interpretación de Tr. I, analizando tanto la forma como el contenido a la luz de lo que se sabe sobre el vehículo poético vallejiano y las circunstancias que pudieron, en una forma u otra, determinar su sentido. De vez en cuando, tendremos que recurrir a suposiciones e inferencias, pero teniendo presente el significado central del poema. Por supuesto, nuestras glosas no las presentamos para "probar" que Vallejo quiso decir lo que nosotros vemos en el poema.

* * *

André Coyné fue quien dio la primera interpretación parcial de Tr. I en su estudio *César Vallejo y su obra poética* (Lima, 1958). Por desgracia, sus comentarios son demasiado generales y no dan una visión global de los varios componentes del poema. Tr. I —dice el crítico francés— "es un poema de la defecación transpuesta en términos universales, cósmicos". La interrogación inicial (*Quién hace tanta bulla, y ni deja/testar las islas que van quedando*) —explica Coyné— "surge de la afirmación de todo lo que amenaza al poeta para siempre, y la 'bulla' viene a ser como la materialización momentánea de aquella amenaza elemental..." (4). La relación que establece el crítico entre lo universal de una función biológica y lo que él llama "la materialización momentánea de aquella amenaza elemental" no es convincente, pues no toma en cuenta los diferentes rumbos mentales que informan los elementos relacionados; además, el crítico pasa de un concepto filosófico a la especificidad de una función biológica sin relacionar estos contenidos con los detalles del poema, es decir, las aves guaneras y su ámbito natural.

Otros críticos y comentaristas de Vallejo han evitado sistemáticamente la explicitación de Tr. I. En tiempos más recientes, durante la segunda sesión del Simposium sobre César Vallejo celebrado en Córdoba (Argentina), un estudiante universitario se refirió específicamente al comienzo del poema y lo tildó de ininteligible (5). Al final de la discusión, el profesor U. González Poggi hizo hincapié en las dos primeras líneas del poema e inquirió:

> "¿No es exacto que los surrealistas y los estridentistas hacen bulla y no dejan testar a las islas? ¿Qué quiere decir ahí 'bulla' y 'testar'? Creo que comprender esto es clave. La bulla es todo el ruido que se ha hecho, el cual es, como lo dice el mismo Vallejo, 'un estruendo mudo', y hasta invierte la expresión para dar el sentido. Todo el ruido que el surrealismo precipitó, quiso expresar, y no pudo... Lo que hace tanta bulla es el mundo, es el 'estruendo mudo'. Y 'no deja testar a las islas', es decir, no deja que den su testimonio, que los valores rindan su pleno testimonio y sean promovidos por otra realidad" (AV 2, p. 206).

Esta explicación está orientada en dos direcciones distintas al mismo tiempo: las escuelas literarias y el pulso del mundo en general. Además, relaciona la *bulla* de Tr. I con una frase de Tr. XIII (*el estruendo mudo*). Esto no puede menos de confundir al lector, puesto que Tr. XIII versa sobre un motivo completa-

---

(4) AC I, p. 82. Véase también AC II, pp. 172, 185, nota 34.
(5) "Creo que los poemas de *Trilce* son tan absolutamente incongruentes... tan faltos de sentido que no pueden resistir un análisis serio..." (AV 2, p. 191).

mente distinto —el imperativo sexual— y no sobre cuestiones de literatura o el estado del mundo.

El poema fue comentado una vez más por el profesor González Poggi en su estudio "Significación de César Vallejo" (AV 2, pp. 336 *et seq.*). Nuevamente cita los dos primeros versos:

1. Quién hace tanta bulla, y ni deja
2. testar las islas que van quedando.

Esta vez su explicación fue algo diferente. "La presencia del mar, las islas y su situación nos dan un panorama premonitorio de catástrofe más allá de las referencias geográficas directas que pueden advertirse. Podía establecerse cierta relación con el 'vasto social cataclismo' percibido en la *Salutación del optimista* por Darío". Este segundo comentario, que destaca la posibilidad de un inminente Apocalipsis, es mucho más específico que el anterior. Muy acertadamente pone el crítico el significado por encima de lo meramente geográfico y zoológico, dándole al poema virtualidad alegórica. Pero hay un escollo: no parece plausible que Vallejo, hombre agitado por muy serias preocupaciones sociales y literarias, hubiera usado el sustantivo *bulla* para referirse a una catástrofe mundial.

Cinco años más tarde, al aparecer los números 5, 6 y 7 de *Aula Vallejo,* (6) un lector del bardo peruano, el señor F. Sáez de R., consultó a Juan Larrea, director del Instituto del Nuevo Mundo y editor de las *Aulas,* acerca del significado de ciertos versos. Entre otras observaciones hizo el señor Sáez la siguiente: "...Me parece que quedarse en las generalidades sin descender concretamente al examen y comprensión de los textos es, con mucha frecuencia, consagrarse al 'superfugio', si no asilarse en el burladero. ¿No lo creen así?" El profesor Larrea explicó en esa ocasión, con la autoridad que le otorgan sus vastos conocimientos de Vallejo y su obra, que Tr. I es "un texto demasiado entrañado a la experiencia profunda de Vallejo" para ser explicado en pocas palabras, y prometió dar su interpretación del poema en la primera oportunidad propicia (AV 5, p. 427).

Si tenemos presente el cuidadoso proceso de retoques a que sometió Vallejo su poesía trílcica, es poco probable que las "absurdidades", de que hablaron algunos, hayan tenido por objeto simplemente "despistar" a los lectores, o que haya querido negar el modernismo empleando oscuridades con intención dialéctica. Noso-

---

(6) Publicada en Córdoba (Argentina), 1967.

tros nos inclinamos a pensar que Vallejo tenía un pronunciado sentido de responsabilidad y clara conciencia de la importancia de su oficio, y por eso afirmamos que en *Trilce* no recurre nunca a ingeniosidades o caprichos, ni siquiera en aquellos pasajes que algunos han llamado "absurdos". Todos estos pasajes tienen un propósito y una función poética.

Tr. I se puede leer en dos planos semánticos. El plano primario entreteje en una gruesa urdimbre verbal los varios componentes de un paisaje marino peruano: islas guaneras, alcatraces, clamoreo, graznidos, la ley del equilibrio natural del cosmos, etc. Empero, no es justo reducir el poema a tan mezquinas proporciones, ya que contiene numerosas connotaciones que apuntan, con toda seguridad, a un segundo plano semántico. Basta fijarse en "testar", "insular corazón", "impertérrita", etc. Todas estas citas sugieren un contenido humano y una especie de interacción alegórica con el paisaje marino.

Es difícil creer que un escritor tan exigente y concienzudo como Vallejo se hubiera contentado con una simple escena de defecación animal, o con el concepto de desasimilación para dar comienzo a su libro. Con toda seguridad, Vallejo tenía presentes en la memoria los varios prefacios con que Darío presentó sus poemarios más conocidos a sus lectores y, por lo tanto, es muy probable que haya pensado que su nuevo libro requería una declaración preliminar, siendo tan grande la distancia que separaba a sus versos trílcicos de los modelos hispánicos ya consagrados. A buen seguro, el joven escritor podía anticipar la reacción negativa de lectores y de críticos. Algunos poemas de su colección anterior (*Los heraldos negros*, 1918) habían pasado ya por una prueba de fuego, a pesar de ser versos sin grandes innovaciones —hablando en términos generales— ni en forma ni en significado. Clemente Palma, por ejemplo, arremetió contra el poema "El poeta a su amada" llamándolo un "adefesio", que acreditaba a su autor para tocar el acordeón, o la ocarina. Decía el poema:

Amada: en esta noche tú te has crucificado (*sic*)
sobre los dos maderos curvados de mis besos!
Amada: y tú me has dicho que Jesús ha llorado
y que hay un viernes santo más dulce que mis besos.

Y el crítico añadía:

"Sr. C. A. V... ¿A qué diablos llama usted los maderos curvados de sus besos? ¿Cómo hay que entender eso de la crucifixión? ¿Qué tiene que hacer (*sic*) Jesús en esas burradas más o menos infectas?... Hasta el momento de largar al canasto su mamarracho no tenemos de usted otra idea sino la de la deshonra de la colectividad trujillana, y de que, si se descubriera su nombre, el vecindario le echaría lazo y lo amarraría en calidad de durmiente en la línea del ferrocarril a Malabrigo" (JEA, p. 53).

Poco importa saber si Palma había pensado en un hombre intoxicado (durmiente), o en un simple tablón, de los que se emplean en las líneas del ferrocarril. Tras esta andanada, bien se comprende cuán poco podía esperar el poeta de la crítica "oficial".

Cuando por fin apareció *Trilce* en 1922, incluso algunos críticos perspicaces se mostraron sorprendidos (7). ¿Qué podía esperar entonces el poeta de los otros, los lectores comunes y corrientes y los críticos pedestres? (8).

Vallejo debió de sentirse como una solitaria isla, rodeado por un mar de incomprensión. La imagen del mar debió de acudir a su mente repetidas veces. *Me desvinculo del mar,* nos dice en *Tr. XLV; Qué inconsolable, que atroz/ estás en la febril solana,* añade en *Tr. LXIX.* El mar siguió presente en su alma como el símbolo de una "filosofía de alas negras" (Tr. LXIX). De aquí a la asociación del mar con las islas guaneras no había más que un paso. Son éstas la morada de millares de aves marinas cuyos excrementos se venden como fertilizante natural. Vallejo debió de meditar repetidas veces sobre su oficio poético en relación con estas islas, las cuales menciona específicamente una vez más en *Tr. XXV:... desde las islas guaneras/ hasta las islas guaneras.* En *Tr. XLVII* hasta llega a identificarse con un *ciliado arrecife* (9).

Precisamente en estas asociaciones es donde está la clave del segundo plano semántico: Vallejo preveía la "recepción instrumental" y fétida de que sería objeto y decidió hacer frente a cuanto le echaran encima los alcatraces de la crítica.

Nuestra interpretación, aunque restringida en significado, está

---

(7) Entre ellos se contaba Luis Alberto Sánchez, quien fue desde el principio uno de los más sinceros admiradores del poeta.

(8) Al referirnos a críticos pedestres, pensamos en el bien conocido censor mal intencionado que oculta su incapacidad para comprender bajo una capa de arrogancia y de estudiada indiferencia. La palabra "crítico" la empleamos aquí en sentido genérico.

(9) Por ser uno el poeta y su producto literario, dondequiera que él sea el referente habrá de entenderse que también se alude a su obra. Por esta razón, el símbolo "isla" debe interpretarse en el sentido más amplio de "autor-obra". Lo mismo cabría decir del símbolo "península".

directamente relacionada con el estado espiritual del bardo por los años que escribía *Trilce*. Vallejo no quiere mendigar la aprobación de nadie. Más importante que la crítica miope era su independencia de pensamiento. "El libro ha nacido en el mayor vacío —le dice a Antenor Orrego—. Soy responsable de él. Asumo toda la responsabilidad de su estética. Hoy, y más que nunca quizás, siento gravitar sobre mí una hasta ahora desconocida obligación sacratísima, de hombre y artista ¡la de ser libre! Si no he de ser hoy libre, no lo seré jamás (10).

Este sentido libertario llevó a Vallejo a innovar en las formas, no simplemente valiéndose de licencias de dicción, sino llevando a cabo audaces experimentos. Su ideología fue también un choque para no pocos, pues era en gran parte una persistente y honrada búsqueda de su yo auténtico, búsqueda del tipo que la mayoría de los hombres hace a escondidas. "¡Dios sabe hasta qué bordes espeluznantes me he asomado —añade en la carta antes citada— colmado de miedo, temeroso de que todo se vaya a morir a fondo para mi pobre ánima viva!" (11).

Un examen atento de la forma y contenido de Tr. I nos permitirá ver la complejidad, osadía y extraordinaria inventiva del bardo peruano.

El término *bulla* (verso 1) es un coloquialismo que aquí tiene intención peyorativa, y *testar*, del verso 2 ha de interpretarse en un sentido poco común: dar testimonio.

Las "islas" son los creadores o artistas que se han alzado por encima de la superficie del agua. Vistas al principio como entidades distintas, se juntan luego en un grupo amorfo (*hialóidea grupada*), según se ve al final de la segunda estrofa, grupo que se convierte después en una sola *península* (estrofa 4).

El verso 4 dice:

4. en cuanto será tarde, temprano

He aquí dos niveles temporales presentados en una antítesis que, tomada en su sentido literal, dice: "en todo lo que será tarde temprano". Este verso es extremadamente rico en significado, aunque vago y ambiguo. Si el hablante lírico quiso decir "por cuanto será tarde, temprano", entonces el significado sería *"puesto que*

(10) Carta citada por José Carlos Mariátegui en sus *Siete ensayos de interpretación de la realidad peruana*, Lima, 1943, p. 247.

(11) En el volumen de Juan Espejo Asturrizaga se lee el texto tal como nosotros lo damos, pero en el libro de Mariátegui, mencionado en la nota anterior, se añade un *que* al fin: "para que mi pobre ánima viva".

ya es pasada la hora", o "*puesto que* todo es efímero". Sin embargo, hay que reconocer que el texto vallejiano dice *en cuanto* y, por lo tanto, los versos 3 - 4 podrían entenderse en este sentido: "(tened) un poco más de consideración *en cuanto* se refiera a la anulación de niveles temporales". Así interpretada, la antítesis es, por un lado, la negación del tiempo cronométrico o astronómico y, por otro, la afirmación de un tiempo subjetivo, es decir, esa forma de tiempo que hallamos en el mundo del arte, y que lleva envueltas una emancipación del mundo de "cuidados pequeños" —como dijo Darío— y una fuga de la tiranía de la sucesión temporal. ¿Fue intención de Vallejo darle al verso 4 sólo este último sentido? No lo creemos. Estamos convencidos de que la ambigüedad era uno de sus recursos favoritos para acrecentar la sugestividad poética, aunque para ello tuviera que desviarse de los cánones sintácticos aprobados por la gramática. Por esta razón, nos parece inútil discutir cuál fue el significado particular y específico que quiso incluir Vallejo en sus conglomerados semáticos.

Al poeta le gustaba usar palabras raras, tales como *calabrina*. Esta forma dialectal significa "hedor de lo putrefacto" (12). *Tesórea* es palabra inventada a base de "tesoro" y la terminación *óreo -a* (como en "corpóreo", o "tintóreo") (13). Usando una terminación inesperada, Vallejo nos dice que este "tesoro" no es precisamente un "tesoro" (aunque en el mundo de los negocios lo sea).

Las islas del verso 2 —artistas, intelectuales, etc.—, aparecen nuevamente esbozadas en el verso 8 a través de la frase *el insular corazón*, con lo cual se da aún mayor veracidad a la suposición de que las islas son entes humanos. Lo mismo ocurre con la palabra *alcatraz*, que aparece asociada a una sensación gustativa desagradable (*salobre alcatraz*) en el verso 9; se notará que este referente aparece en singular, lo mismo que el referente subentendido en la pregunta inicial del poema (*Quién*). No es difícil, por lo tanto, relacionar los dos y llegar a la conclusión de que es precisamente el alcatraz, el crítico oficioso y gratuito, quien ha estado haciendo *tanta bulla*.

---

(12) La palabra *calabrina* aparece en el Diccionario de la Real Academia (edición de 1956) sólo como parte de la etimología del verbo "encalabrinarse". Joan Corominas registra dos formas: *calabrina* (del Latín, 'cadaverina'), en Berceo (*Vida de Santa Oria*, 104) y *calambrina*, en *La gran conquista de ultramar*, esta vez con el sentido de "hedor", tal como en *Tr. I.* Véase: *Diccionario crítico etimológico de la lengua castellana*, Berna, 1954, I, 591.

(13) En el relato "Muro noroeste", dice Vallejo: "no ve a través de los tintóreos espejuelos de los jueces" (NyCC, p. 13).

El doble significado de la frase *sin querer* es obvio: las animosidades de los críticos no son resultado del buen juicio sino una simple reacción biológica.

La última palabra de la estrofa 2 reclama una explicación. *Grupada* es un neologismo compuesto de *grupo* más un sustantivo terminado en *-ada,* como "muchachada", por ejemplo. Este neologismo nos dice que no estamos ante un grupo cualquiera de individuos, sino ante un grupo especial —literario, en este caso—, solo en su soledad, como bien lo sugiere la tipografía del verso 10. Se dice de la agrupación que es *hialóidea,* o sea, informe, transparente y viscosa; todas éstas son cualidades que uno puede fácilmente asociar con un grupo nuevo de intelectuales o artistas, esto es, un conjunto gregario, sin verdadera cohesión y aún sin máculas (14). Se ve ahora con toda claridad que la *hialóidea grupada* no puede ser una bandada de pájaros sino los infelices que reciben el espúreo "tesoro" (15).

La tercera estrofa es sumarísima:

11.   Un poco más de consideración,
12.   y el mantillo líquido, seis de la tarde
13.   DE LOS MAS SOBERBIOS BEMOLES

Falta aquí el verbo principal, pero se subentiende una forma del verbo "caer". (*ha caído*) *el mantillo líquido.* Este mantillo líquido es en un plano primario, la neblina del atardecer (16). Igualmente probable es que la palabra *mantillo* no sugiera aquí un manto resplandeciente sino un cobertor que oculta algo desagradable y feo (17). Los versos 11 - 15, así interpretados, sirven de aglutinantes para fundir con una increíble economía de palabras, el color y el sonido.

---

(14) Vallejo emplea el adjetivo "hialóideo" en *Fabla salvaje* para referirse a pequeños fragmentos de vidrio, esto es, a algo cristalino: "Todo el espejo habíase deshecho en lingotes sutiles y menudos y en polvo hialóideo..." (NyCC, p. 85).

(15) Según lo dicho *a cada hialóidea grupada* es el objeto indirecto del verbo "brindar". El profesor Juan Loveluck nos sugiere la posibilidad de interpretar grupada en el sentido de "a golpe de grupa", lo cual permitiría relacionar la *hialóidea grupada* con el *mantillo líquido* (= deyecciones).

(16) Hay neblina en el litoral peruano en diciembre y enero. Tampoco falta en los meses de febrero, marzo y abril. Véase: Schweigger, Erwin, *El litoral peruano,* Lima, 1947, p. 101.

(17) Este es el sentido que la palabra tiene en Tr. XLIX, versos 14 - 16: *Tampoco yo descubro a nadie, bajo/ este mantillo que iridice los lunes/ de la razón.*

El punto culminante aparece en el verso 13, que está todo en mayúsculas. La imagen visual de tamaño mayor sugerida por la tipografía añade volumen a la sonoridad y calidad retumbante de los *SOBERBIOS BEMOLES*. Tenemos, pues, ante nuestra imaginación el increíble espectáculo de miles y miles de aves guaneras que se congregan al acercarse el crepúsculo, revoloteando en el aire, en medio de una rara sinfonía de sonidos discordantes. Robert Cushman Murphy, autoridad en la ecología del litoral peruano, está en perfecta consonancia con Vallejo en cuanto a la hora —*seis de la tarde*— (18) y la intensidad de la bulla, esto es, LOS MAS SOBERBIOS BEMOLES (19).

La última estrofa es, en realidad, continuación de la primera:

14. Y la península párase
15. por la espalda, abozaleada, impertérrita
16. en la línea mortal del equilibrio.

Las islas que van emergiendo por sobre la superficie del mar y que constituían antes una *grupada* forman ahora una península, que se proyecta en el mar sin temores (*impertérrita*), desafiando la hostilidad de los críticos. El adjetivo *abozaleada* (verso 15), que se refiere sin duda a la península, podría significar tanto "morigerada", si la acción se concibe como resultado de un esfuerzo, o bien "contenida", si se entiende que hay individuos que niegan al creador derecho a dar su testimonio personal. Si aceptamos la segunda interpretación, entonces *abozaleada*, en el sentido de "amordazada", reforzaría la idea contenida en los versos 1 - 2: (*alguien*) *ni deja testar las islas que van quedando*.

El último verso es típico de la ambivalencia vallejiana:

16. en la línea mortal del equilibrio.

Si el poema se lee literalmente, parece referirse al inevitable *equilibrio* del mundo natural: lo que sacan las aves guaneras del mar se añade a la superficie de la tierra, aun cuando esta trans-

(18) "El espectáculo más impresionante del día, al llegar al máximum el vuelo hacia las islas, se inicia por lo común *durante la hora que precede al crepúsculo*". Véase: *The Bird Islands of Peru*, New York and London, G. P. Putnam's Sons, 1925, p. 87. (La traducción y la cursiva son nuestras).
(19) "El estruendo de las alas... nos hace recordar toda suerte de insólitos y ensordecedores ruidos, como el estrépito de trenes que corren por túneles construidos por debajo de un río. Las voces cercanas, que pueden separarse de las demás, son sólo *sonoros gruñidos profundos* y chillidos". *The Bird Islands of Peru*, pp. 83 - 84. (La cursiva y la traducción son nuestras).

mutación signifique la muerte de organismos marinos y peces. Al lector con sensibilidad poética no puede bastarle esta interpretación, pues no toma en cuenta la palabra *línea*, que ha quedado como olvidada. Sin embargo, si se lee el poema dentro del contexto que hemos venido configurando, el sustantivo *línea*, fuera de acarrear el sentido de "destino" o "trayectoria vital", sugiere también una cuerda o cable, a la par que *mortal* nos recuerda un salto mortal. De este modo ha logrado el poeta representar en nuestra imaginación una proeza de equilibrio en el "circo" de la creación, en donde todos los miembros del "elenco", sean éstos artistas, intelectuales o grandes dirigentes, habrán de arriesgar nada menos que su razón de ser (20). La figura del artista en la cuerda del circo aparece también en una crónica vallejiana titulada "Contra el secreto profesional". Aquí se nos dice que los verdaderos artistas son los que "logran... un paso de equilibrio..." (21).

El poema, considerado en su totalidad, tiene coherencia y una estructura definida. Hay en él dos estrofas (la primera y la cuarta) que constituyen un marco, y dos estrofas intermedias que integran el cuerpo central.

Lo que el poema nos dice no es realmente novedoso. La misma idea la había expresado Rubén Darío con gran fuerza dramática en su famoso poema *¡Torres de Dios! ¡Poetas!* En esta composición se concibe al artista como un baluarte de eternidad que desafía violentas borrascas, esto es, la envidia y el odio del "bestial elemento". Aunque el contenido esencial es el mismo, el poema de Vallejo es muy diferente, tanto en la forma como en la concepción: no tiene, claro está, la grandiosidad del poema rubeniano, pero es mucho más escueto y mucho más sutil. Tr. I es en extremo sugerente, una vez que el lector ha logrado identificarse con él por vía intelectual y emocional. Los dos últimos versos de la estrofa 3, por ejemplo, son particularmente notables:

---

(20) Empleamos la palabra "circo" porque, entre las muchas fuentes del vocabulario vallejiano, está el mundo circense o carnavalesco. De aquí proceden palabras como columpios, trapecios, saltimbanqui, acrobacias, domador de circo, malabarismo, etc.

(21) LityA, p. 39. La imagen del "equilibrio", relacionada una vez más con la literatura, aparece también en "Un gran descubrimiento científico", pp. 25 y 26. Aún más específicas son las alusiones directas al alambre del equilibrista: "El proceso de perfección corre a lo largo de un alambre extremadamente delgado que no resiste convulsas urgencias ni velocidades excesivas" (AO, p. 151. Véase también la p. 152). Asimismo, percibimos la imagen de un acto circense en un verso posterior: *Y toca en el alambre a tu último acto/ tomar peso...* (PH, p. 176).

12. y el mantillo líquido, seis de la tarde
13. DE LOS MAS SOBERBIOS BEMOLES

Una vez más hallamos aquí dos niveles semánticos: por una parte, un paisaje marino hecho con un mínimum de recursos: la neblina crepuscular, el sol poniente, miles de ruidosas aves, y, por otra, la insinuación de un proceso de limpieza: la niebla ha de arrojar un *mantillo* de blancura sobre un mar disonante y convulso. El poeta tendrá algunas horas de tregua: se marcharán los alcatraces y podrá el artista reafirmar su yo. Mirada desde este punto de vista, la estrofa 3 es una negación pasajera de la estrofa 2, cuya idea central es de mortificación y fetidez. Este contraste da al verso que se repite en ambas estrofas (*Un poco más de consideración*) dos significados diferentes: en el verso 3 se pide mayor discernimiento, esto es, reflexión; en el verso 11, se mendiga un poco de conmiseración o, por lo menos, un mínimum de deferencia.

En la última estrofa hallamos, primero, una representación gráfica del artista en la palabra *península,* la cual se yergue con entereza y hace frente a las ruindades de la vida; a ésta sigue otra imagen gráfica muy sutil que nos sugiere una borrosa figura de un empequeñecido artista de circo, reducido a una mera insinuación humana. Estas magistrales sugerencias pictóricas dejan traslucir la predilección de Vallejo por el arte moderno: Miró, Braque, Dérain, Matisse, Marcoussis, etc., artistas a quienes habrá de recordar en una de sus crónicas (22).

La afirmación que con más insistencia acudía a la mente de Vallejo, al escribir el poema I, quizá fuese la que expresó Abraham Valdelomar al propio bardo durante una entrevista celebrada en enero de 1918. El editor de *Colónida* recordó en aquella ocasión sus "luchas con los prejuicios, con la obesidad ambiente, con las vacías testas 'consagradas'." También aludió a la necesidad de crear un círculo de intelectuales:

"—¡Es necesario, pues, una agrupación —exclama el Conde—, una agrupación de lo mejor del país... que haga luz en la presente inmoralidad artística *creada y mantenida por esos malos hombres!*" (23).

¡Extraña coincidencia! La "agrupación" recién mencionada nos

(22) "Los maestros del cubismo", *Variedades* (Lima), agosto 25, 1928. Reproducido en AV 1, pp. 46-48. Aparece también en LityA, pp. 67-71.
(23) "Con el Conde de Lemos" (Valdelomar). En JEA, p. 214.

hace recordar la *hialóidea grupada* de Tr. I, y los malos hombres ciertamente podrían ser los alcatraces que ya conocemos. La entrevista termina con una típica exclamación de Valdelomar: "¡Cuánta gente que no piensa!" Esto es exactamente lo que se nos da a entender en el poema (24).

La afirmación más importante de Tr. I subraya el imperativo de independencia. Sin libertad no hay genuino arte. El arte es un testimonio personal de la más libérrima expresión de la personalidad, y la función del crítico no es "amordazar" al creador sino comprenderle e interpretarle con inteligencia (25).

Tr. I es reafirmación de la fe que el artista se debe a sí mismo. Lo que Vallejo dijo de los "alcatraces" es lo mismo que Darío había afirmado antes en la introducción a *Prosas profanas* con respecto a los "gansos" de la crítica: "La gritería de trescientas ocas no te impedirá, Silvano, tocar tu encantadora flauta". En sentido más amplio, la protesta de Vallejo es la que formularía cualquier hombre maltratado por jueces ignorantes y de mala fe (26).

¿Por qué la actitud hostil ante *Trilce*? Porque muchos lectores no llegaron a comprender que las innovaciones léxicas, la ambigüedad y la forma diagramática son elementos constitutivos de la poesía trílcica. La mente literal sólo vio en ella una maraña impenetrable.

Creemos que Vallejo veía la realidad como un complejo de configuraciones y significados plurivalentes. Estos habría de presentárnoslos tal como lo hace un pintor moderno, entrecruzando diferentes planos dentro de creaciones sintéticas y prismáticas.

Que se *entienda* por vía racional cuanto Vallejo pone en su poesía no es indispensable, siempre que el lector haya logrado establecer una ecuación anímica con el espíritu del creador. Casi todos los poemas de *Trilce* pueden delectarnos, aun aquellos en que hay partes que nos parezcan al principio vagas insinuaciones, meras sugerencias, ecos lejanos de algo remoto y oculto.

Para Vallejo las vejaciones de los "alcatraces" fueron motivo

---

(24) Las mismas ideas las expresó Vallejo en una carta a los amigos de su "grupo" al caracterizar el ambiente limeño en febrero de 1918: "¡Cómo me valdría la voz de ustedes aquí donde hay tanta falsedad y puerilidad con las que uno lucha a cada paso!" (JEA, p. 195).

(25) El "sentirse amordazado" es idea recurrente en los escritos vallejianos. En el relato "Cera" se dice, por ejemplo: "... la protesta amordazada de esa masa de seres... estuvo a punto de traducirse en un zarpazo de sangre" (NyCC, p. 77).

(26) Tres críticos se han ocupado de Tr. I en época reciente. Luis Wainerman ve en el mar y las islas los símbolos de lo que no es, y de lo

de profunda desilusión, y su consuelo en tales circunstancias era sonreír con un poco de malicia (27). Recordemos que el epígrafe de *Los heraldos negros* (1.ª ed.) decía: *Qui pótest cápere capiat.* Es muy probable que la primera composición de *Trilce* llevase en sí el mismo mensaje.

¡Qué tremenda ironía la de Tr. I! Este poema era un espejo. Los críticos pedestres lo leyeron e, incapacer de entender, dejaron caer sobre el poeta... su anatema, pero sin ver en el espejo lo que en realidad estaban haciendo.

2. La inspiración poética: Tr. LXXVII

Hace algunos años destacó Saúl Yurkievich dos poemas trílcicos (XXXVI y LV) para desentrañar los fundamentos de una teoría literaria vallejiana (1). No negamos que de ellos se podría deducir una poética, Empero, es preciso reconocer que el motivo principal de dichos poemas va más allá de los confines del arte. Por esta razón, hemos preferido tratarlos en otro lugar como expresiones de una cosmovisión, y hacer nuestros comentarios sobre literatura a base de aquellas composiciones que se refieren directamente a este tema, o sea, Tr. I y muy particularmente, el poema que estudiamos a continuación:

Trilce LXXVII

1. Graniza tanto, como para que yo recuerde
   y acreciente las perlas
   que he recogido del hocico mismo
   de cada tempestad.

---

que es, respectivamente, pero luego especifica y vislumbra "una burla de los 'corazones insulares' de la poesía ("Testemos las islas", *Imagen* (Caracas). 15/30 de julio, 1969, Suplemento 51). Corpus Barga interpreta el poema como un paisaje "... no descrito, clavado" (RevCul., pp. 16 - 17). Keith McDuffie va mucho más lejos, pues da como fundamentación básica de Tr. I un concepto de tiempo y el valor de la palabra como entidad creadora ("Trilce I y la función de la palabra en la poética de César Vallejo", RevIb., pp. 191 - 204).

(27) Ya en 1918 escribía a sus amigos trujillanos desde Lima, recordando las hostilidades de Clemente Palma: "Qué cosas éstas, ¿no? Y yo me sonrío para mi capote; y me solazo, como ustedes comprenderán" (JEA, p. 194).

(1) Véase: SY, pp. 25 - 27, y también "Vallejo, su poesía: contemporaneidad y perduración", AV 2, pp. 168 - 189. El poema LXXVII ha sido estudiado por Julio Ortega ("Una poética de *Trilce*", *Mundo Nuevo*, No. 22, abril, 1968, pp. 26 - 29). En este trabajo se relaciona el contenido del poema

5. No se vaya a secar esta lluvia.
   A menos que me fuese dado
   caer ahora para ella, o que me enterrasen
   mojado en el agua
   que surtiera de todos los fuegos

10. ¿Hasta dónde me alcanzará esta lluvia?
    Temo me quede con algún flanco seco;
    temo que ella se vaya, sin haberme probado
    en las sequías de increíbles cuerdas vocales,
    por las que
15. para dar armonía,
    hay siempre que subir ¡nunca bajar!
    ¿No subimos acaso para abajo?

18. ¡Canta, lluvia, en la costa aún sin mar!

En toda creación lírica están presentes: a) un creador, o ente subjetivo, y b) un algo cantado, o ente objetivo. En nuestro poema estas dos realidades están representadas por el hablante lírico, esto es el *yo,* del verso 1, y la *tempestad* (verso 4). En un momento determinado se siente conmovido el creador por un fuerte estímulo externo (*Graniza tanto*), estableciéndose así una consonancia entre a) y b), con lo cual se inicia la iluminación poética, esto es, la *lluvia* (verso 5) o *agua* (verso 8). De aquí nace el soplo lírico, es decir, la *armonía* (verso 15), y ésta, a su vez, se traduce en creaciones poéticas, o sea, las *perlas,* del verso 2. Tenemos, pues, en Tr. LXXVII, todos los elementos y procesos constitutivos del alumbramiento lírico. De lo dicho se deduce que no hay antagonismo, como han supuesto algunos, *entre todos los fuegos* —fuente primera del genio poético— (2) y el *agua* que moja. Aquéllos son potencialidad, y ésta, expresión viva de la

con la temática esencial de *Trilce* y con algunos pasajes de otras composiciones del mismo volumen. Nosotros hemos preferido atender principalmente al motivo central y a la interrelación de rasgos poéticos dentro del poema mismo.

(2) Es muy probable que esta concepción sea una amalgama de la doctrina pitagórica y la teoría romántica del arte: el fuego, representado por el sol, es el símbolo del principio divino y fuente de energía tanto en la naturaleza como en el alma del artista. En su tesis de bachillerato, Vallejo alaba la vehemencia romántica de Espronceda y la compara a una "palpitación intensa del pensamiento grande y hermoso, como *un ardoroso toque de sol*" (Elrom., p. 48). (La cursiva es nuestra).

inspiración. Las relaciones que hemos señalado podrían representarse de la siguiente manera:

I	II	III	IV		
todos los fuegos	*yo* creador (sujeto) (b) *tempestad* (objeto)	*graniza* "recordar" (iluminación)	*agua lluvia* (inspiración)	*armonía* (creación lírica)	*perlas* (poema)

A fin de corroborar lo expuesto, citaremos las dos primeras estrofas subrayando las apoyaturas de nuestro comentario:

> 1. *Graniza* tanto, como para que yo *recuerde*
> y acreciente *las perlas*
> que he recogido del hocico mismo
> de cada *tempestad*.
>
> 5. No se vaya a secar esta *lluvia*.
> A menos que me fuese dado
> caer ahora para ella, o que me enterrasen
> mojado en el *agua*
> que surtiera de *todos los fuegos*.

Tr. LXXVII deja subentendido el hecho de haber, en la vida de todo poeta, épocas de esterilidad. Para Vallejo, éstas corresponden a los días de somnolencia e inercia. De aquí que emplee el verbo "recordar" (verso 1), en el sentido de "despertar", tal como en el famoso verso de Jorge Manrique: Recuerde el alma dormida...

El empleo del fuego y de lo candente en general, como imagen del don creador, nada tiene de particular, pues ése era el sentido que Vallejo había hallado en sus lecturas juveniles de poetas románticos. Basta examinar la tesis de bachillerato para convencerse. Aparecen ahí muy variadas expresiones de lo ígneo y del calor interior (3). Por otra parte, hay que pensar con Novalis que el fuego es también luz y, como tal, fuente de iluminación espi-

---

(3) En la tesis hallamos: ardor, fuego, erupción ígnea, cálido soplo, entonación candente, ardiente fantasía, etc.

ritual (4). De mayor novedad es el uso de las palabras *agua* y *lluvia*, particularmente si se recuerda que en varios poemas la *lluvia* va asociada a lo no placentero y deprimente (5). El agua, como símbolo de la inspiración seguirá apareciendo en los escritos vallejianos. En un artículo de *Favorables — París — Poema* (1926), por ejemplo, se burlará de los falsos poetas y les dirá: "Fraguadores de linduras, ved cómo viene el agua por sí sola, sin necesidad de esclusas" (6).

Hasta aquí hemos discutido a través de Tr. LXXVII la naturaleza de la creación poética en sus aspectos más generales. Consideremos ahora la creatividad vallejiana en particular, a fin de entender el yo lírico del poeta.

1. Vallejo nos dice que hay una relación directa entre la inspiración poética y las durezas de la vida. La mejor poesía no es la que nace del seno del regocijo. Ya en sus días juveniles había afirmado que el estímulo más eficaz de la inspiración es cuanto hay de negativo en la vida de un poeta (7). Quizá por esta razón se establezca en Tr. LXXVII una relación entre la poesía (*las perlas*) y el *hocico de cada tempestad*. El poeta vive en constante lucha con un mundo adverso que le recuerda el hocico de un animal arisco. La misma idea está implícita en el verso 16:

16. hay siempre que subir ¡nunca bajar!

Este verso no dice "hay que subir siempre", sino "hay siempre que subir". El orden de las palabras deja entrever un significado especial que podría expresarse así: "toda ruta es difícil y será cuesta arriba, nunca cuesta abajo", pero ese ascenso será hacia un algo que exige elevación y persistencia. Con ello nos dice el poeta que para *dar armonía* no hay una vía corta y fácil, ni se cuenta tampoco con la seguridad de poder perseverar en un estado de gracia poética, por existir siempre la posibilidad de un estancamiento, o sea, una de esas *sequías* de que habla el poema

---

(4) Véase: Bachelard, Gaston, *Psicoanálisis del fuego*, Madrid, Alianza editorial, 1966, p. 178.

(5) Nuestra interpretación no concuerda con la que ofrece la Srta. Elsa Villanueva, quien ve un antagonismo (agua-fuego) donde nosotros vemos una armonía. Véase: *La poesía de César Vallejo*, Lima, 1951, p. 47. Entre los ejemplos del verbo "llover", o del sustantivo "lluvia", como símbolos de lo beneficioso, están: "... sus caricias que ya nunca volverán a llover en mis entrañas (NyCC, p. 31); *esta lluvia que nos lava/ y nos alegra...* (Tr. LXVIII).

(6) "Se prohíbe hablar al piloto" (LityA, p. 22).

(7) Véase la tesis ya mencionada, p. 22.

(verso 13). La inspiración no se busca sino que *es*. Y, cuando inunda al poeta, éste se hace dueño de otra voz (*increíbles cuerdas vocales*) y ansía alcanzar una total transfiguración. (*Temo me quede con algún flanco seco*).

2. La inspiración está concebida, además, como un bien que ayuda a pervivir. Enlázanse así el quehacer poético y la vida, tal como lo insinúa el verso 10.

¿Hasta dónde me alcanzará esta lluvia? (8).

Se entiende ahora fácilmente el alcance de toda la estrofa 2, que ya citamos. La poesía es para Vallejo la fuente nutricia de su ser y, por ende, afán ansiado con obsesión. Entre ser y no ser poeta hay la misma diferencia que separa a la vida de la muerte. Por esta razón está dispuesto el lírico a ofrecer su vida (*caer ahora para ella*) (9) y ser enterrado en gracia poética (*o que me enterrasen/ mojado en el agua...*).

3. Como era de esperarse, Vallejo ve también en la inspiración poética una inevitable oposición. Recordemos primero la imagen del granizo. Es éste promotor de la "recordación" y también anuncio de la tempestad; augura, pues, un beneficio y también una conmoción. El bien y el mal hermanados una vez más. Idea parecida hallamos en el verso 17:

17. ¿No subimos acaso para abajo?

Yurkievich interpreta esta pregunta como una entrada "en nuestra zona penumbrosa" (10). Si recordamos, sin embargo, que

---

(8) Sentido parecido hallamos en Tr. LXVIII, aunque no se menciona la inspiración:... *esta lluvia que nos lava/ y nos alegra y nos hace gracia suave*. Es curioso que, a pesar de tratarse de una situación totalmente distinta, la "lluvia" suscitase en Vallejo el concepto de "gracia suave".

(9) El uso del verbo "caer" para decir "morir", "dejar de ser", "desaparecer", o "deshacerse" es bastante común en la obra vallejiana. En Tr. XX, por ejemplo, se dice: *Pues apenas / acerco el 1 al 1 para no caer*. Véase también NyCC, p. 38. Además, el uso de *para*, en vez de "por" (*caer ahora para ella*) ensancha el significado del verso. Se subentiende, naturalmente, la idea de "por" ("morir en beneficio de ella"), a la vez que se percibe una idea de propósito: para (que) ella surja.

(10) Yurkievich, Saúl, "En torno de *Trilce*", *Revista peruana de cultura*, Nos. 9-10, dic., 1966, p. 82. Esta interpretación nos parece plenamente justificada porque Vallejo cree que encaminarse hacia el yo profundo es ir hacia abajo, como lo afirma en Tr. XLIV. En otro lugar dice: *Unos mismos zapatos irán bien al que asciende / sin vías a su cuerpo / y al que baja hasta la forma de su alma!* Esp., p. 252.

el adverbio *abajo* y el verbo "bajar" también van asociados, en la poesía vallejiana, a la muerte (11), el *subir* queda uncido al fenecer, con lo cual el verso 16 —¡*nunca bajar!*— no es sólo expresión de voluntad alerta, como dijimos antes, sino también un sarcasmo. Subir es bajar, como vivir es morir. ¡Otra contraposición, esta vez con concomitancias existencialistas!

4. La creación está entendida en Tr. LXXVII como Verbo, esto es, como palabra viva, emitida por *increíbles cuerdas vocales* (verso 13). Estas son las que producen poesía, o sea, la *armonía* del verso 15. El arte poético está concebido, pues, como una manera de trascender, y, por lo tanto, "subir" también significa ascender al reino del espíritu. Esto es lo que el poeta nos dice en una de sus crónicas, al contraponer los avances materiales con "el apogeo del Verbo que revela, que une y nos arrastra más allá del interés perecedero y del egoísmo" (12). Según esto, la poesía no es meramente una satisfacción personal, sino una donación, lo cual estaría muy de acuerdo con el empleo del verbo "dar", en el verso 15:

para dar armonía

5. Finalmente, el arte poético está visto como una prueba del temple poético, y éste, a su vez, como el resultado de una especie de régimen disciplinario; crear poesía no es simple entrega a una actividad placentera, fácil y natural. Por eso dice el lírico:

12. temo que ella se vaya, sin haberme probado

Como la prueba se menciona en relación con las *sequías,* es decir, los días de improductividad, se entiende que la demostración más cabal de lo que significa ser poeta está en la capacidad de reaccionar en contra de la inercia o laxitud que coharta el espíritu del poeta en días adversos. Por lo tanto, ser poeta es ser fuerte precisamente en las horas más difíciles, porque de éstas nace la poesía. La vida del poeta resulta ser, de este modo, un agonizar

---

(11) Recuérdese la asociación de "abajo" y "muerte" en este verso: *De su imán para abajo* (el de la tumba), *¡ay de mi tumba!* Esp., p. 262.

(12) "Los crímenes exóticos de la medicina", AO, p. 35. La mejor expresión de cómo concebía Vallejo el Verbo se halla en el poema "El lomo de las sagradas escrituras". Véase: Larrea, Juan, "Claves de profundidad", AV 1, pp. 63 *et seq.* Es digno de observarse que en la cita aparecen tres palabras con las cuales se puede sustentar una teoría literaria: el Verbo *revela, une* y *arrastra.* Se subentiende, pues, que el Verbo da significado a lo informe, disuelve antagonismos y crea apasionadas adhesiones.

para renacer, un caer para levantarse, un bajar para subir. Y el sarcasmo de todo ello es que la vida del poeta también es una oposición, un subir para bajar.

La incertidumbre lleva al poeta a emplear toda una variedad de contenidos para traducir las tribulaciones de su alma:

a) Temor: *No se vaya a secar esta lluvia* (verso 5);
b) Incertidumbre: *A menos que me fuese dado/ caer...* (verso 6);
c) Anticipación trágica: *... o que me enterrasen...* (verso 7);
d) Inseguridad: *¿Hasta dónde me alcanzará esta lluvia?* (verso 10);
e) Prevención: *hay siempre que subir ¡nunca bajar!* (verso 16);
f) Fatalismo: *¿No subimos acaso para abajo?* (verso 17);
g) Presentimiento: *... en la costa aún sin mar!* (verso 18).

Todas estas manifestaciones, por estar en consonancia unas con otras, le dan al poema un orden interior. Ese orden está integrado por diferentes ondas anímicas que son como los "incidentes" de un drama emocional (13). El lírico se debate ante incógnitas y hasta llega a pensar en la muerte, con lo cual su inseguridad adquiere visos de tragedia.

En el poema se han fundido una "trama" psíquica, un mundo de imágenes con todas las asociaciones que éstas despiertan, y también contenidos intelectuales. Estos son los tres componentes esenciales del poema: emoción, imagen, idea.

Por sobre todas las conmociones la que predomina es la de temor, la cual se deja ver hasta en el final mismo, en la alusión al mar (14). Por una extraña coincidencia, o por algún sarcasmo del destino, el temido mar psicológico acabó anegando el alma del poeta. Recordemos que, desde 1922 en adelante, Vallejo no pu-

---

(13) Siete años más tarde, Vallejo habría de referirse específicamente a tres aspectos del arte poético que han de tenerse presentes en toda apreciación de la poesía vallejiana. En la crónica titulada: "La obra de arte y la vida del artista" (1929), dice el bardo: "Puede ocurrir... que, a primera vista, no se reconozca en *la estructura* y *movimiento emocional de la obra,* la *materia vital* y en bruto absorbida y de que está hecha la obra..." (AV 5, 63). En estas breves palabras están mencionados los cimientos mismos de todo *Trilce: estructura, movimiento emocional, materia vital.* A estos determinantes habremos de referirnos en repetidas ocasiones. (La cursiva es nuestra.)

(14) Como ya dijimos al comienzo de esta sección, el mar aparece en *Trilce* con signo negativo.

blicó otro volumen de versos sino hasta llegar los días de la guerra civil española.

Hay un momento de semiexultación en el verso final:

18. Canta, lluvia, en la costa aún sin mar!

Esta es la primera y única vez que el poeta se dirige a la *lluvia* sirviéndose de un imperativo; ha cambiado el punto de vista, pues se ha pasado de la tercera persona (*esta lluvia*) al modo invocativo (*Canta* [tú], *lluvia...*), con lo cual se establece un lazo de intimidad entre el poeta y la inspiración. Esta interiorización de lo cantado da perfecto remate a la serie de ondas anímicas que integran el poema, pues éstas van todas encaminadas a configurar el yo subjetivo del poema, un yo incierto, de tremenda potenciación lírica; ese yo es expresión de temores, dudas e incertidumbres y, a la vez, de una voluntad de entrega a cuanto le amenaza desde dentro (*cada tempestad*) como desde fuera, esto es, el *mar*. ¿Se puede concebir una forma más sucinta y más dramática de representar el sino del poeta? (15).

Considerado desde el punto de vista estilístico, Tr. LXXVII es un poema de factura bastante sencilla: no tiene juegos eufónicos, ni equilibrios estructurales, ni elaboraciones decorativas. Vallejo evitó todo paralelismo o geometría. Las escasas repeticiones que pudieran señalarse no tienen ninguna función estilizante. Sin embargo, Tr. LXXVII, como tantas otras composiciones del mismo volumen, deja en el ánimo del lector una resonancia que va agrandándose con cada nueva lectura. Podríamos afirmar que la carga poética no se agota en el recuerdo, sino que se reduplica y ensancha, porque el lector sigue creando el poema imaginativamente cada vez que rememora su contenido.

* * *

---

(15) Hay en *Escalas melografiadas* un relato, cuyo título —"Muro este"— es ya anuncio de algo por nacer. Se trata de un fusilamiento simbólico. El poeta recibe tres típicos estímulos exteriores: el que presagia el Verbo poético ("una rota y errante hebra del vello que descrece en la lengua de la noche"); el que ya es preludio o heraldo de algo que se da en engañosa perennidad, por estar, como dice el poeta, "siempre revelándose, siempre en anunciación"; y el tercero, que es el estímulo transformado en poesía: "En este último golpe de armonía la sed desaparece..." Tal como en el poema se pasa de la sequía a la inundación castálida, se extingue en el relato la sed y surge el Verbo. Por esto se dice en "Muro este": "Y el proyectil que en la sangre de mi corazón destrozado / cantaba / y hacía palmas, / en vano ha forcejeado por darme la muerte" (NyCC, pp. 17-18). Si se comparan ahora los detalles de Tr. LXXVII con los del relato, se verá que en ambas piezas está presente, en forma simbólica, el drama de la creación poética.

Volvamos al comienzo. Tr. I y Tr. LXXVII nos presentan dos trances dramáticos en la vida del creador literario, y no un "Manifiesto", del tipo que fue tan común entre los poetas vanguardistas. En ellos hay "oscuridades" de léxico o de intención, pero no de significado. Los experimentos lexicográficos, especialmente en Tr. I, responden a una doble necesidad: la de alcanzar un máximum de economía verbal y la de facilitar la mayor diseminación semántica posible —dos propósitos que, a primera vista, parecen estar reñidos el uno con el otro—. De aquí las estructuras complejas o paradojales, tales como *hialóidea grupada, línea mortal del equilibrio, calabrina tesórea, subir* "para abajo", etc.

Entre las oscuridades de intención hay que poner la arquitectura de los poemas y su contenido simbólico. Tr. I. y Tr. LXXVII, como hemos visto, tienen una organización coherente, pero su unidad no descansa en el uso de recursos retóricos obvios, sino en interrelaciones, a veces muy sutiles, entre contenidos espirituales. Si no se logra ver su trabazón interior, podrían aparecer como hacinamientos de incongruencias, especialmente Tr. I. A veces, la novedad de forma y la extrema condensación semántica hacen bastante difícil la lectura y comprensión de un poema. Pero de aquí a suponer que la poesía trílcica sea ininteligible hay mucha distancia. Si el poema es demasiado hermético y exige toda una "pesquisa" para que nos entregue su significado, es menester concordar con Yurkievich, quien dice que en *Trilce* hay malogros —quizá menos de los que él supone— y que éstos "se producen cuando Vallejo no consigue comunicarse con el lector, cuando el sentimiento es demasiado vago y no se formaliza en imagen intuible..." (SY, p. 30). Entre los poemas malogrados pone el crítico argentino a Tr. I. Nuestro análisis no confirma este juicio.

Tr. I. y Tr. LXXVII son típicos del volumen entero; ambos han de entenderse como creaciones intencionalmente deformes y tumultuosas. Esta falta de simetría y de fluida continuidad es parte importantísima del estro trílcico, pues representa un modo de entender el mundo y una manera de representarlo. Por esta razón, es inútil imponer desde fuera moldes y puntos de vista unívocos. La mayor parte de los poemas trílcicos son multiformes, paradojales y de aspecto exterior "craterizado" (16).

Muchos poetas nos han transmitido el clamor de su desesperación y su protesta. Vallejo, por el contrario, prefiere presentarnos las circunstancias de su azarosa vida espiritual, dejando, a veces, entre líneas el drama del hombre y del creador. Esta forma de par-

---

(16) Pedimos prestada esta palabra a Tr. LVII.

4

ticiparnos la zozobra espiritual da dignidad y hondura a la expresión poética. Además, pone de relieve la actitud entre resignada y viril del que acepta la vida tal cual es; al mismo tiempo que dramatiza el oficio poético hace de él un proceso de autodemolición. Al meditar sobre Tr. I y Tr. LXXVII, pórtico y arco de egreso del volumen, nos preguntamos: ¿cuál es la consolación del creador? ¿Qué provecho puede sacar, como artista, de su voluntario sacrificio? El poeta mismo nos dio una "espergesia" (17) en la última composición de *Los heraldos negros*:

> Hermano, escucha, escucha...
> Bueno. Y que no me vaya
> sin llevar diciembres,
> sin dejar eneros.

El poeta confiaba poder terminar algunas labores meritorias y dar comienzo a otras, señalando con ellas a sus congéneres nuevos motivos de expansión espiritual.

---

(17) Damos a esta palabra el sentido que le asigna don Carlos Ochoa en su *Novísimo diccionario de la lengua castellana*, París, México, 1921. Aquí se dice: "f. Retor. Explicación detallada de lo que se ha avanzado o adelantado en un discurso".

CAPITULO II. PREOCUPACIONES POLITICO-SOCIALES

1. *Poesía y política*: *Tr. XXXVIII* (1)

Es bien sabido que, desde 1928 en adelante, el quehacer político fue para Vallejo una preocupación dominante. Así lo atestiguan sus declaraciones sobre capitalismo y comunismo, su defensa del espíritu revolucionario y, en forma indirecta, varias composiciones de *España, aparta de mí este cáliz* (1938; 1940) y de *Poemas humanos* (1939). Después de hacer dos viajes a Rusia, en noviembre de 1928 y septiembre de 1929, Vallejo ingresó en el partido comunista en 1931 (2). Sobre su filiación política nunca hubo dudas, aun antes de esta última fecha.

En el volumen *Trilce* (1922) hay sólo un poema —el que lleva el número XXXVIII— en que se vislumbran, detrás de un juego de imágenes, algunas referencias a ciertos aspectos de lo político. Se trata de una composición en cuatro estrofas de forma irregular y sin rima, que podría considerarse como el primer intento de poetizar un tema político-social (3). Mirada por su exterior, da la impresión de ser un cuadro con fondo indefinido, en el cual se adivina la presencia de un hombre —el poeta— sentado a una mesa contemplando un

---

(1) Este trabajo apareció en *Cuadernos Americanos* (México), Vol. CLXV, No. 4, julio-agosto, 1969, pp. 184-197.
(2) Así lo afirma Ernesto More en su folleto *Los pasos de Vallejo*, Lima, Impr. de la Universidad Mayor de San Marcos, s. f., p. 27.
(3) Si nos atenemos a la cronología del contenido de *Trilce* propuesta por Juan Espejo Asturrizaga, el poema XXXVIII está entre los que Vallejo elaboró hacia 1919. Véase: JEA, p. 113.

vaso. Esto en cuanto a lo puramente externo. Entremos ahora en la interioridad del poema:

Trilce XXXVIII

1. Este cristal aguarda ser sorbido
en bruto por boca venidera
sin dientes. No desdentada.
Este cristal es pan no venido todavía.

5. Hiere cuando lo fúerzan
y ya no tiene cariños animales.
Mas si se le apasiona, se melaría
y tomaría la horma de los sustantivos
que se adjetivan de brindarse.

10. Quienes lo ven allí triste individuo
incoloro, lo enviarían por amor,
por pasado y a lo más por futuro:
si él no dase por ninguno de sus costados;
si él espera ser sorbido de golpe
15. y en cuanto transparencia, por boca venidera que ya no tendrá dientes.

Este cristal ha pasado de animal,
y márchase ahora a formar las izquierdas,
los nuevos Menos.
20. Déjenlo solo no más.

¿Es legítimo decir que en estos versos hay "política"? Si nuestra respuesta es negativa y afirmamos que en ellos hay "poesía", nos será preciso aclarar el alcance de ambos términos, antes de entrar en el estudio pormenorizado del poema.

Digamos, desde luego, que Tr. XXXVIII no es una meditación sobre el significado esencial del pan, sustancia que, según André Coyné "termina imponiéndose a la materia aparentemente más contradictoria —el vidrio—, pues la identidad de cada cosa o de cada ser no resiste la proyección del deseo en un tiempo todavía por venir..." (AC I, p. 110). Si se examina el poema como expresión simbólica, se ve que tanto el pan como el vidrio son elementos imaginísticos de que se sirve Vallejo para estilizar la visión poética. A través de ellos se nos dan a conocer la naturaleza y significado de una nueva ideología. La caracterización de esa ideología es, a nuestro modo de ver, el verdadero asunto del poema.

Ninguna duda cabe de que Vallejo sintió la necesidad de afirmar nuevas convicciones, después de la hecatombe de 1914-1918. En la crónica titulada "Una gran consulta internacional", Vallejo declara:

"La guerra de 1914, quiebra y bancarrota de un momento social de la historia —el régimen burgués— nos ha sumergido y nos mantiene en el estupor y el desconcierto... Sin embargo, circula en nuestras entrañas más dolidas y en las más lóbregas desarticulaciones de nuestra conciencia, un aliento nuevo, un nuevo germen vital" (4).

En 1919 ese "aliento nuevo" era apenas una promesa, algo por venir, pero en 1929 la ideología del poeta se había centrado definitivamente en un programa específico: el marxismo. Así nos lo dice la crónica que hemos citado.

Estamos ante dos hechos probables: *a*) hacia 1919 Vallejo tenía ya una intuición muy clara, a juzgar por el poema, de lo que significaba la ideología de izquierda, y *b*) algunas ideas de la crónica (1929) son como un débil eco de lo dicho varios años antes en Tr. XXXVIII. Hay un denominador común entre estos dos hechos, lo cual es otro modo de decir que el reformismo de las prosas vallejianas y la expresión poética de su ideología juvenil tienen el mismo origen, aun cuando sean de distintas épocas y de diferente índole. Para comprender, pues, el verdadero alcance de Tr. XXXVIII, no está de más conocer las opiniones del poeta sobre la correlación que puede haber entre literatura y política. Sabiendo lo que pensaba Vallejo en 1929-1930, podemos precisar si hay o no intención política en el poema. Naturalmente, tendremos siempre presentes el hecho de estar contrastando dos épocas distintas y haber mirado el proceso histórico con sentido retrospectivo. No debe pensarse, sin embargo, que la correlación mencionada le interesó a Vallejo sólo después de vivir en Europa. Muchos años antes, hacia 1915, cuando preparaba su tesis sobre *El romanticismo en la poesía castellana* (5) para optar al título de Bachiller en Letras, ya relacionaba las ciencias, la filosofía y el arte con el bienestar y progreso de los pueblos. En un pasaje llega a decir que "el arte... es el espejo de toda sociabilidad" (Elrom., p. 33).

Vallejo, el poeta, no quiso jamás hacer el papel de propagan-

_____
(4) Esta crónica es de mayo de 1929. Véase: AV 5, pp. 65-67.

(5) Todas nuestras referencias serán por el texto publicado en Lima, 1954.

dista. Su reputación como creador literario descansa sobre este hecho incontrovertible. Sin embargo, creía en la imposibilidad de separar el arte del hombre. Estos correlativos forman, en su opinión, un todo indivisible, por lo cual, consciente o inconscientemente, la obra literaria siempre refleja la personalidad del autor (6). Así y con todo, el poeta se sintió obligado a declarar que la ideología política no tiene por qué convertir el arte en vehículo doctrinario. Sobre este punto Vallejo es explícito. En más de una ocasión declaró que "el artista es un ser libérrimo y obra muy por encima de los programas políticos, *sin estar fuera de la política*" (7). Se plantea aquí un problema de especial importancia: ¿puede un poeta mantener una postura ambivalente, como político y como creador?

A modo de explicación, Vallejo establece un contraste entre política y poesía. La política —nos dice— persigue fines inmediatos, y el que en ella participa se guía por "ideales periódicos", esto es, planes y proyectos sujetos al constante devenir y a las necesidades inmediatas de un grupo o clase, o del conjunto humano en general. No es la amplitud, mayor o menor, de la acción política lo que determina la índole de dichos planes, sino su naturaleza misma y su inserción en el tiempo.

Vallejo hasta nos da las características del que piensa y se conduce como político: tendencia a la acción, ansias de resultados inmediatos, desdén por los argumentos, extremismo, odio y actitud sistemática (8). Además, veía en el arte un principio generador y no una función "didáctica, transmisora o enseñatriz de emociones o ideas cívicas ya cuajadas en el aire" (AV 1, p. 39). La poesía —y el arte en general— dejan al hombre en libertad para entregarse a sus propias formulaciones; en ellos no cabe una praxis, porque el genuino creador trasciende toda inmediatez. El verdadero poeta no comunica a sus lectores tal o cual programa concreto, pues éste es apenas un derrotero pragmático, sino que crea en ellos un clima espiritual, una actitud creadora. Con esto llegamos al meollo de la cuestión. Dice Vallejo:

> "(El artista) debe, ante todo, suscitar una nueva sensibilidad política... una nueva materia prima política en la naturaleza humana" (AV 1, p. 39).

A nuestro escritor no le interesaba saber meramente hasta qué punto podía transigir, como artista, con las exigencias de la vida

---

(6) "La obra de arte y la vida del artista", AV 5, pp. 61-63.
(7) "Los artistas ante la política", AV 1, p. 40. (La cursiva es nuestra.)
(8) AV 5, p. 52. Estas cualidades las destaca Vallejo al reseñar *La trahison des clercs,* de Julien Benda.

política peruana, en la cual empezaban a militar amigos dilectos, como Víctor Raúl Haya de la Torre y José Carlos Mariátegui, ambos representantes del pensamiento izquierdista (9). El problema era mucho más serio: ¿cómo hacer de la política una actividad creadora, compatible con el arte?

El artista —se nos dice— contribuye a la creación de una "nueva sensibilidad política" transmitiendo "inquietudes" y metas ulteriores. A éstas las llama "nebulosas políticas más vastas que cualquier catecismo o colección de ideas expresas y, por lo mismo, limitadas, de un momento político cualquiera" (AV 1, p. 39). En cuanto a la nueva actitud creadora fomentada en los lectores, ésta es, según Vallejo, el resultado de una "alquimia", es decir, una transmutación de la realidad política en "esencias revolucionarias". El poeta comunica su pensamiento por medio de imágenes cargadas de muy sutiles y complejas sugerencias. Y hasta puede ocurrir que tales sugerencias estén sólo implícitas en "la estructura y movimiento emocional de la obra" (AV 5, p. 63). Fondo y forma concurren así para hacer del poema un medio personalísimo de comunicación, que se caracteriza tanto por su oblicuidad como por su sutileza.

Las distintas etapas del proceso de comunicación espiritual serían las siguientes:

1) Reducción: la realidad política ("materia en bruto") se convierte en "esencias";
2) Transmutación imaginística ("alquimia");
3) Transmisión de la experiencia poética ("sugestiones complejas" ... "nueva materia prima");
4) Complementación indirecta por "la estructura y movimiento emocional del poema";
5) Nueva actitud del lector ("exitación social transformadora").

Estas ideas están expresadas en la crónica antes mencionada, "La obra de arte y la vida del artista":

"El artista ... concatena las inquietudes sociales ambientes y las suyas propias individuales, no para devol-

---

(9) El cambio de orientación entre los intelectuales, hacia 1918, lo discute muy acertadamente Luis Monguió (LM, p. 18). Sobre las relaciones entre Haya de la Torre y Vallejo, véase: Sánchez, L. A., "César Vallejo, Haya de la Torre y otros personajes", *Cuadernos Americanos*, Año III, No. 3, mayo-junio, 1954, pp. 81-88.

verlas tal como las absorbió, sino para convertirlas en *puras esencias revolucionarias de su espíritu,* distintas en la forma e *idénticas en el fondo a las materias primas absorbidas.* Estas esencias trasmutadas pasan a ser, en el seno objetivo de la obra. *gérmenes sutiles y sugestiones complejas de excitación social transformadora.* Puede ocurrir ... que a primera vista no se reconozca, en *la estructura y movimiento emocional de la obra,* la materia vital y en bruto absorbida y de que está hecha la obra, como no se reconocen en el árbol los cuerpos simples extraídos de la tierra" (AV 5, pp. 62 - 63). (10).

En esta cita hay un punto de capital importancia: todo poeta, según Vallejo, transforma la realidad en "esencias". Esta última palabra no significa el conjunto de atributos imprescindibles que caracterizan a un objeto, sino que se refiere a los conceptos básicos de una ideología, en este caso, el marxismo. Naturalmente, en dichos conceptos van implícitos ciertos valores, que se vislumbran como promesas del porvenir. Las "esencias" son, por lo tanto, sutiles sugerencias, potencialidad espiritual capaz de conducir a posibles realizaciones, una vez aceptada la nueva fe. En este sentido, Tr. XXXVIII refleja una actitud proyectiva y finalista.

La comparación entre las verdades del político y las "sugestiones" del poeta descansa en una diferencia de forma y de naturaleza. El lírico abstrae y generaliza, pero carga sus conceptos de sentido personal. Es así como establece con el lector —en teoría por lo menos— una comunidad espiritual (11), y hace del poema una suerte de revelación con visos de encantamiento. Las ideas y el trasfondo de racionalismo que éstas puedan acarrear se transforman en un ritmo, esto es, una disposición espiritual que busca comunicarse por vía aproximativa, promoviendo consonancias entre el creador y el lector.

Queda ahora por ver si la "estructura" de Tr. XXXVIII deja

---

(10) Es conveniente observar que en esta cita se emplean el verbo "absorber" y la frase "en bruto", que hallamos también en Tr. XXXVIII. (La cursiva es nuestra.)

(11) Podría pensarse que, detrás de las imágenes del vaso (cristal) y del *pan,* hay un borroso recuerdo de la eucaristía. Si esa reminiscencia es real, tendríamos una razón más para creer en el desajuste interior del poema, puesto que Tr. XXXVIII no se refiere a un acto sacramental, sino a una transmutación: el poeta toma la realidad en bruto y la transforma, como dice la crónica, en "sugestiones complejas", es decir, en materia poética.

traslucir la raíz primaria de lo que el poema dice. No está claro si el poeta, al emplear la palabra "estructura" en la crónica, se refiere a la organización externa o interna de un poema, pero nos inclinamos a creer que se refiere a ambas. En el presente caso, habremos de fijarnos en la estructura interna en particular, ya que ni la forma amétrica, ni la organización tipográfica tienen nada realmente distintivo. Debemos determinar también si los "gérmenes sutiles y sugestiones complejas de excitación social transformadora" son en realidad poesía, y si logran establecer una comunidad de participación en la mente del lector. Examinemos, pues, los significados y formas de Tr. XXXVIII, contrastándolos, donde sea posible, con los contenidos de los fragmentos en prosa.

El primer verso no alude a una materia —el vidrio— sino a un vaso (12), pues el cristal está asociado al verbo sorber (verso 1) y al sustantivo *boca* (verso 2). En verdad la elección de un vaso como símbolo de una ideología es poco feliz, pues un objeto concreto no es el mejor referente para expresar una abstracción. Pero el poeta necesitaba destacar algunas cualidades inherentes al vidrio, a fin de caracterizar el mundo de las ideas, v. gr., la capacidad de cortar, si el vidrio se hace trizas (*hiere cuando lo fuerzan*), el exterior desvaído (*individuo/ incoloro*), y su transparencia (verso 15). Aun dando por cierto que estas cualidades establecen un puente de unión entre el referente y tres significados, queda en la mente del lector una imagen imprecisa, pues no se acierta a saber si el poeta está hablando solamente del continente —el vaso— o si también ha intentado referirse a algún contenido líquido, ya que emplea dos veces el verbo sorber (líneas 1 y 14). Si se lee todo el poema como un continuo de ideas y de imágenes, se advierte que "sorber" quiere decir "asimilar", idea que no armoniza con la concreción del cristal. Vallejo no empleó, pues, una imagen eficaz, ni supo sacar provecho de la doble posibilidad que le presentaba la dicotomía "continente - contenido", como lo hizo, por ejemplo el poeta mexicano, José Gorostiza, en su ya famoso poema *Muerte sin fin* (13).

(12) La palabra *cristal* la usó Vallejo en muy variados sentidos a través del tiempo: (1) lente que da significado a lo que se contempla (Elrom., p. 38); (2) vehículo de expresión poética, o sea, la palabra (Elrom., p. 48); (3) molde métrico (Elrom., pp. 49-50); (4) cada uno de los cinco sentidos (NyCC, p. 52); (5) un espejo (NyCC, p. 91); (6) el continente humano, o sea, el cuerpo (LHN, p. 31); (7) los vidrios de una ventana simbólica (en singular o plural) (LHN, p. 38, y también Tr. XLII). No falta, claro está, el sentido de "vaso", como, por ejemplo, en "Los Caynas": "...al poner el cristal vacío sobre el zinc del mostrador, lo quebró..." (NyCC, p. 51).

(13) Nos atrevemos a conjeturar que Vallejo no estableció la relación continente-contenido porque el vaso es para él lo que imparte forma, el

Es curioso que Vallejo empleara el verbo *sorber,* palabra que se parece al verbo *absorber* de la crónica. Este parecido lo interpretamos como una débil reminiscencia de su propio estilo.

La imagen sugerida por la frase "en bruto", que aparece en la crónica y también en el poema, tampoco es realmente acertada, sea que indique totalidad o el estado anterior a una elaboración. De estos dos significados, creemos que Vallejo prefería el primero, pues le interesa destacar la necesidad de la entereza en oposición al afán analítico. El mismo contenido se halla en el verso 14, que dice: ... *él espera ser absorbido de golpe.*

En la primera estrofa aparecen también dos expresiones que encierran una manifiesta idea de futuro: *boca venidera sin dientes* y *pan no venido todavía.* La generación de los jóvenes aceptará la nueva ideología sin someterla al proceso de "masticación" intelectual sugerido por los dientes. Asimismo, la juventud del futuro, es decir, *la boca venidera sin dientes,* no acogerá a los viejos retrógrados —los hombres con boca ya desdentada del verso 3— cuya vida ha sido principalmente vegetativa, vida orientada por una necesidad primaria: el comer. En los versos 2 y 3 está implícita, sin duda alguna, la distinción entre el que vive atento a sus necesidades inmediatas —el "individuo", según los filósofos— y el ente humano que se rige por valores —la "persona"—. Ahora se comprende el significado de las "esencias revolucionarias" mencionadas en la crónica. Estas son, en realidad, valores, es decir, aspiraciones ideales que guían a la "persona".

Elemento importante de todo este conjunto de significados es la imagen de los *dientes,* la cual, a pesar de su utilidad como referencia a la acción de "comer", "cortar", "triturar" y aún de "morder", no es totalmente satisfactoria, porque nos lleva a concebir un proceso físico que sólo en parte consuena con la idea central del poema.

El último verso de la primera estrofa llama *pan no venido todavía* a la ideología izquierdista vislumbrada en un futuro no lejano. Esta imagen es un poco más eficaz como recurso artístico, ya que es posible concebir la nueva fe como un "pan espiritual".

El verso 6 (*y ya no tiene cariños animales*) repite el pensamiento de los versos 2 y 3: *boca venidera/ sin dientes;* en ambos casos se entiende que las nuevas ideas son del reino del espíritu, y no del mundo fisiológico.

---

determinante, mientras que el contenido es lo informe, siempre determinado. Esta contraposición se entrevé en algunos versos de años posteriores: *Confianza en la maldad, no en el malvado; / en el vaso, mas nunca en el licor* (PH, p. 151); *...y sed del vaso, pero no del vino* (PH, p. 188).

Vallejo cree que el "nuevo germen vital" (son palabras tomadas de la crónica) es más grato mientras mayor sea el entusiasmo de quienes lo sustentan. Esta adhesión apasionada es la misma que se subentiende en la primera estrofa, en donde se condena, como hemos visto, el análisis en frío, la trituración racional. Vallejo intercala luego una reflexión filosófica en los versos 8 y 9:

> y tomaría la horma de los sustantivos
> que se adjetivan de brindarse.

Toda entidad sustantiva que está al servicio de algo deja de ser pura sustantividad (14). Dicho en otras palabras, la donación, sobreentendida en el verbo *brindarse,* añade una dimensión cualitativa a la objetividad: por encima del "individuo" adviene la "persona", idea que ya se había insinuado antes (15). He aquí una forma de trascendencia que concuerda con lo dicho en la crónica sobre "esencias revolucionarias".

En los versos recién citados el poeta se ha colocado en un plano de abstracciones que nos aleja de lo concreto y temporal para hacernos ingresar en el mundo de las verdades ideales. Digamos, de paso, que esta intelectualización no contradice lo dicho antes sobre excesos de racionalización, pues aquí el poeta no ha recurrido a un análisis sino a una síntesis.

La tercera estrofa se inicia como respuesta a aquellos que hallan la nueva ideología carente de atractivos (incoloro), desprovista de carga emocional (*lo enviarían por amor*) y sin perspectiva histórica, esto es, sin una tradición (*pasado*) y con escasas posibilidades futuras (*lo enviarían ... a lo más por futuro*).

Vienen en seguida dos versos (Nos. 13 y 14) que comienzan con un *si* reforzativo. Para la cabal comprensión de Tr. XXXVIII es menester interpretar ambos casos de *si* con el sentido de "seguramente". En estos versos, por lo demás, se apunta la misma idea de integridad o totalidad que ya hemos visto: esta nueva ideología no se entrega por partes (*no dase por ninguno de sus costados*).

La última estrofa aclara, de una vez por todas, la intención del autor: las izquierdas están integradas por los Menos, alusión

---

(14) En años posteriores hallamos la imagen del *sustantivo* en un poema dedicado al bolchevique, cuyas virtudes fundamentales son, para Vallejo, promesa de fertilidad: *vi que en tus sustantivos creció yerba* (PH, p. 158).

(15) Véase una lúcida discusión de "individuo" y "persona" en: Romero, Francisco, *Filosofía de la persona,* Buenos Aires, Losada, 1944, pp. 7-49.

clarísima a la ideología reformista de posguerra sustentada por esa minoría que luego fue el APRA, o el partido comunista.

La idea central de Tr. XXXVIII la aprehendemos a través de denominaciones en que se hermanan lo concreto y lo abstracto, lo subjetivo y lo objetivo, con lo cual queda el pensamiento doblemente transmutado. El programa izquierdista, por ejemplo, está representado por 1) el cristal (cosa) y 2) el triste individuo (persona). Podría argüirse que *individuo* significa puramente "soledad". Lo innegable es que la idea de persona está presente. Y con esto tenemos que una entidad abstracta, esto es, la nueva ideología, está primero "cosificada" (*cristal, pan*) y luego humanizada (individuo). Más adelante veremos si esta transmutación es artísticamente eficaz.

Afirma Xavier Abril que el "triste individuo" no es otro que el propio Vallejo (XA 1, p. 51). En sentido lato, así es. Sin embargo, si nos atenemos al sentido poético, parece más correcto pensar que este individuo es un ser humano indeterminado, encarnación viva de ideas redentoras, algo así como un nuevo maestro, del temple de González Prada, venerado dirigente de la juventud, a quien llamó Vallejo "egregio capitán de generaciones", tras de entrevistarle en marzo de 1918. González Prada le hizo pensar entonces en un futuro mejor, tal como el que se insinúa al final de Tr. XXXVIII. Dice Vallejo en la entrevista: "Y pienso en que mañana habrá aurora" (16).

La intención desrealizadora se manifiesta también en la total omisión de precisiones históricas. El tema central está visto como creación de la mente, sin conexiones con la vida cotidiana. Los vocablos *pasado* y *futuro,* del verso 12, son imágenes poéticas y no referencias a un tiempo determinado. Esta desvinculación temporal es, sin duda, uno de los ingredientes poéticos del poema.

Tampoco hay en el poema adhesiones personales. El único verso que puede entenderse como una opinión es el último: *Déjenlo solo no más.* La expresión *no más* tiene varios significados y, entre ellos, está el de expectación: "Déjenlo solo y ya verán". Pero como la frase es ambigua, no se puede afirmar con seguridad que éste sea su verdadero sentido.

Adviértase también que el poema es sólo una aproximación a un tema y que en él se insinúan contornos muy vagos. Está, por lo tanto, muy lejos de llevar envuelta una profesión de fe. Esta

---

(16) "Con Manuel González Prada." En: JEA, p. 218. No son pocas las resonancias del ideario de González Prada en el pensamiento vallejiano. Véase, como ejemplo, el ensayo "Comer y callar" (*Bajo el oprobio*, París, 1933, pp. 109-111).

es otra de las diferencias básicas entre política y la poetización de ella. Tr. XXXVIII expresa más bien una problemática, de la cual pueden emanar los "gérmenes sutiles y sugestiones complejas de excitación social transformadora" de que nos habla la crónica. El poema no se ocupa de ningún problema del diario vivir sino que elabora, en términos poéticos, una óntica de las creencias. Tr. XXXVIII nos da, pues, una intelección de las cualidades diferenciativas de los entes ideales llamados "convicciones". Este plano de abstracción se ve muy claramente en los versos 8 - 9, que ya discutimos.

El bagaje conceptual de Tr. XXXVIII es reflejo de un modo particular de ver el mundo, que implica, claro está, un punto de vista y una orientación, pero en ningún verso aparecen éstos en primera fila. Vallejo no nos comunica en sus versos lo que es, sino lo que puede ser. Tr. XXXVIII no contiene una realidad inmediata sino una prefiguración. El tema está tratado tan vagamente que sólo se menciona el punto de gravitación de todo el poema al final, y esto, en términos genéricos:

18. y márchase ahora a formar las izquierdas,
19. los nuevos Menos.

El plural "izquierdas" señala un tipo de ideología y no una ideología definida. Años más tarde, como ya vimos, el poeta especificaría el sentido exacto de su izquierdismo. Este detalle no deja de tener cierta significación, si se recuerda que hacia 1919 no había cristalizado aún ninguna ideología partidarista de extrema izquierda. Estamos, por consiguiente, en el advenimiento mismo de una nueva era. Los preconizadores de las nuevas directrices políticas son los *nuevos Menos* del poema. Entre éstos se contaba, naturalmente, el propio Vallejo, quien veía ya indicios de una nueva consigna, la misma que hallamos en Tr. XXXVIII.

Todo lo dicho hasta aquí confirma la teoría vallejiana. Fijémonos ahora en algunos detalles para ver la distancia que media entre la teoría y la realidad.

Sabemos que los poemas de *Trilce* fueron cuidadosamente elaborados y que Vallejo se había propuesto llegar en ellos a una economía verbal máxima. Sin embargo, en Tr. XXXVIII hallamos las siguientes reiteraciones:

1. Idea de entereza, o no fragmentación: ser sorbido en bruto (versos 1 - 2); (por boca) sin dientes (que no tritura) (verso 3); no dase por ninguno de sus costados (verso 13); es-

pera ser sorbido de golpe (verso 14); que ya no tendrá
dientes (para fragmentar o triturar) (verso 16).

2. Idea de futuro: aguarda ser sorbido (verso 1); boca venidera (versos 2 y 15 - 16); pan no venido todavía (verso 4);
ser sorbido (verso 14); ya no tendrá dientes (verso 16).

3. Idea de espiritualidad: boca ... sin dientes (que no come)
(versos 2 - 3); ya no tiene cariños animales (verso 6); ha
pasado de animal (verso 17).

Estas reiteraciones apuntan a un ritmo vital que es insistencia
y forcejeo, todo mezclado con una nota de persistente autoconvencimiento, como lo acusan ese doble *si* reforzativo de los versos 13 y 14, a que antes aludimos, y la afirmación final (verso 20),
que tiene el tono de un vaticinio: *Déjenlo solo no más.* Esta pro-
fecía cierra el poema poniendo fin a la dialéctica implícita en los
versos.

Podría decirse, y no sin una buena dosis de razón, que el último verso debió tener más fuerza expresiva. La verdad es que
en todo el poema no hay dramaticidad, pues predomina en él el
raciocinio. Hay momentos en que Vallejo parece estar, consciente
y subconscientemente, bajo el peso de sus pareceres. También es
posible que los retoques introducidos en época posterior a la creación del poema no fueran hechos dentro de un ritmo vital parecido al que inspiró el poema en primera instancia. Observemos,
como ejemplo, los versos 6 y 17:

> y ya no tiene cariños animales.
> Este cristal ha pasado de animal,

En estos versos no hay emotividad; contienen un juicio y, por
eso, no inspiran lo que antes llamamos "comunión poética".
Nadie duda de su propiedad como caracterizaciones de la nueva
fe. El poeta ha hecho una distinción muy clara entre la vida animal y la vida del hombre a base de la intencionalidad, esto es,
la función psíquica que en el ser humano rebasa las lindes de lo
puramente animal (17). Pero debemos recordar que el papel de
la poesía es nombrar contenidos después de haber sido transmuta-
dos en vehículos de comunión espiritual. Nosotros no percibimos
en los versos 6 y 17 eso que Vallejo llama en la crónica "el mo-

---

(17) "La inteligencia humana se funda en la conciencia intencional u
objetiva, y es consustancial con esta conciencia la exigencia de nombrar sus
contenidos, de transmitirlos y dar lugar así a la comunidad intencional". Romero, Francisco, *Teoría del hombre,* Buenos Aires, 1952, p. 12.

vimiento emocional de la obra". Por el contrario, en ellos hay un evidente impersonalismo.

Las varias concreciones que antes señalábamos (*cristal, pan, dientes, individuo, costado*) tampoco favorecen la transmisión de la vibración anímica de que nos ha hablado Vallejo. El contenido de Tr. XXXVIII nos lleva, en más de una ocasión, a permanecer más bien fuera que dentro del ámbito espiritual, a pesar de ser el asunto del poema un tema abstracto que atañe a la vida del espíritu. Y lo curioso, y desconcertante a la vez, es que el juego alegórico mismo —modo desrealizador primordial en Tr. XXXVIII— es el que contiene las concreciones discordantes a que nos hemos referido.

El poeta quiso, sin duda, dar calidad estética a sus versos mediante la oblicuidad de una alegoría, esto es, sacando la materia política de su ámbito y proyectándola a un nuevo plano de significación indirecta. Por desgracia, el andamiaje alegórico, como hemos visto, no es todo del mismo orden, con lo cual se destruye en parte la coherencia figurativa del poema.

Tr. XXXVIII incluye algunas "filosofículas", que, sin duda alguna, le dan rango intelectual, pero que, al mismo tiempo, le restan vuelo poético, porque la formulación filosófica es siempre racional, el resultado de un esfuerzo crítico y de una búsqueda intelectual. Este es el caso de los versos 8 y 9, los cuales, en esencia, dicen: los sustantivos se adjetivan al brindarse. Se notará aquí un doble esfuerzo: uno artístico, que busca expresar un contenido a través de figuras literarias (sustantivo - objetividad; adjetivo - cualificación), y otro intelectual, que se traduce en una afirmación filosófica: la cualificación cambia el ser de la sustantividad. A pesar de no haber aquí una mención directa, tenemos, de todos modos, un enunciado que es saber crítico y no poesía (18).

En el poema hay también restos de razonamientos vertidos en repeticiones y esclarecimientos. Tr. XXXVIII lleva envuelta una "alquimia" del material "en bruto" —la definición de un ideal político— pero la transformación, o estilización, está hecha a medias. Léase el poema una vez más y se hallará en él, sin duda, un esfuerzo corroborativo que da al conjunto un cariz prosaico inconfundible. Es muy significativo a este respeto, que el poema

---

(18) La presencia de enunciados filosóficos en *Los heraldos negros* ha sido señalada por Saúl Yurkievich en su excelente estudio *Valoración de Vallejo*. Residencia (Chaco), Universidad Nacional del Nordeste, 1958. El crítico cree, sin embargo, que en *Trilce* Vallejo "no incurre en el filosofema, en el pensamiento prosaico", (p. 35), observación con la cual nosotros no concordamos.

no contenga frases o palabras de sentido múltiple, del tipo que hallamos con frecuencia en otros poemas. En Tr. XXXVIII el poeta no quiere dejar lugar a dudas. No vemos, pues, esos "gérmenes *sutiles*" que menciona la crónica, sino declaraciones explícitas, como la de la última estrofa: *márchase ahora a formar las izquierdas.* (19).

Hay muchas composiciones en *Trilce* cuya fuerza expresiva y coherencia interior se manifiestan desde el primer verso. En ellas se acusa una alta tensión emocional o un obsesionado sondeo del yo, que dan sentido e intensidad a las palabras, por sencillas que sean, sin ser necesaria argumentación alguna. No ocurre así en Tr. XXXVIII, pues este poema configura un cuerpo de ideas por adición de cualificaciones desprovistas de esa fuerza persuasiva que el poeta llama en la crónica "excitación social transformadora". Tr. XXXVIII fue escrito, seguramente, bajo el acicate de un complejo ideológico en proceso de decantación. En 1919 Vallejo era todavía un neófito en política; además, no había tenido que encararse aún con muchas peripecias y duras pruebas que estaban por venir: 112 días de encarcelamiento (1920 - 1921), vida de pobreza y hambre en París, conversión al marxismo (1928), mala salud, viaje a Rusia (1928), nuevo viaje a Moscú (1929), etc. Teniendo presente que los años 1918 - 1920 corresponden a una etapa de iniciación y búsqueda, se comprenderá por qué la estructura interna de Tr. XXXVIII es la de una disquisición. En ella no se reflejan ni el fervor ni la exaltación que la vida política había de promover en su alma con el correr de los años.

Al principio de este estudio formulamos una pregunta básica: ¿hay, o no, política en Tr. XXXVIII? En vista de lo expuesto en los párrafos anteriores, la respuesta tiene que ser doble: si bien es cierto que el poema no contiene nada que pueda llamarse una consigna política, algunos de sus recursos de expresión y su estructura interna acusan una actitud analítica y aclaratoria que, a nuestro modo de ver, es reflejo de una necesidad de definición,

---

(19) Galo René Pérez propone la siguiente interpretación: "(el cristal)... no parece ser sino su misma poesía... poesía (que) colmará como un chorro alucinado los vasos de una edad venidera" (*Cinco rostros de la poesía*, Quito, 1960, p. 235). Cabría preguntar, a modo de simple especulación, en qué forma hiere la poesía cuando la fuerzan, por qué ha de ser incolora y por qué ha de *formar las izquierdas*, frase esta última que introduce una alusión a un mundo extrapoético. Es muy grande la diferencia entre Tr. XXXVIII, de suyo cerebral y argumentativo, y Tr. LXXVII, poema que sí está dedicado a representar el gozo y el sufrimiento de quien crea poesía. Concordamos, sin embargo, con el crítico ecuatoriano en el sentido de que Tr. XXXVIII canta un valor espiritual por venir.

móvil fundamental del hombre político que había en Vallejo. Por otra parte, la alegoría, el esfuerzo desrealizador y la intemporalidad de los significados son manifestaciones de una actitud poética. Tr. XXXVIII es, en suma, un poema híbrido, en que dos actitudes no logran armonizar del todo por ser antagónicas. El propio Vallejo reconoció, más de una vez, la incompatibilidad de la creación poética con el quehacer político. Cinco años después de publicarse *Trilce,* afirmaba nuevamente en una crónica:

> "... la historia del arte no ofrece ningún ejemplo de artista que, partiendo de consignas o cuestionarios políticos, propios o extraños, haya logrado realizar una gran obra" (LityA, p. 52).

Aun no teniendo el valor artístico que era de desear, Tr. XXXVIII es una composición de particular interés porque nos permite conocer el pensamiento político de Vallejo en su estado embrionario y porque deja traslucir un intento de conciliar los intereses del ciudadano con los del artista. En ella se encierra una doble verdad: el hombre social derrotó en parte al poeta, y también el visionario levantó a Vallejo por encima del político.

Es cierto que hay toda una graduación humana que va desde el político de baja estofa hasta el que llega a gobernarse por normas jurídicas y aspiraciones nobles. Indudablemente, Vallejo estaba desde los comienzos entre los hombres imbuidos de sentido de responsabilidad y de sincero amor al prójimo. En Tr. XXXVIII no hay nada que en lo más mínimo indique ordinariez. Y esto explica por qué en otros poemas posteriores a *Trilce* lo que pudo ser sólo beligerancia política aparece transformado en una conmovedora entrega espiritual, que es a la vez voluntad de sacrificio y anhelo de redención.

2. *Poesía y sociología*: *Tr. XXV* (1)

A toda persona que haya leído *Trilce* con algún detenimiento seguramente le parecería equivocado enfocar el poema XXV de dicho volumen como si fuera una poetización de "problemas sociales". En realidad, toda categorización *social* de los motivos trílcicos nos llevaría a un error, por la simple razón de que en *Trilce* no hay sociología.

(1) Este trabajo fue publicado en *Revista Iberoamericana,* No. 71, abril-junio, 1970, pp. 205-216.

El sociólogo aspira a ser objetivo. Estudia conflictos y armonías del hombre dentro de una colectividad a fin de explicarlos racionalmente y, tras de analizar, comparar y valorar, apunta a la formulación de leyes generales. Nada de esto ocurre en ningún poema trílcico, porque los determinantes noéticos de la creación vallejiana no tienen nada que ver con las pautas y propósitos que guían al sociólogo. Vallejo, como estructurador lírico, hace suyos los datos primarios de la conciencia y les imparte un carácter *sui generis* al transformarlos, con su intuición creadora, en imágenes de la realidad. En vez de abstraer leyes generales, da forma expresiva a contenidos espirituales, sin proponerse demostrar nada. Tr. XXV es un conjunto de clarividencias subjetivas. Ni más, ni menos que esto. En una palabra, la sociología y la poesía pueden coincidir en ciertos "temas", pero no en el modo de tratarlos.

Examinemos ahora las diferencias recién mencionadas fijando la atención en un poema específico.

Trilce XXV

1. Alfan alfiles a adherirse
   a las junturas, al fondo, a los testuces,
   al sobrelecho de los numeradores a pie (2).
   Alfiles y cadillos (3) de lupinas parvas.

5. Al rebufar el socaire de cada caravela
   deshilada sin ameracanizar, (*sic*)
   ceden las estevas en espasmo de infortunio,
   con pulso párvulo mal habituado
   a sonarse en el dorso de la muñeca.
10. Y la más aguda tiplisonancia,
    se tonsura y apeálase, y largamente
    se ennazala hacia carámbanos
    de lástima infinita.

    Soberbios lomos resoplan
15. al portar, pendientes de mustios petrales
    las escarapelas con sus siete colores
    bajo cero, desde las islas guaneras
    hasta las islas guaneras.
    Tal los escarzos a la intemperie de pobre
20. fe.

---

(2) En las ediciones Losada se lee, equivocadamente, *piel*.
(3) En las ediciones Losada: *caudillos*.

Tal el tiempo de las rondas. Tal el del rodeo
para los planos futuros,
cuando innánima grifalda relata sólo
fallidas callandas cruzadas.

25. Vienen entonces alfiles a adherirse
hasta en las puertas falsas y en los borradores.

Como si se hubiese propuesto sobrepasarse en barroquismo y
oblicuidad, Vallejo escribió Tr. XXV empleando un considerable
número de neologismos, elementos simbólicos y metáforas raras y,
como estos medios expresivos se enlazan en formas muy variadas y
sutiles, la lectura del poema resulta difícil.

Varios críticos han señalado ya la impenetrabilidad de Tr. XXV,
pero juzgándolo siempre sin analizarlo. En artículo reciente, Yurkievich cita todo el poema y añade:

"Aunque incomprensible, el impulso expansivo mantiene
su potencia... A pesar de la ininteligencia conceptual, nos
vemos paulatinamente envueltos por un campo magnético...
No hay desarrollo lógico, ninguna concatenación episódi-
ca" (4).

Sobre el mismo poema dice Juan Larrea:

"El poema XXV de *Trilce* es un ejemplo consumado de
esa expresión que la estilística ha llamado caótica..." (5).

Los críticos concuerdan, sin embargo, en señalar la presencia de
una atmósfera cargada de dramatismo que da cierto sentido a las
expresiones herméticas del poema. Nosotros creemos que, a través
de esa atmósfera, y recurriendo a un escrutinio analítico-sintético,
se pueden hallar un significado y una intención, como también variadísimas anotaciones poéticas secundarias, que armonizan perfectamente entre sí, y que enriquecen el motivo central del poema. Este
podría expresarse en una oración: la vida del indio es una múltiple
y conmovedora desventura.

Toda la primera estrofa es una breve alegoría sobre la raza in-

---

(4) SY, p. 35. Lo mismo dice James Higgins en la introducción de su
antología: "De vez en cuando, algún poema resulta totalmente incomprensible.
Este es el caso de Tr. XXV, el cual ha seguido siendo, hasta la fecha, un
impenetrable misterio para todos los críticos de Vallejo", JH II, p. 33.
(5) "Significado conjunto de la vida y la obra de Vallejo", AV 2, p. 260.

dia, la raza de piedra. En ella se establece un paralelismo entre lo arquitectónico nativo y la idiosincrasia del indio, a quien no se menciona como tal en ningún verso. Así como los bloques de piedra resisten la invasión de la maleza (*alfiles* y *cadillos*), así también el indio (*numeradores a pie*) recibe la ofensa de malas hierbas con mudo estoicismo. En todo el poema la presencia del indio es fantasmagórica y no real.

El poema se abre solemnemente con un juego silábico y la repetición de la misma vocal a comienzo de palabra:

    1. Alfan alfiles a adherirse...

El verbo "alfar" era una de las predilecciones lingüísticas de Vallejo. En el relato titulado "Mirtho", se describe una mujer diciéndose: "Alfaban sus senos, dragoneando por la ciudad de barro" (NyCC, p. 61). Y en Tr. LXX, refiriéndose al peso de la vida, dice Vallejo: *El porteo va en el alfar, a pico*". El verbo "alfar" significa, pues, "alzar", "alzarse", "acarrear", y, en Tr. XXV, expresa la acción de "saltar", con un segundo sentido de "asaltar", por ir unido al verbo "adherirse". De lo dicho se infiere que la palabra *alfiles* tiene poco que ver con la pieza de ajedrez del mismo nombre. Creemos que este sustantivo es el resultado de un juego eufónico con el verbo "alfar": *alfan alfiles*. Resulta así un neologismo, que bien pudo ser sugerido por el nombre de una maleza de la especie de las geranáceas, llamada "alfileres", o "alfilerillos", cuyas semillas también saltan como las de los cadillos (*Xanthum spinosum*) del verso 4 (6).

Los versos 2-3 revelan muy claramente el sincretismo piedra-hombre. No se mencionan bloques pétreos en ningún verso, pero se perciben a través de los sustantivos *junturas, fondo* y *sobrelecho*, términos del mundo arquitectónico que recuerdan las construcciones incaicas de bloques rectangulares, grandiosas creaciones ofendidas, como el indio, por la mano del hombre o la inclemencia de la naturaleza (7). Entremezclado con los tecnicismos, aparece el

---

(6) ¿Por qué evitó Vallejo la palabra completa, *alfileres?* Quizá por dos razones: *alfileres* acarrea consigo la idea de costura o remiendo provisional, lo cual no está en consonancia con el motivo del poema; además, *alfiles*, como palabra trisílaba y de acentuación grave (— '— —) consuena en forma y sentido con *cadillos* (— '— —). Debe notarse también que dos sílabas repiten las vocales *a* e *i* tanto en el verso 1 como en el verso 4.

(7) Pensamos aquí en el templo de Wiracocha (Urcos), el Palacio de Cora Cora y el Intihuatana de Pisac. La asociación de indio y piedra ya aparece en "Nostalgias imperiales, II": *La anciana pensativa, cual relieve/ de un bloque preincaico, hila que hila* (LHN, p. 48). Años más tarde, cuando escribía *La piedra cansada* (1937), recordaría la misma asociación: "Dios de piedra es el Inti, hombres de piedra son los quechuas..." (RevCul,. p. 307 b).

sustantivo *testuces*, el cual añade un cariz muy especial del ser humano, subentendido detrás de la alegoría, pues coloca a éste en el reino animal, haciéndole compartir cualidades de una bestia de carga o de arrastre. Los indios serían entonces seres que tienen el testuz de un buey, por ejemplo (8). También está incorporada en los versos 2-3 una nota de persistencia y asedio total; el indio se ve acosado por todos lados, como lo indica la construcción reiterativa en que se repite la preposición *a*: (*adherirse*) *a las junturas, al fondo, a los testuces/ al sobrelecho*...

Lo importante del verso 3 es que presenta a un ser humano reducido a un concepto numérico y a una noción abstracta de dinamismo. Es, además, un ser sin nombre; es como si "número" y "trabajadores" se hubieran fundido en "numeradores" (9). La pobreza de éstos la expresa *a pie* (verso 3), frase que significa no solamente "desprovisto de un medio de locomoción", sino también "sin zapatos", tal como *tazas a pie* son tazas sin platillo (10).

El comienzo del poema hace surgir en nuestra imaginación una borrosa escena campesina: un grupo de indios anónimos acarrean parvas sobre la cabeza:

1. Alfan alfiles a adherirse
2. a las junturas, al fondo, a los testuces,
3. al sobrelecho de los numeradores a pie.
4. Alfiles y cadillos de lupinas parvas.

Lupinas nos hace pensar en la planta forrajera llamada "altramuz", sin que por ello deje de significar también una agresión, ya que en su etimología está implícito el sustantivo "lobo". Tenemos la sospecha de que el sustantivo *parvas*, empleado como americanismo, le sugería a Vallejo algo puntiagudo que puede herir, a juzgar por la referencia que hace a los fragmentos de un espejo roto, aún prendidos al marco: "Por aquestos girones brillantes, semejantes

---

(8) Esta asociación la hallamos también en la descripción de un preso cuya cabeza se dice tener "testuz" y "perfil de toro" ("Muro noroeste", NyCC, p. 11).

(9) Llama la atención el buen tino con que escogió Vallejo la arquitectura de bloques geométricos para sugerir edad, firmeza, desafío y colectivismo indio. La importancia del concepto numérico entre los Incas lo destaca Luis Valcárcel cuando dice: "Todo estaba sujeto a número y medida" (*Mirador indio*, I, Lima, 1937, pp. 53 - 54). La palabra "numerador", por otra parte, bien puede ser uno de tantos términos técnicos o semitécnicos que Vallejo empleaba en sus clases de escuela primaria.

(10) NyCC, p. 21. (La cursiva es nuestra).

a parvas y agudísimas lanzas, pasó y repasó la faz de Balta" (11). En resumen, la primera estrofa presenta el lugar y el personaje, pero sin que ni uno ni otro se perfile como una objetividad. El lugar es más bien un ambiente de amenaza y agravio, y el personaje un número, un ser anónimo y degradado. He aquí el mundo objetivo en función simbólica: el hombre-piedra frente a una circunstancia adversa. Todo el poema insistirá en esta misma nota de adversidad, y es ésta la que crea, como bien dice Yurkievich, un "campo magnético", que da sentido a todos los detalles de la composición.

El comienzo de la segunda estrofa es, a primera vista, desconcertante:

> 5. Al rebufar el socaire de cada caravela
>   deshilada sin ameracanizar, (*sic*)

Esta sección parece cambiar el fondo del poema. Coyné vio en Tr. XXV dos paisajes: "visión de la costa por un lado y, por otro, según parece, visión de la sierra fría". Estos dos paisajes, según él, "van entreverados sin mayor preocupación por la conexión lógica" (AC I, p. 122). En realidad, no hay fusión de dos paisajes diferentes, ni tampoco falta de lógica. El agro serrano, con su tierra negra y "surcos inteligentes", aparece ante la imaginación de Vallejo como un oscuro mar en el que flotan diminutas figuras de trabajadores indios vestidos con camisa blanca deshilachada, quizá curvados junto al arado de madera, que hunden en la tierra presionando con el pie izquierdo. Estas primitivas herramientas, que por su altura sobresalen por encima del sombrero de cada trabajador, vistas desde lejos en contraste con las camisas, dan la impresión de ser los mástiles de pequeñas embarcaciones. Estas son las "caravelas" del poema (12).

La segunda estrofa nos pone en contacto con una naturaleza inhóspita, de vientos helados y, al parecer, desolada. El *rebufar* es el mugido del viento que azota las camisas de los trabajadores (*cada caravela*), quienes han de sufrir el frío penetrante de las alturas, por no tener una chaqueta de caucho o un impermeable. Su único

---

(11) NyCC, p. 85. *Parvas* estaría en un mismo grupo con todas aquellas palabras que sugieren una forma aguda: *cinco espinas* (Tr. XII), *la punta del afán* (Tr. XVII), *conflicto/ de puntas* (Tr. XXXVI), *cada púa/ de las verjas* (Tr. XLIX), el *alto más negro de los ápices* (Tr. LIV), *gallos ajisecos soberbiamente/ soberbiamente ennavajados* (Tr. LXXI), *lento salón en cono* (Tr. LXXII).

(12) Escena como la que hemos diseñado nos da Vallejo en "Gleba": *funcionan los labriegos a tiro de neblina,/ con alabadas barbas,/ pie práctico y reginas sinceras de los valles* (PH, p. 179).

abrigo es su pobre camisa *sin ameracanizar.* Es verdad que no se menciona el sustantivo "camisa", pero, sin duda, está claramente sugerido por el adjetivo *deshilada,* del verso 6. El verbo *ameracanizar* parece referirse a un proceso. ¿Aludió aquí Vallejo a una forma de acondicionar una tela, haciendo un remedo del verbo "vulcanizar"? O ¿hay aquí una asociación con el sustantivo "América"? Sabemos que Vallejo empleaba algunos términos geográficos (Pacífico, Andres, Himalayas, etc.) para sugerir enormidad. "Sin ameracanizar" podría significar entonces "sin participar en ninguna forma de grandeza". Nos sugiere esta asociación un verso de Tr. LX, donde aparecen unas *eternas américas inéditas.* De todos modos, el neologismo no es realmente afortunado (13).

En apoyo de la interpretación "oceánica" que hemos dado, citemos algunos pasajes de otro poema vallejiano sobre la sierra peruana, escrito varios años después. En ellos se insertan algunos de los elementos que hemos señalado: tierra, vientos, extensión marina. Dice Vallejo en "Telúrica y magnética":

> Suelo teórico y práctico!
> Surcos inteligentes; ejemplo: el monolito y su cortejo!
> Papales, cebadales, alfalfares, cosa buena!
> Cultivos que integra una asombrosa jerarquía de *útiles*
> y que integran con *viento* los *mugidos,*
> las aguas con su sorda antigüedad!
> ... ...
> Oh campos humanos!
> Solar y nutricia ausencia de la mar,
> Y *sentimiento oceánico de todo!* (PH, pp. 186-187). (14).

El resto de la estrofa 2 de Tr. XXV dice:

> 7. ceden las estevas en espasmo de infortunio,
>   con pulso párvulo mal habituado
>   a sonarse en el dorso de la muñeca.
> 10. Y la más aguda tiplisonancia
>   se tonsura y apeálase, y largamente
>   se ennazala hacia carámbanos
>   de lástima infinita.

---

(13) Es muy probable, como sugiere Coyné, que el "neologismo" sea un error de imprenta.

(14) La cursiva es nuestra. Parecidas notas paisajistas hemos hallado en distintos pasajes de *Fabla salvaje,* novela corta en que se describen "campos negros... desgarrados", "sementeras sumergidas", "ventarrones" que mugen, etc. NyCC, pp. 99, 105.

Estos versos son un conjunto de notas poéticas promovidas por hechos que en sí mismos no tienen ninguna importancia: detenerse frente a las estevas y sonarse la nariz. Sin embargo, sobre estas acciones se entretejen imágenes variadísimas. Observemos las notas ancilares:

a) trabajo hecho por un hombre inexperto o demasiado joven (*con pulso párvulo*);

b) cansancio máximo (*ceden las estevas en espasmo de infortunio*);

c) incultura social (*sonarse en el dorso de la muñeca*);

d) nota aguda de un sonido nasal (*la más aguda tiplisonancia*);

e) naturaleza del sonido (*se tonsura y apeálase*);

f) aspecto exterior: carámbano de mucosidad en las fosas nasales del trabajador (*se ennazala hacia carámbanos...*).

Todos estos detalles encierran una nota de conmiseración. Vallejo siente al indio y vive su desamparo. De aquí los rasgos emocionales: ... *espasmo de infortunio* (verso 7) ... *carámbanos/ de lástima infinita* (versos 12-13). Podría llamar la atención que el poeta especifique detalles tan nimios, pero lo que realmente vale no son los detalles mismos, sino las sugerencias que acarrean: expansión en que reverberan los sonidos, soledad de los que trabajan, rigor del clima, pobres ropas y, sobre todo, resignación de un hombre que sólo conoce infortunios.

En los versos 10-13 hay tres neologismos, todos ellos de gran eficacia poética: *tiplisonancia*, que con gran exactitud reproduce un tipo de sonido alto y múltiple ("tiple" y "múltiple"); *apeálase*, que trae a la mente una idea de degradación, por sugerir un mundo animal mediante la acción de atar un lazo a las patas de un animal; y, por fin, *ennazala*, vocablo hecho, quizá, a base del adjetivo "nasal" y el sustantivo "bozal" (15). Los elementos constitutivos de este último verbo suscitan numerosas imágenes: el anillo nasal del toro, las correas con que se cierra la boca a los perros para que no muerdan, el aparato con que se impide que la bestia coma durante las labores campesinas, la tabletilla de púas con que se desteta un ternero, etc. Como se ve, el mundo del indio es un mundo animal, mundo de denigrantes privaciones y sufrimientos. Ahora se comprende en toda su hondura el final de la estrofa, que termina mentando unos carámbanos.

_____

(15) Recuérdese que Vallejo usa el verbo "abozalear" en Tr. I. Por esta razón le era fácil inventar "ennazalar".

13.   de lástima infinita.

El poeta nos ha dejado conmovidos ante una realidad que nosotros como lectores hemos ido forjando por la magia de su expresividad poética. ¿Puede concebirse una forma más cabal, más escueta
y, a la vez, más sentida de la miseria india? En ningún verso hay la
más mínima referencia a una "cuestión social" y, sin embargo, la
emoción de hermandad y de condolencia nos dice más que toda una
perorata sobre la injusticia del hombre con el hombre.

La tercera estrofa desarrolla aún más el motivo central por medio de una sinécdoque que alude a los *lomos* de los "animales", y
que nos permite sospechar que éstos son los lomos del indio. Poco
importa saber si el poeta en realidad pensaba en hombres, caballos o
bueyes, porque basta discernir que los indios están pensados como
bestias (16). Y, para hacer aún más patente la relación entre hombre
y animal, se mencionan los *petrales* de un arnés. Añadamos a esto
el adjetivo *mustio*, que es una magnífica metagoge, pues predica de
un objeto lo que es aplicable al hombre, contribuyendo con ello a intensificar la relación hombre-bestia a que nos hemos referido.

14.   soberbios lomos resoplan
15.   al portar, pendientes de mustios petrales
16.   las escarapelas con sus siete colores.

¿Por qué la nota cromática final? Fuera de que "los siete colores" representan la totalidad de la luz (17), son también símbolos
de autoridad. En la novela *Hacia el reino de los Sciris* describe
Vallejo a varios personajes incaicos y, entre ellos, a un general "de
recta mirada, con su penacho septicolor y sus sandalias de pla-
ta" (18). Se comprende ahora la tremenda ironía del verso 16, que
presenta a un indio misérrimo con una "escarapela" —adorno de
animales— que recuerda un pasado grandioso y colorido.

El verso 17 (*bajo cero...*) sólo confirma lo que ya se insinuaba
en la estrofa anterior sin haberse mencionado. Vienen a continuación

---

(16)   Otro ejemplo de "lomo" con sentido de "espaldas" se halla en
el poema introductorio de *Los heraldos negros*: (*Golpes que*) *abren zanjas
oscuras... en el lomo más fuerte.*

(17)   Ya hemos discutido esta idea en otro lugar, refiriéndonos específicamente a la frase: "los siete tintes céntricos del alma y del color". "Los
caynas", NyCC, p. 52.

(18)   *Ibíd.,* p. 154. Parecida asociación encontramos en *La piedra cansada*:
"el penacho septicolor cubre la cabeza de los héroes" (RevCul., p. 306b).

73

dos frases enigmáticas que parecen no tener ninguna relación con el poema:

17. ... desde las islas guaneras
18. hasta las islas guaneras.

La referencia a las bien conocidas islas del litoral peruano puede parecer totalmente "absurda", si se la toma como dato geográfico, pues no hay ninguna relación entre el indio serrano de la gleba y la región marina aquí mencionada. Al discutir Tr. I, ya hemos señalado que las islas guaneras son símbolo de lo fétido (19), pues allí se hallan las materias fecales de millares de aves marinas. En el poema que nos ocupa se indica, pues, la naturaleza de las vejaciones que sufre el indio, dejándose subentendida una vasta zona (*desde... hasta*), pero sin darse ninguna especificación, pues no es necesaria en el discurso simbólico. La vida india no es más que una alternancia de calamidades fétidas de incalculable enormidad.

A partir del verso 19 se observa una construcción anafórica introducida por *Tal*. Los tres segmentos de que está compuesta constituyen, a nuestro modo de ver, una triple representación dramática de esa enormidad ignominiosa a que nos hemos referido.

19. Tal los escarzos a la intemperie de pobre
20. fe.

Estos dos versos coinciden en contenido y tono con un cuadro de Eduardo Kingman, que se titula "Recolección de papas". "Escarzar" es sacar de la tierra las patatas más grandes para que crezcan las pequeñas, trabajo que hace el indio de rodillas, aterido de frío, según reza el poema (*bajo cero... a la intemperie*). Pero no importa tanto el sentido literal de estas frases, sino su significado simbólico. Esa *intemperie* es la orfandad de un hombre que no tiene protectores, y su pobre fe es doblemente pobre, porque puede ser tanto la confianza ingenua del indio en la legalidad, como también su sincrética fe religiosa, en que se mezclan recuerdos de deidades indias con mal comprendidas nociones católicas. Esta fe, que tan poco puede, aparece aislada en el poema, como verso aparte. A esto añádase la idea de indigencia, contenida en el adjetivo *pobre*. Tenemos aquí, pues, un tropo múltiple de extraordinaria fuerza y riqueza.

Igualmente ardua es la vigilancia de los cultivos, esa "cosa

---

(19) Véase Cap. I, 1.

buena" del indio, los papales, cebadales, alfalfares, de que se acordó Vallejo en el "poema humano" antes citado:

21. Tal es el tiempo de las rondas.

Como tercera nominación genérica de las labores indias hallamos:

21. ... Tal el del rodeo
22. para los planos futuros,

Los rodeos aparecen asociados esta vez a una esperanza (*los planos futuros*) (20). En este punto y momento rompe el poeta el encanto de esa esperanza recordando la realidad concreta de la vida india a través de una acumulación de males en que se funden el presente y el pasado:

23. cuando innánima grifalda relata sólo
24. fallidas callandas cruzadas.

Estos versos son de una máxima concentración semántica, y no es sorprendente que más de un crítico los haya llamado ininteligibles. En ocho palabras se ayuntan muy variadas ideas y una multitud de sugerencias. Debemos comprender, primero, que *innánima* proviene, muy probablemente, de "inanimado", esto es, "sin ánima", y de "innómine", o "innominado" o sea, sin nombre. Suplimos esta última lectura porque concuerda con la indefinición de los hombres subentendidos en *numeradores a pie,* del verso 3. *Innánima* acarrea, pues, las nociones de desvitalización y anonimia. El sustantivo *grifalda,* que es el nombre de una especie de águila (21), está empleado en sentido irónico: el ave caudal es el indio que fue grande otrora, y que hoy es un ser sin alma, algo así como "un viejo coraquenque desterrado", según dijo el poeta en un soneto de *Los heraldos negros* (LHN, p. 49). Se intensifica la ironía de la existencia india cuando se piensa que "grifo" es también el nombre que se da en el Perú a la chichería de ínfimo rango.

El verso 24 (*fallidas callandas cruzadas*) está muy lejos de ser mero verbalismo, como lo teme Coyné (AC I, p. 122); el indio hace planes para el futuro recordando toda una vida de esfuerzos

---

(20) Aunque Vallejo diga *planos* se subentiende también "planes".
(21) Definición del *Novísimo diccionario de la lengua española,* publicado por D. Carlos Ochoa, París - México, 1921.

fallidos, que ni siquiera han logrado expresión oral (*callandas*), palabra esta última creada en imitación de calificativos cultos, como "execrandas", "venerandas", etc. El sustantivo *cruzadas*, por su parte, expresa un esfuerzo colectivo, quizá comunitario, pero añade también la idea de un peregrinar doloroso. En esta última acepción aparece en "Mayo", donde se dice: *¡oh cruzada fecunda del andrajo!* (LHN, p. 61).

Los dos últimos versos de la estrofa tienen, sin duda, una resonancia especial. El lector curioso podrá ver, si los relee, que repiten la vocal *a* catorce veces:

> 23. cuando innánima grifalda relata sólo
> 24. fallidas callandas cruzadas.

Estos versos tienen gran solemnidad y un dejo de tristeza; el verso 24, en particular, contribuye a crear un ritmo de cansancio: ta - tan - ta, - ta - tan - ta, - ta - tan - ta. Esto recuerda el juego vocálico que hallamos en "Sinfonía en gris mayor" (22), de Rubén Darío: lejanas bandadas de pájaros manchan, etc.

Si es verdad, como lo suponemos, que Vallejo deseaba repetir la vocal *a,* es fácil comprender por qué empleó los vocablos "raros" que aparecen en los versos 23 - 24: innánima, grifalda, callandas, cruzadas.

La última estrofa sirve de marco final, pues retoma la idea expresada al comienzo del poema:

> 25. Vienen entonces alfiles a adherirse
> 26. hasta en las puertas falsas y en los borradores.

Hay un adverbio de gran significación en estos versos —*entonces*—, pues expresa una toma de conciencia por parte del poeta. Sus *puertas falsas* han sido sus varias formas de escapismo (23), su ineficacia como defensor de los indios, y los *borradores* son sus propios versos, también ineficaces para decir todo lo que se debiera decir. Las malezas habrán de cubrirlo todo, incluso la obra lírica, de cuyos borradores el poeta no se siente ufano. La última

---

(22) Vallejo se sabía este poema —o, por lo menos, partes de él— de memoria. En una carta de 1918 dice: "Desde la terraza del chalet de Aspillaga, recitábamos versos al buen viento de la tarde que pasaba. La Sinfonía en gris mayor de Rubén..." JEA, p. 195.

(23) Recordemos aquí que la *puerta* es símbolo de inserción en la vida o de fuga: *Nunca, sino ahora, supe que existía una puerta, otra puerta y el canto cordial de las distancias* (PH, p. 237).

estrofa contiene, según lo dicho, un débil reflejo del sentimiento de culpabilidad que persiguió a Vallejo durante toda su vida.

Tr. XXV es, en varios sentidos, un poema notable. Fuera de contener el vendaval interior de un lírico dolorido, es un magnífico ejemplo de cómo transforma Vallejo la realidad "social" en poderosa visión poética. A lo largo de este estudio hemos mencionado cosas, seres y acontecimientos que están sólo sugeridos. Reléase todo el poema y se verá que no hay mención directa alguna del indio, o su indumentaria, o su modo de hablar. Tampoco se especifican lugares, estación del año, o productos del suelo. Asimismo, no se habla de tiempos antiguos y tiempos actuales, de grandeza o pobreza, de resistencia o resignación. Sin embargo, todo esto que parece no estar presente constituye el meollo mismo del poema, después de haber sido transformado en representación imaginaria. Tr. XXV revela toda la sugestividad y fuerza emocional del arte vallejiano.

Forzoso es convenir también en que Tr. XXV es de difícil acceso por haber en él una sostenida desrealización de hombres y cosas, irregularidades léxicas y una pronunciada decantación imaginista. Pero ¿quién podría poner en duda su riqueza de imágenes, hondura emocional y extraordinaria sugestividad y sutileza? Si las virtudes del poema son, o no, suficiente contrapeso de su inaccesibilidad es decisión que hemos de dejar al juicio de cada lector. pero, de todos modos, sea cual fuere el veredicto final, es necesario abandonar, de una vez por todas, la idea de que Tr. XXV carece de significación o coherencia y que como "poema" no pasa de ser un conjunto de caprichos y novelerías vanguardistas.

CAPITULO III. SONDEO PSICOLOGICO

1. *Falsas formas de suficiencia*: *Tr. XVI, Tr. XX* (1).

Hemos reunido en esta sección dos poemas en que se poetizan varios aspectos de la personalidad humana y los mecanismos con que el hombre se construye a sí mismo dentro del medio social. Tr. XVI y Tr. XX encierran muy variadas representaciones simbólicas de la torpeza, insulsez y perversidad humanas, que no dejan lugar a dudas sobre la extraordinaria penetración de Vallejo en el campo de la psicología. Ambas composiciones presentaban serios escollos: el peligro de las referencias alusivas, la tentación del psicologismo, el deslizamiento hacia connotaciones moralizantes, la especificidad del dato histórico. Como se verá a continuación, Tr. XVI y Tr. XX se mantienen dentro del ámbito de la más pura expresividad poética.

Trilce XVI

1. Tengo fe en ser fuerte.
   Dame, aire manco, dame ir
   galoneándome de ceros a la izquierda.
   Y tú, sueño, dame tu diamante implacable,
5. tu tiempo de deshora.

---

(1) Leímos este trabajo, en forma un poco más breve, ante el XIV Congreso del Instituto Internacional de Literatura Iberoamericana celebrado en Toronto (Canadá), en agosto de 1969.

Tengo fe en ser fuerte.
Por allí avanza cóncava mujer,
cantidad incolora, cuya
gracia se cierra donde me abro.

10. Al aire, fray pasado. Cangrejos, zote!
Avístate (2) la verde bandera presidencial,
arriando las seis banderas restantes,
todas las colgaduras de la vuelta.
Tengo fe en que soy,
15. y en que he sido menos.

Ea! Buen primero!

La primera lectura de este poema deja en el ánimo del lector
una impresión confusa. Al comienzo parece haber una oposición
entre los negativismos de la existencia (*ceros a la izquierda*) y el
sueño de un individuo que busca compensaciones. Sigue después
una estrofa sobre las relaciones entre el hombre y la mujer que,
al parecer, no está relacionada ni con lo que precede, ni con lo
que sigue, y, luego, en la estrofa 3, hay un acercamiento a las
realidades de la vida diaria, seguido todo de una especie de resumen (versos 14 y 15) y un final totalmente enigmático. Pensando en este poema, y otros del mismo tipo, dice Juan Larrea:

> "Vallejo se halla en exceso complicado con elementos
> oscuros, equívocos y hasta tabúes, reclamando por ello
> un instrumental especialísimo que probablemente es nece-
> sario improvisar, al menos en parte, para promover, si no
> el entendimiento, sí la justificación, entre otros muchos,
> de poemas como el I, el XVI, el XLVIII... de Trilce, de
> los que no cabe desentenderse sin quedar en eviden-
> cia" (3).

El objeto del presente estudio es promover ese entendimiento
de que nos habla el crítico español, y ofrecer, a la vez, una valoración final del poema como obra literaria. Para llevar a cabo
este proyecto, nos serviremos de una técnica "detectivesca", haciendo algunas suposiciones, que luego confrontaremos con los
resultados parciales que nuestro análisis nos vaya proporcionando.

---

(2) Varientes: *avístase*, en PC, p. 94; *avíspate*, en *Trilce*, ed. Losada, 1967.
(3) Larrea, Juan, "Considerando a Vallejo", AV 5, p. 106.

Intentaremos, pues, precisar ideas por medio de comparaciones e inferencias, pero tratando de aprehender la totalidad del poema y no meramente el significado de versos sueltos.

Tr. XVI se abre con una expresión de fortaleza espiritual totalmente inesperada: *Tengo fe en ser fuerte.* ¿Qué circunstancias pueden explicar esta actitud positiva en un poeta tan escéptico como Vallejo? Este es el único poema de todo el volumen trílcico que parece tener un sentido categóricamente afirmativo (4). Y decimos "parece tener" porque la afirmación del primer verso surge acompañada de dos circunstancias muy particulares: *a)* la fe en el yo va seguida de una alusión a rasgos que el poeta concibe como máxima negatividad (*ceros a la izquierda*), y *b)* esa fe tiene trazas de ser simple voluntarismo, no habiendo ningún motivo racional que pueda servirle de fundamento.

La frase *aire manco* (verso 2) se entiende mejor si se recuerda que el verbo "manquear" lo aplica Vallejo a todo lo creado, por tener el convencimiento de que cuanto nos circunda es imperfecto, incluso la Venus de Milo —¡sarcasmo de sarcasmos!— símbolo trílcico de lo no plenario, según se ve en la composición XXXVI:

> ¿Por ahí estás, Venus de Milo?
> Tú manqueas apenas pululando
> entrañada en los brazos plenarios
> de la existencia...

Según lo dicho, podríamos suponer que el *aire manco* es el ambiente de imperfecciones en que todos vivimos, ambiente que hace del hombre un ser con apariencias de plenitud y esplendidez.

> 2.   ...dame ir
> 3. galoneándome de ceros a la izquierda.

Hay en este requerimiento dos sentidos: un manifiesto desprecio por el medio vital del hombre, en el cual sólo es posible hallar falsos valores (*ceros a la izquierda*) (5), y, según parece, una como

---

(4) Esta es la interpretación que le da Alberto Fernandes Leys. Nosotros concordamos sólo en parte con esta opinión. Véase: "Dimensión y destino de César Vallejo", *Universidad.* Santa Fe, Argentina, No. 51, enero-marzo, 1962, pp. 83 - 86.

(5) La izquierda es para Vallejo un símbolo negativo. Recuérdese el final de Tr. IV: *Hase llorado todo. Hase entero velado/ en plena izquierda.* La misma palabra, o su equivalente, aparecen también en Tr. XVI, XXXVI y XLII. En el poema XXXVIII la palabra tiene un sentido político Véase también: XA III, pp. 179 - 181.

resignación ante una circunstancia incambiable. Para representar su sentir se sirve el poeta de los galones del soldado con intención irónica, dándonos a entender que el hombre acepta esos falsos honores, no una vez, sino a lo largo de toda su existencia (*ir/ galoneándome...*).

Si el *aire manco* es fuente de imperfección, ¿para qué pedirle entonces sus vanos galardones? A nuestro entender, este verso refleja una actitud negativa indudable. El "ir galoneándose" es vivir la vida exornándola en una forma u otra para hacerla más llevadera, o para alcanzar algún propósito determinado. Nos inclinamos en favor de la segunda opción porque el verbo *Dame* no expresa aquí repugnancia. Por consiguiente, el sentido del verso 2, no es "Dame, oh, vida, eso que ofreces, aunque sea inútil", sino "Dame, vida, tus honores de abalorio para ver cómo puedo sacar provecho de ellos". Para comprender toda la fuerza del verso 3, recordemos aquí un concepto pitagórico vallejiano que a menudo aparece en *Trilce: el* "uno" es el yo, que ha de afirmarse a sí mismo por encima del no-ser, esto es, el cero; fácil es comprender ahora hasta qué punto le parecen vanos los honores al lírico al llamarlos "ceros a la izquierda".

Siguen a continuación dos versos que parecen anunciar una compensación:

4. Y tú, sueño, dame tu diamante implacable,
5. tu tiempo de deshora (6).

Inmediatamente nos enfrentamos con otro problema: el verso 5 dice *tu tiempo de deshora*, frase que no tiene intención positiva, esto es, no dice "dame tu intemporalidad", sino que nos comunica un sentido negativo: "dame una oportunidad para actuar, por inoportuna que sea", lo cual nos lleva a interpretar *sueño,* no como una ensoñación poética, sino como un plan de vida, un propósito que tenga la resistencia de un *diamante* y sea *implacable* (verso 4), es decir, pertinaz e inflexible. Dicho en otras palabras, el sueño no es una compensación de los *ceros a la izquierda,* como pudo suponerse al principio. La primera estrofa ha tomado, según lo dicho, un rumbo muy particular, no de jubilosa fe, sino de resolución y calculismo. Examinemos ahora la segunda estrofa:

6. Tengo fe en ser fuerte.

---

(6) A juzgar por la intención del verso, este *tiempo de deshora* nada tiene que ver con la desilusión implícita en *las doce deshoras,* de Tr. LXIII.

7. Por allí avanza cóncava mujer,
8. cantidad incolora, cuya
9. gracia se cierra donde me abro.

Esta vez, *ser fuerte* significa "ser másculo", pero esta virilidad, lejos de conducir a la comprensión, acentúa la fundamental diferencia que hay entre el hombre y la mujer. Entidad receptora esta última (cóncava mujer), aparece como una abstracción (7). Al decir el poeta que la mujer es *incolora* pudo expresarnos dos contenidos: *a)* que la mujer es un ser "sin carácter", al cual se impone el hombre con su masculinidad, o bien *b)* que el ente femenino se caracteriza por su falta de arrebato, ya que el color a menudo es en *Trilce* expresión de estados anímicos, unos de euforia, otros de aniquilamiento. De estos dos significados, preferimos el primero, pues el personaje que se ha diseñado en los versos anteriores es un individuo jactancioso y agresivo. El hablante del poema resulta ser, de este modo, un hombre que afirma su hombría frente a la *gracia* femenina (verso 9), como si necesitase saberse másculo para creerse "muy hombre". Así lo dicen los versos 8 y 9; *cuya/ gracia se cierra donde me abro.*
La estrofa siguiente es la más compleja de todas:

10. Al aire, fray pasado. Cangrejos, zote!
11. Avístate la verde bandera presidencial,
12. arriando las seis banderas restantes,
13. todas las colgaduras de la vuelta.

El verso 10 constituye una unidad en sí, y está compuesto de cuatro negaciones trabadas por una misma intención afirmativa: *a)* rechazar algo, arrojándolo *al aire,* por ser inservible; *b)* descalificar ese algo por no tener vigencia en el momento actual (*fray pasado*); *c)* dar un apodo a los retrógrados, por vivir de valores ya caducos (*Cangrejos!*) (8) y *d)* reconocerse entre los necios, llamándose el poeta a sí mismo un *zote,* esto es, hombre torpe y mentecato que ha vivido hasta ahora sin ambicionar nada nuevo. He aquí cuatro negaciones en función afirmativa. El poema ha lle-

---

(7) Debemos recordar, sin embargo, que el concepto de oquedad va muy comúnmente asociado, en el mundo poético vallejiano, a lo infausto y malaventurado.

(8) Esta exclamación es muy común en la lengua cotidiana. De un herrero que se niega a someterse a la tiranía de los dirigentes se dice en *El tungsteno:* "¡Hay que meterle un plomo en la barriga! ¡Es un cangrejo!" **NyCC, p. 255.**

gado a la cima de la autojustificación ergotista. Ahora vemos claramente que el personaje del poema es un individuo con características muy definidas, que se resumen en una sola frase: voluntad de dominio.

En el fondo, los versos 10 - 13 recién citados contienen un rechazo del conservatismo y las fuerzas aliadas a él, a todo lo cual se refiere la frase *fray pasado;* admiración por la omnipotencia del jefe de estado, subentendida en la alusión a una *verde bandera presidencial,* y un irónico comentario sobre el formulismo fastuoso de las celebraciones oficiales, quizá de alguna inauguración u otra festividad pública (*las colgaduras de la vuelta*). En toda la estrofa 3 se funden, como se ve, un contenido psíquico-intelectual y varias connotaciones ancilares muy sutiles sobre los círculos oficiales. Dichas connotaciones no son sino un medio para un fin, lo cual nada sorprende, pues sabemos que Vallejo nunca escribió poesía descriptiva y, si se sirve de objetos, personas o acontecimientos dentro de un borroso contexto de realidades inmediatas, lo hace siempre con intención ulterior, evitando de este modo una contaminación que pudiera desvirtuar la esencia del poema. El verdadero propósito de Tr. XVI es diseñar una personalidad y dejar implícita una valoración ética.

Fijémonos ahora en un pequeño detalle: en la edición *Obra poética completa,* hecha en 1968 con la colaboración de Georgette de Vallejo, se introduce un cambio en el verso 11. Donde la versión de Losada dice: *Avístase la verde bandera presidencial,* la nueva edición propone:

11. *Avístate* la verde bandera presidencial

El imperativo *Avístate* está en perfecta consonancia con el resto del poema. En sentido figurativo esta forma reflexiva significa "Echale el ojo a...". El lírico, pues, se habla a sí mismo y se da ánimos para ponerse en primera fila y alcanzar una meta. El imperativo *Avístate* consuena también con el adjetivo *verde* (que nada tiene que ver con el color de la bandera peruana), puesto que el color está empleado aquí nuevamente como símbolo, esta vez en representación del vigor juvenil. Recordemos en esta ocasión un verso de Tr. LXXIII que dice: *Tengo pues derecho/ a estar verde y contento y peligroso.* Estas ideas de pujanza, entusiasmo y peligrosidad están en perfecto acuerdo con los rasgos del personaje central de Tr. XVI.

La palabra *bandera* expresa asimismo la intención directiva del que señala rumbos (9). El hablante lírico, que aspira a ser director de sus congéneres, abandona su antigua actitud de respeto a lo consagrado (*fray pasado*) y anhela estar en la vanguardia, como bien lo sugiere el adjetivo *presidencial*, el cual tiene aquí un significado primordialmente simbólico: la bandera presidencial es aquélla que va al frente, que impone una voluntad, y que, por su preeminencia, obliga a someterse a todos los demás, o sea, *las seis banderas restantes*. Esas seis banderas pueden muy bien representar los coadjutores del gobernante. La prueba de que la bandera simboliza aquí el primer lugar la hallamos en el poema mismo. Ese hombre confiado en sus fuerzas, que desea ir en cabeza señalando rutas, es el mismo que logra ser el *buen primero*, del verso 16.

En los versos 12 y 13 hay dos vocablos que requieren explicación: *seis* y *vuelta*. Las *banderas restantes* constituyen un "seis", es decir, no tienen la plenitud del número mágico que es el "siete", el cual corresponde, al parecer, a la bandera directiva (*presidencial*). El "seis" representa, en la poesía trílcica, lo subsidiario, por ser el guarismo que no llega a la plenitud del siete (10). La *vuelta* del poema puede ser simplemente la vía por la cual retorna un cortejo, y las *colgaduras* serían los atavíos con que se adorna una calle, atavíos que también rinden homenaje al que dirige a los demás. En sentido simbólico, la *vuelta* puede sugerir el retorno del que ha conquistado todas las dificultades del camino y a quien se aplaude en su viaje de *vuelta*.

La cuarta estrofa es una nueva afirmación del yo. El hablante se mira a sí mismo como ser que existe, pero no para decir con Descartes que con el pensamiento puede dominar a la experiencia, ya que toda su fuerza descansa en su fe y osadía, y no en la capacidad de pensar. El personaje central del poema es la personificación de la audacia y está más cerca del superhombre de Nietzsche que de ningún otro arquetipo.

Tr. XVI termina con un verso enigmático de doble sentido:

16.   Ea! Buen primero!

¿Quiso el hablante congratularse a sí mismo, o tenemos aquí

---

(9) En el poema "Los desgraciados" se usa la palabra *banderas* para indicar también dinamismo, movimiento ágil: *la mañana, la mar, el meteoro, van/ en pos de tu cansancio con banderas* (PH, p. 208).

(10) Ya hemos destacado en otro estudio el valor simbólico del "siete", numeral multívoco asociado en la literatura con los "tintes" del alma, los colores del arco iris, las siete virtudes y los siete pecados capitales, los siete planetas (!), la buena suerte, las cuerdas de la lira, etc. De aquí que Vallejo diga también *la sétima caída romántica, siete bandejas, los siete leños*, etc.

un comentario irónico que pone en duda cuanto se ha dicho antes? En el primer caso, el verso diría: "¡Ea! ¡Felicitaciones!"; en el segundo: "¡Ea, buen bellaco! ¡Allá tú con tus falsas distinciones!" Parecida intención negativa hallamos en numerosos versos trílcicos, porque, como ya observamos en relación con otros poemas, es tendencia de la mente vallejiana desarrollar un motivo para acabar poniéndolo en tela de juicio. Nos inclinamos a pensar que Tr. XVI esboza al final una actitud de absoluta desaprobación. Creemos, pues, que el adjetivo *buen* es irónico, como lo es en numerosas frases idiomáticas de todos conocidas (11).

Mirado en su totalidad, el poema representa un conjunto de estados anímicos que llegan a una etapa álgida en la estrofa 3. Las dos primeras estrofas poetizan dos formas de potencialidad humana unidas por un nexo de suficiencia, a las cuales se suma la voluntad de dominio esbozada en la estrofa 3. He aquí tres formas de la ambición humana, sobre las cuales fundamenta Vallejo una cosmovisión, que no es la suya, sino la del personaje del poema. Con esto hemos llegado al secreto de Tr. XVI: el hablante no representa a Vallejo, sino al bien conocido tipo de "hombre fuerte", que ambiciona el prestigio de la virilidad (estrofa 2), la conquista del mando (estrofa 3) y la gloria de superar su anonimia (estrofa 4).

Observemos ahora que, hacia el final, el lírico no repite lo que había afirmado al comienzo de la primera y segunda estrofas (*Tengo fe en ser fuerte*). Ahora dice con manifiesta suficiencia:

14. Tengo fe en que soy,
15. y en que he sido menos.

Si antes ha sido menos, eso quiere decir que la fe de que nos habla al comienzo no era "fe en ser fuerte", sino "fe en llegar a ser fuerte", ambición que el personaje ha logrado convertir en realidad. El poema resulta ser la poetización de un proceso de gradual fortalecimiento, cuya coronación la expresa el hablante al declarar, en el verso 15, que antes ha sido menos. El poema es, pues, la dramática "historia" de cómo se hace a sí mismo el hombre osado. Y el hecho de haber dado cima a sus esfuerzos después de ir "galoneándose de ceros a la izquierda", nos dice que las falsas galas, lejos de haber sido inútiles, son parte del bagaje con que hace su carrera todo "arribista". Ahora se comprende también por qué el *sueño* del personaje no va más allá de su propia ambición —*diamante im-*

(11) Llama la atención que, al leer un comentario de Henri Bidou, Vallejo destaque pasajes que reproducen todo lo esencial del arribista, o "ansioso", tal como lo percibimos en Tr. XVI: "Imaginad un hombre —dice

placable de un hombre que todo lo sacrifica a su vanidad personal.

¿Hay alguna relación entre los vaivenes de la vida pública en el Perú y la intención del poema XVI? Es verdad que, por la época en que Vallejo escribía Tr. XVI, acababan de ocurrir muy serios cambios en los círculos oficiales, pero el rumbo mental del poema nos permite ver que a Vallejo no le interesaba escribir poesía alusiva (12). El bardo peruano tenía un concepto muy riguroso del arte y no confundió jamás la poesía con el periodismo.

El poema XVI es un vitriólico comentario sobre el ambicioso, hombre hecho para la lucha, el avasallamiento y la expresión del más contundente ergotismo. No es de extrañar, por tanto, que el final del poema se pueda interpretar como una ironía: "¡Ea, buen bellaco! ¡Eres el primero, pero eres despreciable!"

Tr. XVI es un poema coherente, que presenta varias dificultades al lector. Tiene entre las estrofas obvios saltos de un campo de significación a otro y, por esto, no entrega toda su potencialidad sino después de algunas meditaciones. Contribuye a la oscuridad la gran abundancia de tropos en las tres primeras estrofas, algunos de los cuales, como *sueño* o *diamante* (verso 4) pueden llevar a una interpretación totalmente errónea, si se entienden en sus significados metafóricos comunes. Por otra parte, el simbolismo numérico y el empleo del color como representación de estados anímicos añaden oblicuidad a lo que de suyo era complejo. Aparecen, además, muy débiles reflejos de algunos detalles que sin duda tenían especial significación para el poeta y que el lector sólo aprehende en su sentido poético (13). Y, por último, recordemos que Tr. XVI está escrito en primera persona (*Tengo fe en ser fuerte*) y, por lo tanto, es muy fácil hacer la suposición de que el personaje central es Vallejo, siendo la verdad muy otra. El lírico habla por sí mismo sólo en la exclamación que pone fin al poema.

Bidou— que reuniese todos los aspectos del tipo del ansioso señalados por Bichet, y os sorprenderéis de verle devenir de pronto un ambicioso, un activo, ávido de honores, ferozmente egoísta, ensañado en la conquista de mujeres y, si se quiere, fundador de grandes empresas" (*Mundial,* julio 5, 1929). Esta coincidencia sólo indicaría que el poema, escrito varios años antes, llevó al poeta a reconocer algo que le era familiar. (La cursiva es nuestra).

(12) A pesar de haber ganado las elecciones, Augusto B. Leguía depuso al general José Pardo por medio de un movimiento revolucionario, en julio de 1919 y, después de disolver el congreso, reunió una nueva constituyente para reformar la carta fundamental del país. El poema XVI lo escribió Vallejo en los últimos meses del mismo año, según Espejo Asturrizaga. Véase: JEA, pp. 112 y 119.

(13) Por ejemplo, la alusión a una *vuelta* (verso 13), ¿refleja el hecho de que la elección de Augusto B. Leguía en 1919 (poco antes de escribir el poeta la composición XVI), era en realidad una *vuelta* a los círculos guber-

Tr. XVI es genuina poesía, y no simple anécdota, porque es imagen de la realidad y no una reproducción veraz de ésta; refleja una intención artística y no el deseo de probar una verdad. A tal punto llegó el cuidado del poeta en evitar la nota alusiva, que hace del hablante lírico mismo el *buen primero*. Tr. XVI es un poema irónico y desconsolador; aunque refleja una personalidad arquetípica, nos da a entender que el éxito lo alcanza el hombre audaz valiéndose de falsos méritos y de artimañas, sin otros principios —como dice Spranger del hombre político— que los que le dicte su voluntad vital, la voluntad de estar siempre "arriba" (14). La fuerza del poema persiste en nuestra memoria a través de su enigmático final, que nos acosa con múltiples sugerencias y amplía el significado en ondas concéntricas de inquietante sugestividad.

Trilce XX

1.   Al ras de batiente nata blindada
    de piedra ideal. Pues apenas
    acerco el 1 al 1 para no caer (15).

    Ese hombre mostachoso. Sol,
5.   herrada su única rueda, quinta y perfecta,
    y desde ella para arriba.
    Bulla de botones de bragueta,

                libres.
    bulla que reprende A vertical subordinada.
10. El desagüe jurídico. La chirota grata.

    Mas sufro. Allende sufro. Aquende sufro.

    Y he aquí se me cae la baba, sol
    una bella persona, cuando
    el hombre guillermosecundario
15. puja y suda felicidad
    a chorros, al dar lustre al calzado
    de su pequeña de tres años.

---

namentales, ya que había sido presidente antes, entre 1908 y 1912? Por otra parte, es extraña coincidencia que el grupo ministerial que secundó a Leguía inmediatamente después de conquistar el mando estuviese compuesto de *seis* ministros (*las seis banderas restantes*) Véase: Basadre, Jorge, *Historia de la república*, Lima, 1961, Vol. VIII, p. 3947. Y aún más curioso es que la *verde* bandera haya de ser *presidencial*.

(14) Spranger, Eduardo, *Formas de vida*, Buenos Aires, 1948, 3.ª ed., p. 240.

(15) La edición Losada de 1961 dice *el 1 a 1*. Nos inclinamos a creer que éste es un error de imprenta. Nosotros seguimos el texto de OPC.

Engállase el barbado y frota un lado.
La niña en tanto pónese el índice
20.   en la lengua que empieza a deletrear
los enredos de enredos de los enredos,
y unta el otro zapato, a escondidas,
con un poquito de saliba y tierra,
                    pero con un poquito,
                              no má-
                                  .s.

Observemos, ante todo, que la disposición de las estrofas establece una clara alternancia entre el sujeto lírico (yo), de los versos 3, 11 y 12-13, y un referente en tercera persona (él), de los versos 4, 14 y 15; a éste último se contrapone, hacia el final, otro referente en tercera persona (ella). Los versos principales que señalan directamente estos tres "personajes" son los siguientes:

A (Yo)

3.   (apenas) acerco el 1 al 1 para no caer.
11.   Mas sufro. Allende sufro. Aquende sufro.
12-13.   Y he aquí que se me cae la baba, soy/ una bella persona, ...

B (El)

4.   Ese hombre mostachoso.
14-15.   el hombre guillermosecundario/ puja y suda felicidad
18.   Engállase el barbado y frota un lado.

C (Ella)

19-20.   La niña en tanto pónese el índice/ en la lengua...
22.   y unta el otro zapato... (16).

A es el poeta, quien contrasta dos modos de ser (B y C) —la edad madura y la edad de la inocencia, respectivamente—. Según lo dicho, la interpretación más indicada de Tr. XX es aquella que deje en claro el nexo que pone en relación a los tres referentes.
Comienza el poema con un nudo de metáforas difíciles:

---

(16) Hemos omitido todas las referencias indirectas. Por ejemplo, los versos 7 - 10 se refieren todos al *hombre mostachoso*, del verso 4.

1. Al ras de batiente nata blindada
2. de piedra ideal. Pues apenas
3. acerco el 1 al 1 para no caer.

En el primer verso se subentienden un sujeto y un verbo: (*Yo existo*) *al ras de*...; esta lectura la deducimos del verbo (*Yo*) *acerco*, del verso 3, cuya forma en primera persona sugiere otro verbo, también en primera persona, al comienzo del poema.

Los dos primeros versos dejan establecida una distinción entre el ambiente vital humano, quizá en proceso de descomposición (*batiente nata*), y la entidad perfecta que el hombre quisiera ser, representada por la *piedra ideal,* del verso 2. La metáfora *batiente nata* nos presenta al ente humano como un lamentable ser, que a duras penas se mantiene a flor de agua en un medio estancado, y que lucha por conservar un mínimum de integración interior.

La insuficiencia del hombre, y la suya propia, fueron pensamientos obsesionantes por los días en que Vallejo compuso Tr. XX, días que, dicho sea de paso, coincidieron con la época de su encarcelamiento en Trujillo, según nos dice Espejo Asturrizaga (17). Es fácil imaginar cuánto afectó la prisión a un temperamento de tan exquisita sensibilidad. La reclusión se convirtió en claustrofobia, y de aquí que el poeta represente tan a menudo la sensación agobiante del confinamiento. En Tr. XX la forma verbal *blindada* sugiere, precisamente, un recubrimiento exterior de hierro, que encierra una laguneta en que se empozan las aguas malsanas de la existencia. Y usamos el verbo "empozar" por constituir éste una imagen predilecta del poeta (18).

El sustantivo *piedra* expresa, en el presente contexto, un valor positivo y, por ello, no llama la atención que vaya asociado al adjetivo *ideal.* Podría parecer extraño que una cosa tan dura e inexpresiva como la piedra aparezca en representación de lo espiritual. Recordemos, sin embargo, que en la obra vallejiana hay varios casos en que la piedra simboliza el ser espiritual, o un aspecto de él, y que, lejos de ser cosa muerta, es entidad viva. Ejemplos:

a)   A veces en mis piedras se encabritan
      los nervios rotos de un extinto puma. (LHN, p. 59.)

----

(17)   JEA, p. 114. Dice el lírico en una carta de febrero 12, de 1921: "En mi celda leo de cuando en cuando; muy de breve en breve cavilo y me muerdo los codos de rabia, no precisamente por aquello del *honor,* sino por la privación material, completamente material, de mi libertad animal" (RevCul., p. 195a).

(18)   En el poema introductorio de *Los heraldos negros,* Vallejo recordó *la resaca de todo lo sufrido* como algo que *se empozara en el alma.*

b) Y entonces sueño en una piedra
verduzca (*sic*), diecisiete,
peñasco numeral que he olvidado (19). (PH, p. 161.)

Al estudiar Tr. XX, compara Larrea el final con el comienzo y dice: "Vallejo acaba su poema consignándose a la mente de la niñita de tres años, rescatándose él mismo de *los escabrosos contenidos iniciales*" (AV 5, p. 275). Entendemos las palabras en bastardilla en el sentido de "los peligrosos contenidos iniciales". Coyné parece seguir otro rumbo. Sirviéndose del adjetivo "suculento -a", que en la poesía trílcica puede tener sentido erótico (*Cf*. Tr. LXXI), dice: "Vallejo, *quien sueña con cosas suculentas,* las describe humorísticamente: la 'nata' queda presa de la 'piedra' y de los dos calificativos de sonoridad y significado agobiantes que la circundan ('batiente... blindada'), mientras la 'piedra' queda abierta a lo ideal" (20). Se nos escapa el verdadero alcance de la oración "Vallejo... sueña con cosas suculentas", porque no vemos en qué forma podría reflejar el significado del poema, sea que se tome el adjetivo "suculento" en sentido lato (sustancioso, nutritivo), o en el sentido poético-erótico a que nos referíamos.

Coyné acepta también la identificación propuesta por Espejo Asturrizaga: el hombre mostachoso es "uno de sus compañeros de celda". Sobre esta base parece que el crítico francés interpreta *acerco el 1 al 1* (verso 3) como búsqueda de "un idéntico punto de apoyo", sea este punto de apoyo la presencia de otro preso, o la complementación erótica antes mencionada. Nuestra interpretación atiende a lo que el poema mismo nos transmite. Como toda la primera estrofa está vertida en términos simbólicos, hemos preferido ceñirnos al sentido poético exclusivamente y, por esta razón, vemos en el hablante lírico (*Y he aquí que se me cae la baba, soy/ una bella persona...*) la representación viva de la ingenuidad del creador, quien medita sobre un incidente simbólico y descubre la futilidad del esfuerzo humano.

En Tr. XX se mencionan dos guarismos que tienen especial significación:

2.　　　　　... Pues apenas
3.　acerco el 1 al 1 para no caer.

---

(19) Estos versos parecen referirse a la juventud ilusa y esperanzada de los diecisiete años (*piedra verduzca);* el "peñasco numeral" sería entonces el hombre que el poeta fue, y ya no es.

(20) AC II, p. 194. La cursiva en esta cita y la anterior es nuestra.

El primer 1 es el yo real, integrado a medias, pues sólo "se acerca" al segundo 1, o sea, el paradigma modelo, el mismo que adivinamos detrás de la piedra *ideal*. La vida es, por lo tanto, una constante lucha por mantener la unidad espiritual del yo y no *caer* (verso 3) en el légamo de la existencia (*batiente nata*).

La segunda estrofa representa el conjunto de mecanismos de compensación con que el ser humano busca encubrir su fragilidad. Releamos la estrofa:

4. Ese hombre mostachoso. Sol,
5. herrada su única rueda, quinta y perfecta,
6. y desde ella para arriba.
7. Bulla de botones de bragueta,
8.   libres,
9. bulla que reprende A vertical subordinada.
10. El desagüe jurídico. La chirota grata.

Entre los medios de que se sirve el hombre para parecer grande están los siguientes:

a) aspecto prepotente y kaiserino: *Ese hombre mostachoso* (verso 4);

b) conciencia de superioridad, que lleva al presuntuoso a pensarse a sí mismo como centro de la creación, como un. Sol (verso 4);

c) supuesta función orientadora de quien se cree capaz de determinar la dirección del "carruaje" de la existencia, como si fuera "la quinta rueda", irónicamente llamada *única* y *perfecta* (21) (verso 5);

d) indispensabilidad, porque cuanto se erija "desde ella [la rueda] para arriba" depende del funcionamiento del hombre-rueda;

e) afirmación biológica, a través del acto mingitorio, que es símbolo de vitalismo, particularmente cuando es ruidoso (*bulla que reprende*) (22) (verso 9):

---

(21) Interpretamos "la quinta rueda" como el doble círculo movible de metal sobre el cual descansa la parte delantera de un carruaje, cuyo eje anterior, unido al círculo inferior, puede rotar a izquierda o a derecha, según la dirección que se desee seguir. Debemos añadir también que ser la quinta rueda del coche significa en el Perú "no tener participación en algo".

(22) Vallejo recurre al mismo acto fisiológico para indicar un estado la desvitalización, como se puede ver en el poema "Los nuevos monstruos"; *Invierte el sufrimiento posiciones, da función/ en que el humor acuoso es*

f) posición erguida: *A vertical subordinada* (verso 9), que es, como lo ha explicado Juan Larrea, una alusión más al acto recién mencionado (23);

g) capacidad legalista, irónicamente asociada a una función biológica: *desagüe jurídico* (verso 10);

h) disposición jovial y bonachona, que reduce la existencia al elementalismo del chiste barato: *chirota grata* (24) (verso 10).

Con estos ocho rasgos —todos ellos expresiones de falsa suficiencia— se configura la personalidad de un histrión, personaje que aparece también en otros poemas trílcicos, y que debió de ser para Vallejo la personificación de la necedad humana. Sirva de ejemplo Tr. XIV.

La segunda estrofa encierra, según lo visto, una visión terriblemente irónica de la jactancia y estulticia humanas. De aquí arranca el dolor del poeta, dolor obsesionante y múltiple:

11.   Mas sufro. Allende sufro. Aquende sufro (25).

En cuanto a las especificaciones adverbiales *aquende* y *allende* hay tres posibles interpretaciones:

1) Inmanencia y trascendencia. Dice Larrea: "Padece Vallejo en los dos grandes registros del aquí y del más allá, para abocarse por fin a ese absoluto dolor sin causa inmediata y 'suceda lo que suceda'" (AV 5, p. 118).

2) Doble plano psicológico. Se deduce esta dualidad de la traducción propuesta por Roberto Paoli: "Ma soffro. Fuori soffro. Dentro soffro" (RP, p. 37);

3) Sueño (engaño) y realidad. El verso que venimos discutiendo contrapone la estrofa 2 a la estrofa 4, sirviendo de puente de unión entre ellas. En la estrofa 2 tenemos la imagen ideal con que el hombre se engaña a sí mismo. Ese hombre mostachoso, que cree ser Sol, y también rueda quinta y perfecta, como dice el poema. En oposición a este individuo hallamos, en la estrofa 4, un infeliz que puja y suda felicidad y cuya labor tiene muy escasas consecuencias.

---

vertical/ al pavimento (PH, p. 171). Compárese con: *orinándose de natural grandor* (Tr. XLVIII).

(23) Véase: "Considerando a Vallejo", AV 5, p. 276.

(24) Lo más probable es que *chirota* sea una contracción del ecuatorianismo "chirotada" (chiste tonto, necedad), uno de los muchos que han pasado a la región del norte peruano.

(25) Sobre el empleo de arcaísmos en la poesía vallejiana omitimos todo comentario por haber sido ya discutido en varios trabajos críticos.

Allende es reflejo de *Ese hombre* (verso 4), y *aquende* es la imagen de un ser más cercano, introducido por la frase *he aquí* (verso 12). Resumiendo: el poeta sufre cuando se atreve a pensarse a sí mismo como un prepotente, y también cuando se ve reducido a la categoría del infeliz retratado en la estrofa 4.

El único período en que el rey de la creación se acerca a la genuina autenticidad es la infancia, pero los años de inocencia son cortos, según el poema, pues ya a los tres, todos empezamos a corromper las aguas de nuestra existencia con mentirijillas y triquiñuelas, que luego se transforman en la *batiente nata* del poema. Así lo insinúan los versos 20-21, al mencionar el lírico cómo se empieza a *deletrear/ los enredos de enredos de los enredos,* de los versos 19 y 20, que por la serialización misma del sustantivo dan una idea cabal de la maraña que es nuestra vida.

El resto de la cuarta estrofa es una demostración de lo poco que puede la falsa prepotencia. Los versos 14 - 23 diseñan una escena familiar: un padre simbólico, cuyo aspecto exterior recuerda a Guillermo II, ve deshecho su trabajo por la inocencia de su *pequeña de tres años.* La ironía de la cuarta estrofa la refuerzan dos verbos, "pujar" y "sudar", y también la oración *Engállase el barbado* (verso 18), que trae a la mente la postura agresiva de un gallo de pelea (26).

Vallejo ve el comienzo de la miseria espiritual del hombre en los albores de la existencia, cuando se adquieren las primeras nociones. Semejante pensamiento debió ser motivo de profunda preocupación y una de las razones de por qué Vallejo miraba con escepticismo la supuesta hegemonía del intelecto en la vida humana. La falta de ortografía en "saliba" y el silabeo defectuoso del final (*no má/ .s./*) son dos modos de representar los primeros pasos de un párvulo por el largo camino del conocimiento. En este final, como se ve, queda implícita una triste meditación sobre el saber del hombre.

Tr. XX tiene cohesión interna: sin embargo, podría dejar en el ánimo de algunos lectores una impresión de discontinuidad, y ello se debe a la variedad de emociones que se traslucen en distintos segmentos, uno de los cuales se funde en otro dentro de una misma estrofa. Al comienzo, aprehendemos la inseguridad del hombre, acompañada de una nota implícita de melancolía; a ésta sigue un viraje hacia lo irónico, en la estrofa 2, ambiente que

---

(26) La misma idea encontramos en la frase "grandes ojos engallados", de "El unigénito", y en la oración "Santiago iba engallándose y creciendo en rabia", de *Fabla salvaje.* Véase: NyCC, pp. 48 y 112, respectivamente.

contrasta con el de aflicción, del verso 11 (*Mas sufro.*). Inmediatamente después, se impone un nuevo rumbo, esta vez, jocoso-serio, en la cuarta estrofa, la cual termina con una expresión final de gracia y de ternura. Esta variedad de emociones no constituyen una gama incoherente, si se considera el poema desde el punto de vista de los "personajes". Estos representan, en realidad, a un solo ser. Aunque la tercera persona es, en el presente caso, una *pequeña de tres años*, el poeta se mira a sí mismo a través del padre y de la hija, pues ambos representan un estadio vital en la vida del hombre. Hay poemas con enfoque dual: "yo - tú", o bien, "yo - él". En algunas composiciones, sin embargo, el hablante se descom-pone en tres personas, y puede ser "yo - él - ella", como en el presente caso, o bien, "yo - tú - él (ella)", como ocurre en Tr. XVI.

De la exposición anterior se colige que la coherencia de un poema puede muy bien no depender ni de la forma, ni de la dis-posición de sus partes, ni del asunto, ni de su contenido anímico, sino de la totalidad espiritual del hablante, quien actúa como di-ferentes seres, que son los constituyentes humanos de un mismo estructurador lírico.

Habrá quienes también vean incoherencia en la primera es-trofa, porque el lírico no se nos entrega aquí como la suma de "yo - tú - ella". Hay en este comienzo, sin embargo, una síntesis de cuanto se dice en el resto del poema, esto es, la dualidad de lo que el hombre es y de la perfección a que aspira. El patrón del poema sería el siguiente:

[El yo soñado: *piedra ideal*]
El hablante lírico
visto a través de un

a) "Yo": *Mas sufro. Allende sufro. Aquende sufro.*
b) "El": *hombre mostachoso ... guillermosecundario.*
c) "Ella": *(la) pequeña de tres años.*

Hemos de convenir, sin embargo, en que Tr. XX exige cierto esfuerzo constructivista por parte del lector para ser apreciado to-talmente. Ni después de descubrir la pluralidad del sujeto queda satisfecho el lector, por no dejarse sentir un tono unitario sos-tenido. Lo que se inicia como drama, termina como boceto sen-timental. Además, el poema parece ir disminuyendo en concentra-ción conceptual a medida que se desarrolla: el comienzo es alta-mente metafórico y abstracto; la segunda estrofa se centra en una figura de contornos más definidos y, por último, el final se deslíe en un incidente anecdótico-simbólico que resta concentración a lo expresado antes. Así y con todo, Tr. XX es un poema digno de meditarse porque nos pone frente a la condición humana en su desnuda realidad.

*　*　*

Dijimos al comienzo que el poeta había evitado toda forma de alusivismo, moralización e historicidad. Si se examinan los dos poemas una vez más, no se hallará ningún dato que pudiera negar lo afirmado. Tr. XVI y Tr. XX, por la magia de su intransitividad artística, crean en el lector actitudes que suplen lo que el poeta no ha puesto *explícitamente* en su creación. Adivinamos los resortes psicológicos del ambicioso y del engreído, y hasta sospechamos que pudo haber motivos reales que dieron origen al acto creativo. Adivinamos también un estructurador que valoriza y que rechaza la fatuidad y el autoelogio. Sin embargo, en uno como en otro poema, todo lo que es especificidad está transformado, por una voluntad de estilo, en estados de alma, dentro de los cuales advertimos significados simbólicos, valores y actitudes.

Entre los méritos indiscutibles del poeta peruano está el no haber rebajado nunca su arte poético a la categoría de propaganda política, alusivismo panfletario o barato didacticismo.

2. Esperanza y desilusión: Tr. XIX, Tr. XXXI, Tr. LVII, Tr. LXIII (1).

Juzgada como intencionalidad, la vida oscila entre dos polos opuestos —la esperanza y la desilusión—. Este flujo y reflujo de la conciencia fue motivo de persistentes inquietudes en el alma de Vallejo y, por ello, no es raro que se traduzca en contenidos psíquicos y formas poéticas de muy variada naturaleza. Entre los tipos más importantes de dichos contenidos y formas están los siguientes:

a) Instancias psicológicas representadas por medio de sustantivos abstractos encabezados, en algunas ocasiones, por una mayúscula: ilusión, esperanza, presentimiento, afán, melancolía, humillación, amor, demencia, etc.

b) Complejos psíquicos motivados por el choque de móviles inarmónicos: conmociones de la conciencia moral, merma de la

---

(1) Apareció en *Cuadernos Hispanoamericanos*, No. 241, enero, 1970, pp. 149 - 169. Hemos introducido algunas reformas menores.

naturaleza humana, arranques de voluntarismo, derrota de la dignidad, etc. Tales complejos se traducen en símbolos plurivalentes, o en combinaciones de éstos, a los cuales les asigna el poeta una función emblemática. Las intrasignificaciones de estos materiales poéticos son variadísimas y complejas, cualquiera que sea la parte de la oración en que estén vertidas. Ejemplos:

— *sustantivos*: esquinas, puntas, fibras, exósmosis, lluvia, lindes, vísperas, carros, dedos, etc.;
— *adjetivos y frases adjetivales*: arácnidas, circular, védico, violado, germinales; de buena voluntad, potente de orfandad, con causas, en guardia, etc.;
— *verbos*: emplumar, descolorar, trinar, quedarse, abrirse, arzonar, arrastrarse, husmear, etc.;
— *adverbios y frases adverbiales*: todavía, temprano, lejos, abajo; a las ganadas, para adentro, de engaños, con diez horizontes, con noche, etc.

c) Vagas coordenadas del yo profundo traducidas por palabras y frases multisémicas: ferrado reposo, lentas ansias amarillas, foragido tormento, pesadillas insectiles, pulso misterioso, tanteo profundo, heraldo de los génesis, teclas de resaca, etc. Estas expresiones se encuentran entre las más sugestivas de todo el libro y atestiguan el esfuerzo vallejiano por dar forma a lo inefable.

De la combinación de estos tres tipos de contenidos psíquicos resultan versos de insondable valor sugestivo, tales como: *Al ras de nata blindada de piedra ideal, se violentan oxígenos de buena voluntad, se ha calzado todas las diferencias, gañanes de gran costado sabio*, etc. Aún más herméticos son los sintagmas o combinaciones de sintagmas que contienen neologismos o invenciones léxicas: *oxidente de muebles hindúes, arterias trasdoseadas de dobles todavías*, o *hueras yemas lunesentes*.

De todos los contenidos psíquicos incluidos en *Trilce*, el más común es el de tipo simbólico. Por esto, es acertadísima la opinión de Guillermo de Torre, quien dice, al caracterizar la poesía vallejiana: "Su última clave de comprensión se halla muy estrechamente ligada con la semántica y la simbología" (2).

Puesto que Tr. XIX, XXXI, LVII y LXIII son, esencialmente, sondeos en la interioridad humana, es lógico que el poeta haya

_____

(2) "Reconocimiento crítico de Vallejo", AV 2, pp. 327 - 328. Después de leer *La piedra cansada*, pieza dramática tan cargada de símbolos, supersticiones, agüeros y mitos, nos preguntamos si la tendencia hacia la representación simbólica no derivaba, por lo menos en parte, del pasado cultural del poeta.

de enfrentarse al dramático vaivén de la esperanza y la desilusión, y que para representarlo se sirva de contenidos y formas poéticas de los varios tipos que hemos señalado.

Un somero análisis de los tres poemas incluidos en esta sección conduce a varias preguntas: ¿Creía Vallejo en una armonía cósmica en la cual pudiera fundamentarse la esperanza y, quizá también, la posibilidad de una plena realización? ¿No persistió acaso en él la creencia de su niñez que hacía de la esperanza una de las virtudes del buen creyente? Y, en tercer lugar, ¿es posible que, ciñéndose a una concepción panteísta del mundo, viera la presencia de Dios en todo lo creado? Y, por último, como cuarta y más radical posibilidad, ¿llegó el autor de *Trilce* a la convicción de que la esperanza no puede fundamentarse ni en la armonía de la naturaleza, ni tampoco en la omnipotencia divina?

Los poemas XIX, XXXI, LVII y LXIII, estudiados a continuación, emplean numerosos vocablos que requieren comentario y, por ello, nos veremos obligados a insistir primero en particularidades, para sentar finalmente algunas conclusiones generales que nos permitan contestar las preguntas recién formuladas.

Trilce XIX

1. A trastear, Hélpide dulce, escampas,
    cómo quedamos de tan quedarnos.

    Hoy vienes apenas me he levantado.
    El establo está divinamente meado
5. y excrementido por la vaca inocente
    y el inocente asno y el gallo inocente.

    Penetra en la maría ecuménica.
    Oh sangabriel, haz que conciba el alma,
    el sin luz amor, el sin cielo,
10. lo más piedra, lo más nada.
        hasta la ilusión monarca.

    Quemaremos todas las naves!
    Quemaremos la última esencia!

    Mas si se ha de sufrir de mito a mito,
15. y a hablarme llegas masticando hielo,
    mastiquemos brasas,
    ya no hay dónde bajar,
    ya no hay dónde subir.

19. Se ha puesto el gallo incierto, hombre.

Este primer poema establece una clara contraposición entre dos alternativas: la posibilidad de una realización por vía del espíritu (versos 1 - 13), y la contingencia de un desengaño (versos 14 - 19). He aquí las lindes opuestas del vivir: esperanza y desilusión.

a) El reino de la esperanza.

Ya en el primer verso se deja traslucir la esperanza del lírico en su gozo ante el advenimiento de un cambio:

1. A trastear, Hélpide dulce, escampas...

El hombre emerge de un triste estado inmediato, al cual se refiere el verbo "escampar", que expresa la terminación de una fase melancólica, representada por un sustantivo subentendido (lluvia). Además, la frase *cómo quedamos,* del verso 2, da a entender un desmedro de la hombredad:

2. cómo quedamos de tan quedarnos

Es menester distinguir aquí el verbo *quedar* de su variante reflexiva *quedarse,* porque esta última puede tener el significado de proyección o involución, según se emplee en una frase negativa o afirmativa. *No quedarse* es ansiar un cambio, tener esperanzas. Por lo tanto, *de tan quedarnos* (verso 2) destaca la inercia o abulia del que no quiere una evolución o no la cree necesaria (3).

Hélpide dulce, o sea, la esperanza, transforma el aspecto exterior del medio físico (*trastear*), como también la actitud del creador ante la vida. Los cambios físicos son, en este caso, anuncios de un renacimiento espiritual, pero no la causa del retorno de la esperanza. Esta es, como ya dijimos, un don innato del hombre.

La segunda estrofa tiene por objeto representar el cambio de actitud espiritual que trae la esperanza: el mundo exterior se transforma mágicamente, y hasta las más prosaicas realidades adquieren contornos simbólicos y se embellecen (*El establo está divinamente meado*). Presiéntese un concierto, una armonía antes no vista ni sentida, que hace desaparecer todo lo vulgar y lo maléfico.

---

(3) Véanse Tr. XVIII: *Y sólo yo me voy quedando,* y Tr. XLVII: *a no querer quedarse.*

Por esto se repite *inocente* tres veces, como si el alma hallase en todas partes ecos de su propio embeleso. Y vemos una vez más que es el espíritu el que, a través de la esperanza, da un nuevo sentido al mundo circundante.

Se nos presenta ahora un problema fundamental: ¿a qué amor se refiere Vallejo en la estrofa 3? De acuerdo con lo antes expuesto, afirmamos que no se trata aquí de la pasión sexual. Nuestras razones son las siguientes: *a*) es el alma la que concibe el amor allí donde no hay sino una nada pétrea, sin espiritualidad "azul" (*sin cielo*); tal pasión se nutre de un hálito extraterrenal, porque es una *maría ecuménica* de toda la creación, fecundada por la esperanza y santificada por la presencia de San Gabriel; además, esa pasión busca llegar a su máxima intensidad, o, como dice el poeta, a la *ilusión monarca,* del verso 11, tras de quemar la *última esencia,* del verso 13.

En la cuarta estrofa vemos cómo la esperanza transforma también al hombre; los versos 7 a 11, son todos reflejo de un regocijo incontenible que culmina en los versos 12 y 13:

> Quemaremos todas las naves!
> Quemaremos la última esencia!

La esperanza no es un mero desear sino una iluminación del espíritu y una proyección metafísica. El verso *Quemaremos todas las naves,* lejos de concretar el amor, es expresión de la más absoluta entrega ideal, de una proyección sin retorno. En estos versos Vallejo se acerca a la purificación espiritual a que aspiraban los místicos. Muy acertadamente dice Larrea a este respecto:

> "El poema se modula en el punto absoluto donde el alma ha de concebir un amor nuevo *anonadándose* 'hasta la ilusión monarca', o sea hasta el goce subjetivo de la Unidad (4).

b) *Inminencia de la desilusión.*

Al comenzar la quinta estrofa se formula la primera duda: el

---

(4) Larrea, Juan, "Significado conjunto de vida y obra de Vallejo", AV 2, p. 240. Véase también la interpretación de Coyné, quien señala, en particular, las connotaciones bíblicas del poema (AC II, pp. 176,227 - 228). James Higgins ve en Tr. XIX "un intento serio", pero cree también que "Vallejo parodia ciertas ideas cristianas" ("Posición religiosa de César Vallejo a través de su poesía", *Caravelle,* 1968, No. 9, p. 50). El lector verá que nuestro análisis se orienta más bien hacia una interpretación del bagaje bíblico como material simbólico.

ente poético retorna de su vuelo imaginativo y reconsidera, esta vez por vía intelectual: la esperanza puede engañar al lírico al ascender a la zona de las iluminaciones, pasando de mito a mito (5) (verso 14); pero el alma se sobrepone al temor y se confirma en su tenaz proyección:

16. mastiquemos brasas

A este arranque de optimismo sigue un intento de justificación que deja traslucir cuán poco puede el hombre en su afán de autodeterminación, como bien lo dicen los dos versos siguientes (*ya no hay dónde bajar,/ ya no hay dónde subir*), que expresan claramente la imposibilidad de toda proyección, vale decir, la muerte de toda esperanza. Quizá el argumento más decisivo a favor de esta interpretación sea el verso final:

19. Se ha puesto el gallo incierto, hombre.

En esta oración se encierra una dolorosa incertidumbre: si la confianza llega a una valla que hace imposible la *ilusión monarca,* habrá de consumirse en su propio ardor. Entonces los gestos decisivos se convierten en los titubeos de un gallo de pelea que se siente inferior a su cometido (*gallo incierto*) (6). El tono coloquial de todo el verso 19 implica, además, un regreso al prosaísmo y mezquindad de la vida.

Así interpretado, Tr. XIX es la expresión conjunta de un intento de sublimación y del drama de un abatimiento. La desolación que ve en este poema Yurkievich, aparece en los últimos versos y, más que soledad, es la certidumbre de una fundamental insuficiencia, la incapacidad de vuelo.

Del final se desprende una lección profunda: la esperanza puede elevar al hombre a insospechadas alturas trascendentales siendo, como lo es, proyección del espíritu, pero es también la causa de lamentables caídas, porque, igual que el ente que la sustenta, no puede realizarse más allá de las posibilidades humanas.

---

(5) El mito lo concibe Vallejo, no como autoengaño, sino como motivo de adhesión incondicional e ilusa. Dice en "Para el alma imposible de mi amada": *¡Quédate en el seso/ y en el mito inmenso de mi corazón!* (LHN, p. 83).

(6) La misma idea se apunta en Tr LXXI, en donde se mencionan gallos. *ajisecos.* El final de este poema es también un retorno a la realidad.

Trilce XXXI

1. Esperanza plañe entre algodones.

    Aristas roncas uniformadas
    de amenazas tejidas de esporas magníficas
    y con porteros botones innatos.
5. ¿Se luden seis de sol?

    Natividad. Cállate, miedo.
    Cristiano espero, espero siempre
    de hinojos en la piedra circular que está
    en las cien esquinas de esta suerte
10. tan vaga a donde asomo.

    Y Dios sobresaltado nos oprime
    el pulso, grave, mudo,
    y como padre a su pequeña,
                 apenas,
15. pero apenas, entreabre los sangrientos algodones
    y entre sus dedos toma a la esperanza.

    Señor, lo quiero yo...
    Y basta!

La primera lectura de este poema obliga al lector a relacionar elementos poéticos, al parecer, muy dispares: *esperanza, amenazas, porteros, Dios, piedra circular*, etc. Hay, sin embargo, un algo no dicho que parece unificar la totalidad de la composición. Intentemos ahora acercarnos por diferentes vías a ese algo misterioso.

Tr. XXXI enfrenta la fragilidad del hombre —animal de esperanzas— a la omnipotencia divina y, porque ésta no pone remedio inmediato a los males del hombre, en todo el poema se respira un ambiente de inseguridad y de expectación.

Tr. XXXI tiene tantas partes como estrofas:

a) estrofa 1: el hombre doliente se apoya en la esperanza;
b) estrofa 2: la vida del hombre, erizada de engaños y amenazas, deja un margen para un posible renacer;
c) estrofa 3: el hombre, rodeado de incertidumbres y de sombras, se acoge a la providencia de Dios;

d) estrofa 4: Dios observa al hombre, pero no va más allá de mantener viva la esperanza;
e) estrofa 5: súplica final.

Teniendo presente la totalidad del poema, examinemos cada una de las cinco partes de nuestro esquema.

a) *Primera estrofa.*

Muy extraña impresión causa, a primera vista, la asociación de la esperanza con el sustantivo *algodones.* Sin embargo, el ambiente del poema nos permite aprehender dos significados congruentes: 1) la esperanza humana es frágil, como lo es el ser vivo, y por ello necesita estar protegida por algodones, y 2) el hombre es un enfermo sangrante, pues la esperanza es el hombre mismo y, como tal, solloza y clama: *La esperanza plañe...*

b) *Segunda estrofa.*

Contiene este segmento una pluralidad de significados de difícil acceso. En los versos 2 - 4 hay varios casos de epítesis distorsionada, que dan al pensamiento un carácter poliédrico:

2. Aristas roncas uniformadas
3. de amenazas tejidas de esporas magníficas
4. y con porteros botones innatos.

Si consideramos los sustantivos *aristas, amenazas, esporas* y *botones* en relación con los adjetivos que a ellos se refieren, vemos que éstos son todos casos de desplazamiento. Para apreciar mejor el valor artístico de la hipálage múltiple, comparemos la cualificación prosística (columna A), que podemos reconstruir con un pequeño esfuerzo, con la cualificación poética (columna B), que es la que el poema nos ofrece:

A	B
aristas (amenazantes)	aristas roncas (verso 2)
amenazas (roncas)	amenazas tejidas de esporas (verso 3)
esporas (innatas)	esporas magníficas (verso 3)
botones (porteros)	botones innatos (verso 4)

La riqueza sugestiva de la cualificación poética es clara y evidente. Añádese que, en los versos que nos interesan, la cualificación no es nunca simple (como en A), sino doble: *aristas roncas uniformadas; amenazas tejidas de esporas magníficas; porteros botones innatos*. De esta multiplicidad, y de la síntesis poética que los tres versos representan (2 - 3 - 4), se desprenden las siguientes ideas básicas: el mundo es un conjunto de bordes cortantes que nos hacen sangrar (*aristas*) (7); contiene, además, peligros inminentes (*amenazas*), y nos engaña con sus innumerables atractivos y engañosos ofrecimientos (*esporas magníficas*), y con su aparente afabilidad (*porteros botones innatos*). En ese ambiente de peligros, amenazas y falsedades es donde sangra la esperanza al rozarse con aristas encubiertas (*uniformadas*). Esta última palabra no sólo refleja la idea contenida en *porteros botones* (verso 4), ya que éstos se distinguen por su "uniforme", sino que también acarrea la concepción vallejiana de que la vida es "uniformemente" adversa y engañosa. Y así como hemos unido un adjetivo del verso 2 (*uniformadas*) con un sustantivo del verso 4 (*botones*), sería igualmente posible asociar amenazas (verso 3) con *roncas* (verso 2), o bien, *esporas* (verso 3) con *innatas* (verso 4). La pluralidad semántica de los versos 2 - 4 es verdaderamente extraordinaria. Están también prendidas a los diferentes conglomerados varias sugerencias secundarias (8): voces desapacibles (*roncas*), complejidad de textura (*tejidas de...*), proliferación peligrosa (*esporas*) (9), y, más importante aún, inseparabilidad de lo amenazante (versos 2 - 3) y lo engañoso (versos 3 - 4). *Innatos*, por su parte, implica que el engaño es inherente a la vida misma.

Aún más hermético que los anteriores es el quinto verso:

¿Se luden seis de sol?

He aquí un verbo poco común y una enigmática noción numérica. ¿Cómo ha de entenderse este oscurísimo verso? El verbo *ludir* aparece en Tr. IX con el sentido de "frotar" o "rozar": ... *aquel ludir mortal/ de sábana*. En su forma reflexiva, sin embargo, Va-

_____

(7) Imagen parecida hallamos en "Los Caynas", relato en que se menciona una "noche de cortantes bordes" (NyCC, p. 58).

(8) Estas sugerencias secundarias son las que I. A. Richards llama "tied imagery". Véase: *Principles of Literary Criticism*, New York, 1948, p. 118.

(9) Vallejo asocia la *espora* con lo indeseable: "Y ahora se embreñaba... entre espora y espora de los líquenes que crecen entre los dedos carceleros." "Liberación", NyCC, p. 35.

llejo le da el significado de "deslizarse", "escurrirse", como se ve en un pasaje de la novela *Hacia el reino de los Sciris*:

> "Cuando el monolito de la puerta empezó a ser levantado, la muchedumbre se sumió en un gran silencio, no oyéndose más que el ruido de los lazos, al ludirse en los agujeros de los muros..." (NyCC, p. 148).

En cuanto al numeral *seis,* es indudable que tiene un significado ulterior. Tal como 99, que precede a la unidad de la centena, o el 11, que también precede a otra unidad, el numeral *seis* representa en la poesía aquello que no ha llegado a una plenitud (10); el seis es la no totalidad, puesto que el siete es la unidad mágica, asociada con los planetas (!), la gama pictórica, la buena suerte, etc. Por ir el numeral *seis* unido a la frase *de sol* (verso 5), es muy probable que se refiera al sexto tinte dentro de la totalidad de siete colores que Vallejo concebía como integrantes de la gama pictórica. Así nos lo dice en el relato titulado "Los Caynas":

> "Urquizo llegó a errar allende las comisuras eternas, a donde corren a agruparse, en son de armonía y plenitud, los siete tintes céntricos del alma y del color" (NyCC, p. 52).

El sexto color es, sin duda, indicio de imperfección o de aniquilamiento inminente. Dice Vallejo en el relato "Más allá de la vida y la muerte":

> "se veía el panteón retallado a esa hora por la sexta tintura postmeridiana" (NyCC, p. 26).

En vista de lo dicho, se podría decir que ¿*Se luden seis de sol?* es igual a preguntar "¿Se han deslizado (han desaparecido) ya seis de los colores que integran la luz? ¿Estamos a punto de caer en las sombras?" Esta idea, que concuerda con lo engañoso y amenazante de los versos 2-4, no se consolida, pues hay en el verso siguiente una súbita reintegración, un rescate de la esperanza; el poeta se siente renacer:

6. Natividad. Cállate, miedo.

Hay en este verso dos dificultades: la elipsis del verbo a través

---

(10) Recuérdese aquí el uso de 999 en Tr. XXXII, 99 en Tr. LXXVI, y 69, *dase contra 70,* en Tr. XLVIII.

del cual adquiere sentido el sustantivo *Natividad* (¡He aquí cómo nace la esperanza!) y un cambio al modo dramático, que imparte a la oración *Cállate, miedo* el carácter de un diálogo incompleto. En realidad, dicha frase constituye un monólogo, pues el poeta está hablándose a sí mismo. Este tipo de dramatización es bastante común en *Trilce*. Recordemos aquí —para citar sólo un ejemplo— la composición XLII (*q. v.*). Los componentes del verso 6 implican, pues, dos posturas distintas y hacen de la representación poética un conjunto discontinuo y discorde.

La segunda estrofa, considerada como unidad estructural, se compone de dos partes: los versos 2-4, que son expresiones de subjetividad pura, y los versos 5-6, que dejan traslucir en forma cada vez menos velada la presencia de un yo lírico. Este yo creador, o sea, el yo que espera, del verso 7, pone en relación directa la tercera estrofa con la estrofa 4, cuyo sujeto es "nosotros". Hay, pues, en el poema, tres puntos de vista, los mismos que hallamos en muchas otras composiciones trílcicas (11): ellos (estrofa 2), yo (estrofa 3) y nosotros (estrofa 4). Por lo común, los segmentos en que desaparece el creador son los más elaborados y, a menudo, los más abstrusos. Los que implican un enfoque más personal, sea que el lírico aparezca como un "yo", o como parte de un sujeto genérico ("nosotros"), son los más dramáticos, porque en ellos el yo poético, acuciado por un anhelo de trascendencia, se transfunde y expande en un deseo de pluralidad y plenitud.

La brevedad de la frase poética y el cambio de un modo a otro, tal como los observamos en Tr. XXXI, podrían chocar al lector acostumbrado a otro tipo de poesía menos "descoyuntada", para usar el término empleado por José Bergamín (12), pero debemos convenir en que, detrás de los enfoques mencionados, hay una misma singularidad poética, y es ésta la que da coherencia y sentido a todo el poema, pues de ella emana una representación del mundo cargada de fuerza persuasiva. Esta singularidad es el "algo" misterioso a que nos referimos en líneas anteriores.

c) *Tercera estrofa.*

Aunque parece introducir un motivo nuevo, esta parte no hace

---

(11) Véanse: Tr. XXXVI, XLV, XLVII, XLIX, LVII, LVIII, LIX, LX, LXVII, LXX.

(12) Véase: "Noticia de *Trilce*", en *César Vallejo - Sus mejores obras*. Lima, Ed. Perú, 1962, p. 105. Es el prólogo de la edición de Madrid, 1930.

sino desarrollar el tema de la incertidumbre del destino, ya que los versos 8 y 9 no son más que un eco de lo dicho antes:

8. ... en la piedra circular que está
9. en las cien esquinas de esta suerte

El sujeto impersonal del primer verso (*Esperanza*) se transforma en un ser concreto en la tercera estrofa (Yo), lo cual confirma nuestra suposición inicial de que la esperanza es el precipitado espiritual del hombre mismo.

El ser del hombre es a menudo representado por algo pétreo en la poesía vallejiana; por lo tanto, la *piedra circular* del verso 8 bien podría simbolizar lo primordial y básico del hablante lírico, sustancia humana sujeta a un destino tan incambiable como la cerrada continuidad de un círculo, destino hecho de sorpresas y acontecimientos fortuitos inevitables (*las cien esquinas de esta suerte*). La forma de la piedra sugiere también las veleidades de una ruleta o rueda de la fortuna. Recordemos aquí que el numeral *cien(to)* refleja, comúnmente, un número fuera de lo normal (13) y que la *esquina* hace las veces de símbolo multívoco: como causa, representa lo inesperado y, como efecto, lo discontinuo o anormal (14). Por lo demás, el adjetivo *vago* del verso 10 refuerza la idea de incertidumbre esbozada en la estrofa 2 y contribuye, de este modo, a dar continuidad al poema.

Según Vallejo, el hombre vive rodeado de lo contingente y desconocido y, por eso, su destino es barruntar apenas el sentido de la existencia. Esto es lo que nos dice con el verbo "asomar" del verso 10.

Por encima de todo lo fortuito advierte Vallejo la presencia divina:

7. Cristiano espero, espero siempre
8. de hinojos...

(13) Así lo indica, por ejemplo, Tr. XXXIII, que dice: *Si lloviese esta noche, retiraríame/ de aquí a mil años./ Mejor a cien no más.* Y en "Ascuas" hallamos: *Y el labio al encresparse para el beso,/ se partirá en cien pétalos sagrados* (LHN, p. 17).

(14) El mismo significado se ve en "Mirtho": "Quebróse, ¡ay! en la esquina el impávido cuerpo" (NyCC, p. 61). El sentido peyorativo de "esquina" persiste a través de toda la obra vallejiana. En "Aniversario", por ejemplo, hay una larga lamentación sobre las adversidades de la existencia: *Cuanto catorce ha habido en la existencia!/ Qué créditos con bruma en una esquina!* (PH, p. 211).

No es posible pensar que el poeta desee ver colmadas sus esperanzas como resultado de una intelectualización. Puesto que espera con la actitud de *cristiano* y lo hace *de hinojos,* es de suponer que aspira a merecer, por medio de la fe, la misericordia de Dios. En la tercera estrofa se deja ver, pues, una actitud de expectación, pero dentro de una atmósfera indecisa que, sin ser irreverente, tampoco es de verdadera humildad o fervor. Esta misma vacilación se halla en el relato "Más allá de la vida y la muerte", escrito en los días de encarcelamiento (nov. 6, 1920 - febr. 26, 1921), o sea, poco después de escribir el poeta Tr. XXXI: Dice el relato:

> "¡palabra de *esperanza* y de *fe* entre el absurdo y el infinito, innegable desconexión de lugar y de tiempo; nebulosa que hace llorar de inarmónicas armonías incognoscibles!" (NyCC, p. 30. La cursiva es nuestra).

El hablante estructurador se halla ante una encrucijada espiritual, solicitado por dos fuerzas: la esperanza que Dios puede dar, y la esperanza que puede inspirar la vida; esta última es la *suerte/ tan vaga,* de los versos 9 - 10.

d) *Cuarta estrofa.*

Por fin aparece Dios, pero *sobresaltado,* como si hubiese descubierto una realidad inesperada en la tierra. Este Dios humanizado y sorprendido ante el drama humano, toma el pulso al hombre, como lo haría un médico, pero no cambia el rumbo de la creación: el hombre seguirá debatiéndose, como dice el relato, entre el absurdo (la vida) y el infinito (la perfección soñada). Lo terrenal y lo divino no llegarán jamás a un consorcio y, por eso, Dios sólo toma la esperanza en sus manos y da nuevo aliento al hombre, pero sin sacarlo de su valle de lágrimas:

14. (Dios) … apenas

15. pero apenas, entreabre los sangrientos algodones

e) *Quinta estrofa.*

Las dos últimas líneas no constituyen, propiamente hablando, un ruego, ni menos una plegaria:

17. Señor, lo quiero yo …

Tenemos aquí el anhelo romántico, la petición imposible. Frente al misterio del universo, cuyas "inarmónicas armonías incognoscibles", según palabras del relato, no se comprenderán nunca por vía racional, el hombre ha de recurrir a su voluntarismo, como lo dice el verso 17; éste encierra en forma brevísima el motivo central del grupo de poemas que aquí estudiamos: la esperanza es proyección de nuestra voluntad (*lo quiero yo*...). Nada ha cambiado. El hombre sigue siendo animal de esperanzas, a pesar de sus fracasos y caídas.

Llegamos ahora al enigmático verso 18, que cierra el poema:

18.   Y basta!

Sobre el significado de esta exclamación dice Coyné: "*Y basta*... una vez más deja el poema sin conclusión, el dolor sin otro recurso que la afirmación desesperada de la voluntad para no tenerlo en cuenta" (AC I, p. 106, nota 18). Es probable que, intencionalmente, dejase Vallejo el último verso en estado larval, como posible resonancia de varias ideas que están presentes en el poema, ya como asertos poéticos o como simples insinuaciones. Damos entre paréntesis la apoyatura de cinco posibles interpretaciones:

1) ¡Basta de docilidad! Afirmación de la voluntad, como dice Coyné. (Contraste entre el verso 18 y el tono plañidero del verso 1);

2) ¡Basta de castigos! Petición de benignidad. (Espero de hinojos);

3) ¡Basta con la afirmación volitiva, dejando a un lado toda racionalización! (Lo quiero yo...) (15);

4) ¡Basta de esperanzas falsas! Reniego de la fe. (Dios... apenas, pero apenas, entreabre los sangrientos algodones. Dios se queda mudo) (16).

5) ¡Basta con lo que he dicho! Futilidad de toda elaboración (17). (Idea implícita en la colocación del verso 18 al final).

---

(15)   Recuérdese aquí Tr. LVII: *Yo me busco/ en mi propio designio*...

(16)   Esta interpretación, que pudiera parecer chocante, deja de serlo, si se recuerda el poema "Los dados eternos" (LHN, p. 90).

(17)   El poeta no habla al final con verdadera fe. Sobre este punto, véase: Higgins, James, "Posición religiosa de César Vallejo a través de su poesía", *Caravelle*, 1968, No. 9, p. 50.

Si es verdad, como lo hemos insinuado, que Tr. XXXI refleja un estado de incertidumbre y confusión, son posibles las cinco interpretaciones que hemos propuesto (18).

Tr. XXXI representa distintos momentos de un proceso psicológico que va desde la etapa depresiva a la expresión voluntarista, pasando por dudas intermedias. El esquema de dicho proceso podría ser el siguiente:

1) Debilidad: *Esperanza plañe* (verso 1);
2) Temor: *¿Se luden seis de sol?* (verso 5);
3) Recuperación: *Natividad* (verso 6);
4) Confianza: *Cristiano espero, espero siempre* (verso 7);
5) Incertidumbre: *Dios ... apenas,/ pero apenas, entreabre los sangrientos algodones* (versos 14 - 15);
6) Petición: *Señor, lo quiero yo ...* (verso 17);
7) Afirmación: Y basta! (verso 18).

Tr. XXXI deja transparentar un lugar y un ambiente. A juzgar por los quejidos, los sangrientos algodones y el acto de tomarle el pulso a un ser desfalleciente, nos parece estar en un hospital o en la alcoba de un enfermo. Pero, por encima de cosas y personas, se cierne un *fatum* ineludible que es fe y duda, confianza e inseguridad, mansedumbre e impaciencia.

El enfermo es el hombre; "la casa del dolor", el mundo; y el constante vaivén de emociones encontradas, la vida, siempre ardua y mezquina. Por eso dirá más tarde el poeta:

"De la casa del dolor parten quejas tan sordas e inefables y tan colmadas de tanta plenitud, que llorar por ellas sería poco..." (19).

Trilce LVII

1. Craterizados los puntos más altos, los puntos
   del amor de ser mayúsculo, bebo, ayuno, absorbo heroína para la pena, para el latido
   lacio y contra toda corrección.

---

(18) De estas cinco posibilidades, la que más nos atrae es la propuesta por Coyné. Igual intención expresa Vallejo en una de sus crónicas: "Los ojos posesos de la luz y de línea, le dijeron a la Muerte: ¡Basta!" (AO, p. 22).

(19) PC, p. 234. Esta composición no aparece en la edición Perú Nuevo de *Poemas humanos* (Lima, 1961).

5. ¿Puedo decir que nos han traicionado? No.
    ¿Que todos fueron buenos? Tampoco. Pero
    allí está una buena voluntad, sin duda,
    y sobre todo, el ser así.

    Y qué quien se ame mucho! Yo me busco
10. en mi propio designio que debió ser obra
    mía, en vano: nada alcanzó a ser libre.

    Y sin embargo, quién me empuja.
    A que no me atrevo a cerrar la quinta ventana.
    Y el papel de amarse y persistir, junto a las
15. horas y a lo indebido.

    Y el éste y el aquél.

He aquí una pieza manifiestamente prosística y abrupta. Basta observar el empleo de frases adverbiales (*sin duda, sobre todo, sin embargo*), la presencia de un artículo como final de verso y separado del sustantivo a que se refiere (*las/ horas*), una palabra repartida entre dos "versos", las rupturas de pensamiento, el ayuntamiento de partes por medio de la conjunción *y,* amén del tono disquisitivo de la mayor parte del poema. Más antipoesía no hay para qué pedir.

Fuera de que la tendencia al prosaísmo fue, en los días de la posguerra, un modo de negar los cánones métricos y de preceptiva que regían el arte poético de años anteriores, es posible que la llaneza de formas tenga algo que ver, en el presente caso, con la persona del hablante lírico, quien se presenta aquí en toda su desnudez moral y abandono, sin ningún oropel que pueda encubrir la degradación a que le ha llevado la vida.

Comienza Tr. LVII con un verbo inventado por Vallejo: *craterizados* (20). Esta forma participial absoluta sugiere una erupción volcánica y una enorme concavidad (cráter), símbolos ambos de una tremenda turbulencia espiritual y de las huellas que ha dejado. El hablante lírico se halla ahora, deprimido y sin voluntad, contemplando su propia ruina:

---

(20) Es muy probable que estas invenciones verbales le fueran sugeridas al poeta por Herrera y Reissig, en cuyos versos halló verbos como "wagneriar", "epilepsiar" y "perlar". Debemos añadir que no vemos la necesidad de corregir el comienzo y leer "Caracterizados...", como lo hace la Srta. Elsa Villanueva (*La poesía de César Vallejo,* Lima, 1951, p. 51).

1. Craterizados los puntos más altos, los puntos
2. del amor de ser mayúsculo,

Con estos versos se inicia un proceso de autoanálisis. Es verdad que todo lo relativo a la bohemia del ente lírico y, en particular, lo que se nos transmite confesionalmente en la primera estrofa, puede referirse al hombre Vallejo, pero hay, por otra parte, obvios indicios de que estos datos vivenciales son un mero punto de partida para una meditación. Es digno de observar, por ejemplo, que el poema contiene varias palabras y frases de tipo conceptual: *el amor de ser mayúsculo, buena voluntad, el ser así, designio,* etc. Además, a medida que se desenvuelve, Tr. LVII se hace gradualmente menos personal: al "nosotros" y "ellos" de la estrofa 2, sigue un "yo" (*Yo me busco* — verso 9), entreverado con un doble *se,* cuyos antecedentes son "quien" y "uno", respectivamente (*quien se ame* — verso 9; *el papel de amarse* — verso 14), todo lo cual termina con una declaración totalmente despersonalizada:

16. Y el éste y el aquél.

En Tr. LVII hallamos tres etapas de un mismo proceso psíquico: *a)* una fase eufórica ya terminada —"deseo de ser mayúsculo", "amarse mucho", es decir, la voluntad de "ser libre"—; *b)* un presente de bohemia y rebeldía (*contra toda corrección, junto a … lo indebido*) y *c)* un principio de recapacitación y de anhelante búsqueda (*Yo me busco/en mi propio designio*).

La terminación de la primera etapa está implícita en el comienzo (*Craterizados los puntos más altos…*). Esta imagen geológica acusa una predilección artística que continúa ininterrumpida a través de toda la obra vallejiana. Por lo demás, nada de extraño tiene que así sea, tratándose de un poeta cuyas raíces espirituales están en la sierra peruana (21).

La reacción inmediata del poeta ante su mísero estado es buscar una forma de escape. Se inicia así la segunda etapa:

2.   … bebo, ayuno, ab-
3. sorbo heroína para la pena, para el latido
4. lacio y contra toda corrección.

---

(21) Sobre las connotaciones psicológicas de *puntos* véase la discusión de Tr. XV.

Entremezcladas con las confesiones aparecen aquí una nota de dolor (*la pena*) y otra de desafío: el bohemio se enfrenta con lo consagrado (*contra toda corrección*), no teniendo ya nada de qué ufanarse. Considerada en conjunto, la primera estrofa expresa, como se ve, una enorme postración física y espiritual (22).

La estrofa siguiente menciona el comienzo de una reacción, el retorno a los dictados de la inteligencia (tercera etapa). Sirviéndose de su mentalidad aún lúcida, el hablante se propone comunicarnos su estado de incertidumbre y lo hace por vía especulativa. Esta postura le lleva, por desgracia, a hacer un estudio introspectivo a base de raciocinios, con lo cual disminuye notablemente el valor artístico de su creación. Por momentos Tr. LVII deja de ser poesía y se transforma en un interrogatorio de tipo catequístico:

> 5.   ¿Puedo decir que nos han traicionado? No.
> 6.   ¿Que todos fueron buenos? Tampoco...

El elemento dramático de la primera estrofa se ha transformado en densidad ideacional. Ya las dos preguntas de los versos 5 y 6 bastan para fijar el carácter de todo lo que sigue. ¿A qué apuntaba Vallejo? ¿Qué idea subyacente explica lo que nos dice desde el verso 5 en adelante? Creemos que en Tr. LVII está contenida una filosofía de la desesperanza. Veamos ahora si podemos establecer su fundamentación y sentido.

En el fondo de lo que el hablante dice, palpita la inquietud de un hombre de *buena voluntad,* que da como razón de su conducta su propio voluntarismo (*el ser así*). No creemos que éste sea expresión de simple romanticismo, sino reflejo de una actitud proyectiva: todo hombre —nos dice el poema— quiere "hacerse" a sí mismo (versos 9 - 11) y vive de sus "designios" con la esperanza de ser el creador de sí mismo. El poeta no se guía por meras emociones, sino que arguye y analiza con la acuidad de quien busca comprenderse a sí mismo.

> 9.   Y qué quien se ame mucho! Yo me busco
> 10.   en mi propio designio que debió ser obra
> 11.   mía, en vano: nada alcanzó a ser libre.

---

(22) Queda sin respuesta una interrogación: ¿qué versos trílcicos son el resultado del uso de drogas? Cuestiones de esta naturaleza exigen abundancia de pruebas, sentido de proporciones y rigor interpretativo. Sirva de ejemplo el capítulo XIX del magnífico estudio de Coleridge hecho por John Livingston Lowes (*The Road to Xanadu*, Boston, 1930, 2.ª ed.), libro que bien podría servir de modelo para investigaciones sobre los orígenes y textura del mundo imaginístico de un poeta.

Estos versos contienen dos rasgos distintivos del ser vallejiano: voluntad de autodeterminismo y concepción de la vida como cadena de frustraciones. Sin embargo, se apunta inmediatamente después un tercer rasgo de carácter positivo: el lírico nos asegura que las mezquindades de la existencia no logran nunca destrozar del todo el deseo de proyección:

12. Y sin embargo, quién me empuja.
13. A que no me atrevo a cerrar la quinta ventana.
14. Y el papel de amarse y persistir, junto a las
15. horas y a lo indebido.

La fuerza ciega que *empuja* al hombre (antes llamada *buena voluntad*) es la natural propensión de todo ser humano a vivir orientado hacia lo que aún no es, o sea, un devenir que invalida todo anhelo de unidad (23). Incluso en los momentos más negros, nos descubre el lírico su "proyecto vital", esto es, su esperanza (24):

14. Y el papel de amarse y persistir...

Se comprende ahora por qué persiste el hombre *junto a las/ horas* (versos 14 y 15) Tan intenso es su afán de futurición que se niega a abandonar la *quinta ventana,* que es la ventana fundamental del ser (25).

Obsesionado con su esperanza, el lírico se atreve a desafiar al tiempo y lo consagrado buscando un modo de trascender:

14. Y el papel de amarse y persistir, junto a las
15. horas y a lo indebido.

Siguiendo el contexto del poema, el verbo "amarse" significa "autoestimarse". La misma idea hallamos en el verso 9, que dice:

_____

(23) La sucesión de las horas como constante devenir la ha señalado Américo Ferrari ("Le temps et la mort dans la poésie de Vallejo", *Europe* No. 447-448, juillet - août, 1966, p. 33).

(24) Aun en el ambiente de muerte que configura Tr. LV hay lugar para una *pena clara esponjosa y cierta esperanza.*

(25) Entendemos *ventana* en el sentido de "alma", a diferencia de "puerta", que es símbolo existencial. De aquí que "enventanar" sea igual a "interiorizar": "Caviloso, callado, sólo de vez en tarde, enventanaba la taciturnidad del yantar, para entornudar algún verso del Eclesiastés" (NyCC, p. 47). Muy significativo es también el verso del poema humano que contrapone lo esencial a lo accesorio: *Confianza en la ventana, no en la puerta* (PH, p. 152). Aún más hondo es el "verso" en que las ventanas del hospital (que es la vida) auguran lo incognoscible: "Las ventanas se han estremecido, elaborando una metafísica del universo" (PH, p. 240).

Y qué quien se ame mucho! Dicho en otras palabras, el poeta afirma un anhelo de *ser mayúsculo,* como dice el verso 2. El poema LVII encierra, pues, un vehemente deseo de autointegración y expansividad, contenido que se expresa derechamente en los versos 9 y 10: *Yo me busco/ en mi propio designio.* No creemos, por lo tanto, que el verbo "amarse" tenga un sentido social, o que exprese un sentimiento de confraternidad cristiana. Si nuestra interpretación es correcta, el "nosotros" del verso 5 (*¿Puedo decir que nos han traicionado?*) sería un plural figurativo por medio del cual se identifica el lírico con la totalidad de los hombres.

Dos veces se expresa en el poema una manifiesta disidencia (*contra toda corrección* — verso 4 y *lo indebido* — verso 15), contraponiéndose en ambos casos la voluntad de autoconstrucción a la insulsez de la circunstancia humana. Aquí sí hay un sentido social, pero habrá de observarse también que el medio en que el poeta vive está concebido como desprovisto de intencionalidad, es decir, no es ni bueno ni malo, según se ve en los versos 5 y 6 ya examinados.

Vallejo parece decirnos que es labor de cada hombre forjarse su destino según su proyecto vital, labor que no puede desconocer, pues será siempre suya, quiérala o no:

7.   (Pero) allí está una buena voluntad, sin duda,
8.   y sobre todo, el ser así.

De gran interés es el análisis de Tr. LVII presentado por Alberto Fernandes Leys en su estudio "Dimensión y destino de César Vallejo" (26). Si bien concordamos con muchas de las afirmaciones del crítico, discrepamos en algunos respectos. Fernandes Leys se inclina a ver un sentido social en el poema. Nosotros nos hemos remontado a la esfera filosófica. Donde el crítico discierne una actitud ante "la sociedad burguesa" y una lucha "por el rescate del hombre, su incorporación a su entraña, la participación en sus dolores, la destrucción de su soledad", nosotros vemos, principalmente, una preocupación por el destino del hombre en cuanto ser proyectivo y pensante. Fernandes Leys no descarta totalmente el sentido filosófico a que venimos refiriéndonos, puesto que también ve en Tr. LVII "la definición del ser rebelde, *atraído por las problemáticas del ser,* el aniquilamiento de la voluntad, la derrota del hombre" (27). En su-

---

(26)   Véase: *Universidad,* Santa Fe (Rep. Argentina), No. 51, enero-marzo, 1962. pp. 86 - 90.

(27)   *Ibid.,* p. 90. (La cursiva es nuestra).

ma, las diferencias que hemos señalado son de tono y de rumbo mental.

Según nuestras coordenadas, Tr. LVII adquiere al final un profundo acento heroico: el poeta sabe que ninguna empresa colmará jamás sus anhelos, pero, siéndole imposible rehuir su voluntad de trascendencia, anhela entregarse totalmente a una volición proyectiva. Esta es la esperanza que Pedro Laín Entralgo llama "auténtica" o "radical" (28). Dolorido y derrotado, ve el lírico la distancia que hay entre lo que es y lo que pudo ser, y balbucea su tragedia en palabras que dicen toda la hondura de su aflicción:

> 16.   Y el éste y el aquél (29).

Tr. LVII refleja una etapa sintomática de revaloraciones y de búsquedas, muy parecidas a las que hoy preocupan a nuestra juventud. Interpretado en su más amplio sentido, el poema expresa los dilemas y disidencias de una generación en crisis. El hablante lírico es un ser angustiado en busca de su auténtico yo. Tras una primera fase confesional (estrofa 1), inicia un intento de clarificación (estrofa 2), y luego un breve proceso de enjuiciamiento (estrofa 3), todo ello rematado al final por múltiples preguntas sin respuestas. Con este proceso de autognosis queda perfilado un hombre incierto, que no ha hallado ni una lógica ni un rumbo en su existencia. Inútil ha sido la porfiada justificación de sus designios, porque pueden más que su voluntad las normas del conjunto social a que pertenece. En varios sentidos (no en todos) éste es el hombre "anónimo" de nuestra época, desbaratado antihéroe que, como el personaje vallejiano, acaba expresando su disconformidad en la improductiva calma de los paraísos artificiales (30). Tr. LVII, como muchos otros poemas, nos permite ver la asombrosa modernidad de algunas intuiciones vallejianas.

Trilce LXIII

> 1.   Amanece lloviendo. Bien peinada
> la mañana chorrea el pelo fino.

---

(28)   *La espera y la esperanza*, Madrid, 1958, p. 549.

(29)   Sobre este final dice Coyné: "De hecho, verbalmente los contrarios tienden a juntarse, y es la realidad la que se empeña en diferenciar... su 'este' y su 'aquel'." (AC II, p. 235).

(30)   Sobre el hombre "anónimo" de la actualidad, véase el excelente libro de Wylie Sypher, *Loss of the Self in Modern Literature and Art*. New York, 1962 (Vintage Books).

Melancolía está amarrada;
y en mal asfaltado oxidente de muebles hindúes,
5. vira, se asienta apenas el destino.

Cielos de puna descorazonada
por gran amor, los cielos de platino, torvos
de imposible.

Rumia la majada y se subraya
10. de un relincho andino.

Me acuerdo de mí mismo. Pero bastan
las astas del viento, los timones quietos hasta
hacerse uno,
y el grillo del tedio y el jiboso codo inquebrantable.

15. Basta la mañana de libres crinejas
de brea preciosa, serrana,
cuando salgo y busco las once
y no son más que las doce deshoras.

Este poema, como tantos otros del mismo volumen, se presta a
diferentes interpretaciones, según el punto de vista que se escoja
para el examen crítico. Creemos que hay tres posibles enfoques:

a) Fundamentación anecdótica.

Podría suponerse que en Tr. LXIII el poeta habla de una mujer
bien peinada (verso 1), y de *pelo fino* (verso 2), que ha motivado
un intenso apasionamiento, esto es un *gran amor* (verso 7). Dicha
mujer sería una serrana como Adelaida, de *Fabla salvaje*, o bien
una india parecida a las descritas en la novela *Hacia el reino de los
Sciris*. Es curioso que éstas aparezcan, lo mismo que la serrana esbozada en el poema, "chorreando agua de las trenzas" (NyCC, p. 135).
Estas especulaciones, sin embargo, no hacen sino abultar fuera de
toda proporción lo meramente anecdótico.

b) Fundamentación genérica.

Cabe suponer, por otra parte, que Vallejo, transfigurado en ente
creador, nos da el alma, no de un hombre específico, sino de un
hablante lírico encarnado en el "yo" de los verbos *me acuerdo*

117

(verso 11) y *salgo y busco* (verso 17), que están empleados, sin duda, con intención simbólica.

c) Fundamentación filosófica.

Se insertan también en el poema varias anotaciones poéticas que no están directamente referidas al yo creador y que integran un mundo de abstracciones. El poema despersonaliza varios elementos nocionales y emotivos, con lo cual adquiere un cariz semifilosófico. Obsérvese, por ejemplo, que Tr. LXIII no dice *mi* melancolía, o *mi* oxidente, o *mi* destino.

De lo dicho se colige que el poema ha de interpretarse desde los puntos de vista especificados en *b*) y *c*), y que los varios aspectos de la presencia femenina han de entenderse como componentes imaginísticos de una atmósfera serrana.

El poema LXIII es, en el fondo, el correlato poético de un mundo espiritual conflictivo, agitado por el vaivén de la esperanza y la desilusión.

Para destacar mejor la estructura interna de Tr. LXIII, releamos el poema fijando la atención en el ensamblaje de sus componentes:

Componentes positivos	*Componentes negativos*
Amanece lloviendo. Bien pei- /nada la mañana chorrea el pelo fino.	
	Melancolía está amarrada; y en mal asfaltado oxidente /de muebles hindúes, vira, se asienta apenas el des- /tino. Cielos de puna descorazonada ... los cielos de platino, torvos de imposible.
por gran amor,	
Rumia la majada y se subraya de un relincho andino. Me acuerdo de mí mismo.	
	Pero bastan las astas del viento, los timones

```
                                          /quietos hasta
                    hacerse uno,
                    y el grillo del tedio y el jiboso
                                          /codo inquebrantable

                    Basta
...la mañana de libres crinejas
de brea preciosa, serrana,
cuando salgo y busco las once

                              y no son más que las doce des-
                                                    /horas.
```

Las notas meliorativas se explican en virtud del valor simbólico
de *lluvia*. Cuando ésta tiene signo negativo, es anuncio de muerte,
separación o abatimiento (*En esta noche pluviosa,/ ya lejos de ambos dos, ...* — Tr. XV); si aparece con signo positivo, es símbolo de
gracia, como en el presente caso, o de limpieza espiritual (*esta lluvia que nos lava/ y nos alegra* — Tr. LXVIII), o de arrebato poético (*Canta, lluvia, en la costa aún sin mar!* — Tr. LXXVII).

La primera nota artística del poema es la personificación de un
fenómeno externo: la mañana de lluvia es una presencia femenina
que recuerda a una mujer de la sierra. Pero, a pesar de la belleza
matinal, apenas logra el poeta librarse de su obsesionada tristeza y
letargo (*Melancolía está amarrada*). El adjetivo *amarrada* introduce
el concepto de inmovilidad, que será reforzado luego en el verso
siguiente (31).

Viene a continuación un verso oscurísimo:

4. y en mal asfaltado oxidente de muebles hindúes,

De este verso dice André Coyné que tiene "cuño netamente he-
rreriano", y, para demostrarlo, une dos ideas (tomadas de la primera
y tercera estrofas, que en realidad no están relacionadas entre sí; "en
mal asfaltado oxidente de muebles hindúes... rumia la majada y se
subraya/ de un relincho andino" (AC I, p. 106, nota 18). Queda sin

---

(31) El adjetivo "amarrado, -a" tiene el mismo sentido en otros lugares.
En "Más allá de la vida y la muerte", por ejemplo, se nos representa un
"viento amarrado a cada peciolo manco..." (NyCC, p. 25). Años más tarde,
en "Crónica de París" dice el poeta: "La risa quedó entonces amarrada entre
dos muecas geniales..." (AO, p. 22). ¿Es posible —preguntamos nosotros—
que "amarrar" sea uno de tantos verbos simbólicos quechuas traducidos
al español? Sobre la presencia del verbo "huatay" (con el sentido de "amarrar") en el sustantivo "Intihuatana", véase: Wagner, J. S., "Habla de los
Intihuatanas", *Rev. del Museo Nacional*, Tomo VI, No. 2, p. 237.

119

explicación qué relación hay entre el "mal asfaltado oxidente" o "los muebles hindúes" y una majada y el relincho (de un caballo).

Más significativo es el comentario de la Srta. Estela dos Santos, quien cita e interpreta los versos 3 y 4 conjuntamente:

> "'oxidente' tiene dos valencias, una viene de 'óxido' y se une a 'mal asfaltado', es cosa estropeada, oxidada, y otra deriva de 'occidente' y se une a 'muebles hindúes', o sea a 'oriente')" (AV 5, p. 44).

Lo que no queda claro en esta explicación es por qué el "occidente" ha de unirse a "muebles hindúes", o sea, al oriente.

A nosotros nos parece que el sentido del verso podría desentrañarse por vía comparativa, esto es, poniéndolo en parangón con otros versos vallejianos. Quizá la dilucidación que ahora presentamos sea enteramente ociosa, pero servirá, al menos, para afirmar al final si el verso 4 tiene valor poético o no.

La frase de sentido más recóndito es "muebles hindúes". ¿Qué relación puede haber entre estos "muebles" y "oxidente"? Hay, por fortuna, otra alusión a "muebles" en el poema "Encaje de fiebre" (LHN, p. 100), que nos servirá de clave. En este poema, el sujeto lírico cree vislumbrar el *Noser* y comprende cuán vanas han sido sus fugas ideales a un Oriente entrevisto en sueños. La segunda estrofa dice:

> Una mosca llorona en los muebles *cansados*
> yo no sé qué leyenda fatal quiere verter:
> una *ilusión de Orientes* que fugan *asaltados;*
> un nido azul de alondras que mueren al nacer.

Los muebles cansados son, a nuestro entender, la protoimagen de los muebles hindúes de Tr. LXIII, porque la quietud y estatismo implícitos en "cansados" se repiten en "hindúes", en virtud de la connotación subyacente en la imagen de un hindú que se ha entregado a una meditación quietista (32).

Es curiosa coincidencia que en "Encaje de fiebre" se mencionen "Orientes... asaltados" y en Tr. LXIII "mal asfaltado oxidente". La similitud de sonido nos hace pensar que "Orientes" sugirió el neologismo "oxidente", como queda implícito en el comentario de la señorita dos Santos. Pero hay más. Tr. LXIII es un poema de inten-

---

(32) Llama la atención la insistencia en la imagen de los *muebles* para indicar mudez, soledad, tristeza. Ejemplo típico: "Tengo frente a mí raros muebles que esperan no sé a quiénes" (Carta de agosto 2, 1918, RevCul., p. 194a).

ción antimodernista. Para nosotros, el *mal asfaltado oxidente* es la negación de *la ilusión de Orientes...* En vez de un lejano Oriente mágico, como el que se diseña en Tr. XL (*nuevos pasajes de papel de oriente*), encontramos aquí un paisaje citadino mal asfaltado y envejecido, al cual alude, sin duda, el sustantivo "óxido", que forma parte de "oxidente". A modo de corroboración de lo dicho, recordemos que el occidente (el oeste) es, para Vallejo, el símbolo de lo que fracasa o muere. Así como la tierra es la negación de lo celeste (*nido azul de alondras que mueren al nacer*), así también el occidente es el polo opuesto de lo soñado. Dice Vallejo en "Deshojación sagrada" (LHN, p. 10), refiriéndose a la luna y al ámbito del ideal: *Luna! Alocado corazón celeste/ ¿por qué bogas así, dentro la copa/ llena de vino azul, hacia el oeste,/ cual derrotada y dolorida popa?* Lo mismo se infiere de la afiebrada atmósfera diseñada en Tr. XLII, en la cual aparece una figura de mujer en los *salones de ponentino cristal.* Más tarde, al escribir *Poemas humanos,* Vallejo insinuará de nuevo la asociación de "occidente" con la idea de muerte: *cuando doy la espalda a Oriente,/ distingo en dignidad de muerte a mis visitas* (PH, p. 149). Por otra parte, lo oxidado —"herrumbe", "moho" y "orín"— es, a su vez, representación de lo que decae o fenece. Dice el poeta en "La voz del espejo": *los perfumes volaron, y entre ellos se ha sentido/ el moho que a mitad de la ruta ha crecido/ en el manzano seco de la muerta Ilusión* (LHN, p. 68). Y en la primera estrofa de Tr. XXVI en que todo es sombrío y desfalleciente, mencionará *orinientos índices.* Años más tarde reaparecerá la misma imagen de desgaste en uno de los *Poemas humanos: y en el tórax (se ve) un óxido profundo de tristeza* (PH, p. 217). Ahora comprendemos por qué el poeta se sirve burlonamente de la palabra "hindú" para referirse a unos muebles desvencijados, que son la negación de las japonerías y chinerías con que Darío engalanó su mundo de maravillas (33). ¿No se burló también Vallejo de la inconsecuencia de lo exótico contraponiendo en *Poemas humanos* la solemnidad de la muerte a la insulsez de un *pupitre asirio* y un *mueble vándalo?* (PH, p. 173).

---

(33) Es también antimodernista la mujer que se esboza en Tr. LXIII. Esta no se llama Eulalia, ni tiene manos liliales; por el contrario, es una mujer serrana, de pelo negro color de *brea,* sustantivo este último que consuena con el "asfalto" del verso 4. En cuanto a la influencia herreriana señalada por Coyné (verso 9 - 10), conviene observar que el modelo del poeta uruguayo ha sufrido una seria transformación: la pérdida de las cualificaciones. En vez de aludir a una simple majada y a un relincho, Herrera y Reissig dice: "la majada eucarística se integra" y "exulta con cromático relincho una potranca" (*Poesías completas,* Buenos Aires, Losada, pp. 102 y 182).

Hindú, asirio y vándalo tienen, con toda seguridad, la misma intención peyorativa.

En vista de lo expuesto, no parece extremado afirmar —para poner término a esta larga digresión— que en el verso 4 hay una intención crítica y un fondo de reminiscencias vallejianas. Si se acepta la suposición en que descansa nuestro análisis, habría que convenir que la asociación tangencial o meramente fónica de distintos textos y la síntesis extremada de significados pueden traer como resultado un verso de muy difícil acceso y de poca eficacia poética. Digámoslo categóricamente: el verso 4 carece de auténtico valor expresivo.

La estrofa siguiente es extremadamente feliz:

6. Cielos de puna descorazonada
7. por gran amor, los cielos de platino, torvos
8. de imposible.

La tristeza del *mal asfaltado oxidente* se refleja en las esperanzas truncas del lírico, simbolizadas por los *cielos,* del verso 6, que dejan entrever un intento fallido de proyección amorosa (*gran amor*). Muy a propósito es el uso hipalágico del adjetivo *descorazonada,* aplicado aquí a *puna,* aunque es la cualificación lógica del *gran amor,* con lo cual se transfunden, uno en otro, el hombre y la naturaleza. La solitaria puna —el alma del poeta— está rodeada de cielos amenazantes que dejan entender con su ensañamiento (*cielos torvos*) la imposibilidad de un amor trascendental. En el verso 7, es igualmente feliz el uso del gris, color de la tristeza.

Si se considera ahora que gran parte del poema está concebido sobre una base de abstracciones (Melancolía, oxidente, el destino, gran amor, (lo) imposible, etc.), es forzoso entender que el poeta se refiere al amor en general, el amor al prójimo, y no al amor de una mujer. Es éste el mismo sentimiento que llama *insaciables ganas/ de nivel y amor,* en Tr. XXII, y que es tanto más significativo en la fase trílcica por cuanto ésta es la más desesperanzada de toda la trayectoria vallejiana (34).

Aparece luego en la tercera estrofa otro conjunto de imágenes,

_____

(34) Este punto lo ha desarrollado muy cabalmente Meo Zilio: "...la speranza... traspare sotto forma d'impulso vitale, di amore, di costruttiva solidarietà, di aspirazione a migliorare il mondo degli uomini, non solo nell'ultimo libro a sfondo 'profetico' -mesiánico ma qua e là in tutta l'opera, sia pure in lotta dialettica con il sentimento della fatalità e della morte". GMZ I, p. 124.

esta vez, auditivas, mucho menos eficaces que las anteriores por quedar sólo muy vagamente insinuado su valor afectivo:

9. Rumia la majada y se subraya
10. de un relincho andino.

El verbo "rumiar" significa aquí "rezongar", imagen auditiva de protesta que es intensificada por el relincho del verso 10. Los versos 9 - 10 no son, pues, un caso de simple folklorismo.

En las líneas anteriores mencionábamos el estado espiritual del poeta como una evasión, un repliegue en el yo lírico. El verso once anuncia por fin la ruptura de ese aislamiento: *Me acuerdo de mí mismo.*

La cuarta estrofa expresa un retorno a la realidad ambiental y sus pesadumbres: la opresión del medio (*las astas del viento* — verso 12); la obsesa incapacidad de acción (*los timones quietos hasta/ hacerse uno* — versos 12 - 13); el tedio roedor, obstinado como el canto de un grillo — verso 14—; y, por último, el ensimismamiento improductivo, insinuado a través del *jiboso codo inquebrantable* (verso 14) (35). Todas estas imágenes de adversidad se apoyan en el verbo *bastan,* del verso 11, el cual también tiene sentido negativo. En breves palabras, la estrofa 4 nos dice: "Son más que suficientes las negatividades de la vida real para saber que el ensimismamiento no es eficaz como modo de reencontrar la esperanza".

La imagen del *codo* trae a la memoria una fotografía de Vallejo que le presenta sentado junto a Georgette, su esposa, con la vista perdida en un lejano horizonte, como si todo su ser estuviese entregado a una profunda meditación. Aparece aquí con el mentón apoyado en la mano derecha y el "codo jiboso" e "inquebrantable" sostenido por el mango del bastón (36). Esta misma actitud hierática, que era casi habitual en él, se advierte en otros poemas, en los cuales se mienta también un codo o dos, sea en relación con una o varias personas (37).

La cuarta estrofa recién examinada se distingue por su alta calidad artística. *Las astas del viento* es una sugerente sinécdoque

---

(35) Este *codo jiboso* es el mismo que se perfila en "París, octubre 1936" (*todo/ se queda*)... *hasta el doblez del codo*" (PH, p. 172).

(36) Esta fotografía aparece en AV 2, frente a la página 128. También fue reproducida en XA I, como segunda ilustración al comienzo del libro, y también en XA III, frente a la página 32.

(37) Véanse: ... *seis codos lamen/ de esta manera, hueras yemas lunesentes* (Tr. XL); *¡Cuánto se aceita en codos/ que llegan hasta la boca!* (Tr. LIII).

(*astas* por *toro*) enlazada a una metáfora (*viento* por *adversidad*). *Los timones quietos* es otra sinécdoque en que el "barco inmóvil" de la vida está representado por una de sus partes. Pero el poeta ha añadido una dimensión colectiva al decir *timones*, en plural, representando así la vida como una multitud de proyectos, todos comparables a embarcaciones que han de desafiar el mar. *El grillo del tedio* es una metáfora menos novedosa, bastante usada por los poetas modernistas. Por fin, el tropo del verso 14 sugiere a la vez una forma irregular, tan irregular como la ortografía misma (*jiboso*), y también la firmeza de una roca (*inquebrantable*), con lo cual se acentúa aún más la inercia del ser pensante (38). En resumen: los versos 12 - 13 - 14 poseen, en cuanto concreciones lingüísticas, la virtuosidad de despertar en el lector una genuina vibración lírica, que es, precisamente, el valor ausente en el enigmático verso 4, que antes discutíamos.

La última estrofa es un retorno al comienzo, y contrapone una vez más el sueño a la realidad.

Al final del poema aparece el verbo "salir" (*salgo y busco las once*), el cual nos dice que todo lo anterior ha ocurrido en un recinto cerrado; éste puede ser, a la vez, una habitación y la celda interior del poeta y, por lo tanto, el verbo puede decirnos "salgo afuera" y también "salgo de mí mismo". Ambas interpretaciones son posibles y congruentes entre sí, pues el poeta ha intentado librarse del estatismo de una interioridad volcada hacia adentro para entregarse a los atractivos de un paisaje andino. Pero, homúnculo que es, sujeto a un destino implacable, recibe un nuevo choque: es ya demasiado tarde para iniciar una nueva espera; de nada sirve la esperanza ante el continuo del tiempo, siempre engañoso:

17.　　　... busco las once
18.　y no son más que las doce deshoras.

El sarcasmo de este desenlace lo intensifica la paradoja "y no son más que...", frase que parece augurar la posibilidad de poder llegar el poeta a tiempo para reanudar el hilo roto de su vida; pero esa esperanza se desvanece frente a las *doce deshoras*, porque estas *deshoras*, fuera de amalgamar un falso futuro con algo que

---

(38) No concordamos enteramente con la Srta. Estela dos Santos, quien ve en la última imagen "fuerza, solidez, sostén". Para nosotros la esencia de la frase *jiboso codo inquebrantable* es la idea de inmovilidad pétrea y anormal, la misma que estaba ya implícita en *amarrada* (verso 3) y en *muebles hindúes* (verso 4). Véase AV 5, p. 25.

es ya pasado, refuerzan la negación contenida en *no más que* ...
Por otra parte, está presente en la palabra misma el engaño del
tiempo (*des - horas*): cuanto es proyección en el porvenir lleva a
un nuevo engaño (39). Se ha confirmado el augurio de los *cielos
de platino, torvos de imposible*. De nada le sirve al hombre "acor-
darse de sí mismo" y combatir su decaimiento anímico (verso 3).
La mañana misma con su encanto femenino no ha hecho sino
poner de relieve la derrota del hombre. El poema termina con una
nota de profundo negativismo.

Tr. LXIII es un buen ejemplo de cómo la organización misma
de un poema sirve para recrear las cargas y descargas anímicas
que configuran un estado de alma. Lo que en días modernistas era,
las más veces, distribución metódica de la materia poética dentro
de patrones predeterminados por la preceptiva y la métrica se ha
transformado en libertad sin límites, para determinar la estructura
del poema de acuerdo con su movimiento interior. 〉〉

* * *

Los cuatro poemas estudiados constituyen una escala descendente de afirmación vital. En el primero se contiene una racha
de optimismo; el segundo apenas insinúa una nota de voluntarismo
al final, el tercero sondea la distancia entre el sueño proyectivo y
la realidad, y el último es ya una manifiesta expresión de fracaso.

Se vive de esperanzas —dice el poeta—, porque vivir es esperar,
pero el hombre está condenado a no hallar en la estructura del mundo permanencia o credibilidad suficientes para pensar en la plena
realización de sí mismo. Como dice Laín Entralgo, para el hombre, ente carnal y sucesivo "la realidad es en cada instante 'pu-
diendo ser', y 'siendo' al mismo tiempo algo de lo que puede ser".
Ese "algo" es la suma y el límite de la esperanza. Y añade finalmente, haciendo suyas sus propias reflexiones: "No puedo aspirar
a otra cosa mientras exista en la tierra" (40).

Vallejo, hombre trágico, sediento de perennidad e infinitud
vivía preso de su concepto de limitaciones. Pululaban en su mente
las contradicciones inevitables, el peso del tiempo, la orfandad del
hombre y la inviabilidad de la esperanza, entre muchas otras con-

(39) Una vez más encontramos el numeral que precede a la unidad en
función simbólica. Como en los cuentos de hadas, "las doce" son la hora
fatal y, por lo tanto, "las once" representan la última oportunidad para
alcanzar lo que deseamos.

(40) Laín Entralgo, Pedro, *La espera y la esperanza*, Madrid, 1958 2a.
ed., p. 508.

vicciones obsesionantes. Todo le llevaba a pensarse a sí mismo como misérrimo animal de proyectos condenado a penosas capitulaciones.

Los poemas estudiados nos permiten ver que ni la buena voluntad, ni la naturaleza, ni Dios señalan al hombre la senda de su redención en la tierra; aquélla es hermosa sólo en las apariencias, o bien manifiestamente hostil. Dios, por su parte, contempla el dolor humano sin decir su palabra redentora. Y, como la buena voluntad no basta para llegar a ser "obra de sí mismo", el poeta se convence de que la esperanza es un engaño, y la desilusión, su ineludible consecuencia. El vaivén entre los dos extremos de la intencionalidad resulta ser así la sustancia misma de la vida humana. Ahora se comprende por qué los poemas estudiados dejan en el alma del lector una imborrable impresión de angustia, derrota y ruina espiritual.

3. *El subconsciente*: Tr. XLV, Tr. XLIV

Hay en *Trilce* dos muestras del interés de Vallejo por la vida subconsciente. Son las composiciones XLV y XLIV, que presentaremos aquí en este orden, a fin de destacar con más nitidez el lazo que las une.

En muchos versos trílcicos aparecen claramente separadas dos zonas de la interioridad humana: *a)* la vida consciente, a cuyo contenido nos referiremos sirviéndonos de los términos "psicología de la conciencia" o "psiquismo", y *b)* el modo de ser de la subconsciencia, que distinguiremos de la anterior empleando denominaciones varias, tales como "intrapsiquismo", "psicología abisal", o "el yo profundo". En este trabajo se empleará el término "conciencia" para mentar el espíritu del hombre en su capacidad de autoconocimiento, y llamaremos "conciencia moral" al enjuiciamiento que puede hacer el hombre de sí mismo. Reservaremos los términos "psicología" e "interioridad" para referirnos tanto a la vida consciente como a la subconsciente, cuando no se necesite mayor rigurosidad. De lo contrario, recurriremos a modificativos y diremos, por ejemplo, "psicología racional" y "psicología dinámica" para deslindar los dos campos.

Hasta 1915 Vallejo no parece haber hecho lecturas de psicología dinámica, a juzgar por el contenido de su tesis de bachillerato (1). Sus juicios psicológicos de aquella época son los del que ha leído

_____

(1) *El romanticismo en la poesía castellana*, Lima, 1954.

126

a Taine y repite el bien conocido *dictum* sobre la raza, el medio y el momento. Hacia 1918, sin embargo, Vallejo ha ampliado muy considerablemente su horizonte cultural, y revela ya su preocupación por la vida intrapsíquica. Dice en "Líneas":

> Hay tendida hacia el fondo de los seres,
> un eje ultranervioso, honda plomada (LHN, p. 78).

Este "fondo" es un más allá, una ulterioridad anímica, esto es, el yo profundo (2).

Acosado por dilemas insolubles y obsesionado por llegar a causas primeras, Vallejo sintió muy a menudo la necesidad de ahondar en su yo e intuir los móviles más recónditos de su ser. Sus biógrafos nos dicen que tenía momentos de profundo mutismo y reserva, y que pasó por varios períodos de seria crisis espiritual. Es lógico suponer que en esos difíciles trances recurriese a la introspección. Esta actitud analítica la vemos reflejada en varios poemas de la primera época, en los cuales el poeta juzga sus actitudes, las más veces, con pronunciada dureza. En "Septiembre" dice: *Aquella noche sollozaste al verme/ hermético y tirano, enfermo y triste* (LHN, p. 35). El atormentado lírico veía en su yo inclinaciones y rasgos que, a la luz de un sereno escrutinio, le instaban a querer ser de otro modo. De aquí arranca su preocupación moral, la cual, dicho sea de paso, no aparece en los poemas que vamos a discutir, sino en forma muy velada.

De la discusión de teorías freudianas llevadas al Perú por estudiosos que habían estado en Europa o en los Estados Unidos (3) debieron de surgir muchas interrogaciones sobre el yo consciente, la vida carnal y la intimidad profunda. ¿Puede el hombre evitar los dualismos de la vida diaria y entregarse sólo a la vida de los sentidos? Y, si intenta penetrar en el oscuro recinto de la subcons-

---

(2) Sobre la presencia del subsconsciente en la poesía de Vallejo existe un excelente trabajo de A. Lora Risco, "Introducción a la poesía de César Vallejo", *Cuadernos Americanos*, Año XIX, No. 4, julio - agosto, 1960, pp. 261-277. Debemos decir aquí que su interpretación de algunos pasajes no coinciden con la nuestra. Por otra parte, nuestro enfoque del problema es diferente.

(3) Según datos que nos ha proporcionado el Dr. Honorio Delgado, iniciador de los estudios psicoanalíticos en el Perú, las ideas de Freud fueron presentadas por él en un artículo publicado en *El Comercio* de Lima el 1.º de enero de 1915. Otros artículos suyos aparecieron en los *Anales de la Facultad de Medicina* y en la *Revista de Psiquiatría y Disciplinas Conexas* desde 1918 en adelante. Para la fecha en que se publicó *Trilce.* el Dr. Delgado había escrito su tesis para el bachillerato en medicina (1919) y once artículos sobre temas psicoanalíticos.

ciencia, ¿puede en alguna forma gobernar a ésta? Y, si tal control del "registro" interior no es posible, ¿cuál ha de ser la actitud del hombre? Estas son, justamente, las grandes interrogaciones que debieron de dar origen, en una forma u otra, a los poemas incluidos en esta sección. Como luego se verá, Tr. XLV presenta un contraste de dos esferas psicológicas. Tr. XLIV, por el contrario, es una múltiple tentativa de aprehensión racional del yo profundo.

Trilce XLV

1. Me desvinculo del mar
    cuando vienen las aguas a mí.

    Salgamos siempre. Saboreemos
    la canción estupenda, la canción dicha
5. por los labios inferiores del deseo,
    Oh prodigiosa doncellez.
    Pasa la brisa sin sal.

    A lo lejos husmeo los tuétanos
    oyendo el tanteo profundo, a la caza
10. de teclas de resaca.

    Y si así diéramos las narices
    en el absurdo,
    nos cubriremos con el oro de no tener nada,
    y empollaremos el ala aún no nacida
15. de la noche, hermana
    de esta ala huérfana del día,
    que a fuerza de ser una ya no es ala.

Mirado en su totalidad, Tr. XLV es la poetización de un proceso psicológico integrado por cuatro etapas consecutivas: *a*) actitud precavida frente a un mar simbólico (versos 1-2); *b*) afirmación de un nuevo rumbo vital (versos 3-7); *c*) sondeo del yo profundo (versos 8-10) y *d*) prefiguración de posibles consecuencias en la vida del hombre (versos 11-17). El mero hecho de aparecer la cuarta fase demuestra que el poeta vuelve a proyectarse por vía intelectiva en lo que está por venir, a pesar de haber ensalzado el absurdo en la última estrofa. Quedan diseñadas, pues, cuatro actitudes, cada una de ellas referida a una esfera del ser, es decir, el sentimiento, la voluntad, la intuición y el intelecto, respectivamente, quedando implícito siempre el mismo propósito: llegar a una realización del yo. Veamos ahora cómo pasa el lírico de una actitud a otra, y cómo se va decantando un contenido de gradual apocamiento espiritual.

En Tr. XLV se esboza primero una encrucijada: o entregarse a los alicientes de un medio impropicio, esto es, el mar, o regirse por los designios de una voluntad consciente en la esfera de la expresión sexual. El lírico escoge decididamente la última de estas dos posibilidades (estrofa 2). Pero, ¿resulta satisfactorio este plan de vida?

El mar es, en el presente caso, el reflejo de la interioridad del poeta, a juzgar por la estrofa siguiente, en que la *resaca* es una clara alusión a las repercusiones del yo profundo. Como el mar es siempre una entidad engañosa en la poesía trílcica, hemos de suponer que el poeta teme su insondable inmensidad (4). Digamos, de paso, que el "yo" del primer verso (*Me desvinculo del mar*) no es simplemente la persona del poeta, sino un hablante lírico genérico, puesto que aparecen a continuación varios verbos en plural: *Salgamos siempre* (verso 3), *Saboreemos la canción* ... (verso 3-4), *Y si así diéramos* ... (verso 11), *nos cubriremos* ... (verso 13). El primero de estos verbos propone un modo de vivir libre de todo gobierno moral:

3. Salgamos siempre.

Observemos aquí que el verbo *salgamos* no significa "emprendamos un viaje por el mar", como parece creerlo James Wright, quien tradujo este poema al inglés (5). A nuestro entender, *salgamos* expresa un anhelo proyectivo y un deseo de realización vital. De otro modo, el verso contradiría lo dicho al comienzo del poema.

Nuevamente hallamos la palabra *labios* (verso 5) asociada inequívocamente a la anatomía humana — *los labios inferiores del deseo;* éstos no son los labios que dijeron la canción del mar (*labiados plateles/ de tungsteno*) en Tr. LXIX, ni los que proclamaron la rancia prosapia de los antecesores del poeta (*labios familiares historiados*), en Tr. XLVII. *La canción estupenda* dicha por los labios del deseo es la exteriorización del impulso sexual, a la cual añaden una idea de juvenil elementalidad el adjetivo *inferiores* y el sustantivo *doncellez*, de los versos 5 y 6, respectivamente. A continuación se sugiere una atmósfera propicia a la expresión amorosa:

7. Pasa la brisa sin sal.

_____

(4) Sobre el significado del mar, véase Cap. IV, 2.
(5) Véase: Knoepfle, John *et al., César Vallejo - Twenty Poems,* Madison, Minn., The Sixties Press, 1962, p. 55. También en: Bly, Robert *Neruda and Vallejo,* Boston, Beacon Press, p. 231.

El tropo constituido por algo *sin sal* había aparecido antes en *Los heraldos negros,* donde se ve que el tumulto de las olas despertaba en Vallejo imágenes de engaño y de muerte:

> Llega el canto sin sal del mar labrado
> en su máscara bufa de canalla
> que babea y da tumbos de ahorcado! (LHN, p. 50).

Sin duda alguna, la *sal* es el residuo de acritud que deja el mar tras de revelarnos la desconcertante lección de sus "volúmenes docentes" (Tr. LXIX).

La segunda estrofa es, pues, un canto a la vida, una reafirmación de la carne. Pero, he aquí que aparecen, en la estrofa siguiente, un vacío espiritual y un cambio de actitud: la incertidumbre expresada antes en forma tan clara y positiva se convierte en inseguridad. Existe un "algo" interior, informe y misterioso, que es, en realidad, la voz del yo subconsciente. El poeta se siente ahora acosado por una necesidad de autoconocimiento, a pesar de haber querido alejar antes el mar de su mente:

8. A lo lejos husmeo los tuétanos
9. oyendo el tanteo profundo, a la caza
10. de teclas de resaca.

En esta estrofa de tres escasos versos se diseña dramáticamente un deseo de penetrar en las más íntimas zonas del ser, en los *tuétanos* del yo profundo. Este deseo fue una preocupación casi obsesiva, porque el poeta sospechaba que en ese recinto multidimensional y sin tiempo estaba la causa de sus contradicciones, la clave de su caos existencial. La tercera estrofa es, según lo dicho, una proyección hacia el abismo de la subsconciencia. Ahora comprendemos por qué dice Tr. XLV al comienzo: *Me desvinculo del mar.*

Es de especial significación que el hablante lírico haya empleado la palabra *teclas* y no "ruidos", "voces", o "clamores". No se trata sólo de percibir una música lejana, ya que el subconsciente no dice nada, sino de poder hallar las *teclas* que la producen. El uso de *tecla* sugiere, además, el deseo de poder gobernar el registro interior de la personalidad por medio de la voluntad consciente, tal como el que toca un piano y le arranca las notas deseadas. Podría parecer excesivo insistir en este último concepto a base de una sola palabra. Nos apoyamos, sin embargo, en Tr. XLIV, poema en que se ven claros indicios de que al poeta no le es posible gobernar su "piano" interior. Inútil es, por lo tanto, estar *a la caza/ de te-clas de resaca.*

El final es una curiosa mezcla de duda y resignación, que contrasta fuertemente con la enfática certeza de la segunda estrofa:

11. Y si así diéramos las narices
12. en el absurdo,
13. nos cubriremos con el oro de no tener nada.

El sustantivo "absurdo" lo emplea Vallejo en tres sentidos: como ingrediente de nuestra existencia, como "pulso misterioso" en la región del yo profundo, y como refugio del espíritu. Dicho en forma más específica, la poesía trílcica nos lleva a considerar: *a)* las aberraciones de la vida diaria, tales como las que se nos presentan en Tr. XIV —*Absurdo. Demencia*—. (problema existencial); las nebulosidades de la subconsciencia, como las que hallamos en Tr. XLIV — *Este piano viaja para adentro, ...* (problema psíquico) y *c)* los atractivos de una esfera antilógica, diseñada en Tr. LXXIII, en la cual dejan de tener vigencia las dualidades, paradojas y limitaciones del ser racional —*Absurdo, sólo tú eres puro*— (problema filosófico). Tr. XLV nos representa los dos significados últimos.

Si el hombre intenta una incursión en su yo intrapsíquico (*tanteo profundo*), para captar el sentido del oleaje subliminal al repercutir en la esfera de lo consciente (*teclas de resaca*), intuye la existencia de un mundo recóndito, pero libre de trabas racionales. Este es el ámbito del absurdo poetizado también en Tr. LXXIII, como veremos en el capítulo siguiente. Pero el poeta adivina que el abandono de la racionalidad no basta, a pesar de ir asociado al encarecimiento, concepto implícito en un símbolo de magnificencia — el oro.

13. nos cubriremos con el oro de no tener nada,

Hay aquí una antítesis que señala la ironía de llegar a una plenitud, cuando se ha desechado todo el bagaje de la vida racional. Es posible, sin embargo, que el oro no tuviese, en la época trílcica, el significado de real esplendidez que le asignaban las modernistas. sino que fuera más bien un reforzativo, y nada más, como parece sugerirlo el último verso de Tr. LXXIII, en que la entrega del ser a las sinrazones del absurdo se asocia a un *dorado* placer (6).

---

(6) Sobre el sentido de la palabra *oro*, véase GMZ I, pp. 89-90. Como el verbo "dorar", se emplea también para decir que algo ha sido recubierto con un exterior de magnificencia (*Cf.*: Tr. LXVII), es posible que el *dorado placer* no sea todo lo que representa ser.

Desde las profundidades del yo abisal, representadas en Tr. XLV por la *noche* (verso 15), habrá de nacer una nueva ala, que hará juego con el ala inútil de la vida consciente, o sea, el *ala huérfana del día*:

14. y empollaremos el ala aún no nacida
15. de la noche, hermana
16. de esta ala huérfana del día
17. que a fuerza de ser una ya no es ala.

Este final niega el comienzo del poema: el lírico creyó posible alejarse del oscuro mar, cuyas aguas le asedian y, aun cuando se ha prometido una vida puramente sensorial (estrofa 2), sigue escuchando el sordo mensaje de su claustro interior, convencido al fin de que ha de aceptarlo inevitablemente como parte necesaria de su existencia.

Se comprenderá ahora por qué no nos parece probable que *noche* tenga en Tr. XLV un sentido sexual, como lo cree la señorita Estela dos Santos, quien dice:

> "... en la poesía XLV 'el ala aún no nacida/ de la noche' y 'el ala huérfana' simbolizan la carencia de fruto de sus actos sexuales" (AV 5, p. 45).

Es verdad que en Tr. XLV hay insinuaciones sexuales (estrofa 2), y que su vocabulario recuerda dos versos de Tr. XXX, en que también se emplea *noche* en sentido erótico (*Y el circuito/ entre nuestro pobre día y la noche grande,* ...). Pero es preciso reconocer que la intención de Tr. XLV es muy diferente de la que informa a Tr. XXX, puesto que el sentido del poema que aquí estudiamos arranca de una reflexión sobre la doble ruta de la psique humana, reflexión que niega la posibilidad de atender puramente a los estímulos sensoriales. En Tr. XXX, por el contrario, se poetiza el imperativo sexual frente a un borroso trasfondo ético.

Quizá haya también doble sentido en la acción de "empollar", del verso 14 (*empollaremos el ala aún no nacida/ de la noche*), porque sugiere dos significados: *a*) esfuerzo máximo, como el que hace quien saca fuerzas de flaqueza ("empollándose en truncas alas que, de pronto, crecían y salían fuera..." — NyCC, p. 75), o bien *b*) la debilidad fundamental del hombre, como se insinúa en Tr. XXVI:

16. Así envérase el fin, como todo,
17. como polluelo adormido saltón
18. de la hendida cáscara,
19. a luz eternamente polla.

En la última estrofa de Tr. XLV han quedado vibrando varias imágenes negativas, unas inarmónicas ("Dar las narices en algo"), otras irónicas (*el oro de no tener nada*), otras, dubitativas ("empollar"), sin contar con las resonancias, también negativas, de palabras como *noche* y *huérfana*. Por todo ello, no logramos hallar nada en esta estrofa que tenga la fuerza de una realización ulterior (7). La acción humana está reducida a un simple "empollar", esto es, un acto cuyos resultados son meramente problemáticos. Concordamos, en este punto, con Alberto Escobar, quien dice:

> "Sentencia así (Vallejo) la proscripción del hombre, deshallado en su morada, y realza el absurdo de habitar en el linde de los tiempos, no ya como una aventura existencial, como un vértigo alucinado, sino más bien como una requisitoria esencial que, por desoladora, acaba conduciendo las interrogantes del destino hasta un individualismo nutrido por la certeza del absurdo, y por la inoperancia de un encuentro redentor" (8).

Son de gran interés los sutiles enlaces entre las diferentes partes del poema. El *mar* de la primera estrofa se insinúa en *la brisa sin sal,* de la segunda. La vida consciente de la estrofa 2 lleva, a su vez, a la búsqueda de la zona del subconsciente, en la estrofa 3. Y lo que era voluntarismo categórico, en la segunda estrofa, y búsqueda de un sentido a través de las *teclas de resaca* en el verso 10, conduce lógicamente a la última estrofa, que niega todo lo que había de optimismo simplista en la primera mitad del poema.

Tr. XLV no tiene espíritu gozoso, ni encierra un serio autoconvencimiento. El simple hecho de aceptar el poeta una dualidad psíquica inevitable resta fuerza al ingreso en el absurdo. Nuestra vida está gobernada por dos tipos de procesos opuestos y, por lo tanto, el "vuelo" del espíritu será siempre una empresa desconcertante, porque el soñado absoluto del absurdo va inevitablemente hermanado con las contingencias de la vida real.

---

(7) Se hace difícil pensar, como supone James Higgins, que "el no tener nada es despojarse de lo contingente para *acercarse a lo esencial*" (RevIb., p. 235). La cursiva es nuestra.

(8) Escobar, Alberto, *Patio de letras,* Lima, 1965, p. 270. Si al lector le choca la palabra "individualismo" en esta cita, debe recordar que el crítico está refiriéndose a Tr. III, poema en que se perfila un contraste entre *vivir* y *con-vivir.* Más adelante añade el crítico que *Trilce* muestra la ineptitud del hombre "para escapar hasta un reencuentro efectivo o *metafísico*". Subrayamos las dos últimas palabras por ser perfectamente aplicables a lo dicho sobre Tr. XLV.

El intento de evasión formulado en los primeros versos ha sido en vano. Y una vez más vemos cómo la estructura misma del poema al negar, al final, el deseo expresado al comienzo, no hace sino representar un módulo primordial de la existencia, en el cual van siempre envueltas una dualidad y una desilusión.

Trilce XLIV

1. Este piano viaja para adentro,
    viaja a saltos alegres.
    Luego medita en ferrado reposo,
    clavado con diez horizontes.

5. Adelanta. Arrástrase bajo túneles,
    más allá, bajo túneles de dolor,
    bajo vértebras que fugan naturalmente.

    Otras veces van sus trompas,
    lentas ansias amarillas de vivir,
10. van de eclipse,
    y se espulgan pesadillas insectiles
    ya muertas para el trueno, heraldo de los génesis.

    Piano oscuro ¿a quién atisbas
    con tu sordera que me oye,
15. con tu mudez que me asorda?
    Oh pulso misterioso.

Daremos esta vez nuestra conclusión al comienzo: Tr. XLIV es una creación poética de extraordinario mérito en que se representa un mundo inefable a través de múltiples y eficaces recursos aproximativos.

Hagamos una aclaración a modo de preámbulo: no creemos que el "viaje" del piano sea reflejo del intento desrealizador de los poetas franceses, desde Mallarmé hasta los surrealistas, pasando por Rimbaud, Laforgue, Apollinaire, Reverdy y Supervielle, entre otros. Estos poetas ansiaban un "viaje" al absoluto a través de la materia, pero despojando a ésta de su naturaleza espacio-temporal e invistiéndola de máxima quietud; se buscaba libertar al poeta de estímulos exteriores y de todo límite, acondicionándolo así para el "descenso en el yo" (9). Nada más ajeno al lírico peruano. Vallejo no

---

(9) Son palabras de Laforgue. Véase: Balakian, Anna, *The Literary Origins of Surrealism - A New Mysticism in French Poetry*, New York, New York University Press, 1947, p. 100.

abandona nunca la realidad viva y, si la transforma y sutiliza, no es para refugiarse en un limbo atemporal y sin dimensión, sino para dejar constancia de sus deplorables limitaciones.

En Tr. XLIV hay un "viaje" alegórico, pero de orden claramente existencial. Aunque Vallejo comprendía la posibilidad de pensar lo dado en distintos planos de ulterioridad, le pareció siempre quimérico que el pensamiento llegase a desprenderse de aquello que lo caracteriza para convertirse en conciencia pura. Todo Tr. XLIV es una dramática lucha por traspasar las vallas de lo empírico intentando una ordenación de obsesionados sondeos. Dice el primer verso:

1. Este piano viaja para adentro

El "piano" que viaja para adentro es el yo del poeta volcado sobre el misterio de la subsconsciencia (10). El verbo "viajar para adentro" expresa mucho más de lo que comúnmente se entiende por introspección o involución, pues el viajar, en este caso, es ir más allá de los fenómenos conscientes. Tr. XLIV nos saca de la esfera psicológica inmediata para conducirnos, tal como Tr. XLV, a un más allá desconocido (verso 6), del cual sólo se conocen, y en forma imperfecta, sus efectos. Estamos, pues, frente a ulterioridades de naturaleza múltiple en que se unen, sin roces ni choques, fenómenos que, en la vida consciente, serían elementos irreconciliables. El subsconsciente es ecuménico y, por ello, se ayuntan en él lo dinámico y lo estático, lo gozoso y lo triste, lo uno y lo múltiple:

1. Este piano viaja para adentro,
2. viaja a saltos alegres.
3. Luego medita en ferrado reposo,
4. clavado con diez horizontes.

Aparecen aquí resueltas varias antinomias: el júbilo de los *saltos alegres* se transforma en *túneles de dolor* (verso 6) con la misma facilidad con que el dinamismo de los *saltos* (verso 2) se con-

---

(10) Es curioso que Vallejo emplee el piano como objeto central de su alegoría, revelando un interés parecido al que siente Dalí por este instrumento. La misma predilección tenía Herrera y Reissig, como se ve, por ejemplo, en "Desolación absurda", "Amor blanco", "Buen día", "La ausencia meditativa", "Holocausto", etc. La imagen del piano —¡curiosa coincidencia!— la emplea también Haya de la Torre en unos "primeros versos" con que agradecía un mensaje poético del bardo trujillano: "Mis versos son las cuerdas de un piano resonante..." Véase: Rojas, Pedro, *César Vallejo, el más grande poeta del Perú*, Lima (1970), p. 46.

vierte en *ferrado reposo* en el verso siguiente. Lo que es acción exterior e ingenua confianza (*viaja a saltos alegres*) se transforma en reflexión (*medita*), todo ello fundido en la aparente contraposición de una movilidad voluntaria y una total inercia. Por una parte, se sugiere potencialidad, por medio de los diez dedos de las manos (11), que tocarían este extraño instrumento para arrancarle armonías desconocidas (*diez horizontes*) y, por otra, una quietud absoluta, sobrentendida en un *ferrado reposo*, remachado con diez clavos, como si el piano fuese una urna funeraria, cuyo interior no veremos jamás. Sin duda, hay en esta primera parte del poema sutiles sugerencias de muerte, y también una insinuación de posible dinamismo. En los versos 3 - 4 se despliega, como se ve, una portentosa carga de sugestividad, pues se dan en un solo conjunto y en apretada síntesis muy variados contenidos, que se complementan unos con otros, y que mantienen el tenor ambiguo del poema. Esta consonancia de los detalles con la idea general de la composición es realmente notable.

Cuando el lírico parece acercarse al meollo mismo de la vida subsconsciente, descubre su total incapacidad para concebir con nitidez y expresar ponderadamente esa extraña atmósfera interior, que no admite categorías espacio-temporales. El poeta tiene que rendirse a lo inevitable: aceptar la espacialidad y la sucesión al representarse a sí mismo ese mundo intrapsíquico. La insoslayable verdad es que no puede hacer otra cosa. Así lo testifican el verso 3, en que aparece un *Luego,* y el verso 8, que también expresa sucesión al distinguir una instancia de *otras veces.* Igualmente imposible resulta representar como existentes en la no-espacialidad aquello que la mente ha de concebir en distintos lugares, como bien lo acusa toda la estrofa 2; en ella figuran tres determinantes espaciales: *bajo túneles, más allá, bajo vértebras.* En la representación misma de sus contenidos, el poema refleja el desconcierto del hombre.

La estrofa 2 está compuesta de elaboraciones poéticas que dan a entender dramáticamente el esfuerzo del creador lírico por dar a sus palabras el carácter polifacético que requiere el contenido; pero todo intento de aprehensión será en vano porque el mundo subconsciente es una esfera de ulterioridades inasibles, un algo impalpable y ubicuo que se adentra y se esconde pertinazmente. ¿Cómo representar esa fugacidad? El poeta se servirá de estruc-

---

(11) El número diez, asociado a los dedos de ambas manos, aparece en Tr. XXXV: *...las diez varillas mágicas / de sus dedos pancreáticos.*

turas acumulativas que reproducen un movimiento lento y difi-
cultoso.

> 5. Adelanta. Arrástrase bajo túneles,
> 6. más allá, bajo túneles de dolor,
> 7. bajo vértebras que fugan naturalmente.

El verbo *Adelanta,* del verso 5, tiene varios sentidos. ¿Cómo
adelanta el piano? ¿En tiempo, como un reloj? ¿En espacio, como
algo que se desplaza? ¿O se refiere acaso a un progreso en una
tarea determinada? Si se piensa este verbo junto con la frase *para
adentro,* su sentido principal sería "ir más al fondo de algo", pero
no como lo entendería la conciencia, sino en otra forma, quizá
isócrona y paradojal, puesto que *Adelanta* va seguido de otro verbo, que lo niega en parte: *Arrástrase.* Hemos ingresado en la región de lo inefable. Desde aquí en adelante, todo será fugitivo.
Y no puede ser de otro modo, pues el poeta está tratando de
configurar lo informe, aquello que su conciencia intuye a medias,
en forma vaga y contradictoria, un algo que "gusanea" en los
trasfondos de su atormentada psique.

Los versos recién citados (5 - 7) encarnan una pluralidad de
sugerencias: modo de ser subterráneo de algo que socava y se
mueve en desconocidas profundidades (*Arrástrase*); oscuridad y
confinamiento (*túneles*); zozobra profunda (*túneles de dolor*); des-
corporización (*vértebras*); existencia inaprehensible (*fugan*), tan inmaterial como las notas de una fuga; absurda "normalidad", sugerida por *naturalmente,* que es la antítesis de lo que se hubiera
esperado de esta visión. Toda la estrofa constituye una fase álgida de gran movilidad. Pero, como estamos ante un piano "es-
quizofrénico", la alegría se dará junto con el dolor; y éste dará
comienzo a la fase depresiva representada en la estrofa siguiente:

> 8. Otras veces van sus trompas,
> 9. lentas ansias amarillas de vivir,
> 10. van de eclipse, ...

Se inicia esta estrofa con una idea de cambio —*Otras veces*—,
que nos lleva a un gradual fenecer. Lo que pudo ser sonoridad
(*trompas*) decae y se extingue (12). Llegamos ahora al extraordinario verso 9:

---

(12) Por contener Tr. XLIV varias alusiones a sonidos y silencios interpretamos *trompas* en el sentido de instrumento musical. No logramos ver
cómo podría darse a este sustantivo "una connotación animal". *Cfr.* Revlb.,
página 175.

9. lentas ansias amarillas de vivir, ...

Hay aquí un tropo múltiple: "ansias lentas" y "ansias amarillas" en que se funden lo cinético y lo cromático, asociado a una sinécdoque, pues las *ansias* son sólo un aspecto abstracto del ser físico. Añádase a todo esto la antítesis establecida por *ansias,* las cuales indican intensificación del deseo, y el color amarillo, que sugiere lo contrario, es decir, el decaimiento. Esta última idea conduce directamente al resto de la estrofa:

10. (las ansias) van de eclipse,
11. y se espulgan pesadillas insectiles
12. ya muertas para el trueno, heraldo de los génesis.

Este pasaje mantiene el tono desfalleciente de los versos anteriores, añadiendo los vocablos *eclipse* y *muertas,* que refuerzan la impresión creada por *lentas* y *amarillas.* La unidad tonal de la estrofa es clara y sostenida.

En el segmento recién citado hay otra aserción extraordinaria: *y se espulgan pesadillas insectiles.* Este verso no sólo da relieve al elemento onírico ya discutido, sino que también añade una nueva dimensión artística, especificando el significado a través del sustantivo *pesadillas,* para luego desleírlo con una doble alusión al mundo de los insectos (*se espulgan, insectiles*). En los escritos vallejianos es común la imagen insectil que sugiere estados psicológicos anormales de tedio o hipocondría. De todos los insectos, el más comúnmente mencionado es la araña (13), a la cual le dedica todo un poema en *Los heraldos negros.* Y, particularizando aún más, el verbo "espulgarse" lo asocia Vallejo con la conducta de los alienados (14). Se han reunido, pues, tres imágenes que se complementan unas con otras, enriqueciendo enormemente el significado del poema.

Si el trueno es el acompañante de conflictos y choques que producen grandes creaciones, el verso 12 nos diría todo lo que no puede esperarse de la fase depresiva esbozada en la tercera estrofa:

11.   ... pesadillas insectiles
12. ya muertas para el trueno, heraldo de los génesis.

---

(13) Compárense: *arácnidas cuestas* (Tr. XL); *gusanea la arácnida acuarela 1 de la melancolía* (Tr. LXVII).

(14) En el relato "Los Caynas" se dice: "La loca... empezó a espulgarse el vientre, los costados, los brazos..." (NyCC, p. 54).

No habrá truenos —dice el poema— que anuncien un gran cambio, o una gran conmoción espiritual (15). Existía esa posibilidad, ya que el poeta ha mencionado *trompas,* en el verso 8, pero éstas, a pesar de ser capaces de grandes anuncios, habrán de enmudecer. El verso 12 no hace sino reforzar el sentido negativo de toda la tercera estrofa.

En la sección final el hablante lírico retorna a su estado de hombre consciente e indaga el sentido de su yo profundo, confesando al fin la inutilidad de su empeño. Ninguna vía intelectiva lleva al yo intrapsíquico. Al pedirle razones al misterio cae nuevamente en contradicciones y antagonismos, como bien lo atestiguan las dos antítesis de los versos 14 y 15:

13. Piano oscuro, ¿a quién atisbas
14. con tu sordera que me oye,
15. con tu mudez que me asorda?

La interioridad subconsciente es un algo *oscuro* e insondable, que no oye la voz del ser consciente. Empero, aun siendo una entidad sorda y sin voz, el aluvión del yo profundo ejerce una influencia decisiva en el yo consciente: es una *mudez* que asorda.

El último verso encierra un gran desconsuelo porque el poeta ha tenido que confesarse a sí mismo haber llegado a un imposible, ante el cual se queda sin palabras:

16. Oh pulso misterioso.

En Tr. XLIV sólo el segundo verso es de signo positivo, y esto sólo a medias: *viaja a saltos alegres.* Todo lo demás es un conjunto de negaciones: reposo absoluto, soterramiento, fugacidad, agonismo, insensibilidad y mudez. Detrás de estas vallas se diseña, lejano y oscuro, un claustro al que no alcanzan nuestros actos intelectivos, ni nuestros sentimientos, ni nuestras voliciones. El subconsciente quedará siempre más allá de lo físico, en las sombras de lo desconocido.

¿De qué medios se ha valido el creador lírico para sugerir la naturaleza de un ámbito que no es asequible a la conciencia? En primer lugar, nos encontramos con una alegoría que contiene un símbolo central, el "piano", cuyo aspecto exterior y modo de ser

_____

(15) Conviene recordar aquí que la sección más larga e importante de *Los heraldos negros* lleva el subtítulo de "Truenos". Es la que contiene, al decir de Coyné, "la alteración de una interrogación sobre el problema de la vida y la muerte" (AC I, p. 17).

sólo sospechamos. Es un piano fantasmal configurado borrosamente a través de sensaciones distorsionadas. Cuanto podría constituir una imagen visual del instrumento es luego deformado en tropos que combinan elementos de muy distinta procedencia. Así resultan: *ferrado reposo, clavado con diez horizontes, ansias amarillas, pesadillas insectiles.* Igualmente, todo lo auditivo es negado por el silencio: *(trompas que) van de eclipse, (trompas) muertas, sordera que me oye, mudez que me asorda.* El objeto físico se deshace en irrealidades fantasmagóricas y aparece ante nuestra conciencia como mera presunción.

En segundo lugar, el poema está lleno de humanizaciones que hacen del instrumento un ser vivo. El yo interior salta, medita, se arrastra, declina y atisba, pero ninguna de estas acciones parece real, porque este ser vivo también es "cosa". Estamos en un mundo extraño que desconocemos.

Añádase a lo dicho que tampoco llegamos a saber cuál es la sede del yo profundo. Sólo se entiende que está *adentro, más allá, bajo túneles, bajo vértebras.* A esta ulterioridad huidiza el lírico se acerca, como lo hace el místico, que presiente lo inefable y expresa su arrobamiento por medio de transmutaciones.

El mérito principal del poema está en el poder expresivo de la palabra poética y en la estructura de sus partes constitutivas. Es preciso distinguir entre lo puramente aseverativo y la dimensión creadora de la frase mimética. Colocándonos fuera del poema podríamos decir que contiene las siguientes "ideas": la vida subconsciente está orientada hacia nuestro interior, permanece oculta en las profundidades del ser, tiene fases de intensificación y decaimiento: su carácter onírico es intraducible a términos lógicos y la naturaleza de su ser nos será siempre desconocida. Nada de esto es, en realidad, extraordinario. Lo que vale en el poema es su realidad como creación artística. El poeta ha ido mucho más allá de los hechos que hemos mencionado y ha puesto frente a nuestra imaginación varios estados de alma, que arrancan de una misma fuente primaria: la intención poética en derrota.

En todo el poema no hay un solo verso que implique una identificación con la interioridad profunda. Esta sigue siendo en todo momento tercera persona, y de ello resulta que el "piano" es y no es, con lo cual la realidad poética se transforma en una visión encarnada en su ilogismo e incorporeidad.

El poema expresa en todos sus versos un gran esfuerzo de comprensión, un querer aprisionar en la cuadrícula de la mente lo inaprehensible. De este forcejeo emana toda su emocionalidad, siempre presente, pero nunca mencionada.

La segmentación del contenido poético en períodos cortos y largos tiene también una relación directa con la carga emocional a que nos hemos referido. La primera estrofa, que es de estructura bipartita (a = versos 1 - 2; b = versos 3 - 4), expresa relativa calma. El dualismo se resuelve en coexistencia. La segunda estrofa, en cambio, es de estructura progresiva, y, como tal, expresa una gradual intensificación, que va desde el segmento más corto (*Adelanta*) hasta el más largo (verso 7), el cual coincide en su forma con la idea de fuga que en él se representa. La tercera estrofa parece ser un conjunto de dos segmentos construidos en proyección descendente; el primero termina con el verso 10 (*van de eclipse*) y pone terminante fin a dicho segmento, mientras que el segundo fenece en una frase apositiva, también de proyección descendente: *heraldo de los génesis.*

Es evidente que la organización bipartita recién señalada es apenas un aspecto —y no el más importante— de la estrofa 3. El hecho de aparecer las *trompas* al comienzo, y de mencionarse un conjunto de imágenes auditivas al final (verso 12), da a la estrofa una peculiar constitución interna. Es cierto que podría captarse una aseveración poética continua leyendo los versos 8, 10 y 12, conjuntamente (*Otras veces van sus trompas,/ ... van de eclipse,/ ... ya muertas para el trueno, heraldo de los génesis/*). Pero es obvio que el poeta no concibió los versos intermedios (9 y 11) como simples intercalaciones, o como *membra disjecta,* sino como partes integrantes de un todo, puesto que el antecedente de *ya muertas* (verso 12) es *pesadillas insectiles,* del verso anterior. Ahondemos un poco más. Si las trompas desfallecientes (que *van de eclipse*) sugieren las *ansias amarillas,* nada de raro tiene que éstas, a su vez, se asocien a funestas *pesadillas insectiles.* En otras palabras, las *trompas,* cuyo sonido fenece, entrañan vanos anhelos de supervivencia (*ansias*) y quimeras humanas que la vida misma se encarga de extirpar (*amarillas de vivir*); a esto se adhiere un algo desquiciado y febril que recuerda las visiones arácnidas de otros poemas. Vemos así que los tres referentes sustantivales (trompas, ansias y pesadillas) no sólo están íntimamente relacionados entre sí, sino que hallan eco, además, en dos referentes finales (trueno, heraldo). Con esto, el final y el comienzo se funden uno en otro, con lo cual adquiere el conjunto una integración a la vez unitaria y polimorfa. En suma, la estrofa 3 es un extraordinario consorcio de significados, ecos y reverberaciones que no se pueden separar. Como decía Schleiermacher, las partes sólo cobran sentido cuando se las aprehende como un todo.

Volvamos ahora al resto del poema. La estrofa 4 encierra un

largo trozo invocativo (versos 13-15) y un brevísimo final que dice toda la futilidad del esfuerzo implícito en las estrofas 1, 2 y 3.

Al señalar la forma interior, como lo hemos hecho, no queremos decir que Tr. XLIV responda a un diseño mental predeterminado, y que la organización del caudal poético sea necesariamente la que hemos esbozado; decimos, no obstante, que el poema tiene un orden, irregular, pero que concuerda con el motivo central de la composición.

Si se piensa en las "concreciones" (*piano, túneles, vértebras, trompas*), se comprende que todas las "cosas" están desrealizadas. De ellas no nos queda en la mente una forma, o una noción específica de su posible uso, sino puramente una sustancia sin fisonomía precisa, un "aire" y nada más.

En todas las estrofas hay, asimismo, repeticiones obsesionadas, que dan al poema un cariz de pesadilla. Es seguro que la coordinación interior tiene, en Tr. XLIV, una función artística. Observemos los siguientes pasajes:

— *viaja* para adentro ... *viaja* a saltos
— *bajo* túneles ... *bajo* túneles de dolor ... *bajo* vértebras
— *van* sus trompas ... *van* de eclipse
— *con tu* sordera ... *con tu* mudez

Hay un elemento más que acentúa el aspecto acumulativo del poema: la ausencia de interrelaciones causales. Nada ocurre como resultado de una causa y, por ello, la realidad total *parece ser* un algo desentrabado, sin una razón cohesiva. Todo esto, claro está, concuerda con el sentido y propósito del poema.

Tr. XLIV es un conjunto visionario con intención indagadora. Cuanto en él se expresa es una pluralidad de interrogaciones fallidas, porque el misterio se transforma siempre en algo borroso y alucinante. El enigmático "piano" apenas lo vislumbramos a través de visiones espectrales —escalas insólitas, vertebraciones en fuga, teclado invisible, trompas silentes, etc. Todos éstos son elementos de un sueño. Tr. XLIV es un magnífico ejemplo del interés vallejiano por ingresar en la zona del yo profundo, deseo que se convertirá en preocupación dominante entre los surrealistas (16).

---

(16) Sobre la filiación literaria de Vallejo se han hecho extensos comentarios, pero, entre los más autorizados y decisivos está el de Juan Larrea: *César Vallejo frente a André Breton*, Córdoba (Argentina). Ed. de la Universidad Nacional de Córdoba, 1969. Utilísimos son también los datos aportados por el Simposium sobre César Vallejo (AV 2), y los documentos añadidos,

Para Julio Ortega el *pulso misterioso* de Tr. XLIV es la poesía; interpretación que racionaliza asociando segmentos de distintos poemas, incluso Tr. XLV. Si la poesía es, como dice el crítico, "una aventura interior (y) está atormentada por la necesidad de *reorganizar* el puesto del mundo en el hombre" (17), no parece ser Tr. XLIV su mejor expresión, pues el contenido de este poema es todo misterio y paradoja, oscuridad y ausencia de formas. En Tr. XLIV nada aparece ordenado; el *pulso misterioso* se revela a través de una involución de signo derrotista. Hay, pues, una diferencia fundamental entre este poema y Tr. LXXVII, el cual sí contiene una concepción del proceso creador como motivo y como afán.

En un sentido muy amplio, los dos poemas de esta sección pueden involucrar lo que hay de búsqueda y de extravío en las desazones del poeta. Tr. XLIV y Tr. XLV esbozan las desarmonías y negativismos de la existencia, y una manera particular de ver el mundo. Pero esto no debe desviarnos del sentido primordial de los poemas aquí estudiados, cuyo propósito no es esclarecer una poética, sino revelar la ulterioridad del yo profundo. Entre los dos poemas hay un punto de contacto, pues ambos implican un intento de ingresar en la esfera intrapsíquica.

En Tr. XLIV y Tr. XLV se presentan problemas existenciales que ya preocupaban a Vallejo antes de aparecer *Los heraldos negros* (1918). Es significativo que la última composición de ese

en el mismo volumen, sobre el ultraísmo español (pp. 355-372). La creación típicamente trílcica, de la cual ya hay indicios en *Los heraldos negros*, refleja, indudablemente, el espíritu innovador de los movimientos de vanguardia. Aunque la poesía trílcica es anterior al nacimiento del surrealismo, parece tener rasgos "surrealistas" por interesarse en el sondeo del subconsciente, el vuelo onírico y la renovación de formas, pero se diferencia también en no ser una "radical y feroz tentativa por suprimir la realidad", intención que es, según Octavio Paz, rasgo fundamental del movimiento francés (*El arco y la lira*, México, 1956, p. 167). Vallejo no perdió nunca de vista, en su fase trílcica, la realidad en que se debate el hombre y, por ello, no cayó en el culto de la irracionalidad metódica. Véase también el estudio de Angel Valbuena Briones ("El nuevo estilo de César Vallejo", *Atenea*, año XLV, No. 419, enero-marzo, 1968, pp. 153-157), trabajo en que se asocia la creación vallejiana al ultraísmo y al surrealismo. Empero, si se atiende a fuentes primeras, es necesario tener presentes también la descendencia barroca y el "americanismo raigal" del poeta, como lo ha sugerido Guillermo de Torre ("Reconocimiento crítico de César Vallejo", AV 2, pp. 319-322). Consúltese, además, el largo y meditado estudio de André Coyné, "Vallejo y el surrealismo", Revlb., pp. 243-300), en el cual el crítico francés hace un comentario a las opiniones de Saúl Yurkievich y, más extensamente, a las de Juan Larrea.

(17) Ortega, Julio, "Una poética de *Trilce*", *Mundo Nuevo*, No. 22, abril, 1968, p. 29. (La cursiva es nuestra.)

libro encierre la misma idea matriz que informa los poemas discutidos. Hay quienes ven en este detalle el puente de unión entre *Los heraldos negros* y *Trilce*. Dice el poeta en "Espergesia":

Hay un vacío
en mi aire metafísico
que nadie ha de palpar:
el claustro de un silencio
que habló a flor de fuego.

El yo subconsciente está representado en estos versos como algo inconcreto y misterioso; es también un aire, y su enigmático significado es, como en Tr. XLIV y Tr. XLV, un silencio, esa incógnita obsesionante y callada que consume al hombre, condenándole a una prolongada tortura y a una vida sin asideros racionales.

4. *El imperativo sexual: Tr. XIII, Tr. XXX, Tr. LXXI*

Hay seis poemas en *Trilce* que se refieren directamente a algún aspecto u otro de la vida sexual: Tr. IX, XIII, XXIX, XXX, XXXII y LXXI. También aparece el tema como motivo secundario en Tr. IV, VIII, XXVI y LXXVI, sin contar aquellas composiciones en que es mera anotación circunstancial. No cabe duda, pues, de que las exigencias de la carne debieron ser preocupación constante en la mente vallejiana. Corroboran este hecho los biógrafos, quienes nos aseguran que, para Vallejo, la vida pasional fue siempre motivo de profundas inquietudes y quebrantos morales, y también una múltiple demostración de las flaquezas humanas. Así lo demuestra la siguiente lista de conceptos que aparecen asociados al motivo sexual en la poesía trílcica:

1. Animalidad: *Nudo alvino deshecho ...* (Tr. XXVI); *pareja/ de carnívoros en celo* (Tr. VIII);
2. Degradación social (prostitución): *salida/ heroica por la herida de aquella esquina viva* (Tr. VII);
3. Experiencia vergonzante: *Y hembra es el alma mía* (Tr. IX);
4. Motivo de distanciación: *Toda la canción/ cuadrada en tres silencios* (Tr. IV);
5. Asedio y amenaza: *¿por dónde romperás, nudo de guerra?* (Tr. XXIX); *Treinta y tres trillones trescientos treinta y tres calorías* (Tr. XXXII);

6. Desarmonía: *llave y chapa muy diferentes; ebullición que siempre/ tan sólo estuvo a 99 burbujas* (Tr. LXXVI);

7. Derrota de la emoción: *Y muere un sentimiento antiguo/ degenerado en seso* (Tr. XIII);

8. Infelicidad: *Pasa una paralela a/ ingrata línea quebrada de felicidad* (Tr. XXIX);

9. Premonición de muerte: *No temamos. La muerte es así* (Tr. XXX);

10. Ordinariez: *La esfera terrestre del amor/ ... rezagóse abajo* (Tr. LIX);

11. Egoísmo: *... el bruto libre/ que goza donde quiere, donde puede* (Tr. XIII); *el toroso Vaveo/ de egoísmo ...* (Tr. IX);

12. Inmoralidad: *picadura de ají vagoroso/ a las dos de la tarde inmoral* (Tr. XXX).

No hay un solo poema, entre los que se refieren al impulso sexual, que no contenga una negación, o que no señale una falla del hombre, sea en el campo social, psicológico, ético o biológico. ¿Por qué? ¿Cómo explicar tanto negativismo?

En esta sección estudiaremos tres poemas en particular — Tr. XIII, Tr. XXX y Tr. LXXI — porque plantean más claramente que los otros el "dilema" vallejiano. ¿Aspiraba el poeta a una sublimación imposible? ¿Cómo expresa en sus versos la causa fundamental de sus desazones?

Trilce XIII

1. Pienso en tu sexo.
   Simplificado el corazón, pienso en tu sexo,
   ante el hijar maduro del día.
   Palpo el botón de dicha, está en sazón.
5. Y muere un sentimiento antiguo
   degenerado en seso.

   Pienso en tu sexo, surco más prolífico
   y armonioso que el vientre de la Sombra,
   aunque la Muerte concibe y pare
10. de Dios mismo.

145

Oh Conciencia (1),
pienso, sí, en el bruto libre
que goza donde quiere, donde puede.

Oh, escándalo de miel de los crepúsculos.
15. Oh estruendo mudo.

¡Odumodneurtse!

Goza este poema la rara distinción de contener un verso escrito al revés; nos referimos al final:

16. ¡Odumodneurtse!

¿Qué intención iba envuelta en esta pirueta trílcica? Juan Larrea supone que expresa una "inversión de los valores", y da por sentado que el "poema termina proclamando el absurdo" (AV 5, p. 229). La señorita Estela dos Santos, por su parte, ve en el verso final un símbolo de "la imposibilidad de expresión que ya está contenida en la contradicción: ruido - mudez" (AV 5, p. 38). Para Gonzalo de Freitas, sin embargo, el verso no pasa de ser un juego eufónico: "Quiere (Vallejo) que el lector no se quede detenido en el 'estruendo mudo' sino que siga pensando, y le agrega esta palabra *Odumodneurtse* que es, nada más ni menos, una onomatopeya" (2). André Coyné interpreta el verso 16 como un recurso formal, un modo de cerrar el poema: "*Odumodneurtse* corresponde a aquella ruptura brusca de los poemas —en vez de conclusión— que en otras partes hemos visto indicada por exclamaciones irónicas o familiares, repeticiones de versos, etc." (AC I, p. 106). Por último, Meo Zilio nos da una explicación en términos abstractos: "Es el balbuceo existencial ante el asombro de lo inexpresable" (GMZ II, p. 28). Lo extraño es que al crítico le parezca necesario darnos una especificación: "La inversión total (anagramática) ... va dirigida a representar espasmódicamente el orgasmo erótico" (GMZ II, pp. 27 - 28). De estas cinco interpretaciones, ¿cuál está más de acuerdo con el sentido del poema?

Para nosotros el motivo central de Tr. XIII es la ineficacia del intelecto y de la norma ética frente a las exigencias del instinto, idea por demás común en poesía, y que aparece en varios poemas

---

(1) Seguimos la versión de OPC. En la edición Losada este verso es comienzo de estrofa.

(2) AV 2, p. 190. Sobre esta cita, véase GMZ I, p. 71, nota 108.

vallejianos, antes y después de *Trilce*. Lo que da novedad a Tr. XIII es el estar hecho a base de antítesis, una de las cuales es el final a que nos referimos en líneas anteriores. Trataremos ahora de especificar (con la cautela que todo lo trílcico exige) cuáles son los valores que se contraponen en el poema y cómo se podría interpretar el verso final. A nuestro modo de ver, este verso contiene una idea que se va configurando a lo largo de toda la composición. Por lo tanto, para comprender el enigmático *Odumodneurtse* preferimos interpretarlo a la luz de la estructura poética total.

PRIMERA ANTITESIS

1. Pienso en tu sexo.
2. Simplificado el corazón, pienso en tu sexo,
3. ante el hijar maduro del día.

Se contraponen aquí el pensamiento (*pienso*) y la emoción (*simplificado el corazón*), Interpretamos esta última frase en el sentido de "apaciguada la borrasca sentimental". El poeta se dispone a racionalizar el sentimiento a la luz del día, pero no sin representarse oblicuamente la plenitud física de la mujer —*el hijar maduro*—, con lo cual se nos deja ver, desde el principio, la imposibilidad de reducir la pasión a simple y puro concepto.

SEGUNDA ANTITESIS

4. Palpo el botón de dicha, está en sazón.
5. Y muere un sentimiento antiguo
6. degenerado en seso.

El verso 4 es una clara referencia a lo físico, esto es, a una parte del cuerpo femenino (*botón de dicha*) (3), contrapuesto aquí a lo no físico, o sea, el *seso* (4), del verso 6. Una vez más se desplaza la mente del lírico hacia la nota hedonista (*está en sazón*).

---

(3) El *botón*, como símbolo botánico, expresa también el deseo de inmanencia, tal como *capullo, víspera, madrugada, óvalo* y otros sustantivos que se refieren a la etapa anterior a la de realización.

(4) El empleo del sustantivo *seso* para referirse a la mente humana se observa ya en "Para el alma imposible de mi amada" (LHN, p. 83): *Quédate en el seso / y en el mito inmenso / de mi corazón.* Coinciden este poema y Tr. XIII en asociar lo espiritual y lo emocional (*seso-corazón*).

TERCERA ANTITESIS

7. Pienso en tu sexo, surco más prolífico
8. y armonioso que el vientre de la Sombra.

Se contraponen aquí *sexo* y *Sombra*. Descontando los muchos casos en que *sombra*, con o sin mayúscula, tiene sentidos usuales (frescor, falta de luz, mal agüero, etc.), encontramos los siguientes significados figurativos: 1) hado adverso: *Y si tú quisieras?/ La sombra sufriría/ justos fracasos...* (LHN, p. 31); *... cae sombra en el alma* (LHN, p. 104); 2) oscuridades o misterios del ser interior: *Un fermento de Sol;/ ¡levadura de sombra y corazón!* (LHN, p. 59); *mi semejanza humana dase vuelta/ y despacha sus sombras una a una* (PH, p. 172); *... andando entre tu sombra y el gran tesón corpóreo de tu sombra* (PH, p. 191); 3) figura o cosa fantasmal: *Son dos puertas abriéndose cerrándose,/ dos puertas que al viento van y vienen/ sombra a sombra* (Tr. XV); 4) el mal: *Mi carne nada, nada/ en la copa de sombra que me hace aún doler* (LHN, p. 39); 5) la muerte: *la mañana en que a la playa/ del mar de sombra y del callado imperio,/ ... me vaya...* (LHN, p. 21); *dulce es la sombra, donde todos se unen* (LHN, p. 85).

En el verso 8 de Tr. XIII, *sombra* tiene el primero de los sentidos aquí señalados, pero acarreando en parte otros por contagio asociativo. La vida, representada por la fertilidad de la mujer, aparece en oposición a la *Sombra*, esto es, el ámbito de negatividades en que vive el hombre. Y es el sexo femenino más *prolífico* que la *Sombra* porque es fuente de vida y garantiza la continuidad del ser humano, a pesar de su destino de muerte. Y es también más *armonioso* porque trae una conjunción humana, efímera, es cierto, pero de signo positivo a pesar de su engañosa taumaturgia.

Observemos de paso la repetición del enunciado *Pienso en tu sexo*, insistencia que está muy lejos de ser ociosa. A juzgar por los numerosos casos de anáfora en *Trilce*, creemos no equivocarnos al afirmar que una de las características distintivas de la poesía trílcica es su abundancia repetitiva, que acusa aquí los efectos de persistentes cargos de conciencia.

CUARTA ANTITESIS

9. aunque la Muerte concibe y pare
10. de Dios mismo.

¡Qué tremendo pensamiento! El poeta hace de Dios el generador de una existencia cuya madre es la Muerte; es ésta destino irreversible del cual se evade el hombre sólo en los momentos de entrega a la tiranía del sexo. Tr. XIII contiene, como se ve, un reflejo de una obsesión vallejiana: el hombre es un ser desvalido que lucha inútilmente por eternizarse. Se contraponen aquí también el destino moral del hombre, decretado por Dios, y Dios mismo, el Creador por antonomasia. La muerte es una de las muchas negatividades que integran el mundo de la *Sombra* y una constante verificación de la finitud humana. Sexo y muerte se asocian indirectamente en Tr. XIII, como ya ha apuntado Luis Monguió. Aunque el poema no dice que el sexo sea la muerte, queda subentendida esta ecuación (5). Vallejo hace de la muerte, aquí como en otros poemas y prosas, el castigo del hombre, una rémora de su naturaleza. Observemos en este punto cómo el poema ha ido haciéndose cada vez más sugerente y denso.

Tomada en conjunto, la estrofa 2 es de una avasalladora fascinación por lo que en ella hay de grandeza y de miseria, de meditación y desesperanza. La conjunción *aunque*, del verso 9, tiene el valor de un gesto heroico: "Pienso en la armonía del sexo —dice el poeta— *a pesar* del destino mortal que nos asedia" (6).

La asociación del sexo femenino con lo positivo y lo negativo era, en la mente de Vallejo, casi automática. Los adjetivos *prolífico* y *armonioso*, y la referencia a la *Muerte* a renglón seguido, son, pues, parte de un sistema de contraposiciones. Constituyentes de dicho sistema son también el *pobre día* y la *noche grande*, de Tr. XXX, como luego veremos. El día, con sus adversidades y dolores, halla compensación en la vida sexual, que el poeta representa a través de la noche. Estas mismas ideas las expresó Vallejo con toda claridad en un pasaje del relato "Mirtho", en el cual se contraponen varias expresiones de lo positivo y negativo: "Vientre portado sobre el arco vaginal de toda felicidad, y en el intercolumnio mismo de las dos piernas, de la vida y la muerte, de la noche y el día, del ser y el no ser" (NyCC, pp. 61-62).

---

(5) LM, pp. 59-60. Al decir el crítico que esta idea estaba ya en algunos poemas de *Los heraldos negros*, quizá pensase en versos como el siguiente: *¡La tumba es todavía / un sexo de mujer que atrae al hombre!* ("Desnudo en barro", LHN, p. 76).

(6) Aunque es verdad que sexo y muerte están íntimamente relacionados, el vientre de la mujer no sólo lo representa Vallejo como atractivo fatal, sino también como creatividad. Por esto dice en un enigmático pasaje de "Mirtho": "Oh vientre de la mujer, donde Dios tiene su único hipogeo inescrutable, su sola tienda terrenal..." (NyCC, p. 62).

QUINTA ANTITESIS

11. Oh Conciencia
12. pienso, sí, en el bruto libre
13. que goza donde quiere, donde puede.

Interpretamos *Conciencia* como sentido de responsabilidad ética. Al mencionar *el bruto libre* se reconoce el poeta a sí mismo entre todos los hombres poseído como ellos de su animalidad (7). Es lógico, por lo demás, que en los versos citados se contraponga la conciencia a las realidades de la vida. El sentido de culpa que mencionamos antes no puede expresarse con mayor claridad.

SEXTA ANTITESIS

14. Oh, escándalo de miel de los crepúsculos.
15. Oh, estruendo mudo.
16. ¡Odumodneurtse!

Llevando la estructura contrastiva a su resolución final, nos hace sentir el lírico la inutilidad de toda racionalización frente al instinto, imperativo incontrastable. Cuatro veces se dice el poeta "estoy razonando" (*pienso*), pero lo hace sabiendo que bastan algunas circunstancias propicias a la expresión amorosa (*los crepúsculos*) para que la sinrazón haga del esfuerzo humano un intento inútil y sin sentido. El *escándalo de miel* puede enrevesarlo todo; es así como el "estruendo mudo" se convierte en "odumodneurtse". Una vez más vemos que la configuración antitética refleja un paradigma fundamental del vivir. Tr. XIII nos dice que vivimos bajo la tiranía de los contrarios, incapacitados para regirnos por los dictados de la conciencia y las normas de la razón.

Sería erróneo suponer que la relación sexo-muerte a que nos hemos referido constituye el interés principal del poeta. Mucho más significativo es el hecho de que, a pesar de haber repetido el verbo *pienso* cuatro veces, el lírico no se entregue por entero a las consideraciones intelectuales. El poema implica la derrota del intelecto y la "absurdidad" del verso final no es sino una confirmación de ello.

---

(7) Vallejo expresó muchas veces esta idea. Véanse, por ejemplo: *animal que ha aprendido a irse...* (Tr. XLIII); ...*hasta que ande / el animal que soy...* (PH, p. 170).

En Tr. XIII hay una creciente tensión, por estar el lírico indeciso al principio, entre una aparente calma (*simplificado el corazón*) y un mal disfrazado embeleso ante la imagen del cuerpo femenino. el cual le hace pensar en frutas (*maduro ... en sazón*) y en flores (*botón de dicha*). Esto explica la postura ambivalente del lírico, reforzada una y otra vez, por las antítesis que hemos examinado. El complejo de indecisión se deslíe, sin embargo, al comenzar la estrofa 3, transformándose por fin en pura emoción, y luego en arrebato. En cambio se puede comprobar comparando los primeros versos con los últimos:

a) Principio: *Pienso ... simplificado el corazón ... pienso ... pienso...*

b) Final: *Oh, escándalo de miel de los crepúsculos./ Oh, estruendo mudo./ ¡Odumodneurtse!*

Como se ve, el final del poema contiene una reversión de valores, tal como lo insinúa Juan Larrea, y es coronación perfecta de un proceso psíquico que se ha delineado cada vez más claramente de estrofa en estrofa. Este final nos deja entrever, como afirman Meo Zilio y la señorita dos Santos, la incapacidad de expresión, y, más particularmente, el anonadamiento emocional, lo cual vale decir que el verso 16 está muy lejos de ser un simple recurso formal, o un juego de sonidos. Tampoco es una especificación. Por estar el poema vertido en términos abstractos (*dicha, seso, Muerte, Dios, Conciencia*, etc.) es improcedente, a nuestro modo de ver, reducir el último verso a una manifestación biológica determinada.

Trilce XXX

1. Quemadura del segundo
   en toda la tierna carnecilla del deseo,
   picadura de ají vagoroso (*sic*)
   a las dos de la tarde inmoral.

5. Guante de los bordes borde a borde.
   Olorosa verdad tocada en vivo, al conectar
   la antena del sexo
   con lo que estamos siendo sin saberlo.

   Lavaza de máxima ablución.

151

10. Calderas viajeras
que se chocan y salpican de fresca sombra
unánime, el color, la fracción, la dura vida,
la dura vida eterna.
No temamos. La muerte es así.

15. El sexo sangre de la amada que se queja
dulzorada, de portar tanto
por tan punto ridículo.
Y el circuito
entre nuestro pobre día y la noche grande,
20. a las dos de la tarde inmoral.

Casi la totalidad de este poema se refiere al acto sexual, representado a través de numerosas imágenes —unas, sensoriales (*quemadura, picadura, conectar, ablución, se chocan y salpican*, etc.) y otras, anatómicas (*carnecilla del deseo, los bordes, antena, calderas viajeras*). Todo este material imaginístico es novedoso y extremadamente sugestivo; sin embargo, más importantes aún son los pensamientos que añade el lírico al final de cada estrofa, como si la representación de lo biológico fuese siempre motivo de pesadumbre. Una vez más vemos cómo el tema del sexo lleva al lírico a un autoexamen valorativo. Pero ésta es sólo una instancia dentro de un esquema mucho más amplio, pues en *Trilce* toda acción de orden mecánico o biológico lleva siempre a un plano axiológico, como si el poeta sintiese siempre la necesidad de pasar de la inmanencia, o de la trascendencia de corto vuelo, a la proyección más pura, libre de residuos vitales.

Antes de discutir el bagaje ideacional del poema es preciso dejar en claro algunos detalles de forma. Dice el primer verso:

1. Quemadura del segundo

Puesto que se emplea aquí el artículo definido y no se dice "de un segundo", entendemos la frase adjetival en el sentido de desconcierto constante, o sea, "de cada segundo".

El verso 2 es muy claro, pero también tiene resonancias. Lo "tierno" se asocia en la poesía vallejiana a algo que duele, y equivale al *rosado de llaga* de Tr. LXV; el diminutivo (*carnecilla*) acarrea, por su parte, todo un lastre peyorativo, y el *deseo* es el mismo que aparece en otros poemas, ya en forma indirecta (*sórdido abejeo de un hervor mercurial* — (LHN, p. 68); ... *cinta de fuego* ... (LHN. p. 78), o en forma explícita (*Saboreemos/ ... la canción di-*

cha/ por los labios inferiores del deseo — Tr. XLV). El adjetivo "inferiores" no es sólo referencia anatómica, sino también una valoración, del tipo que hemos hallado en Tr. XIII, donde lo inferior es aquello que causa pudor o vergüenza.

En el verso 3 se hace una unión muy sugerente de dos cualificaciones:

3. ... de ají vagoroso.

Creemos que "vagoroso" incluye partes de "vagaroso" y "vigoroso", resultando así un neologismo que resume perfectamente lo dicho antes, añadiendo una idea de indefinición.

En la segunda estrofa aparece uno de los muchos juegos aliterativos que caracterizan a *Trilce*:

5. Guante de los bordes borde a borde.

Fuera de la imagen de ajuste implícita en *guante*, se insinúa la idea de totalidad, quedando subentendidos varios pensamientos que se adhieren a *borde(s)*, como los siguientes: 1) inminencia de algo: *Amada, vamos al borde/ frágil de un monton de tierra* (LHN, p. 27); *Al borde del fondo voy,/ cuñado Vicio!* (PH, p. 186); 2) filo amenazante: "*una noche ... en cuyo fondo de cortantes bordes...*" (NyCC, p. 58); 3) ausencia de límite o contención, cuando va precedida de *sin*: *una luminosidad azul, esfumada, sin bordes* (NyCC, p. 41). Hay, pues, en el verso 5, varios significados secundarios, principalmente de inminencia y culminación.

En la estrofa 3 hallamos tres tipos de referencias relativas al sexo que aumentan considerablemente la sugestividad del poema: *a*) asociaciones con el fenómeno de la ebullición: *Calderas viajeras* (verso 10) (8); *b*) referencias al mundo de la electricidad: *conectar/ la antena del sexo* (versos 6-7), y establecer un *circuito* (verso 18); *c*) representaciones, directas o indirectas, del calor (9): *fresca sombra/ unánime* (versos 11-12).

Si releemos los versos 10-14, se verá que contienen una representación del acto sexual concebido como cuádruple proceso orgiástico: *a*) iniciación (*Calderas viajeras/ que se chocan*); *b*) intensificación (*color*); *c*) clímax y aniquilamiento intemporal (*la fracción*), y *d*) el despertar a la realidad (*la dura vida,/ la dura vida eterna*). Algo semejante aparece, pero en forma aún más escueta, en

---

(8) La misma imagen aparece como eje central de todo el poema LXXVI: *ebullición que siempre / tan sólo estuvo a 99 burbujas.*

(9) El calor es imagen primordial en todo el poema XXXII.

Tr. IV (10). La permanencia en el estado final la sugiere la repetición misma: *la dura vida,/ la dura vida eterna.*

De lo expuesto se deduce que no hay, en los versos analizados, ni una palabra que sobre, ningún recurso poético que sea ocioso.

Por último, en el verso 27 aparece un significativo hipérbaton en que se funden dos ideas:

17. por tan punto ridículo

Fuera de expresar desproporción, este torcido verso añade varias nociones pitagóricas: el punto es el 1, y representa, por lo tanto, la unidad, o la singularidad; también es el comienzo de un modo de existencia, unicidad inmanente (11).

Aclaradas estas singularidades formales, pasemos a la discusión de los contenidos.

Quizá por haber conservado residuos de viejas normas éticoreligiosas, que condenaban el acto sexual como transgresión, se repite en Tr. XXX un verso cargado de escrúpulos:

4. a las dos de la tarde inmoral.

No es preciso insistir otra vez en el posible significado del numeral *dos,* pero sí destaquemos el fuerte complejo de culpa que encierra este verso. Mucho antes, Vallejo había expresado ya el deseo de llegar a conocer el amor, libre de placer sensual:

y que yo, a manera de Dios, sea el hombre
que ama y engendra sin sensual placer! (LHN, p. 95).

La preocupación amorosa lleva al lírico a representarse ante su conciencia una forma de amor ultraterrenal, de raíz probablemente indostánica (Tr. LXII), o bien una preocupación de tipo filosófico (*Y preguntamos por el eterno amor,/ por el encuentro absoluto —* Tr. LXVIII), en que se ha esfumado la imagen de Dios, rasgo que la diferencia radicalmente de la idea juvenil (*Cfr.* Elrom., p. 26), en el cual se reflejan influencias románticas y reminiscencias de lecturas de Dante. Pero sea cual sea el rumbo mental, el acto unitivo conlleva, durante la fase trílcica, varios significados degradan-

---

(10) Véase el Cap. IV, 3.

(11) En contraposición con el "punto", la "línea" expresa dualidad o extensión y, por ende, el transcurso de la existencia. Recuérdense dos versos del poema "Telúrica y magnética": *Oh luz que dista apenas un espejo de la sombra, / que es vida con el punto y, con la línea, polvo...* (PH, p. 187).

tes, tales como los que ya apuntamos al comienzo de esta sección.

El complejo sexual se hace aún más significativo al convertirse en motivo de reflexiones ontológicas:

8. ... lo que estamos siendo sin saberlo.

El "estar siendo" es una forma de actualización; pero el acto sexual no está concebido aquí como un ser algo, en el sentido hegeliano, sino como una etapa precursora que no tiene fin mientras sea lo que es. El acto sexual, por lo tanto, da al hombre una momentánea perennidad. Este es un punto de capital importancia en el sueño ideal de nuestro poeta. Recordemos cuán a menudo alude a etapas prefigurativas, es decir, a lo que es pero no llega a una terminación. Este "estar siendo" lo representa el poeta por medio de estados preliminares que él quisiera convertir en realidad eterna: ser siempre capullo, y no una flor; ser siempre víspera, y no el día señalado; ser siempre brote, y no una rama; ser siempre madrugada, y no un día; ser siempre óvulo, y no una existencia dada. No insistimos en este punto por habernos referido a él en otros lugares.

Notemos, por otra parte, que el acto sexual está concebido como conjunción de dos formas del existir: ser y estar. Tal dualidad implica el ser genérico sin conciencia de fin, y también un modo de vida actualizante y circunscrita; aquél tiene por sí carácter fundamental; éste emplaza al hombre, en cuanto individuo dimensional, en un lugar determinado. El segundo sigue siempre al primero: como el módulo "absoluto" no puede ser eterno, el hombre ha de retornar inevitablemente a su determinación existencial y a las meditaciones que ésta desencadena. De aquí que en los versos vallejianos encontremos tantas veces el acto sexual seguido de un examen de conciencia, que coincide con la rehabilitación de la capacidad enjuiciadora.

La fase doble que hemos discutido aparece muy claramente en el verso 8, el cual concuerda con lo expresado en el poema anterior (Tr. XIII), que señala, como ya se vio, el desplazamiento de la capacidad discriminativa. Se establece así una terminante alternativa entre pensamiento y vida, pero ensalzando a ésta, y haciendo del raciocinio un esfuerzo inútil *degenerado en seso*.

Vallejo asociaba el instinto sexual con la impureza, pero —detalle curioso— aludirá a la cópula haciendo de ella una función que también implica limpieza:

9. Lavaza de máxima ablución.

El poeta reconoce al mismo tiempo que el acto sexual trae una *sombra unánime,* por lo cual todo el poema encierra una actitud indecisa, quedando el ser del lírico dividido en dos, pues es imposible una armonización de la entrega sexual y la norma ética.

La vida erótica es para Vallejo una forma de compensación y, quizá por ello, va tan a menudo asociada a negatividades. El acto sexual se convierte en una forma de expansión, pero sólo como pasajera plenitud. Se contraponen así la miseria cotidiana y el transporte de la *noche grande* (verso 19) que es, en realidad, resultado de "estar siendo", como reza el verso 8. Así y con todo, el poeta no podrá librarse jamás de su voz interior que le acusa y le lleva a repetir:

  a las dos de la tarde inmoral.

De cuantas ideas se hallan enquistadas en Tr. XXX, la más dramática es la que asocia el acto sexual a la muerte. Y es también la más característica, por su persistencia en toda la poesía vallejiana:

  14. La muerte es así.

Extraordinaria correlación. El acto sexual y la muerte desembocan en una misma aspereza: "la dura vida eterna" y "la dura muerte eterna".

Resumamos. Por encima de débiles justificaciones, resaltan en Tr. XXX varias connotaciones negativas —inmoralidad, culpa, fatalidad y muerte— que aparecen como causa de penosas inquietudes. El poeta no logra jamás verse a sí mismo como ser armónico. Por el contrario, el acto sexual es causa de una disociación psicológica, que crea una doble personalidad: la del que goza, y la del que siente remordimientos. El hombre consciente mira con tristeza a la bestia. Se insinúa, además, una petición de castigo y la necesidad de limpieza moral, circunstancias que dan al contacto de los sexos un cariz de vergonzante derrota.

Lo dicho confirma plenamente una observación de Saúl Yurkievich que es cabalísima, aun siendo paradojal: "El sexo es (para Vallejo) ... suciedad que purifica" (12).

Pasemos ahora al último poema:

Trilce LXXI

  1. Serpea el sol en tu mano fresca,
      y se derrama cauteloso en tu curiosidad.

(12) Yurkievich, Saúl, "En torno de *Trilce*", *Revista peruana de cultura,* dic. 1966, Nos. 9-10, p. 86.

Cállate. Nadie sabe que estás en mí,
toda entera. Cállate. No respires. Nadie
5. sabe mi merienda suculenta de unidad;
legión de oscuridades, amazonas de lloro.

Vanse los carros flagelados por la tarde,
y entre ellos los míos, cara atrás, a las riendas
fatales de tus dedos.
10. Tus manos y mis manos recíprocas se tienden (13)
polos en guardia, practicando depresiones,
y sienes y costados.

Calla también, crepúsculo futuro,
y recógete a reír en lo íntimo, de este celo
15. de gallos ajisecos soberbiamente,
soberbiamente ennavajados
de cúpulas, de viudas mitades cerúleas.
Regocíjate, huérfano, bebe tu copa de agua
desde la pulpería de una esquina cualquiera.

En su segundo libro sobre Vallejo, incluye Coyné una gran variedad de valiosos comentarios sobre este poema. Tr. LXXI es, como dice el crítico francés, un poema erótico, pero —añadimos nosotros— no totalmente erótico (14).

En esta sección nos limitaremos a aclarar el sentido de algunas palabras plurivalentes, y a precisar el contenido anímico de la última estrofa.

Tr. LXXI tiene una organización bipartita, perfectamente unificada: las estrofas 1-3 representan distintas fases del acto sexual; la estrofa 4 es un *plateau* en que el lírico hace una valoración introspectiva.

a) *El imperativo sexual*

---

(13) Seguimos el texto de OPC. En la edición Losada de 1961, el verso 10 es comienzo de estrofa. OPC sigue el texto de Oscar Miró (PC) al poner dos puntos al final del verso 5, puntuación que establece una polaridad entre *merienda* y *legión de oscuridades, amazonas de lloro;* este detalle no deja de tener importancia, pues así el verso 6 queda referido al verso anterior, y no puede entenderse sino como referencia indirecta al ente femenino, o a un antecedente tácito, indefinido.

(14) AC II, pp. 37 (nota 31), 155, 161 - 162, 163, 182 (nota 17), 183 (nota 23), 205, 245 (nota 12). Lamentamos no concordar con Alejandro Romualdo, quien ve en la *merienda suculenta de unidad* "un festín metafísico". *Cf.*: "El humorismo de César Vallejo", RevCul., p. 158a.

Dice Coyné que el poema representa "una hora dichosa de amor", y que "la recaída se expresa a través de una imagen crispada, casi exasperada, y sólo mitigada por el humorismo del poeta sobre su propia frustración" (AC II, p. 161). Este comentario se refiere, en particular, a la última estrofa. En realidad, son muchas las imágenes que expresan intensidad y premura, a partir del primer verso:

1. Serpea el sol en tu mano fresca,

La orientación erótica está ya presente en la imagen de la serpiente acarreada por el verbo "serpear" (15). El *sol*, por otra parte, sugiere la euforia del amante, ya que, en *Trilce,* dicho astro es la fuente del vitalismo humano.

Discrepamos de Coyné en un detalle: es posible que no haya sido el propósito de Vallejo hacer una exposición regocijada del impulso sexual, o transmitir al lector un rasgo humorístico de sí mismo. En el poema hay una fuerte nota de fatalismo y de derrota que rechazaría tales suposiciones.

La estrofa más crispada es la segunda, en la cual se combinan breves exhortaciones (*Cállate ... No respires*) con un extraordinario verso sintético (*legión de oscuridades, amazonas de lloro*), que encierra todo un conjunto de emociones encontradas.

En la tercera estrofa empieza a disminuir la tensión psicológica. Los *carros* —que nosotros no pondríamos en un mismo grupo con las carretas— constituyen una imagen más de origen campesino, pero ésta no implica sólo movimiento moroso y duro arrastre, sino también dirección y gobierno impuestos por una fuerza que no es la propia. Al decir el poema *cara atrás,* insiste en la ausencia de autodeterminación: el poeta es llevado inevitablemente por la pendiente del imperativo sexual. La imagen de los *carros* se funde con la de *las riendas/ fatales de tus dedos,* del mismo verso, dejándose claramente configurada la nota de inevitabilidad (16).

b) *Contenido anímico*

Todo lo dicho en las tres primeras estrofas pasa a ser motivo de

---

(15) La asociación de sierpes y sexo se ve ya, muy claramente expresada, en "Absoluta": *hay un riego de sierpes/ en la doncella plenitud del 1* (LHN, p. 75).

(16) El hombre puede estar condenado a seguir la dirección de un carro que ni siquiera se menciona, como en Tr. X, en que aparece un viajero que va *cara a monótonas ancas,* arrastrado por un destino incontrastable y prosaico.

sombrías meditaciones en la última. Así lo da a entender, en primer lugar, el verbo *reír*, el cual no da al poema, necesariamente, una orientación humorística, ya que el final es serio (17): el acto unitivo no ha llevado al lírico a una mutualidad amorosa, y de ahí que se sienta *huérfano* (verso 18). La poquedad de la satisfacción personal queda diseñada también en las referencias a una *copa de agua* (y no de vino), a una simple *pulpería* (y no a un lugar menos vulgar), y a una *esquina cualquiera* (y no a la rectitud o totalidad del ser). Dentro de este contexto, el *crepúsculo futuro* (verso 13) podría tener un contenido psíquico, y no puramente fisiológico (18). Nuestra interpretación del final está en estricta correspondencia con la desilusión del ente lírico en Tr. IX: *Y hembra es el alma mía*. En ambos casos, el acto sexual se caracteriza por la misma nota de vacío y desilusión. Releamos la última estrofa:

13. Calla también, crepúsculo futuro,
14. y recógete a reír en lo íntimo, de este celo
15. de gallos ajisecos soberbiamente,
16. soberbiamente ennavajados
17. de cúpulas, de viudas mitades cerúleas.
18. Regocíjate, huérfano; bebe tu copa de agua
19. desde la pulpería de una esquina cualquiera.

Es indudable que hay un cambio de tono al comenzar esta estrofa. En ella, la actitud máscula del lírico está asociada a los entonados arrestos de un gallo de pelea. Quizá este hecho llevó a Coyné a decir: "... decaen también los versos; no nos hemos elevado nunca a un plano propiamente sentimental" (AC II, p. 161). A nuestro modo de ver, la última estrofa es un extraordinario eslabonamiento de imágenes múltiples en que no decae la calidad expresiva del poema; a no dudarlo, revela, por vía contrastiva, que han desaparecido la tirantez y la premura de las estrofas anteriores, pero esto no implica un deterioro artístico. Aparece ahora una actitud valorativa que, dicho sea de paso, está perfectamente relacionada con la primera parte de la composición mediante el imperativo del ver-

---

(17) Entendemos el verbo "reír" no como expresión de regocijo, sino como forma de encubrimiento. Tras la máscara de la risa puede ocultarse un profundo dolor o una dura autocrítica. Véase el Cap. V, 4.

(18) No debe extrañar que el *crepúsculo* tenga este sentido figurativo, ya que, en Tr. LXXV, el dolor humano lo representa Vallejo por medio de una enorme superficie vibradora que *viene y va de crepúsculo a crepúsculo*. Por lo demás, el crepúsculo (ocaso) ya tenía sentido simbólico en el poema "En las tiendas griegas" (LHN, p. 65).

bo "callar", empleado antes dos veces. Si el reír es, como creemos, expresión de autocrítica, entonces la ironía de *Regocíjate* (verso 18) adquiere una densidad emocional de gran significación. Veamos por qué. Las *cúpulas* son para Coyné una alusión a "cópulas", en plural, interpretación que le lleva a entender "crepúsculo futuro" como anticipación de una nueva consumación erótica. Bien podría ser así. Por otra parte, si recordamos que, a veces, los términos arquitectónicos le sirven a Vallejo como medio de sugerir grandiosidad (Cf. Tr. XLV), entonces las *cúpulas* podrían indicar elevación, lo mismo que *cerúleas* (¿restos de modernismo?), y las *viudas mitades* expresarían la falta de reciprocidad o correspondencia, tanto física como espiritual (19). Y, como el verbo *Regocíjate* expresa una disposición de ánimo, consonaría perfectamente con el resto del poema, interpretando dicho verbo en el sentido irónico antes mencionado. Por las razones antedichas, vemos en el final una nota de pesadumbre, soledad y autodenigración.

Aclaremos ahora algunos detalles. El verbo "callar(se)" aparece dos veces, en la primera parte, como imperativo de petición, y el "tú" que deja subentendido representa a la amante del poeta (versos 3-4). En el verso 13, sin embargo, *Calla* tiene como sujeto el vocativo *crepúsculo futuro*, que representa el alma del poeta, y, en el verso 18, *huérfano* es el sujeto del imperativo *Regocíjate*. Asociado a los cuatro imperativos (*Calla, recógete, regocíjate, bebe*) hay siempre un sujeto personal. De aquí que veamos en los últimos versos un contenido introspectivo: el poeta está más interesado en revelarnos su estado anímico que en insinuar la posible repetición del acto sexual.

Nuestra lectura de los últimos versos en sentido negativo la refuerza un hecho en particular: el "gallo" —convertido en símbolo— está siempre asociado en *Trilce* a valores falsos o inseguros. En Tr. XIX, por ejemplo, aparece unido a la incertidumbre: *Se ha puesto el gallo incierto, hombre;* en Tr. XX se nos presenta un sujeto de muchos arrestos y poca consecuencia, diciéndose de él: *Engállase el barbado*... La misma idea peyorativa hallamos en un pasaje sobre la bohemia improductiva: "Yo sé de esta bohemia y conozco ... su gemebundo gallo negativo" (AO, p. 150). Este "gallo negativo" es el ente humano, pobre ser que a la postre se reconoce a sí mismo en toda su insuficiencia y falsas presunciones.

---

(19) El sentido peyorativo de mitades lo hallamos igualmente en Tr. LXIV (*hablo con vosotras, mitades, bases cúspides*...) y en *La piedra cansada* ("el cuerpo humano tiene dos mitades verticales; un abismo profundo las separa,..." RevCul., 306b).

La imaginación creadora vallejiana busca poetizar procesos evolutivos más que estados emocionales (aunque éstos no faltan); por esta razón, es posible establecer, muy a menudo, una oposición entre el comienzo y el fin de un poema. En Tr. LXXI Vallejo nos revela la desilusión inherente en el placer carnal. La raíz psíquica del poema es, pues, una roedora conciencia de pequeñez y de fracaso. Ha reaparecido la vieja antinomia "dinamismo-cesación" que persiste en reducir lo positivo a simple engaño del momento. Nada de particular tiene, por lo tanto, que la experiencia sexual sea una prueba más del doble cariz de la relación hombre-mujer: anticipación y desengaño.

Tr. LXXI encierra el pesimismo de Schopenhauer, quien primero postula como máxima sabiduría el hacer del goce del presente el fin supremo de la vida, pues —como él dice— ésta es la única realidad que existe; a renglón seguido afirma que ceñirse a semejante derrotero es una insensatez, puesto que aquello que desaparece al instante, o se disipa del todo como un sueño, nunca es digno de un sincero esfuerzo.

* * *

El análisis de los poemas XIII, XXX y LXXI patentiza un aspecto fundamental de la psique vallejiana: la convivencia de dos hombres: uno que representa la perfección y el bien máximo, visto siempre en una atmósfera de suprahumanidad imposible, y otro que es apenas una sombra del ideal, el hombre de renunciaciones y bajezas. En esta escisión está el origen de muchos recursos poéticos (antítesis, etopeya, paradojas, reticencias, etc.), las cuales son, a su vez, trasuntos de una fundamental esquizofrenia espiritual. Quedan así explicadas las aparentes contradicciones, la lucha interior obsesionada y ese constante ir y venir de ondas de tensión y distensión. Hay, pues, en Vallejo, un drama perenne, cuyas raíces primeras están en los pliegues más íntimos de su personalidad. Como dijo Gutiérrez Nájera, es allí donde se deslizan en curso infinito las "silenciosas corrientes del alma".

5. El mundo de los recuerdos: Tr. XV. Tr. XXVII

En una conferencia dictada en 1935 ante un auditorio londinense, presentó Jung un diagrama de la psique humana, representándola como un conjunto de círculos concéntricos, de los cuales el más inmediato a la realidad es el de las sensaciones y el más recóndito el del inconsciente colectivo. Entre ambos extremos, y en grado cada vez mayor de interioridad, aparecen varios mundos, que añadidos a los ya mencionados, forman la siguiente serie: 1) sensaciones; 2) pensamientos; 3) estimativas; 4) intuiciones; 5) recuerdos; 6) subjetivismos ocultos; 7) afecciones; 8) perturbaciones subconscientes y, por último, 9) el centro oscuro del inconsciente colectivo (1).

Llama la atención que, para el psicólogo suizo, la memoria, o quinto círculo, sea el umbral del reino de las sombras. Dicha facultad funciona, según él, en dos formas diferentes: como resultado de un esfuerzo voluntario, o urgida por oscuros procesos compensatorios. Al estudiar los poemas escogidos para esta sección, nos fijaremos en el grado de actividad consciente e inconsciente que en ellos se advierte, y en la forma en que su contenido espiritual afecta el proceso poético.

Los poemas de recordación se desenvuelven en tres atmósferas distintas:

1) Felicidad total: el pasado es concebido como época feliz cuyo recuerdo anula provisionalmente el hoy del poeta. Este es el caso de Tr. LII, poema estudiado en el Capítulo V, 1;

2) Alternancia de alegrías y pesares ante el aluvión de las memorias (Tr. XXVII);

3) Infelicidad irremediable, motivada por cuatro pérdidas: *a*) la niñez y su entrañable inocencia (XI); *b*) el hogar de la infancia (XXIII, LXI); c) la amada (XV, XLVI, LXII, LXXVI); *d*) la madre (XXIII, LXV).

Puesto que la mayoría de los poemas del grupo 3) los estudiamos en otras secciones, hemos escogido para el estudio de los recuerdos los poemas XV y XXVII. En el primero de éstos se presenta el recuerdo como fondo vivencial actualizado y como motivo de una entrega sentimental; en el segundo, la vivificación del pasado promueve una postura ambigua, entre placentera y dolorosa, y que está muy en armonía con la cosmovisión vallejiana de la época trílcica. Ambos reflejan rasgos fundamentales de la personalidad del poeta.

---

(1) Jung, C. G., *Analytical Psychology. Its Theory and Practice*, New York, Random House, 1968, p. 49.

Trilce XV

1. En el rincón aquel, donde dormimos juntos
tantas noches, ahora me he sentado
a caminar. La cuja de los novios difuntos
fue sacada, o tal vez qué habrá pasado.

5. Has venido temprano a otros asuntos
y ya no estás. Es el rincón
donde a tu lado, leí una noche,
entre tus tiernos puntos,
un cuento de Daudet. Es el rincón
10. amado. No lo equivoques.
Me he puesto a recordar los días
de verano idos, tu entrar y salir,
poca y harta y pálida por los cuartos.

Esta noche pluviosa,
15. ya lejos de ambos dos, salto de pronto...
Son las puertas abriéndose y cerrándose
Son dos puertas que al viento van y vienen
sombra   a   sombra.

Estamos en presencia de un poema romántico-sentimental en
que el poeta se entrega a sus recuerdos, queriendo llenar con éstos
el vacío de su vida. La idea de vacío o ausencia está expresada
tres veces:

5. Has venido temprano a otros asuntos
y ya no estás.
15. ya lejos de ambos dos, ...
18. sombra   a   sombra.

A la nota de soledad se agrega la de confusión (*o tal vez qué
habrá pasado*), la cual repercute en cinco antítesis:

2 - 3. ... ahora me he sentado/ a caminar
12. tu entrar y salir
13. poca y harta
16. abriéndose cerrándose
17. que al viento van y vienen

La antítesis es aquí, como en muchos otros poemas trílcicos, reflejo de la incertidumbre fundamental de la existencia: nada es en forma definida y cierta; todo *está siendo* en un juego de polaridades desconcertantes. A diferencia de lo que piensan Octavio Paz y Jorge Luis Borges, las dicotomías existenciales son, para Vallejo, irremediables.

En el fondo del poema se advierte también un pensamiento típico: la razón es impotente para hallar un sentido en el drama del hombre (2); por eso se repliega el lírico a su intimidad emocional e intenta hallar consuelo en la rememoración de tiempos irrecuperables. La recordación es, en Tr. XV, un mecanismo de defensa.

En el poema no aparece el pasado como problema temporal, pues sólo se contrastan el ayer y el hoy, y el día y la noche, sin dar pie a reflexiones filosóficas. Tampoco se insiste en la presencia agobiante de lo nocturno, a pesar de la triple mención (*tantas noches ... una noche ... esta noche pluviosa*) (3), ni se da significado especial a la búsqueda del pasado. En Tr. XV no hay nada complejo. La voluntad del lírico no va más allá de su decisión angustiada de consolarse con sus recuerdos:

2 - 3.   ... ahora me he sentado/ a caminar.
11 - 12.   Me he puesto a recordar los días/ de verano idos, ...

El poema reconstruye al principio un ambiente de recogimiento y domesticidad: ella, teje; él lee un cuento de Daudet. Se rememoran, pues, dos bienes perdidos: el amor de una mujer y la paz interior. En contraste con esos dones está la realidad presente, que es total desaliento e incapacidad de acción. Primera nota sentimental. El poema sólo contiene vivencias, y se restringe a un aspecto del hombre: su capacidad de ternura. Presa de su sentimentalismo, el lírico se siente compasivo y se representa la amada a sí mismo con un velado complejo de culpa:

13.   poca y harta y pálida...

---

(2) Llama la atención la insistencia con que Vallejo repite este parecer, habiendo vivido su juventud en días de contundente racionalismo positivista. Para él tenían muy escaso significado las ideas kantianas sobre la razón pura y las conciliaciones de opuestos en que se basan algunas religiones orientales. Es posible que este último campo lo haya explorado a través de Max Müller, una de cuyas obras le fue otorgada como premio en sus días universitarios (*Cf.* JEA, p. 34).

(3) La misma estructura contrastiva (*una noche... esta noche...*) la hallamos en el Nocturno (III) de José Asunción Silva.

Los dos primeros adjetivos expresan una típica ambivalencia vallejiana: a los escasos dones de la amada se añade su capacidad de complacencia. El tercer adjetivo, por el contrario, anota muy vagamente la inminencia de algo.

Tal como ocurre en la poesía nerudiana de *Veinte poemas de amor y una canción desesperada,* se oye en Tr. XV sólo una voz, la del poeta; el interlocutor femenino es mero recuerdo, con lo cual se hace resaltar aún más la diferencia entre el pasado y el presente.

El poema acusa un desarrollo en escala ascendente de dramatismo, y su punto culminante es la representación gráfica de la distancia física y espiritual que separa a dos amantes:

18. sombra   a   sombra.

Este último verso es culminación de varias anotaciones anteriores en que se representa la idea de ausencia:

3.   ... los novios difuntos
6.   y ya no estás.
11 - 12.   ... los días/ de verano idos, ...
15.   ya lejos de ambos dos, ...

Como se ve, el poema no es una simple acumulación de notas sueltas sino una estructura graduada, con múltiples resonancias interiores. La irrealidad del final estaba ya sutilmente insinuada en otros versos.

Tr. XV se halla entre los poemas "fáciles" del volumen, pero esto no quiere decir que sea una creación simple, como puede verse, si nos fijamos en algunos detalles de forma y contenido. Gran parte de este poema es, a todas luces, autobiográfica, pero Tr. XV está muy lejos de ser biografía pura y simple, ya que contiene obvios indicios de un esfuerzo estilizador. Entre otros están los siguientes:

1) El empleo de la frase *me he sentado/ a caminar* (versos 2 - 3), constituye una modificación estilizante, puesto que el *caminar* es aquí un modo de avanzar sin meta, tal como "errar" lo es, en el poema LXVII. Para Vallejo la vida es un continuo desplazarse entre realidades adversas y un meditar desesperanzado, como en el presente caso. La acción de "sentarse", que parece anunciar un reposo, es inmediatamente impugnada por el verbo "caminar", como si el poeta estuviese en un ambiente de oposi-

ciones. Se ha añadido a la anécdota personal una insinuación sobre el sentido de la vida.

2) La concepción de los amantes como *novios difuntos* (verso 3) es expresión de una fatalidad irremediable: el destino de los amantes es llegar siempre a un final de desesperanza. Lo mismo leemos en Tr. LXII, que repite: *te he de esperar ... en la esquina de los novios/ ponientes de la tierra.*

3) En Tr. XV hay pequeñas desviaciones intencionales que rompen el tono lírico-dramático del poema. En el verso 4, por ejemplo, se introduce una frase coloquial que cambia totalmente el punto de vista, pues nos hace pensar en una tercera persona, una especie de observador curioso que hace un comentario:

... qué habrá pasado

Adquiere así el poema un cariz de observación objetiva, que contrasta fuertemente con la nota de íntima angustia ya mencionada.

Un poco más adelante, el poema pasa del monólogo al diálogo, haciendo de la amada un interlocutor pasivo. El recuerdo se transforma momentáneamente en presencia de algo vivo:

10. ... No lo equivoques.

Se han fundido lo real y lo imaginado, haciéndonos pensar que la amada está y no está presente al mismo tiempo. El poeta acentúa esta nota paradojal al decir: *Has venido .../ y ya no estás.*

4) Es muy posible que el sustantivo *puntos* (verso 8) tenga doble sentido: (*leí una noche*)/ *entre tus tiernos puntos...*

Entre los varios significados de *punto* está el de "manifestación externa visible" de algún rasgo personal. Así lo testifica Tr. LVII: *Craterizados los puntos más altos, los puntos/ del amor de ser mayúsculo...* Por lo tanto, el verso 8 es, a la vez, alusión a una labor doméstica como también caracterización psicológica.

5) Como se indica en la discusión del poema XXVI (Capítulo IV, 1), el verano es símbolo de plenitud vital. La misma idea se halla en Tr. LXVII: *Canta cerca el verano...* En el poema que estamos discutiendo, el *verano* tiene, pues, una connotación reflexiva, pues se lo presenta como imagen de felicidad perdida.

6) La antítesis "entrar - salir" (verso 12) agrega al poema una imagen de activismo, que también hallamos en Tr. LIV (*Forajido tormento, entra, sal...*) y, en forma sustantival, en Tr. XLIII

(*¿Has contado qué poros dan salida solamente,/ y cuáles dan entrada?*).

7) Se añade dramatismo a la acción mediante la conocida imagen de la lluvia (*En esta noche pluviosa*), del verso 14. Ya sabemos que la lluvia es, muy a menudo, augurio de melancolía y desazón interior.

8) La idea de distancia es más que simple distancia física cuando la expresa el adverbio *lejos,* palabra con que Vallejo expresa distanciación espiritual y adversidad. En "Los pasos lejanos", por ejemplo, se declara: *Está (mi padre) tan cerca;/ si hay algo de él de lejos, seré yo* (LHN, p. 101). Años más tarde repetirá el poeta: *(Hay) tanta/ inversión, tanto lejos y tanta sed de sed!* (PH, p. 172).

9) Advertimos la presencia del destino una vez más en la imagen del *viento* (verso 17), con la cual se explica la separación de los amantes, representados aquí por las dos hojas de una puerta. Conviene recordar, además, que la puerta (*abriéndose cerrándose*) es símbolo de armonía o desarmonía, de éxito o fracaso, según estén abiertas (PH, p. 237), o cerradas (LHN, p. 67).

10) Añádase a lo anterior la presencia del numeral *dos,* que aparece en los versos 16 y 17. La tautología "ambos dos" no es simple distorsión antojadiza, pues la frase nos dice también "ya no somos la unidad amorosa (2) que fuimos".

11) Se insertan, además, dos imágenes a través de la contraposición "van y vienen" que aparece en el verso 17: a) obsesión, como en Tr. LXVI: *La rama del presentimiento/ va, viene,...*; b) movimiento incesante, como en Tr. LXXV: *Mientras la onda va, mientras la onda viene...*

12) Finalmente, advertimos la presencia de la palabra *sombra* que tiene diversos sentidos cargados de inquietud y de misterio, como hemos indicado al discutir Tr. XIII. (Véase Cap. III, 4).

Todos estos rasgos estilizantes enriquecen enormemente el poema. ¿Pensó Vallejo en ellos? Imposible saberlo con certeza, pero es indudable que Tr. XV nos transmite sutilísimas sugerencias, a pesar de su aparente sencillez.

Podría argüirse, y no sin razón, que Tr. XV es un poema monocorde, por haber sido compuesto a base de una sola nota básica, la emotiva, o que carece de peso ideacional, puesto que el elemento reflexivo está apenas insinuado. Y hasta habrá quienes duden de su verdadera dramaticidad, ya que está ausente toda forma de disensión. Es evidente, sin embargo, que el poema contiene todo un juego de anotaciones emocionales del tipo que Jung pondría en el séptimo círculo de su diagrama, bajo el nombre de "afecciones". El lírico deja fluir el recuerdo y lo hace dentro y fuera del subconsciente. Por una parte nos dice *Me he puesto a recordar los días/ de verano idos* —declaración que ciertamente implica un esfuerzo consciente— y, por otra, se deja llevar de sus remembranzas, entregándose a la emoción cada vez más desprevenidamente, hasta retornar de improviso a su realidad actual (*salto de pronto...*), sacudido por el golpe seco de dos puertas que le representan su soledad y su irreparable pérdida. El lírico y su amada aparecen como dos seres sin alma, agitados por el viento de la adversidad, separados para siempre, como si hubieran dejado de existir y se contemplasen a distancia, convertidos en meros espectros de lo que fueron (4):

17.   ... al viento van y vienen
18.   sombra   a   sombra.

Trilce XXVII

1. Me da miedo ese chorro,
    buen recuerdo, señor fuerte, implacable
    cruel dulzor. Me da miedo.
    Esta casa me da entero bien, entero
5. lugar para este no saber dónde estar.

    No entremos. Me da miedo este favor
    de tornar por minutos, por puentes volados.
    Yo no avanzo, señor dulce,
    recuerdo valeroso, triste
10. esqueleto cantor.

    Qué contento, el de esta casa encantada,
    me da muertes de azogue, y obtura
    con plomo mis tomas
    a la seca actualidad.

---

(4) Al estudiar los tipos de imaginería trílcica habrá que tener presentes las imágenes espectrales y su función desrealizante. Véanse: Tr. III (versos 8 - 9); Tr. XVIII (versos 15 - 18); Tr. XXIV (versos 6 - 8); Tr. XXVI (versos 28 - 29); Tr. XXVII (versos 17 - 18); Tr. XLII (versos 17 - 18); Tr. XLIV (versos 5 - 7); Tr. LV (versos 21 - 25); Tr. LXI (versos 31 - 32); Tr. LXII (versos 23 - 24); Tr. LXV (verso 20); Tr. LXVI (versos 7 - 8); Tr. LXVII (versos 21 - 22); Tr. LXX (versos 18 - 19); Tr. LXXV (verso 17); Tr. LXXVI (versos 14 - 15).

15. El chorro que no sabe a cómo vamos,
    dame miedo, pavor.
    Recuerdo valeroso, ya no avanzo.
    Rubio y triste esqueleto, silba, silba.

Hemos decidido invertir el orden de nuestra exposición. Comenzaremos esta vez con un juicio valorativo: Tr. XXVII debe contarse entre las composiciones más artísticas del conjunto trílcico. Examinemos ahora los supuestos en que se fundamenta nuestra opinión.

El poema tiene una clara unidad interior, pues está construido a base del vaivén de dos fuerzas anímicas: el anhelo de rememoración y el temor de los estragos que ésta produce. Embeleso y repulsión; entrega y resistencia. Esta postura ambivalente hace de Tr. XXVII un verdadero drama de oposiciones, una múltiple paradoja.

Indicios de atracción		*Indicios de repulsión*	
2.	buen recuerdo	1.	Me da miedo (tres veces)
4.	Esta casa me da entero bien	2.	señor fuerte, implacable
4 - 5.	entero/lugar	6.	No entremos
		8.	Yo no avanzo (dos veces)
11.	esta casa encantada	12.	me da muertes de azogue
17.	Recuerdo valeroso	12-13.	obtura/ con plomo
18.	Rubio	16.	dame miedo, pavor.
		18.	esqueleto

Tr. XXVII es una representación dinámica de una lucha sin tregua entre fuerzas opuestas, pero en algunos momentos se funden los extremos en una misma frase poética y resultan de ello curiosas amalgamas cargadas de tensión:

        3. cruel dulzor
    9 - 10. triste/ esqueleto cantor
       18. Rubio y triste esqueleto

Observemos cómo el último verso retoma las líneas 9 - 10; el triste esqueleto se nos da ahora bajo el aspecto de un personaje rubio, estableciéndose así un contraste entre lo que nos fascina y lo que nos arredra. Esta dicotomía es, como hemos dicho en otro lugar, un modo de representar las dinámicas oposiciones que agitan el alma humana. Años antes había expresado Vallejo esta lucha interior en "Los anillos fatigados":

> y hay ganas de morir, combatido por dos
> aguas econtradas que jamás han de istmarse (LHN, p. 92).

Lo que en "Los anillos fatigados" está expresado directamente es aseveración implícita en Tr. XXVII.

Todo lector que lea este poema con un mínimum de curiosidad notará, en algunos lugares, una especie de ritmo léxico que no llega a establecer un patrón general. Creemos que dicho ritmo se debe a varias particularidades de forma. Una de ellas, y quizá la más importante, es el uso repetido de un patrón acentual anapéstico: ta - ta - *tán*:

me da *mie*do	yo no *avan*zo
ese *cho*rro	señor *dul*ce
buen re*cuer*do	valeroso
señor *fuer*te	esque*le*to
impla*ca*ble	encan*ta*da
cruel dul*zor*	me da *muer*tes
esta *ca*sa	a la *se*ca actualidad
me da en*te*ro	que no *sa*be
no en*tre*mos (con hiato)	dame *mie*do
por mi*nu*tos	rubio y *tris*te

El lector cae bajo la magia de este patrón rítmico, sintiendo también los efectos de la repetición de palabras y frases:

> me da miedo (tres veces — versos 1, 3 y 6)
> recuerdo valeroso (dos veces — versos 9 y 17)
> triste esqueleto (dos veces — versos 9 - 10 y 18)
> esta casa (dos veces — versos 4 y 11).

Hay también similitudes que constituyen semirrepeticiones:

> señor fuerte ... señor dulce
> me da miedo ... dame miedo
> entero bien ... entero lugar

Hay más. El poema establece otro orden acentual que acrecienta su textura rítmica: *tán* - ta - ta - *tán* - ta:

> *puen*tes vo*la*dos
> *ca*sa encan*ta*da
> *muer*tes de a*zo*gue

El efecto eufónico irregular de patrones y estructuras está de acuerdo con la presencia de una extraña fuente musical, imprecisa y misteriosa, que se transluce en las estrofas 2 y 4 por vía del adjetivo *cantor,* en el verso 10, y la repetición de un mismo verbo al final: *silba, silba.* Quizá haya aquí un recuerdo de una casa con pajarera, la casa paternal. Pero esa misma casa encierra la presencia de la muerte, representada por un *esqueleto,* con lo cual la casa también suscita memorias tristes y atemorizantes que dan *muertes de azogue* (5). De este modo, se acentúa nuevamente la ambivalencia fundamental de todo el poema.

El lugar recordado, por otra parte, no es un simple edificio, sino una casa *encantada,* sitio amable que trae al alma del poeta una ansiada armonía interior, o sea, el *entero bien* (6). El hogar es un refugio, como ya han observado varios críticos, y por eso posee el don de aislar el mundo interior, esto es, "obturar con plomo", como dice Tr. XXVII, las *tomas a la seca actualidad* (versos 13 - 14). Hay, pues, en los objetos recordados una dimensión mágica que introduce en el poema un ambiente de feérica irrealidad.

A lo fantasmagórico hay que añadir los significados que se prenden a la imagen sugerida por el *chorro,* que es, sin duda, el antídoto de la *seca actualidad* del verso 14. El chorro es imagen de fortalecimiento, caudal que refresca y conforta, tal como la lluvia, en Tr. LXXVII (7).

De todo lo expuesto se infiere que el poema configura una atmósfera de armonías. Pero frente a esas armonías surgen disonancias que anulan la posibilidad de establecer un patrón de vida placentera. Son declaraciones discordantes las siguientes:

4 - 5. entero/ lugar para este no saber dónde estar.

7. por puentes volados

---

(5) Recordemos aquí lo fantasmal y fúnebre del relato "Más allá de la vida y la muerte", en que se rememora la casa paterna, después de haber fallecido la madre en 1918.

(6) Es muy probable que el adjetivo *entero,* empleado dos veces en el verso 4, lleve envuelta la preocupación pitagórica por los números enteros, que eran la negación de lo fragmentario e imperfecto. Todo lo no entero era "peor que la ignorancia". Véase: Valens, Evans G., *The Number of Things - Pythagoras, Geometry and Humming Strings,* London, 1965, p. 18.

(7) En el estudio de Mariano Iberico se dice que el chorro "en su ambigüedad podía representar tanto la vida como la muerte; o lo que da lo mismo, el tiempo y la muerte". En nuestro análisis hemos interpretado el chorro como el flujo del recuerdo, sin que por ello olvidemos el contenido de dicho flujo. Véase: MI, p. 26.

12 - 13. obtura/ con plomo mis tomas
15. El chorro que no sabe a cómo vamos (8).

Se observará que estas declaraciones corresponden todas a lo negativo de la existencia, pero, como Vallejo evitó siempre caer en repeticiones hechas a molde, lo que apuntamos es sólo tendencia y no geometría.

El poema XXVII no es simple rememoración sentimental y retorno al pasado, como Tr. XV, sino un ir y volver, un deseo de entrega y también un refrenamiento, como si el lírico estuviese ante un dilema. Se deja sentir, pues, el peso del presente, y así lo certifican dos breves pensamientos:

5. ... este no saber dónde estar.
15. El chorro que no sabe a cómo vamos.

La primera reflexión plantea muy claramente un problema filosófico. Para Vallejo "ser" y "estar" corresponden a esencia y existencia, respectivamente, subentendiéndose en la existencia un módulo ontológico inferior. Por esto pondrá a veces un significativo *siquiera* en sus versos:

quiero/saber de estar siquiera (Tr. XLIX).

La contraposición ser-estar nos dice que la esencia es inseparable de la existencia. El hombre *es* siempre en una situación específica, pero, como ésta va unida a una incertidumbre, el "estar" no pasa de ser una engañosa seguridad, o un simple no saber, o sea, la imposibilidad de toda forma de relación.

El segundo pensamiento es una estructura conceptual múltiple:

15. El chorro que no sabe a cómo vamos

La mente suple aquí la frase "a cómo estamos", (tiempo), resultado así una triple concepción que incluye: *a)* el vivir; *b)* la temporalidad, y *c)* el estar. Se asocian al vivir, de esta manera el tiempo y el espacio.

En el fondo de la cosmovisión vallejiana se descubre la imposibilidad de conciliar dos opuestos: de un lado, la vida como espiritualidad, autodeterminación y esperanza y, de otro, la realidad

_____

(8) No necesitamos insistir en que el sustantivo *tomas,* por ir asociado al *chorro* y a la *seca actualidad,* recuerda el trabajo de irrigación y todo lo relacionado con canales y compuertas.

del vivir, con sus limitaciones, determinismo y simple cotidianeidad. Por eso se contraponen en Tr. XXVII el *buen recuerdo* y
las asperezas de la existencia. Entre lo recordado y lo presente no
hay unión sino un abismo, sobre el cual pudo haber *puentes,* pero
que desaparecieron como destruidos por una explosión: *este favor/
de tornar por minutos, por puentes volados* (versos 6 - 7); y, al
decir "por minutos" sabe el lírico que la rememoración —proceso
espiritual— habrá de desaparecer ante el peso del vivir.

Todo el poema está concebido como una colisión de valores
positivos y negativos, lucha que se advierte también en el ensamblaje de estructuras largas y cortas, haciendo estas últimas el papel de titubeos y rupturas. Léase todo el poema simplemente como
una serie de flujos y reflujos y se notará el contraste a que nos
referimos. A modo de experimento, reorganicemos las dos primeras estrofas, de acuerdo con las pausas mentales:

> Me da miedo este chorro
> buen recuerdo
> señor fuerte
> implacable cruel dulzor (9)
> Esta casa me da entero bien
> entero lugar para este no saber dónde estar.
>
> No entremos
> me da miedo este favor de tornar por minutos
> por puentes volados.
> Yo no avanzo
> señor dulce
> recuerdo valeroso
> triste esqueleto cantor.

Atemos cabos. Tr. XXVII es un poema en que el recuerdo **crea**
dos marejadas anímicas opuestas, una de gozosa anticipación, y
otra, de temor. En él se funden lo bello y lo macabro (*triste esqueleto cantor*), lo placentero (*entero bien*) y lo inquietante (*Me da
miedo*). Se establece también un ambiente al mismo tiempo ficticio
y real, que se fundamenta en sentimientos y reflexiones, como si
las reminiscencias apelaran a una parte del ser humano, y la reali-

---

(9) Nos preguntamos si la ausencia de una coma entre los dos adjetivos
de este verso (que también aparece sin coma en OPC) no será quizá, intencional. Es muy posible que el juego de construcciones cortas y largas sea
una de las razones por las cuales Vallejo omite a veces ciertos signos de
puntuación.

dad, a otra. Esta misma dualidad se transparenta en las formas, algunas de las cuales son representaciones de la armonía deseada, y otras, trasuntos de discordancias y temores. Tr. XXVII es un hermoso poema que atrae por su calidad humana y por su artística contextura.

Si empleamos ahora como normas valorativas el grado de espiritualización, emotividad y hondura psíquica que se adivinan en los dos poemas, la forma unidimensional o múltiple en que estos valores se integran para formar una totalidad coherente, y las construcciones verbales que les dan significado y expresión, hemos de afirmar que Tr. XXVII es muy superior a Tr. XV; este último merece ser singularizado como uno de los muchos aciertos artísticos del lírico peruano.

6. Presencia de los muertos: Tr. LXVI

De esta composición dice Espejo Asturrizaga en su biografía del poeta:

> "El poema LXVI, 'Dobla el dos de noviembre', es uno
> de los poquísimos escritos en el año 1918. El ambiente
> es el de la sala de la dirección del Colegio que dirigía en su
> local de Santa Clara. Vallejo evoca a sus difuntos..."
> (JEA, p. 116).

Probablemente, el poema fue escrito el día de los muertos, o poco después. Su tono dolorido parece reflejar los sufrimientos motivados por dos muertes recientes: la de su amada (María Rosa Sandóval), ocurrida el 10 de febrero de 1918, y, la más angustiosa de todas, la de su madre —doña María de los Santos—, quien falleció en Santiago de Chuco el 8 de agosto del mismo año. Por los especiales lazos de amor que unían al poeta con su madre, esta pérdida fue un terrible golpe. El poeta quedó inconsolable por largo tiempo.

Aun sin olvidar estos hechos y, a pesar de lo expuesto por Espejo Asturrizaga, hay algo que nos desconcierta. Si el propósito del poema fue, como dice el biógrafo, evocar a los difuntos, ¿por qué da el poeta la impresión de querer enrostrar a sus deudos el que sean motivo de su angustia? Añádase que no se dirigen palabras de amor a los muertos. Se mencionan, por el contrario, sus "dientes abolidos" y su facultad para "repasar ciegos nervios" y "aserrar el otro corazón". La única frase que pudiera no ser acusatoria es la que se refiere a las *nítidas rodillas puras,* aunque también ésta acarrea consigo una imagen poco placentera. Además, el lírico parece lamentar que los difuntos "se entreguen" a los vivos (verso 14). Todo esto no armoniza con lo esperado, es decir, una amorosa recordación de parientes muertos. Por las razones antedichas, parece conveniente reexaminar la opinión del biógrafo.

Tal como hemos hecho al estudiar el poema XVI, intentaremos desenvolver el sentido último de Tr. LXVI pasando por etapas sucesivas de clarificación, sirviéndonos de las últimas para hacer revisiones de las primeras, allí donde sea necesario. De este modo se verá mejor el crecimiento semántico del poema a medida que se configura en la mente del lector.

Trilce LXVI

1. Dobla el dos de noviembre.

Estas sillas son buenas acogidas.
La rama del presentimiento
va, viene, sube, ondea sudorosa,
5. fatigada en esta sala.
Dobla triste el dos de noviembre.

Difuntos, qué bajo cortan vuestros dientes
abolidos, repasando ciegos nervios,
sin recordar la dura fibra
10. que cantores obreros redondos remiendan
con cáñamo inacabable, de innumerables nudos
latientes de encrucijada.

Vosotros, difuntos, de las nítidas rodillas
puras a fuerza de entregaros,
15. cómo aserráis el otro corazón
con vuestras blancas coronas, ralas
de cordialidad. Sí. Vosotros, difuntos.

Dobla triste el dos de noviembre.
Y la rama del presentimiento
20. se la muerde un carro que simplemente
rueda por la calle.

En la recreación del dolor motivado por el recuerdo de los muertos hay tres momentos consecutivos:

1. Gradual olvido de la realidad (estrofa 2);

175

2. Entrega del lírico a recuerdos lacerantes (estrofas 3 y 4);
3. Retorno a la realidad cotidiana (estrofa 5).

La circunstancia inmediata la expresan, al principio, las referencias a cosas específicas —*sillas* acogedoras— y un lugar determinado —*esta sala*—. Al final se impone nuevamente la realidad exterior, rompiendo el dolorido ensimismamiento del poeta con el ruido de un carro que pone fin a la etapa obsesiva:

19. Y la rama del presentimiento
20. se la muerde un carro que simplemente
21. rueda por la calle.

Pero, ¿por qué mencionar *sillas* en un poema sobre la muerte? Y el *carro,* ¿es un mero vehículo? A estas preguntas podremos responder después de examinar la totalidad del poema.

Fijémenos ahora en cada uno de los tres momentos indicados en líneas anteriores.

I. *Olvido de la realidad.* Es obvio que el poeta ha esbozado con gran tino el ambiente espiritual de la composición mediante un verso que aparece dos veces: *Dobla (triste) el dos de noviembre.* Los versos que siguen a esta introducción son un excelente ejemplo de autoanálisis poético:

3. La rama del presentimiento
4. va, viene, sube, ondea...

Llama la atención esta rama simbólica que con su continuo y empecinado vaivén sugiere un estado obsesivo. Esa rama es el alma del lírico, sacudida, en persistentes olas sucesivas, por un oculto temor (*presentimiento*) (1). En verdad, toda la primera estrofa es una representación poética de un estado de agotamiento espiritual y malestar físico, que atribuye a una cosa dos funciones del cuerpo humano, con lo cual se deja establecido el carácter simbólico del correlato objetivo: (la rama) ... ondea *sudorosa/ fatigada* (2).

_____

(1) ¿Es la *rama,* pura y simplemente, una creación imaginística vallejiana, o hay aquí un trasunto de una creencia quechua? Dice Tolpor en *La piedra cansada*: "... es ... como el vuelo del alma al pasar de la rama de la vida a la rama de la muerte" (RevCul., p. 286 a).

(2) El adjetivo *sudorosa* nos permite ver cuánto se había alejado Vallejo de sus antiguos modelos. En "Oración del camino" (LHN, p. 56) dice: *Baja esa frente sudorosa y fría,* verso que recuerda otro de Herrera y Reissig (*una jaqueca sudorosa y fría*). La metáfora original se convierte, en Tr. LXVI, en un tropo múltiple.

II. *Entrega a los recuerdos lacerantes.* En las dos estrofas interiores se nos hace partícipes de una doble tortura causada por los vivos y por los muertos. Releamos:

    7. Difuntos, qué bajo cortan vuestros dientes
    8. abolidos, repasando ciegos nervios,
    9. sin recordar la dura fibra
    10. que cantores obreros redondos remiendan
    11. con cáñamo inacabable, de innumerables nudos
    12. latientes de encrucijada.

Esta estrofa es típica del arte trílcico. En ella no hay una sola declaración que no contenga una carga expresiva. Se abre la estrofa con una imagen arrancada al mundo agropecuario, quizá teniendo presentes a las ovejas que recortan la hierba casi hasta el comienzo de la raíz; de este modo se representa el efecto de las rememoraciones tristes que recortan el alma. Vallejo poseía el don de saber expresar aspectos dolorosos del vivir por medio de imágenes de violencia, fragmentación y ruptura. En Tr. LXVI mismo hallamos cuatro:

    7. ...qué bajo *cortan* vuestros dientes
    8. ... *repasando* ciegos nervios
    15. cómo *aserráis* el otro corazón
    20. se la *muerde* un carro ...

Hay en *Trilce* toda una variedad de verbos del mismo o parecido tenor. Ejemplos:

baldarse (VII)	destronar (LV)
lacerar (XIV)	abrirse las uñas (LV)
arrancar (XVIII)	huronear (= morder) (LVI)
masticar brasas (XIX)	asestar puñetazos (LVIII)
desgajar (XXVI)	pegar (LVIII)
quebrar(se) (XXVIII)	arrastrar (LXII)
romper (XXIX)	tascar (LXV)
chocarse (XXX)	trisar (LXVII)
troncharse (XXXII)	degollar (LXVIII)
cercenar (XXXVI)	hachar (LXIX)
herir (XXXVIII)	descalcar (LXIX)
fundir a palos (XLI)	flagelar (LXXI)
abrir los esternones (L)	derribar (LXXII)
violentar(se) (LIV)	quebrantar(se) (LXXV).

Este inventario podría aumentarse considerablemente añadiendo otras partes de la oración —digamos, sustantivos—, tales como *herida, espina, uñas, brecha, espasmo de infortunio, sierra del alma,* etcétera.

La imagen de los *dientes* como expresión de un acto violento la hemos hallado en varias construcciones de Tr. XXXVIII. En el poema que venimos estudiando se añade un adjetivo de extraordinaria fuerza (dientes *abolidos*) con que se sugiere desuso y mal estado físico, inmediatamente después de haberse señalado la capacidad de "cortar bajo"; fúndense así en una antítesis dos conceptos opuestos que dejan en la mente la impresión de una muerte contradictoria, que es deceso y también actividad torturante y fatal. Y con esto la estrofa cobra un marcado aspecto macabro.

Otras imágenes eficaces para la expresión del dolor son las que representan la estructura interior del hombre sometida a alguna horrenda tortura —la red del sistema nervioso, por ejemplo— distendida o anudada por una mano perversa. El hombre aparece como visto por dentro, reducido a una malla de sensitivos hilos, cordeles o fibras en tensión. ("¿Recordaba Vallejo, acaso, alguna lámina de algún texto de anatomía?) Ya en "Desnudo en barro" (LHN, p. 76) nos dice:

> Quién tira tanto el hilo; quién descuelga
> sin piedad nuestros nervios,
> cordeles ya gastados, a la tumba?

Algo parecido hallamos en Tr. LXVI, pero expresado esta vez por medio de una red de imágenes entrelazadas. Permítasenos repetir unos cuantos versos:

> 8. ... repasando ciegos nervios,
> 9. sin recordar la dura fibra
> 10. que cantores obreros redondos remiendan
> 11. con cáñamo inacabable, de innumerables nudos
> 12. latientes de encrucijada.

El sufrimiento humano aparece varias veces en la obra vallejiana sugerido por una *fibra* asociada a algo misterioso y satánico. Dice el poema XXXIII:

> 9. esta noche así, estaría escarmenando
> 10. la fibra védica.

11. la lana védica de mi fin final, hilo
12. del diantre...

Pero el poema bajo estudio introduce una nueva variante: la fibra humana la hacen interminable, más ardua y más dolorosa, los hombres sin imaginación, los *cantores obreros redondos,* quienes, como personajes de una pesadilla, añaden nudos a la cuerda vital, empeñados en crear máximos padecimientos. Con esto se refuerza lo onírico y torturante de los versos anteriores.

La estrofa 3 es, en suma, una múltiple visión macabra que, por momentos se desarrolla con un ritmo obsesionante, sugerido por la distribución de los acentos en el verso 10:

$$\underline{\quad}\,\underline{\quad}\,\underline{\quad}_{\!/}\,\underline{\quad}\,\underline{\quad}\,\underline{\quad}_{\!/}\,\underline{\quad}\,\underline{\quad}\,\underline{\quad}_{\!/}\,\underline{\quad}\,\underline{\quad}\,\underline{\quad}$$

10. cantores — obreros — redondos — remiendan

A esto se añade la casi exacta correspondencia de algunos segmentos con idéntica extensión silábica:

8. ... repasando ciegos nervios
11. con cáñamo inacabable
11, de innumerables nudos
12. latientes de encrucijada

Ni el patrón acentual, ni la frase con medida constituyen jamás, en la poesía trílcica, sistemas rítmicos, como ya hemos dicho, pero no por ello están del todo ausentes.

La poesía trílcica contiene muchas lejanas resonancias, y de esto resulta que algunos sustantivos, como *nudos* (verso 11), adquieren mayor significación en virtud del significado plural que tienen en el libro. A veces esta pluralidad semántica se da dentro de un mismo poema. Este es el caso de Tr. XXVI, por ejemplo, en donde la palabra *nudo* tiene tres sentidos distintos — terminación, conjunción sexual y aprisionamiento amoroso. Comparemos:

1. El *verano* echa *nudo* a tres años
7. *Nudo* alvino deshecho, una pierna allí,
8. más allá todavía la otra...
11. Deshecho *nudo* de lácteas glándulas...

Uno de los secretos trílcicos es este tipo de multiplicación semántica. Aquellos que creen en la absoluta autosuficiencia del poema tendrán que pensar en la posibilidad de que todo *Trilce* sea un poema múltiple y polifacético (3). No deja de ser significativo que el poeta se desvíe de una costumbre establecida —el poner títulos a las diferentes composiciones—; como es sabido, Vallejo retorna esporádicamente a este hábito en *Poemas humanos* y *España, aparta de mí este cáliz*. En *Trilce,* por el contrario, los títulos son simples números romanos que, a pesar de no tener mayor importancia como símbolos de una ordenación numérica, dejan entender que los setenta y siete poemas están concebidos como segmentos de un todo. Recordemos también que buena parte de *Trilce* fue revisada radicalmente en los días de prisión y, por esto, no debe extrañarnos esa especie de mutualidad poética a que nos hemos referido.

Hay también en Tr. LXVl algo de la osamenta humana: *dientes abolidos, nítidas rodillas puras.* Son numerosísimas las ocasiones en que el destino humano se asocia a una visión de lo óseo, especialmente en *Poemas humanos.* En Tr. LXII, para mencionar un solo ejemplo, se dirá: *te he de esperar allá,/ en la confluencia del soplo y el hueso* (4).

El convivio emocional con los muertos (verso 14) está representado a través de otro acto torturante:

15.   cómo aserráis el otro corazón.

Es ésta otra figura favorita de Vallejo, que recuerda la sollozante *sierra del alma,* de Tr. LIV. Ambas imágenes producen escalofríos. Hemos de notar que en el verso recién citado se dice "el *otro* corazón", y no simplemente "el corazón". Entendemos aquí "el corazón de quien os recibe".

Las estrofas 2 y 3 tienen mucho de visión afiebrada por aparecer el hombre y las cosas como esquematizados, incluso las *blancas coronas* que, sin dejar de sugerir las consabidas pompas fúnebres, traen a la imaginación blancas calaveras, vistas desde arriba, y, al mismo tiempo, un macabro adorno, que remeda el distintivo de reyes y reinas, pero que en Tr. LXVI aparece como cosa inútil cargada de aversión:

16.   ... blancas coronas, ralas
        de cordialidad.

_____

(3) Como dice Joaquín Casalduero, un poema se puede leer como unidad en sí, o dentro de una obra o, por fin, fuera de la obra. Véase su finísimo libro *Cántico de Jorge Guillén,* Madrid, 1953, pp. 217-218.

(4) Por todo lo dicho, creemos que es muy justa una observación de Juan Larrea: el título de *Poemas humanos* pudo ser *Nómina de huesos.* Véanse el apéndice "Impropiedad del título *Poemas humanos*", AV 1, pp. 92-93, y las declaraciones de la Sra. Georgette de Vallejo, en RevCul., p. 182b.

La primera interpretación descansa en el hecho de que era práctica de Vallejo usar sinécdoques y metonimias en lo referente al ser humano. Tal como *frontal* es, para él, la parte pensante de la cabeza, así también la *corona* es la inteligencia, es decir, aquello que se puede "asomar" a lo desconocido. Tr. LIII dice: *Cabezazo brutal. Asoman/ las coronas a oír,... asoman/ y exploran en balde.*

El poeta siente la presencia de los muertos como si fuera una terrible sombra. Esta es, precisamente, la palabra que acude a su mente al recordar al hermano muerto: ... *ya/ cae sombra en el alma* (LHN, p. 104). En Tr. LXVI, detrás de esa "sombra", se deja entrever un estado anímico ambiguo, porque al peso indeseado del recuerdo se une un *presentimiento,* esto es, una voz que tácitamente asegura a todos los vivos, incluso el lírico, un destino igual al de los muertos asediantes que pululan en el recuerdo.

III. *Retorno a la realidad cotidiana.* Al oírse nuevamente el doblar de las campanas, el poema nos retorna a la realidad diaria. Se hermanan así vida y muerte, con lo cual el carro que *muerde* el presentimiento, deja de ser mero ruido para transformarse en un carruaje cargado de agüeros que rueda *simplemente* por la calle. ¿Acaso el fin mortal del hombre no consuena con esa simplicidad que muerde?

La misma unión de vida y muerte está también presente en la asociación de los *cantores obreros redondos* con los *difuntos.* Aquéllos son los vivos que se empeñan en seguir haciendo remiendos para prolongar la vida. De este modo, los cantores *redondos* se transforman en los mortales ilusos que remiendan la *fibra* de la vida (*dura fibra*). Pero su labor tiene un carácter muy especial. Notemos que el poeta emplea la palabra *encrucijada* en singular: *innumerables nudos/ latentes de encrucijada.* Con esto llegamos al meollo del poema. Esa encrucijada es, muy probablemente, la muerte. Recordemos aquí dos pasajes de "Liberación", que nos servirán para despejar dudas:

> "Mirando tamaño suplicio, tan sobrehumana actitud de pavor, siempre quise dejarle así, marchar paso a paso, a sobresaltos, a pausas, filo a filo, hacia la encrucijada fatal, hacia la jurada muerte..." (NyCC, pp. 35 - 36).

En el segundo pasaje se describe un sueño que recuerda lo onírico de Tr. LXVI y el estado "sudoroso" y "fatigado" del lírico:

> "el sueño aquel me tenía sobrecogido, con crecientes palpitaciones de encrucijada: la muerte — la vida... Asperos

vientos de enervante fiebre corríanme el pulso, las sienes, el pecho". (NyCC, pp. 40 - 41).

Contestemos ahora las preguntas sobre el significado de las *sillas* y el *carro*. Si recordamos cuán a menudo se representa la vida como movimiento o peregrinaje, se entiende por qué "sentarse", "silla" y "asiento", empleados en sentido simbólico, connotan un momento de recapacitación, durante el cual acuden a la mente tristes pensamientos. En Tr. XV, por ejemplo, se dice: *ahora me he sentado/ a caminar* (es decir, a rememorar). La misma imagen reaparece en *Poemas humanos*: *Al cavilar en la vida, al cavilar/ despacio en el esfuerzo del torrente,/ alivia, ofrece asiento el existir,/ condena a muerte* (PH, p. 153). En otro poema se representa la angustia del hombre en estos términos: *Va con dos nubes en su nube,/ sentado apócrifo, en la mano insertos/ sus tristes paras, sus entonces fúnebres* (PH, p. 152).

En cuanto al *carro* mencionado al final de Tr. LXVI, entendemos este sustantivo como símbolo del propio poeta avanzando hacia un *crepúsculo futuro*, como dice en Tr. LXXI (5); el carro es el ente existencial mismo, que destruye (*muerde*) gradualmente el alma, por ser el destino del hombre seguir fatalmente la calle de la existencia mortal. Esta última concepción la expresó con toda claridad el lírico, años más tarde, en el poema "El alma que sufrió de ser su cuerpo": *y soportas la calle que te dio la suerte* (PH, p. 197). El adverbio *simplemente* (verso 20) añade una nota de resignada desesperanza. Vida y muerte, una vez más, inseparablemente unidas. Se comprende ahora en toda su dramaticidad el significado del dativo de interés —*se la muerde*—, construcción que nos hace sentir el efecto devastador del morder en la persona lírico.

La composición entera respira cansancio y tristeza. El poeta no increpa a los muertos, ni tampoco les ofrece amor. Convencido de que el hombre y su destino han de ser como son, abandona la distancia que ha interpuesto entre su yo y los muertos (*Vosotros, difuntos ...*) para aceptar por fin lo presentido como verdad innegable. El lírico se disuelve en su motivo, anticipando, quizá, su propia muerte en un final desfalleciente, que pone fin a una cadena de alucinaciones.

Hay en Tr. LXVI un concierto interior que da forma y significado a la visión total. El elemento unificante es el ritmo de

---

(5) Pensamos en los versos que dicen: *Vanse los carros flagelados por la tarde,/ y entre ellos los míos, cara atrás, a las riendas/ fatales de tus dedos.*

pesadilla que enlaza a hombres y cosas. Este ritmo es conjunción de varias anotaciones poéticas afines: 1) el doblar insistente de las campanas, 2) el movimiento obsesivo de una rama, 3) la labor empecinada de los difuntos, 4) el trabajo sin sentido de los "obreros redondos". También contribuye al efecto unitario del poema el carácter espectral de hombres y cosas: muertos que se parecen en extraña forma a los vivos, vivos que ya tienen un parecido con los muertos, y objetos desfigurados por cualidades insólitas (dientes abolidos, rodillas nítidas, coronas ralas). A esto se suman varias acciones sostenidas indefinidamente y fuera de toda razón: repasar nervios, remendar una fibra abstracta, aserrar el corazón, cortar bajo..., todo ello reforzado por adjetivos de indeterminación: inacabable, innumerables.

Hombres, cosas y hechos prefiguran el toque magistral del poema: la interpenetración de la vida y la muerte. Vallejo nos ha dejado a ambos lados del umbral decisivo.

Tr. LXVI no es una simple evocación de parientes muertos, como dice Espejo Asturrizaga. Este poema nos hace presentir que la vida es concurrencia y reciprocidad: en todo hombre conviven un vivo y un muerto. Y con esto nos lleva el lírico al seno mismo de una desoladora filosofía existencial.

7. *Indefensión del hombre*: *Tr. X, Tr. LVI*

Algunos de los poemas incluidos en *Trilce* contienen sombrías visiones, como si la totalidad de la vida fuese siempre denodada lucha, indagación sin respuesta e inevitable derrota. De estos tres aspectos del vivir, los dos primeros establecen una antinomia —vida frente a pensamiento—, y son como las premisas de un silogismo. El tercero hace las veces de conclusión. Para representar este paradigma existencial, Vallejo recurre, en los poemas aquí estudiados, a tres órdenes de materiales: 1) datos autobiográficos, 2) razonamientos sobre el diario vivir y 3) expresiones de autoconmiseración. El objeto de este estudio es determinar en qué forma se entrelazan estos constituyentes y cuál es el valor artístico de los poemas que los contienen.

Trilce X

1. Prístina y última piedra de infundada
   ventura, acaba de morir
   con alma y todo, octubre habitación y encinta.

De tres meses de ausente y diez de dulce.
5. Cómo el destino,
   mitrado monodáctilo, ríe.

   Cómo detrás desahucian juntas
   de contrarios. Cómo siempre asoma el guarismo
   bajo la línea de todo avatar.
10. Cómo escotan las ballenas a palomas.
   Cómo a su vez éstas dejan el pico
   cubicado en tercera ala.
   Cómo arzonamos, cara a monótonas ancas.

   Se remolca diez meses hacia la decena.
15. hacia otro más allá.
   Dos quedan por lo menos todavía en pañales.
   Y los tres meses de ausencia.
   Y los nueve de gestación.

   No hay ni una violencia.
20. El paciente incorpórase,
   y sentado empavona tranquilas misturas.

En esta selección podemos distinguir las siguientes partes:

I. Marco (segmento inicial): desmoralización (versos 1 - 2);
II. Datos autobiográficos (versos 3 - 4);
III. Seis reflexiones filosóficas introducidas por el exclamativo
   Cómo (versos 5 - 13); éstas versan sobre:

a) el sarcasmo del destino (versos 5 - 6);
b) la dualidad de la existencia (versos 7 - 8);
c) la inevitabilidad del número (versos 8 - 9);
d) la contraposición de fuerza y gracia (verso 10);
e) el predominio de lo biológico (versos 11 - 12);
f) la degradación del hombre (verso 13);

IV. El ser numérico de lo que ha sido y lo que será (versos 14 - 18);
V. Marco (segmento final): incapacitación del hombre (versos 19 - 21).

El esquema precedente es engañoso porque parece indicar un deseo de distribución lógica del pensamiento por parte de Vallejo.

Este no es el caso. Se notará que la primera de las reflexiones filosóficas no constituye una entidad aparte, pues aparece como apéndice de la primera estrofa, y no como constituyente de la segunda, a la cual pertenece por similitud de forma y sentido. Además, la parte IV es, en realidad, elaboración del pensamiento 3c; el poeta no ha hecho otra cosa que repasar un tema y ampliarlo. Hay más. Aunque las reflexiones de la parte III tienen la misma factura exclamativa parecen constituir, a primera vista, una simple acumulación de pensamientos sueltos.

Este aparente desorden puede desconcertar a quienes están acostumbrados a la división del pensamiento en segmentos lógicos, dispuestos en tal forma que correspondan a las distintas estrofas. En Tr. X se nos dice que la realidad circundante no se entrega nunca en forma unívoca. De aquí que el intento básico de este poema sea superponer diferentes aspectos de la circunstancia humana. Resulta así una compleja yuxtaposición de planos que dan a Tr. X el aspecto plural y prismático de un cuadro cubista, cuyo significado no está sólo en los elementos significantes que contiene sino también en la estructura que los encierra. Había, pues, razones ideológicas, artísticas y psicológicas para romper con los moldes fijos y los órdenes lógicos.

Estudiemos primero el marco poético, es decir, las partes I y V de nuestro esquema:

I. 1. Prístima y última piedra de infundada
   2. ventura, acaba de morir
   3. con alma y todo,...

V. 20. El paciente incorpórase,
   21. y sentado empavona tranquilas misturas.

Aparecen al comienzo tres ideas fundidas en un solo discurso poético: *a*) derrumbe de una ilusión (*Prístina y última piedra*) (1); *b*) autoengaño (*infundada ventura*); *c*) derrota del soñador, quien se entrega a la adversidad, acarreando consigo sus sueños inútiles (*acaba de morir/ con alma y todo*) (2).

El sustantivo *piedra,* que tantas veces aparece en la poesía

---

(1) Sobre el significado de las cuatro piedras del hombre, y especialmente de la última (la de la muerte), véase la discusión del poema XVII: ... *cual la última piedra...* (verso 6).

(2) Tanto en la edición Losada como en OPC aparece una coma en el verso 2, después de *ventura,* lo cual quiere decir que *acaba* bien puede ser la primera persona del presente y también un imperativo.

trílcica, tiene aquí el triple sentido de materia, esencialidad y sustancia humana. La piedra es el material que le sirve al hombre para sus más sólidas construcciones, noción perfectamente natural en una mentalidad andina, como la de Vallejo. La piedra es también símbolo de lo básico e impoluto y, por ello, el poema nos da a entender que la vida es constructividad, búsqueda de sólido afianzamiento, y también aspiración noble. Y, en sentido más específico, la piedra es el ser de una persona, que, en el presente caso, podría ser el del lírico, o el de la mujer amada. Imposible, y a la vez innecesario, es decir cuál fue el significado particular que guió a Vallejo al crear el poema X. De todos modos, el segmento inicial encierra dos ideas opuestas: construcción y desmoronamiento. La vida es precisamente esto: ilusa esperanza condenada a morir. Esta idea la desarrolla el poeta fijando la atención en dos aspectos fundamentales del ser: la vida concreta, reflejada en hechos cotidianos —elemento autobiográfico-simbólico—, y las reflexiones que integran la segunda parte del esquema propuesto.

Que el poeta no concibe la posibilidad de una vida feliz nos lo dice el adjetivo *infundada* (verso 1), el cual declara la sinrazón de todo sueño.

Ya nos hemos referido en otro lugar a la trinidad vallejiana —*cuerpo, alma, esperanza*—, y hemos visto también que en *Trilce* se establece una equivalencia entre esperanza y espíritu. Es significativo que Vallejo haya distinguido con absoluta claridad el alma, esto es, la vida espiritual enraizada en el cuerpo (Tr. X), de otra vida espiritual, la del espíritu libre de todo lastre corpóreo. Esta última es la que le lleva a pensar en una posible proyección metafísica, como la esperanza que se esboza en Tr. VIII (3).

Pasemos ahora al segundo componente del marco.

19.   No hay ni una violencia.
20.   El paciente incorpórase,
21.   y sentado empavona tranquilas misturas.

Se observará que los dos segmentos del marco poético están trabados por una relación de causalidad entre dos zonas distintas del ser: el espíritu (segmento inicial) y el cuerpo (segmento final). La muerte de aquél trae la degradación de éste. Recordemos esta relación porque en ella está implícito un rasgo fundamental de la cosmovisión vallejiana: al morir nuestro yo proyectivo, la fuente de toda esperanza, muere nuestro yo físico.

---

(3) Dice el poema VIII: *margen de espejo habrá/ donde traspasaré mi propio frente/ hasta perder el eco/ y quedar con el frente hacia la espalda.*

Pasemos ahora a la consideración del aspecto vital del drama vallejiano, representado a través de informes autobiográficos mínimos. Aparecen éstos como acumulación aparentemente caótica, o como frase elíptica, sin verbo o sin sujeto:

(estrofa 1) 3. ... octubre habitación y encinta.
             4. De tres meses de ausente y diez de dulce.
(estrofa 4) 17. Y los tres meses de ausencia.
            18. Y los nueve de gestación.

Abrumado por el sentimiento, el poeta ayunta en el discurso poético varias declaraciones disímiles (*octubre habitación y encinta*), omitiendo pausas lógicas y nexos. La forma es, pues, reflejo de un terrible desconcierto interior.

Es probable que Vallejo viese una magia numérica en la urdimbre de la vida, y que creyese en el poder demiúrgico del guarismo. En Tr. X se ve, o mejor dicho, se adivina, una relación entre el breve plazo de la buena fortuna (*diez de dulce* — verso 4) y la inseguridad de los números (*Se remolca diez meses hacia la decena* — verso 14). El segundo *diez* coincide, por un lado, con la noción pitagórica del sumo bien; pero, por otro, es una cifra de mal agüero por ser mero preámbulo para un numeral que está por venir, con lo cual queda expresada, una vez más, la mutabilidad de cuanto rodea al hombre. Observemos, además, que en los versos citados se repite el numeral *tres,* quizá para hacer resaltar lo que hay de impar e inestable en la existencia. Yendo aún más lejos podríamos preguntarnos si el nueve (*Y los nueve de gestación* —verso 18) es sólo un dato fáctico. ¿Estuvo en la imaginación del poeta el enigma de los números? Imposible saberlo con seguridad, pero siempre nos quedará la sospecha de que para el bardo existía una extraña relación "entre cifra y destino", como dice Roberto Paoli (RP, p. 82).

A partir del verso 5 se da comienzo a la serie de seis exclamaciones introducidas por *Cómo.*

a) 5. Cómo el destino,
      6. mitrado monodáctilo, ríe.

Es bien sabido que la ilusión infantil de Vallejo fue llevar la mitra del obispo (4). Sea que interpretemos *mitrado* como nom-

_____

(4) Compárese con lo dicho en Tr. XLVII: *y por mí que sería con los años, si Dios/ quería, Obispo, Papa, Santo...*

bre, modificado por el adjetivo *monodáctilo,* o que pensemos ambos vocablos como cualificaciones, aun cuando no aparece una coma que los separe —rasgo por demás común en la poesía trílcica— hay en los versos 5 - 6 abundancia metafórica y también un reflejo de la inclinación vallejiana a expresar significados a través de los dedos: *mitrado monodáctilo* (5). Nos inclinamos a suponer que el lírico tenía una tendencia natural a captar el gesto dramático, quizá por creer que en la vida hay mucho que es simple representación histriónica (6).

b) 7. Cómo detrás desahucian juntas
    8. de contrarios.

Se encierra aquí una concepción de la vida como lucha de contrarios, idea que bien puede ser una negación de lecturas pitagóricas (7). Obsérvese, de paso, que el verbo *desahucian* ya prefigura al paciente del verso 20, dejando en claro la inevitable presencia de antinomias en la vida del hombre. Años más tarde seguirá preocupado el poeta por la misma idea y dirá: "... cada cosa contiene posiblemente virtualidad para jugar todos los roles, todos los contrarios..." (8). Es indudable que Vallejo no llegó nunca a concebir una posible conciliación de antinomias durante la fase trílcica.

c) 8. ... Cómo siempre asoma el guarismo
    9. bajo la línea de todo avatar.

Tanto el concepto del número como realidad última y la creencia en la reencarnación de los seres (palingenesia) eran parte de

---

(5) Otros ejemplos: *orinientos índices* (Tr. XXVI); ... *como ductores índices grotescos* (Tr. XLIX); ... *cabalgando en un dedo tendido que señala a calva Unidad* (Tr. LXIV). Ya en "Los anillos fatigados" había dicho de Dios: *a ti yo te señalo con el dedo deicida* (LHN, p. 92). Más tarde volverá a servirse del dedo que señala: *y estas sospechas póstumas,/ este índice, esta cama, estos boletos* (PH, p. 219).

(6) Sirva de ejemplo Tr. XLIX. Véase también el final de Tr. XLII.

(7) Es muy probable que Vallejo conociese los *Versos dorados* de Pitágoras, los fragmentos de Filolao y, quizá también, el comentario de Hierocles. No hemos podido determinar qué texto tuvo a su alcance.

(8) Véase: "Ultimos descubrimientos científicos", AO, p. 173. De los diez pares de contrarios que atribuye Aristóteles a Pitágoras, unos aparecen más a menudo que otros en la obra vallejiana, pero todos están presentes en una forma u otra. Esos pares son los siguientes: finito - infinito; par - impar; unidad - pluralidad; derecha - izquierda; masculino - femenino; reposo - movimiento; recta - curva; luz - tinieblas; bueno - malo; cuadrado - oblongo.

las doctrinas pitagóricas (9). Vallejo se entusiasmó con la teoría pitagórica según la cual el número está en todas las cosas y es su esencia, pero no veía en el mundo una armonía numérica, como lo prueba Tr. X. El número era para él un trasunto más de la transitoriedad del ser, la proliferación sin fin, y el fundamento de la dualidad par-impar. Ni siquiera la idea de una posible transmigración logra amenguar la omnipresencia del número y los problemas que éste suscita. Creemos, pues, que el pitagorismo no le sirvió a Vallejo para conciliar opuestos. En el mundo de los hombres no encontró el bardo nada que reflejase los fundamentos de la escuela pitagórica, esto es, la armonía de la mecánica celeste o las relaciones numéricas en que descansa la escala musical. Par e impar no son términos mutuamente complementarios, sino dos categorías animadas por una excluyente acción recíproca (10).

En su segundo libro sobre Vallejo dice Coyné: "En T 10 se afirma el principio que enlaza el *guarismo* con la *línea*" (AC II, página 215). Entendemos esta relación dentro de un marco referencial filosófico: la línea es la vida, esto es, continuidad, decurso, y el guarismo, instancia de mutación y multiplicidad. Sea cual sea la forma de nuestra existencia, ésta será siempre un devenir plural en que nada se remansa en sí mismo (11). La línea y el número son negaciones de la unidad.

d) 10.   Cómo escotan las ballenas a palomas.

Este verso lo ha explicado la Srta. Concha Meléndez interpretando el verbo "escotar" en el sentido de "exigir un pago", y haciendo de las *ballenas* un símbolo de potencia, al cual contrapone otro símbolo, el de la bondad: "Las palomas —dice la escritora puertorriqueña— representan los soñadores, los buenos, débiles ante las ballenas: los poderosos, los fuertes por su riqueza material o su audacia" (12). En este juicio parece haber cierta resonancia político-social. Nos preguntamos ahora si en el verso 10 no hay también una representación de la antinomia gracia-fuerza, la misma que obsesionaba a Darío en los días de *Azul.* La palo-

---

(9) Otra vaga reminiscencia de la metafísica oriental la hallamos en Tr. XLII: *Penetra reencarnada en los salones/ de ponentino cristal.*

(10) Sobre el número véase el Cap. IX.

(11) Sobre este punto ha hecho Américo Ferrari algunas observaciones muy juiciosas en su estudio "Trajectoire du poète", trabajo que sirve de introducción al volumen *César Vallejo,* París, ed. Seghers, 1967.

(12) Véase: "Muerte y resurrección de César Vallejo", *Revista Iberoamericana,* Vol. VI, No. 12, 1943 p. 437.

ma es a la ballena lo que el espíritu es al cuerpo. He aquí la oposición fundamental que contristaba a Vallejo, oposición que le lleva a comparar a un soñador apoyado en una "prístina y última piedra de infundada ventura" con el "paciente" del verso 20, que es sólo cuerpo, simple función vegetativa.

> e) 11. Cómo a su vez éstas [las palomas] dejan el pico
> 12. cubicado en tercera ala.

De estos versos dice la Srta. Estela dos Santos: "Esta 'tercera ala' relacionada a las 'monótonas ancas' del verso siguiente, y en la poesía XLV 'el ala aún no nacida/ de la noche' y 'el ala huérfana' simbolizan la carencia de fruto de sus actos sexuales" (AV 5, p. 45). A nosotros no nos parece necesario ingerir una connotación anecdótica en un segmento conceptual, aun reconociendo que, en último análisis, la persona del hijo está presente en la noción de "tres". Creemos más apropiado seguir la línea trazada por Monguió (LM, p. 61) y por Larrea (AV 2, p. 239; AV 5, p. 227), quienes ven en "tres", "tercero" y "terciario" reminiscencias de símbolos religiosos y contenidos de índole filosófica. Los versos *dejan el pico/ cubicado en tercera ala* expresan la idea de "tres" dos veces; contienen, pues, un anhelo de trascendencia, un querer superar lo puramente corpóreo (*pico*) para llegar a ser vuelo, ascensión, esperanza (*ala*) (13).

> f) 13. Cómo arzonamos, cara a monótonas ancas.

Hay en *Trilce* una gran variedad de imágenes cuya fuente común es la vida campesina. De allí proceden *era, caballo, silla, carros, riendas, establo, ancas, petrales, rodeo, corrales, abozalear, apealarse, pastorear, tascar,* etc. El verso que nos ocupa representa la inevitable presencia de lo prosaico y vulgar en la vida humana. Apurando el símbolo, se subentiende una contraposición entre lo anterior (*cara*) y lo posterior (*ancas*) y también un enrevesamiento incómodo, un trastorno de lo normal (14).

---

(13) El lector hallará una discusión más amplia sobre el significado de los números en la sección dedicada a Tr. XLVIII y LIII.

(14) El verbo "arzonar" parece emplearlo Vallejo en el sentido de "montar a caballo", puesto que "arzón" es para él la silla de montar. Véase: NyCC, p. 26, línea 7. Seguramente el ir montado al revés y el viajar con la cara hacia atrás eran para el poeta dos modos de expresar la insensatez de la existencia o la irrevocabilidad del destino. Compárese con: *Vanse los carros.../ y entre ellos los míos, cara atrás,...* (Tr. LXXI).

Las seis reflexiones tienen, sin excepción, sentido negativo y nos revelan la absurdidad que nos rodea, tanto en el plano de lo inmediato como en la esfera de las ulterioridades.

La cuarta estrofa insiste en la idea de tránsito en cuanto existe: todo ser está en proyección hacia otro ontos:

14. Se remolca diez meses hacia la decena,
15. hacia otro más allá.
16. Dos quedan por lo menos todavía en pañales.

En muchos versos trílcicos se observa un fenómeno de asociación por afinidad. El sustantivo *pañales,* por ejemplo, sugiere en Tr. X la función anticipatoria de un guarismo con respecto a otro, pero también alude a los comienzos de una vida, lo cual lleva al poeta a pensar una vez más en su drama doméstico, ya insinuado en el verso 3 (*encinta*); se explica así el retorno al plano anecdótico y a la preocupación obsesiva:

17. Y los tres meses de ausencia.
18. Y los nueve de gestación.

En todo el poema no aparece un solo verso en primera persona, como si el lírico tratase de evitar a toda costa exhibirse ante los demás. De este modo, lo que pudo ser simple autobiografía toma el aspecto de una aseveración impersonal. Detrás del enfermo se adivina el verdadero referente, que es el hombre, la totalidad del género humano.

El lírico se desdobla, quedando ante nuestros ojos sólo la mitad innoble de su persona —el *paciente*—, un pobre hombre que ni habla, ni piensa. Es apenas una cosa que vive y que toma una inocente papilla tal como un niño que se ensucia la cara al comer:

20. El paciente incorpórase,
21. y sentado empavona tranquilas misturas (15).

Tr. X es un poema terriblemente negativo; en él sólo hay sombras. tristezas y esfuerzos infructuosos. ¿Qué ha quedado del soñador, del hombre que interroga? Ya no hay más preguntas, ni violencias. Ha muerto el poeta *con alma y todo* y de él sobrevive sólo una resignada piltrafa humana.

_____

(15) Imagen parecida acude a la mente de Vallejo en 1922, el año en que publica *Trilce*. Dice en una carta: "me siento en ocasiones rodeado de espantoso ridículo, con el aire de un niño que se lleva la cuchara por las narices..." (JEA, p. 198).

Trilce LVI

1. Todos los días amanezco a ciegas
    a trabajar para vivir; y tomo el desayuno,
    sin probar ni gota de él, todas las mañanas.
    Sin saber si he logrado, o más nunca,
5. algo que brinca del sabor
    o es sólo corazón y que ya vuelto, lamentará
    hasta dónde esto es lo menos.

    El niño crecería ahíto de felicidad
        oh albas,
10. ante el pesar de los padres de no poder dejarnos
    de arrancar de sus sueños de amor a este mundo;
    ante ellos que, como Dios, de tanto amor
    se comprendieron hasta creadores
    y nos quisieron hasta hacernos daño.

15. Flecos de invisible trama,
    dientes que huronean desde la neutra emoción,
        pilares
    libres de base y coronación,
    en la gran boca que ha perdido el habla.

20. Fósforo y fósforo en la oscuridad,
    lágrima y lágrima en la polvareda.

Tr. LVI consta de cuatro estrofas. Al leerlas por primera vez, discernimos una vaga ilación, a pesar de los saltos entre estrofas. ¿Qué nos representa este polifacético poema? Orientémonos.

1.ª estrofa: Inanición del hombre, e inconsecuencia de su ser emotivo, que es *sólo corazón* (verso 6).

2.ª estrofa: Vanas esperanzas sobre el futuro de todo hijo, y confusa reflexión sobre la fragilidad del hombre;

3.ª estrofa: Visión apocalíptica de la existencia;

4.ª estrofa: Inminencia de la tragedia final.

A través de cuatro segmentos se ha configurado una angustiosa visión del destino humano. Por ser Tr. LVI una urdimbre de muy variados componentes poéticos, su múltiple sentido resultará más asequible tras un estudio detallado de formas y contenidos.

A. Rasgos formales

I. *Intercalaciones desgajadas.* Observemos, primero, la presencia de algunas frases sueltas que parecen ser restos de un discurso más largo, y que funcionan como aditamentos nocionales por simple aproximación de sentido. Dos ejemplos:

4. .... o más nunca,
9.   oh albas,

El verso 4, que parece contener una elipsis del verbo "lograr", probablemente en futuro, deja traslucir una imposibilidad, algo que al hombre le está vedado. El sustantivo *albas* significa, por una parte, promesa, la promesa de una vida que recién comienza y, por otra, el origen misterioso de la existencia (16).

II. *Sintaxis reiterativa.* Ejemplos varios los hallamos en todas las estrofas, y especialmente en la segunda, cuyo contenido básico apenas se vislumbra: el poeta parece recordar algo dicho como simple suposición, a juzgar por el hecho de haberse empleado el tiempo potencial (*El niño crecería ahíto de felicidad,* verso 8), contrastándose al mismo tiempo la inconsciencia del niño con la cautela y solicitud de sus padres. Sigue un largo discurso contrahecho, cargado de ambigüedades y repeticiones. La preposición *de,* por ejemplo, aparece siete veces en los versos 8-12. Se repiten también *ante* (dos veces) y *hasta* (dos veces). La estrofa 3, por otra parte, es un caso de interpenetración temática, como si los temas se fueran intercalando unos en otros, sin llegar a constituir un enunciado claro y unidimensional. Ni que decir tiene que todo esto ha sido hecho a propósito. Quien se sienta inclinado a no creerlo sólo tiene que recordar las insólitas síntesis poéticas insertas en tantas otras composiciones del mismo volumen (17).

III. *"Primitivismo" expresivo.* En numerosos poemas trílcicos creemos observar el metaforismo múltiple y sentido paradojal que caracterizan a las lenguas primitivas, cuya compleja "plenitud referencial" y expresión segmentada a menudo reflejan la sorpresa del hombre ante el Misterio primordial del cosmos (18). Excelentes ejem-

---

(16) Hallamos este segundo sentido en una crónica. Refiriéndose a la búsqueda de soluciones a los enigmas de la vida y la naturaleza, dice Vallejo que, tarde o temprano, llegará la ciencia a descifrar causas primeras, a las cuales llama "esas albas infinitas" (AO, p. 119).

(17) Por sugerir muy variados contenidos anímicos, las repeticiones trílcicas merecen estudio aparte.

(18) En este parecer seguimos a Philip Wheelwright. Véase su estudio "Poetry, Myth and Reality", en el volumen colectivo editado por Allen Tate, *The Language of Poetry,* Princeton, 1942, p. 15.

plos de esta relación entre la lengua y la actitud expectante son las dos últimas estrofas del poema aquí estudiado.

B. Contenidos

I. *Derrota existencial.* Hay en Tr. LVI por lo menos cinco casos en que la vaguedad poética obedece al sentido simbólico de ciertos vocablos, o a la presencia tácita de algún concepto que el poeta da por subentendido; pero, sea cual sea el grado de indefinición, se transparenta siempre una como innata incapacidad humana para merecer un puesto en el mundo. Y es, precisamente, esta persistente nota de negativismo la que da carácter a todo el poema. Consideremos algunos detalles.

1) *algo que brinca del sabor* (verso 5). El verbo "brincar" lo emplea el bardo para decir "separarse", "alejarse". Aparece ya en "Terceto autóctono, III" con el sentido de "desprenderse": *Caldo madrugador hay ya de venta;/ y brinca un ruido aperital de platos* (LHN, p. 55). Años más tarde empleará el mismo verbo para atestiguar el desmoronamiento final del hombre y su bagaje de pequeñeces: *Cualidades estériles, monótonos satanes,/ del flanco brincan, del ijar, de mi yegua suplente* (PH, p. 223). En Tr. LVI el algo que "brinca del sabor", y que escapa a nuestra percepción, es el sentido de nuestras elementales ocupaciones diarias. Queda corroborada nuestra suposición: la vida es una cadena de frustraciones.

2) *... o es sólo corazón* (verso 6). El sustantivo *corazón* es símbolo de la vida emotiva, pero su verdadero significado se comprende mejor recordando que la vida ideal es, para Vallejo, la que funde el intelecto con la emoción, esto es, aquella forma de vida en que *el corazón ... engendra al cerebro,* como dice en "Amor prohibido" (LHN, p. 80). Por lo tanto, la frase que venimos comentando podría implicar que el lírico se siente reducido a una simple emoción intrascendente, o sea, *lo menos,* del verso 7, pero no porque la emoción sea una instancia psíquica despreciable, sino por malograrse siempre frente a las aberraciones de la vida intelectual. He aquí otra evidencia de derrotismo.

3) *ya vuelto.* En su sentido literal esta frase significa "de espaldas a algo". El corazón está ahora desprevenido, en sosiego, amenguada por el momento la tormenta emocional. La misma construcción absoluta (*vuelto*) aparece en Tr. XXII, con idéntico sentido: *Es posible que me persigan hasta cuatro/ magistrados vuelto.* Con la frase *ya vuelto* se da a entender, por lo tanto, que en el hombre sentimental hay un ser abierto y confiado, cuya ingenuidad le lleva siempre a "lamentar" los escasos logros de su entrega emocional. Una

vez más se nos hace sentir la poquedad del hombre frente a la vida.

4) *ante el pesar de los padres de no poder dejarnos/ de arrancar de sus sueños de amor a este mundo* (versos 10-11). He aquí un pasaje por demás oscuro. El problema está en precisar las personas a que se refieren el pronombre *ellos,* y el "nosotros" subentendido en las dos formas pronominales: dejar*nos* y *nos* quisieron. Expongamos ahora nuestras inquisiciones y preferencias. Creemos que hay tres posibles lecturas, haciendo que los referentes sean *a)* los padres y los abuelos; *b)* los padres y los amantes, dentro de una configuración de desdoblamiento; *c)* los padres y los hijos:

Es verdad que se podría subenteder la presencia de los abuelos allí donde el poema dice "padres"; éstos serían los que reprochan la conducta de los amantes, representados por "nosotros". Esta interpretación —digámoslo con franqueza— no nos entusiasma. Fuera de no saberse por qué los abuelos condenan a los amantes, parece introducir a personas que nada tienen que ver con el motivo central del poema. Si decimos —de acuerdo con la segunda opción— que los progenitores se desdoblan y actúan como amantes, y también como padres, tropezamos con dos problemas: nada hay en el poema que sugiera la necesidad o conveniencia de semejante desdoblamiento; tampoco se entiende por qué los que se sienten padres han de querer tan entrañablemente a los que actúan como amantes. Mucho más satisfactoria es la tercera posibilidad. Observemos primero que la estrofa comienza con una alusión a un hijo (verso 5). Si se interpreta este sustantivo en sentido particular y también genérico, entenderíamos que el hablante lírico es el hijo y también el propio poeta, quien repite aquí lo que todos los padres ansían para sus hijos, esto es una esperanza. Este pensamiento lleva al lírico a repensar la relación entre padres e hijos, incluyéndose a sí mismo en el "nosotros" antes mencionado. La estrofa diría entonces —si se nos permite una paráfrasis— que "los padres no pueden menos de arrancarnos (a nosotros, los hijos) de sus apegos sentimentales a este mundo; además, cuando ese amor es excesivamente solícito, hasta puede *hacernos daño*" (verso 14). Creemos que esta última lectura es superior a las anteriores, pues ahora comprendemos que tanto el *amor a este mundo,* del verso 11, como el amor excesivo (*tanto amor*), del verso 12, son ambos entregas sentimentales que, por ser *sólo amor,* como dice el verso 6, se convierten más tarde en causa de lamentaciones. El propio poeta lo dice: ... *lamentará/ hasta dónde esto es lo menos.* Han quedado unidas, de este modo, la primera y la segunda estrofa (19).

(19) Hacemos esta última declaración teniendo presente un comentario de James Higgins, que no concuerda con ninguna de nuestras lecturas: "... los

195

5) *desde la neutra emoción* (verso 16). He aquí otra frase típicamente trílcica. Caben aquí dos posturas críticas: una que afirma la indeterminación de toda genuina frase poética, y otra que busca una línea de pensamiento con el fin de determinar el grado de plausibilidad de distintas interpretaciones. Ya que la primera actitud lleva a un relativismo que no admite mayor discusión, fijémonos en las implicaciones de la segunda.

Si se entiende que "neutro" significa el estado intermedio entre dos géneros, se tropieza con el hecho de no haber emociones de este tipo. Además, el poema no contiene ninguna alusión que contraponga o que simplemente mencione lo femenino y lo masculino. Por lo demás, si suponemos que el adjetivo es hipalágico y que la intención del verso es añadir una dimensión poética a través de "dientes neutros" (en vez de "emoción neutra"), se llegaría a una interpretación perfectamente aceptable. Sin embargo, nos queda la sospecha de no haber interpretado el verso en toda su plenitud. Teniendo presente que Vallejo asigna sentidos muy particulares a ciertas palabras, no está de más preguntarse si el adjetivo "neutro" no puede referirse también a la zona definida que media entre dos opuestos. Creemos que el concepto de limitación o frontera, entendido como fatalidad de la mente humana, lleva envuelto el de indefinición neutra. Hay una zona entitativa intermedia en la cual no caben ni las precisiones, ni las adhesiones decididas. De esta zona emana la *neutra emoción* de Tr. LVI. Para hacer esta afirmación nos apoyamos en un poema en prosa en que se subrayan los problemas creados por las contraposiciones:

> "Me dirijo, en esta forma, a las individualidades colectivas, tanto como a las colectividades individuales y a los que, *entre unas y otras, yacen marchando al son de las fronteras* o, simplemente, *marcan el paso inmóvil en el borde del mundo.*"

> "*Algo típicamente neutro, de inexorablemente neutro,* interpónese entre el ladrón y su víctima. Esto, así mismo, puede discernirse tratándose del cirujano y del paciente. Horrible medialuna, convexa y solar, cobija a unos y otros" (PH, p. 230. La cursiva es nuestra).

---

hijos son fruto del amor, pero es el amor el que los arroja al mundo, en donde es su destino sufrir, y los padres, como Dios, son impotentes para librar del dolor a sus hijos", JH II, pp. 24 - 25. (La traducción es nuestra).

Hay, pues, según Vallejo, una zona neutra, paradojal e incomprensible que se impone a la conciencia. Podría argüirse que esta interpretación es advenediza, ya que se basa en un poema muy posterior a *Trilce*. Se desvanece esta objeción si recurrimos a un texto de la época trílcica, en el cual se dramatiza precisamente la misma idea, esta vez en relación con el concepto de justicia:

> "El hombre que ignora a qué temperatura, con qué suficiencia acaba un algo y empieza otro algo; que ignora desde qué matiz el blanco ya es blanco y hasta dónde; que no sabe ni sabrá jamás qué hora empezamos a vivir, qué hora empezamos a morir, cuándo lloramos, cuándo reímos, ... no puede alcanzar a saber hasta qué grado de verdad un hecho calificado de criminal *es* criminal" (NyCC, p. 12).

De aquí pasa el lírico a dilucidar la oposición sentimiento-inteligencia, y empleará la misma palabra que usa en Tr. LVI —*corazón*—, coincidencia que tiene muy especial significación en el presente caso:

> "La justicia, ¡oídlo bien, hombres de todas las latitudes! se ejerce en subterránea armonía, al otro lado de los sentidos, de *los columpios cerebrales* y de los mercados. *¡Aguzad mejor el corazón!* La justicia pasa por debajo de toda superficie y detrás de todas las espaldas" (NyCC, página 13).

La emotividad, representada por el corazón —nos dice Vallejo—, debiera tener importancia decisiva en la vida real; por desgracia, no la tiene. Lo mismo se colige de Tr. LVI.

A modo de corroboración de lo expuesto, examinemos un pasaje más, esta vez tomado de *Trilce*. Nos referimos al poema LXVIII, en el cual, como se explica en el capítulo V, sección 7 (*q. v.*), se poetiza la imposibilidad de determinar contornos ontológicos: *desde dónde los míos no son los tuyos*. Este verso encierra la indefinición "neutra" de Tr. LVI.

En vista de lo dicho, no parece excesivo afirmar que la frase *desde la neutra emoción* (introducida por un vocablo de espacialidad (tal como en Tr. XLVIII), podría entenderse también como referencia a la zona imprecisa "desde" donde los *dientes* de la incertidumbre destrozan inexorablemente las seguridades que nos pide nuestra conciencia. Se ha quedado el poeta, como antes insinuábamos, con algo que es *sólo corazón* (verso 6), y que es *lo menos* (20).

II. *Estilización de lo cotidiano*. En Tr. LVI aparecen algunas referencias a la vida cotidiana en función traslaticia.

1) *El despertar*. El verbo *amanezco* aparece aquí asociado a la imagen de ceguera, figuración que se repite a lo largo de toda la obra vallejiana. El poeta vive como entre tinieblas, insensible al mundo, sin poder hallar en él un significado; por esto llega a decir, indirectamente, que el hombre es ciego de nacimiento (Tr. XLIX) y que su vida es *vía indolora en que padezco en chanclos/ de la velocidad de andar a ciegas* (PH, p. 157).

2) *El trabajo*. En la época trílcica el trabajo no es mero reflejo de la doctrina cristiana ("ganarás el pan con el sudor de tu rostro") sino una condena, onerosa condición del diario vivir. Por ello dirá el poeta: *trabajar para vivir*.

3) *tomar el desayuno*. El desayuno simboliza la existencia biológica (*Se bebe el desayuno...* — LHN, p. 72) y, por esta razón, se convierte, desde *Los heraldos negros* en adelante, en la concreción de un ansiado programa de justicia social: *Y cuándo nos veremos con los demás, al borde/ de una mañana eterna, desayunados todos!* (LHN, p. 81). En Tr. LVI la acción de desayunarse es acto sin sentido, tal como en el primer ejemplo citado. La frase *sin probar gota de él* añade una fuerte nota negativa, pues el "no probar" es igual a no encontrar significado (*sabor*) en lo que se hace. Nos hallamos frente a un hombre cuya vida biológica está desligada de las necesidades del espíritu —una prueba más de su fundamental insuficiencia—.

III. *Simbolizaciones asediantes*. La perturbación mental se traduce también en el uso de series sustantivales simbólicas, con o sin cualificación, desprovistas de un apoyo verbal que las una (casos a, b, c, d *infra*). Estas series se hacen aún más dramáticas cuando son anafóricas, pues así acentúan el carácter obsesivo y balbuciente del discurso (casos e y f). En los ejemplos que siguen se observará que el denominador común de todas las simbolizaciones es una fortísima sensación de inseguridad y de peligro:

15. a) *Flecos* de invisible trama,
16. b) *dientes* que huronean desde la neutra emoción,
17. c)   *pilares*

---

(20) Nos hemos permitido esta larga digresión convencidos como estamos de que las "vaguedades" de Vallejo no son nunca juegos de palabras vacías. Naturalmente, no queremos afirmar tampoco que la poesía trílcica sea matriz de precisiones intelectuales.

18.   libres de base y coronación,
19. d) en *la gran boca* que ha perdido el habla.
20. e) *Fósforo y fósforo* en la oscuridad,
21. f) *lágrima y lágrima* en la polvareda.

La estrofa comienza con una estructura trimembre (a, b, c) que desemboca en una imagen final de muerte d): *la gran boca que ha perdido el habla.* Interpretamos *flecos,* no como adorno, sino como los hilos de una trama o red en la que el hombre es atrapado por el destino. Los *dientes* son, símbolos de destrucción, y están asociados a un animal roedor (ratón, hurón), que destroza el alma sin piedad. Por último, los *pilares,* que aquí aparecen sin base y sin coronación, son representaciones de un mundo en ruinas y sin sentido (21). Por detrás de la realidad inmediata —nos dice el poema— hay fuerzas ocultas y nefarias que envuelven al hombre traicioneramente y hacen de su tarea humana una absurda construcción insostenible.

IV. *Despersonalización poética.* El poema consta de cuatro estrofas, en las cuales van cambiando los sujetos, haciéndose cada vez más generales:

1.ª estrofa.   Predominio del *yo*: amanezco, tomo el desayuno, he logrado. Primer paso a lo no personal: algo … esto.

2.ª estrofa.   Concurrencia de tres sujetos: a) *él*: El niño; b) *ellos*: los padres; se comprendieron; quisieron; c) *nosotros*: dejarnos; hacernos daño.

3.ª estrofa.   Modo pasivo: el ser humano contempla su pequeñez frente a los "flecos", "dientes", "pilares" y la "boca" sin habla.

4.ª estrofa.   Desolación final: el ente humano está sólo subentendido.

V. *Organización progresiva.* El poema está hecho a base de una escala ascendente de intensidad, pues pasa de la calma inicial a la confusa y agitada lucubración de la segunda estrofa; sigue a ésta la tumultuosa estrofa 3, que está cargada, como hemos visto, de sensaciones amenazantes, para llegar, por último, a un desolado final. Destrozada su alma y rendido a tierra como un edificio sin

(21) La arquitectura le servirá también a Vallejo para sugerir firmeza, cuando desempeña la función que le corresponde. Véase Tr. LXV. La expresión más cabal del significado simbólico del *pilar* se halla en el poema que comienza: *Un pilar soportando consuelos* (PH, p. 153).

base, camina el hombre a tientas, perdido en una nube de polvo. Ha desaparecido casi totalmente su ser físico y de él no queda más rastro que un sostenido llanto sin palabras.

En la poesía vallejiana, el *fósforo* representa, a menudo, la luz que no dura, la esperanza insostenible: *Y empieza a llorar en mis nervios un fósforo que en cápsulas de silencio apagué!* (LHN, página 14). Bajo esa luz momentánea ve el hombre la enormidad de su miseria, como reza Tr. XXXIX, que comienza así: *Quién ha encendido fósforo!* También se asocia el fósforo, o lo fosfórico, a lo perverso, malhadado o infernal: *Fosforece un mohín de sueños crueles,* dice el poeta en "Desnudo en barro" (LHN, p. 76). Y con profunda compasión lamentará el destino de las mujeres desamparadas diciendo: "Solamente las sigue, aún más allá de la muerte, la hiena fosforosa del destino" (AO, p. 150).

Tr. LVI es, como se ha visto, un poema manifiestamente coherente en su disposición interior. Podría ponerse en duda la eficacia de la estrofa 2, por ser dispersa y oscura, y por haber en ella algunos elementos anecdóticos sin significado simbólico. Sin embargo, aun teniendo presentes los rasgos negativos de esta estrofa (que bien puede ser, como se dijo, el destartalado discurso de una mente angustiada), es preciso reconocer como méritos artísticos el sugestivo enlace de componentes muy dispares, la dramática simbiosis de lo concreto y lo abstracto y la progresiva sutilización del sentir poético, agudizado hasta el extremo en los versos finales —sólo dos versos—, que nos hacen sentir la vastedad y hondura del dolor humano, dejándonos, a la vez, en la mente un vago diseño de algo terrorífico y catastrófico:

20. Fósforo y fósforo en la oscuridad,
21. lágrima y lágrima en la polvareda.

Tr. X y Tr. LVI son importantes para comprender la actitud del creador lírico ante los problemas del ser. En el fondo de ambas composiciones se encierran dos pensamientos que debemos singularizar.

A) Vida y conciencia. Hay una contraposición fundamental entre *a*) estar en el mundo, sentirlo y esperar algo de él por el ejercicio de la voluntad y *b*) *pensar* ese mundo para hallar su sentido. Por desgracia, dice Vallejo en Tr. X y Tr. LVI, jamás surge una idea salvadora, porque el intelecto no es arma de defensa, ni mucho menos sustento de transportes metafísicos. El ser humano vive preso en la malla de sus categorías mentales, rígidas y frías cuadrículas que llevan a *juntas de contrarios,* a barreras infranqueables, a desesperantes inconclusiones; frente a las flaquezas del intelecto está la vida con sus exigencias e inmediateces. De aquí que el poeta repase los incidentes concretos de su peripecia humana, aun en medio de contextos intelectuales.

B) Vida e incongruencia. También cabe pensar que en el cosmos no hay un orden susceptible de ser aprehendido por la razón humana sino extraños designios (*invisible trama*), fuerzas enemigas que no saben de la compasión (*dientes que huronean desde la neutra emoción*), dislocaciones incomprensibles y hacinamiento sin sentido (*pilares/ libres de base y coronación*), todo ello formando parte de un mundo enigmático que nada nos dice, pero que es augurio de muerte: *la gran boca que ha perdido el habla* (verso 19).

Si la razón es incapaz de comprender la vida en toda su complejidad y desproporción, porque detrás del caos no hay nada que represente una oculta armonía, no le queda al hombre otra alternativa que rendirse a su impotencia intelectual (Tr. X), o entregarse al derrotismo de la autoconmiseración (Tr. LVI) (22).

Antecedente lejano de Tr. LVI es el poema "En las tiendas griegas", del volumen *Los heraldos negros*. Aquí se plantea ya la acción destructora del intelecto "deicida" y el sobrecogimiento del alma. Pero en 1918 todavía confiaba el poeta en el poder de la razón. Cuatro años más tarde, apenas si quedaban rastros de esa confianza juvenil. El drama del vivir se había convertido en tragedia. Desde entonces no logró Vallejo concebir una posible conciliación de contrarios, ni creyó en la eficacia de la inteligencia. Pasarán los años y el poeta no recobrará jamás la confianza de antaño. En 1937, quince años después de publicarse *Trilce,* vuelve a representarse la misma desolada cosmovisión en la "Epístola a los transeúntes". Este largo lamento acentúa aún más los visos trágicos de su "íntimo derrumbe" sirviéndose de construcciones reiterativas y de atroces representaciones de insuficiencia. El poeta se apresta para su último viaje y alude una vez más a su cuerpo —su "inmensidad en bruto—, y a su inteligencia —su "lámpara en pedazos"—. Los datos autobiográficos adquieren categoría estética y carácter simbólico, a la par que la lucubración filosófica deja de ser descubrimiento o simple raciocinio para convertirse en desgarradora certeza. Los materiales poéticos se dan aquí fundidos,

_____

(22) Durante la fase trílcica, Vallejo no pudo convencerse nunca de que la verdad pudiera hallarse, como creía Husserl, en "la actividad constituyente y sintética de la conciencia". *Cf.* Xirau, Joaquín, *La filosofía de Husserl,* Buenos Aires, Edit. Losada, 1941, p. 26.

como si el poeta hubiese descartado toda estructura silogística y se entregara a una intuición obsesiva única:

> Pero cuando yo muera
> de vida y no de tiempo,
> cuando lleguen a dos mis dos maletas,
> éste ha de ser mi estómago en que cupo mi lámpara en
> pedazos,
> ésta aquella cabeza que expió los tormentos del círculo en
> mis pasos,
> éstos esos gusanos que el corazón contó por unidades,
> éste ha de ser mi cuerpo solidario
> por el que vela el alma individual... (PH, pp. 155 - 156).

Lo que el poema "En las tiendas griegas" presenta como artificiosa alegoría y conceptualismo a secas se hace concepción múltiple en Tr. X y Tr. LVI, llegando a ser verdadera síntesis poética en la "Epístola a los transeúntes". Estamos, pues, ante tres etapas representativas en la evolución de un mismo motivo, etapas que indican un cambio de valores y de acento, y que son también testimonio de un sostenido esfuerzo de superación artística.

CAPITULO IV. TRASFONDO FILOSOFICO

1. *Frustración existencial*: Tr. *XXVI*, Tr. *LXX*

Uno de los rasgos más característicos de la psique vallejiana en la época trílcica es la porfiada insistencia en conocer las causas del dolor. Al final de sus meditaciones, Vallejo encuentra siempre el mismo determinante: su sino de imperfección y de muerte. En contraste con esta fatalidad se deja traslucir, como reflejo del Absoluto, una borrosa visión de un reino anterior al de este mundo, en el cual le fue dado al hombre gozar de felicidad edénica y de dones providenciales. Y como Vallejo aposentaba en su alma a un ángel rebelde, no se conformó nunca con su destino terrenal. Compréndese fácilmente de este modo por qué *Trilce* es una desconsolada lamentación y una obsesiva querella.

Hay un "orden" en el mundo —nos dice el lírico—, pero éste lleva envuelta una contraposición ontológica fundamental —alma frente a cuerpo—, y por ello el ser humano no es nunca unidad armónica. Además, la vida es fatalidad dolorosa, como decía Schopenhauer: el hombre vive de apetencias que implican siempre una irremediable duplicidad, pues son la raíz misma del vivir y también la fuente primordial del infortunio. De aquí que el hombre viva siempre en el seno de una sistemática violencia.

En contradicción con los estoicos, Vallejo no veía en el "orden" del mundo una ley moral. La naturaleza es indiferente ante la incertidumbre humana. Tampoco creía en el libre albedrío; por el contrario, a todo ser mortal lo concibe preso de su condición humana y de las circunstancias que le rodean. Hay un principio de necesidad —piensa Vallejo— que es ley de la existencia y que el hombre jamás llega a comprender porque está condenado a vivir bajo una luz "eternamente polla" (1). La insuficiencia del intelecto fue una preocupación empecinada durante toda la fase trílcica.

Sirviéndonos de dos poemas —Tr. XXVI y Tr. LXX—, examinemos ahora el drama de la frustración humana, e intentemos precisar la cadena de procesos psíquicos que a él conducen.

Trilce XXVI

1.   El verano echa nudo a tres años
que, encintados de cárdenas cintas, a todo
        sollozo,
aurigan orinientos índices
5.   de moribundas alejandrías
de cuzcos moribundos.

Nudo alvino deshecho, una pierna por allí,
más allá todavía la otra,
       desgajadas,
10.   péndulas.
Deshecho nudo de lácteas glándulas
de la sinamayera,
bueno para alpacas brillantes,
para abrigo de pluma inservible
15.   ¡más piernas los brazos que brazos!

Así envérase el fin, como todo,
como polluelo adormido saltón
de la hendida cáscara,
a luz eternamente polla.

_____

(1) En *Los heraldos negros* ya se habían enfrentado el cuerpo y el pensamiento, haciéndose de éste el defensor del alma. *Cf.*: "En las tiendas griegas". Hacia los años en que Vallejo escribía sus poemas trílcicos, sin embargo, su fe en el pensamiento había desaparecido.

20. Y así, desde el óvalo, con cuatros al hombro,
        ya para qué tristura.

    Las uñas aquellas dolían
    retesando los propios dedos hospicios.
    De entonces crecen ellas para adentro,
25.   mueren para afuera,
        y al medio ni van ni vienen,
        ni van ni vienen.
    Las uñas. Apeona ardiente avestruz coja,
    desde perdidos sures,
30. flecha hasta el estrecho ciego
        de senos aunados.

    Al calor de una punta
    de pobre sesgo ESFORZADO,
    la griega sota de oros tórnase
35. morena sota de islas,
    cobriza sota de lagos
    en frente a moribunda alejandría,
    a cuzco moribundo.

Quizá éste sea el poema que contiene la mayor acumulación de material metafórico, pero no por eso es el más difícil. Tr. XXVI es una creación de fondo filosófico que, a primera vista, parece ser meramente descriptiva. En realidad nada hay en ella que sea literal u obvio.

Sin contar las palabras insólitas o inventadas (aurigar, alvino, sinamayera, enverarse, apeonar y otras) dificultan la lectura los encabalgamientos de tropos y construcciones, y las numerosas ideas larvadas que se van entrelazando en una especie de cadena discontinua de sentidos, pero cuyos eslabones, por separados que estén, muestran una indudable coherencia tonal; es ésta la que permite al lector pasar por sobre los espacios en blanco y obtener una impresión unitaria del todo. Sin este orden interior, el poema sería una creación totalmente caótica.

El propósito de Tr. XXVI es representar el engaño del imperativo biológico en relación con las aspiraciones del espíritu. Todo el poema acusa un derrotismo enfermizo y doliente, exacerbado bajo el peso de la reflexión y de la idea fija (2).

_____

(2) Dando por cierto que el poema fue escrito durante los primeros meses de 1922, según nos informa Espejo Asturrizaga en su biografía del

Estudiemos ahora la ilación significativa de los hechos que sirven de andamiaje al poema, y el trasfondo psíquico que une a aquéllos. Emplearemos dos líneas fragmentadas para destacar el comienzo y el final, es decir, las estrofas 1 y 6.

Estrofa I.   Vida espiritual y presagio de desilusiones; primera parte de un marco poético en plural: *moribundas alejandrías... cuzcos moribundos*;

... ...

Estrofa II.   Condición física tras la experiencia carnal, y desvaloración de ésta (3).

Estrofa III.   Búsqueda de causas primeras de la frustración humana;

Estrofa IV.   Significado simbólico del imperativo biológico en el ente masculino;

Estrofa V.   Significado simbólico de la vida biológica en el ente femenino;

... ...

Estrofa VI.   El engaño de los sueños; segunda mitad del marco poético, esta vez, como realidad personal. en singular (*moribunda alejandría... cuzco moribundo*).

El mero hecho de incluirse un marco poético indica ya una preocupación estructural; la primera y la última estrofas nos representan un estado de ánimo; las restantes (II - V) destacan principalmente las desilusiones a que conduce la vida biológica.

Para aclarar aún más la dicotomía implícita en Tr. XXVI, hagamos una lista de las referencias al cuerpo y al alma, antes de entrar a discutirlas:

---

poeta, es posible suponer que Tr. XXVI es una visión panorámica de una época de continua crisis, probablemente la que va desde la ruptura de relaciones con Tilia (hacia mayo de 1919) hasta la fecha en que se escribió el poema. Esto explicaría los *tres años*, del verso 1.

(3) En la edición Losada los versos 7 - 15 aparecen como dos estrofas. Nosotros seguimos la distribución estrófica de OPC, que nos parece más de acuerdo con el sentido estructural del poema.

Vida anímica	Vida corporal
2. cárdenas cintas	7. nudo alvino
2-3. a todo/ sollozo	11. deshecho nudo de lácteas
4. aurigan orinientos índi-ces	glándulas
5. moribundas alejandrías	13. bueno para alpacas bri-llantes
19. luz eternamente polla	22. las uñas
20. con cuatros al hombro	23. dedos hospicios
21. qué tristura	28. ardiente avestruz
32-33. Al calor de una punta/ de pobre sesgo ES-FORZADO	coja
	30-31. estrecho ciego/ de se-nos aunados
34. griega sota de oros	35. morena sota de islas
	36. cobriza sota de lagos

Por tratarse de un poema tan lleno de símbolos, quisiéramos destacar todas las palabras y frases clave. Nos acercaremos así al sentido poético de cada verso, determinando, al mismo tiempo, si el poema tiene coherencia interior o no. Si bien este enfoque pudiera parecer excesivamente prolijo, lo justificamos como paso previo para la comprensión totalitaria de Tr. XXVI. Además, al destacar algunos detalles, nos será posible ver también las interrelaciones semánticas, expresas o subentendidas, entre los constituyentes del poema.

Primera estrofa.

1. El verano echa *nudo* a tres años
2. que, *encintados* de *cárdenas cintas,* a todo
3.   sollozo,
4. *aurigan orinientos índices*
5. de *moribundas alejandrías*
6. de cuzcos moribundos.

El verano debió de concebirlo Vallejo como la época gozosa de la vida, es decir, como la negación de los días de lluvia, que tan a menudo representan estados de depresión espiritual en *Trilce.* Sin embargo, el verano es sólo una promesa, o bien el recuerdo angustioso de algo ya ido y que no ha de volver: *Canta cerca el verano,* dirá el poeta en Tr. LXVII, y también, *Me he puesto a recordar los días/ de verano idos* (Tr. XV). La estación estival no es nunca temporada de regocijo, o vida libre de cuidados. Por ello, no extraña que el verso 2 represente el recuerdo de una época desapacible, insinuándose algo de triste aspecto, quizá una corona fúnebre, algo sujeto por *cárdenas cintas*. El adjetivo "cárdeno" lo asocia Vallejo con un estado de cansancio y decaimiento, como se ve al comienzo del relato titulado "Alféizar": "Estoy cárdeno. Mientras me peino, al espejo advierto que mis ojeras se han amoratado aún más" (NyCC, p. 21) (4).

Entre los símbolos repetidos en toda la obra vallejiana está el sustantivo *cinta(s)*, con el cual se refiere el poeta a distintos motivos: la circulación de la sangre (5), el lazo que une cosas y personas y la conjunción erótica (6). El verso 2 —*encintados de cárdenas cintas*— expresa el recuerdo de amores infelices, ahora muertos, que provocan sincero llanto (*a todo/ sollozo*) (7). Refuerza la noción de tristeza el color amoratado.

El verso siguiente contiene un consorcio de tres tropos:

4. aurigan orinientos índices

Ya hemos visto que Vallejo a menudo asocia la vida con el lento arrastre de un vehículo: las carretas, en Tr. IV (verso 1), y los carros, en Tr. LXXI (verso 7). Probablemente, por asociación mental, la acción de llevar las *riendas* se transforma en símbolo de los actos que dan dirección a la vida humana. Este es el sentido del verbo *aurigan*, recién citado. Añádase la idea de dirección impuesta desde fuera por un destino que, con un imperioso índice (8), señala una ruta. El índice es, en este caso, augurio de mala

(4) Otro ejemplo: "Los rostros alisáronse cárdenos de incertidumbre" (NyCC. p. 77).

(5) En "Mirtho" se describe a una mujer llamándosela: "cinta milagrosa de sangre virginal y primavera" (NyCC, p. 63).

(6) Este es el sentido que tiene en Tr. LXV: *Oh si se dispusieran los tácitos volantes/ para todas las cintas más distantes,/ para todas las citas más distintas.*

(7) La frase *a todo sollozo*, resultante, quizá, de una analogía con *a toda asta* (Tr. LXVIII), "a todo cuadrante" (NyCC, p. 47), o "a toda precisión" (NyCC, p. 17), es un caso más, entre numerosísimos ejemplos, del empleo de *todo, -a, todos, -as* en sentido generalizador: *todo avatar, todo de engaños, todos los guarismos, todas las cintas, toda claror, contra toda corrección*, etcétera. No deja de ser significativo, además, que aparezca desgajado el sustantivo *sollozo*, como indicando la naturaleza entrecortada del discurso poético.

(8) Véanse otros ejemplos de *índice* o *dedo* en el Cap. IV, 4. Parece que el compejo de culpabilidad, que siempre persiguió a Vallejo, le llevaba a ver un enigmático índice hasta en los más pequeños detalles de la vida, como, por ejemplo, la esperma derretida que toma la forma de "un puño cerrado, con el índice hacia la llama" (NyCC, p. 122).

suerte (*orinientos*), por ser el orín y todo lo oxidado, insinuaciones de lo desfalleciente o exánime (9). En resumen, el verso 3 anuncia un destino de fracasos: se desvanecen, uno por uno, los sueños de dicha inefable en lejanas tierras de encantamiento (*alejandrías*) y se imponen a la conciencia del soñador experiencias comunes, quizá vulgares, en su tierra natal (*cuzcos moribundos*). Recordemos aquí que lo lejano y misterioso (Alejandría, el oriente, la India, Babilonia, etc.) fue, para los modernistas en general, motivo de ensoñación (10).

La primera estrofa, según lo expuesto, contiene la certeza de una total derrota del espíritu. Y ¿cuál es la causa de este derrumbe moral? Las cuatro estrofas intermedias se encargarán de decírnoslo.

Segunda estrofa.

> 7. Nudo *alvino* deshecho, una pierna por allí,
> 8. más allá todavía la otra,
> 9.   desgajadas,
> 10.   péndulas,
> 11. Deshecho nudo de lácteas glándulas
> 12. de la *sinamayera*,
> 13. bueno para *alpacas brillantes*,
> 14. para abrigo de *pluma inservible*
> 15. ¡más piernas los brazos que *brazos!*

Fija la tónica de la estrofa el adjetivo *alvino,* que se aplica a todo lo relacionado con el bajo vientre y que, en este caso, reduce el acto sexual a función fisiológica. El *deshecho nudo* del verso 11 es asociado ahora a los pechos de la mujer, la simbólica sinamayera del verso 12 (11). Tenemos aquí un magnífico ejemplo de libre asociación: la *sinamayera* es un personaje exótico cuya fina tela está

---

(9) Este sentido lo discutimos en relación con el sustantivo *oxidente* de Tr. LXIII. Véase Cap. III, 2.

(10) Por haber una obvia contraposición entre dos ciudades simbólicas, no creemos que *cuzcos* sean animales domésticos. *Cf.* Santos, Estela dos, AV 5, p. 27.

(11) La sinamayera es la mujer que vende la tela llamada *sinamay* en las Islas Filipinas. Probablemente, Vallejo asoció "sinamay" con la idea de una malla, por ser ésta un símbolo de atracción sexual. Recordemos Tr. V, que dice: *La creada voz rebélase y no quiere/ ser malla, ni amor.* Nos preguntamos, ¿recordó acaso el poeta el versículo de Eclesiastés (Cap. 7, 26) que dice: Y yo he hallado más amarga que la muerte la mujer, la cual es redes, y lazos su corazón...?

asociada al atractivo sexual y al acto genésico, todo degradado a simple función biológica; este acto trae a la mente del lírico imágenes de animales (*alpacas brillantes*) y aves (quizá una avestruz) de *pluma inservible*. Es posible que *alpacas* sea también una alusión a los cobertores hechos de lana de alpaca. Tomada la palabra en este último sentido, se observa inmediatamente el contraste entre *alpacas brillantes* y *abrigo de pluma inservible*, con lo cual quedan esbozados dos ambientes, uno de confort, y otro de pobreza, que hallan eco más adelante en dos concreciones femeninas opuestas, *la griega sota de oros*, del verso 34, y la *morena sota de islas*, personajes simbólicos que, a su vez, reflejan la diferencia ya insinuada entre las *alejandrías*, por un lado, y los *cuzcos*, por otro (12). Según lo dicho, la trabazón interior del poema es realmente extraordinaria.

Ya hemos visto, en relación con el poema XXI, que la *ternurosa avestruz* es el fantasma femenino de las noches bohemias vallejianas, y que la avestruz americana (el *ñandú desplumado* de Tr. XXIV) representa lo inútil y gastado. Fundiendo estas ideas, se comprende que el *abrigo de pluma inservible*, del poema bajo consideración, sea un símbolo del calor humano, es decir, del amor de una vulgar mujer, asociado a lo ordinario, feo y puramente animal: *¡más piernas los brazos que brazos!* El significado de este último verso se hace aún más patente, si recordamos que Vallejo establece en *Trilce* una escala decreciente de animalidad a través de la serie "talón", "pie", "pierna", "muslo", "brazo", "mano" (o "ala"), "dedo", "meñique", "falangita", "uña" (13).

Tercera estrofa.

Se prolongan aquí las asociaciones peyorativas, pero ahora sobre una base de abstracciones e ideas generales:

16.   Así *envérase* el fin, como todo,
17.   como *polluelo adormido saltón*

---

(12) Observemos, de paso, que la *alpaca*, concebida como animal, también puede simbolizar la mujer extraordinaria (*Cf.: La piedra cansada*, p. 318a). En cuanto a abrigos y cobertores, es posible que éstos sean índices de la buena o mala suerte del hombre. Se explicaría así el contraste entre las *31 pieles rotas*, de Tr. XXI, y las *tibias colchas/ de vicuña*, de Tr. LII.

(13) En la "Epístola a los transeúntes" (PH, p. 154) queda en claro parte de esta serie: *éste es mi brazo/ que por su cuenta rehusó ser ala*. En el mismo volumen se dirá también: *corónense los pies de manos* (PH, p. 193). Y en *La piedra cansada* se dice: "más cerca está una mano de la otra, que del pie del mismo lado" (RevCul., p. 306b).

18.   de la *hendida cáscara,*
19.   a *luz eternamente polla.*
20.   Y así, desde el *óvalo,* con *cuatros* al hombro,
21.   ya para qué tristura.

El poeta infiere una verdad: todo atractivo físico contiene una promesa, tal como la fruta que empieza a madurar (*envérase*), pero esa promesa no es anuncio de un gozoso porvenir sino *el fin,* del verso 16. Todo llega a un prematuro término —nos dice el lírico— y por ello es el destino del hombre estar condenado a la imperfección, como todo lo que no se realiza en plenitud (*luz eternamente polla*). Vale la pena recordar aquí que el romper la cáscara (verso 18) presagia una desventura, por ser el huevo (como el botón, la víspera, el alba y otras entidades engañosamente inmanentes) aquello que está siendo, y ha de tener un fin. En "Muro este" dice Vallejo: "El segundo sonido es un botón; está siempre revelándose, siempre en anunciación. Es un heraldo. Circula constantemente por una suave cadera de oboe, como de la mano de una cáscara de huevo" (NyCC, p. 17). Este es el huevo que aún no ha dejado de ser lo que es, mientras que la *hendida cáscara* de Tr. XXVI es, a todas luces, la prueba concreta de una terminación y, por ende, de una fundamental transitoriedad.

20.   Y así, desde el óvalo, con cuatros al hombro,

Hay en este verso dos sustantivos que merecen especial atención: *a)* el óvalo y *b)* el **cuatro**.

a) Las palabras *óvulo* y *óvalo* indican, respectivamente, el estado anterior a la vida mortal y la omnipresencia de la imperfección; lo ovalado u ovoideo es el no-círculo. Vallejo concebía el círculo como la figura perfecta —concepto pitagórico—; por esto, el óvalo representa al hombre ya inserto en la vida terrenal. En "Unidad" (LHN, p. 97) se percibe claramente el sentido de lo ovalado y ovoideo: *se acuña el gran Misterio en una idea/ hostil y ovoidea...* Y en Tr. XVII se indicarán el desequilibrio y la arritmia por medio de un neologismo que incluye la idea "ovoidea": *cual la última piedra ovulandas* (14). En cuanto a *óvulo,* queda claramente expresado su sentido en "Sabiduría", relato en el cual se lamenta el ingreso en la tierra, como si fuese el mayor castigo que puede recibir el hombre: "—¡Señor! ¡Yo fui el delincuente y tu ingrato gusano sin perdón! ¡Cuando pude no haber nacido siquiera!... ¡Yo pude ser

_____

(14)   Véase la discusión de Tr. XVII, cap. V, 7.

solamente el óvulo, la nebulosa, el ritmo latente e inmanente, Dios!" (15). El verso 20, por lo tanto, señala los comienzos de la infelicidad (*desde el óvalo*), que coinciden con el ingreso en la imperfección, inequívocamente expresada por la *hendida cáscara,* del verso 18.

b) En cuanto al numeral *cuatro,* aparece éste en muy variados sentidos. Significa: 1) la justicia, en el sentido pitagórico, pero expresada irónicamente en Tr. XXII, para decir "injusticia": *Es posible me persigan hasta cuatro/ magistrados vuelto.../ Cuatro humanidades justas juntas;* 2) la carga de la animalidad, representada por las extremidades del hombre: *Y a la explosión salióle al paso un paso,/ y al vuelo a cuatro patas, otro paso...* (Esp., p. 257); 3) el corazón (dos aurículas y dos ventrículos): "Se baña ahora el proyectil en las aguas de las cuatro bombas que acaban de estallar dentro de mi pecho" (NyCC, p. 17; 4) idea de confinamiento: *Oh las cuatro paredes de la celda,/ Ah las cuatro paredes albicantes/ que sin remedio dan al mismo número* (Tr. XVIII); 5) sistema de cuatro valores que la mente no puede cambiar: cuatro ángulos rectos del círculo (Tr. XXXVI), cuatro operaciones aritméticas (PH, página 188), cuatro puntos cardinales (Tr. LXIX y LXXII), etc. De todas estas acepciones se desprende una misma idea negativa: el "cuatro" es lastre, un molde mental, valla o impedimento (16). Quizá el poema que mejor expresa la negatividad del *cuatro* sea el que versa sobre las cuatro conciencias del cuadrúpedo humano (PH, p. 228).

Resumamos. De la estrofa 3 se infiere un destino inalterable, un ir a tientas por la vida, casi a oscuras, siempre bajo el peso de la animalidad. Con razón exclamará el poeta: *qué tristura* (verso 21).

Cuarta estrofa.

22. Las uñas aquellas dolían
23. retesando los propios *dedos hospicios.*
24. De entonces crecen ellas para *adentro,*
25.   mueren para afuera,
26.   y al medio *ni van ni vienen,*
27.   ni van ni vienen.

Llama la atención este agrupamiento de tres versos cortos al final, pues el espacio en blanco da la impresión de ser el "adentro" y las palabras impresas, el "afuera".

---

(15) NyCC, p. 127. (La cursiva es nuestra).

(16) Sobre el significado de "cuatro" véanse también los valiosos comentarios de Juan Larrea: "Considerando a Vallejo", AV 5, pp. 225 - 226.

La proyección "pierna-brazo", a que antes aludíamos, se complementa aquí con los *dedos* y las *uñas,* dos referentes muy repetidos en toda la producción poética de Vallejo. En Tr. XXVI, sin embargo, los *dedos hospicios* (verso 23) son símbolos de decaimiento y abandono. En cuanto a las *uñas,* éstas son apéndices de extrema sensibilidad, idea que se repite en varios poemas, desde *Trilce* en adelante, quizá por sentir Vallejo la urgencia de representar, en arranques de verdadero masoquismo, la inenarrable tortura de su ser. Dice en Tr. LV, por ejemplo: ... *con uñas destronadas se abre las propias uñas de alcanfor;* y más tarde volverá a decir: *me hago doler yo mismo, extraigo tristemente,/ por la noche, mis uñas* (PH, p. 206).

La estrofa 4 termina con dos contraposiciones (*para adentro... para afuera; ni van ni vienen*) con que se señala la sinrazón de la vida corporal, red de contradicciones y paradojas que llenan el alma de bochornosos recuerdos: *Desde entonces* (*las uñas*) *crecen... para adentro.*

Quinta estrofa.

28.   Las uñas. Apeona *ardiente avestruz coja,*
29.   desde perdidos *sures*
30.   *flecha* hasta el *estrecho ciego*
          de senos aunados.

¿Por qué repetir *las uñas?* Creemos que el poeta quiso hacer patente la persistencia de su dolor, bajo cuyo peso reconsidera su experiencia amorosa. Ahora ve la realidad tal cual es. El objeto de sus amores ha sido un espantajo, una mujer comparable a un ave rastrera que no alza el vuelo (*Apeona*) y que es incapaz de ocultar su misérrima humanidad (*ardiente avestruz coja*) (17). Es curioso que Vallejo repita las imágenes de "ave desgarbada" y de "cojera" para referirse a las mujeres de sus noches de bohemia, a quienes asocia con orígenes desconocidos (*perdidos sures*) (18) y con experiencias

(17)   No creemos necesario asociar la *ardiente avestruz coja* con una persona determinada. Mejor es pensar que estamos en presencia de un símbolo negativo. *Cf.:* (Dad) *una ave coja al déspota y a su alma* (PH, p. 194).

(18)   Los puntos cardinales son importantes elementos imaginísticos en la creación vallejiana. En Tr. LXIX se insinúan en el verso que señala *los cuatro vientos,* y en *Escalas melografiadas* se dejan traslucir en varios de sus segmentos experimentales. Así como el oriente es expectación, y el occidente símbolo de muerte, también el norte es rumbo y derrotero vital, mientras que el sur es lo desconocido e indeterminado. Se comprende así por qué Tr. XXVI dice *perdidos sures.* Asimismo, se comprende por qué el norte y el oriente pueden ser correlativos poéticos: *Hoy le salió a la pobre vecina del viento/ en la mejilla, norte, y en la mejilla, oriente* (PH, p. 189).

defraudantes (*estrecho ciego/ de senos aunados*). El imperativo pasional hace del sexo femenino una tiránica fatalidad que señala, como una *flecha,* la entrada en el reino de las frustraciones y de los quebrantos morales. El estrecho es un símbolo de lo discontinuo e imperfecto (*Cf.*: Cap. I, 1), que, en el presente caso, acarrea también una connotación anatómica y fisiológica.

Sexta estrofa.

32.   Al calor de una *punta*
33.   *de pobre sesgo ESFORZADO*
34.   la griega sota de oros tórnase
35.   morena *sota de islas,*
36.   cobriza sota de *lagos*
37.   enfrente a moribunda *alejandría,*
38.   a *cuzco* moribundo.

El poeta vuelve a considerar todo lo acontecido haciendo eco a los primeros versos. Se abre la última estrofa con una doble referencia al temple humano, a menudo representado por la "punta" y el "filo" de un objeto cortante, (19) que, en Tr. XXVI, aparece reducido a una *punta/ de pobre sesgo,* expresión inequívoca de la fundamental incapacidad del hombre, sea cual fuere el esfuerzo que acompañe sus actos. Y tan grande es ese esfuerzo que ha de referirse a él Vallejo empleando letras mayúsculas: ESFORZADO.

Los versos finales son tristísimos: los sueños grandiosos (*griega sota de oros*) no han pasado de ser vulgares experiencias (20). Todo ha sido un engaño. A las desventuras ya mencionadas se añaden las connotaciones peyorativas de los sustantivos *islas* y *lagos* (versos 35 y 36), que son, para Vallejo, símbolos de lo cerrado y finito (21). La mujer soñada, vista a través de los velos de la ilusión, resulta

---

(19)   El significado simbólico de "filo" y "punta" se ve con toda claridad en el poema a los mineros: *Loor al antiguo juego de su naturaleza,/ a sus insomnes órganos, a su saliva rústica! Temple, filo y punta, a sus pestañas!* (PH, p. 163). Recuérdese también: *"Mi reino es de este mundo, pero/ también del otro": ¡punta y filo en dos papeles!* (PH, p. 250).

(20)   Conocido es el prestigio que cobró todo lo griego después de aparecer Darío en el horizonte modernista. Por ello, no es extraño que el adjetivo "griego, -a" sea para Vallejo señal de exquisitez y hermosura. En "Fresco", por ejemplo, admira en su amada *sus griegas manos matinales* (LHN, p. 43). Véase también el poema "Las tiendas griegas", LHN, p. 65.

(21)   Recuérdese aquí un pasaje de "Sabiduría": "...a ver si así mi alma se quedaba quieta y contenta y satisfecha *de su isla, de su lago,* de su ritmo" (NyCC, p. 129. La cursiva es nuestra).

ser una sencilla mujer cobriza, una "ardiente avestruz coja"... El poeta se ha quedado empequeñecido y a solas consigo mismo, rumiando su derrumbe moral, incapaz de arrojar fuera de sí la pesada carga de la idea fija:

> 37. en frente a moribunda alejandría,
> 38. a cuzco moribundo.

* * *

Creemos justificada ahora una afirmación básica: el poema XXVI tiene una indiscutible coherencia interior. La polaridad cuerpo-espíritu se establece nítidamente en la primera estrofa y se reitera en la última. Hay también manifiestas repeticiones o resonancias de sentido, que dan al poema ilación y consistencia. Las *alejandrías* y *cuzcos* de los versos 5 y 6 hallan eco, como ya dijimos, en la *griega sota* y la *morena sota,* de los versos 34 y 35. Las *lácteas glándulas* (verso 11) son los *senos aunados,* del verso 31. La nota melancólica de *a todo/ sollozo* (versos 2-3) consuena con el verso 21: *ya para qué tristura.* Las uñas del verso 22 son recordadas en el verso 28, enlazando así una estrofa con la que sigue, y el *nudo alvino,* del verso 7, es el *Deshecho nudo,* del verso 11. Tr. XXVI no es un poema desorganizado o incomprensible, pero sí es una creación de gran oblicuidad.

La poesía está siempre más allá del sentido literal o simbólico de lo dicho y surge de la integración de significados y valores que cada lector haga dentro del ámbito de encantamiento que es el poema. Habrá quienes vean en Tr. XXVI una confrontación entre lo imaginado y lo real; otros vislumbrarán un intento de fuga imposible y un confinamiento en la naturaleza humana. Y no faltarán los que descubran entre las líneas una fuerte conciencia de culpabilidad y un obsesionado afán de autodesprestigio. Y todos tendrán razón, porque el poema es, a la vez, una dolorida auscultación espiritual y una despiadada diagnosis de la condición humana.

* * *

Leamos ahora Tr. LXX fijándonos especialmente en su constitución interna. Al estudiar este poema, Mariano Iberico y sus colaboradoras notan un cambio a partir de la estrofa 3. "Mas aquí —se nos dice— ocurre, como en otros muchos poemas de Vallejo, que una impresión inicial de relativa claridad, resulte opacada por la interposición de otras imágenes, de otros símbolos menos transparentes" (MI, p. 49). Veamos si podemos precisar la razón del cambio observado por los críticos.

Trilce LXX

1. Todos sonríen del desgaire con que voyme a fondo, celular
de comer bien y bien beber.

Los soles andan sin yantar? O hay quien
les da granos como a pajarillos? Francamente,
5. yo no sé de esto casi nada.

Oh piedra, almohada bienfaciente al fin. Amémonos los vivos
a los vivos, que a las buenas cosas muertas será después. Cuánto
tenemos que quererlas
y estrecharlas, cuánto. Amemos las actualidades, que siempre no
10. estaremos como estamos.
Que interinos Barrancos no hay en los esenciales cementerios.

El porteo va en el alfar, a pico. La jornada nos da en el
cogollo, con su docena de escaleras, escaladas, en horizontizante
frustración de pies, por pávidas sandalias vacantes.
15. Y temblamos avanzar el paso, que no sabemos si damos con
el péndulo, o ya lo hemos cruzado (22).

Tr. LXX, mirado superficialmente, puede dar la impresión de ser un conjunto de dos poemas distintos. Las tres primeras estrofas son bastante explícitas y hasta prosaicas, pero, comenzando con el verso 12, como dice Mariano Iberico, el poema se carga de significado simbólico, haciéndose extremadamente denso. Sin embargo, esta diferencia de bagaje imaginístico no es prueba de que el poema sea incoherente, pues el cambio que hemos indicado tiene una razón de ser. Observemos, en primer lugar, que en las primeras estrofas también aparecen elementos simbólicos (*soles, granos, pajarillos, piedra, cementerios*) y, además, uno que otro término de intención alegórico-filosófica: *voyme a fondo* (verso 1), *actualidades* (verso 9), *interinos ... esenciales* (verso 11). No puede decirse, por lo tanto, que una parte del poema sea más simbólica que otra. A pesar de lo dicho, persiste en nuestra imaginación la presencia de algo que en cierta forma da contornos diferentes a las dos últimas estrofas. Intentemos ahora descubrir la naturaleza de ese algo.

---

(22) Hemos seguido la disposición tipográfica de OPC.

A. *Las tres primeras estrofas.* Creemos ver en ellas dos conceptos centrales: *a)* estrofas 1-2: autointegración fundamental cimentada en una actitud egocentrista y displicente: *yo no sé de esto casi nada; b)* estrofa 3: autointegración aún más intensa, centrada en una filosofía epicúrea: *Amemos las actualidades.* Sin embargo, lo importante de esta última estrofa es la viva recordación de la muerte a través de los *esenciales cementerios.* Esta imagen habrá de resonar en los versos siguientes y es indicio de por qué toma el poema otro rumbo. Pero volvamos a las tres primeras estrofas.

Hay en la poesía trílcica ciertas expresiones clave que reflejan viejas creencias inculcadas en la infancia; entre las más persistentes está la caída del hombre, el "irse a fondo" en el piélago del mal (23). Como contrapeso, aparece el esfuerzo vallejiano por libertar el alma de los miasmas que la amenazan. Esta desigual lucha la vemos en Tr. LXX, poema en que el lírico nos dará a conocer los momentos de entrega a las demandas del cuerpo:

1. Todos sonríen del desgaire en que voyme a fondo, celular
2. de comer bien y bien beber.

El lírico ha abandonado el freno de la voluntad y se representa a sí mismo como ser vegetativo (*celular*) (24), a quien poco importan la opinión de sus congéneres y el enjuiciamiento de su propia conciencia:

3. Los soles andan sin yantar? O hay quien
4. les dé granos como a pajarillos? Francamente,
5. yo no sé de esto casi nada.

Las palabras *soles* y *pajarillos* están usadas aquí figurativamente. El sol es lo mayúsculo, el principio dinámico del cosmos y del alma humana. En este último sentido aparece ya en "Huaco", que dice: *A veces en mis piedras se encabritan/ los nervios rotos de un extinto puma./ Un fermento de Sol;/ ¡levadura de sombra y corazón!* (LHN, p. 59). También sugieren los *soles* la potencialidad dinámica del

---

(23) Recuérdese aquí Tr. XX, que dice: *Al ras de batiente nata blindada/ de piedra ideal. Pues apenas/ acerco el 1 al 1 para no caer.*

(24) Parece un poco raro al principio el empleo del sustantivo *celular,* pero la sorpresa desaparece al recordar que Vallejo había hecho incursiones por varios campos científicos y que, seguramente, estaba informado sobre los avances hechos en histología con la ayuda del microscopio.

hombre en "Muro antártico", relato en que se describe la respiración de un hombre afiebrado: "Un aliento cartilaginoso... descolgándose acaso de un sistema pulmonar de Soles..." (NyCC, p. 15) (25). Los pajarillos son lo minúsculo, esto es, la ambición humana reducida a cotidianeidad, o aún menos. La ascensión sideral, sugerida por los *soles*, se ha quedado en rastrero vuelo. El hombre es sólo un *hifalto poder*, según reza Tr. VIII. Y, para completar la visión de entrega, se da una elemental evasiva:

5. yo no sé de esto casi nada.

La tercera estrofa es un canto a la vida, digno de un epicúreo:

6. Oh piedra, almohada bienfaciente al fin...

La *piedra* es imagen por demás común en la obra vallejiana. En este poema representa no la tumba o la muerte, sino el apoyo que requiere nuestro ser mortal. Por ir asociada a *almohada*, se sugiere a la vez un lecho, un lugar de reposo.

El poema funde luego la idea de descanso con la de vida biológica (*Amémonos los vivos/ a los vivos*), todo dentro de una atmósfera hedonista, justificada a medias por la presencia de la muerte:

11. Que interinos Barrancos (26) no hay en los esenciales cementerios.

Hasta este punto, el lírico ha intentado engañarse a sí mismo. Las dos primeras fases de indiferencia y de epicureísmo empiezan ahora a transformarse en conciencia cada vez más apremiante de inseguridad y desquiciamiento.

B) *Las dos últimas estrofas.* Inmediatamente después de representarse ante su conciencia los *esenciales cementerios*, se inicia

---

(25) Detrás de la referencia a los *soles* creemos percibir más de una pregunta sobre la dinámica celeste, otro campo también muy discutido desde la formulación de la teoría Kant - Laplace: ¿quién anima la vida planetaria y sideral? ¿Hay una fuerza mayor, omnipotente, que "alimenta" el mundo estelar? Probablemente se halla aquí también una contraposición entre dos concepciones del cosmos, la de *creación* por un poder sobrenatural, y la de *evolución*, mediante un proceso natural. La complejidad de estos enigmas la expresa Vallejo, con estudiada indiferencia, en los versos 4 - 5: *Francamente,/ yo no sé de esto casi nada.* En cuanto a *granos*, sospechamos que este sustantivo implica tamaño minúsculo. Recuérdese aquí la alusión al que medita sobre fruslerías:... *filósofo del grano* (PH, p. 164).

(26) Este toponímico lo emplea Vallejo en plural para contrastar la incógnita de la muerte con la vida holgada del que va a una playa: "Posteriormente nos íbamos a las playas La Punta, La Magdalena o Barranco." JEA, p. 87.

217

en el lírico un trastorno mental que le hace ver una realidad incierta y visionaria. El mundo se ha transformado en medrosa visión. He aquí la causa y el efecto de la transformación notada por Mariano Iberico y sus colaboradoras:

12. El porteo va en el alfar, a pico. La jornada nos da en el
13. cogollo, con su docena de escaleras, escaladas, en hori-
     /zontizante
14. frustración de pies, por pávidas sandalias vacantes.

Estos versos se cuentan entre los más sugestivos de todo el volumen. A la postura erguida implícita en *alfar* se une la de ascensión casi vertical (*a pico*), en juego con la línea escalonada (*docena de escaleras*) (27). Este conjunto de trazos lo percibimos en una atmósfera irreal, onírica, como la de una pintura de Dalí, en que se desplazan los peldaños del vivir en loca carrera regresiva; sobre ellos van trastabillando (*frustración de pies*) unas fantasmagóricas sandalias vacías en viaje vertiginoso y sin sentido (*escaladas*). Esto es la vida: un esfuerzo continuo y un perenne descompás, un medroso pisar en falso (*pávidas sandalias vacantes*). A la sinécdoque de las *sandalias* se une una hipálage (*pávidas*); ambas anuncian ya el verbo "temblar" del verso 15 y el doble sentido de *vacantes* ("vacías", "viajeras"), que comentamos en otro lugar apoyándonos en una perspicaz observación de Juan Larrea.

La última estrofa es un resumen de la frustración recién discutida:

15. Y temblamos avanzar el paso, que no sabemos si damos con
16. el péndulo, o ya lo hemos cruzado.

El péndulo quizá simbolice el diario devenir, el cual siempre termina en sombras, a juzgar por Tr. LXXV: *... detrás de aquesa membrana que, péndula del zenit al nadir, viene y va de crepúsculo a crepúsculo.* Si lo que barruntamos es real, entonces la vida, tal como la esboza Tr. LXX, es apenas el tiempo que tarda

---

(27) En la poesía trílcica hay varias palabras que se emplean para representar la sinrazón de la existencia. Entre éstas figura el sustantivo *escaleras*, el cual a menudo acarrea la noción de peligro o de misterio; asociado a la vida humana, sugiere un ir pisando medrosos peldaños que llevan a un desconocido fin. En "Liberación", por ejemplo, se dice de un hombre que teme por su vida: "... vuelve a sorprender nudos, a enjaezar intenciones fatales y rematar siniestras escaleras..." (NyCC, p. 37). Años más tarde reaparecerá la misma imagen, con igual sentido: *Silbando a tu muerte,/ sombrero a la pedrada,/ blanco ladeas a ganar tu batalla de escaleras...* (PH, p. 164).

el péndulo de la existencia en llegar a las sombras de la noche, ritmo que a veces ni siquiera advertimos, y por ello no sabemos si todavía vivimos, o si ya hemos muerto. La frustración ha llegado a su grado máximo, pues el complejo vida-muerte se ha hecho doblemente opresivo.

El verbo "cruzar" tiene el mismo sentido de "traspasar" que discutimos en relación con Tr. VIII: *donde traspasaré mi propio frente*. Se insinúa una vez más un ingreso en un recinto indefinido y misterioso, un desconocido más allá, que permanecerá siempre fuera del dominio de nuestro conocimiento. No se trata aquí de la trascendencia, como la entienden los filósofos modernos (Heidegger, Husserl), esto es, como reconocimiento de sí mismo, o como existencia de la cosa en sí, sino como un salir del avatar humano, un "traspasar" que lleva implícito un modo de perduración.

En el verso 13 hallamos, además, una aliteración —*escaleras escaladas...* — que une, fónicamente, dos palabras separadas por coma y por el sentido, ya que el pensamiento es *escaladas ... por pávidas sandalias vacantes*. En el último verso, por el contrario (*... no sabemos si damos con/ el péndulo, o ya lo hemos cruzado*) tenemos un ejemplo de objeto directo pronominal (*lo*) que está relacionado, gramaticalmente, con su antecedente (*péndulo*), pero que, lógicamente, establece una inesperada relación de significado, ya que no se cruza un péndulo. Sin embargo, es posible concebir una situación extrema de un péndulo amenazador que augura el paso de un ámbito a otro (¿de la vida al más allá?) y cuya trayectoria se ha de cruzar como prueba final (28).

Aparecen también, en la segunda parte del poema, dos epítetos verbales terminados en -ante, que tienen la ventaja de expresar una cualidad y una acción al mismo tiempo:

... horizontizante frustración de pies
... escaladas ... por pávidas sandalias vacantes

Nos inclinamos a pensar que la epítesis terminada en -*ante* es una de las predilecciones formales de Vallejo. En *Trilce*, solamente, hay diecisiete casos. Entre otros: lancinantes, verdeantes, albicantes, redoblantes, azulantes, llameantes, etc. ¿No es esta forma de cualificación un modo de expresar el dinamismo de lo

---

(28) Es posible que en esta imagen haya recordado Vallejo el terrible péndulo inquisitorial descrito por E. A. Poe en su cuento "The Pit and the Pendulum".

existente? En la cosmovisión vallejiana se destaca siempre una fuerza incontenible, una voluntad de expresión, tanto en seres como en cosas, que no llega nunca a una plena realización (29). El vivir parece ser un progreso, cuando en realidad es un constante retroceso. De ello resulta que la vida sea un juego de tensiones y una radical frustración.

Hemos señalado tres casos de incremento de significado debido a algún cambio en la forma. Creemos que Vallejo fue, desde *Trilce* en adelante, un mago de la expresión y que sus retorcimientos léxicos tienen siempre un propósito. Si se sometiera todo *Trilce* a un análisis de la forma como fuente de significados primarios y ancilares, se hallaría una increíble variedad de recursos, muchos de ellos nunca empleados antes en la poesía hispánica.

Tr. LXX es, como se ha visto, un consorcio de dos etapas sucesivas que involucran un cambio de actitud: el que al comienzo es un epicúreo simplista, empeñado en evitarse problemas con fáciles argumentos y una actitud de displicencia, acaba meditando en el sentido último de la vida, sobrecogido por las mismas "vagas confidencias del ser y el no ser", que inquietaban a Rubén Darío (30).

* * *

Son muchos los poemas trílcicos en que se poetiza el tema de la frustración existencial, pero los dos que hemos estudiado tienen el mérito de presentar la paradoja que es la vida dentro de dos estructuras poéticas diferentes, pero de igual contenido intencional. En ambos poemas se aborda el mismo asunto —la desarmonía entre la vida corporal y el espíritu—, pero en Tr. XXVI se ponen en parangón, desde el principio, dos esferas de la expresión humana, entrelazándolas. Enfoque sincrónico. En Tr. LXX, por el contrario, se va pasando de una esfera a la otra, y con ello se hace patente la imposibilidad de una simple vida biológica sin concomitancias espirituales. Enfoque evolutivo.

---

(29) Podríamos decir que, tanto en el arte como en la vida, Vallejo no halló, durante la fase trílcica, una *forma*. No nos referimos meramente al vehículo poético. Vallejo aspiraba a encontrar una programación formal de la vida y del mundo, un orden de objetividades. Como dice Henri Focillon, la vida es forma y la forma es la modalidad de la vida. Véase: *The Life of Forms in Art*, New York, 1948, p. 2.

(30) Con gran acierto dicen Iberico y sus colaboradoras: "Y así quizá pudiéramos resumir el mensaje de este poema, y aun el de toda la poesía vallejiana, diciendo que la sensualidad, la evasión y la angustia son las tres notas fundamentales... de la realidad humana". MI, pp. 49 - 50.

Tr. XXVI y Tr. LXX muestran al poeta en actitud cognitiva, esto es, haciendo uso de su intelecto para hallar la posibilidad de una armonía en la vida, pero, sea su actitud la del que tiene conciencia de las decepciones a que conduce la vida carnal (Tr. XXVI), o la del que intenta desentenderse de ulterioridades para entregarse a lo inmediato (Tr. LXX), el fin del proceso vital es siempre una dolorida decepción, o un aberrante extravío.

2. Trascendencia e inmanencia: Tr. VIII, Tr. LIII

Varios críticos han clasificado a Vallejo como "poeta metafísico", denominación que puede justificarse fácilmente con sólo recordar aquellos poemas trílcicos en que se busca romper las vallas de la experiencia humana para sondear el yo profundo, el destino último del hombre, la índole del ser, y las excelsitudes de lo absoluto (1).

La preocupación metafísica llevó a Vallejo a interesarse principalmente en problemas ontológicos y gnoseológicos. El más allá religioso no aparece como motivo primario en la época trílcica, pero no por eso está Dios ausente, pues a menudo es la potencia creadora subentendida que explica el concepto vallejiano de la inmanencia. Por estas razones los versos de *Trilce* no pocas veces contienen vislumbres de ulterioridad o, a la inversa, meditaciones sobre la intrascendencia del hombre.

En uno de los poemas aquí estudiados (Tr. LIII) fija el lírico la atención en ciertos determinantes de la naturaleza humana y las consecuencias restrictivas que de esos determinantes se derivan.

---

(1) Al principio Vallejo usó sin rigor la palabra "metafísico -a". En su tesis de bachillerato, por ejemplo, son metafísicos el vuelo poético, la interrogación del infinito y el peso del tiempo. Por esto dirá: "Una fuerte poesía metafísica es hija de la potencia imaginativa, una poesía toda hecha de nostalgia, de añoranza por lo que se contempla en sueños y falta en la realidad, una poesía cuyo rasgo sincrético es el tema del pasado y el eterno problema del futuro" (Elrom., p. 19). En *Los heraldos negros* perdura el sentido poético (... *mi metafísica emoción de amor* - LHN, p. 84), pero empieza a perfilarse también una acepción filosófica: *Hay un vacío/ en mi aire metafísico/ que nadie ha de palpar* ("Espergesia", LHN, p. 107). En *Trilce* la preocupación metafísica es desbordante, aunque la palabra misma no aparece una sola vez. Por último, en *Poemas humanos*, el poeta asume una postura dubitativa y crítica ante el tema: *a lo mejor, me digo, más allá no hay nada* (PH, p. 218). Por todo lo dicho, no creemos recomendable reducir el sentido del vocablo "metafísico" al de "resabio mental" de raíz religiosa, como lo hace Roque Dalton en su estudio *César Vallejo* (La Habana, Cuadernos de la Casa de las Américas, 1963).

El vuelo metafísico es, con la sola excepción de Tr. VIII, motivo de infelicidad, porque, al cavilar en los límites del ser y del pensamiento, el poeta sueña con superarlos, quedando patente, una y otra vez, la futilidad de su empeño.

Trilce VIII

1. Mañana esotro día, alguna
vez hallaría para el hifalto poder,
entrada eternal.

Mañana algún día,
5. sería la tienda chapada
con un par de pericardios, pareja
de carnívoros en celo.

Bien puede afincar todo eso.
Pero un mañana sin mañana,
10. entre los aros de que enviudemos,
margen de espejo habrá
donde traspasaré mi propio frente
hasta perder el eco
y quedar con el frente hacia la espalda.

En este poema el motivo central está apenas insinuado y las relaciones internas que dan unidad al conjunto son muy sutiles. Es claro que el lírico busca una forma de trascendencia.

En la época que siguió a la primera Guerra Mundial, Vallejo abandonó gran parte del andamiaje espiritual de su juventud como resultado de asediantes interrogaciones. En estas circunstancias era natural que, como tantos otros poetas de su tiempo, buscase creencias salvadoras en nuevas zonas del saber. Tr. VIII tiene el mérito de revelarnos unas de las direcciones que siguió la mente del poeta en sus años de mayor crisis (2).

_____

(2) Los estudios universitarios, tan empapados, en aquellos días, de darwinismo y contundencia cientifista, debieron producir el efecto de una conmoción sísmica en el alma vallejiana. Es seguro que el bardo trujillano leyó, entre otras obras, *Los enigmas del universo,* de Ernst Haeckel, libro con que fue premiado en 1914, al terminar la asignatura entonces llamada "Filosofía objetiva" (*Cf.:* JEA, p. 34). Al leer el capítulo XI, dedicado a echar por tierra, con argumentos científicos y cáusticas burlas, todos los supuestos en que se había apoyado el concepto de la inmortalidad del alma, el poeta debió de sentirse abatido y desprovisto de apoyo espiritual. No parece excesivo afirmar que, hacia 1920, se había derrumbado casi todo su mundo de creencias religiosas; de él sólo quedaban escombros y una gran polvareda. Es fácil comprender ahora la tónica predominante de la fase trílcica.

Desde el comienzo nos llaman la atención los conceptos temporales en que se afirma la idea básica de todo el poema. Son alusiones temporales el sustantivo *mañana,* que aparece cuatro veces (versos 1, 4 y 9), y las frases *alguna/ vez,* de los versos 1 - 2, y *algún día,* del verso 4. La idea de tiempo está presente también en *esotro día,* del primer verso, en el sustantivo *enviudemos* (verso 10), en los futuros *habrá, traspasaré* (versos 11 y 12), y en la preposición *hasta* (verso 13). Detrás de todas estas expresiones temporales se advierte, en una forma u otra, la presencia de la muerte. Observemos el comienzo:

1. Mañana esotro día,...

Si se lee este verso literalmente, tomando *esotro* como demostrativo, se singulariza el día de nuestro deceso. El poeta añadió dos insinuaciones más, ya que todo lector subentiende también la conocida frase hecha "Mañana es otro día", que trae a la mente el fluir del tiempo, con la consiguiente inestabilidad de las cosas humanas, y que sugiere, a la vez, un posible cambio y un consuelo. De este modo se enlazan una nota negativa y otra positiva, dejando al lector en grandes dudas, pues, si es verdad que el poeta da a entender una búsqueda de un modo de contrarrestar la destructividad de la muerte, no es menos cierto que el verbo principal (*hallaría*) implica la presencia tácita de una cláusula condicional, y, por lo tanto, de una duda. ¿Cuál puede ser la cláusula condicional omitida? Para contestar esta pregunta necesitamos examinar el resto de la estrofa:

2. ... hallaría para el hifalto poder,
3. entrada eternal.

El adjetivo *hifalto -a* no lo registra el Diccionario de la Real Academia Española, pero sí aparece en el *Diccionario Enciclopédico de la Lengua Castellana,* compuesto por Elías Zerolo, el cual dice:

"hifalto, ta, adj. Zool. Que anda a saltos o saltando.
"hifaltos, m. pl. Familia de aves del orden de los gorriones, en que se incluyen las que andan a saltos.

El adjetivo está empleado en Tr. VIII con intención peyorativa: el *hifalto poder* podría referirse a la frágil consistencia y capacidad del ser humano, no más fuertes que las de un gorrión, y también a la

Muerte, que acecha y salta en busca de sus víctimas (3). En este caso, la preposición *para* (*hallaría para el hifalto poder,/ entrada eternal*) tendría el sentido de "modo de contrarrestar algo", como en la oración: "Esto es para la fiebre". El verso 2 diría entonces: "Yo hallaría alguna entrada en la eternidad para contrarrestar la muerte" (4). Se subentiende también la idea de muerte en el verso 9, que dice: *Pero* [*llegará*] *una mañana sin mañana...* Según lo dicho, la primera estrofa sería una clara alusión a la esperanza de hallar entrada en el reino de la eternidad. El pensamiento completo sería: "Mañana, o en mi día final, alguna vez quizá pueda hallar entrada en un más allá absoluto, *si es que es posible alcanzar esa merced*".

Como muchos otros poetas que no confían en la vida del más allá, Vallejo intenta hallar otro medio de contrarrestar "el hifalto poder". La estrofa 2 presenta al hombre en dramática búsqueda de intemporalidad en un refugio emocional. Ese refugio es el amor:

4. Mañana algún día,
5. sería la tienda chapada
6. con un par de pericardios, pareja
7. de carnívoros en celo.

La *tienda chapada* del verso 5 es un toldo protector, símbolo de la enajenación del amor. Vallejo emplea la palabra *tienda* con igual sentido, aunque con intención figurativa, en el relato "Mirtho", en el cual el poeta dice: "Oh vientre de la mujer, donde Dios tiene su único hipogeo inescrutable, su sola tienda terrenal." La idea de protección la recalca el adjetivo *chapada*, que aquí significa "recubierta de chapas o láminas de metal"; las chapas aíslan a los amantes, a quienes llama el poeta *carnívoros en celo* (verso 7). En cuanto al

---

(3) Sobre *hifalto* y la posibilidad de otros significados, véase GMZ II, pp. 54 - 55. Parece que el ave rastrera o de pesado vuelo le sugería a Vallejo un paralelo con la incapacidad humana. En una carta de enero 29 de 1918 dice el lírico: "y como ave que baja a un suelo desconocido y salta y revuela y se posa de nuevo... voy pasando los días" (RevCul., p. 194a). Conjeturamos que la imagen del *gorrión* está dentro del mismo marco poético y, por ello, percibimos un sentido peyorativo en el "hifalto" poder que se trasluce en un poema humano: "Y después de todo, al cabo de la escalonada naturaleza [*i. e.*, naturaleza sin orden ni concierto] y *del gorrión en bloque,* me duermo, mano a mano, con mi sombra" (PC, p. 232. La cursiva es nuestra).

(4) Hemos singularizado el sentido especial de *para* en vista de que en versos posteriores hasta llega a sustantivarse con el sentido de "propósitos humanos": [*El hombre*] *Va... en su nube,/ ... en la mano insertos/ sus tristes paras, sus entonces fúnebres* (PH, p. 152).

sustantivo *pericardios* (verso 6) —nombre de las dos membranas que envuelven al corazón—, aparece en la obra vallejiana, en función de sinécdoque, para representar el corazón y la vida sentimental, como se puede ver en una crónica en que Vallejo fustiga la pereza intelectual y la insensibilidad de algunos críticos de música: "La haraganería de mollera y pericardio les ata para juzgar a la música..." (AO, p. 190).

La estrofa 2 expresa, pues, la actitud defensiva de dos amantes que se han encerrado en la celda de su corazón. ¿Creía Vallejo en la eficacia de este refugio? La estrofa siguiente nos dará la respuesta:

8.   Bien puede afincar todo eso.

El amor como escape de la temporalidad es un lugar común de la poesía moderna, pero en el caso de Vallejo no es garantía de nada duradero. La vía de la intemporalidad es otra:

9.   Pero un mañana sin mañana,
10. entre los aros de que enviudemos,
11. margen de espejo habrá
12. donde traspasaré mi propio frente
13. hasta perder el eco
14. y quedar con el frente (5) hacia la espalda.

El lírico se representa a sí mismo su propio trance final (*un mañana sin mañana*) y el derrumbe de su entidad física, la cual es, en Tr. VIII, algo así como una "armazón" afianzada por fuertes *aros*. Los aros ceñidos y los aros inconexos son, para Vallejo, símbolos de consistencia y de desintegración, respectivamente. Así lo comprendemos a través de Tr. XXXIX, por ejemplo, donde se dice irónicamente de un hombre débil: *Pero, eso sí, los aros receñidos, barreados.* La idea contraria la hallamos en "Verano" (LHN, p. 33): *Los rotos aros de unos muertos novios* (6).

El hombre pierde su integridad física al morir porque se desarma lo que hacía de él un ser unitario. Así lo sugiere el verso 10:

10. entre los aros de que enviudemos.

El verbo "enviudar" tiene el sentido de separación y pérdida, tal

---

(5) Creemos indispensable entender *frente* como sustantivo masculino, tal como en el verso 12, que dice *mi propio frente*. Cf. XA 1, p. 71.
(6) Se subentiende la misma imagen de constituyentes circulares en el poema "Los anillos fatigados" (LHN, p. 92).

como en uno de los *Poemas humanos*, en el cual se dice: *Oh bote-lla sin vino! Oh vino que enviudó de esta botella!* (PH, p. 162). La muerte es una disgregación, un colapso de la estructura humana (7). Con esto llegamos a los versos más enigmáticos de todo el poema:

    11.   margen de espejo habrá
    12.   donde traspasaré mi propio frente

La palabra clave es aquí *espejo*. Ya en *Los heraldos negros* se emplea este sustantivo para referirse al espíritu humano, angustia-do por las contradicciones de la vida (Cf.: *"La voz del espejo"* — LHN, p. 68). En el poema VIII no sólo se nos dice, en consonancia con la idea pitagórica, que el principio dinámico del cosmos es el fuego, y que éste llega a la humanidad a través del espejo del sol (Cf.: *... la vida está en el espejo* — *Tr. LXXV*), sino también que el hombre lleva en sí un espejo, esto es, su espíritu, y que es este impulso animador el que habrá de sobrevivir (*margen de espejo ha-brá* — verso 11). Se nos da a entender, pues, que, al llegar el día final (*un mañana sin mañana*), el poeta ha de sobrevivir porque no todo el espíritu muere (8). Reexaminemos el final.

    11.   margen de espejo habrá
    12.   donde traspasaré mi propio frente.
    13.   hasta perder el eco
    14.   y quedar con el frente hacia la espalda.

Estos enigmáticos versos pueden interpretarse en dos formas:
I. *Transfiguración*. Si se lee la tercera estrofa con mentalidad filosófica, los versos citados resultan ser la expresión más clara, en todo *Trilce*, de la fe vallejiana en la posibilidad de una trascenden-cia sin dimensiones teológicas cristianas. De que Vallejo concibió alguna vez una especie de reencarnación no cabe ninguna duda, pues en Tr. LXII expresa la posibilidad de encontrar a su amada en "otros mundos". Dice Espejo Asturrizaga en su biografía que, entre los libros obsequiados al bardo como premio de sus éxitos uni-

---

(7) El símbolo de la botella separada del vino, y viceversa, sugiere un cuerpo separado del espíritu. Por esta razón, "enviudar" puede entenderse como insinuación de muerte.

(8) También se asocia la vida con el espejo del hombre, es decir, su espíritu, en el poema "Telúrica y magnética", donde la existencia es breve lapso, mero punto que se desplaza (línea) entre el ser (luz) y el no ser (sombra): *Oh luz que dista apenas un espejo de la sombra,/ que es vida con el punto y, con la línea, polvo.* (PH, p. 187).

versitarios, estaba el volumen *Las leyes del Manú* (JEA, p. 33). Este hecho es significativo, por ser casi seguro que el poeta leyó este libro. Puesto que Tr. VIII no menciona a Dios, ni incluye noción alguna de un más allá como el que concibe la Iglesia católica, es posible que la ulterioridad metafísica subentendida en el poema sea como la que describe el Dharma Sāstra de Manú, esto es, un absoluto en que el alma se ve a sí misma —infeliz o doliente— como obra de sus propios pensamientos y conducta, y encaminada con ahínco hacia una total depuración. Es posible también que algunas de estas nociones le hayan llegado al poeta a través de Maeterlinck, Nietzsche o Rabindranath Tagore, autores que todo escritor de la posguerra conocía por lo menos de oídas.

Es de notar que la supervivencia expresada en Tr. VIII está vertida en futuro (*margen de espejo habrá ... traspasaré*), como si el poeta estuviera seguro de lo que va a acontecer, mientras que las formas de trascendencia representadas en las estrofas anteriores apenas si son posibilidades, como bien lo dice el tiempo potencial de los versos 1-2 y 4-5; *alguna/ vez hallaría...*; *algún día/ sería la tienda chapada*.

Así interpretado, Tr. VIII resulta ser uno de los pocos poemas en que se apunta una esperanza, pero como todo está expresado en términos muy vagos, esa esperanza es sólo una perspectiva más que una fe.

II. *Desobjetivación*. El final de Tr. VIII es algo así como un conjunto surrealista. Si se releen los versos 9-14, se verá que contienen una quimera que es, al mismo tiempo, desasimiento y perduración. Estamos en el crepúsculo de la conciencia (*hasta perder el eco*) y en fluidez anímica (*traspasaré mi propio frente*). El final es, pues, una fuga y una fantasmagoría. Se han desvanecido para siempre las exigencias del cuerpo mortal y la tiranía del tiempo.

Nos queda por contestar la pregunta formulada al principio: ¿qué es lo que da a Tr. VIII sentido y coherencia? Si se estudia la estructura total del poema, se ve que está concebido en tres estrofas de extensión progresivamente creciente —tres, cuatro y siete versos, respectivamente—. Lo importante es observar que la tercera estrofa incluye un adversario (*Pero*), con el cual se abre una negación de las dos partes anteriores. Tr. VIII podría esquematizarse así:

> estrofa 1: concepción ortodoxa — posible ingreso en la eternidad;

Afirmaciones:

> estrofa 2: concepción poética — anulación de la

227

temporalidad a través de la expresión
erótica;

... ...

Oposición:

estrofa 3: concepción heterodoxa — nueva forma de trascendencia.

Este esquema nos permite descubrir la concepción básica en
que descansa el poema, esto es, la trinidad vallejiana, mentada por
Alcides Spelucín (*Cf.*: AV 2, p. 239): estrofa 1: *alma* (vida en un
más allá eterno); estrofa 2: *cuerpo* (búsqueda de perennidad a través del amor); estrofa 3: *esperanza* (hipóstasis de un más allá indefinido, fundamentada en una creencia).

El poema no dice qué clase de supervivencia es la que el poeta
vislumbra después de su muerte, pero sí es claro que cree en una
eternidad psíquica. ¿Reaccionó Vallejo en Tr. VIII en contra de
creencias religiosas adquiridas en la infancia? ¿Es posible que estén
subyacentes en Tr. VIII restos del concepto neoplatónico de la ascensión espiritual? Imposible saberlo. Estamos en la zona de las simples especulaciones y, por ello, la respuesta final quizá haya de quedar siempre en las sombras. En todo caso, es indudable que el lírico peruano no se limitó a pensar en su circunstancia personal, sino
que hizo suyos algunos problemas fundamentales del hombre de
todos los tiempos y de todas las tierras.

Trilce LIII

1. Quién clama las once no son doce!
    Como si las hubiesen pujado, se afrontan
    de dos en dos las once veces.

    Cabezazo brutal. Asoman
5. las coronas a oír,
    pero sin traspasar los eternos
    trescientos sesenta grados, asoman
    y exploran en balde, dónde ambas manos
    ocultan el otro puente que les nace
10. entre veras y litúrgicas bromas.

    Vuelve la frontera a probar
    las dos piedras que no alcanzan a ocupar
    una misma posada a un mismo tiempo.

La frontera, la ambulante batuta, que sigue
15. inmutable, igual, sólo
más ella a cada esguince en alto.

Veis lo que es sin poder ser negado,
veis lo que tenemos que aguantar,
mal que nos pese.
20. ¡Cuánto se aceita en codos
que llegan hasta la boca!

De este poema no tenemos una interpretación comprehensiva, porque siempre ha sido comentado fragmentariamente. Puesto que Tr. LIII requiere un conocimiento mínimo de la modalidad trílcica, a muchos lectores da la impresión de ser, a lo más, un conjunto de ideas afines, no bien trabadas; otros —los menos dispuestos a gustar la poesía vallejiana—, hallan en él una composición opaca, con algunas zonas de claridad, independientes unas de otras, y grandes manchas oscuras.

Contamos, por fortuna, con algunas opiniones positivas, que mencionaremos aquí, aunque no concordamos del todo con ellas.

Sirviéndose de tres poemas —y entre ellos, el que aquí nos ocupa— destaca Xavier Abril la importancia del concepto numérico, asociándolo al vehículo poético:

"La palabra —a través de la cifra— toca la zona del Misterio: fuente de pura poesía... Más que la forma de los vocablos, el poeta demuestra su estilo peculiar en la base del pensar mismo. Por esto su manera de expresión consiste en lo nuevo que aporta, ajustándose siempre al *cambio,* a la *temporalidad...*" (XA I, p. 63).

Aunque la referencia a las horas sugiere una preocupación temporal, nos preguntamos si el cambio, o la temporalidad, o la función de la palabra son realmente las ideas centrales de Tr. LIII.

Según Mariano Ibérico, el poema rota alrededor de dos temas: el tiempo y la muerte (MI, p. 43). Es probable que esta interpretación se apoye en la presencia de las horas y en la imagen final, que parece sugerir la posición hierática de una momia. Nuestro comentario no corrobora estas suposiciones.

Mucho más específica es la exégesis de Coyné, quien señala como idea central del poema la imposibilidad de una autoliberación:

"Con frecuencia el poema, acosado, ciego como la vida

(Tr. LIII: 'Cabezazo brutal'), crispado en la traducción de una sensación hostil (véase el principio de Tr. XL), *busca una salida siempre negada* (Tr. XL: 'como si nos hubiesen dejado salir! Como/ si no estuviésemos embarazados siempre/ a los dos flancos diarios de la fatalidad!'), y el sufrimiento se instala en todos los rincones (Tr. LIII: 'Veis lo que tenemos que aguantar,/ mal que nos pese...' — Tr. XX: 'Mas sufro. Allende sufro. Aquende sufro...'). El hombre arrastrado en los 'círculos viciosos' del tiempo (Tr. XXI), empieza a despertar a la vida consciente, todavía tributario de su animalidad (Tr. XX: 'Y he aquí se me cae la baba... — Tr. LXVIII; blanqueó nuestra pureza de animales...' Bulla de botones de bragueta... El desagüe jurídico...!), y, para forzar los límites, las fronteras tan variables como innumerables (Tr. LIII: 'La frontera, la ambulante batuta...'), no puede sino atacar las determinaciones del espacio y del tiempo y realizar en palabras lo objetivamente imposible (Tr. LIII: 'las dos piedras que no alcanzan a ocupar/ una misma posada a un mismo tiempo...')" (AC I, p. 118. La cursiva es nuestra).

Creemos que la afirmación básica expresada en **Tr. LIII es**. ciertamente, la búsqueda de "una salida siempre negada", pero esa búsqueda, a la cual Coyné asocia varias ideas disímiles, tomadas de otros poemas, es reflejo de una convicción filosófica. ¿Cuál es el motivo ideacional en que descansa el poema? Para Coyné no hay un solo motivo sino tres: *a*) el hermetismo de los conjuntos numéricos "de los cuales hablamos corrientemente sin preocuparnos por lo que contienen de inexplicable" (AC I, p. 119); *b*) el principio de identidad (toda cosa es lo que es): "Tr. LIII (es) una de aquellas composiciones basadas en la pregunta sobre lo insondable, que resulta insondable, porque es y porque, siendo, no puede ser de modo distinto" (AC II, p. 209); *c*) la incognoscibilidad del ser de las cosas; 'Las once no son doce': decimos lo que son; pero ¿habrá quién nos diga qué son?" (AC II, p. 209).

Se nos ocurre que quizá no sea necesario singularizar los varios motivos del poema, pues todos ellos convergen hacia una misma idea central, que, si no nos equivocamos, es ésta: la mente humana es un instrumento de limitadas posibilidades, y sus insuficiencias son indicios de la imperfección del hombre. En este sentido, el poema que nos ocupa es parte de un grupo de composiciones en que se poetizan las *lindes,* los *linderos,* los *frentes* y las *fronteras,* entidades todas que subrayan, sin excepción, las barreras del pensamiento.

Tr. LIII es un buen ejemplo de cómo la ambivalencia se resuelve en claridad plena en virtud de una forma poemática interior. Expliquémonos.

Si se interpreta el verbo "clamar", del primer verso, en el sentido de "emitir la voz con vehemencia, o de una manera grave y solemne", se podría entender "¿Quién se atreve a negar que las once no sean las doce?", en cuyo caso el autor afirmaría un modo de continuidad temporal. Si, por el contrario, tomamos el verbo principal en su acepción más común de quejarse pidiendo favor o ayuda", el sentido sería negativo y entenderíamos: "¿Quién se queja ahí porque las once no son las doce?" Miradas estas interpretaciones a la luz del resto del poema, resultarían dos posibles estructuras interiores: a) una primera estrofa positiva seguida de tres estrofas centradas en negaciones, o b) cuatro estrofas, todas ellas de signo negativo. Nos inclinamos en favor de la segunda opción, porque hay en el comienzo tres indicios de negatividad: 1) "clamar", en el sentido de "quejarse"; 2) "pujar", entendido como esfuerzo penoso, y 3) "afrontarse", verbo que, indiscutiblemente, implica una confrontación. Teniendo presentes estos datos, y conociendo el derrotismo predominante en todo *Trilce*, queda poco margen para dudas.

Aprehendido como totalidad, Tr. LIII podría esquematizarse así:

1.ª estrofa: individuación en el orden temporal;
2.ª estrofa: individuación en el mundo ideal y físico;
3.ª estrofa: limitaciones del intelecto, comprendidas como resultantes de lo expuesto en las estrofas anteriores;
4.ª estrofa: angustia del lírico.

Veamos ahora si los constituyentes del poema caben dentro de la estructura aquí propuesta:

I. *Individuación en el orden temporal*

El comienzo mismo (*Quién*) es de especial sugestividad, sea como parte de una pregunta, o como pronombre exclamativo. Este encabezamiento expresa perplejidad o negativismo: *Quién hace tanta bulla...* (Tr. I); *Quién ha encendido fósforo!* (Tr. XXXIX) *Quién nos hubiera dicho...* (Tr. XL); *Quién sabe se va a ti* (Tr. XLIII); *Quién clama las once no son doce!* (Tr. LIII). Parecida intención hallamos en otros versos interrogativos: *¿Qué se llama cuanto heriza nos?* (Tr. II); *¿Qué dice ahora Newton?* (Tr. XII); *Qué nos bus-*

cas, oh mar... (Tr. LXIX); *¿Hasta dónde me alcanzará esta lluvia?* (Tr. LXXVII).

En el poema bajo consideración, el hablante lírico está minando sus más íntimos anhelos. El bardo peruano siempre soñó con un mundo unitario en que la sustancia, entendida como naturaleza común, sobrepasara todos los fraccionamientos y deslindes, infundiendo en los entes un hálito común que los uniera en un todo. En Tr. LXVIII, por ejemplo, se nos hace sentir que el bastón es parte del que lo lleva, y viceversa, y, en "Muro noroeste", se explica el unanimismo vallejiano afirmándose la imposibilidad de establecer dónde "acaba un algo y empieza otro algo" (NyCC, p. 12). Por eso inquiere el poeta "¿a qué hora el 1 acaba y empieza a ser 2?" (NyCC, p. 12).

En Tr. LIII, el poeta niega su sueño de unidad sustancial y se pregunta con dolor: "¿Quién se atreve a suponer que las once y las doce se funden en el tiempo?" No se trata de sufrir ante un tiempo caotizado, como dice la señorita Estela dos Santos (AV 5, p. 32), sino de vivir en un ámbito de fragmentos temporales, como los que nos impone el reloj (9).

Las horas no las piensa el hombre a través de un universal, como el que postula la filosofía tomista, ni se dan siquiera como un continuo de tiempo, sino que son una serie de parcelaciones (*se afrontan/ de dos en dos* — verso 2-3), promovidas por la mente humana (*Como si las hubiesen pujado*). Se comprenden ahora las once confrontaciones (verso 3): el uno frente al dos, el dos frente al tres, el tres frente al cuatro, y así, sucesivamente, hasta llegar a las doce.

II. *Individuación en el mundo ideal y físico*

Se abre la segunda estrofa con un tremendo choque: el hombre iluso que soñó con la existencia de una sustancia indiferenciada se da contra terribles verdades innegables:

4. Cabezazo brutal (10).

---

(9) La obsesión contra el tiempo fracturado quizá tuviese algo que ver con el desprecio vallejiano por el reloj, prenda que no quería llevar en su persona. Las alusiones irónicas o abiertamente negativas al reloj son bastante comunes: Véanse: LHN, pp. 43, 97; Tr. XXIII; PH, pp. 149, 185, 206, 210; LityA, p. 23.

(10) La frase *Cabezazo brutal* parece encerrar un patrón dramático igual al de la expresión *Paletada facial,* de Tr. XLII. Ambas frases representan el mismo tipo de acción violenta con que la realidad golpea al hombre.

Aparecen a continuación dos pruebas, una tomada del mundo de las idealidades, y otra, del mundo físico:

4.   Asoman
5.   las coronas (11) a oír,
6.   pero sin traspasar los eternos
7.   trescientos sesenta grados, ...

En este caso, la individuación es intrínseca, una necesidad constituyente. Nada hay que pueda destruir la férrea singularidad del círculo: o tiene 360 grados, o no es círculo. Detrás de estos versos se perfila el principio aristotélico del fundamento; éste hace imposible que una cosa sea diferente de lo que es, cuando se conocen las causas (en este caso los 360 grados) que determinan necesariamente su ser. Queda entre líneas la inconsecuencia del acto de "oír", porque este verbo, usado aquí intencionalmente en función de "ver", expresa ya la futilidad de imaginar imposibles (12).

b) Mundo físico:

7.   ... asoman (las coronas)
8.   y exploran en balde, donde ambas manos
9.   ocultan al otro puente (13) que les nace
10.   entre veras y litúrgicas bromas.

Tenemos esta vez una individuación extrínseca, esto es, una separación de dos objetos (las manos). Entre ellos debería aparecer el *puente* que las une, pero el lazo unitivo permanece oculto (verso 9),

---

(11) Entendemos las *coronas* en el sentido figurativo de "mente humana". El sustantivo tiene doble sentido: el de "cabeza" (*vuestras blancas coronas, ralas de cordialidad* - Tr. LXVI), y el de sufrimiento, por asociación con la corona de Cristo. Este segundo sentido es el que destacan Roberto Paoli (RP, p. 80) y Meo Zilio (GMZ I, p. 98).

(12) La inversión en el uso de los verbos "ver" y "oír" puede observarse también en otras composiciones: *He visto ayer sonidos generales,/ mortuoriamente,/... cuando oí desprenderse del ocaso/ tristemente,/ exactamente un arco, un arco iris* (PH, p. 213).

(13) El *puente* aparece en la poesía vallejiana como símbolo ambivalente y puede expresar un anhelo unitivo, y ser también (ya que se extiende entre dos bordes) evidencia de discontinuidad. Recordemos, como ejemplo de esta segunda acepción, el verso que dice: *pase la eternidad bajo los puentes* (PH, p. 193).

sea en momentos de fervor religioso o no. En todo caso, esa unificación no pasa de ser una "broma".

Toda la estrofa 2 está llena de términos negativos: *cabezazo brutal, sin traspasar..., exploran en balde, ocultan, bromas*. En todos ellos halla confirmación el sentido que descubrimos en el primer verso del poema.

III. *Limitaciones del intelecto*

Procedamos por partes:

11. Vuelve la frontera a probar
12. las dos piedras que no alcanzan a ocupar
13. una misma posada a un mismo tiempo.

Se expresa aquí la misma idea de individuación que ya conocemos, no ya como ausencia de un puente entre dos objetos, sino como negación a todo convivio uniespacial: las dos *piedras* no pueden constanciarse y ocupar el mismo lugar a la vez. Es ésta una prueba más de la multiplicidad y disgregación que imperan en el mundo de los hombres, idea que persiguió a Vallejo hasta su muerte. En suma: la mente humana no puede nunca concebir el uno donde hay dualismo o multiplicidad.

Vienen a continuación tres versos de carácter reflexivo:

14. La frontera, la ambulante batuta, que sigue
15. inmutable, igual, sólo
16. más ella a cada esguince en alto.

Alterando el orden de las palabras, se han fundido múltiples insinuaciones en un solo discurso poético: nuestras limitaciones —dice Tr. LIII— no son simples vallas fijas, de las cuales no tenemos conciencia, sino una especie de maldición que nos persigue marcando el ritmo de toda nuestra vida (*ambulante batuta*). El tempo, siempre agotador e *inmutable,* acaba por derrumbar al hombre. Así nos lo dice el poeta al representar la batuta como lo único que permanece en alto: ... *sólo/ más ella ... en alto.*

La frase *en alto*, del verso 16, aparece al final de este segmento, como si modificase a *esguince,* aunque en realidad se refiere a la *ambulante batuta;* de este modo se subentiende el esfuerzo que hace el hombre, hurtando el cuerpo a su sino o, como dice el verso 16, haciendo "esguinces", palabra esta última que nos representa los dibujos que hace en el aire la batuta del destino y que, por asociación con la frontera humana, sugiere también la figura del hombre convertido en un monigote distorsionado por ridículas piruetas evasivas.

IV. *Angustia humana*

17. Veis lo que es sin poder ser negado,
18. veis lo que tenemos que aguantar
19. mal que nos pese.

Hemos llegado a la convicción final: el destino del hombre es aceptar limitaciones y barreras, mientras sea la inteligencia la potencia imperfecta que es. Digamos, de paso, que estos versos son de muy reducido valor artístico por ser innecesarios, y porque *explican* una emoción (*aguantar ... mal que nos pese*), en vez de darnos una vivencia de la tragedia humana.

Los últimos versos son oscurísimos: contienen un verbo inesperado en función figurativa ("aceitarse") y una imagen final que no entrega su contenido sino después de una meditación:

20. ¡Cuánto se aceita en codos
21. que llegan hasta la boca!

Estamos ante un enigma: ¿cómo hemos de entender el extraño verbo "aceitarse"? Al parecer, se usa este vocablo sólo una vez más, en otro pasaje igualmente oscuro:

La aldea, ante su paso, se reviste
de un rudo gris, en que un mugir de vaca
se aceita en sueño y emoción de huaca (LHN, p. 49).

Ya que tanto en *Trilce* como en *Los heraldos negros* el verbo va seguido de la preposición *en,* es necesario descartar, por lo menos provisionalmente, la posibilidad de que tenga alguna relación con la frase "*de* codos". Tenemos que recurrir al estudio de ideas afines. Si nos fijamos en el verbo *untar,* notamos una sugestiva similitud de sentido. Veamos dos ejemplos de distintas épocas. Dice "Enereida":

El cementerio de Santiago, untado
en alegre año nuevo, está a la vista. (LHN, p. 105).

Y en "Terremoto" se lee:

Unto a ciegas en luz mis calcetines... (PH, p. 150).

El verbo "untarse en" quiere decir "impregnarse de algo", en un caso, de alegría, en el otro, de esperanza (luz). En Tr. LIII "aceitarse en" —interpretado como verbo reflejo— parece tener el mismo sentido, pero aquello en que algo se aceita no es una emoción (alegría o esperanza), sino realidades concretas (codos) y, por esta razón, la imagen no se nos entrega fácilmente, pues se deja apenas insinuado el contenido emocional, esto es, la melancolía. Los *codos* sugieren la postura ensimismada de un hombre que medita y apoya el mentón en el antebrazo. Reducidos a prosa, los versos 20-21 nos dicen: "¡Cuánto hay que se impregna de tristeza, y cómo quedamos ensimismados en nuestra postura meditativa, al pensar en las limitaciones del ser humano!".

Sería un error pensar que la explicación recién dada agota los versos 20-21, pues bien sabemos que muchos versos trílcicos encierran múltiples ecos y una extraordinaria matización afectiva. Volvamos al pasaje recién discutido, suponiendo esta vez que "aceitarse" no es verbo reflejo, sino la forma pasiva de "aceitar". Esto nos lleva por nuevas sendas semánticas y nos permite ver cómo sigue ampliándose el final en forma imprevista. El verbo "aceitar" tiene muy comúnmente el sentido de "lubricar". En la época misma en que Vallejo escribía sus versos trílcicos, dice al poeta Oscar Imaña, desde la cárcel: "¡Oh, el recuerdo de la prisión! Cómo él llega y cae en el corazón, y *aceita con melancolía* esta máquina ya tan descompuesta..." (RevCul., p. 195 a-b). "Aceitar" es, pues, promover el curso de algo en el seno del espíritu. Recordemos también que en la misma carta dice el poeta: "muy de breve en breve cavilo y *me muerdo los codos de rabia*...". "Morderse los codos" es hacer un imposible (14). Ayuntando pensamientos, vemos que los versos 20-21 también pueden entenderse así: "¡Cuánto hay que puede removerse en nuestro yo íntimo ("aceitarse"), cuando nos ponemos a meditar, mentón en mano (*en codos*), y llegamos a extremos imposibles (*codos/ que llegan hasta la boca*), atenazados por un doloroso ensimismamiento".

Pero no hemos terminado. Los versos 20-21 encierran también una extraordinaria representación gráfica que nos hace recordar la

---

(14) La cursiva en esta cita y la anterior es nuestra. La frase "morder(se) el codo (los codos") la usó Vallejo más de una vez. En "Los Caynas", por ejemplo, se dice de un alienado que es un hombre "que se muerde el codo" (NyCC, p. 52). Años más tarde volverá a decir el poeta: "El loco busca a (*sic*) morderse el codo derecho" ("La locura en el arte", *Mundial*, febr. 17, 1928).

visión que tuvo André Breton en 1919, en días de soledad y hambre: un hombre cortado por la mitad por el marco de una ventana (15). El poeta peruano nos representa también una dislocación extrema (*codos/ que llegan hasta la boca*), como si la mandíbula estuviese atravesada por otra parte del cuerpo humano. Sin ahondar más en los versos 20-21, comprendemos ahora que "aceitar(se)" es un verbo de complejo sentido.

Todo lo dicho no es suficiente, sin embargo, para convencernos de que estamos en presencia de una creación realmente singular. Tr. LIII es, en su mayor parte, un poema frío en que no se funde el pensamiento con la emoción, excepto al final. Lo que en otros poemas es simbiosis es aquí, casi siempre, simple ayuntamiento. Además, el valor múltiple de su vocabulario no es de fácil acceso, y, aún después de captar el sentido especial de algunas palabras cotidianas, es ardua tarea deshacerse del lastre antipoético que va inevitablemente adherido a ellas. Hay versos trílcicos que parecen ser hermosas piedras preciosas todavía incrustadas en pedazos de una matriz pétrea, como si el lírico se hubiera propuesto decirnos una vez más: nada hay en la creación, ni siquiera la obra lírica, que esté libre de impurezas.

* * *

Los dos poemas estudiados en la presente sección se complementan recíprocamente. Tr. VIII es ansia trascendentista; Tr. LIII es un sondeo en la insuficiencia humana. De estos dos extremos el que se repite en *Trilce* es el segundo. El hombre, descendiente de Adán, expulsado del paraíso, es el prisionero de sí mismo, un pobre soñador que vive dentro de las insalvables "fronteras" de su condición humana (16).

3. *Problemática del amor*: Tr. IV, Tr. XXIV, Tr. LIX (1)

Aparecen en el volumen trílcico varias creaciones que reflejan un estado de alta tensión anímica y un persistente afán de autoaná-

(15) Véase: Lemaître, Georges, *From Cubism to Surrealism*, Oxford, Harvard University Press, 1947, p. 179.

(16) Esta idea le sirve a J. Fernández Figueroa para destacar, en la obra vallejiana, el dolor de ser hombre. Véase: "Dolor inaudito - Alma fragante - El paraíso perdido", *Indice* (Madrid), No. 134, marzo, 1960, p. 9.

(1) Este trabajo apareció en la *Revista Hispánica Moderna* de Columbia University (Nueva York) a fines de 1971. Está inserto, sin embargo, en los Nos. 1-2 del Año XXXV, enero - abril, 1969, pp. 80 - 95.

lisis provocados por el imperativo amoroso. Fijaremos ahora la atención en la psiquis vallejiana sirviéndonos de tres composiciones en que se poetiza la problemática del amor:

1. Tr. IV, o el instinto ante la conciencia;
2. Tr. XXIV, o la transitoriedad de los afectos humanos;
3. Tr. LIX, o el amor terrestre frente al amor absoluto.

Creemos que en las tres composiciones elegidas la experiencia vivencial es sólo un punto de partida para la creación de un ámbito espiritual *sui géneris*. Indaguemos la esencia del ser poético y del arte vallejiano más bien que el trasfondo anecdótico que ellas conllevan.

Trilce IV

```
 1.   Rechinan dos carretas contra los martillos
      hasta los lagrimales trifurcas,
      cuando nunca las hicimos nada.
      A aquella otra sí, desamada,
 5.   amargurada bajo túnel campero
      por lo uno, y sobre duras áljidas
      pruebas                           espiritivas.

      Tendime en són de tercera parte,
      mas la tarde —qué la bamos a hhazer—
10.   se anilla en mi cabeza, furiosamente
      a no querer dosificarse en madre. Son
                                   los anillos.
      Son los nupciales trópicos ya tascados.
      El alejarse, mejor que todo,
15.   rompe a Crisol.

      Aquel no haber descolorado
      por nada. Lado al lado al destino y llora
      y llora. Toda la canción
      cuadrada en tres silencios.
20.   Calor. Ovario. Casi transparencia.
      Hase llorado todo. Hase entero velado
      en plena izquierda.
```

Antes de citar los versos 8-15 de Tr. IV, dice Galo René Pérez: "Véanse ejemplos de su poesía caótica, en donde el absurdo parece que vela toda idea, todo sentimiento, y que aún sofoca todo coñato de belleza" (2). Lamentamos no poder compartir la opinión del distinguido crítico ecuatoriano. Para nosotros Tr. IV es un poema de difícil lectura, pero hondamente significativo y muy bien estructurado. En él se presentan, con honradez y sentido de culpa, un estado anímico exacerbado y vagas insinuaciones de una experiencia que tiene contornos de tragedia. Tr. IV es una confrontación poética de la vida amorosa con los problemas de conciencia que ella origina.

Detrás de la realidad artística está el obsesionado recuerdo de un fracaso sentimental y de un hijo que estaba por venir, a quien el poeta nunca llegó a ver. Esta triste experiencia, que apenas se deja traslucir en la primera mitad de Tr. IV, se va despersonalizando gradualmente a lo largo del poema hasta transformarse en un terrible complejo de tensiones espirituales.

El poema se abre con una nota sombría y termina con una expresión de total incomunicación. Aunque se menciona un llanto sostenido en los versos 17 y 18, Tr. IV no es representación de sentimentalismo simple y llorón, pues hay en él una atmósfera de angustia y desesperanza que proyecta las acciones humanas, aún las más minúsculas, más allá de lo puramente anecdótico. El desconsuelo de los amantes está concebido como experiencia genérica.

Descontando la expresión *qué la bamos a hhazer,* cuyo sentido es en realidad impersonal, contiene el poema dos sujetos subentendidos: *nosotros* y *yo.* En el verso 3 (*nunca las hicimos nada*) se representa en plural (nosotros) la fatalidad de las desavenencias maritales, y en el verso 8 (*Tendime en són de tercera parte*) confiesa el poeta su terco desvío ante un compromiso moral. Estos son los versos que nos permiten vislumbrar el fondo anecdótico a que aludimos (3). Todo lo demás está dicho por encima de lo meramente autobiográfico a través de referentes en tercera persona que apuntan a un plano de valoraciones. Con razón afirma Juan Larrea en un importante estudio suyo que hay en Vallejo dos seres: un hombre de carne y hueso y un espíritu trascendente. "El centro de gravedad de la configuración mental y sin límites de este segundo estado —dice el crítico español— no descansa ya fuera, sino en el área de su conciencia misma" (AV 1, p. 85). El poema que nos ocu-

---

(2) Pérez, Galo René, *Cinco rostros de la poesía,* Quito, 1960, p. 236.

(3) Varios detalles de este capítulo en la vida de Vallejo aparecen en JEA, pp. 70, 73, 76, 116 y 122. Es curioso que Espejo no incluya Tr. IV entre los poemas "otilinos", presentados en las pp. 116-121. Y llama la atención también que en este mismo aparte incluya como poemas amorosos algunos que nada tienen que ver con el drama sentimental del poeta, como, por ejemplo, Tr. VII.

pa es, precisamente, una meditación sobre el hombre de carne y hueso y el ser valorante que en él se alberga.

El primer elemento alegórico es la carreta: *Rechinan dos carretas contra los martillos*... Este primitivo vehículo de lento arrastre —por demás común en la región andina— llevó a Vallejo a pensar en la vida como un moroso viaje puntuado por chirriantes forcejeos parecidos a los choques de las ruedas contra los martillos que las retienen sobre el eje (4). Así es la vida de los dos amantes, que aparecen aquí desprovistos de rasgos físicos diferenciativos. Al lírico le interesa el ser de los protagonistas, y no su aspecto exterior.

A juzgar por numerosos versos de *Trilce* y de otros volúmenes en que se alude a la vida sentimental, el sino amoroso de Vallejo fue siempre triste y torturado. Algo de esto se ve en el verso 2, en el cual se emplean palabras que sugieren lágrimas (*lagrimales*) y reyertas, implícitas en *trifurcas*, o sea, las "trifulcas" que separan a dos amantes. Se subentiende, además, una tercera persona, que aparece a continuación en el verso 4:

A aquella otra (carreta) sí, desamada

Se insinúa aquí la presencia de una criatura inquerida y hasta agraviada (*amargurada*) que, en las presentes circunstancias, se interpone entre los amantes. En la oscuridad de una cueva psicológica (*túnel campero*) (5), que también puede ser el recinto de una

---

(4) El empleo de la *carreta* en representación de algún aspecto de la psique humana puede observarse ya en "El pan nuestro": *La mordaz cruzada de una carreta que arrastrar parece/ una emoción de ayuno encadenada!* (LHN, p. 72). En cuanto a los *martillos*, sospechamos que este sustantivo no tiene aquí un sentido puramente fáctico. En *Los heraldos negros* hemos hallado las palabras "plasmar", "fragua", "yunque" y "pulir" para indicar cómo el poeta intenta dar forma a su amada (LHN, p. 83). En este poema el martillo está subentendido. De todos modos, se transparenta con toda claridad un proceso de plasmación física y espiritual, como si el hombre tuviese un "martillo" con el cual ha de dar golpes sobre el metal humano. Años más tarde, tras de representar como persona minúscula, a quien ni siquiera los pájaros miran, dice de éstos el lírico: *me ven con sus espaldas ir de frente,/ entrar a mi martillo*... (PH, p. 174). Volviendo ahora a Tr. IV, los "martillos" que hacen rechinar a las "carretas" podrían ser los instrumentos que manejan los mortales, o bien el destino humano, que golpea a los amantes, aun cuando éstos se creen libres de culpa (*cuando nunca las hicimos nada*). Si nuestras suposiciones son admisibles, el martillo sería también un objeto simbólico.

(5) La palabra *túnel* la emplea Vallejo para sugerir algo recóndito o subliminal que es motivo de angustia. En Tr. XLIV nos dice: [Este piano] *Arrástrase bajo túneles,/ más allá, bajo túneles de dolor*... En cuanto al

existencia aún en sombras, se exterioriza el egoísmo del macho (*por lo uno*), quien consuma el acto genésico haciendo violencia a la sensibilidad y abatimiento moral de la amada. El proceso físico y las huellas que deja en el espíritu están expresados en cuatro palabras crípticas, organizadas en forma muy particular:

6. ...   . duras áljidas
7. pruebas   espiritivas.

El neologismo *espiritivas* es, al parecer, fusión de dos adjetivos "espirituales" y "espirativas"; este último vocablo describe la acción de "espirar", esto es, exhalar la respiración. El espacio en blanco y el adjetivo desgajado del verso 7 sugieren una duración y un desenlace. Quien relea estos versos con detenimiento verá que la disposición tipográfica, lejos de ser arbitraria o inútil, reproduce un proceso físico y espiritual en tres momentos consecutivos: principio, clímax y distensión (versos 5, 6 y 7, respectivamente).

La segunda estrofa es toda introspectiva y acusa una lucha entre la verdad y la ficción con que se quiere contrarrestarla. El poeta, esto es, el ente estructurador del poema, reconoce su indiferencia y terca distancia (*Tendime en són de tercera parte*) y hasta se refugia en una frase de barato fatalismo (*qué la bamos a hhazer*), confesando, quizá, a través de la ortografía, la falsedad de su explicación. Como si esto no fuera suficiente, recurre a dos factores exteriores que hacen las veces de paliativos —la *tarde* y los *trópicos*—, esto es, la hora y el lugar, pero sabiendo que la verdadera razón de su proceder es otra:

9. mas la tarde... (6)
10. se anilla en mi cabeza, furiosamente
11. a no querer dosificarse en madre...

En el verso 10 aparece el símbolo del anillo (7) incorporado en un verbo. En otros contextos hallamos también referencias a un

---

adjetivo *campero*, conjeturamos que fue sugerido por las "carretas" y que alude a lo telúrico en la naturaleza humana.

(6) Seguimos el texto aceptado por AC I, p. 87, y no el de la edición Losada (*más tarde*). En el volumen publicado recientemente bajo la dirección de Georgette de Vallejo (OPC), se lee también *mas la tarde...*

(7) Recuérdense los *aros receñidos*, de Tr. XXXIX, y los *aros de que enviudemos*, de Tr. VII. El verbo "anillarse" aparece con el mismo sentido en "Los Caynas": "No podré ahora precisar la suerte de pétreas cadenas que, anillándose en mis costados, en mis sienes... mordiéronme con fieras dentelladas" (NyCC, p. 55). Véase el excelente estudio de Américo Ferrari en que

objeto circular que expresa ideas varias de fortaleza, tirantez, inflexibilidad o contracción. La zozobra espiritual del amante, implícita en el adverbio *furiosamente*, llega a extremos imprevistos al enfrentarse la obcecación egocentrista del macho con un sentido de culpa que hace resaltar aún más la intensidad del vendaval interior, insinuando a la vez una especie de autoflagelación.

El final del verso 11 y el verso 12 (*Son/* [espacio en blanco] *los anillos*), por estar también dispuestos en forma muy especial, dicen hasta qué punto es falsa la racionalización de lo ocurrido, pues la distancia que media entre las palabras deja ver cómo busca el amante en su conciencia algo en que sea posible descargar el peso de la culpa; por fin, tras un lapso de tiempo (representado por el espacio en blanco), no logra hallar más explicación atenuante que la ya contenida en el verbo "anillarse" del verso 10. Nuevamente vemos que la disposición tipográfica no es un antojadizo caligrama, sino un esquema que responde a un propósito específico.

El verso 12 (*Son los nupciales trópicos ya tascados*) no es sino una racionalización de cómo retorna el amante al egocentrismo después de consumar el acto sexual (8). El poeta comprende la anormalidad de la relación amorosa y la expresa por medio del adjetivo *tascados,* el cual, por ser también una forma participial, sugiere algo deforme o averiado (9). Por otra parte, el verso 12 es una reiteración de lo que estaba implícito en los versos 5-7. Asimismo, el verso 13 (*El alejarse...*) es como un eco de lo enunciado en el verso 8 (*Tendime en són de tercera parte*). Este tipo de resonancia da al poema un cariz de enfermiza terquedad: el sujeto lírico está en la prisión de un túnel psicológico, arrepentido y pertinaz a la vez, asediado por ideas fijas, ofreciendo en vano a su conciencia, una y otra vez, las mismas justificaciones, en un vano esfuerzo por hacer de su conducta una fatalidad de las circunstancias. Este aspecto del poema es, sin duda, uno de sus méritos más notables.

En la tercera estrofa hay un discurso simbólico en tercera persona que despersonaliza la acción, contrarrestando así lo puramente autobiográfico:

---

se examina el significado de objetos que contienen un hueco (AF, p. 39). Ideas parecidas había expresado el autor en su artículo "Le temps et la mort dans la poésie de Vallejo", *Europe,* No. 447 - 448, Juillet - Août, 1966.

(8) Sobre el vocablo *anillos* cabalgan dos connotaciones: repetición y ayuntamiento. Véanse: Larrea, Juan, "Considerando a Vallejo", AV 5, p. 185, y también AF, p. 21.

(9) La idea de imposición violenta o de fraccionamiento contenida en el verbo "tascar" la hallamos asimismo en Tr. LXV (*¿no oyes tascar dianas?*) y en el "Himno a los voluntarios de la República": *¡Oh frenos los tascados por el pueblo!* (PC, p. 249).

El alejarse, mejor que todo,
rompe a Crisol.

Este alejamiento es el mismo que ya se insinuaba en el verso 8
(*en són de tercera parte*), y el *Crisol*, que casi parece un nombre
propio por estar escrito con mayúscula, es reflejo de la conjunción
sexual presentada indirectamente más de una vez en los versos anteriores (10). Es digno de observar que cada reiteración añade a lo
dicho nuevos matices, y que éstos amplían el significado del poema
dándole, al mismo tiempo, mayor continuidad.

A veces la impersonalización no logra anular del todo el contenido anecdótico, como se ve en los versos 16 y 17, en los cuales
se expresa claramente un autorreproche:

Aquel no haber descolorado (11)
por nada.

Aquí están presentes la impersonalidad del infinitivo y también
una posible personalización, supliendo un sujeto:

Aquel no haber descolorado (yo)
por nada...

A esta altura, el poema llega a su punto culminante. Los versos
son ahora reiterativos y balbucientes, quedando algunos de ellos
reducidos a dos palabras. Sirviéndose de este lenguaje entrecortado,
logra el poeta fundir dos aspectos de la tragedia: la peripecia amorosa y las reflexiones que de ella emanan. Estos dos ingredientes,
como también la superposición de elementos lingüísticos, se pueden
observar muy bien en los versos 17 y 18:

... Lado al lado al destino y llora
y llora...

La repetición del sustantivo (*lado ... lado*) y del verbo (*llora ...
llora*) con que se nos comunica la persistencia de una desventura
común irremediable, está reforzada por el doble empleo de *al*,
forma sugerida, quizá, por construcciones similares, tales como
"frente *al* destino", o "de espaldas *al* destino". Resulta así un en-

---

(10) Recuérdese aquí un pasaje del relato titulado "Muro antártico":
"¡Oh mujer! Deja que nos amemos a toda totalidad. Deja que nos abra-
semos en todos los crisoles" (NyCC, p. 15).
(11) *Descolorar* significa "ceder", "ablandarse".

samblaje de dos conceptos, el de posición lateral y el de antagonismo. Estos juegos de sugerencias modales son comunes en la poesía trílcica. De ellos se sirve Vallejo para comunicarnos la complejidad y hondura del drama humano.

A la nota de índole gráfica que hemos señalado sigue otra que, indiscutiblemente, refleja una reminiscencia musical: ... *Toda la canción/ cuadrada en tres silencios.* En Tr. IV se funden sugerencias aportadas por distintas artes, pero la técnica de las trasposiciones en la obra de Vallejo es mucho más sutil que en la de los modernistas.

La elipsis del verbo en el verso 19 es sólo parcial, pues el adjetivo *cuadrada,* fuera de sugerir discontinuidad y encarcelamiento, lleva en sí una insinuación verbal, "encuadrada", esto es, "contenida" en los tres tiempos de una como patética sonata (12).

En muchos poemas trílcicos aparece una simbología numérica, implícita o expresa. En Tr. IV se contraponen dos números: el 1, que representa la individualización y egocentrismo del amante (*Amargurada* ... *por lo uno*), y el 3, que se repite a lo largo de todo el poema. Estas nociones numéricas no son simple numerología, sino partes de una cosmovisión en que el número es noción trascendente. He aquí otro modo de generalizar lo singular y específico. Repetimos: el elemento autobiográfico es una concesión a la insoslayable realidad de estar el hombre en el mundo, pero lo que en este poema importa es el juego de tensiones psíquicas, esto es, la arquitectura interior del sujeto lírico.

La última estrofa es de una finalidad desoladora. Mézclanse aquí alusiones al ambiente (*Calor*), al ser físico (*Ovario*) y al embotamiento mental de un ser que sufre (*Casi transparencia*) (13). Vuelve

---

(12) Los tres silencios los asocia Juan Larrea con "las tres vacías dimensiones temporales" (AV 5, p. 230). Considerando que Tr. IV no hace resaltar la idea de tiempo, nos preguntamos si no sería posible relacionar los tres silencios con las tres personas del poema, todas ellas reducidas, en los últimos versos, a la más absoluta inexpresividad. Sugerimos este significado por haber visto la persistencia de la trinidad humana como motivo poético. La hallamos en "Un hombre está mirando a una mujer" (PH, p. 183) y también en "Entre el dolor y el placer median tres criaturas" (PH, p. 227). La primera estrofa de este último poema representa, a grandes trazos, lo mismo que hemos hallado en Tr. IV.

(13) Sospechamos que, en el mundo poético vallejiano, el sustantivo *transparencia* no se refiere tanto a la naturaleza translúcida de algo como a la incapacidad del hombre para ver o discernir, en ciertas circunstancias. Este es el sentido del adjetivo "transparente" en el relato "Más allá de la vida y la muerte". Se menciona aquí —primera coincidencia— un dolor profundo, que debilita la capacidad de percepción: "La luz de ésta [la linterna] fue a golpear de lleno el rostro de Angel, que extenuábase de momento en momento, conforme transcurría la noche y reverdecíamos la herida [motivada por la muerte de la madre] hasta parecerme a veces casi transparente".

el poeta a la construcción reiterativa impersonal (*Hase ... Hase*), acrecentando así la nota de angustia y de naufragio espiritual, puntuada por nada menos que tres modificativos de intensificación:

    21. todo ... entero ...
    22. en plena izquierda.

Han muerto para siempre la ilusión y la esperanza. Así nos lo dice el verbo *velado* del penúltimo verso, que trae a la mente toda una escena mortuoria. La tragedia ha llegado a su inevitable fin.

Al discutir otros poemas, ya hemos hecho hincapié en las similitudes entre el arte pictórico y la poesía vallejiana. Lo que más llama la atención es la "textura" literaria de ésta. En varios lugares Vallejo nos da superposiciones de ideas o imágenes, tal como un pintor que deja ver la multiplicidad de planos en un cuadro. En el verso 2 leemos:

    hasta los lagrimales trifurcas

Sin duda, *lagrimales* es sustantivo, ya que va precedido de un artículo que con él concuerda. Sin embargo, la palabra que le sigue (*trifurcas*) resulta no estar en concordancia con *lagrimales* sino con *carretas*. El sentido sería, pues, "tres carretas trifurcas hasta los lagrimales". Pero, aún reorganizados los versos, quedan subentendidas tres "capas" semánticas inferiores, como se dirá más adelante.

Añádase a todo esto que *trifurcas,* por obvia asociación con "trifurcadas" bien puede aludir a la construcción misma de la carreta, pues hay vehículos hechos sobre una horqueta, por cuyo vértice se extiende el pértigo, resultando así una trifurcación. De todo esto se deduce que el arte poético trílcico es, a veces, antigramatical y paralogístico, pero nunca pobre de significado.

Hay también pluralidad semántica en *amargurada,* porque este neologismo acarrea un doble mensaje: la amargura de los amantes y los efectos de ésta en el sino del hijo que está por nacer. La frase *tercera parte.* del verso 8, es a la vez expresión de impersonalismo y también frase jurídica; en este segundo sentido da al poema un ligero matiz de alegato y enjuiciamiento. Cosa parecida hallamos en el verso 11, en el cual "dosificarse" no significa puramente "reducirse" a una categoría indigna del hombre, sino también

---

Segunda coincidencia: el poeta dice "casi" transparente, tal como en el poema. Y más adelante añade: "Sentíme como ausente de todos los sentidos y reducido tan sólo a pensamiento. Sentíme como en una tumba" (NyCC, p. 28). Tercera coincidencia: el poema IV no dice "tumba", pero sí menciona un *túnel campero* (verso 5).

no sentirse hermanado a otra persona para ser de ese modo "dos" (14).

El hombre y la mujer —y usamos la forma genérica intencionalmente para destacar el valor universal del poema— están vistos como complejos de fuerzas, casi siempre en oposición unas contra otras. En Tr. IV hay todo un mundo de interrelaciones humanas y también una preocupación ética. Vallejo es un poeta valorativo que pasa de lo propio al drama del hombre. Tr. IV es, pues, una sombría orquestación de motivaciones humanas vistas a través de patrones de conducta en que se contraponen fuerzas de atracción y repulsión.

En el poema predominan las formas ascéticas —si se nos permite la palabra— y la técnica de las ausencias, esto es, el culto de las omisiones máximas, pero convirtiendo los espacios vacíos en modificantes.

Quizá la nota más obsesiva de todas sea la noción de anomalía, representada por el concepto del impar o mala suerte, esto es, el número tres. A medida que leemos el poema, se va haciendo cada vez más desesperanzado el destino del hombre, hasta convertirse al final en una malla de circunstancias trágicas. Aparece el tres en 1) *trifurcas;* 2) *tercera parte;* 3) *tres silencios;* 4) las dos carretas del comienzo más la tercera (*desamada*), que son los tres miembros de la trinidad humana —padre, madre, hijo—; 5) el triple encabalgamiento de palabras (trifurcas = tres + trifurcado + trifulcas); 6) los tres versos de la última estrofa; 7) una síntesis poética compuesta por tres partes separadas por tres puntos (*Calor. Ovario. Casi transparencia*) y, finalmente, 8) el empleo de tres palabras en cada una de las tres declaraciones finales: *Hase/ llorado/ todo// hase/ entero/ velado// en/ plena/ izquierda//.*

Tr. IV es, en suma, una de las composiciones más trabajadas y más genuinamente humanas de todo el volumen. Difícil será hallar en el mundo poético moderno otro poema de igual hondura emocional y de tan reconcentrada interioridad.

Trilce XXIV

1.   Al borde de un sepulcro florecido
     transcurren dos marías llorando,
     llorando a mares.

---

(14) El primero en señalar el contenido numérico de "dosificarse" fue Juan Larrea. Véase "Significado conjunto de vida y obra de Vallejo" V 2, p. 24, nota 4.

El ñandú desplumado del recuerdo
5. alarga su postrera pluma,
y con ella la mano negativa de Pedro
graba en un domingo de ramos
resonancias de exequias y de piedras.

Del borde de un sepulcro removido
10. se alejan dos marías cantando.

Lunes.

El primer estudio detenido de Tr. XXIV lo hizo Juan Larrea.
Para él este poema es una composición de fondo psicológico; el poeta, que se ve a sí mismo ya en la tumba, se siente menos afligido y
también, en cierto modo, vengado "al representar a Mirtho llorando junto a su sepulcro" (AV 5, p. 243). La amada —explica el crítico— está presentada como entidad doble, o sea, como las *dos
marías* del verso 2. "La segunda María podría ser la misma Mirtho,
puesto que en el relato de este nombre se dice: '—Mirtho, la amada
mía, es dos '" (AV 5, p. 238). Fuera de lo puramente biográfico,
señala Larrea la presencia de varias concomitancias bíblicas y un
sentido ulterior apenas discernible a primera vista.

Sin dejar de reconocer el valor del fondo anecdótico recién
mencionado, creemos que también podría interpretarse el poema
atendiendo principalmente a su contenido filosófico. En cuanto al
elemento bíblico, que da a la totalidad un cariz extrahumano, habría
que determinar si éste constituye o no el único enfoque de lo que el
poema dice.

En toda poesía hay un proceso de estilización que se puede
estudiar desde varios puntos de vista. Nosotros lo haremos atendiendo al significado de las dos marías. Estas son, a nuestro modo
de ver, los personajes centrales de Tr. XXIV.

Nuestra postura como críticos es pluralista. En vez de sostener
que una interpretación excluye a otras, nos parece más propio afirmar que el significado último de muchos poemas trílcicos está, precisamente, en la simultaneidad de perspectivas, aun cuando los aspectos que se destaquen a través de diferentes enfoques constituyan
dualismos y, a veces, oposiciones. Para Vallejo el universo era un
complejo de concomitancias y de antinomias y, por esto, nada de
raro tiene que el arte trílcico sea poliforme. Recuérdese también que
todo poema es una potencialidad semántica y que su significado primordial depende del grado de importancia que cada lector asigne
a sus diferentes facetas.

1. *Lugar.* Estamos frente a una tumba simbólica: ésta no es el lugar aderezado con amor por algún deudo o amigo doliente, sino un sepulcro que aparece primero *florecido* (verso 1) y luego *removido* (verso 9). La visita de las dos mujeres, a juzgar por el tono melodramático de los versos 2 y 3 (*llorando,/ llorando a mares*), lleva envuelta la idea de falsedad (15).

2. *Personas.* Las *dos marías,* consideradas dentro del ámbito poético de Tr. XXIV, simbolizan la veleidad femenina y, en un sentido más amplio, la inconstancia en los afectos humanos. No es realmente importante saber si una de las "marías" es Zoila Rosa Cuadra ("Mirtho"), la amada del poeta en 1917, ni parece necesario averiguar quién fue la otra "maría" (16). Vallejo había empleado ya el sustantivo "Marías", en plural, en "Los dados eternos" (LHN, pp. 90-91), como sinónimo de la amada ausente. Dirigiéndose a Dios dice:

tú no tienes Marías que se van!

El hecho de aparecer este mismo plural en Tr. XXIV nos lleva a pensar que esta palabra tiene el valor de una referencia genérica, sin intención anecdótica alguna. Así interpretada, la palabra "Marías" es parte de una meditación sobre la inconstancia o mutabilidad de los afectos humanos. Igual sentido genérico podría atribuirse al muerto, representado por el sepulcro, el cual es para nosotros símbolo de lo irreversible o irremediable. Ante la eternidad de la muerte, el recuerdo es apenas una emoción pasajera.

Juan Larrea, como se insinuó antes, nos ha dado una interpretación de mayor ulterioridad: el poeta es el muerto que yace en el sepulcro y también el hombre que medita sobre sí mismo. Como sustento de esta opinión puede darse el hecho de aparecer el doble del poeta en varias composiciones y también el haber expresado Vallejo en sus versos, más de una vez, una especie de autoconmiseración, como se ve, por ejemplo, en Tr. XLIII. Sin embargo, el poema podría interpretarse también con otro enfoque, esto es, relegando al muerto a la categoría de ente pasivo y atendiendo, por una parte, a lo que hacen las dos "marías", y, por otra, al contenido de la segunda estrofa. Así mirado, el poema no se referiría tanto al destino del muerto como a la imperfecta humanidad de los vivos.

(15) Quizá este tono fuese lo que llevó a Larrea a decir "Todo ello está escrito un poco al desgaire y no sin dejo burlesco" AV 5, p. 243.

(16) El nombre que acude inmediatamente a la memoria es el de María Rosa Sandóval, joven admirada por el poeta, fallecida en febrero de 1918.

En cuanto a la connotación bíblica, sugerida por la presencia de San Pedro (verso 6), es muy probable que ésta traiga a la mente del lector, por asociación temática, el sepulcro de Cristo, como afirma Juan Larrea, pero esto no bastaría para sacar el poema de su ámbito puramente humano. *La mano negativa de Pedro* (verso 6) sería entonces el símbolo de la irreversibilidad de la muerte, idea que neutraliza el valor asociativo de la alusión al Redentor.

3. *Acción*. El poema está concebido dentro de un patrón contrastivo que le sirve de marco (*llorando-cantando*), como bien se ve en los versos 1 y 9, los cuales repiten casi las mismas palabras: *Al (Del) borde de un sepulcro...* La misma idea contrastiva la expresan también los adjetivos: *florecido-removido*. Este último no implicaría, según nuestra perspectiva, ni la acción de adornar un sepulcro, ni tampoco el vuelo del alma al reino de Dios, sino simplemente el acto de hollar la tierra que circunda al sepulcro.

Habrá de notarse que está también implícita la fugacidad de los afectos humanos en el empleo de los verbos *transcurren* (verso 2) y *se alejan* (verso 10). Ninguno de los dos sugiere una pausa sino una pasajera visita.

En cuanto al final (verso 11), dice André Coyné: "... la última palabra: 'Lunes', se diría que arbitrariamente separada del contexto, confiere a los versos una nota de inconclusión (*sic*) característica" (AC I, pp. 92-93). De acuerdo con lo antes expuesto, el desgajamiento de la palabra final no es arbitrario, ni contiene una nota de inconclusión. Este verso hay que interpretarlo teniendo presente el domingo, del verso 7. Como noción contrastiva, habla por sí mismo, sin necesidad de adjetivos o verbos: el tiempo todo lo destruye y, así como hace del recuerdo un misérrimo espantajo, así también hace del afecto una insincera manifestación de pena. La vida sigue inexorablemente, desplazando del recuerdo a los muertos. Lo que antes fue amor se tradujo primero en llanto melodramático y luego en canto. Vallejo sabe que hay un "ahora" y un "hoy" de los cuales el hombre no puede desentenderse. Así nos lo dice claramente en Tr. LXX: ... *Amémonos/ los vivos a los vivos, que a las buenas cosas muertas/ será después*. Ha llegado otro día, y lo significativo es que sea un lunes, el día de la verdad, como dejó dicho el poeta en Tr. XLIX: *Murmurado de inquietud, cruzo,/ el traje largo de sentir, los lunes/ de la verdad*. El lunes es, pues, el día de los vivos y de la vida sin llantos. Ese lunes cierra el poema con una seca alusión al tiempo, que todo lo echa en la inconmensurable nada del olvido.

Nuestra interpretación del final difiere de la que da Larrea en el estudio antes mencionado. Según el crítico español, hay en el final una nota jubilosa, comparable a la que siente el creyente al saber que Cristo ha resucitado: "El poeta que se sentía muerto, resucita simbólicamente a un tiempo nuevo de carácter existencial" (AV 5, p. 244). Nuestra interpretación nos ha llevado, por el contrario, a ver en el final una nota de sarcasmo.

4. *Símbolos.* Ya hemos mencionado el trasfondo bíblico y su sentido alegórico. Remitimos al lector al excelente trabajo de Juan Larrea para todo lo relativo al significado que para él tienen el *sepulcro,* las *dos marías, Pedro* y *su mano negativa.*

Quedan por discutir tres elementos simbólicos más: uno, zoológico —el *ñandú*—; otro, temporal —el *domingo de ramos*—; y un tercero, de carácter geológico —las *piedras.*

a) El ñandú. Esta es la avestruz americana, que aparece aquí simbolizando con su desgarbado exterior lo que ha envejecido. El ñandú es presencia desgastada, misérrimo resto de lo que fue. Es el recuerdo que se desvanece. San Pedro escribe las exequias con la última pluma del ave, dando a entender con ello que el recuerdo del objeto ideal ha sido "desplumado" para siempre, quedando reducido a un mísero espantajo.

b) Un domingo de ramos. A primera vista no parece tener mayor importancia que la visita de las *dos marías* haya sido un domingo de ramos. Se sabe que su nacimiento lo hacía coincidir Vallejo con el día de esa festividad religiosa (17). Si se medita sobre este detalle, se llega a la conclusión de que Vallejo hace que la fecha de su muerte coincida con el día en que dice haber nacido, quedando así fundidos el nacer y un progresivo morir en un pensamiento existencialista no vertido en palabras.

c) Las piedras. Este sustantivo, sugerido seguramente por el plural que le precede (*exequias*), adquiere doble significado. En virtud del contexto, alude a lo duro y aparentemente inmutable, pero, por asociación con el valor simbólico que tiene en otras composiciones, trae a la mente un contenido humano: las piedras son seres vivos que piden con su pétrea humildad un poco de amor. Dice Vallejo: *Las piedras no ofenden; nada/ codician. Tan sólo piden/ amor a todos, y piden/ amor aun a la Nada* (LHN, p. 86).

Lo que estaba explícito en el poema recién citado ha quedado

---

(17) Véase "Comunión": *un Domingo de Ramos que entré al Mundo* (LHN, p. 12). *N. B.*: Vallejo nació, según las precisiones hechas por Alcides Spelucín (AV 2, pp. 31 - 36), el 16 de marzo de 1892, o sea, un miércoles. Esta es también la fecha que se da en el "Cuadro cronológico" que sigue al estudio de André Coyné ("César Vallejo, vida y obra", RevCul., p. 56). Véase, además, un breve comentario de Georgette de Vallejo titulado "Observaciones sobre la fecha de nacimiento de César Vallejo", RevCul., pp. 187 - 188.

inserto en una sola palabra: *piedras.* La muerte es absoluta y final. Del muerto restan sólo *resonancias ... de piedras,* apagadas voces que mendigan una migaja de amor.

Con esto retornamos a lo dicho antes sobre plurivalencia poética: el poema estudiado es una creación "abierta", como lo es el arte cubista, por ejemplo. Dicho en otras palabras, Tr. XXIV es comparable a una pintura no entrabada en un marco, que adquiere significados varios según como se enfoque. El sentido último y total del poema quedará siempre más allá de cualquiera de las interpretaciones parciales que se den, y será la suma de éstas, quizá, la que diga la última palabra.

Tr. XXIV es un drama mínimo en tres actos y un epílogo; corresponden éstos, respectivamente, a las cuatro estrofas. La acción física principal se desarrolla en las estrofas 1 y 3. Entre las dos fases de la expresión humana (llorar-cantar) queda toda la inconsecuencia del recuerdo, como bien lo dice la estrofa 2, cuya significación —y esto debemos destacarlo muy en particular— es totalmente negativa: el ñandú no es lo que era, pues aquí aparece desplumado; San Pedro graba resonancias de exequias y de piedras, y lo hace con mano negativa. Y el domingo de ramos es nacimiento y muerte a la vez. A la luz de esta serie ininterrumpida de negaciones, la tercera estrofa se convierte en un terrible sarcasmo de la vida, que hace resaltar la insinceridad del llanto descrito al comienzo.

Habrá quienes vean en Tr. XXIV una expresión totalmente fría del pensamiento poético. Nosotros discrepamos. Vallejo se ha esforzado por dotar al poema de una estructura significante, y es ésta la que lleva implícito el contenido emocional. ¿No está subentendido el sarcasmo de la vida en el contraste que establecen las estrofas 1 y 3? Y ¿hay algo que pueda ser más terminante y más dramático que el lacónico final (*Lunes*), separado como está del resto del poema?

Tr. XXIV es un buen ejemplo del arte trílcico por la estilización de los datos primarios de la experiencia humana, el empleo de símbolos, la estructuración escueta y significante y la increíble riqueza semántica, obtenida por transferencia de significados, o por vía de resonancias múltiples, todo ello encerrado en una composición mínima de once escasos versos, en la cual se unen y complementan pensamientos opuestos, dejando al lector en parte con una esperanza (interpretación de Larrea) y en parte abatido por los sarcasmos de la vida (interpretación nuestra).

1. La esfera terrestre del amor
    que rezagóse abajo, da vuelta
    y vuelta sin parar segundo,
    y nosotros estamos condenados a sufrir
5. como un centro su girar.

    Pacífico inmóvil, vidrio, preñado
    de todos los posibles.
    Andes frío, inhumanable, puro.
    Acaso. Acaso.

10. Gira la esfera en el pedernal del tiempo,
    y se afiila,
    y se afila hasta querer perderse;
    gira forjando, ante los desertados flancos,
    aquel punto tan espantablemente conocido,
15. porque él ha gestado, vuelta
    y vuelta,
    el corralito consabido.

    Centrífuga que sí, que sí,
    que Sí,
20. que sí, que sí, que sí, que sí: No!
    Y me retiro hasta azular, y retrayéndome
    endurezco, hasta apretarme el alma!

Desde el punto de vista formal, este poema consta de *a)* tres estrofas (Nos. 1, 3 y 4) unificadas por la presencia del mismo sujeto femenino, expreso o implícito (*la esfera terrestre del amor*), y *b)* una inserción elíptica —la estrofa No. 2— que alude a un referente masculino subentendido y desprovisto de complementación verbal.

La palabra clave en Tr. LIX es el adjetivo *terrestre,* pues ella nos lleva por vía contrastiva a la segunda estrofa: el poeta ha hecho un parangón entre el amor humano y terrenal (primera estrofa) y el amor absoluto (18) (segunda estrofa). Recurrimos al adjetivo "absoluto" apoyándonos en las ideas expresadas en *El romanticis-*

_____

(18) A este tipo de amor parece referirse Juan Larrea en una importante nota aclaratoria de su estudio "Considerando a Vallejo", en la cual compara la expresión erótica con "otra clase genérica de Amor" AV 5, p. 240.

mo en la poesía castellana, tesis presentada por Vallejo en 1915 para optar al grado de Bachiller. Es verdad que este trabajo fue escrito varios años antes de editarse *Trilce* y que, en sus días juveniles, Vallejo asociaba el amor absoluto con el amor divino, pero este último concepto se va transformando con los años en una preocupación filosófica, cambio que aparece ya insinuado en la tesis misma, donde el poeta emplea la palabra "metafísica" al hablar del amor. Citaremos tres breves pasajes de la sección en que Vallejo discute el concepto del amor como evolución de un ideal originariamente religioso, y nos tomaremos la libertad de subrayar algunas palabras que nos parecen de especial importancia para interpretar el contenido de Tr. LIX:

"Y este sentimiento de un amor *puro,* bendito por la mano de Dios, atraviesa *la Tierra* como soplo de consuelo, haciendo vivir al hombre una nostalgia infinita por el Emireo *(sic)* (¿Empíreo?); y, aunque perfuma la vida, no satisface la sed del corazón, que sólo encontrará la dicha completa con *la muerte;*

... ...

"Por esto *el amor en el mundo...* es una pasión cuanto más bella, más dolorosa, cuanto más metafísica, si cabe la palabra, más melancólica, porque mientras más se descubre un aliento de cielo en él, ... es más triste y tormentoso hacer el viaje por *la Tierra,* atravesar *la cárcel mundanal* entre una *leve sonrisa de esperanzas* y un espasmo de sombra e inquietud.

... ...

"El pensar en *el amor absoluto,* en la eternidad de este sentimiento, espolea la imaginación española..." (Elrom., pp. 26-28.)

Para los fines de nuestro estudio podemos hacer caso omiso de las referencias a lugares y épocas. Poco importa que Vallejo hable del amor al referirse a los románticos italianos o a la literatura española. Lo que sí importa es el sentido de sus palabras, pues, por encima del dato histórico hay un contenido personal, que es el que nos interesa. Es digno de observar, por lo tanto, que cada una de las ideas que hemos subrayado está presente en el poema, explícita o tácitamente. Comparemos:

Tesis	Poema
un amor puro	Andes frío, inhumanable, puro (verso 8)
atraviesa la tierra	La esfera terrestre del amor
el amor en el mundo	(verso 1)
la muerte	aquel punto tan espantablemente conocido (verso 14)
atravesar la cárcel mundanal ...	y nosotros estamos condenados a sufrir/ como un centro su girar (versos 4-5)
leve sonrisa de esperanzas ...	.. que sí, que sí,/ que Sí,/ que sí, que sí, que sí, que sí... (versos 18-20)

El contraste entre cielo y tierra, entre lo absoluto y lo humano, entre lo eterno y lo transitorio es el mismo que aparece en Tr. LIX. Y la nota de dolor y de angustia que describe el poeta al hablar del "inasible paraíso", esto es, el amor absoluto, es la misma que se encierra en el último verso: *endurezco, hasta apretarme el alma!* (verso 22).

Vistos a través del esquema contrastivo que hemos diseñado, resultan bastante claros los detalles del poema.

La palabra *esfera* tiene, claro está, significado doble, pues se refiere al planeta y también a la zona del amor mundano. La inferioridad de este amor está implícita tanto en el verbo como en el adverbio del verso 2: *rezagóse abajo*. El amor terrenal, nos dice Vallejo, no lleva al Empíreo (palabra empleada en la tesis), ni deja posibilidad alguna de evasión, por ser el hombre víctima de sus sentidos, los cuales "se sublevan en contra de aquel género de virtudes e idealidades puras". Estas son, precisamente, las que el poeta representa en la estrofa 2. Leamos esta estrofa una vez más, supliendo mentalmente como sujeto las palabras: "El amor absoluto es...":

6. Pacífico inmóvil, vidrio, preñado
   de todos los posibles.
   Andes frío, inhumanable, puro.
   Acaso. Acaso.

No deja de ser significativo que aparezca esta estrofa como desligada del resto del poema. Quizá lo inefable que ella contiene llevó al poeta a la expresión críptica, pues "el Misterio sintetiza", como dice en "Espergesia". De todos modos, la índole extrahumana de este amor está claramente expresada en el verso 8 recién citado (*inhumanable, puro*). A éste le sigue una dubitación filosófica (*Acaso. Acaso.*) que puede interpretarse de dos maneras:

a) este amor absoluto *acaso* sea nuestro en un más allá que desconocemos;

b) este amor absoluto *acaso* sea de otra naturaleza y no como aquí se representa.

Cualquiera que sea el significado, queda en la mente del lector un conjunto de ideas coherentes: el amor absoluto no es frenético sino *pacífico;* no existe en la sucesión temporal, es *inmóvil* (verso 6); es un concepto transparente (*vidrio*) (19); es enorme como los *Andes,* y también *frío,* porque no está sujeto a los vendavales de la pasión, o, como reza la tesis, "las luchas en el mundo interno, las batallas corazón adentro..." (Elrom., p. 27).

En la estrofa num. 3 vuelve el poeta al tema del amor terrestre para destacar no sólo su temporalidad —lo contrario de lo que se dice en el verso 6 (*inmóvil*)—, sino también su índole perecedera: en roce continuo con el tiempo, que jamás cede (*el pedernal del tiempo*), el amor de los mortales se va mermando a lo largo de la existencia, hasta llegar el momento decisivo final. Esta idea de desgaste y reducción, expresada en el verso 13 (*ante los desertados flancos*), va adquiriendo cada vez mayor dramaticidad y culmina en el verso 14, el cual comienza con un *aquel* cargado con esa voluntad de distanciación con que todo hombre desea alejar de sí a la muerte, o, como dice el poeta, el final *tan espantablemente conocido.* Este inevitable desenlace hace resaltar la invalidez fundamental del hombre, cuya última morada es un ínfimo lugar comparable a un humilde corral. El amor terrestre es mortal y llega a su fin en un triste recinto. El empleo del diminutivo hace más punzante aún la insignificancia de nuestro destino. Todo ello es obra del tiempo que, con empecinado afán, reduce cada día nuestro ámbito existencial:

15. porque él ha gestado, vuelta
16. y vuelta,
17. el corralito consabido.

---

(19) Es probable que el adjetivo *inmóvil* sea reflejo de la prueba aristotélica de la existencia de Dios, y que la palabra *vidrio* aluda, a su vez, al primer cielo "cristalino", más allá del cual está el "empíreo". A este mundo de amor inefable alude Vallejo, como se ha visto, en su tesis de bachillerato.

Se inicia la última estrofa con una angustiosa esperanza: la de poder salir hacia afuera y ascender y depurarse, impulsado por la fuerza centrífuga de la esfera terrestre, pero el destino del hombre es otro. De nada sirve la engañosa promesa repetida siete veces: *que sí, que sí, etc.* Todo termina con un rotundo *No!*

El final del poema muestra al hombre totalmente derrotado. Reconociendo por fin la futilidad de todo anhelo, se entrega el lírico a la más desesperanzada resignación, insinuada en el verbo *azular*, que aquí indica desmoralización absoluta (20).

Hay en Tr. LIX un conjunto de imágenes en tercera persona, asociadas a la esfera terrestre, que contrastan con el elemento humano, vertido primero en plural (*estamos condenados...*) y después en primera persona del singular (*Y me retiro...*). Este último enunciado (verso 21) personaliza lo que antes se había dado como sentimiento colectivo (verso 4), fenómeno que aparece también en Tr. IV y que se subentiende en Tr. XXIV. Una vez más se hermanan el destino del poeta y el del género humano, impartiendo a la composición un sentido universal (21).

La estrofa más compacta es, sin duda, la segunda. Aquí vemos un antecedente de la estructuración adjetival que hallaremos más tarde, como técnica básica, en *Poemas humanos*.

Suponiendo que la ausencia de una coma entre las dos primeras palabras del verso 6 (*Pacífico inmóvil*) era lo que Vallejo deseaba, tendríamos aquí dos posibles construcciones: una en que *Pacífico* es simplemente un adjetivo, y otra en que *Pacífico* estaría empleado en función sustantival. Aparece luego el fenómeno contrario, esto es,

---

(20) El uso de la coloración para indicar estados anímicos se ve también en Tr. IV: *Aquel no haber descolorado/ por nada.* Los colores "verde" y "colorado" representan, a todas luces, aspectos de la vida psíquica.

(21) Tr. LIX es reflejo de lecturas. Creemos que su raíz primera se halla, principalmente, en el capítulo XIII del volumen *Los enigmas del universo*, de Ernst Haeckel, libro ya mencionado en las páginas dedicadas al poema VIII (*Cf.*: p. 222). Vallejo vivió sus años juveniles hondamente preocupado con las premisas y conclusiones científicas de fines del siglo XIX: origen del cosmos, monismo haeckeliano, ley de la persistencia de la materia y de la energía, límites del concepto de entropía, concepción del *perpetuum mobile*, disipación y muerte del globo terrestre, etc. Todo esto pudo hallarlo en el capítulo mencionado. La similitud de vocabulario es, por otra parte, muy significativa. Sin embargo, preciso es decir una *vez* más que Vallejo no se limitó a reproducir ideas, sino que nos dio una visión subjetiva, cargada de dramaticidad, de los estragos espirituales producidos en su alma por sus meditaciones y dudas. La confrontación de fuentes primarias de información científica y el reflejo de éstas en la poesía trílcica es otra de las vías por las cuales podría hacerse un extenso y valioso estudio del arte trílcico. Como dijimos en la introducción, hemos de limitarnos por el momento a la mera enunciación de este proyecto.

un sustantivo empleado en función adjetival (*vidrio*). Hay, por fin, un nombre generalizado (*Andes*) que vale por una cualificación, pues sugiere lo enorme y lo inconmensurable. Estos cambios funcionales y la falta de coordinación directa entre la estrofa 2 y el resto del poema muestran hasta qué punto es el arte trílcico una negación de la medida y coherencia de la poesía modernista.

Considerado en su totalidad, Tr. LIX encarna un anhelo típicamente vallejiano: el intento de sobrepasar los límites de la acción humana. Esta persistente proyección a un más allá extrahumano, apenas vislumbrado o imposible, da carácter metafísico a una parte considerable de la poesía trílcica.

* * *

Las tres composiciones estudiadas expresan una actitud, una meditación y un drama, respectivamente. Aunque se diferencian en la dosis de autobiografía que contienen, todas ellas funden lo humano y lo ideacional. Vallejo no evita la realidad de la existencia recurriendo a fugas o a un abstractismo artístico. Tampoco cae en la lucubración intelectualista. Hay artistas, como T. S. Eliot, que buscan soslayar la carga de su propia personalidad. Esto no ocurre en ningún poema trílcico. Por eso el insigne peruano es hoy día de especial significación, pues la vida amorosa también es para la generación actual una de las expresiones de más radical y dramática problematicidad.

4. *Vida y muerte*: Tr. LXXV, Tr. LXIV, Tr. XLIX (1)

Hay en *Trilce* (1922) tres composiciones que tienen como tema fundamental distintos aspectos del concepto vallejiano de la vida y de la muerte. Llevan los números LXXV, LXIV y XLIX.

Discutiremos estas tres piezas en el orden mencionado, aunque éste no representa el lugar que ocupan en *Trilce*. Puesto que la colocación de los poemas dentro del volumen no tenía especial importancia para Vallejo, no es hacer violencia a la intención del poeta el reagruparlos en la forma aquí propuesta. Las tres creaciones que vamos a discutir reflejan actitudes diferentes, sin otra trabazón entre sí que la personalidad creadora del autor. La nueva serie, sin em-

---

(1) Con texto casi igual, apareció este ensayo en la *Revista Iberoamericana*, No. 68, mayo - agosto, 1969, pp. 329 - 350.

bargo, hace más difícil aprehender la intención del poeta, pues presenta las composiciones en orden de creciente dificultad (2).

Nos proponemos determinar los supuestos en que se basa el concepto vallejiano de la existencia, y ver qué relación establece el poeta entre la vida y la muerte ¿Veía Vallejo la muerte como trance final y definitivo, o como constituyente de la vida misma? ¿Tenía el poeta alguna convicción salvadora que le permitiese concebir una supervivencia en el más allá? ¿Admite Vallejo la posibilidad de momentos trascendentes en los cuales el artista logre sobreponerse al continuo del tiempo y a su destino de caducidad?

Veamos ahora el primero de los poemas elegidos.

Trilce LXXV

1. Estáis muertos.

    Qué extraña manera de estarse muertos. Quienquiera diría que (3) no lo estáis. Pero, en verdad, estáis muertos.

5. Flotáis nadamente detrás de aquesa membrana
    que, péndula del zenit al nadir, viene y va de cre-
    púsculo a crepúsculo, vibrando ante la sonora caja
    de una herida que a vosotros no os duele. Os digo,
    pues, que la vida está en el espejo, y que vosotros
10. sois el original, la muerte.

    Mientras la onda va, mientras la onda viene,
    cuán impunemente se está uno muerto. Sólo cuando
    las aguas se quebrantan en los bordes enfrentados y
    se doblan y doblan, entonces os transfiguráis y cre-
15. yendo morir, percibís la sexta cuerda que ya no es
    vuestra.

    Estáis muertos, no habiendo antes vivido jamás.
    Quienquiera diría que, no siendo ahora, en otro tiem-
    po fuisteis. Pero, en verdad, vosotros sois los cadáve-
20. res de una vida que nunca fue. Triste destino el

---

(2) La disposición tipográfica de los poemas es la que tienen en PC. En el caso de un poema en prosa, como Tr. LXXV, diremos "verso" para referirnos a un renglón, y llamaremos "estrofa" a cualquier grupo de renglones separado de otros grupos por un espacio en blanco.

(3) OPC omite este relativo.

no haber sido sino muertos siempre. El ser hoja seca
sin haber sido verde jamás. Orfandad de orfandades.

Y sin embargo, los muertos no son, no pueden ser
cadáveres de una vida que todavía no han vivido.
25.   Ellos murieron siempre de vida.

Estáis muertos.

Este poema en prosa es un conjunto de proyecciones metafóricas
que buscan penetrar el enigma del destino humano. Una primera lectura nos permite ver con relativa facilidad que Tr. LXXV contiene
varias estructuras poéticas plurivalentes en que se hermanan dos
procesos paralelos: *a*) insistencia en tres grupos de imágenes cósmi-
cas (de luz, movimiento y vibración) y *b*) contraste entre la vida consciente y la existencia vegetativa, señalándose en particular la ausencia
de lo que caracteriza la dinámica del hombre. La mayor parte del
poema nos dirá, pues, por qué la vida letárgica es un modo de estar
muerto (4).

a)   *Luz*. En los versos 6 y 7 se adivina la presencia del sol (5) en
la alusión al espejo: *la vida está en el espejo,* dice el poeta. Vivir es
participar de la energía solar o ser reflejo de ella (6). El hombre
traspasa la frontera del no-ser y se convierte en ente activo en virtud
de un contagio cósmico, pero lo hace siempre bajo el signo de la
muerte. Su auténtica realidad es, pues, su destino mortal. De aquí que
diga el poeta: *vosotros sois el original, la muerte.*

En *Trilce*, el espejo es símbolo positivo —fuerza cósmica, hálito
suprahumano, amor, o simple presencia reconfortante (7); en el presente poema es la contraparte de las sombras, las mismas que quedan
implícitas en la frase *de crepúsculo a crepúsculo,* y que constituyen
el ámbito del hombre elemental y rutinario.

_____

(4) Se ha dicho que este poema lo escribió Vallejo en mayo de 1920, al
notar la laxitud de la vida provinciana, poco después de volver a Trujillo.
Véase: JEA p. 87.

(5) Debemos esta interpretación al Prof. Jorge Medina Vidal.

(6) Puede ser que este concepto sea recuerdo de la creencia incaica,
según la cual el sol es fuente de energía y principio de todo lo creado.
Creemos importante no cambiar el verbo: la vida no *es* un espejo, sino que
está en el espejo. *Cf.*: Cueto Fernandini, Carlos, "Trilce", *Sphinx*, Año III
Nos. 6 - 7, julio - octubre, 1939, p. 118.

(7) En Tr. LXVII se asocia la figura luminosa del hijo ansiado a un
espejo: *pensamos que vendría el gran espejo ausente;* en Tr. VIII se intuye
la posibilidad de un algo (¿fuerza vital? ¿potencia cósmica?) que permite a
un mortal sobrepasar los límites de su finitud: *margen de espejo habrá/
donde traspasaré mi propio frente.*

b) *Movimiento.* Fuera del desplazamiento del sol, inplícito en la alusión al *zenit* y al *nadir,* se representa el dinamismo de la existencia a través de aguas que *se quebrantan* y *doblan* (versos 12-13). La vida es un nadar, un "no quedarse", como dijo Vallejo en Tr. XLVII. Muy sugestivo es el adverbio *nadamente,* en que se funden el *nadar* y la negación *nada,* esto es, el contraste entre activismo e inercia que da carácter y significado al poema.

En Tr. LXXV aparece el agua como elemento amenazante. Las aguas turbulentas son, como la vida, el elemento móvil y traicionero en que el hombre no halla punto de apoyo; en contraste con ellas están las ondas de la vida rutinaria: *Mientras la onda va, mientras la onda viene.* Para un espíritu serrano, como era el de Vallejo, el choque de las aguas, especialmente las del mar, debió de configurarse en su mente como símbolo de la existencia humana. No extraña, pues, que sea expresión de desgaste y anuncio de muerte, tal como se insinúa al final de la tercera estrofa. Los *bordes enfrentados* no son dos lados, opuestos el uno al otro, sino todo aquello que es barrera y se opone al embate del mar (8).

c) *Vibración.* El hombre vivo, dice Vallejo, es el ser sensible. El "muerto" es, por el contrario, el que ve el dolor humano, representado aquí por *la herida* del verso 8, y no lo siente. Sólo en la agonía llega éste a comprender la existencia de la *sexta cuerda.* Los "muertos" han vivido con un instrumento vibrador —su propio ser— que está representado aquí por una guitarra. Sólo en presencia de la muerte descubren tales hombres la cuerda intocada. El no haber jamás vibrado esa cuerda es como no haber vivido nunca (9).

La vibración aparece en el poema en otras formas. La *membrana* del verso 5 se refiere a la piel que cubre un parche o tambor, como el que se adivina en Tr. XLI (10), y que aquí es el elemento sensible en que repercute el dolor del hombre. Si la membrana *péndula* es la atmósfera vital, la *caja sonora* es la humanidad, en cuyo seno flotan *nadamente* los hombres que viven ajenos a toda conmoción espiritual. Nada de esto es mera conjetura, pues el poeta mismo emplea el verbo *vibrar* en el verso 7.

Hasta aquí hemos señalado tres contrates que representan en el poema la vida y la muerte: a) luz y sombras; b) turbulencia y quietud; c) vibración y mudez. Detrás de estas contraposiciones se ad-

---

(8) La lucha simbólica de agua y tierra se halla también en Tr. XLVII.

(9) La cuerda intocada podría asociarse al llamado "sexto sentido", que nos comunica todo lo que no captan las cinco vías perceptivas del cuerpo humano.

(10) Dice este poema: *En tanto el redoblante policial/ ... se desquita y nos tunde a palos,/ dale y dale,/ de membrana a membrana, tas/ con/ tas./*

vierte un orden cíclico, un eterno retorno, que el poeta expresa indirectamente:

5.   aquesa membrana/ ... viene y va...

Este retorno trae a la mente el concepto nietzscheano del mundo, con el cual concuerda Vallejo enteramente. La vida consciente es un estar dentro de un patrón eterno de alternancias, quizá de raíz oriental, a la par que la vida vegetativa es no tener conciencia de esta voluntad cósmica.

También está subentendido en Tr. LXXV el continuo temporal. Lo hallamos en varias sugerencias poéticas, algunas de ellas muy sutiles. Aparece primero en los versos 6 y 7: *viene y va de crepúsculo a crepúsculo;* vuelve a insinuarse en el *Mientras* del verso 11, y se hace por fin patente hacia el final en el *ahora* y el *otro tiempo,* de los versos 18 y 19. El transcurso del tiempo está también subentendido en esa *vida que nunca fue* y en el *no haber sido* (versos 20-21). Vivir es para Vallejo estar inserto en el continuo del tiempo.

En resumen: el hombre es mortal en dos sentidos: 1) por ser originalmente, como hemos visto, concreción de mortalidad (verso 10), idea reforzada por el verso 25, en el cual la vida se concibe como causa del morir, y 2) por sustraerse al dinamismo del cosmos, con la consiguiente merma de su hombredad (verso 12). *Triste destino,* este último —nos dice el poeta— aun siendo un modo de evitar la angustia del diario vivir. Vallejo cree, pues, que el hombre ha de elegir el camino de la vida consciente, aun sabiendo que lleva inevitablemente al dolor.

La primera mitad del poema es expositiva (versos 2-10); las dos estrofas siguientes (versos 11-22) son de tono reflexivo, pero el final es una dubitación que nos hace entrar en el ámbito paradójico.

La estructura intelectual vallejiana típica es, como la presente, la que lleva a la duda. Este es el sentido de la suposición implícita en *cualquiera diría* y en la contrarréplica introducida por el *sin embargo,* del verso 23. Estas expresiones añaden al poema, primero, una incertidumbre y, luego, una certeza: *Estáis muertos.* Todo esto demuestra que la disposición de las partes constitutivas del poema responden a un movimiento interior en que se entrelazan intuiciones, enfoques aproximativos, racionalizaciones y dudas. Este tipo de estructura denotativa, que se halla en varios poemas trílcicos, es uno de los recursos de que se valió Vallejo para hacer partícipe al lector de los distintos momentos gestativos de su creación. El poema no se da como un todo ya elaborado, sino como un proceso de configuración, con avances y retrocesos, evidencias y dudas.

Si apuramos un poco más el análisis, vemos que el poema es un conjunto de intuiciones y una meditación. Por esto Tr. LXXV es búsqueda y aseveración al mismo tiempo. En esta doble urdimbre se enlazan imágenes de dos mundos: el exterior (cielo, tierra, aguas, costas) y el interior (dolor, transfiguración, ser). Hay, pues, en el poema, grandeza espacial y hondura psíquica, que transmiten al lector un aliento cósmico y un íntimo sentido de la vida, todo ello expresado en lenguaje taumatúrgico. La voz del poeta creador resuena en muchas ocasiones como la de un profeta. Así lo demuestra el empleo de la segunda persona del plural en dieciséis ocasiones: *estáis* muertos, a *vosotros* no *os* duele, *os* digo, *vosotros sois* el original, en otro tiempo *fuisteis,* etc. El formalismo de estas construcciones está muy en armonía con la solemnidad del poema.

Tr. LXXV se destaca por su estilo reiterativo: el "estar muerto", que abre y cierra el poema sirviéndole de marco, se repite, con algunas variantes, un total de seis veces, por lo cual el poema se desenvuele como insistencia, como expresión de una idea fija. A este psicologismo poético se suma el tono sentencioso de oraciones apodícticas: *sois los cadáveres de una vida que nunca fue; vosotros sois el original, la muerte,* etc. En el fondo de estas afirmaciones, y de otras, se advierte, además, un contraste de conceptos a través de los verbos "ser" y "no ser", o bien, "ser" y "estar", pero sin que por esto se desvirtúe el clima poético, el cual se mantiene a lo largo de toda la composición.

Tr. LXXV es un poema de refrenada emotividad y de vuelo filosófico, cuya estructura total y lenguaje están en perfecta consonancia con la intención que en él se encierra. ¿Contiene la vida consciente, según Vallejo, una recompensa para el que decide no evadirse de su destino humano? La respuesta la hallaremos en el poema siguiente:

Trilce LXIV

1. Hitos vagarosos enamoran, desde el minuto
   montuoso que obstetriza y fecha los amotinados nichos de la atmósfera.

   Verde está el corazón de tanto esperar; y en el
5. canal de Panamá ¡hablo con vosotras (11), mitades, ba-

---

(11) En OPC: *vosotros.*

ses (12) cúspides! retoñan los peldaños, pasos que suben,
pasos que baja-
n.
Y yo que pervivo,
10.   y yo que sé plantarme.

O valle sin altura madre, donde todo duerme
horrible mediatinta, sin ríos frescos, sin entradas de
amor. Oh voces y ciudades que pasan cabalgando en
un dedo tendido que señala a la calva Unidad. Mien-
15.   tras pasan, de mucho en mucho, gañanes de gran
costado sabio, detrás de las tres tardas dimensiones

Hoy   Mañana   Ayer

(No, hombre!)

Tr. LXIV es un poema más difícil que el anterior porque contiene conceptos poéticos complejos vertidos en formas retorcidas. Hay
además saltos conceptuales entre estrofas y una progresiva condensación del pensamiento poético que culmina en un balbuceo final y
una enigmática protesta. Fuera de contener símbolos de sentido muy
especial y elaboraciones poéticas de conceptos, halla el lector oscuras
referencias a cosas y personas, amén de no pocas abstracciones, todo
ello en función desrealizadora y generalizante. Detrás de este apretado nudo palpita el drama particular de Vallejo, el cual está transformado en materia poética, excepto al final, como luego veremos.

En Tr. LXIV se configura una meditación sobre dos determinantes de la condición humana —la espacialidad y la temporalidad—,
dándose éstas como razón de las limitaciones del hombre y de su destino de finitud. Así nos lo dicen las muchas alusiones a entidades espaciales (*mitades, bases cúspides*) y a dimensiones temporales, como
las que aparecen en el verso 16, separadas por grandes espacios en
blanco: *Hoy   Mañana   Ayer*.

Ningún pensamiento parece haber obsesionado tanto a Vallejo, en
los años que van desde la composición de *Los heraldos negros* hasta
Trilce, como la conciencia de las limitaciones humanas. El hombre
es ente capaz de desear lo absoluto —dice Vallejo—, pero ha de vivir entre relatividades, en una como agonía espiritual motivada por su
propia naturaleza. Esta agonía no es el miedo de un Rubén Darío
ante lo ignoto, ni la trémula expectación de un Nervo, sino una do-

---

(12) Con coma, después de *bases,* en OPC.

lorida certeza de la finitud del hombre. La persistencia de esta preocupación vallejiana la atestiguan diferentes poemas y piezas en prosa que contienen referencias a *lindes, linderos, límites* y *limitaciones,* o a equivalentes como *frente* o *fronteras;* la misma idea aparece implícita en el verbo *limitar.* Veamos algunos ejemplos:

> ¡Ah, mano que *limita,* que amenaza
> tras de todas las puertas, y que alienta
> en todos los relojes, cede y pasa! ("Unidad", LHN, p 97)

> Mas, ¿no puedes, Señor, contra la muerte,
> contra el *límite,* contra lo que acaba? ("Absoluta", LHN, p.74)

> donde traspasaré mi propio *frente* (Tr. VIII)

> Vuelve la *frontera* a probar
> las dos piedras que no alcanzan a ocupar
> Una misma posada a un mismo tiempo. (Tr. LIII)

> la Muerte está soldando cada/ *lindero* (Tr. LV)

> ... por este camino traspasaba *las lindes* del
> amor y del bien... ("Liberación", NyCC, p. 40)

No parece aventurado suponer que Vallejo concibió el destino mortal del hombre como extensión de un concepto bíblico repetido en el hogar de su infancia quizá muchas veces: el hombre arrojado del Edén expía el pecado original en su naturaleza finita. Nada hay en el poema que sugiera la raíz religiosa recién insinuada, pero hacemos nuestra afirmación apoyándonos en un pasaje de *El tungsteno,* novela vallejiana publicada en Madrid, en 1931. Dicho pasaje repite casi textualmente otro inserto en el relato "Sabiduría", publicado en el núm. 8 de *Amauta* (1927), según la noticia introductoria del volumen *Novelas y cuentos completos* (Lima, 1967). A juzgar por las fechas, es probable que dicho pasaje sea una ampliación en prosa de los conceptos básicos del poema que aquí estudiamos. Según Espejo Asturrizaga, el poema data de 1919 (JEA, p. 113). El relato "Sabiduría" y la novela *El tungsteno* son posteriores.

Antes de analizar Tr. LXIV, fijemos la atención en algunas partes del relato, subrayando aquellas frases que luego nos servirán para entrar en la interioridad del poema. Al describir una visión mirífica de un enfermo, dice Vallejo:

"Pero un sentimiento extraordinario de algo jamás registrado en su sensibilidad, y que le nacía del fondo mismo de su ser, le anunció que se hallaba en presencia del Señor. Tuvo entonces tal cantidad de luz en su pensamiento que lo poseyó la visión entera de *cuanto fue y será, la conciencia integral del tiempo y del espacio,* la *imagen plena y una de las cosas,* el *sentido eterno y esencial de las lindes...* En su ser se había posado una nota orquestal del infinito, a causa del paso de Jesús y su divino oriflama por la antena mayor de su corazón. Luego volvió en sí, y al sentirse apartar de delante del Señor, *condenado a errar al acaso, como número disperso,* zafado de la armonía universal por una *gris e incierta inmensidad,* sin alba ni poniente, un dolor indescriptible y nunca experimentado en su vida, le colmó el alma hasta la boca, ahogándole, ..." (NyCC, p. 125).

Refiriéndose luego a la potencia del ser infinito, exclama el enfermo haciendo memoria de cuánto perdió el hombre al quedar inserto en la finitud:

"¡Cuando pude cercenar las cosas por la mitad, tomarme sólo las caras y volver a sacar de los sellos otras caras y otras más hasta la muerte! ¡Cuando pude borrar de una sola locura los puentes y los istmos, los *canales* y los estrechos, a ver si así mi alma se quedaba quieta y contenta, tranquila y satisfecha de su isla, de su lago, de su ritmo!" (NyCC, pp. 126-127).

Y, por fin, dando a entender claramente el sentido teológico de lo absoluto, menciona Vallejo la raíz bíblica de sus lucubraciones:

"¡Señor! Yo fui el pecador y tu pobre oveja descarriada. ¡Cuando estuvo en mis manos ser *el Adán sin tiempo,* sin mediodía, sin tarde, sin noche, sin segundo día! ¡Cuando estuvo en mis manos embridar y sujetar los rumores edénicos para toda la eternidad y *salvar lo Cambiante en lo Absoluto!* ¡Cuando estuvo en mis manos *realizar mis fronteras* garra a garra, pico a pico: guija a guija, manzana a manzana! ... ¡Yo pude ser solamente el óvulo, la nebulosa, el ritmo latente e inmanente. Dios!" (NyCC, p. 127).

Para Vallejo *Absoluto* e *infinito* son términos idénticos; ambos expresan conjunción de tiempos, unidad espacial, cese de todo cambio o fraccionamiento, de toda merma o dependencia (13). En contraste con esta perfección suprema está la esfera de lo humano con todas sus relatividades, dualismo y constante devenir. La vida del hombre es conciencia de imperfecciones y sed de infinito.

En el fondo del pensamiento vallejiano está, pues, la irreconciliable oposición entre lo humano y lo divino. Ser hombre es ser imperfecto, y vivir es tener conciencia de barreras. De aquí que, con profundo dolor, señale el poeta en "Espergesia", el último poema de *Los heraldos negros,* la hostilidad de nuestro medio ambiente y el misterio de nuestra circunstancia vital:

> Todos saben ... Y no saben
> que la Luz es tísica,
> y la sombra gorda...
> Y no saben que el Misterio sintetiza...
> que él es la joroba
> musical y triste que a distancia denuncia
> el paso meridiano de *las lindes a las Lindes.*

Tr. LXIV es una dramática representación poética de la vida como un sueño de perfección irrealizable. Tal como en "Espergesia", hay en Tr. LXIV un drama espiritual. Para aclarar el alcance de ese drama señalaremos ahora las coincidencias que hay entre el significado de las citas en prosa y el sentido íntimo del poema. Podría afirmarse que en el relato están las ideas básicas del tema, y en el poema, la experiencia poética de las mismas. Relato: enfoque conceptual. Poema: intuición del drama humano. El hombre del relato es, en el poema, un demiurgo cuya visión va más allá de los confines de la razón.

El poema LXIV se abre con el despertar del ser a la vida terrenal, como bien lo sugiere el neologismo "obstetrizar", del verso 2. Inserto en el drama cósmico, halla el hombre *hitos vagarosos,* esto es, solicitaciones imprecisas que van a constituir las metas engañosas de su existencia.

El poema diseña luego un ambiente de indefinición en que nada está referido a una persona en particular; el verbo *enamoran,* por ejemplo, tiene un objeto directo indefinido, que alude a "cuantos nacen". Esta concepción genérica le da al poema un tono filosófico desde el principio.

---

(13) Esta idea está nítidamente expresada en "Absoluta" (LHN, p. 74): *Oh unidad excelsa! Oh lo que es uno/, por todos! Amor contra el espacio y contra el tiempo!/ Un latido único de corazón;/ un solo ritmo*: Dios!

El poema menciona a continuación un "minuto montuoso", que es el momento álgido del nacer y que encierra ya las nociones de tiempo (minuto) y de espacio (monte) (14). Los hombres ingresan en la vida terrenal tras un acto de rebeldía y se integran a un mundo inarmónico bajo el signo de la muerte; son, pues, *los amotinados nichos de la atmósfera* (15). Llegan, además, al mundo con una fecha (verso 2). Vivir es igual a ser en el tiempo.

La segunda estrofa lleva envuelto un salto temporal. El hombre vive ahora apoyado en una esperanza imposible, la de sobrepasar su condición humana, como lo indica el verso 4, que asocia un adjetivo de coloración a la esperanza: *Verde está el corazón de tanto esperar*. Esta línea recuerda la denominación popular del verde como color de esperanza (16). El verde sugiere también una imposibilidad de maduración.

Viene ahora un segmento que parece ser una acumulación caótica de cosas y acciones humanas contradictorias. Este caos es más aparente que real. Los versos 4-8 son todos alusiones poéticas a la realidad espacial de nuestro mundo, realidad finita, que tiene comienzo y fin, forma variada y dimensión.

4.   ... y en el
5.   canal de Panamá ¡hablo con vosotras, mitades, ba-
6.   ses cúspides! retoñan los peldaños, pasos que suben,
7.   pasos que baja-
8.   n.

Aquí es necesario un paréntesis. En contraposición con la materia en el espacio, siempre descoyuntada y dimensional, concibe el poeta, por inferencia, la infinitud, que es una y múltiple a la vez, que no está sujeta a ninguna categoría espacial. El hombre ansía tener —según el relato— "la imagen plena y una de las cosas". Ahora bien, tras de lamentar haber sido arrojado del seno de Dios y ser ente espacial, el personaje de "Sabiduría" deplora su desdi-

---

(14) La inserción del hombre en el tiempo al nacer se expresa en "Muro antártico" por medio del mismo sustantivo: "... cuando aún el minuto no se había hecho vida para nosotros" (NyCC, p. 15).

(15) El concepto del nacer como rebeldía o *facción* aparece también en el poema siguiente. Tal rebeldía bien puede ser reflejo de la desobediencia de Adán y, por ende, de todos sus descendientes (Génesis, Cap. 3). El convivio de vida y muerte lo representará Vallejo muchas veces. Sirva de corroboración este verso: *Vanse [estas gentes desgraciadas] de su piel, rascándose el sarcófago en que nacen* (PH, p. 184).

(16) Recordemos aquí el verso: *Hay soledad en el hogar sin bulla, sin verde, sin niñez* (LHN, p. 101).

cha refiriéndose a la fragmentación y discontinuidad de la materia:

> "¡Cuando pude borrar de una sola locura los puentes y los istmos, los *canales* y los estrechos...! (La cursiva es nuestra) (NyCC p. 127).

Esta última cita explica con absoluta nitidez el sentido de la frase *el canal de Panamá* —símbolo de ruptura espacial (17). En cuanto a las formas y partes de los versos 5-6 (*mitades, bases cúspides*), representan éstas la ausencia de unidad, la proliferación confusa y antitética. El mundo es y será siempre —dice el poeta— el reino de lo múltiple, cambiante y discontinuo, en donde la materia está organizada en escalas contrapuestas y de estructura inconexa. Esto último lo expresa el poeta al desgajar una consonante final y hacer de ella un "verso": *pasos que baja-/ n* (18).

Los versos finales de la segunda estrofa implican una personalización del vuelo poético a través de dos enunciados que valen por exclamaciones: *Y yo que pervivo,/ y yo que sé plantarme*. Bien mirados, estos versos llevan a una pregunta: "¿Qué será de mí —parece decirnos el poeta— condenado como estoy a seguir viviendo en el tiempo (*pervivo*) e inclinado siempre a enraizarme en la tierra (*sé plantarme*)?"

El paisaje del hombre iluso, el de *ríos frescos y entradas de amor* (¿recuerdo del Paraíso?) ha sido una vana esperanza. Por eso lamenta el poeta las consecuencias de su destino en dos exclamaciones de profundo desconsuelo: *Oh valle... Oh voces y ciudades...* La tercera estrofa traduce, como se ve, un estado depresivo, una distensión del espíritu. El poeta ve el espectáculo terrenal como mísera planaridad, afeada por su falta de luz e inanición: *Oh valle sin altura madre, donde todo duerme/ horrible mediatinta*. La "altura madre" ausente es la presencia divina, la misma que aparece en la visión del relato, y la "horrible mediatinta" es la luz tísica de "Espergesia". El ser del cosmos no es único, ilimitado e inmutable, como creía Parménides, ni contiene una idea de Dios que respalde la existencia objetiva —concepto cartesiano—, ni es jerárquico o armónico, como lo concebía Leibnitz. En él todo está en tinieblas

---

(17) Que esto es así lo prueba Tr. LXII, en donde se dice: *no tardarás a llamar al canal que nos separa*.

(18) La imagen de lo escalonado como signo de discontinuidad se halla también en otros poemas. Ejemplo: *Y después de todo, al cabo de la escalonada naturaleza... me duermo, mano a mano con mi sombra* (PH, p. 232). Recuérdese también la *docena de escaleras, escaladas* de Tr. LXX.

y va a un mismo destino, a una *calva Unidad,* que es la muerte, la Nada. Allá van los hombres (*voces*) y sus creaciones (*ciudades*) porque ése es el designio del mundo, designio implícito en el *dedo tendido* del verso 14, que sugiere el triste destino último de todo lo creado (19).

A medida que el poema se acerca a su fin, aumenta aún más la desilusión del poeta al imaginarse un desfile de seudosabios (*gañanes* (20) *de gran costado sabio*) que viven, por desgracia, en una serie temporal, y, lo que es peor, en una serie trastrocada: *Hoy Mañana Ayer* (21).

El poeta nos dice aquí que el tiempo (con sus *tres tardas dimensiones*) nos consume con lento arrastre y grandes espacios en blanco, tales como los que sugiere la disposición tipográfica misma. Pero esta serie ilógica prefigura también la muerte, pues se da en un futuro que ya es un ayer. Queda confirmada la idea sugerida en el verso 2 por un nicho ya preexistente al llegar el hombre al mundo. El nicho es, en último análisis, el hombre mismo, porque su ser y su destino de caducidad son una y la misma cosa.

Termina el poema con una exclamación final que es una protesta y quizá también una ironía: (*No, hombre!*). El hombre pensante que se alberga en la persona del poeta no se resigna a ser objeto espacio-temporal. Su anhelo es ser, como dice el relato, "Adán sin tiempo, sin mediodía, sin tardes, sin noches..." Por esto las palabras del poema parecen decir: "¡No! ¡No puede ser tan mezquino el destino del hombre!" También es posible que el poeta desee negar, con un autorreproche, cuanto su imaginación ha forjado durante el trance poético. Cualquiera que sea el significado que se les atribuya a los últimos versos, éstos constituyen un juicio intelectual que está fuera del ámbito poético del poema. El cambio de intención lo confiesa el propio autor, al poner la exclamación final entre paréntesis. Este no es el caso de las tres construcciones regidas por un sujeto en primera persona: *hablo con vosotros* (verso 5); *Y yo que pervivo; yo que sé plantarme* (versos 9 y 10). Ninguna de éstas es una referencia al yo empírico, al hombre cotidiano, sino al poeta creador, el ente que estructura el poema. Dicho en otras palabras,

---

(19) La imagen del *dedo* la hallamos también en el tercer poema de nuestro grupo: *ductores índices grotescos* (Tr. XLIX).

(20) Interpretamos la palabra gañanes en sentido peyorativo, tal como *obreros,* en Tr. LXVI: *cantores obreros redondos...* La frase *gran costado sabio* parece ser, por otra parte, una alusión a los especialistas.

(21) Sobre la concepción de un tiempo existencial en que el futuro está ya integrado en el pasado, véase: Bajarlía, Juan Jacobo, "Existencialismo y abstractismo de César Vallejo", AV 5, pp. 11 - 21.

en los tres casos mencionados —en contraste con la exclamación final— no hay anécdota sino una experiencia poética.

Dejando a un lado la exclamación final, se ve que el poema tiene tres momentos:

1) inserción del hombre en el tiempo y el espacio (estrofa 1);
2) desilusión del hombre ante un mundo plural y discontinuo (estrofa 2);
3) lamentación del hombre acerca del destino de todo objeto terrestre (estrofa 3).

El final del poema, exceptuando la exclamación del verso 18, es todo de entido negativo. Así lo acusan las palabras y frases peyorativas que en él figuran: *calva, de mucho en mucho, tardas* y *gran* (22).

Tr. LXIV es un poema concentrado en un solo motivo: el drama existencial, pieza en tres actos y un epílogo: nacer (estrofa 1), vivir (estrofa 2) y morir (estrofa 3). Todo el poema tiene un mismo tono de desengaño. El creador contempla el drama sabiéndose parte de él. Esta doble postura de actor y contemplador omnisapiente da a la composición doble cariz, pues representa la existencia, a la vez que expresa un dolorido sentir.

La nota emocional, como en tantas otras composiciones trílcicas, se insinúa sólo a través de la forma interior del poema. El dolor vallejiano está muy lejos de ser una histriónica protesta, pero no es por ello menos hondo ni menos sincero. Ante lo irremediable el ser vivo puede sólo exclamar: *No, hombre!* Este brevísimo epílogo cierra el poema con absoluta finalidad, representando al ente humano abatido y horrorizado ante la realidad de su condición terrenal.

Esta misma nota derrotista, pero elevada a un plano de mayor agonismo, la hallamos también en el último de los poemas elegidos.

Trilce XLIX

1. Murmurado (23) de inquietud, cruzo,
    el traje largo de sentir, los lunes
          de la verdad.
    Nadie me busca ni me reconoce,
5. y hasta yo he olvidado
          de quién seré.

---

(22) El adjetivo *gran* aparece varias veces en *Trilce* con sentido peyorativo: *el gran colapso* (V); *un gran caldo de alas* (XLIX); *la gran boca que ha perdido el habla* (LVI); *tu gran plumaje* (LX).
(23) En OPC: *Murmurado en...*

Cierta guardarropía, sólo ella, nos sabrá
a todos en las blancas hojas
de las partidas.
10. Esa guardarropía, ella sola,
al volver de cada facción,
de cada candelabro
ciego de nacimiento.

Tampoco yo descubro a nadie, bajo
15. este mantillo que iridice los lunes
de la razón;
y no hago más que sonreír a cada púa
de las verjas, en la loca búsqueda
del conocido.

20. Buena guardarropía, ábreme
tus blancas hojas;
quiero reconocer siquiera al 1,
quiero el punto de apoyo, quiero
saber de estar siquiera.

25. En los bastidores donde nos vestimos,
no hay, no Hay nadie: hojas tan sólo
de par en par.
Y siempre los trajes descolgándose
por sí propios, de perchas
30. como ductores índices grotescos,
y partiendo sin cuerpos, vacantes,
hasta el matiz prudente
de un gran caldo de alas con causas
y lindes fritas.
35. Y hasta el hueso!

Aunque distorsionado e ilógico a primera vista, Tr. XLIX tiene
una coherencia interior innegable. Por encima del drama personal,
hay una teoría del vivir desarrollada dentro de un clima poético
de desaliento que, poco a poco, se transforma en un ambiente de
tremenda tensión psíquica. Se observa, además, una clara alternancia de sujetos en escala cada vez más impersonal. En la primera estrofa el sujeto es *yo;* en la segunda, se destaca un *nosotros;* en la
tercera y la cuarta, reaparece el *yo,* pero al final se vuelve al punto
de vista colectivo (*nos vestimos*), para hacer desembocar, por fin,
el pensamiento en una conceptualización simbólica exenta de conno-

taciones particularizantes. Este tipo de enfoque múltiple es común en la poesía trílcica. Vallejo reúne diferentes puntos de vista en una misma concepción y articula así una visión plural en que se complementan e integran, por influencias recíprocas, diferentes planos conceptuales, dentro de un esquema cada vez más abstracto y generalizador: el *yo* y el *nosotros* no son sino escalones de ascensión a un mundo de verdades últimas. Veamos ahora en qué consisten tales verdades, examinando primero los supuestos que a ellas conducen.

En Tr. XLIX están implícitos dos conceptos fundamentales. El primero de éstos es el extrañamiento del yo, que hallamos sugerido por varios verbos:

> 5- 6. ... he olvidado/ de quién seré (24)
> 22. quiero reconocer siquiera al 1,
> 23-24. ... quiero/ saber de estar siquiera.

Estas citas apuntan todas a una misma idea: el hombre pasa por la vida como un enajenado, sin entender el mundo que le rodea ni su propio yo. A las sombras exteriores e interiores se añade la imposibilidad de comunicación espiritual:

> 4. Nadie me busca ni me reconoce
> 14. Tampoco yo descubro a nadie...

El poema dramatiza aún más la miseria del hombre estableciendo un contraste entre esencia y existencia a través de los verbos *ser* y *estar;* aquél es sinónimo de vida espiritual y éste, simple subsistir en el espacio. Esta idea, que está presente en los dos poemas anteriores, como ya hemos visto, aparece aquí en dos lugares:

> 5. y hasta yo he olvidado
>   de quien *seré.*
> 23. ... quiero/   saber de *estar* siquiera.

Incapaz de comprenderse a sí mismo y convertido en objeto de

---

(24) Quien lea este verso con mentalidad "gramatical", pensará seguramente, que hay aquí un solecismo, puesto que se confunden "olvidar" y "olvidarse de". Pero ésta no es manera de leer la poesía trílcica. La "incorrección" gramatical bien podría tener por objeto representarnos varias nociones al mismo tiempo: he olvidado quién soy; he olvidado a quién pertenezco; he olvidado en manos de quién estaré al morir; he olvidado qué suerte de persona seré en el más allá. Lo más probable es que algunas de las irregularidades sintácticas de *Trilce* eran para Vallejo simples "variaciones gramaticales". Cf.:"El unigénito" (NyCC, p. 46).

crítica (*Murmurado de inquietud*), el yo del poema desea saberse existente al menos como ente físico, aunque sea en un mundo vacío; éste se representa aquí con patético desconsuelo mediante una oración reiterativa en que aparece una mayúscula:

26. no hay, no Hay nadie...

No se trata aquí de un solipsismo, puesto que el poeta ha quedado reducido a la categoría de ser inconsciente. Esta degradación no es el resultado de una falla de la voluntad, ni del simple azar. Su causa primaria es la condición humana misma, pues el hombre llega a la vida incapacitado para ver: es *ciego de nacimiento* (25) (verso 13). Tan menguados principios están sugeridos por el bautismo, ceremonia en que la invidencia de la vida la expresa un *candelabro* no encendido (versos 12-13). Además, el comienzo del vivir está representado como una *facción*, esto es, una rebeldía. El hombre, arrojado del seno de Dios, está condenado, como dice el relato "Sabiduría", "a errar al acaso, como número disperso, zafado de la armonía universal" (NyCC, p. 125). La misma idea de *facción*, o motín, aparece en Tr. LXIV (versos 2-3), como ya indicamos en páginas anteriores.

La entidad más importante del poema es la *guardarropía*. Conviene observar aquí la confluencia de imágenes: la guardarropía es, al mismo tiempo, cosa y ser activo; en ella habrá de quedar el traje con que hicimos un papel en la vida, pero ella es también, una inexorable "contadora", en cuyo libro de blancas hojas se asientan las partidas de nacimiento, que son las de la muerte. El partir es comienzo y también principio de un fin. En un sentido más amplio la guardarropía es, asimismo, la matriz cósmica de donde partimos (26), matriz que conoce a cuantos han nacido (versos 7-8). Ella encierra el sarcasmo de la vida, pues es la fuente original y también la Nada a donde llegamos al terminar nuestros "falsos trajines".

---

(25) Esta idea está presente también en Tr. XLVII: *Los párpados cerrados, como si, cuando nacemos / siempre no fuese tiempo todavía.* Años más tarde, hacia fines de 1937, cuando el bardo escribía *La piedra cansada*, desarrollará plenamente el significado de la ceguera: "Todos..., cual más cual menos, somos ciegos. Las cegueras varían, nada más. Y, en fin de cuentas, no hay más ceguera que la de no poder mirar a fondo en el pecho de los otros" (RevCul., p. 319a). Esto es, justamente, lo dicho en Tr. XVII en forma más breve e indirecta: *Caras no saben de la cara, ni de la / marcha a los encuentros.*

(26) Esta matriz sería la misma que aparece aludida en "Espergesia": *el claustro de un silencio / que habló a flor de fuego.* Sobre este punto véase: JL, p. 68.

El segundo concepto fundamental es el anhelo de extinción. El hombre es como un ser deambulante que no llega siquiera a una integración del yo (*quiero reconocer siquiera al 1*). Tales son su extravío y su angustia que sólo ansía la muerte, a quien llama como recurso final: *Buena guardarropía, ábrense/ tus blancas hojas* (versos 20 y 21). Por estar implícito aquí el tema de la madre, se encierra en estas palabras un complejo de dependencia psicológica, el cual explicaría el tono rogativo de estos versos. El poema contiene, en suma, la queja de un hombre maduro y también algo así como el ruego de un niño desvalido. Y ¿qué es esto, sino la esencia misma del yo creador vallejiano, en el cual están siempre hermanados el hombre y el niño?

Por todo lo dicho se comprenderá por qué no concordamos con Espejo Asturrizaga al destacar el sentido autobiográfico del poema (27). Basta observar que el poeta no ha insistido en el trasfondo sentimental, sino en las ropas que lleva el hombre, concebidas ya como envoltura exterior con que cubrimos nuestra humanidad, o como resto mortal de lo que fuimos —*trajes vacantes* que se descuelgan y siguen la senda indicada por los ductores índices grotescos. Se notará que la idea de encubrimiento se repite tres veces: primero, al mencionar *el traje largo de sentir* (verso 2), luego, a través del *mantillo que iridice los lunes/ de la razón* (versos 15 y 16) y, por último, en la alusión a *los trajes vacantes* ya mencionados (28). Lo que encubre nuestra humanidad es, pues, de especial importancia para Vallejo. Todos nos ponemos un disfraz —dice el poeta— cuando racionalizamos el sentido de nuestra vida *los lunes de la verdad* (que son los lunes de la razón), ocultando así nuestro verdadero ser (versos 2 y 3). De igual modo se engañan los demás. Y con ello la vida cobra otro aspecto y da la falsa impresión de ser iridiscente. El hombre vive, pues, de su engaño, el de su envoltura exterior que, al final, se reconoce como una simple cáscara perecedera.

La idea central de ser el hombre un actor en el teatro de la vida explica por qué escogió Vallejo los sustantivos *bastidores* y *guardarropía* para sugerir el comienzo y el fin de una "actuación" (29); en los bastidores en que *nos vestimos* para hacer nues-

(27) JEA, p. 119. Mucho más convincente es la opinión de Saúl Yurkievich, quien ve en la guardarropía un anuncio de muerte. Véase: "En torno de *Trilce*", *Revista peruana de cultura*, diciembre 1966, Nos. 9-10, p. 86.

(28) Sobre los posibles significados de *vacantes*, véase: Larrea, Juan, "Considerando a Vallejo", AV 5, pp. 194-195.

(29) En la poesía de Vallejo hay varias referencias a la vida como representación. Recuérdese, por ejemplo, este verso: *Es la vida y no más, fundada, escénica* (PH, p. 191).

tro papel quedan después los trajes vacíos, para ir luego a la muerte.

El verbo *descolgándose* del verso 28 es, pues, una referencia más al viaje postrero. Han desaparecido los cuerpos y también las falsas envolturas. La comedia del vivir ha terminado. Sólo queda la nada.

Esta visión pesimista de nuestro fin cobra especial dramaticidad en algunos pasajes de gran valor plástico. Vallejo tenía una mente gráfica que le permitía ver detalles lineales o de forma: en el verso 11 se dramatiza el aspecto desgarrador de la vida en la alusión a *cada púa/ de las verjas*. El vacío está, a su vez, plásticamente representado en *las hojas... de par en par*, de los versos 26 y 27. Y la visión onírica de la última estrofa se apoya en una imagen gráfica de extraordinaria fuerza: *perchas/ como ductores índices grotescos*, que apuntan a la Nada con el gesto imperioso de un director de escena.

Tr. XLIX está transido de derrotismo. Podría decirse que la intención del poeta no es otra que ir mermando dignidad al hombre desde el comienzo hasta el último verso. Este proceso de "reducción trágica" consta de las siguientes etapas:

1. Desarmonía exterior e interior: *Murmurado de inquietud.*
2. Encubrimiento del yo: *cruzo/el traje largo de sentir.*
3. Pérdida de identidad social: *Nadie... me reconoce.*
4. Inconsciencia del yo: *... he olvidado/ de quién seré.*
5. Insuficiencia inicial del hombre: *ciego de nacimiento.*
6. Ausencia del lazo cordial: *la loca búsqueda/ del conocido.*
7. Falta de un asidero espiritual: *quiero el punto de apoyo.*
8. Ingreso en la nada: *no hay, no Hay nadie: hojas tan sólo...*
9. Desintegración de las falsas exterioridades: *trajes descolgándose.*
10. Degradación última: *un gran caldo de alas con causas/ y lindes fritas.*

Este poema, como el anterior, está concebido en tres tiempos, dentro de un esquema de progresiva intensidad: las tres primeras estrofas son un recuento de desvalorizaciones; ellas nos dicen todo lo que el hombre no es. La estrofa 4 es un angustioso llamado final a la muerte, en que se encierran tres mínimas peticiones últimas, todas ellas expresadas con un mismo verbo: *quiero reconocer siquiera al 1,/ quiero el punto de apoyo, quiero/ saber de estar siquiera* (30).

_____

(30) Algo parecido hizo Neruda en *El hondero entusiasta*, libro juvenil posterior a *Trilce*. Lo que en Vallejo es ruego, en Neruda es afirmación y

En contraste con estos anhelos, se juntan en la última estrofa las exterioridades y las esencias, para condenarlas a una gradual extinción. Se ha iniciado la partida mencionada en el verso 9; al final del poema se vuelve a insinuar esta idea al presentarse los trajes *partiendo* sin cuerpos (verso 31), en viaje hacia el exterminio, representado aquí por un *gran caldo* (verso 33) en que todo se mezcla y desintegra a fuego lento (*matiz prudente*). En él hallaremos el disfraz del hombre, esto es, su caparazón exterior, como también sus anhelos (*alas*), sus motivaciones (*causas*) y sus frustraciones (*lindes*) y hasta su andamiaje óseo. La vida no es sino un lento deshacerse, y la muerte, un proceso final comparable a la preparación de un modesto potaje, al que se le aplica irónicamente un adjetivo de grandeza. A la indignidad de la muerte misma se suma el peso del adjetivo *fritas,* que lleva la "reducción trágica" a su más ínfimo extremo. Ese adjetivo es referencia culinaria y también aseveración peyorativa, por traer a la mente un coloquialismo degradante: ¡estamos fritos! (31).

El término de la existencia nos lo da dramáticamente una expresión críptica final: *Y hasta el hueso!* Esta exclamación ambivalente no sólo se refiere a nuestra armazón interior, que también será parte del "gran caldo" en que se deshace la realidad humana, sino que, además alude a un dolor máximo, como el que produce una herida profunda (32).

Examinado el poema en su totalidad, se observa que está compuesto de numerosas aseveraciones separadas por rupturas intencionales, como lo indica la disposición misma de los versos. Esas rupturas pueden ser simples espacios de tiempo o vacíos ideológicos, esto es, ausencia de palabras exigidas por el sentido. Veamos un ejemplo:

1. Murmurado de inquietud, cruzo,
2. el traje largo de sentir, los lunes
3.   de la verdad.

---

exigencia: pero quiero pisar más allá de esa huella / pero quiero voltear esos astros de fuego / ... quiero alzarme en las últimas cadenas que me aten.

(31) El empleo de imágenes degradantes al fin de una estrofa es común en los versos de Vallejo. En Tr. LIX, por ejemplo, se asocia la muerte a un corral, y en *Poemas humanos* se representa el colapso del hombre aludiendo a la descomposición de su cuerpo: *Más valdría, en verdad, / que se lo coman todo, desde luego!* (PH, p. 216).

(32) La expresión "hasta el hueso" la usa también Vallejo para indicar aquello que queda normalmente oculto: "(sus labios) no se entreabrían... por miedo a desnudarse hasta el hueso". Véase: "Cera", NyCC, p. 72.

He aquí dos versos "largos" y un pie quebrado. Al final del primer verso hay una ruptura tras el verbo *cruzo,* por ausencia de un complemento (¿cruzo la calle?, ¿cruzo la vida?). Aun suponiendo que no hubiera sido la intención de Vallejo poner la coma final, estaría de todos modos presente la ruptura al leerse "... *cruzo/ el traje largo de sentir.* Aparece después una nueva ruptura que separa el segundo verso de su complemento preposicional: *de la verdad.* Quien examine todo el poema encontrará complementos desgajados en los versos 3, 6, 9, 12, 16, 19 y 27, todos ellos introducidos por *de.* Sirvan de corroboración los siguientes ejemplos:

7. Cierta guardarropía, sólo ella, nos sabrá
8. a todos en las blancas hojas
9.   de las partidas.

14. Tampoco yo descubro a nadie, bajo
15. este mantillo que iridice los lunes
16.   de la razón;

Tr. XLIX está estructurado, pues, a base de un ritmo vital discontinuo, como si hubiera pausas de cansancio —ciertamente, no pausas lógicas— entre segmentos de pensamiento, todo lo cual consuena con la intención del poema, que es, a nuestro modo de ver, representar una dinámica vital puntuada por desfallecimientos. Lo mismo puede decirse del último verso, pues se da a nuestra conciencia entre dos rupturas y contiene, además, una elipsis, ya que carece de verbo. En suma, la segmentación ilógica y la presencia de vacíos de pensamiento son recursos con que el lírico quiso reflejar una estructura interior.

En Tr. XLIX la muerte es sufrimiento, zozobra y total rendición de cuerpo y espíritu, todo ello expresado en una grotesca visión del vacío. Aquí no hay nada dantesco que pudiera dar aterradora grandeza a nuestro fin final, sino una serie de imágenes de agostamiento y vergonzante extirpación. Ni siquiera hay una visión reposada del morir, como la de un Jorge Manrique. Vida y muerte no son más que una labor de cocina, y el mundo, por inferencia, algo así como un caldero, o quizá menos. ¡Ironía de ironías! Las ropas con que el hombre intenta dar dignidad a su actuación terrenal resultan ser falsa iridiscencia. Todo lo que hay de tortura y autodenigración en este poema culmina en una serie de imágenes finales del más macabro barroquismo. Difícil es imaginar una visión más desoladora de la vida y destino humanos. La intensidad de Tr. XLIX deja al lector totalmente anonadado.

Muchos modernistas se acercaron al ocaso de su vida con el dolor de quien jamás pudo compaginar los sueños con las realizaciones, pero ninguno llegó a tan desesperanzado convivio con la muerte como Vallejo.

En Tr. XLIX se hermanan viejas y nuevas concepciones. Recordando quizá a Marco Aurelio, Vallejo hace del trance final un reposo, un cese total de cuidados y pesadumbres, pero coincide también con Heidegger, al pensar la muerte como una "amenaza", como presencia de una constante imposibilidad. Indicios de esa imposibilidad son las mermas que disminuyen la existencia y matan por fin la voluntad de vida.

Los tres poemas estudiados representan los grados mínimo y máximo del derrotismo que informa a todo el ciclo trílcico. Quizá sea éste el más angustioso de todos los ciclos vallejianos, porque la muerte no tiene para el poeta, en esta etapa de su evolución artística, significado ulterior alguno.

El único de los tres poemas que expresa una débil heroicidad es, como hemos visto, el primero de nuestra serie (Tr. LXXV), pero aun aquí la actitud del creador es la del que siente la *herida* que aflige a la humanidad y sabe que ésta es inevitable. De los otros dos poemas se infiere una total inmanencia. El hombre es finito, mortal, "ciego" de nacimiento, y su ser muere con la materia que lo sustenta. El mundo que le rodea es igualmente caduco y contradictorio. Todo en él es cuna y sepultura.

Vistos en conjunto, los tres poemas constituyen una progresiva minoración: lo que es un resignado enfrentarse al dolor en el primer poema es conciencia de futilidad en el segundo y, por fin, total derrota en el tercero, tres etapas que se nos dan en tres tonalidades: la profética, la dramática y la trágica.

Ninguno de los poemas señala una vía de escape o la posibilidad de una momentánea trascendencia en el tiempo y, menos aún, el consuelo de un más allá. Vivir es acercarse a la extinción, un progresivo viaje de retorno. Morir es llegar a la Nada.

La nada vallejiana no es el absoluto poético de Mallarmé, esto es, realidad última, libre de contingencias y accidentes, a la que aspira el soñador con ansias de intemporalidad. Para Vallejo no existe semejante refugio; no hay un limbo poético, sin vida y sin muerte, en que la palabra poética sea presencia y valor supremo.

Vallejo escribió sus poemas trílcicos en años de aguda crisis, y es lógico suponer que el negativismo señalado fuese, por lo menos en parte, reflejo de su desquiciamiento moral. Pero el poeta habría de renacer de sus propias cenizas al forjar más tarde, frente al desastre de la guerra civil española, un programa de vida y una nueva esperanza nutrida por su propia muerte, el humilde "caldo" de Tr. XLIX. El morir no será, en los últimos años de su vida, una degradante reducción y total aniquilamiento sino expresión viril de entereza e inspirada ejemplaridad.

5. Conflicto y armonía: Tr. XXXVI, Tr. LIV, Tr. LXXIII

El problema fundamental de César Vallejo en los años inmediatamente posteriores a la primera Guerra Mundial fue descubrir un sentido en la vida humana. El poeta, como todos los hombres inteligentes de su generación, debió de preguntarse si cuanto existe en el cosmos responde a una fundamental armonía, si nos es dado a los mortales llegar a un tolerable convivio con nuestro medio, y si podemos lograr una integración armónica de nuestro fuero interno. ¿Qué podemos hacer, si nos es imposible confiar en la posibilidad de un gradual perfeccionamiento? ¿Hay, acaso, algún refugio para la inteligencia angustiada de nuestros días?

Trilce contiene tres poemas que abordan estas cuestiones. Son los siguientes:

1. Tr. XXXVI, o la desarmonía como ley de la vida;
2. Tr. LIV, o la disidencia como mecanismo compensatorio;
3. Tr. LXXIII, o el absurdo como reducto antiintelectual.

He aquí tres conceptos básicos —desarmonía, disidencia, absurdo— sobre los cuales descansa gran parte de la cosmovisión trílcica. Veamos ahora si estas ideas están expresadas en cuanto ideas, o si Vallejo las transforma en material poético.

Trilce XXXVI

1. Pugnamos ensartarnos por un ojo de aguja,
   enfrentados, a las ganadas.
   Amoniácase casi el cuarto ángulo del círculo.
   ¡Hembra se continúa el macho, a raíz
5. de probables senos, y precisamente
   a raíz de cuanto no florece!

   ¿Por ahí estás, Venus de Milo?
   Tú manqueas apenas pululando
   entrañada en los brazos plenarios
10. de la existencia,
    de esta existencia que todaviiza
    perenne imperfección.

Venus de Milo, cuyo cercenado, increado
brazo revuélvese y trata de encodarse
15.   a través de verdeantes guijarros gagos,
ortivos nautilos, aunes que gatean
recién, vísperas inmortales.
Laceadora de inminencias, laceadora
del paréntesis.

20.   Rehusad, y vosotros, a posar las plantas
en la seguridad dupla de la Armonía.
Rehusad la simetría a buen seguro.
Intervenid en el conflicto
de puntas que se disputan
25.   en la más torionda de las justas
el salto por el ojo de la aguja.

Tal siento ahora el meñique
demás en la siniestra. Lo veo y creo
no debe serme, o por lo menos que está
30.   en sitio donde no debe.
Y me inspira rabia y me azarea
y no hay cómo salir de él, sino haciendo
la cuenta de que hoy es jueves.

¡Ceded al nuevo impar
35.   potente de orfandad!

Como paso previo, debemos referirnos a tres comentarios críticos en que se destacan aspectos particulares de **Tr. XXXVI**.

1) Saúl Yurkievich ha insistido especialmente en el significado
de la tercera estrofa, en la cual ve los fundamentos de una teoría
del vivir. Fijándose en los versos 20-22, dice el crítico:

> "... Vallejo nos invita a penetrar, tras de una nueva
> aventura espiritual, en un mundo desconocido donde no
> sirven los viejos andadores: ni la armonía tradicional, ni
> la simetría clásica, ni las reglas tan consagradas como
> anacrónicas. Nos exhorta a que nos adentremos en nues-
> tros conflictos, en el hombre agónico de nuestro siglo, en
> las comarcas de la disonancia" (SY, p. 25).

2) Refiriéndose a los mismos versos, Julio Ortega pone de relieve la idea de imperfección, pero destacando el concepto del tiem-

po. Después de citar la mayor parte de la estrofa 2, en que la Venus de Milo aparece como símbolo de belleza clásica, dice al crítico:

"Como Rimbaud, que sienta a la belleza en sus rodillas, Vallejo aquí la cuestiona; pero lo hace *en nombre de una temporalidad* que está latente, imperfecta, que es víspera y todavía (*sic*) y es torpe en su habla...

... ...

"La nueva belleza, parece decir el poema, es el brazo por nacerle a esta Venus: *el tiempo que pugna por formarse*" (1).

Sin negar la importancia del tiempo en la ideología vallejiana, cabría preguntar, sin embargo, si el motivo básico de Tr. XXXVI, es en verdad, reflejo de una preocupación temporal.

3) En época más reciente, James Higgins, a cuya pluma debemos muy valiosos estudios sobre Vallejo, nos ha dado otra interpretación que también destaca un aspecto particular del poema, sin llegar el crítico a cubrir la totalidad del contenido, quizá por no habérselo propuesto:

"En el acto sexual los amantes se esfuerzan en pasar por un ojo de aguja, en superar sus limitaciones humanas y ganar acceso a otra dimensión de la realidad. Entran en un estado "absurdo" donde toda limitación es superada y toda contradicción resuelta: el círculo adquiere ángulos como un cuadrado. Macho y hembra ascienden a una realidad trascendental donde se fusionan en una nueva unidad, y su plenitud procede de un placer amoroso inmaterial ("probables senos"), procede de que han alcanzado un estado donde nada tiene una existencia material ("no florece"), un estado libre de imperfecciones y limitaciones de la existencia ordinaria" (2).

Es evidente que hay en Tr. XXXVI algunas insinuaciones poéticas sobre las relaciones entre los sexos (hembra ... macho ... senos), que luego hallan eco en una frase con aparente sesgo sexual (*la más torionda de las justas* — verso 25). Empero, habría que de-

---

(1) "Una poética de *Trilce*", *Nuevo Mundo*, No. 222, abril, 1968, p. 28. (La cursiva es nuestra).

(2) RevIb., p. 236. Véase también JH II, pp. 26 - 27.

mostrar que es el acto genésico el medio por el cual ingresa el hombre en el absurdo, o que éste es el motivo central en Tr. XXXVI.

De los tres comentarios citados, creemos que el de Yurkievich es el que mejor refleja el sentido del poema. Daremos ahora nuestras razones.

La estructura misma de Tr. XXXVI acusa una clara oscilación entre lo experiencial y lo normativo: estos dos tipos de constituyentes se van entreverando en la siguiente forma:

Estrofa 1: Alicientes engañosos de la existencia.
Estrofa 2: Anormalidad por ausencia de partes — la Venus de Milo.
Estrofa 3: Conceptualización de principios derivados de los hechos expuestos en la estrofa 2. Tono exhortativo.
Estrofa 4: Anormalidad por exceso de partes — el dedo meñique.
Estrofa 5: Conclusión final. Tono exhortativo.

Como Tr. XXXVI parece ser un conjunto de partes mal unidas, examinemos cada estrofa señalando su función dentro de la totalidad relacional del poema.

Primera estrofa. Esta nos dice que el hombre vive proyectado hacia la consecución de imposibles. No otro es el sentido de la frase bíblica contenida en el primer verso: "... más liviano trabajo es pasar un camello por el ojo de una aguja que entrar un rico en el reino de Dios" (San Mateo, 19, 24):

1. Pugnamos ensartarnos por un ojo de aguja...

Con este pensamiento se afirma que la vida es lucha. Por ser muy vago el sujeto "nosotros", no podemos afirmar si el verso nos dice que los hombres se enfrentan unos a otros, como si compitieran para ver quiénes serán ganadores y quiénes perdedores, o si los hombres se enfrentan al destino, siempre confiados en alcanzar ideales que no pasan de ser metas imposibles:

2. (Pugnamos) enfrentados, a las ganadas (3).

La primera lectura implicaría que en la "justa" de la vida hay presuntos ganadores. No creemos que éste sea el sentido del poe-

_____

(3) La frase a *las ganadas* aparece con igual sentido en dos relatos vallejianos: "los aceros (de una imprenta)... rozábanse y se salvaban a las ganadas...", ("Liberación", NyCC, p. 41); "(Los dados irían) persiguiéndose entre sí, a las ganadas del azar y la suerte..." ("Cera", NyCC, p. 70); "todos le habrían arrancado la vida a las ganadas" ("Cera", NyCC, p 77).

ma. Pensamos más bien que Vallejo igualaba a todos los hombres en ser siempre víctimas de falsos alicientes, como queda establecido en los versos que siguen:

>   3. Amoniácase casi el cuarto ángulo del círculo.

He aquí una doble absurdidad —y esto confirma parte de lo sostenido por James Higgins—, pues, se identifica el círculo con un cuadrado irrisorio, del cual *casi* ha desaparecido uno de sus rasgos esenciales, el cuarto ángulo (4). El verbo *Amoniácase* sugiere el fenómeno de volatilización. Pero es inútil pensar en la ausencia de un ángulo, dada la inviolabilidad del círculo. Por eso el lírico ha empleado el adverbio *casi* (verso 3), el cual nos dice que se ha buscado un imposible, sin haberse llegado a una realización.

>   4. ¡Hembra se continúa el macho, a raíz
>   5. de probables senos, ...

Aunque se podría elaborar una teoría poética de los sexos a base de esta última cita, preferimos apoyarnos en el sentido que tienen "hembra" y "macho" en los textos vallejianos. Como se explica en la sección dedicada al poema IX, la palabra *hembra* la asocia Vallejo con la noción de pasividad, esto es, lo contrario de la afirmación máscula (5).

Según esto, el verso 4, vertido en prosa, nos dice: "a raíz de un atractivo femenino aleatorio (*probables senos*), el hombre deja de afirmarse a sí mismo y se convierte en este pasivo". He aquí una nueva absurdidad de la vida humana, idea que será reforzada por el final de la estrofa:

>   5.   ... y precisamente
>   6. a raíz de cuanto no florece (6).

---

(4) Es posible que el lírico se refiera también al ángulo recto de un cuadrante. Fuera de representar el círculo la perfección (idea de raíz pitagórica), es también símbolo de inviolabilidad. Es lo que entendemos a través de los *eternos/ trescientos sesenta grados* en Tr. III. Absurdo sería entonces el círculo al que le faltara la cuarta parte de su totalidad. La misma idea se encierra en el triángulo incompleto, como el que ha concebido un demente en "Los Caynas": "el triángulo de dos ángulos" (NyCC, p. 52).

(5) Véase Cap. VII, 2.

(6) "No florece" es alusión oblicua a lo infausto, pues lo florecido va asociado a lo gozoso y placentero:"(Acabáronse) las florecidas cenas retardadas" (NyCC, p. 47). El verbo "florecer", por su parte, expresa la acción de "surgir", o "darse en plenitud": "... en la ventanilla... florece la angustia anaranjada de la tarde" (NyCC., p. 11); "Qué amargas calabazas le florecían [al Sr. Lorenz]" (NyCC., p. 47).

Toda la primera estrofa está llena de tensiones, deficiencias e improbabilidades: pugnar, ensartarse por un ojo de aguja, enfrentados, a las ganadas, probables, casi, no florecer, etc. Igual atmósfera predomina en la estrofa siguiente, como se dirá más adelante. Esta circunstancia nos lleva a interpretar la primera mitad del poema como un conjunto de negativismos, y no como potencialidades de mejoramiento, realización o trascendencia (7).

Segunda estrofa. Los versos 7-19 están todos referidos a un mismo centro de gravitación —la Venus de Milo— que, como ya se dijo, es símbolo de la *imperfección*. A esta escultura, considerada en el mundo del arte como ejemplo máximo de belleza y armonía, le asigna Vallejo el papel de representar la existencia humana:

7.   ¿Por ahí estás, Venus de Milo?
8.   Tú manqueas apenas pululando (8)
9.   entrañada en los brazos plenarios
10. de la existencia,
11. de esta existencia que todaviiza
12. perenne imperfección.

La existencia es totalidad potencial siempre fallida, porque en ella abunda lo incompleto y, por esta razón, bien puede decirse que el caso de Venus es típico de cómo se perpetúan las deficiencias, tal como lo sugiere el neologismo "todaviizar", del verso 11.

Pero fijémonos en los versos 13 y 14:

13. Venus de Milo, cuyo cercenado, increado
14. brazo revuélvese...

Esta declaración es de capital importancia para desentrañar el significado de los versos que siguen. Hay en ella una antítesis: lo "cercenado" implica algo que existió antes, a la par que "increado" expresa todo lo contrario —ese algo no ha existido nunca hasta ahora. Se subentiende, por lo tanto, que la vida es perenne contradicción en su esencia misma, concepto que aparece reforzado cuatro veces inmediatamente después:

---

(7) No comparte esta opinión James Higgins. *Cf.*: JH II, pp. 26-27.

(8) La falta de puntuación nos obliga a considerar dos posibles lecturas, ambas negativas: (a) tú manqueas apenas (pausa) pululando..., o (b) tú manqueas (pausa) apenas pululando... Si aceptamos (a), entenderíamos "aunque apenas manqueas, pululas con tu imperfección en la vida del hombre"; si optamos por (b), se derivaría este contexto: "tú manqueas y, porque eres

15. a través de verdeantes guijarros gagos,
16. ortivos nautilos, aunes que gatean
17. recién, vísperas inmortales.

Los *guijarros* son "verdeantes", esto es, prometen vida dinámica, pues éste es el sentido del color verde en *Trilce*, pero, desgraciadamente, son *gagos*, incapaces de expresión plena; los *nautilos*, que viven escondidos en la última celda de su concha, quieren a la vez ser *ortivos*, o sea, estar expuestos a la contemplación de todos, como el sol naciente; los *aunes*, que llevan en sí una promesa de continuidad, sólo *gatean recién* y, por fin, las *vísperas*, que están irremediablemente condenadas a dejar de existir (9) quisieran ser *inmortales*. Todo lo expuesto nos dice que la vida es aspiración irrealizable, esfuerzo continuo y segura derrota, porque el ser potencial de todo lo creado contiene, desde un principio, aquello que lo niega.

Termina la segunda estrofa caracterizando a Venus, la belleza incompleta e imperfecta, como remedo de perfección:

18. Laceadora de inminencias, laceadora
19. del paréntesis.

Tenemos aquí dos imágenes de imperfección: lo inminente es sólo promesa, algo que está por ser; el paréntesis es símbolo de no esencialidad, o de vacío (10).

Tercera estrofa. Hemos llegado al meollo del poema. En las líneas que siguen se exponen dos principios básicos aplicables al arte y a la vida: *a)* no fundamentar ninguna creación en el engañoso concepto de la armonía, sino en lo contrario, la desarmonía, pues

---

imperfecta, apenas pululas en la vida del hombre". Los que ven en el poema posibilidades de trascendencia entenderían: "Eres algo imperfecta (manqueas apenas), pero aspiras a completarte, ambición que anima también a los hombres, por estar tú entrañada en los brazos plenarios de la existencia". Confesamos que esta última interpretación es la que menos nos satisface.

(9) Así lo dice el poema "Líneas": *Cada cinta de fuego/ que, en busca del amor,/ arroja y vibra en rosas lamentables,/ me da a luz el sepelio de una víspera* (LHN, p. 78). Para Vallejo toda etapa preliminar constituye una realidad inquietante por contener una promesa irrealizable. De aquí a suponer que las potencialidades irrealizables sean la esencia misma de la vida no había más que un paso. Se comprende ahora por qué ciertas palabras, tales como *vísperas, madrugadas, capullos* y otras se convierten en símbolos obsesionantes. En relación con los versos 16-17 arriba citados, véanse los comentarios de James Higgins, quien ve en ellos la idea de esfuerzo por trascender limitaciones (JH II, p. 35).

(10) Refiriéndose a la obra de un pintor, dice Vallejo: "la producción de Merenciano ha sufrido paréntesis de largos silencios" ("Las nuevas corrientes artísticas de España", *Mundial*, julio 28, 1928).

ésta es la auténtica realidad del hombre (11), y *b*) no evitar los imposibles, sino ir en su busca, aunque nuestras metas sean simples quimeras:

20. Rehusad, y vosotros, a posar las plantas
21. en la seguridad dupla de la Armonía.
22. Rehusad la simetría a buen seguro.
23. Intervenid en el conflicto
24. de puntas que se disputan
25. en la más torionda de las justas
26. el salto por el ojo de la aguja.

Se nos da aquí una norma de conducta que tiene todas las características de una heroica obstinación y de un sacrificio, contenidos que reflejan el voluntarismo romántico vallejiano. El poeta ha desechado toda norma racional y se acoge a un sentimiento que emana de una desesperanzada cosmovisión: la vida ha de ser pugna, una especie de justa, o quizá una faena, como la de una fiesta brava. De aquí que aparezcan los vocablos *puntas* y *torionda*. El primero bien puede significar *a*) la punta de una lanza, de las que se usaban en las justas medievales, *b*) las astas de una bestia (*Mi beso es la punta chispeante del cuerno/ del diablo* — LHN, p. 80), y *c*) los extremos más sensibles del cuerpo humano ("sufrí en todas mis puntas" — NyCC, p. 61) (12). De todas estas acepciones las más directamente relacionadas con el asunto del poema son la primera y la última: la vida es choque y también conflicto de apetencias. En cuanto al adjetivo *torionda* (que lleva envuelto el sustantivo "toro"), Vallejo lo usa en sentido figurativo para expresar congestión y afiebramiento ("... toriondas las sienes" — NyCC, p. 14): los versos 23-26, tomados conjuntamente, insinúan el mismo encuentro ya diseñado al comienzo, en el verso 2 (*enfrentados. a las ganadas*), pero con una sugerencia adicional de fuerza bruta y de choque (13).

---

(11) Saúl Yurkievich interpreta el adjetivo *dupla* como expresión de dualidad "que codifica a través de normas excluyentes: lo bueno y lo malo, lo bello y lo feo" ("En torno de *Trilce*", *Revista peruana de cultura*, Nos. 9 - 10, dic., 1966, p. 81).

(12) Sobre otros significados de *punta*, véase la discusión de Tr. XVII.

(13) Podría llamar la atención que un hombre como Vallejo insista en la necesidad de la lucha. ¿Por qué no propuso una fraternal igualación? Sospechamos que el poeta, como descendiente espiritual de los románticos, concibe la humanidad como conjunto de desigualdades y que se regocijaba de que éstas existiesen. Tal idea de desigualdad está en perfecto acuerdo con su parecer sobre la disimilitud. Recordemos aquí un pasaje de una crónica

Cuarta estrofa. Este segmento señala la imperfección por exceso:

27. Tal siento ahora el meñique
28. demás en la siniestra. Lo veo y creo
29. no debe serme, o por lo menos que está
30. en sitio en donde no debe.
31. Y me inspira rabia y me azarea
32. y no hay cómo salir de él, sino haciendo
33. la cuenta de que hoy es jueves.

El dedo meñique, que simboliza aquí lo aparentemente inútil, seguirá siendo para Vallejo representación de lo minúsculo o inservible. Años más tarde, ya en los días de la guerra civil española, volverá a la misma imagen, pero esta vez la insuficiencia del meñique aparecerá en contraste con la grandeza de una causa social y la inmensidad de la muerte (14).

Los versos 27-33 decaen notablemente en expresividad poética por tener un tono explicativo. La única sutileza de todo este segmento está al final, en la alusión al *jueves,* día funesto en el mundo intuitivo de Vallejo. El verso 31 (*Y me inspira rabia y me azarea*) revela claramente la atmósfera de tensión psíquica que caracteriza a todo el poema, pero, por desgracia, esa atmósfera no está expresada como intuición artística sino como dato psicológico en bruto.

Quinta estrofa. Tr. XXXVI, que comenzó siendo una racionalización (estrofas 1-2) se desenvuelve ahora como puro voluntarismo emocional (estrofas 3-4) y termina como un programa de vida:

34. ¡Ceded al nuevo impar
35.   potente orfandad!

Esta última exhortación encierra el espíritu rebelde del romántico, el mismo que anima a la generación antirracionalista de los años de las posguerra (Guerra Mundial I). De aquí que, si por un lado el nuevo credo poético niega la regimentación de días neoclásicos, por otro, no logra deshacerse totalmente de su raíz romántica.

---

escrita en 1927, en que el poeta se horroriza ante la posibilidad de que se pueda perder "el sentido de la desigualdad y la diferenciación". Véase: "La inoculación del genio", AO, p. 194. Por otra parte, es muy probable que la lucha de que hablamos sea un trasunto poético del tema darwiniano —"the struggle for life"—, que estaba en la mente de todos, científicos y antipositivistas.

(14) *Campesino caído con tu verde follaje por el hombre,/ con la inflexión social de tu meñique* (Esp., p. 251).

Que Vallejo está refiriéndose en parte al ámbito del arte no puede negarse, ya que escogió como ejemplo de la imperfección una conocida escultura. Igualmente, no es posible desconocer el hecho de que Tr. XXXVI contiene un modo de ver la existencia. Para Vallejo debió de ser una necesidad del espíritu determinar la relación entre crear y vivir. El poeta nos ha dicho indirectamente que la vida y el arte no pueden fundamentarse en un concepto de armonía. La vida es refriega, y, por ello, todos los hombres tienen que ser actores en "el conflicto de puntas", como dice el poeta. Explícase así el espíritu de compulsión y apremio que palpita en no pocos poemas trílcicos.

Si hubiéramos de especificar ahora cuál es el pensamiento central de Tr. XXXVI, diríamos que es el siguiente: porque la vida es una trama de engañosos alicientes e irremediables imperfecciones, el hombre no debe ir en busca de seguridades y armonías sino hacer frente a la realidad imperfecta y conflictiva que le rodea.

Tr. XXXVI no está entre los poemas notables del volumen. Su intención didáctica está reñida con los verdaderos fines del arte. Además, tanto su estructura interior como su contenido parecen ser el resultado de un esfuerzo explicativo y no de una honda emoción poética.

Trilce LIV

1. Forajido (15) tormento, entra, sal
   por un mismo forado cuadrangular.
   Duda. El balance punza y punza
   hasta las cachas.

5. A veces doyme contra todas las contras,
   y por ratos soy el alto más negro de los ápices
   en la fatalidad de la Armonía.
   Entonces las ojeras se irritan divinamente,
   y solloza la sierra del alma,
10. se violentan oxígenos de buena voluntad,
   arde cuanto no arde y hasta
   el dolor dobla el pico en risa.

   Pero un día no podrás entrar
   ni salir, con el puñado de tierra
15. que te echaré a los ojos forajido!

---

(15) Escribimos *forajido* siguiendo la versión de OPC. En la edición Losada: *Foragido.*

De este poema se han dado muy variadas explicaciones. 1) Para Coyné, el *forajido tormento* es la contrariedad de la vida (AC I, p. 112). Este juicio parece descansar principalmente en el sentido del quinto verso: *doyme contra todas las contras.* En su segundo libro sobre Vallejo, el crítico interpreta el comienzo del poema y ve en él "las manifestaciones del sempiterno tormento de la vida" (AC II, p. 174), dando a entender también que la *Armonía,* del verso 7, es el concierto que a veces encuentra el hombre en la existencia. Queda por explicar cómo se puede asociar la *fatalidad* con el concierto vital. También cabría preguntar si Vallejo creía posible hallar armonía en la vida durante la época trílcica. 2) Alejandro Lora Risco cita todo el poema y señala la presencia de un "drama sicometafísico" en que "vida y muerte son una sola crispadura, una sola sustancia en el ardiente frenesí de la rebeldía" (*Cuadernos americanos,* julio-agosto, 1960, p. 275). A continuación añade que el poema es "la caza abisal tantas veces expuesta en términos incomprensibles". Nosotros creemos que el poema encierra una meditación perfectamente intuible en todos sus detalles. 3) Según Mariano Iberico y sus colaboradoras, Tr. LIV representa el dolor de vivir: "... las únicas posibilidades de liberación del 'foragido' son la muerte y el sarcasmo que hace doblar el pico en risa" (MI, p. 43). Una vez más nos preguntamos: ¿es el meollo del poema una cuestión de vida y muerte?

Nuestra interpretación se basa en las siguientes suposiciones: *a)* los verbos *entra* y *sal* implican una polaridad, idea reforzada luego por el sustantivo *balance,* del verso 3; *b)* en la estrofa final —que realmente es continuación de la primera— se subentiende que el tormento no es el resultado de lo que el hombre se propone (un acto creativo, por ejemplo), sino algo inherente a la condición humana, algo que está fuera del control de la voluntad, y que sólo desaparece con el deceso del ser vivo. Entremos ahora en detalles.

Desde la primera hasta la última línea, Tr. LIV expresa una punzante inquietud. Comienza con un dramático apóstrofe:

1. Forajido tormento, entra, sal
2. por un mismo forado cuadrangular.
3. Duda.

¿Qué es el *forajido tormento?* Podría pensarse que es la *Duda,* mencionada en el verso 3. Pero, ¿cómo reconciliar entonces esta duda con la actitud de abierta rebelión representada en la segunda estrofa? Creemos que el poema va mucho más lejos. El *forajido tormento* es, en primera instancia, la intencionalidad de la razón, en

289

virtud de la cual se orienta inevitablemente el ser humano hacia la objetivación, esto es, la experiencia cognoscitiva. Es así como el hombre se forma su mundo, queriendo siempre hallar un sentido lógico. Ese afán ineludible es lo que el poema llama *la fatalidad de la Armonía* (verso 7). Y, como esa armonía no se da nunca a los mortales, nace en el hombre el espíritu de protesta: el *forajido tormento* es, en segunda instancia, el descontento vital y la disidencia que de él se deriva. En cuanto al sustantivo *Duda,* intercalado como unidad aparte en el verso 3, nos inclinamos a pensar que expresa la fundamental incertidumbre del hombre, quien ha de vivir, según Vallejo, en un clima espiritual de dualismos, paradojas y absurdidades. Es muy significativo, a este respecto, que en varios relatos vallejianos se nos representen la duda y las encrucijadas de la mente (16).

En el segundo verso aparece una típica antítesis vallejiana (*forado cuadrangular*), que destaca la falta de adecuación entre la mente del hombre y los contradictorios contenidos que a ella llegan; éstos son los que crean disconformidades y una persistente dolencia espiritual (17), presididos como vienen por el numeral de la imperfección (cuatro). El sustantivo *forado,* por otra parte, sugiere una abertura hecha por un roedor, y con esto el tormento resulta comparable a la mordedura persistente de un ratón que ha penetrado la "corteza" del ser humano y se enseñorea de él (18).

Acrecientan el dramatismo de los versos 1-3 dos verbos antitéticos —*entra, sal*—, porque éstos indican la incapacidad del hombre para evitar un continuo y alevoso asedio. El uso de las antítesis, sean verbales o no, es bastante común en *Trilce* y en *Poemas humanos.* Creemos que con este tropo Vallejo quería expresar el rumbo contradictorio de nuestras apercepciones. Hay, por esto, en el poema, una clara nota de oscilación e inseguridad (*entra, sal*), que refleja el engañoso contacto establecido por el hombre entre el mundo exterior y las figuraciones con que intenta darle sentido.

---

(16) Recuérdense los siguientes pasajes: "he confrontado las dos caras de la medalla, he dudado..." (NyCC, p. 19); "llegué a sufrir, a veces, sobre todo en los últimos tiempos, repentinas y profundas crisis de duda..." (NyCC, p. 38); "Hubo noche, por ejemplo, en que esta crisis de duda colmóse en álgida desesperación..." (NyCC, p. 66).

(17) Simbólicamente, el *forado cuadrangular* es una irónica representación de una vía perceptiva deforme, esto es, la entrada al recinto de la inteligencia.

(18) La imagen del ratón que roe o muerde aparece también en Tr. LXXIII, como luego se verá, y en *Poemas humanos*: ...*el ratón me muerde el nombre,* (PH, p. 186).

(19) La contraposición simbólica de *entrar* y *salir* aparece también en Tr. XXII, XXXIX y XLIII.

¿Qué es cierto? ¿Qué es falso? ¿Qué es real? ¿Qué es ficción? La capacidad objetivante de la razón no es garantía ni de verdad, ni de certeza.

La incertidumbre lleva al lírico a una constante tortura:

3. ... El balance punza y punza
4. hasta las cachas.

El sustantivo *balance* lo interpretamos aquí en su sentido común, esto es, confrontación de opuestos, aplicando el término a la interioridad psicológica del hombre (20). La nota de dolencia, ya observada en el verso 1, se amplía con la anáfora *punza y punza*, y culmina, por fin, en el verso 4, en que aparece la imagen de un cuchillo hundido en carne viva *hasta las cachas*. Como bien se ve, el final de la primera estrofa representa la vida como un abrumador balance de inseguridades e indecisiones.

La segunda estrofa es una reacción momentánea contra la vacilación expresada por el verso 3. El forajido tormento lleva por fin a actos de disidencia:

5. A veces doyme contra todas las contras,
6. y por ratos soy el alto más negro de los ápices
7. en la fatalidad de la Armonía.

Se entabla en este pasaje un terrible choque entre el voluntarismo del poeta y las demandas de la intencionalidad. Ya vimos en el poema anterior que, según Vallejo, la vida es fundamentalmente inarmónica; sin embargo —dice Tr. LIV—, persiste en el hombre una fatalidad que lleva a una búsqueda de sentido donde no es posible hallarlo.

Tr. LIV, como Tr. XXXVI, contienen una negación categórica del ideal clásico, y constituyen un elogio de la disconformidad y el conflicto. Se ha hecho de la disidencia un modo de auténtica expresión humana y, por eso, se convierte la protesta en un rechazo de toda proyección racional (*doyme contra todas las contras*). El lírico se yergue ahora desafiante, como un altivo picacho: *soy el*

_____

(20) Es verdad que *balance* puede llevar envuelto el concepto de oscilación, el cual está en perfecta armonía con el contenido de otros versos del poema. Sin embargo, es muy posible que Vallejo se inclinase más bien a representarnos la idea de "arqueo", a juzgar por algunos pasajes en prosa, como los siguientes: "Oh mi bohemia de entonces, broncería esquinada siempre de balances impares..." (NyCC, p. 68); "Presiento desde hoy un balance desastroso de mi generación" (LityA, p. 33).

alto más negro de los ápices. Esta última oración es un magnífico tropo múltiple, en el cual el adjetivo *negro,* que en lenguaje comunicativo se asociaría con el sujeto lírico, se predica de una formación geológica (hipálage), al mismo tiempo que *alto* aparece humanizado, reemplazando a *ápice;* este último es otro tropo, pues se da como parte en representación de un todo (sinécdoque). Pero más importante que el mero mecanismo estilístico es la significación de este verso, pues nos permite ver que, para la mente serrana de Vallejo, el pico andino era símbolo de altivez y desafío (21).

En los versos siguientes vemos cómo el gesto y la actitud se transforman en desbordante behemencia. Empero, todo el ardor es de índole espiritual y no se traduce en acción física alguna. Por esta razón, bien podría entreverse en los versos 8-12 la intensidad de un momento de arrebato que es, a la vez, dolor, voluntarismo y júbilo. Quizá no haya en *Trilce* ninguna otra expresión más cabal de la rebeldía vallejiana contra las cuadrículas de la razón, porque aquí se nos da en su más positiva y prístina rotundidad (22).

Dice el poeta:

8. Entonces las ojeras se irritan divinamente,
9. y solloza la sierra del alma,
10. se violentan oxígenos de buena voluntad,
11. arde cuanto no arde y hasta
12. el dolor dobla el pico en risa.

En el verso 8 hallamos un gesto de rebeldía, el mismo que fue tan caro a Rubén Darío, quien hizo frente a la adversidad como "un ángel soberbio", como "un dios olímpico", tendiendo las alas al huracán. Vallejo se siente también potente y ciclópeo. En este mismo verso se funden el concepto romántico de la disidencia y una especie de altivez nietzscheana, todo lo cual es expresión de una terrible desazón interior.

El verso 9 está entre los más felices de todo el poema:

9. y solloza la sierra del alma...,

La tensión psíquica, rasgo sobresaliente en *Trilce,* ha llegado a su grado máximo. El sufrimiento se compara aquí a los efectos de

----

(21) Recuérdese, a modo de corroboración, el siguiente ejemplo: "... chocaron sus miradas, a modo de dos picos que se prueban en el aire" ("Cera", NyCC, pp. 77 - 78).

(22) Esta es precisamente la diferencia que hay entre el pasaje que venimos comentando y Tr. LXXIII, que luego estudiaremos.

una sierra que nos destroza por dentro, pero el poeta, con la maestría del genuino artista, le dio un vuelco a la expresión haciendo sollozar a la sierra conjuntamente con el alma. El efecto dramático de esta metáfora es extraordinario (23).

El lírico recurre ahora al mundo de la física y de la química para entregarnos su arrebato anímico. Esta predilección cientifista es rasgo fundamental de *Trilce*, un lejano resplandor de lecturas vallejianas no literarias, que se convierten luego en fuentes de material poético. El oxígeno es símbolo de fuerza vital y de voluntad de poder (24). El espíritu disidente —nos dice el lírico— lleva a crear animosidades (*violentan oxígenos de buena voluntad*) que promueven una conflagración espiritual. El último verso del segmento citado encierra un concepto del esfuerzo máximo como medio catártico, al decirnos que el arrebato de la disidencia transforma el dolor en *risa* (25).

> 10. el dolor dobla el pico en risa.

Este verso tiene dos posibles significados: *a)* la exaltación espiritual contrarresta el dolor y lo anula, o *b)* el ardor encubre el sufrimiento con un disfraz de júbilo. Tomado en su segundo sentido, el verso 12 refleja una postura muy común entre los poetas modernos, desde Baudelaire hasta hoy: la de ocultar el vendabal interior con una máscara risueña. El poeta es un histrión que se acerca a la muerte (*dobla el pico*) ocultando las lágrimas con una mueca.

La última estrofa es contrapeso de la sumisa pasividad expresada en la primera:

> 13. Pero un día no podrás entrar
> 14. ni salir, con el puñado de tierra
> 15. que te echaré a los ojos forajido!

---

(23) Con igual efecto usa el poeta el verbo "aserrar". Recuérdese: (*Difuntos,*) *cómo aserráis el otro corazón...* (Tr. LXVI). Por otra parte, es posible que sierra sea también símbolo geológico de enormidad. En este caso, el poeta nos diría que el dolor del alma es inconmensurable. Vale la pena recordar que ya en "Los arrieros" nos había representado la enormidad de la muerte diciéndonos que el cuerpo... *no atina a cabestrar/ su bruto hacia los Andes/ occidentales de la Eternidad* (LHN, p. 99).

(24) Ejemplo: "¿Qué oculto oxígeno traía, pues, aquel hombre?" ("Cera", NyCC, p. 78).

(25) La frase "doblar el pico" implica derrota o muerte. Explicando por qué no ha fallecido una mujer intoxicada, se dice en *El tungsteno*: "De otro modo ya habría doblado el pico hace rato..." (NyCC, p. 203). También hallamos la frase en un relato: "estaba muy castigado y parecía que iba a doblar pico" ("El vencedor", NyCC, p. 324).

Este final constituye un gesto dramático vacío, pues no hace sino recalcar la impotencia del hombre, quien se desdobla y se entierra a sí mismo con un simbólico puñado de tierra. Con esto queda insinuada una idea desconsoladora: poner fin a la disconformidad interior es poner fin a la existencia.

Nosotros creemos ver un claro paralelismo entre el poema y dos pasajes en prosa del propio Vallejo. Dice éste en "Los Caynas": "(la exclamación) ... fue motivo de constantes cavilaciones en que los misterios de *la razón* se hacían *espinas,* y empozábanse en el cerrado y tormentoso círculo de *una lógica* fatal entre mis sienes" (NyCC, p. 52). También muestra parentesco con el poema un pasaje de "Cera": "... sobrecogido fui de un *misterioso cataclismo* que rompía toda la *armonía* y razón de ser de los hechos y enigmas de *mi cerebro* estupefacto" (NyCC, p. 80). Dejamos a cargo del lector la confrontación de los pasajes subrayados con el contenido de Tr. LIV.

Tr. LIV tiene un comienzo y un fin de carácter reflexivo (estrofas 1 y 3). La continuidad temática de estas dos estrofas puede verse muy bien si se leen como una sola aseveración. Entre ellas queda, como dentro de un marco poético, toda la segunda estrofa, cuyo espíritu eufórico la diferencia del resto del poema. Tr. LIV es, pues, una representación tripartita de un proceso psíquico integrado por dos etapas depresivas entre las cuales se encierra un heroico arranque de insumisión. Este último está expresado por medio de hipérboles: *todas las contras, el alto más negro, se irritan divinamente, se violentan..., hasta* ... Todas estas palabras y frases entrañan una extrema agitación anímica. El poema encierra, pues, una calidad artística esencial que el mismo Vallejo señaló al reseñar una obra de Pablo Abril, verbigracia, "la rara virtud de emocionar" (LityA, p. 38).

Trilce LXXIII

1. Ha triunfado otro ay. La verdad está allí.
    Y quien tal actúa ¿no va a saber
    amaestrar excelentes digitígrados
    para el ratón? ¿Sí... No...?

5. Ha triunfado otro ay y contra nadie.
    Oh exósmosis de agua químicamente pura.
    Ah míos australes. Oh nuestros divinos.
    Tengo, pues, derecho
    a estar verde y contento y peligroso, y a ser

10. el cincel, miedo del bloque basto y vasto;
    a meter la pata y a la risa.

    Absurdo, sólo tú eres puro.
    Absurdo, este exceso sólo ante ti se
    suda de dorado placer (26).

Este poema contiene un verso que se cuenta entre los más citados para demostrar la "absurdidad" de la poesía trílcica:

12. Absurdo, sólo tú eres puro.

Xavier Abril ve en esta afirmación una reminiscencia de la teoría baudelairiana: "Le cri du sentiment est toujours absurde; mais il est sublime parce qu'il est absurde" (XA I, p. 25). Desgraciadamente, el verso 12 se ha interpretado siempre fuera de contexto y, por lo tanto, todavía cabe preguntarse cuál es su verdadero significado. Abril mismo cree que el absurdo no es sencillamente lo ininteligible, pues dice: "La fidelidad a dicho concepto del Absurdo (el concepto de Baudelaire) no se ciñe, imperativamente, al término: a menudo se le excede relacionándolo con otras manifestaciones de la imaginación, la fantasía y el misterio..." (XA I, p. 25).

El poema LXXIII es un caso único dentro de *Trilce* por ser algo así como el "doble" del poema LIV que acabamos de discutir. La semejanza llega a tal punto que sería posible señalar correlaciones y parecidos tanto en la forma como en el contenido:

	Tr. LIV		*Tr. LXXIII*
2.	un mismo forado	4.	... para el ratón
3.	Duda	4.	¿Sí... No...?
3.	El balance punza y punza	1.	Ha triunfado otro ay
5.	doyme contra todas las [contras	5.	... y contra nadie
8.	... se irritan divinamente	7.	Oh nuestros divinos
12.	dobla el pico en risa	11.	(Tengo derecho) ... a la [risa

En ambos poemas hay tirantez psíquica, dolor, rebeldía y vida exaltada. Sin embargo, hay entre ellos una diferencia capital:

---

(26) Hemos añadido un punto de interrogación en el cuarto verso, después de "ratón".

Tr. LIV presenta la disidencia bajo un signo positivo, como afirma-mación del yo, mientras que Tr. LXXIII lleva el repudio de la razón.

En Tr. LXXIII el lírico asume una actitud introspectiva y hace un arqueo o "balance" (palabra tomada del poema anterior), que pone de relieve una verdad inconcusa: *La verdad está allí* —dice el verso 1. Tal como en Tr. LIV, el poeta siente una profunda con-moción que le hace sufrir (*Ha triunfado otro ay*). Esa conmoción es el descontento del que se siente roído por dentro, víctima de sí mismo.

Esta vez la alusión al agente roedor no se reduce a una mera su-gerencia, sino que es directa:

2.   ... ¿no va a saber
3.   amaestrar excelentes digitígrados (27)
4.   para el ratón?

Comparada esta imagen con la del "forado cuadrangular" de Tr. LIV, hay que confesar la superioridad de esta última, tanto por su sutileza como por su oblicuidad. En Tr. LXXIII es difícil ver la relación entre un quehacer doméstico (amaestrar gatos) y el sentido ulterior de los versos 3-4, que es el de saber crearse resguardos psi-cológicos para evitar conmociones anímicas. Repetimos, de paso, que no debe extrañarnos el uso de tecnicismos (*digitígrados*), puesto que éstos son expresión del espíritu renovador de la poesía trílcica, y no simples "descuidos".

Hay en *Trilce* una postura ecuménica que lleva al poeta a aco-ger la vida en su total pluralidad por contradictoria que sea. Sería inútil, por lo tanto, juzgar Tr. LXXIII con una mentalidad inflexible regida por cánones de "simetría", "proporción" y "orden". Si se desea hacer reparos a la primera estrofa habría que hacerlo, no por razones "temáticas" o "estilísticas" sino por carecer de vibración lírica. Efectivamente, el final de la estrofa (¿*Sí... No...?*) reduce una grave decisión a un juego de dos palabras cuyo significado apenas se entiende. Nosotros lo hemos derivado sirviéndonos del poema anterior. Podría decirse, por consiguiente, que la primera estrofa no es suficiente en sí misma.

La segunda estrofa constrasta dos fuerzas opuestas:

5.   Ha triunfado otro ay y contra nadie.

---

(27) El uso de palabras como "digitígrados" y "exósmosis" parece ser residuo de la aventura pedagógica vallejiana, o de los estudios universitarios.

6. Oh exósmosis de agua químicamente pura (28).
7. Ah míos australes. Oh nuestros divinos.

Tras de apuntar por segunda vez la nota de dolor que nace de la indefensión del hombre "mordido" por el desconcierto, el lírico se apresura a señalar el impersonalismo de su beligerancia (verso 5). Inmediatamente después pone en serie tres expresiones de vida natural y plena, todas en forma de oraciones exclamativas. El poeta cree que la pureza interior del ser auténtico (verso 6) sale a la superficie como el agua de un manantial y se convierte en inquieta recordación de perdidos hitos primeros (*Ah míos australes*) (29), y en intentos de realizar grandiosos sueños suprahumanos (*Oh nuestros divinos*) (30).

Lo importante de ese pasaje es el esfuerzo del lírico por justificar la más libérrima expresión del yo. Guiado por la lógica subjetiva del rebelde, el poeta se cree con derecho natural a su divina locura, pero no ya como simple ardor, sino también como contundencia:

8.   Tengo, pues, derecho
9.   a estar verde y contento y peligroso, y a ser
10.   el cincel, miedo del bloque basto y vasto;
11.   a meter la pata y a la risa.

Queda subentendida aquí la idea de que la circunstancia del hombre está hecha de algo tosco y denso, algo así como un duro bloque granítico al que puede dar cierta forma el esfuerzo humano en momentos de arrebato, aun con riesgo de caer en el error. Sólo entonces puede darse el hombre el lujo de reír (*derecho ... a la risa*), acabando así con el martirio del ser interior, roído despiadadamente por el "ratón" de las frustraciones. Ahora comprendemos que

---

(28) Nos inclinamos a pensar que la exósmosis simboliza el proceso creador, y que la endósmosis es término ambivalente que señala los estímulos productivos que le llegan al artista desde fuera y también la mera adaptación o copia de modelos extranjeros. Refiriéndose a Merenciano, pintor español, y al enriquecimiento de su capacidad creativa en contraste con la escasez de su producción, dice Vallejo: "... la sensibilidad del artista ha ganado en endósmosis lo que ha perdido en exósmosis" ("Las nuevas corrientes artísticas de España", *Mundial,* julio 28, 1928). Y con intención peyorativa también dice el poeta, refiriéndose a las imitaciones: "La endósmosis, tratándose de esta clase de movimientos espirituales, lejos de nutrir, envenena" (LityA, p. 36).

(29) Lo austral o sureño está asociado en *Trilce* a lo distante y borroso. En Tr. XXVI se dice, por ejemplo: *... desde perdidos sures...*.

(30) El adjetivo - adverbio *divina*(*mente*), según se ve en Tr. **LIV**, sugiere un acto digno de los dioses.

el "yo" del poeta es el "yo" de todos los hombres, pues se ayuntan, en el mismo verso, la primera persona de singular (*Ah míos australes*) con la primera persona del plural (*Oh nuestros divinos*).

Una vez más expresa el poeta el derecho a la desarmonía en versos inarmónicos, como si la disidencia fuera, no mera actitud, sino hasta un deseo de violentar la forma poética misma. Los versos recién citados, que parecen ser ensayos expresionistas, reflejan las desazones de un alma que ansía una como desarticulación de sí misma. Nada más natural, por tanto, que el lenguaje tenga algo de las "disonancias" y el "desequilibrio" del arte de nuestro siglo.

El poeta ha traído el absurdo a la poesía como *modus vivendi*. Permítasenos insistir: en los versos 8-11 no hay nada que sea ininteligible o indescifrable. El absurdo es el medio expresivo del hombre que evita la logicidad, el orden y la armonía, rompiendo las cadenas de un intelectualismo que no concuerda con la auténtica realidad de la vida. Hemos llegado al punto álgido de la disidencia vallejiana —el entronizamiento de la irracionalidad:

12. Absurdo, sólo tú eres puro.
13. Absurdo, este exceso sólo ante ti se
14. suda de dorado placer.

En el fondo de esta afirmación se descubre una especulación sobre el ser del hombre: su más genuina realidad, aquella de que emana *agua químicamente pura,* es antilógica. Por lo tanto, el absurdo es una especie de deidad a la cual se le debe acatamiento: *sólo ante ti se/ suda de dorado placer.*

Vallejo concibe el absurdo como una de las zonas a las que no llega la luz de la inteligencia. Así nos lo dice en el relato "Más allá de la vida y la muerte", en el cual, después de presentarse un hecho insólito e increíble, se señalan los ámbitos que le están vedados a la razón:

"¡Meditad brevemente sobre este suceso increíble, rompedor de las leyes de la vida y la muerte, superador de toda posibilidad; palabra de esperanza y de fe entre el absurdo y el infinito, innegable desconexión de lugar y de tiempo; nebulosa que hace llorar de inarmónicas armonías incognoscibles!" (NyCC, p. 30).

El hombre se debate entre la sed de infinito, nunca extinguida, y la atracción del absurdo, esfera que cautiva a la mente y la deja suspensa en un limbo de sinrazones.

El absurdo es puro, dice el poeta, y lo es porque es un absoluto en que el hombre se libra de las categorías mentales inherentes a su condición humana.

¿Fue intención del poeta decirnos que ese "dorado" placer es un genuino gozo, o dejó entre líneas la sospecha de que es sólo un engaño más, como el de las cosas cubiertas de oro que aparentan ser más de lo que son? Imposible es saberlo con seguridad; pero el sentido categórico y positivo del verso 9 (*estar verde y contento y peligroso*) nos induce a pensar que el placer es intenso y real, algo así como una tregua de que goza el hombre exhausto que ha hallado un ámbito de paz. El absurdo es el refugio en que se cobija la mente cansada de nuestros días tras de abandonar su imperio de quimeras.

El significado del absurdo en Tr. LXXIII lo discute Keith Mc-Duffie con sutileza en su disertación doctoral (*The Poetic Vision of César Vallejo in Los heraldos negros and Trilce,* Universidad de Pittsburgh, 1969). Para él los *digitígrados* del poema hasta podrían ser los versos vallejianos mismos, ya que el acto creativo es el medio por el cual el poeta intenta desbastar parte de su circunstancia con el propósito de hallar en ella un sentido; el poeta llega por fin a la convicción —añade McDuffie— de que lo único valioso es el absurdo, porque a éste no alcanza la artificialidad inherente a toda explicación lógica. En este punto se tocan la exégesis de McDuffie y la nuestra. Empero, como nosotros no vemos nada en el poema que aluda a la creación poética, excepto en forma translaticia, preferimos interpretar Tr. LXXIII más ampliamente, esto es, como expresión de una actitud vital, sin rechazar por ello los comentarios de McDuffie.

Lamentamos no concordar con la breve explicitación freudiana de Tr. LXXIII, diseñada por la señorita Maria Jose de Queiroz. No hemos hallado ningún texto en que palabras y frases como *ratón, cincel, agua químicamente pura, dorado,* etc., conlleven connotaciones eróticas. (Cf.: *César Vallejo — Ser e existencia,* Coimbra, 1971, pp. 31-32.)

Las similitudes entre Tr. LXXIII, recién discutido, y el segundo poema de la presente sección (Tr. LIV) son sorprendentes. Hay, empero, una diferencia fundamental: Tr. LXXIII termina con una nota aparentemente positiva (*se/ suda de dorado placer*) mientras que Tr. LIV postula la extirpación del dolor con una medida extrema —la muerte—, simbolizada por *el puñado de tierra/ que te echaré a los ojos forajido!*

Los poemas discutidos van mucho más allá de la fuga temporal, o la formulación de una Poética. Todos ellos encierran una fundamental rebeldía, que arranca del exasperado desconcierto del hombre frente a su inarmónica circunstancia. Esta *inspira rabia* (Tr. XXXVI), hace sollozar *la sierra del alma* y conduce por último a la consolidación de una nueva actitud de amenazante y desdeñoso activismo. Es así como el hombre salta por el ojo de la aguja; es así como acaba con el "forajido tormento" de la intencionalidad; y es así también como ingresa en la zona de los imposibles, desconociendo los órdenes preestablecidos, los engaños y contraposiciones de la vida y hasta las categorías de la mente.

Los tres poemas son una inmersión en los misterios del alma humana y de la vida, pero todos son diferentes, tanto en tonalidad como en valor artístico: Tr. XXXVI es el menos poético; Tr. LIV es el de factura más artística, pero el tercero es superior en sentido trascendental, aun cuando por su fraseología y forma sea oscuro y extremadamente sintético.

6. *Tiranía del tiempo*: *Tr. II, Tr. XXXIII, Tr. LX*

En esta sección nos proponemos examinar la noción vallejiana del tiempo desde tres puntos de vista: como orden uniforme (Tr. II); como instancia irrecuperable (Tr. XXXIII), y como categoría paradójica (Tr. LX). No creemos que Vallejo tuviera una concepción definida y única del tiempo en la etapa trílcica. A juzgar por la variedad de aspectos temporales que incluye en su segundo poemario, parece más exacto decir que el poeta pasaba, entre los años 1918 y 1922, por una época crítica de búsqueda y de revaloraciones. Un hecho, sí, es seguro: el tiempo es para el lírico motivo de muy serias cavilaciones.

Trilce II

1.   Tiempo Tiempo.
Mediodía estancado entre relentes.
Bomba aburrida del cuartel achica
tiempo tiempo tiempo tiempo.

5.   Era Era.

Gallos cancionan escarbando en vano.
Boca del claro día que conjuga
era era era era.

Mañana Mañana.

10. El reposo caliente aún de ser.
    Piensa el presente guárdame para
    mañana mañana mañana mañana.

        Nombre Nombre.

        ¿Qué se llama cuanto heriza nos?
15. Se llama Lomismo que padece
    nombre nombre nombre nombrE.

El primero en estudiar el sentido íntimo de este poema fue Luis Monguió (LM, pp. 55-57). Aparte del elemento biográfico, examina el crítico, con gran perspicacia, el ambiente creado por las repeticiones, la presencia de valores rítmicos, la relación entre éstos y el sentido del poema, el doble significado de ciertas palabras y las uniones morfológicas entre estrofas, destacando a la vez niveles de tiempo, las operaciones emocionales que el poema sugiere y los valores picassescos de la representación poética.

André Coyné añadió nuevos comentarios en 1958 (AC I, p. 84), pero destacando valores pictóricos diferentes: "en las tres estrofas es fácil señalar los elementos de un cuadro impresionista, pero que no logra del todo objetivarse". Coyné presta especial atención a la no progresión del tiempo: "el estancamiento especial del mediodía —tiempo inmóvil— es inmediatamente asociado con la palabra misma 'tiempo' que, repetida sin que haya progreso alguno, se vuelve en esa forma el signo de la obsesión". ¿Cómo se ha de entender esta falta de progreso habiendo, según el poema, un pasado, un presente y un futuro?

En 1965 apareció un estudio de Mariano Iberico acerca del tiempo en la poesía vallejiana, en el cual se insertan algunas sumarias observaciones sobre el significado de Tr. II. Nuestros postulados coinciden, en más de una oportunidad, con los del profesor peruano (1).

Finalmente, en 1967, volvió al poema Juan Larrea para añadir muy sagaces observaciones sobre la presencia del numeral "dos" en los epígrafes duales, y la repetición de un mismo vocablo cuatro veces en cuatro versos distintos (4, 8, 11 y 16). Asocia después el concepto de tiempo a la carga psicológica del poema, interpretando,

---

(1) Véase: Iberico, Mariano, "El sentido del tiempo en la poesía de Vallejo", *Revista peruana de cultura*, No. 4, enero, 1965, pp. 47 - 63. En este esmerado estudio se discute el tiempo como acumulación y arritmia, desesperanza y muerte, desarticulación e inestabilidad.

al final, el significado de *Lomismo* (verso 15) como una fusión de dos categorías de la mente:

> "Tiempo y espacio se han convertido en Lomismo, o reiteración personificada de lo tonto, dentro de una campana neumática que al sujeto encarcelado lo mantiene en suspensión, abstraído de la realidad viviente" (AV 5, pp. 228-229).

Observa Larrea, en particular, que el poeta prefirió no repetir Lomismo Lomismo Lomismo Lomismo, poniendo en su lugar *nombre nombre nombre nombrE,* serie sustantival que nos da una idea de repetición y secuencia.

En vista de la abundancia de opiniones críticas nos limitaremos a determinar qué aspectos del tiempo le interesan a Vallejo y qué desazones quiso transmitirnos.

En Tr. II hay tres aspectos del tiempo tratados simultáneamente:

a) *Tiempo exterior y tiempo interior.* El tiempo exterior es un continuo y está expresado por fenómenos de los cuales se predica una persistencia. Fijémonos en los verbos:

3. Bomba aburrida del cuartel *achica/* tiempo
6. Gallos *cancionan escarbando* en vano
7. Boca del claro día que *conjuga/* era era era era

El tiempo interior, por el contrario, es estancamiento, porque el transcurso temporal, mirado desde dentro, es siempre repetición. El hombre *padece* porque su existencia es mismidad.

b) *Vida y muerte.* El presente es un conjunto de notas sueltas que representan una vida desarticulada, sin un sentido plenario. La minucia diaria va cayendo en el pasado inexorablemente con la monotonía de una conjugación siempre igual a sí misma. Lo que *es* se transforma en *era.* La nota reiterativa se hace aún más insistente en el verso 9, el cual recalca cómo va feneciendo indefinidamente el instante actual.

c) *Realidad y concepto.* Vallejo sabe que el hombre da sentido al pasado y al futuro a través de su presente. Este es el único punto de referencia real. En Tr. II se menciona específicamente el *presente* en el verso 11 (*Piensa el presente guárdame...*) y, en esta posición, es como un centro o punto de vista: lo que se nos dice en los versos 1-8 constituye una consideración del pasado, como ya vimos, y lo que aparece entre los versos 9-13 es alusión al futuro. Pero el *Mañana* del poema es, según el poeta, simple abstracción, no una realidad vital, como lo es el existir representado, en el verso 10, por *El reposo caliente aún de ser*. La idea de irrealidad la insinúa el verso 11: *Piensa el presente...*; aquí se personifica el momento de la experiencia atribuyéndosele la capacidad de pensar. Este presente que reduce la realidad a pensamiento también engaña con falsas promesas, pues el mañana no pasa de ser un concepto, que se convertirá también en obsesionante y vacía repetición: *mañana mañana mañana mañana* (verso 12).

De estas tres notas fundamentales se deduce una misma conclusión: el hombre vive en un continuo sin variedad y sin significación. Hay, pues, en Tr. II, una expresión aparencial de un tiempo móvil, esto es, una sucesión exterior, y otra expresión de lo que el poeta no logra alcanzar: el genuino tiempo, vívido y significante. La inconsecuencia de la continuidad exterior la expresa muy claramente el adjetivo *estancado,* del verso 2, y la frase adverbial *en vano,* del verso 6. Del poema se deduce que cuanto no se integra en nuestra interioridad no es tiempo humano, pues el orden temporal es la aprehensión del antes, el ahora y el después en un complejo de continuidad intencional. Puesto que los tres órdenes se reconocen como incambiables, se destruye la realidad del tiempo, ya que éste es, en esencia, anticipación de nuevos modos de expresión. Sobre este punto dice Jacobo Kogan en un estudio reciente:

> "... el tiempo humano no es solamente contemplación pasiva de un proceso natural, sino que *implica sobre todo la acción deliberada y la voluntad que persigue fines;* no, es un mero transcurrir, sino también una creación de nuevas formas de vida..." (2).

Es realmente admirable cómo el poeta estructura una visión de tiempo intuitivo, descartando el mero suceder físico para representarnos el puro y simple reconocimiento de la ausencia de duración espiritual, esto es, la falta de una creación continua y acumulativa de la conciencia. Para ello se sirve de un juego de dobles y cuádruples, que no establecen un orden vivencial. Observemos su distribución en el poema:

1. Tiempo Tiempo.
4. tiempo tiempo tiempo tiempo
5. Era Era.
8. era era era era

(2) Kogan, Jacobo, "Metafísica del tiempo", *Cuadernos Americanos*. Año XXVIII, No. 5, set.-oct., 1968, p. 121. (La cursiva es nuestra).

```
 9.        Mañana Mañana.
12.   mañana mañana mañana mañana
13.        Nombre Nombre.
16.   nombre nombre nombre nombrE.
```

Y no es de extrañar que se repita la noción numérica del *dos* y del *cuatro,* pues estos guarismos a menudo acarrean, en la poesía trílcica, las ideas de imperfección y confinamiento, respectivamente (3).

Con lo dicho comprendemos mejor la modernidad del concepto de tiempo que Vallejo nos entrega en Tr. II. Creemos entrever, por inferencia, algo de la teoría husserliana del tiempo, esto es, un continuo hecho de pasado (que es recuerdo), presente (que es actualidad efímera) y futuro (que es esperanza). El tiempo es creación del espíritu humano y, por lo tanto, no existe fuera del hombre, sino en su conciencia, y estructurado como un orden inteligible. Tr. II no niega que haya sucesión, ya que repite tantas veces algunos sustantivos, como hemos visto, pero sí niega que el espíritu logre una fusión intencional de un continuo de vivencias. Notemos, finalmente, que el poeta ha evitado el empleo de verbos y toda puntuación, porque en las series temporales del poema no encarna una articulación razonada. Aparecen las mayúsculas, con una regularidad sin falla, allí donde se nos representa la imperfección del doble, y las minúsculas, donde se nos quiere expresar la prisión del cuádruple.

Es posible pensar que está implícito en Tr. II el concepto de "poder ser", tan caro a Heidegger. Hay, sin embargo, una diferencia capital entre la idea que da sentido al poema y la teoría heideggeriana del tiempo. Vallejo no poetiza en Tr. II la presencia imprescindible de un devenir, ese transcurso que para el filósofo es vía hacia la muerte, sino la incapacidad de la mente para aprehender contenidos significantes en el orden temporal. Vallejo está aquí más cerca de Bergson y su teoría de la duración que de Heidegger y su concepto *cosal* del tiempo. Más que razonamiento filosófico, Tr. II es reflejo de una meditación sobre las exigencias de la psique humana. Esta diferencia no quita que el poeta y el filósofo coincidan en ideología en otros poemas, tales como Tr. XLIX y Tr. LXIV.

Tr. II es expresión entrecortada de un estado emocional de angustia, que impide toda abundancia verbal. Basta observar las ocho veces que el verso es unidad en sí: versos 1, 2, 5, 6, 9, 10, 13 y 14. Notemos también cuántos vacíos hay entre partes. Sin embargo, el

---

(3)   Remitimos al lector al Cap. IX: Pitagorismo - esencia e imagen.

poema está muy lejos de ser una nueva serie de trozos sin sentido. Hay fragmentación, sí, y muy en armonía con la índole de tiempo que el poema nos ofrece, pero no incoherencia. Tenemos la certeza de que Vallejo construyó Tr. II con el sentido matemático que le atribuye a Juan Gris:

> "Gris pinta en números. Sus lienzos son verdaderas ecuaciones de tercer grado, resueltas magistralmente.
> ... Gris predica y realiza un conocimiento concienzudo y científico de la pintura. Quiere que el pintor sepa a conciencia lo que pinta y que disponga de una técnica sabia y de un "métier" vigilante con los cuales aprovecha debidamente los dones naturales" (LityA, p. 70).

Nosotros no vemos en el poema un reflejo de arte impresionista, como parece sugerirlo Coyné, sino la desarticulación e instantaneidad de un cuadro picassesco (4). Concordamos con Luis Monguió, porque en Tr. II no se da importancia al color, ni a la impresión individual que éste deja en la retina del observador. Tampoco hay una técnica integrante sino divisionismo, ni tienen importancia los valores atmosféricos, ni la recreación de algún aspecto fugitivo o evanescente de la naturaleza. En Tr. II no prima lo real sino la torturada visión interior de un hombre. Tr. II se acerca más al arte expresionista o cubista, porque el estructurador lírico emplea una técnica de rupturas y patrones esquemáticos (5).

No debemos pensar, sin embargo, que la técnica es lo esencial del poema. Lo que importa es el drama del hombre. En Tr. II se transparenta un agudo dolor intensificado por la siniestra invariabilidad del tiempo.

Vallejo cree ver en su sino de tedio y confinamiento un mal que aflige a toda la humanidad, y por eso transforma la primera persona implícita en *guárdame* (verso 11) en el significado plural del verso 14:

14.   ¿Qué se llama cuanto heriza nos?

El horror del poeta arranca de un presentimiento de nuevas desilusiones. Su yo actual anhela un verdadero mañana, pero una voz le dice que sólo habrá una serie de signos vacíos, al estilo de los

---

(4) Sobre el sentido del tiempo cubista y expresionista, véase: Camón Aznar, José, *El tiempo en el arte*, Madrid, 1958, pp. 359 - 382.
(5) Consúltese: Núñez, Estuardo, "Expresionismo en la poesía indigenista del Perú", *Spanish Review*, 1935, II, No. 2, pp. 69-80.

que integran el pasado. En último análisis, el poema nos representa el vivir como angustiosa monotonía y desquiciamiento espiritual.

Hay en la interioridad de Tr. II dos fuerzas en lucha: *a*) una voluntad ordenadora que se traduce en el juego numérico a que ya nos referimos y que le da al poema una organización visual exterior, pero sin llegar a la simetría, y *b*) una gradual intensificación de la técnica disruptiva antes mencionada, técnica que se contrapone a toda forma de regularización. La estructura exterior e interior del poema refleja, pues, la tensión del lírico, quien lucha por hallar un significado vital en patrones que se repiten sin sentido. Si comparamos las dos primeras estrofas (en que el lírico aparece como orientado hacia afuera) con las dos últimas (que expresan, por el contrario, una involución psíquica), se notará que en la segunda mitad del poema se van acumulando irregularidades de forma y contenido; éstas traducen, con gran fuerza dramática, un debilitamiento de la capacidad expresiva. El poema se hace cada vez más barroco y balbuciente. Veamos algunos detalles:

verso 10 (*El reposo caliente aún de ser*): omisión del verbo principal;

verso 11 (*Piensa el presente guárdame...*): omisión de un relativo (que); uso inesperado de un enclítico;

verso 12 (*mañana mañana mañana mañana*): ausencia de puntuación; pensamiento incompleto;

verso 13 (*Nombre Nombre*): ausencia de puntuación; omisión del verbo; uso de mayúsculas;

verso 14 (*¿Qué se llama cuanto heriza nos?*): deformación de un giro idiomático (*Qué* en lugar de *Cómo*); adición de una *h* al verbo "erizar"; uso inesperado de un enclítico desgajado del verbo (*heriza nos*);

verso 15 (*Se llama Lomismo que padece...*): sustantivación de una frase (*Lomismo*); ilogicidad gramatical;

verso 16 (*nombre nombre nombre nombrE*): falta de puntuación; uso de una mayúscula final.

A pesar de estas "irregularidades", el poema tiene un sentido claro y múltiple. Como se ve, el descoyuntamiento y el barroquismo tienen un propósito, y no son, como pudiera pensarse, simples caprichos o acrobacias lúdicas.

El poeta tuvo que escoger entre un vehículo poético terso y lógico, como el de los modernistas (y el suyo propio de los años que preceden a la publicación de *Trilce*), y una nueva expresión deformada, sugerente, sintética y profundamente conmovedora. Muestras de esta última ya se entrecuelan en su primer poemario.

Tr. II representa un estilo nuevo. Sus componentes no tienen las cualidades de lo común, reconocible y lógico, sino los contornos de lo impreciso y conflictivo. Contenido y forma constituyen un todo indisoluble en que se entremezclan lo normal con lo informe y heterogéneo. El poeta se ha independizado de las formas preconcebidas y se entrega a otro modo de crear en que predominan las perspectivas múltiples, simultáneas o discontinuas. Es verdad: el arte trílcico amenaza con una dispersión de la realidad, pero no llega nunca a tal extremo, porque la creación poética descansa en formas interiores perfectamente intuibles. La discontinuidad y abigarramiento de la nueva poesía son modos de representar al hombre frente a un angustioso espectáculo de fragmentación, inseguridad y anomalía. A nuevas realidades espirituales, nuevos modos de expresión.

* * *

Veamos ahora un segundo aspecto del tiempo trílcico:

Trilce XXXIII

1. Si lloviera esta noche, retiraríame
   de aquí a mil años.
   Mejor a cien no más.
   Como si nada hubiese ocurrido, haría
5. la cuenta de que vengo todavía.

   O sin madre, sin amada, sin porfía
   de agacharme a aguaitar al fondo, a puro
   pulso,
   esta noche así, estaría escarmenando
10. la fibra védica
   la lana védica de mi fin final, hilo
   del diantre, traza de haber tenido
   por las narices
   a dos badajos inacordes de tiempo
15. en una misma campana.

   Haga la cuenta de mi vida
   o haga la cuenta de no haber aún nacido,
   no alcanzaré a librarme.

No será lo que aún no haya venido, sino
20.   lo que ha llegado y ya se ha ido,
sino lo que ha llegado y ya se ha ido.

Antes de discutir los detalles de este poema, conviene conocer su estructura total, pues, a través de ella, quizá podamos determinar cuál fue la intención del lírico. El poema se divide en dos partes, una que incluye las estrofas 1-2, y otra, las estrofas 3-4. La disposición general de Tr. XXXIII parece ser la siguiente:

estrofa n.º 1: Anhelo de evasión a un pasado prenatal (versos 1-5);

estrofa n.º 2: Confrontaciones con el futuro (versos 6-15);

... ...

estrofa n.º 3: Negación de la disyuntiva establecida por las estrofas 1 y 2:
    a)   verso 16 — reflejo de la estrofa 2 (presente);
    b)   verso 17 — reflejo de la estrofa 1 (pasado prenatal);
    c)   verso 18 — juicio negativo sobre *a*) y *b*);

estrofa n.º 4: Afirmación sobre la disyuntiva establecida por las estrofas 1 y 2:
    a)   verso 19 — reflejo del verso 5;
    b)   verso 20 — reflejo del verso 6;
    c)   verso 21 — reiteración final

Este esquema nos revela una evidente contraposición de ideas que nos permite despejar un poco el camino: el poema no expresa la anulación del tiempo, ni poetiza el pasado ancestral del hombre, ni da importancia especial al futuro.

Antes de todo habremos de elegir entre dos posibilidades: *a*) punto de vista filosófico — ¿quiso el poeta hacer una contraposición de órdenes temporales para decirnos qué distingue a unos de otros? *b*) punto de vista psicológico — ¿fue la intención de Vallejo, por el contrario, servirse del tiempo para revelarnos algunos aspectos de su psique?

a)   Orientación filosófica.

El poema contiene referencias específicas a tres órdenes temporales: el pasado (*lo que ha llegado y ya se ha ido* — versos 20 y 21); el presente (*esta noche* — versos 1 y 9) y el futuro (*mi fin final, lo que aún no haya venido* — versos 11 y 19). El poeta sabe que todo hombre se proyecta hacia un antes y un después. Parecería, a primera vista, que Vallejo está repitiendo aquí algunos conceptos de San Agustín, para quien sólo existía un punto de referencia, por lo cual nos dice en sus *Confesiones* que no hay tres tiempos sino uno: un presente del pasado, un presente del presente y un presente del futuro. Examinado el poema con atención, se hallará, como en Tr. II, un presente desde el cual se mira lo ocurrido y lo por ocurrir. El sentido de este presente queda en claro si añadimos el "ahora" implícito en los versos 16 y 17:

16.   Haga [ahora] la cuenta de mi vida
17.   o haga [ahora] la cuenta de no haber aún nacido,
18.   no alcanzaré a librarme.

Pero observemos también que la organización de estos versos en forma de una disyuntiva, negada totalmente a renglón seguido, deja transparentar el escepticismo del poeta ante la omnipresencia del "ahora".

En cuanto al futuro, el poeta lo singulariza en un conjunto de siete versos que, por ser los más complejos del poema, conviene releer:

9.   ... estaría escarmenando
10.   la fibra védica,
11.   la lana védica de mi fin final, hilo
12.   del diantre, traza de haber tenido
13.   por las narices
14.   a dos badajos inacordes de tiempo
15.   en una misma campana.

Hay en estos versos una referencia directa al futuro y su extinción en la muerte (*mi fin final*), pero, en vez de insistirse en el significado de este desenlace, se introduce otro orden temporal, resultando así presentes *dos badajos inacordes de tiempo*. Estos *badajos* representan el futuro y el pasado. Al poeta no parece interesarle desentrañar el sentido último del futuro, sino contrastarlo con el pasado, tiempo, este último, que realza en la estrofa final:

19.   No será lo que aún no haya venido, sino
20.   lo que ha llegado y ya se ha ido,
21.   sino lo que ha llegado y ya se ha ido.

Es ahora evidente que el único ámbito temporal que interesa al lírico es el pasado. No podemos decir, por lo tanto, que fue la intención del hablante decirnos qué es el tiempo, o contrastar tiempos dentro de un continuo, o hacer un juego de nociones temporales (6).

b) Orientación psicológica.

El primer detalle que nos lleva a indagar el contenido humano del poema es el hecho de aparecer tres actos volitivos en tiempo potencial: *retiraríame/ de aquí a mil años* (verso 1); *haría/ la cuenta de que vengo todavía* (versos 4-5); *estaría escarmenando/ la fibra védica,* ... (verso 10). El que aparezcan como meras posibilidades nos deja entrever que no se quiso dar a estas afirmaciones un tono categórico. Todas ellas son suposiciones desprovistas de peso persuasivo.

La primera de las afirmaciones señaladas indica, a todas luces, un deseo de fuga a una nada prenatal donde queda eliminado el problema del tiempo; el lírico desea evitar el recuerdo de un pasado irrecuperable y la amenaza de un futuro incierto y desconocido.

Si bien la primera estrofa y parte de la segunda expresan un arranque de voluntarismo, a partir de la línea 10 se entrega el poeta a un examen intelectual de la inarmonía en que se desvive. A continuación, en la tercera estrofa, rechaza ambos modos de acercarse a la encrucijada del tiempo, convencido de que toda racionalización es inútil (*haga la cuenta de mi vida* — verso 16), y de que toda fuga es un intento vano (*haga la cuenta de no haber aún nacido* — verso 17). Ni la voluntad, ni el intelecto podrán librar al lírico de su cárcel temporal, y por esto dirá:

18.   no alcanzaré a librarme.

El hablante del poema sabe que su destino es vivir inmerso en el pasado, presa de obsesionantes recuerdos (7). Tiene, pues, clara

---

(6) "La primera parte de este interesante poema parece expresar el deseo de jugar con el tiempo, ya sea aboliéndolo, reduciéndolo a mera posibilidad, ya sea recogiéndolo como en un ovillo en que se enrollaría hasta el fin el hilo de la vida" (MI, p. 38).

(7) Vallejo mismo nos deja vislumbrar su drama al referirse, de paso, a lo que pudo ser en la vida real la motivación primera del proceso creativo, esto es, la pérdida de su madre y de su amada (verso 6); aquélla falleció el 9 de agosto de 1918, y ésta se separó para siempre del bardo en mayo de 1919. Según Espejo Asturrizaga, el poema fue escrito en 1919. (*Cf.* JEA, pp. 70 y 76, respectivamente.)

conciencia de lo que le está ocurriendo y, por tanto, al decir *No será lo que aún no haya venido,* queda subentendido el verbo "saber": "Sé que mi sino será vivir de recuerdos más que en proyección hacia el futuro". En Tr. XXXIII hallamos la voluntad y la inteligencia bajo el peso de un estado emocional mórbido.

La estructura del poema corrobora lo que aquí decimos, pues contiene un anhelo y una búsqueda (estrofas 1 y 2) y también negaciones y afirmaciones (estrofas 3 y 4). Lo esencial del poema, por lo tanto, es el trasfondo psíquico de un hombre atribulado que se examina a sí mismo (8). Tr. XXXIII es una composición primordialmente autoanalítica y no filosófica. De las dos orientaciones antes indicadas, es la segunda la que nos revela el verdadero sentido del poema (9).

Examinemos ahora los medios empleados para expresar el drama del hombre frente a la irreversibilidad del tiempo.

Notamos, en primer lugar, la presencia de un verbo que implica una dolorosa búsqueda —"escarmenar"—, el cual trae a la memoria otros versos afines, como "escarbar", "escudriñar", "huronear", etc.

Una de las fuentes de las imágenes trílcicas es el mundo de actividades campesinas. "Escarmenar" quizá llevase al poeta a rectificar "fibra" y poner luego "lana". El mismo mundo le sugirió la imagen del "hilo" que lo lleva por las narices (versos 11-13), cuya protoimagen fue, muy probablemente, el espectáculo de un toro con la característica argolla nasal y la cuerda a ella atada. Queda así expresada la idea de total sumisión.

Otra fuente de la imaginería poética vallejiana quizá fuesen algunas lecturas de metafísica indostánica. Ya en *Los heraldos negros* aparecen unos *brahacmánicos elefantes reales* ("La voz del espejo"); más tarde hallamos una alusión directa a avatares (*bajo la línea de todo avatar* — Tr. X), y otra, indirecta, en Tr. LXII, en que, tras de mencionarse la muerte, se añade: *Y desde allí te seguiré a lo largo/ de otros mundos* (10).

Es imposible decir si Vallejo conoció el volumen *Estudios indostánicos,* de José Vasconcelos, publicado en México dos años antes que *Trilce,* pero es casi seguro que el atractivo de lo "védico" pudo sentirlo a través de poemas franceses traducidos al español,

(8) Sobre la organización bipartita de Tr. XXXIII, véase MI., p. 38.

(9) La persistencia de los recuerdos la hallamos en Tr. XXVII como flujo emocional que ahoga (*Me da miedo ese chorro*), y como presencia espectral en Tr. LXVI: *cómo aserráis el otro corazón.*

(10) La palabra "avatar(es)" aparece en el relato "Cera" y también en la novela corta "Fabla salvaje" (NyCC, pp. 71 y 102).

tales como "Suria", de Leconte de Lisle, cuyo subtítulo es "Himno védico" (11). Por otra parte, es muy probable también que Vallejo hallase algunas referencias a la transmigración de las almas en versos de Darío, Herrera y Reissig y Nervo, particularmente los dos últimos (12).

La *fibra védica* acarrea consigo, según lo dicho, el misterio de creencias esotéricas y, como esta frase va seguida de una alusión a *mi fin final*, podría entenderse aquí, no sólo la muerte, sino también el destino último del hombre tras diferentes avatares.

La *fibra* es para Vallejo lo primordial o básico del hombre, el fundamento de su personalidad y también su trayectoria vital. De aquí que en Tr. XXXIII se complete el pensamiento con la frase *hilo del diantre*. Con parecido significado aparecen, en la obra vallejiana, varios sustantivos que indican un continuo vital, hecho de vibrantes fibras sensitivas: soga, hebra, lana, cordeles, cáñamo, etc.

— *soga sanguínea y zurda/ formada de/ mil dagas en puntal* (LHN, p. 69);
— *la hebra del destino* (LHN, p. 78);
— oh la *lana sutilísima* con que está tramada la inconsútil membrana de justo, matemático espesor... (NyCC, p. 56);
— ... *nuestros nervios/ cordeles ya gastados...* (LHN, p. 76);
— *cáñamo inacabable, de innumerables nudos* (Tr. LXVI).

Dentro de este grupo de palabras afines sobresale el sustantivo *hilo*, que Vallejo emplea, metafóricamente, en sentidos muy variados, a lo largo de toda su obra, pero siempre en relación con algún aspecto de la psique humana:

(Continuo espiritual): *el hilo azul de los alientos rotos* (LHN, p. 61);
(Interioridad psíquica): *Quién tira tanto el hilo?* (LHN, p. 76);
(Elemento onírico): *extraños hilos, sin punta* (NyCC, p. 29):
(La existencia): *el hilo de su existencia* (NyCC, p. 38);
(El binomio sexual): *Hilo retemplado, hilo, hilo binómico/ ...* (Tr. XXIX);

_____

(11) Véase: *La poesía moderna francesa - Antología ordenada y anotada por Enrique Díez-Canedo y Fernando Fortún*, Madrid, Renacimiento, 1913, p. 47.

(12) Basta consultar diferentes composiciones de Nervo, incluidas en el volumen *El estanque de los lotos* (1919), y numerosos poemas de Herrera, incluidos en *Poesías completas*, ed. de Guillermo de Torre, Buenos Aires, 1942, pp. 94, 142, 214, 240, 251, 265 y 280.

(La sangre): *el hilo de sangre indígena* (LityA, p. 32); *un hilo de infinito sangrará* (LHN, p. 30);
(Continuo vital): *el hilo ... de su aliento* (*La piedra cansada*, RevCul., p. 312b);
(Medio de retención): *sube y baja/ al natural, sin hilo, mi esperanza* (PH, p. 175);
(Medio de comunicación): *hilo a los horizontes* ... (PH, p. 193);
(Buena suerte): *confía en tu hilo blanco* (PH, p. 208);
(Mala suerte): *Al sentido instantáneo de la eternidad/ corresponde/ este encuentro investido de hilo negro* (PH, p. 228);
(Lazo emocional): *¡Llamadla [a la muerte]! ... No hay que perderle el hilo en que la lloro* (Esp., p. 262).

Como se ve, el sustantivo "hilo" va acompañado de todo un mundo de connotaciones. En Tr. XXXIII, por ir seguido de la frase adjetival "del diantre", el hilo es una maldición. Al escarmenar su fibra, el poeta no llega a ninguna certidumbre, sino a una contraposición más, representada por los *dos badajos inacordes de tiempo*, uno hecho de memorias y otro de incógnitas (13).

El poeta ha caído en tal estado de lasitud y apatía que ni siquiera puede hacer un esfuerzo para mirarse a sí mismo (*aguaitar al fondo*). Esta vez no habrá de agacharse *a puro/ pulso* como otrora (14). La vida se deslizará como un suceder sin nexos, dejando al lírico hundido en su hipocondría, en su obsesión y en su abulia.

Si nuestra interpretación es correcta, no debe extrañar que Tr. XXXIII no tenga en realidad trascendencia intelectual. El mérito de esta composición descansa en su fuerza dramática, que va creciendo poco a poco hasta culminar en un final anafórico. Al principio se esboza una circunstancia habitual: "Si *lloviera* ... haría yo esto o aquello, pero todo sería en vano..." Se llega luego al momento culminante en los versos 10-12:

10. la fibra védica
11. la lana védica, ... hilo
12. del diantre, ...

Resuélvese la tensión con nuevos razonamientos (estrofa 3), y se deshace por fin en las lamentaciones finales. Lo que comenzó como clara visión termina en derrota y vacío.

---

(13) Sobre la inarmonía fundamental en la vida véase la discusión del poema XXXVI.

(14) La frase *a pulso* la emplea Vallejo figurativamente en relación con grandes pesos para indicar un esfuerzo máximo. Ejemplo: "Después, enronquecido, a pulso, a grandes toneladas, agregó misteriosamente..." (NyCC, p. 42).

¿Cuál fue la intención del poeta? Seguramente fue decirnos que el tiempo es una cárcel, y que su significado, en último análisis, no depende de nuestras racionalizaciones, ni de nuestra voluntad. Lo que da sentido a nuestra vida y hace de ella, al mismo tiempo, una pesada cadena de ausencias, es la memoria de lo que fue. Todo lo demás es tiempo evanescente, o tiempo desconocido. Pero en el poema está también implícita una asociación que identifica el presente con la actualidad del yo, y el pasado con la insustancialidad de un no-yo, de donde se deduce que las rememoraciones no hacen sino revelarnos la futilidad de todo retorno a lo que ya no es (15). De aquí que el poeta lamente su irreparable pérdida como quien contempla lo mucho que de su ser ya ha muerto:

20.   lo que ha llegado y ya se ha ido,
21.   ... lo que ha llegado y ya se ha ido (16).

* * *

Trilce LX

1.   Es de madera mi paciencia,
      sorda, vegetal (17).

     Día que has sido puro, niño, inútil,
     que naciste desnudo, las leguas
5.   de tu marcha (18) van corriendo sobre
     tus doce extremidades, ese doblez ceñudo
     de después deshiláchase
     en no se sabe qué últimos pañales.

---

(15) La angustia de quien recuerda y comprende la ironía del presente está muy bien expresada en un pasaje de "Cera", que dice: "Sufría el redolor de mi felicidad trunca, cuyos destellos trabajados ahora en férrea tristeza irremediable, asomaban larvados en los más hondos paréntesis de mi alma, como a decirme con misteriosa ironía que mañana, que sí, que como no, que otra vez, que bueno" (NyCC, p. 68).

(16) Para completar nuestra discusión, nada mejor que examinar los excelentes comentarios de Américo Ferrari ("Le temps et la mort dans la poésie de César Vallejo", *Europe*, juillet - août, 1966) y la luminosa discusión de Coyné (AC II, pp. 189 - 190).

(17) Insertamos una coma entre *sorda* y *vegetal,* y deletreamos esta última palabra con g, tal como lo propone la edición de OPC. Vallejo vacila entre la g y la j, confusión a que contribuía en parte, quizá, la prédica de don Andrés Bello, quien escribía en su *Gramática de la lengua castellana*: dirijen, lójica, jenio, imajen, etc.

(18) Omitimos la coma que separa el sujeto del verbo por creerla innecesaria. Tanto la edición Losada como la versión de OPC rezan: *las leguas/ de tu marcha, van corriendo...*

Constelado de hemisferios de grumo,
10. bajo eternas américas inéditas, tu gran plumaje,
te partes y me dejas, sin tu emoción ambigua,
sin tu nudo de sueños, domingo.

Y se apolilla mi paciencia,
y me vuelvo a exclamar: ¡Cuándo vendrá
15. el domingo bocón y mudo del sepulcro;
cuándo vendrá a cargar este sábado
de harapos, esta horrible sutura
del placer que nos engendra sin querer,
y el placer que nos DestieRRa!

Este poema plantea precisamente el parangón de tiempos que se insinuaba y no llegó a cristalizar en la composición anterior:

6.   ... ese doblez ceñudo
7.   de después deshiláchase
8.   en no se sabe qué últimos pañales.

El tiempo futuro que late en el adverbio *después* aparece aquí diluyéndose en sus propios comienzos (*últimos pañales*). Se establece así un sempiterno retorno: el futuro no es sino el pasado (19). Dicho en palabras del poema, la rigidez de un hombre maduro, cuyo *doblez ceñudo/* ... (verso 6) recuerda la cara del propio Vallejo, se deslíe en la ingenuidad del párvulo, esto es, el niño del tercer verso (20).

Comoquiera que se interpreten los *últimos pañales,* dejan en la mente una tristísima impresión, pues sugieren la segunda niñez del hombre. la incontinencia de la senectud y también la mortaja que acompaña a los mortales tras su deceso. Se nace *desnudo* e *inútil* y se termina disconforme y derrotado. El vivir no es sino un regreso a la indefensión de la niñez, y es como el curso de un *día;* éste nace y muere tras una carrera de leguas, que es su vida. La correlación entre el *día* y la existencia humana no puede ser más clara. Quedan así dramáticamente perfiladas la brevedad e inconsecuencia de la vida humana.

---

(19) Se desarrolla la misma idea en un poema humano que dice: *y este hombre/ no tuvo a un niño por creciente padre?* (PH, p. 183).

(20) Interpretamos el *doblez ceñudo* recordando *la abrupta arruga de mi hondo dolor* ("Heces", LHN, p. 37).

Tr. LX comienza con una confesión de agotamiento y letargo, pues la *madera* simboliza la insensibilidad:

1. Es de madera mi paciencia,
2. sorda, vegetal.

Se reúnen aquí la inapetencia y cansancio de un estado crítico que prefigura un desmoronamiento moral, insinuado una vez más por el verbo "apolillar", del verso 13. En Tr. LX no hallamos un poeta que "escarmena" su ser sino un lírico abatido, que no siente el acicate de la voluntad. Ante su conciencia el futuro no es sino un conjunto de engañosas ilusiones:

9. Constelado hemisferio de grumo,
10. bajo eternas américas inéditas, tu gran plumaje,
11. te partes... (21).

Hay aquí tres imágenes de falsa grandeza, dos de ellas geográficas (22) (*hemisferios, américas*), y una tomada de la zoología (*plumaje*). El sustantivo *grumo,* del verso 9, lo interpretamos en dos sentidos, ambos de insuficiencia: 1) si se entiende *grumo* como "alón de ave descuartizada", se nos comunica el peso de una falsa promesa de vuelo; 2) concebido como "yema" o "cogollo" de algo, sentimos la desolación del que se ha engañado con vanas esperanzas. Igualmente, las *américas inéditas,* que fueron el incentivo de descubridores y adelantados, siguen siendo "eternamente inéditas" y persisten en ser engañosos alicientes (23). Dentro del mismo marco de negativismo, el "gran" plumaje, por tener intención irónica, es igual en sentido al *ñandú desplumado,* de Tr. *XXIV,* y a la *pluma inservible,* de Tr. XXVI. El "gran plumaje" es, pues, falsa apariencia, tan falsa como el "mantillo que iridice", de Tr. XLIX.

_____

(21) Sobre el significado de "partir" y "quedarse" véase la discusión del poema XLVII.

(22) Otros ejemplos: *Los Andes/ occidentales de la Eternidad* (LHN, p. 99); *bolivarianas fragosidades* (Tr. IX); *las islas guaneras* (Tr. XXV); *el estrecho ciego* (Tr. XXVI); *tu gran bahía* (Tr. XXXIV); *arácnidas cuestas* (Tr. XL); *Ciliado archipiélago* (Tr. XLVII); *el alto más negro de los ápices* (Tr. LIV); *Pacífico inmóvil* (Tr. LIX); *Andes frío* (Tr. LIX); *amazonas de lloro* (Tr. LXXI); *la cólera del pobre/ tiene dos ríos contra muchos mares* (PH, p. 225); *De qué punto interrogo, oyendo a ambas riberas de los océanos...?* (PH, p. 241).

(23) Si las "eternas américas inéditas" contienen o no una referencia a lo que se dio en llamar, después de la segunda guerra europea, "la hora de las Américas", es por demás discutible (*Cf.*: Coyné, André, "Vallejo y el surrealismo", RevIb., p. 299). Dentro del poema LX, la frase tiene, a nuestro modo de entender, un sentido estrictamente metafórico.

Entre los muchos versos notables de Tr. LX debemos destacar particularmente el que cierra la segunda estrofa:

12. (... me dejas) sin tu nudo de sueños, domingo.

Hay aquí una sugestiva antítesis, porque a la nota de ilusión encerrada en *sueños* se opone la problemática de todo lo anudado, tal como se insinúa en Tr. LXVI, que hace de la vida un *cáñamo inacabable, de innumerables nudos/ latentes de encrucijada*. Por esto, el domingo nos trae siempre una *emoción ambigua*, como reza el verso 11, de Tr. LX.

Para Vallejo la serie sábado-domingo-lunes tiene un significado muy especial: el sábado es día de derrota, el domingo es falsa promesa y el lunes, el día de la recapacitación (24). Ejemplos:

a) sábado:

— este sábado/ de harapos (Tr. LX);
— Quién será, luego, sábado, a las siete? (PH, 189);
— el sábado, con horas chinas, belgas (PH, 218);

b) domingo:

— Quién nos hubiera dicho que en domingo/ así, .../ se encabritaría la sombra de puro frontal? (Tr. XL);
— ayer domingo en que perdí mi sábado (PH, 153);
— Hoy es domingo, y esto/ tiene muchos siglos (PH, 168);
— El placer de sufrir,/ de esperar esperanzas en la mesa,/ el domingo con todos los idiomas (PH, 218);

c) lunes:

— los lunes/ de la verdad (Tr. XLIX);
— punta es el lunes sujeta con seis frenos (PH, 165);
— sería, quizá, lunes y vendríame al corazón la idea, (PH, 168).

Vivir es aspirar a la felicidad de un gozoso "domingo", tras un "sábado" de adversidades y fracasos (25). Pero el día que debió ser de fiesta es sólo un engaño y, por ello, el lírico habrá de ansiar la

---

(24) Sobre el significado de *domingo*, véase AC II, pp. 208 - 209.
(25) En esta serie vislumbramos la posibilidad de que Vallejo recordase las lecturas de Schopenhauer hechas cuando preparaba su tesis de bachillerato. El hombre trabaja seis días —dice el filósofo alemán— para llegar a la desilusión del sétimo.

muerte, representada por *el domingo bocón y mudo del sepulcro,* que recuerda *la gran boca que ha perdido el habla,* de Tr. LVI.

En Tr. LX, el *sábado* y el *domingo* se transforman en símbolos de repetidas decepciones.

Al final aparecen los versos más significativos y más dramáticos de todo el poema:

> 16. cuándo vendrá [el domingo bocón] a cargar este sábado
> 17. de harapos, esta horrible sutura
> 18. del placer que nos engendra sin querer,
> 19. y el placer que nos DestieRRa!

La *horrible sutura* (que trae a la mente toda una operación quirúrgica) es la conjunción de la vida y de la muerte, esto es, *el placer que nos engendra* (verso 18) y *el placer que nos DestieRRa* (verso 19). Esta tristísima concepción de la existencia es, con toda probabilidad, la misma que había hallado el lírico en sus lecturas de Schopenhauer. Releyendo algunos pasajes del ensayo sobre "La vanidad de la existencia" reconocemos los versos que hemos analizado:

> "Esta vanidad halla expresión ... en la naturaleza infinita del Tiempo y del Espacio, en contraposición con la naturaleza finita del individuo en dichos órdenes; en el fugitivo presente, único modo real de existir; en la interdependencia y relatividad de todas las cosas; en el continuo Devenir que nunca es Ser; en el constante desear nunca satisfecho; en la larga batalla que es la historia de la vida, en la cual las dificultades interrumpen y contrarrestan todos los esfuerzos, hasta que dejan éstos de existir."

... ...

> "En el mundo, donde todo es inestable..., la felicidad es inconcebible. ¿Cómo puede residir ésta —dice Platón— allí donde el constante Devenir y nunca el Ser es la única forma de existencia? ... el hombre no es nunca feliz, aunque pase su vida en persecución de algo que, a su entender, lo hará feliz; rara vez llega a la meta deseada, y, si la alcanza, es sólo para caer en la desilusión. Las más veces termina su empresa como el buque que regresa al puerto sin velas. Y luego comprende que da lo mismo haber sido feliz que desafortunado, pues su vida no ha sido nunca sino

un momento presente siempre fugitivo que ya ha pasado (26)."

Tal como dice Schopenhauer, el hombre es animal de deseos y
sus apetencias son la matriz de su pesadumbre y desconsuelo. De
aquí que el filósofo haya justificado el derecho al suicidio, al cual
llama "la pregunta que hace el hombre a la Naturaleza". Nada de
extraordinario tiene, pues, que Vallejo recapacite y, después de echar
una mirada al espectáculo de la vida, ansíe la muerte:

14.   y me vuelvo a exclamar: ¡Cuándo vendrá
15.   el domingo bocón y mudo del sepulcro;
16.   cuándo vendrá a cargar este sábado
17.   de harapos,...

El último verso es un dolorido grito de protesta, en que las letras mayúsculas recalcan la intensidad del sentimiento:

19.   ... el placer que nos DestieRRa! (27).

Tr. LX es un poema francamente pesimista. Tras de precisar el
talante del lírico al comienzo (estrofa 1), se despliega como simple
meditación sobre el tiempo, para convertirse al final en ironías y lamentaciones. Se enlaza así el pensamiento con la desesperación y
la protesta, "Engendrar" es traer a la tierra; "DesteRRar" es expul-
sal a alguien, violentamente, del mundo. Ingreso y repudio.
    Hay en el poema un punto oscuro en lo relativo al *día*, del ver-
so 3. ¿Tiene este *día* algo que ver con el domingo del verso 12, o
con el sábado, del verso 16? Creemos que el *día* del verso 3 se refiere a un lapso de tiempo recurrente, que nace (es *niño*), muere
(*deshiláchase*) y vuelve a nacer (*pañales*). No es un día de la semana, pues el poeta lo ha pensado como un conjunto de horas, sin
otra característica que ser una rápida sucesión (*leguas que van corriendo*). La segunda estrofa, por el contrario, singulariza el domin-

_____

(26) Schopenhauer, A., *Studies in Pessimism*, New York, s f. (The
Modern Library), pp. 41-44. Obsérvese el parecido entre la última idea y
el final del poema XXXIII:... *lo que ha llegado y ya se ha ido*. (La traducción
es nuestra).

(27) Teniendo presentes las veces que Vallejo recordó en su obra el
mundo religioso de su infancia y, particularmente, el haber perdido el hombre
los dones de su existencia edénica —idea obsesiva durante la fase trílcica—
nos preguntamos si detrás de este verbo no estaría alguna frase religiosa como
"los desterrados hijos de Eva".

go simbólico, el de la muerte, que seguirá al sábado simbólico de la miseria humana. El sarcasmo del poema está en haberse elegido precisamente el día de la esperanza, el domingo, para ser el día de la defunción.

Los dos sentidos en que aparece el *domingo*, y la posibilidad de confundir pensamientos que el poeta quería diferenciar, restan al poema parte de su fuerza dramática. Están también entretejidas en Tr. LX dos ideas que no armonizan bien una con la otra. Al iniciarse la lectura se recibe dos veces una clara impresión de tiempo extendido, esto es, una vida: primero, a través del comienzo —Es de madera mi paciencia—, y luego, al referirse el poeta a leguas, en el verso 4. En la estrofa siguiente, sin embargo, se representa el tiempo a través del *día*, con lo cual se recorta inmediatamente la sugerencia de extensión temporal que hemos señalado. Podría argüirse que el día simboliza la brevedad de la vida, pero con esto se eliminaría el significado del día anterior, el sábado. La única coordinación lógica posible sería concebir la vida como los seis primeros días de la semana, que son para Schopenhauer el decurso temporal anterior a la derrota del domingo. Se notará, sin embargo, que la idea de semana no aparece en el poema.

En compensación de los desajustes señalados, se nos da una pluralidad de significados en la síntesis final. Por medio del sustantivo *placer*, concebimos al hablante lírico en dos funciones: la del hombre que nace, engendrado *sin querer*, y la del ser vivo, víctima de sus propias apetencias (*el placer que nos DestieRRa*). En los versos 18 y 19, pues, el placer es causa y efecto, pero conjugándose estos dos aspectos en una sola realidad.

Puesto que aparece dos veces el plural *nos,* se entiende que el lírico está hablando a la humanidad entera. Su angustioso lamento final, expresado en dos largas exclamaciones y un último grito, nos transmite una congoja que sobrepasa toda enormidad y pulveriza toda resistencia a la muerte.

* * *

El tiempo trílcico es un contenido irrecuperable y falaz. Pasarán los años y el lírico habrá de sentir aún más "premiosamente" sus ansias de perennidad. Por eso se admite el tiempo en *Poemas humanos* como una constante violencia:

> Vi el tiempo generoso del minuto
> infinitamente

atado locamente al tiempo grande
pues que estaba la hora
　　　suavemente,
premiosamente henchida de dos horas (PH, p. 213).

El continuo irrestañable del tiempo hace de la vida un fugitivo presente que busca perduración en una enormidad inconmensurable. Pero ya no hay más búsqueda, porque el poeta sabe que toda pesquisa en el dinamismo escalar del tiempo se convierte, invariablemente, en atribulada indagación fallida.

CAPITULO V. PERIPECIA PERSONAL

1. *La niñez — gozne de travesuras*: Tr. LII, Tr. LXXIV

La rememoración de la niñez fue para Vallejo una puerta de escape, un reingreso en la edad feliz. Había varias razones para que así fuese y, entre las más importantes, está la comunión espiritual del poeta con su madre, fuente inagotable de amor, apoyo moral y consuelo (1).

Por ser recordada la niñez como época jubilosa, inocente y libre de adversidades, se integran en un todo siempre coherente las nociones de pureza y antipragmatismo: *Día que has sido puro, niño, inútil* (Tr. LX) (2). Para un hombre tan obsesionado con la idea de culpa, volver a los días de la inocencia era una forma de rehuir el mundo circundante; de aquí que el poeta recuerde las ingeniosidades y travesuras de su infancia por encima de toda ética como si la inocencia del párvulo fuese un estado de gracia.

El recuerdo de la infancia es, además, un modo de aliviar el peso de las circunstancias inmediatas, razón por la cual el retorno imaginativo a lejanos días felices se expresa en conjunción con actualidades opresivas o inescrutables, tales como la injusticia de la prisión, el peso de la existencia, la pérdida de la amada, una enfermedad, etc.

---

(1) Se desarrolla este aspecto en el Cap. V, 2.

(2) La única excepción a lo dicho es el verso 10 del poema LXI, en que Vallejo recuerda su *adolorida infancia.* Esta frase bien puede ser eco de un verso de Darío: *Yo supe del dolor desde mi infancia* ("Yo soy aquel").

La infancia implica también la ausencia de torturantes dilemas, oposiciones y fronteras. Para el niño todo es posible y nada requiere justificación. Por eso desea solazarse el poeta en su *aire nene que no conoce aún las letras*. Además, la infancia es la época de los deslumbramientos. Todas las cosas, incluso la boñiga del establo, llenan un vacío en el ser infantil, siempre ávido de descubrimientos. Los poemas de la infancia contienen, por lo tanto, un deseo de fuga, de pureza moral y de compensación, porque la niñez es inagotable fuente de goces íntimos. Retornarán a su memoria aromas olvidados, colores fascinantes y la imagen de seres queridos, todo envuelto en una atmósfera de alegría, inocencia y seguridad. Así nos lo dice en un pasaje de "Alféizar", en que el poeta, atribulado por sus penurias carcelarias, deja volar la imaginación y se ve otra vez niño, "otra vez rosa". Dice el relato:

> "... todo este aroma matinal y doméstico me recuerda mi paterna casa, mi niñez santiaguina, aquellos desayunos de ocho y diez hermanos de mayor a menor, como los carrizos de una antara, entre ellos yo, el último de todos, parado junto a la mesa del comedor, engomado y chorreando el cabello que acababa de peinar a la fuerza una de las hermanitas; en la izquierda mano un bizcocho entero ¡había de ser entero! y con la derecha de rosadas falangitas, hurtando a escondidas el azúcar de granito en granito..." (NyCC, p. 21).

Motivación psicológica muy parecida hallamos en varios poemas trílcicos, de los cuales hemos singularizado en particular dos —*Tr. LII* y *Tr. LXXIV*— para analizar el proceso creativo a que da lugar el recuerdo de la infancia. Hemos decidido relegar el estudio biográfico a un lugar de segunda importancia, ya que él nos llevaría a reexaminar hitos personales ya bastante conocidos. Fijaremos la atención, pues, en los medios estilizantes, a fin de precisar el valor artístico de los resultados obtenidos.

Trilce LII

1. Y nos levantaremos cuando se nos dé
   la gana, aunque mamá toda claror
   nos despierte con cantora
   y linda cólera materna.

5. Nosotros reiremos a hurtadillas de esto,

mordiendo el canto de las tibias colchas
de vicuña ¡y no me vayas a hacer cosas!

Los humos de los bohíos ¡ah golfillos
en rama! madrugarían a jugar
10.   a las cometas azulinas, azulantes,
y, apañuscando alfarjes y piedras, nos darían
su estímulo fragante de boñiga,
      para sacarnos
al aire nene que no conoce aún las letras,
15.   a pelearles los hilos.

Otro día querrás pastorear
entre tus huecos onfalóideos
     ávidas cavernas,
meses nonos,
20.   mis telones.

O querrás acompañar a la ancianía
a destapar la toma de un crepúsculo,
para que de día surja
toda el agua que pasa de noche.

25.   Y llegas muriéndote de risa,
y en el almuerzo musical,
cancha reventada, harina con manteca,
con manteca,
le tomas el pelo al peón decúbito
30.   que hoy otra vez olvida dar los buenos días,
esos sus días, buenos con b de baldío,
que insisten en salirle al pobre
por la culata de la v
dentilabial que vela en él.

Las cinco estrofas de este poema constituyen cinco escenas de
la vida infantil del lírico, reunidas todas, como las partes de una
representación, en una totalidad coherente que nos da una visión
cumulativa de la infancia:

1.ª estrofa — escena matinal: el momento de levantarse;
2.ª estrofa — vagancia al aire libre;
3.ª estrofa — exploración y descubrimiento;
4.ª estrofa — labores campesinas;
5.ª estrofa — travesuras infantiles.

El poema no tiene ilación cronológica, ni unidad de lugar; las escenas, elegidas por su valor representativo dentro de un mismo motivo, ocurren en distintos días y en diferentes lugares. ¿Cómo dar unidad a los variados aspectos que las integran? (3). Estudiemos cada estrofa y señalemos el alcance del proceso de intercalación múltiple que caracteriza a este poema, para decir después si la totalidad resultante tiene, o no, calidad estética.

1.ª estrofa

1. Y nos levantaremos cuando se nos dé
   la gana, aunque mamá toda claror
   nos despierte con cantora
   y linda cólera materna.
5. Nosotros reiremos a hurtadillas de esto,
   mordiendo el canto de las tibias colchas
   de vicuña ¡y no me vayas a hacer cosas!

Nada hay, desde el punto de vista semántico, que requiera explicación, pero sí son dignos de ser destacados tres medios estilizantes muy vallejianos. El primero de éstos es el comienzo *in medias res*: *Y nos levantaremos...* Con esto se aprehende desde el principio el carácter aparentemente heterogéneo y desarticulado de todo el poema, organización que no sólo hace de Tr. LII un conjunto de divagaciones, sino que, además, destruye toda contextura fija en el tiempo y en el espacio, exigencia lógica que el poeta ansía rehuir al ingresar en el mundo maravilloso de la infancia. En Tr. LII todo ocurre porque sí.

El segundo medio configurativo es el empleo del futuro y del potencial para expresar modos de realización segura, o posible, respectivamente.

De este modo puede predecir el lírico, con perspectiva de tiempo, lo que ha de ocurrir, dándoles a los versos un tono de mayor o menor obligatoriedad: *Y nos levantaremos, Nosotros reiremos, Otro día querrás pastorear... O querrás acompañar a la anciania; los humos... madrugarían..., nos darían su estímulo...* Se intensifica la certeza en la última estrofa, en la cual se emplea el presente.

El tercer medio estilizante es la inserción de la cita directa en lenguaje infantil:

(3) Concordamos, desde luego, con Carlos Luis Alvarez, quien dice: "No es César Vallejo un manojo de incoherencias. La coherencia es precisamente su rasgo más característico". Véase: "Lucidez expresiva", *Indice* (Madrid), No. 134, marzo, 1960, p. 6.

7.   ... ¡y no me vayas a hacer cosas!

A pesar de ser de índole tan distinta, esta exclamación está en perfecta consonancia con el resto de la estrofa, porque revela tanto el lenguaje como la psicología del niño (4). Con los tres procesos estilizantes mencionados adquiere el poema soltura y gracia. Al mismo tiempo, su estructura total nos hace pensar en algo así como un adorno colgadizo móvil, cuyas partes parecen ser independientes al moverse en el aire, pero sabiendo el espectador que constituyen una sola unidad artística.

2.ª estrofa

En los versos 8-15 encontramos dos notables estilizaciones formales que conviene examinar:

8.   Los humos de los bohíos ¡ah golfillos
9.   en rama! madrugarían...

10.   ... las cometas azulinas, azulantes,

En los versos 8-9 se funden una vivificación (*Los humos ... madrugarían*), que transfiere el espíritu infantil a la naturaleza, y una sugerente imagen (*golfillos en rama*), en que se amalgaman la fugacidad del humo, el espíritu travieso y "pajarino" del niño y la imperfección e inmadurez de quien es todavía un infante. Por ser *en rama* una expresión tomada del mundo de la imprenta —con la cual se designa la obra todavía sin encuadernar—, la frase añade el sentido de "desperdigado" o "sin culminación", "en estado potencial". Este último es el significado con que aparece en una crónica sobre el Bautista de Leonardo da Vinci; tras de describirse todos los indicios de "terrenidad" conflictiva presentes en la faz del futuro santo, se dice al fin: "Toda la tragedia en rama" (*Variedades,* "El Bautista de Vinci", set. 18, 1926). Todos estos significados se enlazan con los que siguen, ya que las *cometas* se echan al aire como los humos y los pájaros, preparándose así la inserción de los versos 13 y 14 (*sacarnos/ al aire nene*). Como se ve, el flotar en el aire se ha convertido en elemento aglutinante de toda la estrofa.

En el verso 10 aparece una curiosa duplicación diferenciante

---

(4) Recordemos aquí Tr. LVIII, en que se incluyen recuerdos infantiles, y se advertirá una vez más la reconstrucción del pasado por medio de citas directas o indirectas en el lenguaje de un niño: ... *El otro sábado/ te daré mi fiambre, pero/ no me pegues!/ Ya no le diré que bueno.*

(*azulinas, azulantes*), que le sirve al poeta para dotar una cosa de esa variabilidad mágica que maravillaría a un niño (5).

La segunda estrofa podría servirnos para comparar la expresión poética vallejiana de dos períodos. Consideremos, pues, el poema "Mayo" (LHN, pp. 60-61) en relación con los versos que aquí nos ocupan. En ambas piezas hay una escena matinal en que se destacan el humo de las chozas campesinas, la sensación de vuelo y elevación y el deseo de aventura. Hay, sin embargo, diferencias esenciales. "Mayo" es un poema menos coherente, con rasgos pictóriricos modernistas y restos de vocabulario religioso; además, desde el comienzo, se vuelca hacia incidencias exteriores, hacia lo extrínseco, por lo cual se convierte, a medida que se desenvuelve, en un mosaico costumbrista. En Tr. LII, como ya dijimos, no hay precisiones temporales, pero sobre la pluralidad de motivos se cierne una voluntad plasmadora que da sentido a los detalles dentro de una estructura psíquica determinada.

3.ª estrofa

Es éste un conjunto densísimo de notas vivenciales reunidas a base de adiciones y fraccionamientos, procesos estructurales que se funden unos en los otros, dando a la estrofa un aspecto de cosa heterogénea y discontinua. Sin duda, ésta es la parte más compleja del poema.

16. Otro día querrás pastorear
17. entre tus huecos onfalóideos
18.   ávidas cavernas,
19. meses nonos,
20.   mis telones.

Se amalgaman en este segmento tres campos imaginísticos, a saber:
1) topografía: *huecos* (verso 17), *cavernas* (verso 18);
2) anatomía-fisiología *onfalóideos* (verso 17), o sea, algo relacionado con el ombligo (6), *meses nonos* (verso 19), esto es, alusión al período fetal;

---

(5) Parecido recurso emplea Neruda en *Arte de pájaros* (Santiago, 1966) al distinguir *pajarintos* de *pajarantes*.

(6) Relacionada también a una formación geográfica y sugiriendo indirectamente formas femeninas, aparece esta palabra en "Más allá de la vida y la muerte": "Lujuria muerta sobre lomas onfalóideas de la sierra estival" (NyCC, p. 25).

3) psicología: *ávidas* (verso 18); *nonos* o prerracionales (verso 19).

Estos tres tipos de componentes integran una realidad múltiple fácil de aprehender: *a)* curiosidad e inquietud infantiles, traducidas en vagabundeos por hondonadas y antros oscuros (pastorear huecos y cavernas); *b)* conciencia del ser corporal, siempre motivo de sorpresas entre infantes (ombligo), y *c)* tremenda expectación de una mente alucinada por el espectáculo de la naturaleza (*ávidas cavernas*). A todo esto se añaden dos versos enigmáticos que debemos desgajar: *meses nonos,/ mis telones*.

Fuera de aludir a la etapa fetal, la frase *meses nonos* también sugiere la imperfección del número 9, guarismo que le sirve a Vallejo para representar todo lo inarmónico e incompleto (7). Los *meses nonos* simbolizan aquí la inmadurez de la etapa infantil, cuando aún se está gestando el hombre. En cuanto a *los telones* del verso 20, representan éstos todo lo que obstruye u oculta algo, sin duda, por asociación con el telón de boca de un teatro. En Tr. XLII es evidente tal significado: *Paletada facial, resbala el telón/ cabe las conchas*. Pero aún más explícita es la frase inserta en la novela *Hacia el reino de los Sciris*, que dice:

> "(Otras jóvenes) se estremecían al compás del canto heroico, con sus hombros erectos, sus gargantas redondas y sus *vientres cerrados y nuevos,* de forma de corazón, donde estaba enarbolado *el gran telón que da a la eternidad*". (NyCC, p. 156. La cursiva es nuestra.)

Creemos discernir tres posibles significados en el sustantivo *telones*: *a)* el misterio de la gestación en el vientre femenino, oculto tras nueve telones, que se levantarán uno tras otro durante la etapa fetal; *b)* alusión indirecta al drama del hombre, el cual comenzará al levantarse el telón definitivo, y *c)* insinuación de las barreras (*telones*) que le impiden al niño y a todo ser humano ingreso en el reino de la eternidad. De estas tres interpretaciones preferimos la primera (8).

El segmento que acabamos de comentar ha sido explicado por Coyné, recalcando la nota erótica. Dice el crítico:

---

(7) Recuérdese, por ejemplo, el poema "Los nueve monstruos" (PH, p. 171) en que el nueve representa una realidad antinatural. Lo mismo ocurre en la referencia a la "novena arista milagrosa" de un dado, en el relato "Cera" (NyCC, p. 73).

(8) Otras referencias a un escenario o a la actuación del hombre pueden hallarse en Tr. XLII (versos 24 - 25) y Tr. XLIX (versos 20 y 25).

"la infancia extraviada resulta momentáneamente recobrada porque el amor tal como lo vive Vallejo la reproduce. El 'cándido pastoreo' coincide con la 'avidez del deseo'; algo perturba el hablar inocente, algo que busca manifestarse y, al mismo tiempo, permanecer disfrazado; es toda la violencia del beso ("tus huecos', mis "cavernas') y del acto sexual ('mis telones') volcada en la espera de algún nacimiento ('meses nonos'), sea de un hijo, sea del aire 'nene' de la estrofa anterior" (AC II, p. 149).

Si se considera que el poema gira alrededor de las travesuras de un párvulo que se divierte con infantil malicia, que vagabundea y tira piedras, y luego se ríe del *peón decúbito,* resulta muy difícil justificar la interpretación recién mencionada. Si lo esencial en el poema es, como lo creemos, su frescura e inocencia, nos preguntamos si no son estas últimas notas las que dan carácter y significado a los actos que en él se representan (9).

La estrofa estudiada es importante también por lo que implica como reflejo del proceso creativo. En efecto, los versos 16-21 parecen dejar en blanco espacios de significación cada vez más grande, obligándonos a juntar en un haz, constituyentes cada vez más reacios a nuestra voluntad de captación. Este modo de configurar un poema no es realmente feliz.

4.ª estrofa

21. O querrás acompañar a la ancianía
a destapar la toma de un crepúsculo,
para que de día surja
toda el agua que pasa de noche.

Hay aquí un conglomerado de elementos imaginísticos: una sugestión paisajista (*crepúsculo*), el acto de abrir una simbólica compuerta (*destapar la toma*), sugerida por alguna acequia o canalete de regadío (10), y un aditamento reflexivo. Detrás del contraste establecido por *de día* y *de noche* (versos 23 y 24) se deja traslucir

---

(9) ¿Transfirió el crítico a Tr. LII la sugerencia contenida en las *lomas onfalóideas* del relato antes mencionado? (*Cf.*: NyCC, p. 25).

(10) Las anotaciones paisajistas y los apuntes folklóricos quizá sean residuos de la influencia herreriana. En *Trilce* estas anotaciones no constituyen nunca lo esencial del poema. La presencia de elementos autóctonos en la poesía de Vallejo ha sido discutida por Francisco Izquierdo Ríos (*Vallejo y su tierra,* Lima, Edic. Rímac, 1949).

el cotidiano renacer del hombre. El *agua* que surge en el lugar a que la lleva el esfuerzo humano es el flujo de vida que contrarresta la inactividad de las horas nocturnas. Este modo de emplear detalles prosaicos en sentido traslaticio es, a no dudarlo, una de las constantes del arte poético vallejiano.

5.ª estrofa

El gozo del niño que come con apetito y se ríe del peón ignaro, incapaz de pronunciar la v(b) dentilabial, son dos aspectos más del mundo infantil. Los detalles fonéticos acusan, por otra parte, la importancia que tenían ciertas articulaciones para Vallejo, por lo cual no es de extrañar que haya en sus poemas juegos eufónicos y de ortografía (11). Observemos de paso un detalle de forma:

> 27. cancha reventada, harina con manteca,
> 28. con manteca,

¿Por qué repite el lírico la frase "con manteca"? Es éste uno de tantos detalles de la psicología del niño que impresionaban al poeta. Lo más probable es que haya querido representar aquí la insistencia del párvulo que especifica tercamente sus deseos, recalcando aquello que le interesa.

Tr. LII es un muestrario de lenguajes: a) expresión conversacional; *¡y no me vayas a hacer cosas!* b) tecnicismos: *onfalóideos, decúbito, dentilabial; c)* arcaísmos: *ancianía* (palabra que probablemente halló en las *Coplas* de Jorge Manrique, como ya apuntó Xavier Abril); *d)* americanismos; *cancha, bohíos; e)* variantes poéticas: *claror, azulantes;* f) partes de frase idiomáticas: "salirle (a uno) el tiro por la culata" (verso 33). A todo esto hay que añadir el lenguaje metafórico del poema, ya discutido.

Detrás de Tr. LII se advierte un mismo espíritu dinámico y despreocupado —el del párvulo—, que encierra la esencia de una niñez alegre: reír a hurtadillas, jugar a las cometas, apañuscar alfarjes, pelearles los hilos (a otros muchachos), morirse de risa, burlarse del peón, etc. Junto a este espíritu infantil se adivina también la presencia del hombre maduro:

---

(11) La relación entre los sonidos de una lengua y los órganos que los producen quizá fuese corolario del concepto de interdependencia implicado en Tr. LXVIII. Vallejo seguramente pensó repetidas veces en la imposibilidad de separar lo determinante de lo determinado. Dice en "Muro noroeste": "El hombre... no sabe ni sabrá jamás... dónde el sonido limita con la forma en los labios que dicen *yo...*" (NyCC, p. 12).

2.   ... mamá toda claror...
      y linda cólera materna.
8.   ... ¡ah golfillos
      en rama!
14.   (sacarnos) al aire nene que no conoce aún las letras
18.   ávidas cavernas
      meses nonos,
          mis telones.
21.   ... acompañar a la ancianía
31.   esos sus días, buenos con b de baldío,
32.   que insisten en salirle al pobre
      por la culata de la v
      dentilabial que vela en él.

Todas estas citas reflejan la personalidad del poeta, esto es, el hombre maduro que rememora. Y es precisamente el doble plano de infantilismo y de madurez lo que da a Tr. LII su mayor encanto, pues deja en la mente una extraña emoción de realidad y de maravilla.

Tr. LII es un poema sin peso intelectual y, al parecer, disperso. Sin embargo, terminada la primera lectura, sabemos que nada hay fuera de lugar, pues toda la composición tiene uno y el mismo espíritu gozoso e ingenuo. Roberto Paoli ha expresado esta misma idea con claridad y elegancia, al decir que Tr. LII refleja: "un'età di presagi e di aspettative; ... un'età irripetibile di spensierate gioie vitali, di aurorale freschezze" (RP, p. LXIV).

Trilce LXXIV

1.   Hubo un día tan rico el año pasado...!
      que ya ni sé qué hacer con él.

      Severas madres guías al colegio,
      asedian las reflexiones, y nosotros enflechamos
5.   la cara apenas. Para ya tarde saber
      que en aquello gozna la travesura
      y se rompe la sien.
      Qué día el del año pasado,
      que ya ni sé qué hacer con él,
10.   rota la sien y todo.

      Por esto nos separarán,
      por eso y para que ya no hagamos mal (12).

---

(12) En OPC: ... *y para ya no hagamos mal.* ¿Error de imprenta? En PC: ... *y para que ya no hagamos mal.*

Y las reflexiones técnicas aún dicen
¿no las vas a oír?
15. que dentro de dos gráfilas oscuras y aparte.
por haber sido niños y también
por habernos juntado mucho en la vida,
reclusos para siempre nos irán a encerrar.

Para que te compongas.

Este poema tiene, como el que acabamos de analizar, una contextura muy particular, por ser también un conjunto de recuerdos de la infancia. En él se destaca muy nítidamente el contraste entre el presente y el pasado, entre la realidad del adulto y la del niño:

1. Hubo un día tan rico el año pasado...!
que ya ni sé qué hacer con él.

El mero hecho de reducir el pasado a un año y de hacerlo concreción de maravillas deja traslucir el dolor del adulto que comprende la diferencia entre la rigurosidad del presente y el mundo de ingenuas travesuras y pequeños cuidados de la niñez.

Todo el poema está cargado de recuerdos, unos placenteros, otros, amenazantes: solicitud maternal, imprevisión infantil, admoniciones incomprendidas, posibles castigos. Este complejo psicológico está relacionado con ciertas frases exclamativas, o residuos de ellas, que dan tensión dramática y vehemencia a muchos versos. Para realzar este aspecto de Tr. LXXIV, destaquemos las exclamaciones expresas o implícitas en el discurso poético:

1. (¡Qué rico!): Hubo un día tan rico...
2. ¡Ni sé qué hacer con él!
12. (¡No hagan mal!): ... para que no hagamos mal.
18. (¡Los voy a encerrar!): ... nos irán a encerrar.
19. ¡Para que te compongas!

No creemos que haya en Tr. LXXIV connotación erótica de ninguna clase, no tan sólo porque dicho contenido está en desarmonía con el espíritu ingenuo del poema, sino también porque no vemos ninguna relación entre "gozar" y "goznes". Tampoco acertamos a conciliar la simple travesura de "romperse la sien" con el impulso sexual. Después de citar "... *Para ya tarde saber/ que en aquello gozna la travesura/ y se rompe la sien*, dice la señorita Estela dos

Santos, refiriéndose en particular a la frase "en aquello gozna la travesura":

> "(de 'gozar' y de 'goznes'. La poesía es erótica, hay una relación amorosa juvenil descubierta por madres vigilantes. De lo erótico viene la valencia 'gozar' y la denuncia por el ruido del mecanismo, está implicada en 'goznes')." (AV 5, p. 46.)

La travesura del niño no ha pasado de ser un pequeño accidente (¿pelea? ¿caída?), causa de la herida en la sien. No nos parece que haya tampoco ningún contenido erótico en los versos 11-12:

> 11. Por esto nos separarán,
> 12. por eso y para que ya no hagamos mal.

La separación es aquí castigo, porque trae esa terrible soledad apuntada en Tr. III:

> No me vayan a haber dejado solo,
> y el único recluso sea yo.

Los versos más significativos del poema están en la tercera estrofa:

> 13. Y las reflexiones técnicas aún dicen
> 14. ¿no las vas a oír?
> 15. que dentro de dos gráfilas oscuras y aparte,
> 16. por haber sido niños y también
> 17. por habernos juntado mucho en la vida,
> 18. reclusos para siempre nos irán a encerrar.

El que sea el castigo solamente "para que te compongas" (verso 19) recalca una vez más la naturaleza infantil de la falta cometida. Añádase a esto la obvia desproporción en el castigo, que el niño se imagina como encierro "para siempre" y se comprenderá que la intención de Vallejo fue mantener la "maldad" a tono con la ingenuidad del niño.

Llama la atención el empleo del sustantivo *gráfilas,* en el verso 15:

> 15. que dentro de dos gráfilas oscuras y aparte,
>
> ... ...

18. reclusos para siempre nos irán a encerrar.

Las *gráfilas,* o sea las orlas que adornan los bordes de una moneda, representan un círculo cerrado, y pueden, por lo tanto, sugerir el "encierro" o "prisión" que se vislumbra en el verso 18. Una vez más hallamos un objeto circular que, como los aros y anillos de otros poemas, encierra las ideas de tensión y confinamiento.

El poema termina con el tipo de asociación que ya conocemos, esto es, la frase coloquial, pronunciada esta vez por un adulto: *Para que te compongas.*

Quien lea Tr. LXXIV en voz alta, prestando atención a su estructura verbal, no puede menos de notar repeticiones conceptuales. Observemos:

a)   1.   Hubo un día rico el año pasado...!
            que ya ni sé qué hacer con él.
            ... ...

       8.   Qué día el del año pasado,
            que ya ni sé qué hacer con él.

b)   7.   y se rompe la sien.
            ... ...

     10.   rota la sien y todo.

c)   11.   Por esto nos separarán,
            por eso...

d) 16.   por haber sido niños...
     17.   por habernos juntado mucho...

Estas repeticiones añaden al poema nuevas dimensiones, ya de asediante insistencia, como en *a),* o de fatal inevitabilidad, como en *b),* o de desvelo justificatorio, como en *c).* A veces introduce Vallejo sutilísimos cambios, que pudieran parecer inútiles, a primera vista. Examinemos el caso *c).* Fácil es imaginar una madre que da el porqué de sus decisiones (*¡por esto* te voy a encerrar!), y un hijo que aún recuerda ese drama de su niñez y se repite mentalmente "*¡Por eso fue!*". El cambio de *esto* en *eso* establece una distancia entre dos épocas —el pasado y el presente—, es decir, el hecho y su huella en la memoria.

Tr. LXXIV está concebido como combinación de dos conjuntos, uno de recuerdos y otro de reflexiones. Corresponden éstos a las dos

épocas recién señaladas, pero sin establecer una estructura geométrica. Así lo demuestra el siguiente esquema:

Estrofa	Versos	Contenido genérico
1.ª	1 2	Reflexión
... ...		
2.ª	3 4 5 6 7	Recordación
	8 9 10	Reflexión
... ...		
3.ª	11 12 13 14 15 16 17 18	Reflexión
... ...		
4.ª	19	Recordación

Sería un error suponer que nuestro esquema intenta señalar rupturas y desmembramientos. Tr. LXXIV nos hace pasar de un tipo
de notas poéticas a otro —reflexiones y recuerdos— y lo hacemos
insensiblemente, porque el pensamiento está a menudo vertido en
frases oídas en el pasado, quedando así yuxtapuestos los dos planos
del poema. El ejemplo más obvio está en los versos 13 y 14:

13. Y las reflexiones técnicas aún dicen
14. ¿no las vas a oír?

El verso 13 representa los razonamientos de algún familiar mayor, cuando el poeta era un infante, mientras que el verso 14 expresa la repercusión que tienen esos razonamientos en el presente del

lírico. El verso 13 lo dice explícitamente al recordar que las "leyes" de la infancia *aún dicen* su mensaje normativo.

* * *

Los dos poemas estudiados tienen diferente intención. En Tr. LII no hay nada inquietante o triste. Sus últimos versos son típicos de un aspecto de la personalidad del lírico peruano: el gusto por las chanzas y agudezas. Tanto se ha insistido en la tendencia de Vallejo a la melancolía y autorrecriminación que se ha olvidado su vena cómica, insinuada en la escena del *peón decúbito*. Y ello se debe en parte al poeta mismo, porque rara vez llevó a su arte motivos alegres, convencido como estaba de que la poesía es más bien producto de la adversidad que del regocijo.

El segundo poema —Tr. LXXIV— está más en consonancia con el sentido fundamental de la poesía vallejiana, pues deja traslucir una amenaza (*Severas madres*) y el miedo infantil al encierro y la soledad. En este poema se llega a concebir la alegría de la infancia como una culpa que pide castigo, pues lo exigen las normas de familiares y maestros, esto es, *las reflexiones técnicas,* del verso 13. Pero el poeta va aún más lejos: se castiga a los hombres por el simple hecho de *haber sido niños* (verso 16), y por haber buscado la comunicación humana (verso 17). Tr. LXXIV contiene, pues, notas sombrías, que son reflejo de la irremediable desventura del hombre.

De los dos poemas aquí estudiados nos parece mejor el primero (Tr. LII) por su sostenida tonalidad jubilosa, riqueza de imágenes y condensación de significados. En Tr. LXXIV no están bien expresados el peso de las normas éticas y la negatividad de la vida; tampoco se establece una relación convincente entre la niñez y la culpa humana. Ambas composiciones son valiosas, sin embargo, como ejemplos de la sutil y compleja estructura interior de la poesía trílcica en general. Se han establecido en ellas nuevas relaciones entre cosas, seres y hechos, que se hacen subyugantes por haber adquirido una fisonomía hasta ahora insospechada. La realidad toda se despoja de su literalismo y se hace escueta, más abstracta, más sugerente. Resulta así un arte poético de urgencia, que hace imposibles la desatención o el solipsismo. Vallejo arrastra al lector y lo obliga a participar en sus trances creativos.

2. *La madre, muerta inmortal: Tr. XXIII, Tr. LXV*

La madre aparece con motivo poético central en dos poemas: Tr. XXIII y Tr. LXV. Sin contar otras composiciones en que se incluyen referencias incidentales (III, XXVIII, XLVII, LVIII, LXI, LXXIV), hay un poema más que contiene el motivo maternal —Tr. XVIII—, pero referido al tema de la cárcel, por lo cual aparece en la sección 4 de este capítulo.

Muchos son los críticos interesados en el "tema" de la madre y, entre ellos, no falta quien nos explique la actitud de Vallejo ante su progenitora como expresión de lazos espirituales enraizados en un complejo edípico (1). El que esto sea así o no, podría estudiarlo con provecho un psicólogo o un psiquiatra, siempre que tuviese conciencia de las limitaciones que la expresión literaria impone a investigaciones de este jaez.

Entre los rasgos que más han interesado a los biógrafos están precisamente las reacciones emocionales del poeta ante su madre —soledad, ternura, desamparo, etc.—, contenidos que se dan en forma bastante clara y directa en las piezas señaladas. A este respecto observa la señora María Eugenia de Gerbolini que los versos centrados en el motivo maternal están vertidos "casi siempre en un lenguaje fácil, transparente, que contrasta con el profundo hermetismo y ambigüedad que observamos en el tratamiento de otros temas" (2). Añadamos, sin embargo, que, a pesar de su sencillez, los poemas XXIII y LXV tienen una contextura interior relativamente compleja y ciertas calidades artísticas que merecen comentario.

Trilce XXIII

1. Tahona estuosa de aquellos mis bizcochos
    pura yema infantil innumerable, madre.

    Oh tus cuatro gorgas, asombrosamente
    mal plañidas, madre: tus mendigos.
5. Las dos hermanas últimas, Miguel que ha muerto
    y yo arrastrando todavía
    una trenza por cada letra del abecedario.

    En la sala de arriba nos repartías
    de mañana, de tarde, de dual estiba,
10. aquellas ricas hostias de tiempo, para
    que ahora nos sobrasen

---

(1) Para tal estudio habría que tomar en cuenta "Los pasos lejanos", (LHN, p. 101), los relatos "Alféizar" (NyCC, pp. 21 - 22), "Más allá de la vida y la muerte" (NyCC, pp. 25-32), y "El buen sentido" (PH, pp. 238-239), sin contar algunas referencias secundarias esparcidas en toda la obra vallejiana, desde la tesis de bachillerato hasta sus últimas producciones.
(2) "En el mundo de *Trilce*", *Letras*, Lima, 1963, Nos. 70 - 71, p. 8.

cáscaras de relojes en flexión de las 24
en punto parados.

Madre, y ahora! Ahora, en cuál alvéolo
15. quedaría, en qué retoño capilar,
cierta migaja que hoy se me ata al cuello
y no quiere pasar. Hoy que hasta
tus puros huesos estarán harina
que no habrá en qué amasar
20. ¡tierna dulcera de amor! (3)
hasta en la cruda sombra, hasta en el gran molar
cuya encía late en aquel lácteo hoyuelo
que inadvertido lábrase y pulula ¡tú lo viste tanto!
en las cerradas manos recién nacidas.

25. Tal la tierra oirá en tu silenciar,
cómo nos van cobrando todos
el alquiler del mundo donde nos dejas
y el valor de aquel pan inacabable.
Y nos lo cobran, cuando, siendo nosotros
30. pequeños entonces, como tú verías,
no se lo podíamos haber arrebatado
a nadie; cuando tú nos lo diste,
¿di, mamá?

Hay una forma de estructuración poética vallejiana cuyos rasgos distintivos son éstos: aproximaciones nocionales, plurisemia, discontinuidad gramatical, fusiones temporales e intensidad afectiva. Estudiemos estos fenómenos hasta donde sea posible, a través del poema XXIII (4).

I. *Aproximaciones nocionales*

Observemos cómo se asocian elementos poéticos representados por palabras afines repartidas en distintos segmentos del poema,

---

(3) Seguimos el texto de OPC, en el cual falta el segundo punto de exclamación. Tampoco aparece en la versión Losada.

(4) Omitiremos todo comentario sobre el movimiento interior del poema, la sabia imbricación de lo anecdótico con lo genérico y el efecto total de profundo patetismo porque estos aspectos los ha estudiado ya Aldo F. Oliva. Véase: "Trilce de César Vallejo: Poema XXIII". *Boletín de literaturas hispánicas,* Universidad Nacional del Litoral, Santa Fe (Rep. Argentina), 1959. No. 1, pp. 39 - 44.

pero formando una red de resonancias que contribuyen a dar cohesión interna al poema:

1. *Unión por afinidad*

    a) Tahona estuosa (= madre simbólica): bizcochos, yema, harina, amasar, dulcera de amor, pan inacabable;

    b) Familia (= lazos cordiales): cuatro hermanos, tus mendigos, cuatro gorgas;

    c) Alimentación (= sustento físico y espiritual): migaja, encía, lácteo oyuelo, molar (5);

    d) No-tiempo (= milagro de intemporalidad): ricas hostias de tiempo, cáscaras de relojes en flexión de las 24/ en punto parados;

    e) La muerte (= vacío espiritual): tus puros huesos, cruda sombra, el gran molar, tu silenciar.

2. *Conjunción de conceptos*

    Este es el caso del núcleo compuesto de un sustantivo y una frase adjetival introducida por *de* + otro sustantivo: Tahona ... de aquellos mis bizcochos, tarde de dual estiba, hostias de tiempo, cáscaras de relojes, flexión de las 24..., dulcera de amor, alquiler del mundo.

II. *Plurisemia*

    a) Sinonimia simbólica. La representan los siguientes pares: tahona ... madre; cuatro gorgas ... tus mendigos; alvéolo ... retoño capilar; cruda sombra ... gran molar.

    b) *Dilogía.* Notemos el doble sentido de algunos sustantivos: *tahona*: *a)* horno casero; *b)* la madre (verso 1); *yema*: *a)* lo que está por brotar; *b)* alimento apetecible (verso 2); *gorgas*: *a)* posible imitación del francés (*gorge*) para decir "bocas" (6); *b)* comida para aves de cetrería (verso 3); *cáscaras*: *a)*

---

(5) Sobre el significado ulterior del comer y de la alimentación en general, véase: Sucre, Guillermo, "Vallejo, la nostalgia de la inocencia", *Sur*, No. 312, p. 9. Sobre la antítesis "pan - hambre", véase el nutrido estudio de Ana María Pucciarelli, "Claves de César Vallejo: indagación preliminar", RevCul., pp. 32 - 43.

(6) Al hacer esta doble interpretación, coincidimos totalmente con el comentario de Coyné (AC II, p. 181, nota 13). Nos inclinamos hacia el significado de "gargantas", por aparecer en el renglón siguiente la frase *mal plañidas,* con la cual se deja subentendida la quejumbrosa petición de niños pedigüeños.

corteza de pan; *b*) causa de una sensación de ahogo y angustia (verso 16); *harina*: *a*) trigo molido; *b*) restos mortales convertidos en polvo (verso 18); *dulcera*: *a*) la persona
que hace dulces; *b*) el vaso en que se guarda el dulce de
almíbar (verso 20); *molar*: *a*), lo que facilita el comer; *b*)
lo que tritura y destruye.

III. *Discontinuidad gramatical*

1. Elipsis. Al crearse un vacío lingüístico por omisión de una
o más palabras, la mente suple nexos muy variados. Añadiremos
las palabras omitidas a sabiendas de que tales adiciones no son
necesariamente las que evitó el poeta; también nos es forzoso reconocer que al añadir palabras empobrecemos la potencialidad poética
de los versos citados:

1. Tahona estuosa... (Eres como la) tahona estuosa...
12. ... de las 24 (horas).
14. Madre, y (cuán diferente es) ahora!
18. tus puros huesos estarán (convertidos en) harina.
19. (hoy) que no habrá en qué amasar.
21. (Y obras tu milagro) hasta en la cruda sombra, etc.

2. Disyunciones. Observemos la separación de elementos lingüísticos que deberían lógicamente ir juntos:

12. cáscaras de *relojes* en flexión de las 24
13. en punto *parados*.

IV. *Fusiones temporales*

Este fenómeno es bastante común en toda la fase trílcica. En
el poema XXIII se dan un "ayer" implícito en las dos primeras
estrofas (que luego se expresa por medio del *entonces*, del verso 30)
y un *ahora* (versos 11 y 14), también llamado *hoy*, en el verso 17.
Estos dos niveles se funden a tal punto en la estrofa final que es
difícil separarlos. Queda en la mente del lector un tiempo ambiguo,
en que pululan el pasado y el presente (7). Observemos:

25. Tal la tierra oirá (ahora) en tu silenciar,

(7) Sobre la dicotomía "ahora - entonces", véanse los comentarios de Roberto Paoli (RP, p. LXVII) y de Alberto Escobar, en *Patio de letras*, Lima,
1965, p. 264.

26. cómo nos van cobrando todos/ el alquiler (ahora) ...

... ...

29. Y nos lo cobran (ahora), cuando, siendo nosotros
30. pequeños (*entonces*), como tú verás, (¿ahora? ¿enton-
                                                    [ces?) ...
32. ... cuando tú nos lo diste, (entonces)
33. ¿di, mamá? (¿ahora? ¿entonces?)

V. *Intensidad afectiva*

Todo el poema vibra con la emoción del poeta en tres tonalidades: la del recuerdo de un pasado feliz (versos 1-14), la de la angustia del presente (versos 15-30) y la de la inocencia de la transfiguración final.

De todas las estrofas es la tercera la que encierra el mayor apremio emocional, redoblado ahora por las frases intensificativas en-
cabezadas por *hasta*:

17. ... Hoy que hasta
18. tus puros huesos estarán harina
21. hasta en la cruda sombra, hasta en el gran molar

Nos queda por ver ahora la forma muy especial en que el poeta ha vertido algunos pensamientos:

1. *La niñez*

2. pura yema infantil innumerable,...

El sustantivo *yema* lo usa Vallejo en tres sentidos: *a*) yemas de
los dedos (NyCC, p. 71); *b*) yema del huevo (Tr. XL), y *c*) brote
de una planta ("Líneas", LHN, p. 79). Los dos últimos significados
tienen especial valor como expresiones poéticas de lo que está por
venir. En la *yema* se encierra, pues, una promesa. A esto se añade
en el poema XXIII la idea de alimento extraordinario y apetecible
(*pura yema*) y también una sugerencia de insospechadas potencialidades (*yema innumerable*). La madre está concebida, según se ve,
como fuente de delicias sin límite.

2. El no-tiempo

> 12. cáscaras de relojes en flexión de las 24
> 13. en punto parados.

Estos versos destacan la necesidad de prevención ante el tiempo (*para/ que ahora nos sobrasen...*), y también la insustancialidad del orden temporal en la niñez (*relojes ... parados*) (8). Se han hermanado así dos ideas, una positiva y otra negativa. La misma antítesis está también implícita en la oposición entre *en punto*, que sugiere exactitud, y *parados*, que expresa inutilidad. Recordemos aquí que el adjetivo *parado(s)* lo asocia Vallejo en varias ocasiones con las ideas de inmovilidad y desocupación (9).

3. La muerte

> 21. hasta en la sombra, hasta en el gran molar

El empleo de *sombra* como imagen de la muerte no requiere mayor comentario (10). De más interés es *el gran molar*, que recuerda *la gran boca que ha perdido el habla*, de Tr. LVI. El sustantivo *molar*, como ya se insinuó, enlaza los conceptos de "comer" y "destruir". Por lo tanto, al decir el poeta *el gran molar/ cuya encía late en aquel lácteo hoyuelo* (versos 21-22), ha fundido en una sola aseveración poética dos imágenes, una de muerte y otra de vida (11).

El poema está centrado en un motivo principal: el contraste entre el encantamiento de la infancia y la aspereza de la realidad presente. Podría decirse que la primera parte del poema (estrofas 1-3) expresa ensoñación, felicidad y paz; el resto es conciencia de pérdida y desamparo. Para enlazar estos extremos, el lírico emplea el mundo de los alimentos (bizcochos, yemas, gorgas, migaja, pan, harina), pero en dos sentidos, que corresponden a las dos notas se-

---

(8) La misma negación del tiempo, representado por el reloj, se halla en "El unigénito": "Dentro de los diez sarcófagos irían diez relojes difuntos..." (NyCC, p. 48). Otros significados del reloj: LHN, pp. 43 y 97; PH, 149, 185, 210.

(9) Ejemplos: *...hombre de dos pies, parado/ de tanto huir* (PH, p. 152); En el poema que comienza *Parado en una piedra* se le da al adjetivo, en más de un verso, un sentido socio-psicológico: *y hasta la tierra misma, parada de estupor ante este paro*. El adjetivo *parado* aparece doce veces en el mismo poema.

(10) Véase la discusión del poema XIII.

(11) James Higgins especifica: "es la muerte la que se nutre en los pechos donde el niño mamaba antes" (JH I, p. 17).

ñaladas: como delicias del paladar (el pasado), y como símbolos de un sustento espiritual (el presente). El poema adquiere así una poderosa cohesión interior.

En consonancia con el rumbo vivencial del poema, el estructurador lírico evitó toda expresión de carácter puramente lógico.

En Tr. XXIII es de tal vehemencia el deseo de un retorno a la infancia que el poeta se transforma momentáneamente en el niño de antaño. Con el verso final (¿*di, mamá*?) se da perfecta coronación al proceso psicológico insinuado en las tres primeras estrofas. Es preciso añadir también que Tr. XXIII tiene el mismo alto vuelo que hallamos en la segunda composición incluida en esta sección.

Trilce LXV

1.   Madre, me voy mañana a Santiago,
     a mojarme en tu bención y en tu llanto.
     Acomodando estoy mis desengaños y el rosado
     de llaga de mis falsos trajines.

5.   Me esperará tu arco de asombro,
     las tonsuradas columnas de tus ansias
     que se acaban la vida. Me esperará el patio,
     el corredor de abajo con sus tondos y repulgos
     de fiesta. Me esperará mi sillón ayo,
10. aquel buen quijarudo trasto de dinástico
     cuero, que pára no más rezongando a las nalgas
     tataranietas, de correa a correhuela.

     Estoy cribando mis cariños más puros.
     Estoy ejeando (12), ¿no oyes jadear la sonda?
15.   ¿no oyes tascar dianas?
     estoy plasmando tu fórmula de amor
     para todos los huecos de este suelo.
     Oh si se dispusieran los tácitos volantes
     para todas las cintas más distantes,
20. para todas las citas más distintas.

     Así, muerta inmortal. Así.
     Bajo los dobles arcos de tu sangre, por donde
     hay que pasar tan de puntillas, que hasta mi padre
     para ir por allí,

---

(12) La coma que sigue a *ejeando* no aparece en **OPC**. En este detalle seguimos la edición Losada.

25. humildose hasta menos de la mitad del hombre,
hasta ser el primer pequeño que tuviste.

Así, muerta inmortal.
Entre la columnata de tus huesos
que no puede caer ni a lloros,
30. y a cuyo lado ni el Destino pudo entrometer
ni un solo dedo suyo.

Así, muerta inmortal.
Así.

Tras la primera lectura, aun los más predispuestos en contra de
poemas sobre el amor filial reconocen la alta calidad artística de
Tr. LXV. Pocas son las composiciones en español sobre el mismo
motivo que contienen una dosis igual de tan genuina emoción y de
tan ponderado recato. Es justamente este consorcio de elementos,
si no opuestos, por lo menos muy difíciles de conciliar, lo que distingue a este poema de tantos otros.

Tr. LXV por sí solo bastaría para recordar a Vallejo como un
gran poeta. Ya que es posible que este juicio parezca excesivo, dedicaremos el resto de esta sección a dar las razones en que se apoya
nuestro parecer, haciendo de antemano una salvedad; algunos de
los aspectos principales de Tr. LXV habremos de presentarlos muy
sumariamente por haber sido ya discutidos por distinguidos "vallejistas".

El poema tiene tres partes, que corresponden a tres contenidos
psíquicos esenciales: *a)* la ilusión de un retorno al pasado, en vida
de la madre (estrofas 1-2), *b)* la expresión del amor filial en términos universales (estrofa 3), y *c)* la victoria de un emocionado voluntarismo poético (estrofas 4-5-6). Examinemos algunos detalles.

El regreso al pasado se hace hondamente dramático por medio
de un contraste entre la figura monumental de la madre y las debilidades y dolencias del lírico, cuyo apocamiento resulta sincero y
convincente por llevar envuelta la desilusión de quien se ha hecho
un examen de conciencia:

3. Acomodando estoy mis desengaños y el rosado
4. de llaga de mis falsos trajines.

Estos versos revelan una postura mental típica: el poeta se siente disminuido y hasta culpable. Sus palabras casi parecen una confesión. Variadísimas son las resonancias internas de los versos 3 y 4:

"acomodar" sugiere la acción de hacer maletas, con lo cual se refuerza la idea de viaje expresada en el primer verso; *el rosado de llaga,* por su parte, recuerda una herida que empieza a sanar, asociada aquí a las heridas morales (*desengaños*), del verso 3. Se deja transparentar luego la doble inconsecuencia de cuanto el poeta ha hecho, pues sus preocupaciones resultan ser apenas *trajines,* es decir, actividades de poca monta, idea expresada también por el adjetivos *falsos.* Estos encadenamientos internos, tanto en el plano nocional como en el del sentimiento, explican la extraordinaria sugestividad de gran parte de la poesía trílcica. Quien examine el resto del poema como conjunto de interpenetraciones semánticas hallará numerosas pruebas de lo dicho.

En Tr. LXV, como ya han observado Mariano Iberico y sus colaboradoras, la madre aparece transformada en una creación arquitectónica, cuyos *arcos y columnatas* hacen pensar en grandeza y solidez (Cf.: MI, p. 47).

Ampliando aún más el sentido religioso, Roberto Paoli asocia a la madre con la Virgen, la Iglesia y la Madre España de sus últimos versos. Sin duda, el motivo materno tiene distintos sentidos en las varias etapas evolutivas del arte vallejiano (RP, pp. LVIII-LIX).

La estrofa 2 es un conjunto de recuerdos y anticipaciones que tienen el encanto de lo amable, familiar y doméstico. Se recuerdan con nostalgia el patio, el corredor de abajo y los adornos caseros. Pero el elemento artístico más importante y más feliz es la vivificación del *sillón ayo* (verso 9), pues reúne imágenes varias de vejez, servicio y austeridad que sugieren un estilo de vida y una larga tradición (13). Añádase también el apremio emocional contenido en la repetición de un futuro cargado de esperanzas: *Me esperará...* (verso 5). Este verbo encabeza, sucesivamente, tres minuciosas aseveraciones que nos dejan inmersos en un amable pasado. El acierto mágico del poeta está, precisamente, en haber reconstruido la felicidad hogareña para deshacerla luego, totalmente, en las estrofas que siguen. Lo que prometía ser regocijo se transforma en angustia, y ésta es tanto más conmovedora por lo que en ella hay de sobriedad y elevación mental.

---

(13) Nosotros no vemos todas las implicaciones religiosas que descubre o intuye Roberto Paoli en Tr. LXV. El *sillón ayo* es para él "quasi un vecchio sacerdote brontolone", y la casa familiar es el hogar-santuario, "dove potrà adorare la 'madre-santa'." *Op. cit.,* p. LXVIII. Estas observaciones no habrán de tomarse como reparos a los comentarios del crítico que, en lo que se refieren a Tr. LXV, son excepcionalmente bellos. Sobre las connotaciones de *ayo,* véanse las certeras glosas de James Higgins (JH II, p. 175).

En la estrofa siguiente el amor filial se traduce en un sentido homenaje que apunta en dos direcciones distintas: el yo profundo del poeta (versos 13-15) y el conjunto humano (versos 16-20). Releamos las partes pertinentes:

a) 13. Estoy cribando mis cariños más puros.
14. Estoy ejeando, ¿no oyes jadear la sonda?
15. ¿no oyes tascar dianas?

b) 16. estoy plasmando tu fórmula de amor
17. para todos los huecos de este suelo.
18. Oh si se dispusieran los tácitos volantes
19. para todas las cintas más distantes,
20. para todas las citas más distintas.

La estrofa 3 se abre con dos expresiones de una autobúsqueda difícil y dolorosa: *estoy cribando...* (verso 13)... *estoy ejeando...* (verso 14). El verbo "cribar", como tantos otros tomados del mundo campesino, expresa una actitud de valoración: el lírico desea separar lo falso (*mis falsos trajines*) de lo genuinamente valioso (14). El verbo adquiere de este modo una trascendencia poco común. Lo mismo ocurre con el verbo "ejear", que proviene, sin duda, del sustantivo "eje" (GMZ II, p. 74). Se nos ocurre que este verbo tiene un sentido estrictamente positivo, esto es, el de "servir de eje a algo", entendiéndose, a la vez, una búsqueda del verdadero centro del ser (15). Nos lleva a esta suposición un pasaje del poema "Líneas" (LHN, p. 78), en que aparecen hasta tres de los conceptos incluidos en Tr. LXV. Comparemos:

"Líneas"	Tr. LXV
8. Hay tendida hacia el fondo de los seres,/ *un eje ultranervioso,* honda plomada.	14. Estoy *ejeando...,*
5. Yo no sé si *el redoble* en que lo busco,	15. ¿no oyes *tascar dianas?*
6. será jadear de roca,	14. ¿no oyes jadear la sonda?

(14) En una de sus crónicas dice Vallejo: "Ese movimiento vendrá a poner llave y medida a nuestra época. Y ese mismo movimiento cribará los valores actuales, separando la granza del grano" (AO, p. 185).

(15) Creemos que *Estoy ejeando* establece un paralelo con respecto a *Estoy cribando mis cariños más puros,* pensamiento, este último, que tiene un

La acción de "ejear" implica, pues, una búsqueda del "eje ultra-nervioso" del hombre, esa misma búsqueda de que nos habla Lora Risco en uno de sus sugestivos estudios sobre Vallejo (16). Años más tarde volverá el poeta al verbo "ejear", pero en sentido negativo y sirviéndose de una palabra francesa que hace resaltar la falta de alineación: *désaxée* (17). En cuanto a la *sonda,* lleva ésta en sí la idea de profundidad y de búsqueda. Esa *sonda* es afín a la *honda plomada* del poema "Líneas", y nos hace pensar en todo lo que el hombre lleva en los más recónditos repliegues de su ser. La *diana* implica distancia y un despertar a la vida. Ambos sustantivos van asociados a verbos de violencia: *jadear* y *tascar* (18).

Importantísimos son los versos 16-17:

16. estoy plasmando tu fórmula de amor
17. para todos los huecos de este suelo.

Queda aquí prefigurada una actitud positiva, una proyección en el futuro, lo cual no deja de llamar la atención, pues, como ha señalado Paoli, y como hemos indicado en algunos de nuestros comentarios, muchos poemas trílcicos encarnan un retorno al pasado o una fuga. Transfigurada en símbolo, la madre trasciende los límites de la realidad histórica. Este es, sin duda, el más alto homenaje que rinde el hijo a su progenitora. Pero lo importante no está en que el poeta le haya dado expresión poética en Tr. LXV, sino en que ese homenaje se transforme más tarde en el rumbo fundamental de su vida (Cf.: RP, p. LXI).

El final de la estrofa 3 (versos 18-20) conlleva una considerable cantidad de significados concurrentes. Así, por ejemplo, "dis-

---

sentido positivo indiscutible. Es evidente que Vallejo asocia el *eje* con lo fundamental y básico. Esto se ve muy claramente en *La piedra cansada,* en donde un amauta exclama: "¡Viracocha, eje del mundo!" (RevCul., p. 307a).

(16) Lora Risco, Alejandro, "Revaloración de Vallejo", *Atenea,* XXXIX, No. 396, abril - junio, 1962, pp. 124 - 125. No comprendemos, sin embargo, por qué cambió Lora Risco el verbo, en otro de sus ensayos, y lee "ojeando" donde el texto dice "ejeando". Véase: "Introducción a la poesía de César Vallejo", *Cuadernos Americanos,* Año XIX, No. 4, julio - agosto, 1960, p. 271.

(17) A los grandes vuelcos del presente —agonía del capitalismo y epifanía comunista— los llama Vallejo "evidentes manifestaciones de nuestra etapa désaxée". Y al describir el alma descentrada de Maiakovski, dice: "En vano buscó en las multitudes la sugestión necesaria para sovietizar su ánima íntimamente désaxée" (AV 5, pp. 66, 83).

(18) Coyné explica con gran acierto el contenido psicológico de los versos 14 - 15: "dianas íntimas, cuyo ruido quebranta los músculos y demás órganos; sonda igualmente íntima, que chilla por todas las ramificaciones de los nervios" (AC II, p. 164).

ponerse", entendido como voz pasiva, implica "poner en su debido lugar" y "contar con algo", a pesar de estar el verbo en plural y no llevar la preposición "de" (19). El poeta ansía hacer llegar a todos los rincones del mundo, por medio de *tácitos volantes* (20), un mensaje de amor, y se vale para ello de un juego de palabras que no es, en ningún sentido, un simple malabarismo poético:

19. ... las cintas más distantes,
20. ... las citas más distintas.

Las *cintas,* como vimos ya al discutir el poema XXVI, representan un lazo espiritual y también un flujo vital (sangre), a la par que las *citas* son los acercamientos humanos inspirados por un sentimiento de hermandad (21). Ya en "El tálamo eterno" había dicho el poeta:

dulce es la sombra, donde todos se unen
en una cita universal de amor (LHN, p. 85).

En la cuarta estrofa hay un verso felicísimo (*humildóse hasta menos de la mitad del hombre*); por el contraste y la hipérbole que envuelve da extraordinaria estatura a la madre, convirtiéndola en un pulquérrimo lugar sagrado.

Llegamos ahora al final del poema y no podemos menos de notar su fuerza dramática casi obsesiva. El lírico no admite ya dudas y afirma la supervivencia de su madre, después de haberla convertido en símbolo universal. La certeza del bardo la expresa la repetición del adverbio *así* cinco veces al final de la composición: *Así, muerta inmortal.*

El duelo del lírico no se traduce en simple lloro sino en inspiración de un grandioso plan de vida y de fraternal convivio humano. El poema ha llegado a su más plena culminación. La brevedad mis-

---

(19) Hacemos esta afirmación en vista de que aparece a continuación la palabra *para.* La mente del lector subentiende: "Si se dispusiera de esto para todas las cintas ... etc.". Este tipo de sugerencias, fundamentadas en construcciones antigramaticales, es por demás común en *Trilce.* Sirvan de corroboración los dos primeros versos de Tr. IV: *Rechinan dos carretas contra los martillos/ hasta los lagrimales trifurcas.*

(20) Nos inclinamos a interpretar "volante" como hoja suelta, y no como la pesada rueda que regula el movimiento de una máquina, por estar presente el adjetivo *tácitos. Cf.:* JH, p. 313.

(21) Este sentimiento, inspirado quizá por Walt Whitman, desemboca más tarde en un unanimismo parecido al de Jules Romains. Véase: Torre, Guillermo de, *Literaturas europeas de vanguardia,* Madrid, 1925, pp. 348 - 351.

ma del último verso cierra la composición con absoluta finalidad.

Tr. LXV está entre las creaciones más conmovedoras del conjunto trílcico. Los datos autobiográficos van más allá de lo fáctico y folklórico, y el sentimiento del lírico se mantiene siempre muy por encima de lo melodramático o cursi. De especial importancia es la sorpresa que hallamos a partir de la estrofa 4: aquello que parecía ser anticipo de un encuentro real es sólo una sublimación de la fantasía, y el sentimiento de amor filial, un trasunto del patético esfuerzo de un hombre que intenta vencer la inexorabilidad de la muerte.

* * *

Si comparamos Tr. XXIII con Tr. LXV se advierte muy pronto la proyectividad de éste. Tr. XXIII enfrenta el amor desinteresado de la madre a la mezquindad del conjunto social. Tr. LXV, por el contrario, implica un vuelo por sobre todo negativismo y proclama la trascendencia del amor materno, el cual deja de ser el plinto moral del hijo para transformarse en sostén de la humanidad. El primer poema se fundamenta en recuerdos de vivencias y mira hacia el pasado; el segundo es una perspectiva trascendente que afirma la más alta realización y la más pura objetividad espiritual.

3. La familia - archipiélago que se desisla: Tr. XI, Tr. LXI

Los poemas incluidos en este estudio —XI y LXI— representan una inmersión sentimental en el recuerdo, y un doloroso retorno a la realidad del presente. A fin de establecer un contraste entre los dos procesos espirituales, fija la atención el lírico en el candor e inocencia de las costumbres y prácticas hogareñas, en el desmedro del ser humano (Tr. XI) y en el vacío causado por la muerte (Tr. LXI). Pasado y presente se nos dan como un flujo y reflujo de felicidades ya idas, y desconsuelos sin tregua. Estos dos temples caracterizan el talante del lírico en los poemas que nos ocupan.

Para Vallejo la familia fue siempre un apoyo moral indispensable, una imperiosa necesidad del espíritu. Así lo atestiguan las patéticas cartas, tan llenas de diminutivos y términos afectuosos, que escribió a sus hermanos en diferentes épocas de su vida. Muchas de ellas dejan entrever su soledad y nostalgia, emociones que parecen arrancar de una y la misma fuente: su inseguridad espiritual. Son muchas las veces que Vallejo expresó su falta de integración psíquica al representarnos extremos casi patológicos de ese "desequilibrio siempre febril", de que nos habla Juan Larrea (AV 5, p. 387). Ya en 1915, cuando escribía su tesis de bachillerato, dice a su hermano Manuel:

> "Estoy triste, y mi corazón se presta en esta hora a recordar con hondo pesar de ti, de la familia, de dulces horas de tierna hermandad" (AV 5, p. 331).

Vallejo caía a menudo en una forma u otra de autoconmiseración, al pensar en su familia:

> "... cansado, cansado, cuando la tarde cae otra vez me vuelve el recuerdo dorado de ti (su hermano), de la familia, de tantas cosas dulces. Y me pongo triste, muy triste, hermano mío!" (AV 5, p. 331) (1).

Su tristeza llegó a extremos alarmantes después de morir su madre en agosto de 1918. Así lo vemos en la carta de octubre 16, del mismo año, que termina con una nota de verdadera desesperación:

> "Estoy desquiciado y sin saber qué hacer, ni para qué vivir. Así paso mis días huérfanos, lejos de todo y loco de dolor" (AV 5, p. 333).

Se comprende ahora por qué, en la época trílcica, Vallejo se siente "huérfano". A falta de lazos familiares, consolábase con el recuerdo de sus días infantiles. Su inseguridad espiritual le lleva, pues, a querer refugiarse en el pasado, como se verá en los dos poemas de esta sección.

Trilce XI

1. He encontrado a una niña
    en la calle, y me ha abrazado.
    Equis, disertada, quien la halló y la halle,
    no la va a recordar.

5. Esta niña es mi prima. Hoy al tocarle
    el talle, mis manos han entrado en su edad
    como en par de mal rebocados sepulcros.

---

(1) Obsérvese, en las dos últimas citas, la presencia del correlato "triste - dulce". Véase el Epílogo sobre el significado de la palabra "Trilce".

Y por la misma desolación marchóse,
                    delta al sol tenebloso, (2)
10.   trina entre los dos.

                    "Me he casado",
        me dice. Cuando lo que hicimos de niños
        en casa de la tía difunta.
                    Se ha casado.
15.   Se ha casado.

        Tardes años latitudinales,
        qué verdaderas ganas nos ha dado
        de jugar a los toros, a las yuntas,
        pero todo de engaños, de candor, como fue.

El centro de rotación de Tr. XI es un incidente de menor importancia: el reencuentro con una prima, compañera de juegos de la niñez. Convertida ahora en mujer, presenta el triste espectáculo de una persona ajada por la vida. Nada hay en ella que refleje lo que fue:

        3. Equis, disertada, quien la halló y la halle,
        4. no la va a recordar.

La prima está aquí transformada en una persona sin identidad (*Equis*) (3). Es de suponer que *disertada* tiene también sentido negativo (¿objeto de hablillas?). Nos inclinamos a pensar que hay aquí un error de imprenta (4). En todo caso, refuerzan la interpretación negativa la cláusula *quien la halló y la halle/ no la va a recordar* (versos 3-4), y la metáfora del verso 7: *mal rebocados sepulcros*.

Están enfrentados en Tr. XI los años de inocencia y candor y la edad madura, con sus pasiones, desconsuelos y soledad:

    a) 17. qué verdaderas ganas nos ha dado
          18. de jugar a los toros, a las yuntas,
          19. pero todo de engaños, de candor, como fue.

---

(2) *Tenebroso*, en la edición Losada.
(3) Recuérdese al desconocido del cuento "Cera", a quien llama Vallejo: "El hombre equis" (NyCC, p. 79).
(4) En Tr. LIX aparece el adjetivo *desertados* con el sentido de "desgastados": *gira [la esfera] forjando, ante los desertados flancos,/ aquel punto tan espantablemente conocido,...*" La idea de desgaste estaría muy de acuerdo con la noción de empobrecimiento físico y moral que hallamos en Tr. XI.

b)   8.   Y por la misma desolación marchóse,
      9.   delta al sol tenebloso,
     10.   trina entre los dos.

Todo el segundo segmento está cargado de tristeza (versos 8-10).
De especial importancia es la síntesis poética del verso 9. El *delta*
es la personalidad femenina, representada por medio de un término
geográfico, que trae a la mente un triángulo de tierra rodeado por
brazos de agua, con todo lo cual se deja implícita una imagen de
soledad y separación, tal como en el caso de la isla, que es también símbolo de desamparo. A continuación se insinúa un ambiente
inhóspito a través del *sol tenebloso*: muy probablemente, no es éste
un sol de mal agüero sino más bien un sol oscurecido por tinieblas (5). A esto se suma el doble significado del verbo "trinar", que
adquiere algo del sentido negativo asociado a veces con el numeral
"tres", por estar como contrapuesto a un "dos", en el mismo verso (6).

Todo el poema respira cansancio y desolación, y así lo atestiguan las repeticiones, la fraseología intermitente y los saltos entre
pensamientos de la estrofa 3.

Al "Me he casado" del verso 11 sigue un recuerdo, en el cual
algunos comentaristas ven un incidente erótico y vergonzoso: *Cuando lo que hicimos de niños*... Tal interpretación nos parece inacorde
con el sentido del poema, particularmente en vista de las frases
finales: *todo de engaños*, o sea, "como un juego" y (*todo*) *de candor*), esto es, "inocentemente". En el verso recién citado queda subentendida, sí, una mutación abrupta del candor e inocencia de otros
días en la ruindad del presente, recalcándose esta última por medio
de la repetición (*Se ha casado. Se ha casado*).

Estos contenidos psíquicos, tan sutilmente sugeridos por palabras y frases de la más absoluta sencillez, constituyen la calidad
artística más valiosa del poema. Como siempre, combina Vallejo el
lenguaje cotidiano (*qué verdaderas ganas nos ha dado*...) con alguna frase sintética:

     16.   Tardes años latitudinales

Encarna aquí la sugerencia de edad (*tardes años*) de expansión
(*latitudinales*), opuesta a la idea de frescor infantil e ingenua inte-

_____

(5) Parece que Vallejo distinguía entre "tenebloso" y "tenebroso," a juzgar
por el verso que dice: ...*donde está la tiniebla tenebrosa*. (PH, p. 196).
(6) La asociación entre "tres" y "trinar" nos la sugirió el verso: *y la
tórtola corta en tres su trino* (PH, p. 188). Sobre el numeral "tres" véase
el Cap. IX, 2.

gración. En este punto no concordamos con Roberto Paoli. Para él, la frase *Tardes años latitudinales* representa el ayer (RP, p. 67). Nosotros vemos en ella una referencia a la edad madura, el hoy, sin desconocer, claro está, el vaivén entre el ayer y el hoy, indicado por el crítico italiano. El hecho de comenzarse una nueva estrofa con el verso 16 permite reiniciar la serie de contraposiciones, sin necesidad de unir las estrofas 3 y 4.

Sea que Vallejo recurra a la expresión cotidiana o a la síntesis poética, se apoya en ambos casos —con muy raras excepciones— en el contenido humano de la representación poética. Pero esa carga de humanidad es, a veces, el recuerdo de lo ingenuo y puro, y nada más que eso. Es justamente este anhelo de un retorno a lo candoroso lo que redime, en parte, a composiciones como la que aquí estudiamos. Por esta razón, nos parece conveniente no darle al final del poema un sentido erótico, como lo hace la señorita Estela dos Santos, al destacar la frase "jugar a los toros": "Es frecuente la utilización de un vocabulario de significado animal, a veces humanizándolo: cuando vincula 'toro' con los actos sexuales" (AV 5, p. 28). Creemos que en el presente caso el poeta alude únicamente a un juego de niños, tan inocente como el juego de "las yuntas". Todo el final del poema XI expresa, a nuestro modo de ver, un deseo de retorno al ambiente familiar de antaño, en que las acciones no tenían ulterioridad, ni acarreaban el lastre del diario vivir.

Tr. XI no es un poema especialmente notable: fuera de su contenido anímico y tres versos fuera de lo común (9, 10, 16), el resto carece de verdadera distinción.

Trilce LXI

1.   Esta noche desciendo del caballo,
    ante la puerta de la casa, donde
    me despedí con el cantar del gallo.
    Está cerrada y nadie responde.

5.   El poyo en que mamá alumbró
    al hermano mayor, para que ensille
    lomos que había yo montado en pelo,
    por rúas y por cercas, niño aldeano;
    el poyo en que dejé que se amarille al sol
10.   mi adolorida infancia... ¿Y este duelo
    que enmarca la portada?

    Dios en la paz foránea,

estornuda, cual llamando también, el bruto;
husmea, golpeando el empedrado. Luego duda
15. relincha,
orejea a viva oreja.

Ha de velar papá rezando, y quizás
pensará se me hizo tarde.
Las hermanas, canturreando sus ilusiones
20. sencillas, bullosas,
en la labor para la fiesta que se acerca,
y ya no falta casi nada.
Espero, espero, el corazón
un huevo en su momento, que se obstruye.

25. Numerosa familia que dejamos
no ha mucho, hoy nadie en vela, y ni una cera
puso en el ara para que volviéramos.

Llamo de nuevo, y nada.
Callamos y nos ponemos a sollozar, y el animal
30. relincha, relincha más todavía.

Todos están durmiendo para siempre,
y tan de lo más bien, que por fin
mi caballo acaba fatigado por cabecear
a su vez, y entre sueños, a cada venia, dice
35. que está bien, que todo está muy bien.

Es éste un poema sencillo y transparente, hecho de memorias y sentimientos. No vemos en él ninguna concomitancia intelectual, como no la hay tampoco en varios segmentos del relato "Más allá de la vida y la muerte", con el cual tiene obvias relaciones. En ambos predomina la nota sentimental (7). El cuento añade el dramatismo y misterio de un relato de Poe a la escena del reencuentro. En el poema sólo se desea reconstruir un pasado ya muerto y un presente de soledad y tristeza (8). Esto lo hace el poeta en tres tiempos: el pasado, un presente imaginario y un presente actual.

a) El pasado. Aparece implícito en varios pretéritos y un pluscuamperfecto: *donde/ me despedí con el cantar del gallo* (versos

(7) Véanse: NyCC, pp. 25 - 32, el cuento "Los Caynas" (NyCC, pp. 51 - 60), y también Tr. LXV, en que aparece otra escena de reencuentro.
(8) *Cf.*: Valbuena Briones, Julián, "El nuevo estilo de César Vallejo", *Atenea,* No. 419, enero - marzo, 1968, pp. 153 - 157.

2-3); *mamá alumbró* (verso 5); *que había yo montado en pelo* (verso 7); *dejé ...* (verso 9); *familia que dejamos* (verso 25); *ni una cera puso ...* (versos 26 y 27).

b)   El presente imaginario. Lo reconstruye el poeta como realidad probable empleando el verbo "haber de" + infinitivo, y un futuro de probabilidad: *y quizás,/ pensará se me hizo tarde* (versos 17-18). Esta última forma verbal se subentiende también en el verso 19: *Las hermanas (estarán probablemente) canturreando...* A tal punto llega la identificación con el pasado que éste se convierte en presente en la misma estrofa: *la fiesta que se acerca,/ y ya no falta casi nada*. Este ayuntamiento del pasado con el presente imaginario causa la total involución espiritual del poeta y su voluntad de fuga.

c)   El presente actual. Lo contienen varios versos en presente, unos expresos y otros subentendidos:

13.   estornuda ... el bruto;
26.   hoy nadie en vela
28.   Llamo de nuevo
29.   Callamos y nos ponemos a sollozar, y el animal
30.   relincha, relincha más todavía.

Toda la última estrofa está también concebida en un presente actual, un presente doloroso, cargado de frustración, en que se apuntan dos magníficos toques artísticos: la humanización del caballo y la falsa conformidad del final:

35.   (dice) que está bien, que todo está muy bien.

Los últimos versos acarrean consigo una imagen cinética y una actitud de resignación, pues el cabeceo del fatigado animal representa el repetido "sí, sí, sí", de quien se doblega ante lo fatal e inconmovible. Al mismo tiempo, la terrible solemnidad de la muerte se funde con la cotidianeidad del dormir, dándole con ello mayor hondura al sentimiento de lo fatal. La tragedia queda encubierta por una referencia del más puro candor:

31.   Todos están durmiendo para siempre,
32.   y tan de lo más bien,...

He aquí un punzante sarcasmo vertido en un inocente coloquialismo; es como si el poeta caracterizase una tragedia con la inocencia de un niño. El lírico se ha desdoblado y es, a la vez, el expositor inocente de una realidad infausta y también el poeta doliente que la sufre.

La última estrofa es digna culminación del poema porque en ella se amalgaman numerosos sentimientos, formando un todo de múltiples resonancias: dolor y sumisión, verdad y disfraz, inocencia y tragedia, animalidad y sentido humano, fatiga física y angustia, muerte eterna y aparente inconsecuencia de ésta. Todo este mundo de emociones y actitudes aparece, en apretado haz, como reverberando en una atmósfera de silencio y extenuación.

Coyné hace una paráfrasis del poema LXI y destaca el estado de semivigilia del lírico y del animal:

> "A medida que lo vence el sueño, él, que habla y habla y cabecea, siente más bien que lo invade una paz hecha de indiferencia y silencio" (AC II, p. 151).

¿Termina el poema, en verdad, con una nota de indiferencia? Atendiendo al sentido emocional de Tr. LXI (*y nos ponemos a sollozar* — verso 29), la aparente resignación y calma no son sino medios de hacernos sentir más hondamente el sentimiento de total derrota del hombre; éste asiente, no porque lo invadan la indiferencia y el sueño, sino porque la actitud resignada es la única posible ante la muerte. En todos los poemas en que Vallejo se refiere a su madre y a su familia hay siempre entrañable amor, ansias y exaltación, nunca indiferencia.

Tr. LXI está concebido en tono menor, pero no deja de expresar premura y angustia. El lírico hasta llega a insistir con su llamado ante la muerte (*Llamo de nuevo, y nada*), revelando así la enorme disparidad entre el anhelo del hombre y la irrevocabilidad de su destino. En el vacío de la espera resuena el relincho de la bestia impaciente, tan engañada en su actitud como el lírico mismo. Hay, pues, un paralelismo entre el caballo y el poeta, no una oposición. La proximidad entre jinete y bestia la expresan claramente los plurales: *Callamos y nos ponemos a sollozar.*

* * *

En los poemas estudiados, el círculo familiar lo entrevemos en dos formas distintas: como vida espontánea, libre de culpabilidad (Tr. XI), y como parte integrante de la totalidad del ser. En ambos casos ese conjunto humano sólo existe en la memoria. Por ello, la imagen más justa de la soledad y desamparo vallejianos quizá sea la de un ancho y tenebroso mar en que se va hundiendo, irremediablemente, el archipiélago familiar, tal como reza Tr. XLVII:

> Ciliado archipiélago, te desislas a fondo,
> a fondo, archipiélago mío!

4. La cárcel - mala brecha: Tr. XLI, Tr. L; Tr. XVIII, Tr. LVIII

Es bien sabido que a raíz de los disturbios callejeros del 1.º de agosto de 1920, Vallejo estuvo preso en Trujillo 112 días, desde el 6 de noviembre de 1920 hasta el 26 de febrero de 1921. Esta experiencia carcelaria habría de dejar profundas huellas en su ánimo.

Hay en *Trilce* cinco poemas que versan en forma más o menos directa sobre los días de confinamiento; llevan los número II, XVIII, XLI, L y LVIII. También se hallan referencias menores en Tr. XXII, y LV. Naturalmente, todos ellos contienen notas biográficas que no hay para qué comentar, por no ser éstas las que aquí nos interesan (1).

Dedicaremos esta sección a cuatro poemas, excluyendo a Tr. II, aun cuando por su tema debiera ser estudiado aquí (2). Como paso previo, nos parece necesario separarlos en dos grupos: XLI con L, y XVIII con LVIII. Las razones que nos llevan a este emparejamiento las daremos al final. Por el momento sólo nos basta declarar que nos anima un propósito contrastivo.

Trilce XLI

1. La Muerte de rodillas mana
   su sangre blanca que no es sangre.
   Se huele a garantía.
   Pero ya me quiero reír.

5. Murmúrase algo por allí. Callan.
   Alguien silba valor de lado,
   y hasta se contaría en par

---

(1) Véase la minuciosa relación "Los sucesos del 1.º de agosto de 1920 en Santiago de Chuco", en JEA, pp. 94 - 104. Consúltese también LM, pp. 21 - 24. El primero en servirse de documentos judiciales fue André Coyné; véase su valiosísimo trabajo "Apuntes biográficos de César Vallejo", *Mar del Sur*, No. 8, nov. - dic., 1949, pp. 45 - 70. Un sumario de los hechos se hallará en AC II, pp. 112 - 118.

(2) El poema II lo comentamos en el Cap. IV, 6, "Tiranía del tiempo".

veintitrés costillas que se echan de menos
entre sí, a ambos costados; se contaría
10.   en par también, toda la fila
de trapecios escoltas.

En tanto el redoblante policial
(Otra vez me quiero reír) (3)
se desquita y nos tunde (4) a palos,
15.   dale y dale,
de membrana a membrana (5)
tas
con
tas.

De este poema dice André Coyné:

> "El humorismo tierno también salva (a) *Trilce XLI* (contabilidad de las costillas y de los músculos, nacimiento paradójico de la risa en medio del dolor, dislocación final a base de onomatopeya), poema en el cual se nos presenta, directamente expresada, una sensación dolorosa (de golpes recibidos)" (AC I, p. 101).

Al comienzo de este pasaje nos da a entender el crítico que el poema XLI es de los que no le satisfacen enteramente. Examinemos ahora el texto para determinar si hay o no alguna falla esencial en esta composición.

En realidad, todo el poema XLI es serio, angustioso y amenazador. El estar *de rodillas* (verso 1) indica una postura humillante, lo cual, añadido a la idea de desvitalización envuelta en la *sangre blanca,* nos permite configurar una escena de extremo padecimiento y tortura interior. El final no es menos dramático:

12.   En tanto el redoblante policial
13.   (Otra vez me quiero reír)
14.   se desquita y nos tunde a palos,
15.   dale y dale
16.   de membrana a membrana
17.   tas
18.   con
19.   tas.

---

(3) En la edición Losada: *me quiere reír.*
(4) En la Edición Losada: *funde.* Nosotros seguimos la versión de OPC.
(5) Es la versión de OPC. Este verso no aparece en la edición Losada.

Entre estos segmentos queda la estrofa 2, que comienza con brevísimas escenas de expectación y retraimiento:

5. Murmúrase algo por allí. Callan.
6. Alguien silba valor de lado.

Estas escenas de conversaciones por lo bajo, avisos y silbidos parecen ser parte del concepto vallejiano del ambiente carcelario, como se dirá al discutir el poema LVIII.

A los rasgos dramáticos mencionados sigue un cuadro expresionista de presos esqueléticos y potentes carceleros, pero reducidos todos a parte de su anatomía —costillas y músculos trapezoides, respectivamente. Para intensificar aún más el ambiente sombrío, Vallejo hace que en la caja torácica de cada preso falte una costilla, destruyendo así la idea de perfección que se contendría en el numeral veinticuatro. Con ello se da a entender el cruel trato que se da a los penados. La fuerza represiva, por el contrario, aparece en perfecta fila. Estamos ante un esbozo digno de un Goya o de un Orozco:

7. y hasta se contaría en par
8. veintitrés costillas que se echan de menos
9. entre sí a ambos costados; se contaría
10. en par también, toda la fila
11. de trapecios escoltas.

Ante tantos detalles de degradación humana y sufrimientos se hace muy difícil pensar que en el poema haya "humorismo tierno". Sin embargo, quedan resonando en nuestro interior, como notas discordantes, los versos que aluden a la risa y que, seguramente, fueron los que llevaron a Coyné a ver una intención festiva en el poema.

Es probable que Vallejo, al hacer la revisión de los poemas trílcicos en sus días de cárcel, repitiera, consciente o inconscientemente, algunas imágenes connotadas en otros poemas o prosas de los mismos años. Hay, pues, ciertas palabras que tienen el sentido corriente y también otro muy personal.

Detallaremos este punto para precisar más el ambiente de tensión y de drama que anima al poema.

1) El *blanco* y el rojo aparecen a menudo asociados a los conceptos de desfallecimiento y de vida pletórica, respectivamente. El blanco es el color del cementerio, las almas en pena, los huesos y la muerte.

a) De *Los heraldos negros*:

será el blanco panteón tu cautiverio.
... ...
      y tomarás entonces
penitentes blancuras laceradas (LHN, p. 21).

b) De *Trilce*:

— Cierta guardarropía, sólo ella, nos sabrá
   a todos en las blancas hojas
         de las partidas (Tr. XLIX).
— con vuestras blancas coronas, ralas
   de cordialidad (los muertos) (6) (Tr. LXVI).

Sin duda, quedan asociados al comienzo del poema la muerte y
lo blanco, pero arrastrando, quizá, otras imágenes de ultratumba y
todo ese bagaje de supersticiones que el vulgo asocia con la muerte
y que eran parte del mundo espiritual del propio Vallejo (7):

1. La Muerte de rodillas mana
2. su sangre blanca que no es sangre.

2) *Reír*. Este verbo, que aparece dos veces, ¿expresa en realidad una actitud humorística? En la poesía vallejiana escrita hasta el
año de *Trilce*, aparece en dos sentidos: *a)* como expresión normal de
hilaridad y *b)* como trasunto de una perturbación emocional. Lo más
probable es que Vallejo pensase en el segundo de estos contenidos
al escribir el poema XLI. El reír y la risa son a menudo expresiones de una gran exaltación promovida por algo macabro, agonista
o fatal. Veamos algunos ejemplos:

a) De *Los heraldos negros*:

— Y un soldado, un gran soldado,
   heridas por charreteras,
   se anima en la tarde heroica,

---

(6) La misma idea de letargia o desfallecimiento la transmite Vallejo
por medio del adjetivo "incoloro", o su equivalente: *Quienes lo ven allí triste
individuo/ incoloro,...* (Tr. XXXVIII); *si llegan todos/ a ver las guías sin
color...* (Tr. XXXIX).

(7) Sobre las supersticiones de Vallejo son muy numerosos los testimonios
de personas que le conocieron íntimamente.

y a sus pies muestra entre *risas* (8)
como una gualdrapa horrenda,
el cerebro de la Vida (LHN, 28).
— (Ahora)/ brilla un estoico hielo
en mí.
Me da *risa* esta soga
rubí
que rechina en mi cuerpo (LHN, 69).

b) De *Trilce*:

— arde cuanto no arde y hasta
el dolor dobla el pico en *risa* (Tr. LIV).
— Calla también, crepúsculo futuro,
y recógete a *reír* en lo íntimo, de este celo
de gallos ajisecos... (Tr. LXXI).

Creemos, en suma, que el reír del poema XLI no es expresión de humorismo, sino reflejo de un trastorno morboso.

3) *Par-impar.* Esta oposición la hallamos implícita al mencionarse la misérrima condición de los presos:

7. y hasta se contaría en par
8. veintitrés costillas que se echan de menos
9. entre sí...

La oposición par - impar contiene una terrible ironía, porque con ella se admite la absurdidad de contar en pares un total impar: veintitrés (9).

4) *El redoblar.* Podría parecer un simple *jeu d'esprit* hacer un boceto de un policía tocando un tambor, pero es preciso recordar que el "redoble" es un símbolo vallejiano de carácter dramático, pues es expresión de inminencia, o augurio de fatalidad:

12. En tanto el redoblante policial
... ...
se desquita y nos tunde a palos,...

---

(8) La cursiva en este pasaje y los tres siguientes es nuestra.

(9) La asociación de lo impar con lo imperfecto es común en la obra vallejiana. Ejemplos: *¡Ceded al nuevo impar/ potente de orfandad!* (Tr. XXXVI); *Amor/ contó en sonido impar* (Tr. LXXII).

El sentido dramático del redoble puede apreciarse a través de una escena de gran expectación inserta en el relato "Cera": "... con el rehílo punzante de dos tambores que batieran en redoble de piedra la marcha de lo que no podía volver atrás, aun a pesar de Dios mismo, ..." (NyCC, p. 76).

5) *Membrana*. Este sustantivo tiene a menudo carácter simbólico:

14.   ... y nos tunde a palos
15.   dale y dale,
16.   de membrana a membrana...

Sabemos que el mundo es para Vallejo una gran caja resonadora en cuyas superficies repercuten los golpes de la fatalidad (Tr. LXXV), y que la membrana es también la red sensible del hombre. En un pasaje de *Fabla salvaje* dice el bardo: "La inquietud hincóle en todas sus membranas" (NyCC, p. 94). Comprendemos ahora hasta qué punto es dolorosa la tortura de los presos.

Hemos discutido cinco elementos poéticos sin intención de *probar* que están presentes en Tr. XLI. El objeto de nuestra exposición es otro. Cuando un poema trílcico parece contener elementos discordantes bien puede resultar que desaparezcan las inarmonías, si se interpretan las palabras en sentido translaticio. Pero aquí surge una cuestión teórica de singular importancia. ¿Es legítimo, o no, añadir a los elementos constitutivos de una composición los significados especiales que tengan fuera del poema? Creemos que tales ampliaciones son justificables siempre que en el poema haya otros constituyentes que las sugieran. En un poema coherente hay un estado anímico total que da consonancia a las partes constitutivas; éstas confluyen por sí mismas a un mismo cauce, sin que sean necesarias explicaciones lógicas para unirlas. Este no es el caso de Tr. XLI: el reír, tomado en su sentido inmediato no está tonalmente en armonía con el resto del poema; es preciso ir tras el sentido figurativo para justificar su presencia, y ese sentido no lo sugiere el poema mismo. Por lo tanto, aunque no coincidimos con Coyné en la interpretación de la risa como expresión humorística, sí concordamos con él en cuanto al limitado valor artístico de la composición.

Otro verso inarmónico es el tercero:

3.   Se huele a garantía.

Enciérrase aquí una postura mental objetiva que destruye la atmósfera subjetiva de misterio, sobresalto y tortura configurada en los demás versos. Nos referimos, claro está, al rumbo de la mente, no al contenido biográfico del verso bajo discusión (10).

Por haber distintos tipos de tensión anímica tampoco están en verdadera armonía los pensamientos centrales de cada estrofa: la primera, que es bicéfala, introduce el concepto de muerte; la segunda insiste en dos aspectos anatómicos que sugieren sólo borrosamente la condición espiritual de los presos; en la tercera vuelve a aparecer el reír que antes discutíamos. En resumen: Tr. XLI contiene algunos elementos poéticos felices —deformación expresionista, "acotaciones" dramáticas y una que otra imagen sugerente—, pero su deficiente unidad tonal le resta gran parte de su eficacia como creación poética.

* * *

Trilce L

1. El cancerbero cuatro veces
    al día maneja su candado, abriéndonos
    cerrándonos los esternones, en guiños
    que entendemos perfectamente.

5. Con los fundillos lelos melancólicos,
    amuchachado de trascendental desaliño,
    parado, es adorable el pobre viejo.
    Chancea con los presos, hasta el tope
    los puños en las ingles. Y hasta mojarrilla (11)
10. les roe algún mendrugo; pero siempre
    cumpliendo su deber.

    Por entre los barrotes pone el punto
    fiscal, inadvertido, izándose en la falangita
    del meñique,

---

(10) Espejo Asturrizaga da al verso 3 un valor anecdótico fuera de toda proporción, llevado de su interés en hallar biografía en *Trilce*. Del poema XLI dice: "Describe actividades mañaneras: riego con Kreso (desinfectante) en la celda, y ejercicios de tambor en el patio de la prisión; ausencia de los compañeros". Se han ayuntado aquí tres hechos concretos que muy poco tienen que ver con el significado del poema en cuanto poema. Véase: JEA, p. 124.

(11) Así en OPC. En la edición Losada: *la mojarrilla.*

15. a la pista de lo que hablo,
    lo que como,
    lo que sueño.
    Quiere el corvino ya no hayan adentros,
    y cómo nos duele esto que quiere el cancerbero.

20. Por un sistema de relojería, juega
    el viejo inminente, pitagórico!
    a lo ancho de las aortas. Y sólo
    de tarde en noche, con noche
    soslaya alguna su excepción de metal.
25. Pero, naturalmente,
    siempre cumpliendo su deber.

Este poema, a diferencia del anterior, se refiere a un carcelero estrafalario y no a los presos; pero ni con este nuevo punto de vista quiso el poeta darle a su creación un sesgo humorísico. Dice André Coyné que Tr. L tiene "tono irónico" y también un "humorismo rebosante de ternura, que humaniza hasta las cosas más humildes" (AC I, pp. 100-101). Por no estar presente la nota de puro y simple regocijo que caracteriza a la expresión humorística, nosotros diríamos más bien que Tr. L es una composición mixta, cuyos rumbos modales son tres: A) oblicuidad irónica, que oculta indignidades bajo un disfraz de benevolencia; B) intención dramática, que anima a varias escenas de la vida carcelaria, y C) temple deformador, que lleva al lírico a dar a ciertos hechos un cariz grotesco. Echemos un vistazo a los elementos del poema en que se apoyan estas tres actitudes mentales:

A. *Oblicuidad irónica*: 6. de trascendental desaliño; 7. es adorable el pobre viejo; 10. pero siempre cumpliendo su deber; 13. inadvertido; 21. el viejo inminente, pitagórico; 25. Pero, naturalmente, siempre cumpliendo su deber.

B. *Dramaticidad*: 2. abriéndonos/ cerrándonos los esternones; 10. les roe algún mendrugo; 15. a la pista de lo que hablo; 19. y cómo nos duele esto que quiere el cancerbero; 22. (juega) ... a lo ancho de las aortas.

C. *Deformación grotesca*: 3. en guiños... 5. Con los fundillos lelos melancólicos; 6. amuchachado; 9. los puños en las ingles; 9. mojarrilla; 13. izándose en la falangita/ del meñique; 18. el corvino; 20. Por un sistema de relojería...

En la combinación de estos tres módulos creemos percibir un choque de actitudes. Es evidente que el expresionismo de lo grotesco sirve de perfecto apoyo a la actitud irónica (12); en ambos tipos de representación hay un doble cauce espiritual —lo normal y lo deforme, por una parte, y lo expreso en oposición a lo subentendido, por otra. Pero lo que da hondura al poema es la amalgama de estos dos módulos (AC) — exponentes ambos de un espíritu de crítica y de aparente autodominio, — y la dramaticidad de la vida carcelaria (B), con lo cual se da un mentís a todo lo que pudo haber de complacencia en las actitudes antes mencionadas. El poema nos muestra, pues, el lamentable disfraz (AC) con que un hombre dolorido y amedrentado encubre su verdadera condición (B). Y es esta disparidad entre lo fiingido y lo real lo que da a *Tr. L* hondo patetismo. Estamos ante un poema de compleja contextura interior.

El poeta ha hecho del carcelero una figura elemental y abigarrada que no excita, al parecer, ni odio, ni aprecio. Con profunda penetración en los móviles de este ser risible y despreciable, se adentra el lírico en su psicología y crea una figura de varios carices, en que se funden el candor y la desconfianza, la sencillez y la duplicidad, el sentido del deber y el automatismo, el espíritu de chanza y la tacañería (13). A primera vista el carcelero no pasa de ser la vulgaridad personificada:

5. Con los fundillos lelos melancólicos,
6. amuchachado de trascendental desaliño,
    ... ...
9. Los puños en las ingles...
    ... ...
13. ...inadvertido, izándose en la falangita
14. del meñique,...

He aquí un celador que no es totalmente perverso; más que nada es un hombre rutinario, de pocas luces y áspero, pero capaz de un mínimo sentido humanitario en momentos de lenidad:

(12) Vallejo acusa en *Trilce* un enorme interés en la expresión grotesca, y quizá ésta sea la razón de los detalles expresionistas o circenses que inserta en algunos versos trílcicos. ¿Qué es sino postura clownesca la representada por *Esas posaderas sentadas para arriba,* en Tr. XIV, o la del bohemio que dice a junio *en tus hombros/ me paro a carcajear?* (Tr. XVII) ¿Sería este interés en lo deforme lo que le llevó más tarde a fijar la atención en Charles Chaplin (LityA, pp. 57 - 58) y a asociar lo arlequinesco con Picasso, en una curiosa crónica imaginaria, publicada en 1927? (LityA, pp. 41 - 44).

(13) Estamos discutiendo la visión poética. Vallejo no desciende al nivel de la vida diaria para juzgar al carcelero sino que se mantiene en el plano de la expresión mimética. No parece concordar con esta premisa James Higgins, pues ve al carcelero como "representante de una sociedad inhumana" (JH I, p. 20).

8. Chancea con los presos,...

....

23. de tarde en noche, con noche
24. soslaya alguna su excepción de metal.

Hay una clara ecuación entre la actitud ambivalente del poeta y el carácter paradojal del personaje. Pero, ¿es la aparente tolerancia del lírico verdadera comprensión o simple simulacro? Creemos que en Tr. L hay más ironía que indulgencia y, por ello, concordamos con Roberto Paoli, para quien la figura del carcelero ha sido "trattata in chiave caustica mascherata d'affetuosità" (RP, p. LIV). Esta máscara de afecto es la que da al poema sentido irónico, el mismo que señalamos en la sección A de nuestro esquema. Se comprende ahora por qué no nos parece justificado calificar de "humorístico" aquello que lleva envuelta una intención oculta.

La atmósfera de Tr. L es apremiante hasta en los detalles. En el verso 13, por ejemplo, aparece el irónico *inadvertido,* que recalca por contraposición la presencia obsesionante del carcelero. Y entre los detalles más dramáticos resaltan las imágenes anatómico-fisiológicas, residuos, quizá, de lecturas hechas en los días en que el bardo hacía estudios de ciencias naturales, a principios de 1911, siendo todavía un mozalbete de diecinueve años:

2. ... ...abriéndonos
3. cerrándonos los esternones, ...

... ...

23. a lo ancho de las aortas.

Con estas imágenes se traduce no sólo la pérdida de toda forma de retiro y vida privada, sino también una como diaria vivisección de los presos. He aquí un ejemplo más de cómo asocia Vallejo el sufrimiento interior a dolorosísimas torturas físicas.

También hay en el poema palabras sacadas del mundo ictiológico: *mojarrilla* (nombre de un pez, común en la costa peruana) (14) y *corvino,* forma masculina de la bien conocida corvina. Es curioso obervar que en Tr. L las asociaciones marinas, como todo lo dicho sobre el mar en otros poemas, representan algo desagradable (15).

Abundan, por lo demás, las referencias peyorativas y, entre éstas se destacan las que caracterizan la fundamental nulidad del can-

---

(14) Véase: Murphy, Robert Cushman, *The Bird Islands of Peru,* New York and London, 1925, p. 228.

(15) Véase el capítulo VI, 2: Dos símbolos insistentes.

cerbero. Este rasgo lo subraya Vallejo en la estrofa 3 con dos imágenes favoritas en que aparecen la más pequeña falange de un dedo, y el dedo más pequeño de la mano: ... *izándose en la falangita/ del meñique* (versos 13-14). Las falanges de los dedos y el meñique en particular los asocia Vallejo con su concepto de incapacidad infantil y de inutilidad física. Ya en "Alféizar" se describe a sí mismo como un párvulo que hurta azúcar con "la derecha de rosadas falangitas" (NyCC, p. 21), y en Tr. XXXVI poetizará la inutilidad del meñique, haciendo de este dedo una parte totalmente inútil de la anatomía humana:

27. Tal siento ahora al meñique
28. además en la siniestra. Lo veo y creo
29. no debe serme, o por lo menos que está
30. en sitio donde no debe (Tr. XXXVI).

Y, como el verbo "izar" es sinónimo de elevación, se comprende hasta dónde llega la ironía y hasta qué extremo se ha reducido la estatura moral del cancerbero (16).

Sin ser una composición realmente extraordinaria, Tr. L nos presenta un aspecto interesante del arte vallejiano: la integración de módulos espirituales difíciles de armonizar.

Pasemos ahora a los poemas de nuestro segundo subgrupo.

Trilce XVIII

1. Oh las cuatro paredes de la celda.
   Ah las cuatro paredes albicantes
   que sin remedio dan al mismo número.

   Criadero de nervios, mala brecha,
5. por sus cuatro rincones cómo arranca
   las diarias aherrojadas extremidades.

   Amorosa llavera de innumerables llaves,
   si estuvieras aquí, si vieras hasta
   qué hora son cuatro estas paredes.
10. Contra ellas seríamos contigo, los dos,
    más dos que nunca. Y ni lloraras,
    di, libertadora!

---

(16) El *meñique* seguirá siendo símbolo de pequeñez en años posteriores. En un poema colmado de ironías sobre la poquedad del ser humano dirá: *nuestro bravo meñique será grande,/ digno, infinito dedo entre los dedos* (PH. p. 170).

Ah las paredes de la celda.
De ellas me duelen entretanto más
15. las dos largas que tienen esta noche
algo de madres que ya muertas
llevan por bromurados declives,
a un niño de la mano cada una.

Y sólo yo me voy quedando,
20. con la diestra, que hace por ambas manos,
en alto, en busca de terciario brazo
que ha de pupilar, entre mi dónde y mi cuándo,
esta mayoría inválida de hombre.

De todos los "poemas de la cárcel" quizá sea éste el más meritorio.

Ante todo, destaquemos el desasosiego que en él impera, y que da a todas las estrofas un aire de visión semionírica. El poeta está frente a la realidad de la cárcel, pero sintiéndola como algo amenazante y ofuscador, cargado de esa insistencia y reiteración envolventes que caracterizan a las pesadillas. Se repiten los dobles y cuádruples, pero no en el sentido pitagórico, sino como símbolos de un esfuerzo liberador conjunto hecho por la madre y el hijo, y una opresión agobiadora, respectivamente. El numeral cuatro no representa aquí el orden perfecto, sino una obsesión (17). Es, por lo tanto, un verdadero acierto que el poeta haya dado a su creación el carácter de serie aparentemente inconexa, pero centrada en una misma atmósfera de tensión y desquiciamiento (18).

El poema tiene tantas partes como estrofas:

1.ª estrofa: descarga psicológica vertida en dos exclamaciones:

1. Oh las cuatro paredes...
2. Ah las cuatro paredes...

(17) Como ya se insinuó en otro lugar, el tetrágono era, para los pitagóricos, expresión del orden perfecto: "El cuaternario, fuente de la ordenación eterna del mundo, no es otra cosa que el propio Dios, el organizador universal" (Meunier, Mario, op. cit., p. 130). En Vallejo, por el contrario, el cuatro puede ir asociado a lo agobiante. Esta misma idea la desarrollan, con abundancia de detalles, Larrea y Coyné. Véanse: AV 5, pp. 225 - 227, y AC II, pp. 222 - 224.

(18) Véase en particular el análisis del poema XVIII en el estudio de Armando Zubizarreta, G., "La cárcel en la poesía de César Vallejo", *Sphinx*, Lima, 1960, No. 13, pp. 214-221.

2.ª estrofa: autorrepresentación dramática con visos macabros:

> 5.   ... cómo arranca
> 6. las diarias aherrojadas extremidades.

3.ª estrofa: fuga imaginaria:

> 7. Amorosa llavera de innumerables llaves

4.ª estrofa: deslizamiento onírico:

> 16. algo de madres que ya muertas
> 17. llevan por bromurados declives,
> 18. a un niño de la mano cada una.

5.ª estrofa: lamentación final:

> 23. esta mayoría inválida de hombre.

Así mirado, el poema tiene los trazos esenciales de una pintura metafísica. La escena más espectral está en la estrofa 4, y nos parece perfectamente justificada dentro del ambiente febril del poema (19).

Muy sagaces son las observaciones de Alejandro Lora Risco, quien ve en la estrofa 4 de Tr. XVIII una celda que "se transforma en el espacio ignoto de la noche al sumergirse la conciencia en el nocturno catafalco del inconsciente" (20). Así es. El poeta nos ha llevado por los declives de su afiebrada fantasía a un más allá fantasmal, que refleja el trauma de un hombre hiperestésico, en cuya mente la figura de la mujer (madre o amada) se convierte en una entidad doble, haciendo eco al dos obsesionante de la estrofa anterior (... *los dos,/ más dos que nunc*a (21). La noche, los declives, las paredes largas y las figuras fantasmales recuerdan escenas concebidas por Giorgio de Chirico.

---

(19) Véase el luminoso comentario de Juan Larrea en AV 5, pp. 226 y 234.

(20) "Entraña religiosa de la poesía de Vallejo", *Mundo Nuevo*, agosto - septiembre, 1968, Nos. 26 - 27, pp. 99 - 100.

(21) Meo Zilio establece una relación específica con la madre. Véase: GMZ I, p. 93. Dejamos meramente insinuada la posibilidad de un estudio de la madre arquetípica, siguiendo los precedimientos discutidos por Maud Bodkin en su conocido libro *Archetypal Patterns in Poetry*, London, Oxford University Press, 1948 (2a. ed.).

Inútil es examinar Tr. XVIII como experiencia real, porque el bardo ha sustraído de su sustancia las exactitudes de la realidad histórica. Por el contrario, si tomamos las palabras clave en su sentido plurivalente, se convierten algunos segmentos en extraordinarias fuentes de sugestividad. Examinemos algunas de ellas en su función connotativa:

Verso 1: *cuatro*. Este numeral expresa confinamiento, como ya se dijo, pero añadido a la pesada carga que es la vida. *Y así, desde el óvalo, con cuatros al hombro* (Tr. XXVI).

Verso 2: *albicantes*. Ya hizo notar Larrea el peso connotativo de esta palabra (AV 5, p. 45). Quizá no sea inútil añadir que Vallejo asocia lo albicante con el sueño febril en el relato "Liberación": "... Asperos vientos de enervante fiebre corríanme el pulso, las sienes, el pecho". El sueño se humaniza luego (tal como se humaniza el apoyo moral haciéndose doble madre en Tr. XVIII), y sella la boca del lírico con su "propia diestra albicante y luminosa" (NyCC, p. 41). Lo albicante implica, pues, algo lumínico, espectral y extrahumano.

Verso 4: *Criadero de nervios*. El sustantivo *criadero* parece estar relacionado en sentido con el *desfiladero de mis nervios* (LHN, p. 65) y con el criadero del relato "Mirtho", que sugiere la idea de eternidad (NyCC, p. 61).

Verso 5: *por sus cuatro rincones*. El *rincón* es para Vallejo, algunas veces, el lugar en que se acumula lo indeseado, todo lo inerte que lleva en sí el hombre. En el tantas veces citado pasaje "Sabiduría", dirá el poeta de su sangre: "La dejé empozada en los rincones de la vida" (NyCC, p. 126). Ya en Tr. LVIII se sugiere con la misma palabra lo no abierto, lo empequeñecido, frente a la materialidad opresiva de un recinto cerrado: *En la celda, en lo sólido también/ se acurrucan los rincones.* Todo esto, unido al numeral "cuatro" configura una doble imagen de dolor y minoración.

Verso 7: ... *de innumerables llaves.* La palabra sugestiva aquí es *innumerables,* término que sugiere plenitud, abundancia. Lo innumerable es lo que escapa a un límite y puede usarse en sentido positivo (... *pura yema infantil innumerable* — Tr. XXIII), o negativo (*innumerables nudos/ latientes de encrucijada* — Tr. LXVI). Sin duda, en Tr. XVIII tiene la palabra significado positivo.

Versos 10-11: ... *seríamos contigo, los dos,/ más dos que nunca.* En este caso el numeral "dos" no tiene nada que ver con la inestabilidad del par (22) (en contraste con el uno), ni con la presencia

---

(22) Ejemplo: *trasdoseadas de dobles todavías* (Tr. XL).

de la mujer amada (23); aquí "dos" es símbolo de acompañamiento
tal como en *Poemas humanos,* cuando dice el lírico: *¡Con cuántos
doses ¡ay! estás tan solo!* (PH, p. 208).

Verso 20: con la diestra,.../ en alto (24). Ya hemos dicho, en
relación con el sentido numérico de algunos versos vallejianos, que
la derecha y la izquierda constituyen uno de los diez pares de categorías pitagóricas; la derecha representa lo positivo, y la izquierda, lo negativo. Es fácil suponer que en el mundo trílcico es más
frecuente la izquierda que la derecha, como símbolo poético (25).

En Tr. XVIII, el quedarse con la diestra en alto refleja una petición de ayuda que no halla respuesta, e implica, por lo tanto,
desamparo y derrota.

Verso 21: terciario brazo. Como ya lo han indicado Larrea y
Monguió, el adjetivo *terciario,* relacionado, sin duda, con *tres, trinidad* y *tercero,* tiene numerosas connotaciones (26).

Verso 22: que ha de pupilar, ... A juzgar por las veces que Vallejo emplea el sustantivo "pupilas" para representar los ojos y aludir a la acción de ver, nos inclinamos a asociar el verbo "pupilar"
con "pupila", y no con "pupilo". Es probable que, en la imaginación de Vallejo, el verbo acarrease también la idea de lloro (27).

Verso 22: ... entre mi dónde y mi cuándo. Los sustantivos *dónde y cuándo* representan aquí las nociones de espacio y tiempo,
respectivamente; unidas en un solo haz poético, ellas nos ponen de
manifiesto la dimensión existencial del ser humano, la misma dimensión que está presente en dos enigmáticos versos de Tr. LXIV:
Y yo que pervivo [en el tiempo]/ *y yo que sé plantarme* [en el es-
pacio]. Estas imágenes son vías hacia nuevas connotaciones, que
enfrentarán, unas veces, la existencia y la esencia, y otras, la vida
y la muerte (28).

Verso 23: esta mayoría inválida de hombre. La *mayoría* ha de
entenderse como la etapa del infortunio, esto es, la negación de la
infancia, esa época de solícitos cuidados tantas veces representados

---

(23) Este es el caso de: *En nombre de esa pura/ que sabía mirar hasta
ser 2* (Tr. LXXVI).

(24) La imagen de la mano en el aire es también expresión de máxima
soledad. Dice Vallejo en una carta de 1923: "me quedo con la mano en el
aire, sin alcanzar (a) estrechar las de los poquísimos amigos que, como usted,
ocupan mi corazón" (JEA, p. 198).

(25) Véase la discusión de Tr. XVI (Cap. III, 1).

(26) Véase: Cap. V, 7.

(27) Sirvan de ejemplo estas citas: "Las pupilas relincharon como ver-
tiendo lloro puro" (NyCC, p. 77); *aquí se está llorando a mil pupilas*
(LHN, p. 45).

(28) Véanse, como ejemplos: PH, pp. 176, 194, 217.

en *Trilce*. El hombre es, por lo demás, un inválido desde su nacimiento, pero más aún en su edad madura. Por eso son tan tristemente representativos los versos finales de Tr. X, que dicen: *El paciente incorpórase,/ y sentado empavona tranquilas misturas.*

El poema XVIII, como se ve, es una composición pletórica de connotaciones poéticas muy en armonía con la atmósfera de irrealidad y de trastorno que el poeta mantiene desde el comienzo hasta el fin. Es, pues, una estilización, y no un reflejo más o menos directo de algo real y acontecido. Y, precisamente, porque es estilización, no especifica si la llavera es la amada o la madre, ni dice si el sentimiento que une al lírico con la llavera es de tal o cual índole. Tampoco se circunscribe el poema a un tiempo determinado, ya que las únicas referencias temporales expresan solamente repetición y mismidad (*diarias aherrojadas extremidades*), o una categoría del pensamiento (*mi cuándo*). Lo mismo podría afirmarse de las referencias locativas, que no describen esta o aquella cárcel, sino que reduce la celda a una especie de esquema fenomenológico, Igualmente, no entendemos los "herrojos" como instrumentos de tortura, sino como símbolos de incapacitación total; por esta razón el "quedarse" del verso 19 (*Y sólo yo me voy quedando*), no se refiere al hecho de no poder salir de la cárcel, sino a la noción general de impotencia y abandono, la cual puede aparecer representada por sí sola, o como parte de la contraposición "partir-quedarse", dualidad poética empleada en la obra vallejiana desde *Los heraldos negros* hasta sus últimos poemas. Asimismo, la diestra *que hace por ambas manos* es, para nosotros, un símbolo. Hasta el mismo "yo" del lírico es elevado a una categoría suprapersonal en el último verso, haciéndose resaltar *esta mayoría inválida de hombre.*

En vista de lo dicho, no es aventurado decir que el verdadero valor del poema hay que buscarlo exclusivamente en su realidad artística. Es, por lo tanto, muy cabal el principio sustentado por Armando Zubizarreta, para quien la poesía

> "no es un tímido *enunciado* sobre la realidad objetiva, sujeto a probanza y pasible de ser falso o verdadero, *sino un juramento creador, irreductible a juicio abstracto, ajeno al relato descarnado del fiscal de la 'crítica', entregado, en cambio, a la ansiosa y emocionada búsqueda de la originalidad humana inscrita en la palabra sustentadora* (29).

---

(29) Zubizarreta, Armando, *op. cit.,* p. 214. (La cursiva es del autor).

Trilce LVIII

1. En la celda, en lo sólido, también
    se acurrucan los rincones.

    Arreglo los desnudos que se ajan,
    se doblan, se harapan.

5. Apéome del caballo jadeante (30), bufando
    líneas de bofetadas y de horizontes;
    espumoso pie contra tres cascos.
    Y le ayudo: Anda, animal!

    Se tomaría menos, siempre menos, de lo
10. que me tocase erogar,
    en la celda, en lo líquido.

    El compañero de prisión comía el trigo
    de las lomas, con mi propia cuchara,
    cuando, a la mesa de mis padres, niño,
15. me quedaba dormido masticando.

    Le soplo al otro:
    Vuelve, sal por la otra esquina:
    apura ... aprisa ... apronta!

    E inadvertido aduzco, planeo,
20. cabe camastro desvencijado, piadoso:
    No creas. Aquel médico era un hombre sano.

    Ya no reiré cuando mi madre rece
    en infancia y en domingo, a las cuatro
    de la madrugada, por los caminantes,
25. encarcelados,
    enfermos
    y pobres.

    En el redil de niños, ya no le asestaré
    puñetazos a ninguno de ellos, quien, después,
30. todavía sangrando, lloraría: El otro sábado
    te daré mi fiambre, pero
    no me pegues!

---

(30) En la edición Losada: *jadeando*.

Ya no le diré que bueno.

En la celda, en el gas ilimitado
35.   hasta redondearse en la condensación,
¿quién tropieza por afuera?

Tr. LVIII está más cerca del poema XVIII, recién estudiado, que de los dos anteriores. Se poetizan aquí recuerdos varios —otra vez, aparentemente inconexos— promovidos por la angustia de un hombre que ha perdido la capacidad de ordenación mental.

A pesar de lo dicho, Tr. LVIII tiene una manifiesta cohesión interior sustentada por el aluvión psicológico a que se refiere; éste va perdiendo materialidad progresivamente a medida que pasa de *lo sólido* a *lo líquido* y, por fin, a *lo gaseoso* (31). Implícita en la escala de tres estados quizá estuviese también la noción de aprisionamiento, pues la materia no puede librarse de las leyes que la condicionan. Por esta razón se expresa, al final del poema, un retorno a un estado anterior a través de la condensación (verso 35).

El poema representa una estructura determinada. Que los materiales poéticos no constituyan una cadena lógica, en nada invalida lo dicho. El estructurador lírico nos representa estados de alta tensión aparentemente dispersos, pero lo hará con plena conciencia de su función como artista. Este poema encierra enormes problemas de forma y expresión, porque busca armonizar dos fuerzas contrarias, una que da forma e impone un orden, y otra que lleva a la alteración y al desconcierto.

Veamos ahora como chocan o se entrelazan estas fuerzas antagónicas a lo largo del poema.

a) *Centralización y ubicuidad.* Tr. LVIII expresa tres veces el lugar de los acontecimientos, esto es, la localización del lírico: *En la celda* (versos 1, 11 y 34), particularidad referida a cada una de las etapas de desintegración antes mencionada (sólido-líquido-gaseoso). Podría decirse, pues, que el "estar" del poeta es cada vez más inestable. Entremezclados con esta progresiva volatilización hallamos un escenario de la juventud (estrofa 3) otros que reconstruyen el presente (estrofas 2, 4 y 6) y dos de la niñez (estrofas 8 y 9). Vallejo hasta trastrocó el orden cronológico de estos escenarios, con lo cual se intensifica la nota de confusión en la vida espiritual del recluso. El poeta se ha desdoblado en el hablante lírico, que tiene

_____

(31) Es posible que el recuerdo de los tres estados fuese reflejo de las exposiciones con que algunos científicos buscaban negar la existencia del alma, sustancia irreductible a ninguno de los tres órdenes materiales concebidos por la física experimental del siglo XIX.

conciencia de estructura y crea el poema, y el personaje del poema, que es la negación de aquél, por ser un ente desorientado y disperso.

b) *Conjunción de tiempos*. Son de particular interés las estrofas 5 y 7: Dice la estrofa 5:

```
12.   El compañero de prisión comía el trigo
13.   de las lomas, con mi propia cuchara,
14.   cuando, a la mesa de mis padres, niño,
15.   me quedaba dormido masticando.
```

Hay aquí varios "desajustes" intencionales en el continuo del tiempo: vaga alusión a una escena de cosecha (*el trigo de las lomas*), ayuntada a la acción de comer ese trigo (*con mi cuchara*), unido a todo un pasado lejano, el de la infancia, cuando el niño se quedaba *dormido masticando*. Sirviéndose de las imágenes del trigo y del comer el poeta logra amalgamar épocas muy distintas.

La estrofa 7 dice:

```
19.   E inadvertido aduzco, planeo
20.   cabe camastro desvencijado, piadoso:
21.   No creas. Aquel médico era un hombre sano
```

En estos versos se han hermanado un presente de desesperación (*aduzco, planeo*) y miseria, y un pasado apenas sugerido por el verbo *era* del verso 21. Se advierten también saltos temporales entre estrofas, con lo cual el poema se hace cada vez más asincrónico (32).

Hay, además, dos presentes: el del encarcelado, quien se inventa una realidad poblada de perturbadoras imágenes (*Arreglo los desnudos que se ajan,/ se doblan, se harapan*) y el del hombre que retorna a la realidad circundante (*aduzco, planeo,/ cabe camastro desvencijado*). Con este doble presente se configura un estado repartido entre el sueño y la vigilia.

c) *Ensimismamiento y alteración*. Excelente ejemplo es la estrofa final:

```
34.   En la celda, en el gas ilimitado
35.   hasta redondearse en la condensación,
36.   ¿quién tropieza por afuera?
```

---

(32) Estos desajustes temporales son comunes a toda la poesía vanguardista. Véase: Videla, Gloria, *El ultraísmo*, Madrid, Gredos, 1963, pp 92 - 97.

El verso final cierra el poema afirmando la vuelta a la realidad viva del preso tras numerosas mudanzas a través de lugares y épocas diferentes. El agente catalítico es un tropezón *afuera*.

d) *Imprecisión dialogística.* Tr. LVIII incluye retazos de diálogos que se hacen cada vez más vagos: *a*) con el caballo — *Anda, animal* (verso 8), *b*) con un prisionero indeterminado — *Le soplo al otro* (verso 16) y *c*) con un interlocutor aún menos específico — *No creas* (verso 21), que bien puede ser el hablante lírico mismo. Estos trozos de conversaciones se parecen a las frases sueltas que enuncia un enfermo durante la etapa febril.

e) *Gama emotiva.* Hay también en Tr. LVIII una potente fuerza emocional expresada en diferentes intensidades, pero teniendo en común una nota de arrepentimiento, como la que acusa quien se acoge al perdón divino. El propio poeta se califica a sí mismo de *piadoso,* en el verso 20 (33), pensamiento que le lleva derechamente al delicadísimo recuerdo de costumbres familiares:

22. Ya no reiré cuando mi madre rece
23. en infancia...

Es también expresión de enmienda el verso 33 de la estrofa siguiente:

33. ya no le diré que bueno.

El poeta ha juntado su amoroso apego al pasado (estrofa 8) con el recuerdo de un drama infantil (estrofa 9). En este caso, como en el anterior, la reverberación emocional nos deja ver un sentimiento de culpabilidad que ni aun el tiempo ha logrado desvanecer.

f) *Representación dramática.* Contribuyen también a la atmósfera de tensión los versos de la estrofa 6:

16. Le soplo al otro:
17. Vuelve, sal por la otra esquina:
18. apura ... aprisa ... apronta!

Estos versos son un testimonio más del gusto vallejiano por las escenas de sobresalto y alarma, esto es, brevísimos pasajes que se dan a la mente del lector como partes de una representación. Surge así el estilo patético (34).

---

(33) Aun con riesgo de parecer excesivos, recordamos al lector que entendemos este detalle (ser *piadoso*) como elemento poético, y no como dato biográfico.

(34) Hemos tomado esta denominación del libro de Emil Staiger, *Conceptos fundamentales de poética.* Madrid, 1966, p. 60.

g) *Patrón contrastivo.* Otro proceso configurador importante en Tr. LVIII es la alternancia. Hay en las dos primeras estrofas una armonía interior evidente, que se apoya en imágenes de empequeñecimiento y tensión:

> 5. Apéome del caballo jadeante, bufando
> 6. líneas de bofetadas y de horizontes;
> 7. espumoso pie contra tres cascos.

Aparecen aquí fundidos hombre y bestia, pues a ambos podrían aplicarse el adjetivo *jadeante* y el verbo *bufando.* Todo el vértigo del viaje queda implícito en *líneas de bofetadas,* frase que halla eco en *horizontes,* y en el *espumoso pie* (del viajero), el cual aparece asociado al fatídico numeral *tres.* La fusión de partes en fluida trayectoria, la reducción del paisaje a meras líneas y el diseño de un animal con sólo tres cascos recuerdan la desmaterialización y esquematismo de algunas creaciones pictóricas, tales como el sumarísimo "Hombre a caballo", de Kandinsky (35).

El contraste entre los cuatro primeros versos y los cuatro siguientes es tan agudo que es imposible no pensar en la presencia de un patrón básico. En efecto, la segmentación contrastiva adquiere relieve en cuanto esquematizamos el poema:

a) versos 1- 4: minoracion;
b) versos 5- 8: dramatización;
c) versos 9-15: minoración;
d) versos 16-18: dramatización;
e) versos 19-27: minoración;
f) versos 28-33: dramatización;
g) versos 34-36: minoración.

* * *

Los cuatro poemas estudiados en esta sección los clasificamos en dos grupos por las siguientes razones:

a) Tr. XLI y Tr. L son composiciones en que el poeta se ve a sí mismo a través de un ambiente dramático (XLI), y luego, a través de una tercera persona, el carcelero (L). El creador se ha valido, pues, de un "ello" y de un "él" para presentarnos su drama.

---

(35) Véase la reproducción de este cuadro en el volumen antológico de Werner Haftman, *Painting in the Twentieth Century,* New York - Washington, 1965, p. 140.

b) Tr. XVIII y Tr. LVIII son poemas de mucha mayor hondura psíquica y de más sutileza, porque el ente lírico se coloca totalmente dentro del ámbito poético para vivirlo desde dentro. El centro de rotación es el mundo interior del lírico mismo. No hay aquí dos entes distintos (yo-él), sino un yo estructurador (sujeto) fundido en el yo poetizado (objeto). Tr. XVIII y Tr. LVIII son, por lo tanto, composiciones más genuinamente líricas (36).

Admirable es, ciertamente, que los "poemas de la cárcel" acusen todos un propósito artístico. En circunstancias tan apremiantes, lo común es que un hombre con la sensibilidad de un Vallejo pierda su autodominio y, tras de caer en la hondonada de la autoconmiseración, sea incapaz de todo esfuerzo creador. Además, a pesar del oprobio e injusticia de su encarcelamiento, el bardo mantuvo incólume su conciencia de hombre digno y no descendió nunca, en su poesía, al plano de las bajas pasiones. En los poemas estudiados hay dolor, ironía y desequilibrio, pero nunca vulgar execración.

5. *La amada - pistilo en mayo*

a) *El ser femenino en escorzo*: *Tr. XXXV.*

Hay, por lo menos, catorce poemas trílcicos sobre motivos amorosos. De éstos omitiremos ocho, por haber sido incluidos en otras secciones (1). Los restantes serán estudiados a continuación bajo dos subtítulos:

a) el ser femenino en escorzo: Tr. XXXV.
b) El bien perdido: Tr. VI, XXXIV, XL, XLVI, LXXVI.

Tr. XXXV está entre los pocos poemas que dejan entrever los aspectos positivos de la relación hombre-mujer. Las composiciones del segundo grupo, en cambio, poetizan la ruptura de esa relación, e insisten en la honda nostalgia que agobia al lírico en su ensimismamiento, o en su soledad presente.

La falta de proporción entre los dos grupos acusa la incapacidad del poeta para establecer lazos duraderos con su amada, y la persistencia de un estado emocional obsesivo y doloroso. El hablante lírico confiesa sus desaciertos y lamenta sus consecuencias comparando lo que fue con lo que es —conciencia de tempo-

---

(36) Seguimos aquí, en parte, el discrimen de lo lírico que hace Wolfgang Kayser en *Interpretación y análisis de la obra literaria*, Madrid, Gredos, 1954.
(1) Son los siguientes: Tr. IV (Cap. IV, 3); Tr. XV (Cap. III, 6); Tr. XXII (Cap. XII, 2); Tr. XXIV (Cap. IV, 3); Tr. XXXVII (Cap. VII, 1); Tr. XLIII (Cap. VIII, 2); Tr. LI (Cap. X, 2) y Tr. LXII (Cap. VIII, 1).

ralidad—, y lo que fue con lo que debió ser —dimensión ética. En este último caso se enfrenta la voz de la conciencia con los paliativos de la razón, sin lograrse otro fin que señalar fallas e infortunios inenarrables. Estamos ante composiciones que rebosan en ansiedad y tristeza.

Veamos ahora si la diferencia de enfoque condiciona en alguna forma la calidad artística de los poemas en cuestión.

* * *

Trilce XXXV

1. El encuentro con la amada
   tanto alguna vez, es un simple detalle,
   casi un programa hípico en violado,
   que de tan largo no se puede doblar bien.

5. El almuerzo con ella que estaría
   poniendo el plato que nos gustara ayer
   y se repite ahora,
   pero con algo más de mostaza;
   el tenedor absorto, su doneo radiante
10. de pistilo en mayo, y su verecundia
    de a centavito, por quítame allá esa paja.
    Y la cerveza lírica y nerviosa
    a la que celan sus dos pezones sin lúpulo,
    y que no se debe tomar mucho!

15. Y los demás encantos de la mesa
    que aquella núbil campaña borda
    con sus propias baterías germinales
    que han operado toda la mañana,
    según me consta, a mí,
20. amoroso notario de sus intimidades,
    y con las diez varillas mágicas
    de sus dedos pancreáticos.

    Mujer que, sin pensar en nada más allá,
    suelta el mirlo y se pone a conversarnos
25. sus palabras tiernas
    como lancinantes lechugas recién cortadas.

Otro vaso y me voy. Y nos marchamos,
ahora sí, a trabajar.

Entre tanto, ella se interna
30. entre los cortinajes y ¡oh aguja de mis días
desgarrados! se sienta a la orilla
de una costura, a coserme el costado
a su costado,
a pegar el botón de esa camisa,
35. que se ha vuelto a caer. Pero hase visto!

He aquí un poema fundamentalmente optimista. El hablante lírico no mira a la amada desde un incierto presente, añorando lo
perdido, sino en comunión con ella. Hay, sin embargo, hacia el
final, una ligera nota de anormalidad que nos deja entrever, por debajo de las apariencias, un drama personal:

30.   ¡oh aguja de mis días
31. desgarrados!

Estos versos que, dicho sea de paso, son felicísimos, constituyen el puente de unión entre los poemas del grupo a) y los del grupo b). El resto de Tr. XXXV está concebido casi totalmente en un
presente de alegría, como si el lírico fuese parte de una circunstancia viva e inmediata.

El poeta halla en la amada características, modos de ser y habi-
lidades que le fascinan: postura del brazo (el tenedor absorto), encantadora timidez (su verecundia/ de a centavito), encantos espirituales (su doneo radiante), atractivos físicos (pezones sin lúpulo),
conocimientos culinarios (sus dedos pancreáticos), amenidad (suelta
el mirlo) y, especialmente, equilibrio y paz espiritual. En cuanto hemos destacado no hay nada relevante, exquisito o grandioso; todo es
común, doméstico y de tono menor. Sin embargo, el poema constituye una extraordinaria recreación del espíritu y presencia física
de una mujer y, al mismo tiempo, un fiel traslado del yo interior
del poeta. Veamos ahora cómo transforma Vallejo las banalidades
de la vida familiar en materia poética. Para ello nos fijaremos primero en las distintas fuentes de su caudal imaginístico. Estas son
cinco:

1) El mundo alimenticio y culinario. Sirviéndose de alimentos
y bebidas comunes se destaca lo primordial y básico de la existen-

cia: mostaza, cerveza lírica, lechugas recién cortadas. Añádanse las actividades y objetos relacionados con el comedor y la cocina, vistos en toda su fundamental importancia; de este modo, la "estrategia" culinaria se transforma en una campaña, y los utensilios constituyen verdaderas *baterías*.

2) El mundo corporal. Unas cuantas alusiones dejan entrever los atractivos físicos de la mujer amada: dos pezones, las diez varillas mágicas, el costado.

3) El mundo vegetal. Aparecen en función imaginística, para sugerir reproducción y productividad: pistilo en mayo, núbil campaña (esta vez en el sentido de "campo fértil"), baterías germinales.

4) La escena doméstica. La representan cosas y acciones comunes: coser, bordar, almorzar, comer, beber.

5) El mundo psicológico: actitud absorta, doneo brillante, verecundia de a centavito, palabras tiernas.

Con los elementos mencionados hace el lírico una apretadísima síntesis que va mucho más allá de lo puramente literal. Tomemos la estrofa 3:

15. Y los demás encantos de la mesa
16. que aquella núbil campaña borda
17. con sus propias baterías germinales
18. que han operado toda la mañana,
     ... ...
21. ... con las diez varillas mágicas
22. de sus dedos pancreáticos.

Estos versos recuerdan la técnica de superposición de cuadros cubistas en que se entrelazan parcialmente los objetos y sus sombras, ayuntándose partes de una cosa con partes de otra, repetidas veces, en un múltiple proceso de fraccionamientos y reconstituciones, paralelismos y empalmes, pero manteniendo una unidad básica que les da sentido. Señalemos algunas de estas interrelaciones por medio de líneas y flechas:

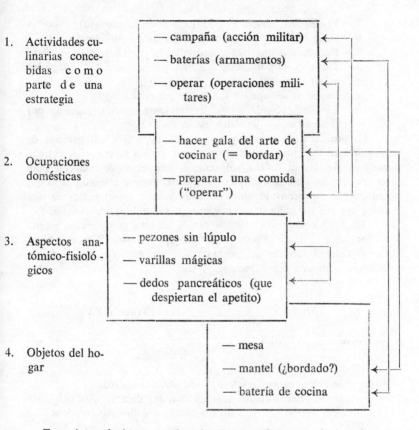

1. Actividades culinarias concebidas como parte de una estrategia	— campaña (acción militar) — baterías (armamentos) — operar (operaciones militares)
2. Ocupaciones domésticas	— hacer gala del arte de cocinar (= bordar) — preparar una comida ("operar")
3. Aspectos anatómico-fisiológicos	— pezones sin lúpulo — varillas mágicas — dedos pancreáticos (que despiertan el apetito)
4. Objetos del hogar	— mesa — mantel (¿bordado?) — batería de cocina

Estas interrelaciones pueden darse entre elementos de la misma estrofa, o de dos o más estrofas distintas.

Pero hay más, pues no hemos incluido el riquísimo bagaje imaginístico con que se configura a la amada. Examinemos, a modo de corroboración, una sola estrofa, la tercera:

La amada:

1. Es fuente de encantamiento doméstico (*encantos de la mesa*);
2. Recuerda un campo fértil (*núbil campaña*);
3. Maneja sabiamente los utensilios de cocina ("borda" *con sus propias baterías*);
4. Hace nacer lo increado (*germinales*);

5. Planea sus labores (*ha operado toda la mañana*);
6. Hace labores prodigiosas (*con las diez varillas mágicas*);
7. Recuerda a una hada, multiplicada por diez (*diez varillas*);
8. Tiene la importancia sugerida por el numeral pitagórico más fundamental (*diez*);
9. Despierta el apetito (*... dedos pancreáticos*);
10. Es agente conductor y determinante (noción sugerida por el significado simbólico de *dedos*) (2).

La proliferación señalada en los dos esquemas son pruebas de que el arte trílcico es esencialmente integrativo y, por ello, entrega toda su virtualidad poética sólo cuando los versos de una colección se aprehenden en sus múltiples enlaces externos e internos, es decir, entendiendo los constituyentes de cada poema como partes de una compleja red de imágenes, emociones y vislumbres ideacionales (3).

Tr. XXXV conserva algunos rasgos de otra composición escrita varios años antes: "Fresco" (LNH, pp. 43-44). Para comprender la calidad artística del poema trílcico quizá no esté de más establecer aquí una comparación.

"Fresco"	*Trilce XXXV*
— Llegué a confundirme con ella	(a mí) amoroso notario de sus intimidades
— jugando entre tiernos fresales,/ entre sus griegas manos matinales.	sus palabras tiernas y con las diez varillas mágicas/ de sus dedos pancreáticos
— Buenas noches aquellas, que hoy la dan por reír	Mujer que, sin pensar en nada más allá, suelta el mirlo...
— de mi extraño morir,	mis días desgarrados.

Hay, sin embargo, varias diferencias. En Tr. XXXV se deja insinuada una comunión espiritual entre hombre y mujer a lo largo de toda la composición, y con ello adquiere el poema una indiscu-

---

(2) Este último esquema basta para convencer al traductor más optimista de que la traducción de un poema trílcico a otra lengua no puede ser más que un pálido reflejo del original.

(3) Sobre las tres perspectivas del complejo poético, véanse los juicios aclaratorios de Dámaso Alonso: *Poesía española*, Madrid, Gredos, 1966, pp. 481 *et seq.*

tible unidad interna. En "Fresco" esa comunión es pasajera y no sólo está menos sentida, sino que, además, se diluye en temas secundarios hasta perder casi toda su eficacia dramática en la última estrofa.

En Tr. XXXV el lírico se vale de la realidad ordinaria para penetrar en el alma de la mujer. Algo de esto se observa en "Fresco", pero, desgraciadamente, aparece también un acompañamiento reflexivo tan abiertamente racionalista que destruye lo que hay de candor y sencillez en el resto del poema.

El cambio más significativo es la contextura del poema trílcico. "Fresco" representa lisa y llanamente lo que ha ocurrido y lo que el lírico piensa y siente, pero en Tr. XXXV hay un complejísimo tejido de valores subjetivos y de sutiles connotaciones que añaden a la estructura fundamental vagas resonancias, imágenes imprecisas, delicados atisbos. Para que se vea hasta dónde llega el valor sugestivo de algunas palabras y frases, señalaremos unos cuantos significados implícitos sin intentar hacer, en modo alguno, un estudio exhaustivo:

1) *Inserciones inconexas*

    1. El encuentro con la amada
    2. *tanto alguna vez, ...*

¿Que objeto tiene intercalar dos especificaciones, desprovistas, al parecer, de sentido? La palabra *tanto* vale aquí como expresión de aprecio, sin especificarse qué es lo que se aprecia, y la frase *alguna vez* deslíe la realidad temporal en un tiempo impreciso. Ambos aditamentos le dan al poema un carácter de indeterminación. ¿Cuándo ocurrió lo representado? Y, al insinuarse que algo fue valioso, ¿en qué sentido fue valioso?

En el verso 3 aparece un *programa hípico en violado* que parece ser un detalle innecesario e inconexo. Pero no es así, porque la cosa física, el programa hípico, es un símbolo que despierta una multitud de recuerdos. Las relaciones del poeta con su amada han estado llenas de acontecimientos, tantos como los que se anuncian en el *largo* programa. Ahora parece este programa totalmente inútil, aunque antes no lo fue, en un pasado impreciso señalado por *alguna vez*. Por las asociaciones que promueve, el poeta quisiera olvidarlo, tras de doblarlo con cuidado (verso 4), pero no puede hacerlo, por ser tan *largo*, esto es, de tanta significación en su vida. Además, dicho programa no es "violáceo", ni "violeta", ni "morado", sino *violado*, palabra de doble sentido por lo que tiene de ominoso en cuanto color y como acción. Se desarrolla después el poema, como si todo fuese un largo "programa" humano, que el poeta nos va a representar transportándose mágicamente a una realidad inmediata y viva.

Ninguna importancia tiene saber que, efectivamente, los programas hípicos de Lima se imprimían en papel de color violáceo (4). Lo que importa es el valor simbólico del *programa hípico*, porque recuerda otro "programa" que es conjunto de experiencias imborrables, presididas por un sino de desventura, consonante con el color *violado*. De lo dicho se deduce que, en verdad, el poeta está rememorando algo ya inexistente, pero esto tampoco importa saberlo, pues el poema está configurado como realidad presente, y es esta circunstancia la que le da movimiento y calor. Hacemos hincapié en estos detalles por estar convencidos de que, muchas veces, la intromisión de detalles biográficos o reales destruye, como en el presente caso, la contextura de la obra literaria y desvirtúa la apreciación que de ella intente hacer el crítico (5).

2) *Calidades plásticas*

Estas son variadísimas; entre otras, podríamos anotar las siguientes:

a) forma: (programa) que de tan largo no se puede doblar bien (verso 4);

b) postura: el tenedor absorto (verso 9);

c) contorno: sus dos pezones sin lúpulo (verso 13);

d) textura: lancinantes lechugas (verso 26);

e) linealidad: a la orilla/ de una costura (versos 31-32).

Los valores visuales y táctiles contenidos en las frases recién citadas traen a la mente fugitivas imágenes que acrecientan considerablemente el valor presentacional del poema.

3) *Variaciones temporales*

Considerado como expresión de tiempo, Tr. XXXV es un poema típicamente trílcico. Al leerlo pasa el lector por tiempos varios y acaba por ingresar en una realidad múltiple y asincrónica. El poema se abre como si nos halláramos en el presente: El encuentro con la amada *es*..., pero inmediatamente después, en la segun-

---

(4) Dato tomado de AC II, p. 198.

(5) Naturalmente, no negamos el valor de ciertos datos biográficos, cuando éstos aclaran el sentido de un poema, sea en su forma interior o exterior.

da estrofa, la acción pasa a un plano puramente potencial (El al- muerzo con ella que *estaría/* poniendo el plato...). Una vez insertos en esa atmósfera imaginada, creemos hallarnos en una especie de actualidad, según lo indican todos los verbos en presente. Esa actua- lidad, por contaminación del tiempo potencial, parece ser recuerdo y no realidad presente. Sin embargo, los últimos versos son de tal fuer- za que todo parece estar ocurriendo ahora mismo: ... *se interna...* *se sienta...* El poeta nos ha hecho olvidar la temporalidad y ya no nos importa si lo ocurrido es, o ya ha sido.

4) Insinuaciones sexuales

Este punto lo dejó insinuado en su trabajo la señorita Estela dos Santos, al referirse al verso 3 (*un programa hípico en violado*). "La coloración violácea —nos dice— en este caso con más vigor al sustantivarse, sugiere sexualidad" (AV 5, p. 29). Sea esto así o no, de todos modos llama la atención que el poeta emplee el adjetivo de color que más se acerca a una forma participial, la cual implica terminación de algo. Sabiendo, además, que en la época trílcica Va- llejo evitó todo color en función puramente cromática, es de supo- ner que, al escoger el adjetivo *violado,* en realidad iba más allá de la simple imagen visual.

La connotación erótica se halla también insinuada en las refe- rencias al *pistilo en mayo* (verso 10), *sus dos pezones sin lúpulo* (verso 13), y *sus intimidades* (verso 20). Ninguna de estas referen- cias es de valor primordial, pero añaden, de todos modos, un cariz más al poema.

5) Citas directas

Tr. XXXV redondea la imagen psíquica de la amada y del lí- rico, añadiendo citas directas:

14. ... no se debe tomar mucho!
35. ... se ha vuelto a caer. Pero hase visto!

Lo mismo ocurre con el estructurador lírico, quien se represen- ta a sí mismo diciendo:

27 Otro vaso y me voy.
28. ahora sí, a trabajar.

El poema nos ha llevado a la intimidad de la vida familiar, pero no presentándola para ser vista, sino obligándonos a vivirla directamente. Este es el secreto de un considerable número de frases coloquiales insertas en la poesía trílcica. Ellas parecen entablar diálogos, con lo cual la poesía se acerca al arte dramático.

6) Muestrario de lenguajes

En Tr. XXXV, hay dos desviaciones clarísimas hacia zonas lingüísticas que antes se consideraban "antipoéticas":
a) lenguaje médico: ...sus dedos *pancreáticos*.
b) lenguaje jurídico: ... *me consta*, a mí,/ amoroso notario... (6).

¿Son estos "préstamos" léxicos simples caprichos? A esta pregunta han contestado algunos con la más absoluta condenación. Sin embargo, si reconsideramos la voluntad estilizante del poeta y su deseo y su propósito de hermanar múltiples significados y sugerencias en estructuras polidimensionales, como lo haría un pintor cubista, es preciso convenir en que los medios desrealizantes trílcicos son totalmente legítimos: cultismos, neologismos, solecismos, arcaísmos, coloquialismos, tecnicismos, etc. Para Vallejo, ninguna palabra o construcción vale por el campo a que pertenece, o el uso que el hombre hace de ella en la vida diaria; el vehículo poético adquiere valor propio a través de la función que el creador le asigna en sus poemas, y esa función es, las más veces, múltiple. Por lo tanto, un tecnicismo ha de pensarse dentro de la estructura artística de que es parte. En el presente caso, *pancreáticos* tiene valor plurisémico dentro de la frase poética y sugiere a) lo "aperital" (*Cf*. LHN, p. 55); b) una función biológica; c) una magia digital; d) un nuevo punto de vista (el científico) y e) una bizarría estilizante, con el prestigio del esdrújulo y el carácer sorpresivo de lo inesperado. Del mismo tipo son serpentínico, pitagórico, binómico, tantálico, púnico, hípico y ecuménico, para limitarnos a ejemplos trílcicos, y sin contar otros adjetivos comunes, con igual terminación, tales como mágico, dinástico, prolífico, estático, litúrgico, etc., etc.

De Tr. XXXV dice Coyné: "Mientras era feliz con Otilia, Vallejo se entregaba a los 'encantos de la *mesa*' y, algo burlón por cierto, cantaba la cerveza lírica y nerviosa/ a la que celan sus dos pezones sin lúpulo / y que no se debe tomar mucho" (7). ¿Hay realmente, espíritu de burla en Tr. XXXV?

---

(6) Otra inserción del lenguaje legalista o político la hallamos en Tr. LXXVI: *En nombre della que no tuvo voz/ ni voto*. El mejor ejemplo de lenguaje legalista en función poética lo presenta el poema humano que comienza *Considerando... que* (PH, pp. 177 - 178).

(7) AC II, pp. 159 - 160. Muy acertados son los comentarios de James Higgins: "She tends to her guest's needs, leaning over the table to serve him

Podría argüirse que nada de lo representado en Tr. XXXV es de verdadera consecuencia; y muy difícil sería rebatir tal opinión. Lo extraordinario es que experiencias tan vulgares como es ir a comer en la casa de la amada puedan ser motivo de un poema singular. Es seguro que los poemas sobre trivialidades de la vida diaria eran para Vallejo tan importantes como sus más densas creaciones. No creemos, pues, que fuese intención del lírico recurrir a chanzas y darnos un poema retozón, habiendo, detrás del mundo aparencial, tanta gracia, intimidad y dimensión humana.

b) *El bien perdido*: *Tr. VI, Tr. XLVI; Tr. XXXIV, Tr. XL. Tr. LXXVI*

Los cinco poemas incluidos en este subgrupo contienen una visión retrospectiva cargada de emotividad. A primera vista podría parecer que, por referirse todos ellos a una mujer ausente, o espiritualmente distanciada, debieran tener marcadas semejanzas. La verdad es todo lo contrario: tan dispares son que es difícil ponerlos dentro del mismo grupo. Es cierto que en todos ellos expresa el lírico la misma nostalgia, pero lo hace sirviéndose de diferentes correlatos objetivos. En realidad estamos frente a dos grupos: los poemas VI y XLVI, que asocian la emoción a actividades domésticas, están orientados, principalmente, hacia algo exterior, y esbozan la personalidad de la amada ausente. En cambio, Tr. XXXIV, Tr. XL y Tr. LXXVI ahondan en la interioridad del lírico y configuran los efectos de una obsesiva conciencia de pérdida. Pero ni aun después de establecer la similitud noética de los poemas incluidos en cada uno de los dos grupos, logramos comprender las diferencias que distinguen a cada composición de todas las demás. Recurramos una vez más al análisis comparativo para determinar qué es lo que les da carácter particular.

Trilce VI

1. El traje que vestí mañana
   no lo ha lavado mi lavandera;
   lo lavaba en sus venas otilinas,
   en el chorro de su corazón, y hoy no he
5. de preguntarme si yo dejaba
   el traje turbio de injusticia.

his beer, and as she does so her breasts protrude. But the beer her nipples watch over is also that contained in her breasts: her breasts are intoxicating even though they are *sin lúpulo*, have no alcoholic content" (JH II, p. 174).

A hora que no hay quien vaya a las aguas,
en mis falsillas encañona
el lienzo para emplumar, y todas las cosas
10.   del velador de tanto qué será de mí,
todas no están mías
a mi lado.

Quedaron de su propiedad
fratesadas, selladas con su trigueña bondad.

15.   Y si supiera si ha de volver;
y si supiera que mañana entrará
a entregarme las ropas lavadas, mi aquella
lavandera del alma. Qué mañana entrará
satisfecha, capulí de obrería, dichosa
20.   de probar que sí sabe, que sí puede
¡COMO NO VA A PODER!
azular y planchar todos los caos.

Se enfoca aquí la presencia espiritual de la mujer amada, aso-
ciándola con una actividad casera —el lavado de la ropa—, ocupa-
ción que lleva al poeta a realizar simbólicamente sus dotes de mujer, en contraste con sus fallas de hombre injusto (*yo dejaba/ el
traje turbio de injusticia*) y falto de ecuanimidad, a cuyos excesos
pone remedio la amada "azulando y planchando" *todos los caos*.
Hay, pues, en el poema una doble corriente psicológica: el apremio de una culpa y la conciencia de un desquiciamiento psíquico.
La primera estrofa se abre con una paradoja, que es preludio
de la acumulación caótica de la segunda estrofa:

1.   El traje que vestí mañana

Con esta afirmación se niega la importancia del futuro, dimensión temporal sin realidad propia, porque está siempre prefigurada
en lo ocurrido. En la época trílcica Vallejo vive en un presente de
angustia y en un pasado de evasión. Estos son los dos ámbitos ha-
bituales de su ser espiritual y, por eso, *Trilce* nos deja tan a menudo la impresión de haber, en la interioridad del lírico, un penoso
estancamiento, cuya única movilización posible la proveen el vuelo imaginativo o el ingreso en el reino de la metafísica.
Por ser el mañana una zona temporal sin esperanza se llena la
tercera estrofa de desconsuelo. La respuesta a las ansiosas preguntas
de los versos 10 y 18 (*¿qué será de mí? ¿qué mañana entrará...?*)

es claramente negativa, aun cuando esa respuesta no se da en ninguna parte. Y, por esta razón, se hacen aún más dramáticos los versos que artificialmente configuran una esperanza:

15. Y si supiera si ha de volver;
16. y si supiera qué mañana entrará
17. a entregarme las ropas lavadas, mi aquella
18. lavandera del alma. Qué mañana entrará
19. satisfecha, capulí de obrería...

Al dramatismo del contenido se añade el de la forma, particularmente en el verso 21, que está todo en mayúsculas y separado del verso anterior por una larga pausa, representada por el espacio en blanco:

21.   ¡COMO NO VA A PODER!

El tono coloquial de esta exclamación y su espíritu rogativo contribuye a cargar el poema de patética humanidad, convirtiendo al lírico en lamentable víctima de su propia candidez. Termina el poema, y queda vibrando en nuestra alma de lectores una sincera condolencia, porque sabemos que el hombre recurre al sueño imposible cuando la lógica se opone a sus más queridos designios.

La parte que nunca se ha discutido debidamente en los estudios dedicados a este poema es la estrofa 2. Y con razón, porque es oscurísima:

7. A hora que no hay quien vaya a las aguas,
8. en mis falsillas encañona
9. el lienzo para emplumar, ...

Ya en el verso 7 aparece la primera nota inesperada: la ruptura del adverbio de tiempo (*A hora*), con lo cual no sólo se imparten dos sentidos ("en este momento" y "a la hora de...") sino que también se fractura el presente, dándose así la pauta de lo que va a seguir, esto es, una crisis emocional, expresada por medio de fraccionamientos y yuxtaposiciones ilógicas. Pero, entiéndase bien: en esta estrofa no hay nada absurdo, sino una expresión viva de un estado crítico. El poeta no busca un refugio en el limbo alógico y sin estructura del absurdo, sino que se nos entrega dando a sus palabras una carga representacional perfectamente comprensible.

Aparecen a continuación cuatro componentes casi indescifrables: falsillas, lienzo, encañonar y emplumar. ¿Tienen coherencia los versos 8 y 9, o son, pura y simplemente, acumulaciones verbales sin sentido? Releamos:

    8.   en mis falsillas encañona
    9.   el lienzo para emplumar, ...

Observemos primero, para aclarar un poco este misterio, que no parece haber aquí una alusión a ropas, como cree Roberto Paoli, quien traduce así:

    E ora che non c'è piú chi vada al fiume
    nelle mie costure si fa rigida (encañona)
    la stoffa per impiumarsi ... (RP, p. 28).

Concordamos con Coyné, quien ve en "encañonar" la presencia del sustantivo "cañón", esto es, la parte hueca y córnea de una pluma de ave, y no la pieza de artillería (AC II, p. 247, nota 31). Desde luego, este "cañón" está relacionado en sentido con la "pluma" subentendida en el verbo "emplumar".

Ofrecemos a continuación una lectura que tiene, al menos, una dosis razonable de plausibilidad. Ha de entenderse que nuestra aclaración carece de fuerza persuasiva por no estar hecha a base de pruebas documentales. Nos basamos exclusivamente en indicios internos. Se nos ocurre que hay aquí una especie de ecuación poética: las *falsillas* son al *lienzo* lo que "encañonar" es a "emplumar":

    falsillas — encañonar
    lienzo   — emplumar

Como el *lienzo para emplumar* puede ser un símbolo de belleza, finura y exquisitez, pues no es difícil asociar estas cualidades con los hermosos trabajos en pluma de días incaicos (8), el verbo "emplumar" se convierte en la antítesis de "encañonar" (mostrar los cañones), ya que lo fundamental en el arte plumario era atar las plumas en tal forma que ocultasen los cañones de éstas (9). Así

_____

(8) Es verdad que tales "tejidos" se hacían sobre telas de lana (según el padre Bernabé Cobo), o de algodón, según otros, pero es dudoso que a Vallejo le preocupasen estas distinciones, a juzgar por un pasaje de su protonovela *Hacia el reino de los Sciris,* en el cual menciona "blancos lienzos" (NyCC, p. 162). En esta misma novela también se alude a la búsqueda de "la pluma delicada" (*Ibid.,* p. 144) y a la existencia de ojotas "de plumas de torcaz" (*Ibid.,* p. 164).

(9) Véase el magnífico estudio de E. Yacovleff, "Arte plumaria entre los antiguos peruanos", *Revista del Museo Nacional,* Tomo II, No. 2, 1933, pp. 137 - 158.

como el "lienzo" es la base oculta del "tejido", así también es base oculta de lo que el poeta escribe la hoja con líneas (falsilla) que le guía al formar con sus versos perfectos renglones. Volviendo al pasaje bajo estudio, y en el supuesto de que nuestra interpretación sea válida, podemos decir ahora que los versos 8 y 9 encierran una penosa verdad: al marcharse la amada ha desaparecido todo lo hermoso y delicado, y sólo queda el espectáculo de feos cañones en la obra misma del poeta (10).

Todo lo que sigue en la estrofa 2 es una excelente estructuración de una realidad vertiginosa y discorde. Incapacitado por la emoción para dar forma concertada a sus versos, ayunta el poeta muy dispares componentes poéticos, pero lo hace con perfecta conciencia de oficio:

> 9.   ... y todas las cosas
> 10.   del velador de tanto qué será de mí,
> 11.   todas no están mías
> 12.   a mi lado.

Se mezclan, en sugestivas yuxtaposiciones, los objetos reales (*las cosas/ del velador*), que recuerdan un mundo doméstico ahora muerto, con las lamentaciones del lírico, quien se ha dicho a sí mismo repetidas veces "¡qué será de mí!". La angustia le ofusca a tal punto que funde la idea de posesión ("son mías") con la de lugar ("están aquí"), intercalando, además, el deseo de justa partición (*todas no están mías*) y de pérdida (*no están ... a mi lado*). Es precisamente la idea de devolución la que explica los versos finales de la estrofa:

> 13.   Quedaron de su propiedad,
> 14.   fratesadas (11), selladas con su trigueña bondad.

La estrofa 2 nos presenta otro ejemplo del arte vallejiano llevado a extremos de máxima condensación; en ella se articulan estructuras ideacionales de muy compleja textura.

---

(10) Vallejo emplea el sustantivo *pluma* simbólicamente para indicar extrema pobreza o magnificencia. Ejemplos: *El ñandú desplumado del recuerdo/ alarga su postrera pluma* (Tr. XXIV): *...para abrigo de pluma inservible* (Tr. XXVI); *lustrales plumas terceras,...* (Tr. XL). El sentido axiológico del vocablo procedía, quizá, de la asociación con el valor que la pluma tenía entre los Incas.

(11) Entendemos *fratesadas* en el sentido de "hermanadas". *Cf.*: GMZ II, p. 58.

La inclusión de un contexto cultural peruano —el lienzo para emplumar—, que la mayoría de los lectores no pueden aprehender, es una de las muchas razones que han llevado a la suposición de que Vallejo mismo no tenía, en ciertas ocasiones, conciencia clara del contenido de sus versos. No concordamos con esta suposición, pero sí ponemos en duda la eficacia de versos de esta índole.

A pesar de lo dicho sobre los versos 8 y 9, Tr. VI es un hermoso poema, no meramente por el juego de planos temporales, sino más bien por la autenticidad del drama humano que esboza. La relación entre el lírico y la amada, embellecida ahora por un sentimiento de nostalgia, de arrepentimiento y de gratitud, encierra toda la ingenuidad de un hombre que se apoya vanamente en su vehemencia y aspira a transformar la realidad en que vive. Y con ello arrastra emocionalmente al lector, porque éste, como ser humano, se reconoce en sus empresas fallidas.

Trilce XLVI

1. La tarde cocinera se detiene
   ante la mesa donde tú comiste;
   y muerta de hambre tu memoria viene
   sin probar ni agua, de lo puro triste.

5. Mas, como siempre, tu humildad se aviene
   a que le brinden la bondad más triste.
   Y no quieres gustar, que ves quien viene
   filialmente a la mesa en que comiste.

   La tarde cocinera te suplica
10. y te llora en su delantal que aún sórdido
    nos empieza a querer de oírnos tanto.

   Y hago esfuerzos también; porque no hay
   valor para servirse de estas aves.
   Ah! qué nos vamos a servir ya nada.

Se destaca este poema por acercarse a la forma de un soneto, pero sin llegar a tener la elegancia de una composición bien hecha, pues el lírico tuvo que recurrir a licencias poéticas para mantener la medida endecasilábica. En los versos 3, 5 y 7 (*viene, aviene, viene*) se recurre a una rima tautológica; además se violenta la acentuación de *aún* (verso 10) y se recurre a dos hiatos (verso 12) para mantener una semblanza de silabeo normal:

10. y te llora en su delantal que aún sórdido
— — — — — — — — — — — (—)
12. Yo hago esfuerzos también; porque no hay
— / — — — — — — — — — — / —

Tr. XLVI es, sin duda, un *rifacimento* de una versión anterior, cuyo texto nos da Espejo Asturrizaga sin precisar fechas (JEA, página 190). Se ha discutido si la figura central del poema es la madre o la amada (12). La primera versión despeja esta incógnita:

12. ... Otilia,
13. no podremos servirnos de estas aves.

Digamos, desde luego, que ésta es la composición menos feliz de todo el volumen. El molde métrico le imprime un sonsonete desagradable al oído, y la rima, casi siempre pobre (y abandonada en los tercetos) no hace sino acrecentar la artificialidad de todo el poema.

Se repite el mismo pensamiento en los versos 2 y 8, y se rellena el final del verso 6 (*más triste*) con la misma palabra empleada en el verso 4.

Podría justificarse la inclusión de este poema en *Trilce* arguyéndose que representa una escena doméstica característica (mesa, comer, aves) y que es genuinamente trílcico el sentimiento de nostalgia que encierra. Sin embargo, ninguna de estas justificaciones es suficiente para contrarrestar la simpleza sentimental del conjunto y su mala factura.

Pasamos ahora a los dos poemas psicológicos.

Trilce XXXIV

1. Se acabó el extraño, con quien, tarde
la noche, regresabas parla y parla.
Ya no habrá quien me aguarde,
dispuesto mi lugar, bueno lo malo.

5. Se acabó la calurosa tarde;
tu gran bahía y tu clamor; la charla
con tu madre acabada
que nos brindaba un té lleno de tarde.

---

(12) Santos, Estela dos, *op. cit.,* AV 5, p. 29.

Se acabó todo al fin: las vacaciones,
10. tu obediencia de pechos, tu manera
de pedirme que no me vaya fuera.

Y se acabó el diminutivo, para
mi mayoría en el dolor sin fin
y nuestro haber nacido así sin causa.

Este "soneto" hecho de versos endecasilábicos mezclados con hep-
tasílabos, y con rima ocasional, es una lamentación del bien perdido,
cuyo carácter obsesivo lo expresa una anáfora (*Se acabó*); ésta sirve
de encabezamiento a cada una de las cuatro estrofas.

El patetismo de Tr. XXXIV se traduce también en una acumulación tumultuosa de pérdidas, directa o indirectamente relacionadas
con el sentimiento de soledad y abandono.

Entre las referencias objetivas se incluye una hermosa imagen
geográfica —*tú gran bahía*—, a la cual se asocia cuanto hay de ominoso en el mar. No menos sugerente es la alusión a la *calurosa tarde*, ya que el sustantivo y el adjetivo *tarde* a menudo denotan lo que
declina, o lo que presagia muerte, como ocurre en Tr. LXXI, donde,
al identificarse con morosos carros, dice el poeta: *Vanse los carros
flagelados por la tarde;* igualmente, al observar la vacuidad de todo,
dirá: *paso la tarde en la mañana triste* (PH, p. 191) (13). En el poema
que nos ocupa se da a la tarde un carácter familiar a través de una
expresión muy peruana, con la cual se presagia la proximidad de
una terminación: *tarde/ la noche.* A esto se suma el tono afectuoso
de la frase *tu manera/ de pedirme que no me vaya fuera*, la cual
enfrenta lo que está dentro del hogar, la intimidad doméstica, con
aquello que la destruye (*fuera*).

Menos felices son las alusiones a la *madre acabada* (verso 7) y a
las *vacaciones* (verso 9) porque no van más allá de lo puramente anecdótico y externo. Frente a éstas resaltan las referencias a la interioridad del lírico, las cuales revelan cuánto hay de admiración y, al mismo tiempo, de exigencia en la relación amorosa. La amada es quien
endulza la vida (torna *bueno lo malo*), ella es refugio (*gran bahía*),
ella es comunicación (*parla y parla ... tu clamor*), ella es quien acoge al poeta con diminutivos cariñosos (verso 12) y ella es quien le
insta a permanecer en su compañía (verso 11); pero ella es también
—¡notable contraste!— la mujer de quien se espera *obediencia de
pechos*. Este último rasgo recuerda claramente el verso 13 de

_____

(13) Como ejemplo del sentido adjetival, recuérdese el verso de Tr. XI
que dice: *Tardes años latitudinales.*

Tr. LXXII, que deja sobreentendida la misma exigencia: *Ya ni he de violentarte a que me seas,/ de para nunca.*

El tono del poema no es melodramático, ya que no se expresa la emoción a través de arrestos espectaculares y exagerado patetismo. Frente a una irremediable pérdida el poeta se entrega a una conmovedora resignación:

> 1. Se acabó el extraño...

Con este primer verso se nos hace partícipes de un drama amoroso y también de algo mucho más importante —la fundamental incomprensión entre hombre y mujer—, idea por lo demás bastante común en *Trilce*. No otra cosa nos representan los finales de dos poemas, al sugerir que el hombre y la mujer son como:

> *a)* dos puertas que al viento van y vienen
> sombra   a   sombra (Tr. XV);
> *b)* ... dos días que no se juntan,
> que no se alcanzan jamás (Tr. LXXVI).

La distanciación de los sexos, sugerida por *extraño* (verso 1), la hallamos expresada en Tr. LXXVI con la misma palabra:

> En nombre de que la fui extraño,
> llave y chapa muy diferentes (14).

Hay, pues, una fatalidad en toda relación amorosa, agravada por la sinrazón del vivir. Dicen los dos últimos versos de Tr. XXXIV:

> 13. (para) mi mayoría en el dolor sin fin
> 14. y nuestro haber nacido así sin causa.

Este final recuerda una vez más el pesimismo de Schopenhauer. Es de lamentar, empero, que la nota fatalista esté sólo insinuada en términos muy vagos al comienzo, y en forma demasiado intelectualista al final.

Quizá el aspecto menos "trílcico" de este poema sea su forma exterior: al emplear (en parte) la estructura del soneto, revela el poeta su escasa inclinación por respetar los requisitos distintivos de un molde métrico, como lo indica la repetición de *tarde* tres veces, a final de verso, la presencia de dos encabalgamientos (versos 10 y 12) y la mezcla de dos medidas. Estas "licencias" revelan en forma indirecta una actitud menos vigilante ante la forma poética exterior, por lo cual Tr. XXXIV y Tr. XLVI (también semisoneto) dejan la impresión de ser composiciones a medio hacer, restos de una etapa anterior. Curiosa coincidencia: las composiciones menos felices del volumen son aquellas en que el creador se sometió, en parte, a normas métricas,

Trilce XL

1. Quién nos hubiera dicho que en domingo
   así, sobre arácnidas cuestas
   se encabritaría la sombra de puro frontal.
   (Un molusco ataca yermos ojos encallados,
5. a razón de dos o más posibilidades tantálicas
   contra medio estertor de sangre remordida.)

   Entonces, ni el propio revés de la pantalla
   deshabitada enjugaría las arterias
   trasdoseadas de dobles todavías.
10. Como si nos hubiesen dejado salir! Como
    si no estuviésemos embrazados siempre
    a los dos flancos diarios de la fatalidad!

    Y cuánto nos habríamos ofendido.
    Y aun lo que nos habríamos enojado y peleado
15. y amistado otra vez
    y otra vez.

    Quién hubiera pensado en tal domingo,
    cuando, a rastras, seis codos lamen
    de esta manera, hueras yemas lunesentes.

20. Habríamos sacado contra él, de bajo
    de las dos alas del Amor,
    lustrales plumas terceras, puñales,
    nuevos pasajes de papel de oriente.
    Para hoy que probamos si aún vivimos,
25. casi un frente no más.

De este poema dicen Mariano Iberico y sus colaboradoras:

"Se trata de un poema de frustración erótica... El molusco sería el deseo que se debate ante la frustración y ante la imposibilidad de liberarse de la esclavitud erótica" (MI, p. 40).

Nos preguntamos si esta interpretación no restringe demasiado el significado de Tr. XL. Por haber en él varios elementos abstractos, o de carácter simbólico, parece más indicado iluminar lo concreto desde el plano filosófico y no insistir en lo inmediato, como realidad primaria; de otro modo, sería imposible incorporar los significados de palabras como *posibilidades tantálicas* (verso 5), *dobles todavías* (verso 9), *fatalidad* (verso 12), *Amor* (verso 21), *lustrales plumas terceras* (verso 22); *nuevos pasajes de papel de oriente* (verso 23) y *frente* (verso 25).

Tr. XL da la impresión de ser un cúmulo de notas sueltas, a tal punto desconectadas unas de otras que en un caso (versos 4-6) el propio poeta creyó conveniente poner el discurso entre paréntesis. ¿Es real este descoyuntamiento? Ensayemos una esquematización del poema:

Estrofa I	1)	Realidad presente (versos 1-3)
	2)	Ideación simbólica (versos 4-6)
Estrofa II	3)	Ideación simbólica (transición) (versos 7-9)
	4)	Reflexión filosófica (versos 10-12)
Estrofa III	5)	Pasado hipotético (versos 13-16)
Estrofa IV	6)	Realidad presente (versos 17-19)
Estrofa V	7)	Pasado hipotético (versos 22-23)
	8)	Reflexión filosófica (versos 24-25)

El poema está hecho a base de segmentos correlativos, concebidos casi siempre en pares, pero no de acuerdo con un plan sucesivo. En su organización misma, Tr. XL es un caleidoscopio en que se entrelazan realidades actuales imprevistas (segmentos 1 y 6), visiones de un pasado imaginario (segmentos 5 y 7), contextos simbólicos (segmentos 2 y 3) y reflexiones filosóficas (segmentos 4 y 8). Este tipo de estructura recuerda la organización de un cuadro cubista y, muy particularmente, de algunas creaciones de Juan Gris, como, por ejemplo, su bodegón "Guitarra y frutero" (1919), pin-

---

(14) Larrea ha señalado, con gran abundancia de datos, la persistencia de la imagen de extrañeza en la obra vallejiana, ya para indicar lo inesperado o lo inarmónico. Véase: "Considerando a Vallejo", AV 5, p. 142.

tura en que las formas hallan eco en otras, estableciendo también visiones dobles.

Reducido a su fórmula más sintética, vemos que el poema está concebido, primordialmente, sobre un plano de *a*) suposiciones acerca de un pasado ya muerto, y *b*) proyecciones improbables representadas como realidades increíbles. Reconocemos inmediatamente este patrón. Pero, detrás de los dos tipos de componentes, palpita el alma de un hombre atenazado por inútiles sueños y por la triste realidad presente:

a)   *Sueños*

    13.   Y cuánto nos habríamos ofendido.
    14.   Y aún lo que nos habríamos enojado y peleado
    15.   y amistado otra vez

    20.   Habríamos sacado (lustrales plumas terceras)

b)   *Realidad actual*

    1.   Quién nos hubiera dicho...
    3.   (que) se encabritaría la sombra de puro frontal.
    17.   Quién hubiera pensado...

Todas estas construcciones, y otras (expresadas en potencial y antefuturo hipotético, o su equivalente) le dan a Tr. XL un aire de irrealidad e incertidumbre que traduce fielmente un estado de crisis.

Coadyuvan a reforzar el clima de irrealidad el recuerdo de la amada como simple *sombra* (verso 3) y la presencia borrosa de amigos meditabundos, presentados como seres ensimismados en su propia vacuidad espiritual (15), bajo el peso de un profundo embotamiento. Así nos lo dicen las *hueras yemas lunesentes,* que representan, no la realidad jubilosa de un domingo, sino la esterilidad (*hueras yemas*) de un domingo sin sentido. El adjetivo *lunesentes,* acuñado a base de *lunes* y la terminación de palabras como "descendente", "deprimente", etc., encierra en sí todo el abatimiento

---

(15) Hemos aceptado como auténticos los datos anecdóticos que nos proporciona Espejo Asturrizaga: "... la obsesión de Otilia ... Lo asalta inesperadamente y lo llena de angustia. Un domingo cualquiera está reunido con tres amigos en el escritorio de los León Guzmán y una charla en la cual se aborda (*sic*) diversos temas, lo lleva al recuerdo..." (JEA, p. 119). Estos datos explicarían el verso que dice: seis codos lamen...

que Vallejo asocia con los lunes, "los días de la verdad", según Tr. XLIX. A todo esto se asocian el verbo "lamer" (*seis codos lamen...*) y el numeral "seis". A la imperfección representada por el numeral se unen la pasividad y abyección sugeridas por el verbo. Recuérdese, a modo de corroboración, el verso que dice: *Lamen mi sombra leones/ y el ratón me muerde el nombre* (PH, p. 186). Finalmente, si pensamos que el *codo,* como el ángulo, la esquina y el rincón, nos hacen intuir lo doblado o torcido, y que la *yema* es símbolo de promesa, de vida por comenzar, hallamos que en las seis palabras "seis codos lamen... hueras yemas lunesentes" hay seis imágenes que apuntan a la misma idea central de derrota. Mayor concentración de contenido es difícil de imaginar.

Hasta los segmentos simbólicos mismos refuerzan la atmósfera fantasmal, pues nos desplazan, primero, a un mundo marino y, luego, a un ambiente doméstico, ambos cargados de complejas y oblícuas sugerencias. Examinemos estos segmentos tratando de descubrir sus relaciones de sentido con los versos que les preceden y siguen.

a) El molusco.

4. (Un molusco ataca yermos ojos encallados,
5. a razón de dos o más posibilidades tantálicas
6. contra medio estertor de sangre remordida.)

Más que un símbolo erótico, este deforme y artero animal marino es, con toda probabilidad, la representación del elementalismo y barbarie que hay en el ancestro del hombre; es, por tanto, símbolo de la crueldad que palpita en el fondo del alma humana. Al concebir al hombre así, como víctima de sus malos instintos (y en la totalidad queda incluido el propio Vallejo), se nos está diciendo que la vida humana es lucha feroz, en que el destino ofrece engañosos alicientes, convertidos luego en presa de la voracidad humana. Todo hombre mata —dice Oscar Wilde— aquello que más ama. El propio Vallejo deja en claro esta concepción de la existencia en un pasaje del poema "Dos niños anhelantes", que no deja lugar a dudas: *No. No tiene plural su carcajada,/ ni por haber salido de un molusco perpetuo, aglutinante,/ ni por haber entrado al mar descalza,/ es la que piensa y marcha, es la finita./ Es la vida no más; sólo la vida* (PH, p. 190).

Así como el monstruo de los mares atrae a sus víctimas para devorarlas en medio de sangrientos estertores (*contra medio estertor de sangre remordida*), así también el lírico ha destruido cruelmente el amor de una mujer. Implícitos están asimismo el sentido de culpa, acarreado por el adjetivo *remordida* (verso 6), y el abatimiento del que lleva encima un enorme cargo de conciencia, transmitido por la frase *sobre arácnidas cuestas* (verso 2), que asocia al recuerdo la penosa labor del que sube una cuesta poblada de arañas (16). ¿Puede darse un fondo más agobiante y más macabro para representar la derrota y la miseria espiritual del ser humano? Ante la conciencia del poeta se alza ahora la imagen de la amada como

3.   ... la sombra de puro frontal.

Ya hemos visto en otros poemas el uso del adjetivo *pura,* como calificativo sustantival de la amada: *Pura/ búscate el talle* (Tr. XLII) y *En nombre de esa pura/ que sabía mirar hasta ser 2.* (Tr. LXXVI). *Frontal* lo entendemos aquí como sinónimo de "frente" (17). Empequeñecida por la malignidad ambiental, la amada más parece una figura fantasmagórica (18).

b)   La pantalla

7.   Entonces, ni el propio revés de la pantalla
8.   deshabitada enjugaría las arterias
9.   trasdoseadas de dobles todavías.

Habiendo fundido la imagen de una casa abandonada (*deshabitada*) con la de una *pantalla,* que es luz en su interior (*revés*), se deduce la imposibilidad de contrarrestar el mal inherente a la existencia, aun en la mejor de las circunstancias, esto es, aun cuando el interior de la pantalla fuese todo luz (19). Por desgracia, nada hay que

---

(16) La misma asociación desagradable la hallamos en Tr. LXVII: *gusanea la arácnida acuarela/ de la melancolía.* Es indudable que la *cuesta* es símbolo de sufrimiento (¿recuerdo bíblico?). Hablando de un hombre que teme por su vida se dice en "Liberación": "y era grato, de un agrado misericordioso, dejarle subir su cuesta,..." (NyCC, p. 36).

(17) *Cf.*: "el frontal del jugador" (NyCC, pp. 76, 80); *tu frontal elevándose a primera potencia de martirio* (Esp. p. 250).

(18) Es enorme la diferencia entre el tratamiento indirecto y fundamentalmente imaginístico del tema del remordimiento en *Trilce* y la representación del mismo motivo en la obra anterior. Véase, por ejemplo, el poema "Heces" (LHN, p. 36), y se verá que frases como "las cavernas crueles de mi ingratitud" y "mis violentas flores negras" palidecen frente a la honda y enigmática dramaticidad de Tr. XL.

(19) El juego de *luz* y *sombra,* como índice de la variabilidad del amor, está ya presente en el primer poema de la sección "De la tierra", que dice: *La sombra sufriría/ justos fracasos.../ pero la luz es nuestra* (LHN, p. 31). Permítasenos añadir a modo de simple especulación: si *deshabitada* alude a una casa, subentendida en la sinécdoque *pantalla,* entonces el *revés* de la "pantalla deshabitada" podría ser "una casa ocupada", la cual, en el presente caso, no es suficiente para contrarrestar las angustias del poeta, implícitas en las *arterias/ trasdoseadas de dobles todavías* (versos 8 - 9).

sea como este luminoso interior, porque toda la existencia está presidida por el infortunio (20). Así lo indica el verbo *trasdoseadas,* que es, muy probablemente, un neologismo compuesto de *traspasadas* y *doses,* esto es, el numeral de la imperfección (dos), idea que es reforzada por el adjetivo *dobles,* puesto que también encierra un "dos"; añádanse a esto las imágenes de expectación y espera encerradas en el sustantivo *todavías* (21). Los contenidos recién expuestos los repiten con redoblada insistencia las exclamaciones que siguen:

10. Como si nos hubiesen dejado salir! Como
11. si no estuviésemos embrazados siempre
12. a los dos flancos diarios de la fatalidad!

Lo contrario de "quedarse estancado" o sentir el peso de un confinamiento es "salir" o "hallar salida", o sea, dar expresión a las demandas del ser: *Salgamos siempre* —dice Tr. XLV— *Saboreemos la canción estupenda...* (22). La imposibilidad de "salir" vuelve a sugerirla el numeral "dos", que se inserta en la alusión a la fatalidad: *los dos flancos diarios de la fatalidad.*

Los segmentos 5 y 7 (en la tercera y quinta estrofas) son, como ya dijimos, barruntos de lo que pudo haber sido; ellos nos dejan ver la índole borrascosa de las relaciones entre el lírico y su amada. Sin embargo, por encima de toda desventura, se insinúa una esperanza, la misma esperanza ilusa de siempre:

20. Habríamos sacado contra él, de bajo
21. de las dos alas del Amor,
22. lustrales plumas terceras, puñales,
23. nuevos pasajes de papel de oriente.

Una vez más hallamos las *plumas* como símbolo positivo. Sobre ellas nada añadiremos aquí a lo dicho en otros lugares.

Oscurísimo es el verso 23:

23. nuevos pasajes de papel de oriente.

(20) En otro lugar insinuamos la posibilidad de que *pantalla* también connotase el telón blanco en que se proyecta una imagen; la imagen sería la sangrienta escena de la estrofa anterior.

(21) Hemos tomado esta última explicación de un trabajo de Mariano Ibérico: "El sentido del tiempo en la poesía de César Vallejo", *Revista peruana de cultura,* No. 4, enero, 1965, p. 58.

(22) Otros ejemplos del empleo poético de "salir" y "salida": *salida/ heroica por la herida...* (Tr. VII); *Si pues siempre salimos al encuentro/ de cuanto entra por otro lado* (Tr. XXII); *salón de cuatro entradas, sin una salida* (Tr. LXXII).

Al discutir el poema LXIII (23), se señaló ya la contraposición oriente-occidente, destacándose el contenido ideal que se encierra en el concepto de oriente. Los *nuevos pasajes* son las ilusiones de escape a un mundo mejor; pero en el mismo verso se nos da a entender la futilidad de tales ilusiones, al decírsenos que todo es *de papel*.

Hemos llegado al final del poema. Para entenderlo es preciso asociarlo al comienzo de la última estrofa.

> (Habríamos sacado contra él...
> lustrales plumas terceras)
> 24. Para hoy que probamos si aún vivimos,
> 25. casi un frente no más.

Difícil es decir si el verbo "probar" significa "poner a prueba", como en Tr. LIII, o "llevar algo a la boca para tomarle el sabor", como en Tr. XXVIII o LVI. De todos modos, lo que se "prueba" es el *frente,* del verso final, entidad a la cual se le pueden asignar tres sentidos. En el mejor de los casos, podría ser un ingreso en un más allá indefinido, como el que se trasluce en Tr. VIII:

> 11. margen de espejo habrá
> 12. donde traspasaré mi propio frente

O bien, podría ser el más allá plural esbozado en Tr. LXII: *te seguiré a lo largo/ de otros mundos,* ... Pero, como en el poema que aquí estudiamos, se reduce el horizonte humano a *"casi un frente no más"*, se deja transparentar el temor de que quizá no haya más frente que la muerte. Esta última interpretación la respalda la frase inmediatamente anterior: *si aún vivimos*. Por estar asociado el final de Tr. XL al presente, ya que se refiere específicamente al *hoy,* y, como éste no tiene nada que ofrecer, lo más probable es que, de las tres interpretaciones ofrecidas, la más plausible sea la última.

Si se relee todo el poema XL, se verá que contiene un "nosotros" con tres antecedentes diferentes. En el verso 1 (*Quién nos hubiera dicho...*) se subentiende el grupo de amigos mencionado por Espejo Asturrizaga. Estos mismos individuos son los que se dejan entrever en el verbo *lamèn,* del verso 18. En los versos 10-12 (*Como/ si no estuviésemos embrazados siempre/ a los dos flancos de la fatalidad!*) se ha ampliado el sentido, convirtiendo el "nos-

---

(23) Véase Cap. III, 2.

otros" en un referente colectivo, es decir, la totalidad del género humano. Hallamos en seguida un tercer "nosotros", en los versos 13, 14, 20 y 24; éste se refiere al poeta y su amada.

Contribuye a acrecentar la complejidad del poema el hecho de aparecer la amada en tres formas: como mera sombra (verso 3), como recuerdo proyectado a circunstancias ideales, puntuadas por desavenencias y reconciliaciones, y, por fin, como persona real ausente, perdida en el triste *hoy* en que fue concebido el poema (*Para hoy que probamos si aún vivimos, ...*)

Si a la multiplicidad de sentidos y abundancia de referentes se añaden la triple concepción de la amada y las múltiples connotaciones del poema —filosóficas (*los dos flancos diarios de la fatalidad*) o religiosas (*lustrales plumas terceras*)— se comprende la extraordinaria riqueza semántica del conjunto, riqueza que se extiende, sin duda alguna, mucho más allá de lo que aquí queda expuesto.

Trilce LXXVI

1. De la noche a la mañana voy
   sacando lengua a las más mudas equis.

   En nombre de esa pura
   que sabía mirar hasta ser 2.

5. En nombre de que la fui extraño,
   llave y chapa muy diferentes.

   En nombre della que no tuvo voz
   ni voto, cuando se dispuso
   esta su suerte de hacer.

10. Ebullición de cuerpos, sin embargo,
    aptos; ebullición que siempre
    tan sólo estuvo a 99 burbujas.

    ¡Remates, esposados en naturaleza,
    de dos días que no se juntan,
15. que no se alcanzan jamás!

Este poema es de especial importancia por la pluralidad de elementos que en él se asocian. Por una parte, Tr. LXXVI representa la imperfección de las relaciones amorosas como reflejo de una incapacidad personal (cariz psicológico), y también como efecto de una dualidad irreconciliable (cariz filosófico). Hay, pues, en Tr. LXXVI, una extraña mezcla de culpa y de fatalidad, un complejo de motivos introspectivos e intelectualizaciones. En todo el volumen ningún otro poema es tan abiertamente confesional. El sentido casi religioso con que descubre su alma el lírico —revelado por la triple repetición de *En nombre de...*—, se hace aún más dramático por estar asociado a una concepción mecanicista de la personalidad humana (versos 10-12). Comparemos:

a) 3. En nombre de esa pura
     5. En nombre de que le fui extraño,
     6. En nombre della que no tuvo voz/ ni voto, ...
b) 10. Ebullición de cuerpos, sin embargo,
     11. aptos; ebullición que siempre
     12. tan sólo estuvo a 99 burbujas.

En Tr. LXXVI se subentiende claramente la pérdida de la amada a través de los varios verbos en pretérito e imperfecto: *sabía, fui, tuvo, dispuso, estuvo*. Lo que hay de irreparable en el pasado lo refuerzan los conceptos numéricos, empleados como signos de imperfección.

    a) *El numeral 2.* Dice el poema:

     4. que sabía mirar hasta ser 2.

Lo fatal de las relaciones amorosas es que no subsisten en la unidad del "uno", como se insinúa en Tr. V: *Aquello sea sin ser más.* El amor es trascendencia, y es la mujer quien la hace posible. Pero esa trascendencia lleva al par, al 2, que es valor positivo y negativo al mismo tiempo (24).

    b) *El numeral 99.*

     12. (Ebullición que) tan sólo estuvo a 99 burbujas.

Todos los guarismos que preceden a la decena, las centenas y al mil (*Cf.* Tr. XXXII) expresan falta de plenitud (25).

    La incomprensión del poeta está representada por *las más mudas equis,* del verso 2. El misterio que da pie a las incógnitas surge de una oposición entre la desarmonía espiritual (*la fui extraño*) y la

---

(24) Como simple dato comprobatorio, pensemos en estos dos versos: *Con ellas seríamos contigo, los dos,/ más dos que nunca* (sentido positivo - Tr. XVIII); *...arterias/ trasdoseadas de dobles todavías* (sentido negativo - Tr. XL).
(25) Véase Cap. VI, 1.

capacidad de armonía física (*Ebullición de cuerpos ... esposados en naturaleza*). Este es el punto central del poema, pero lo que le da valor poético es la carga psíquica de dos posturas negativas íntimamente fundidas, una de autorreproche (estrofas 2-3-4), y otra de perplejidad (estrofas 5-6). El lírico se siente acongojado al ver que dos vidas son término (*remates*) de dos rutas diferentes, tan distantes una de la otra como el remate de un día con respecto al fin de otro:

13. ¡Remates, esposados en naturaleza,
14. de dos días que no se juntan,
15. que no se alcanzan jamás!

Aquí el numeral "dos" tiene el significado negativo antes mencionado.

El poema LXXVI es una composición asequible a todo lector, pero contiene un verso que podría resultar desconcertante: el verso 2.

1. De la noche a la mañana voy
2. sacando lengua a las más mudas equis.

¿Se está mofando el poeta de aquello que le atormenta? Imposible. El modismo "sacar lengua" no significa, a nuestro modo de entender, "sacar la lengua a algo", o sea, "burlarse de algo", sino "tirar la lengua", "hacer hablar". Se establece así la contraposición entre "hablar" y "mudo", con lo cual se deja en la penumbra otra de las antinomias de la vida humana. La expresión ilumina, la mudez es misterio. Así nos lo dice el fragmento titulado "Sabiduría" en el cual, al desvanecerse la visión extraterrestre de Benites, se explica: "Estalló ... en un grito de desolación y desesperanza sin límites, que luego de apagado, dejó al silencio mudo para siempre" (26). Queda subentendida, además, una obcecada búsqueda de respuestas a las incógnitas existenciales, idea que concuerda perfectamente con el resto del poema.

Si nos servimos de Tr. LXXVI y de otros poemas para caracterizar las relaciones amorosas del lírico, observamos la incapacidad de éste para hallar una "lógica" en el ser femenino. Vallejo vivía de una ilusión: para él la mujer ideal ha de ser madre y esposa

---

(26) NyCC, p. 128. El significado simbólico de la mudez se observa también en Tr. XLIV: *Piano oscuro ¿a quién atisbas/ con tu sordera que me oye,/ con tu mudez que me asorda?* El mismo aire de misterio aparece al final de Tr. XIII: *Oh estruendo mudo.*

al mismo tiempo, encanto serrano y crisol de virtudes hispánicas, fuente de comprensión espiritual y polarización física, carácter singular y también entidad adaptable a las exigencias del varón. En todos los poemas amorosos de *Trilce,* aun en los que más se admira a la mujer, se advierte siempre una falta de comprensión de la amada como humanidad *sui generis,* esto es, como ser gobernado por imperativos de su propio sexo. En las pocas ocasiones en que el poeta echa una mirada compasiva al destino femenino, ve ese destino, no tanto como resultante de las relaciones entre hombre y mujer, sino más bien como inevitable fatalidad del sexo femenino, particularmente en lo que éste tiene de determinismo físico:

> El sexo sangre de la amada que se queja
> dulzorada de portar tanto
> por tan punto ridículo (Tr. XXX).

Aún más expresivos son los versos que representan el destino de toda mujer como "ardua quebrada" (Tr. LXVII), y como ente receptor: *cóncava mujer,/ cantidad incolora, cuya/ gracia se cierra donde me abro* (Tr. XVI).

En el campo del espíritu es también enorme la distancia que separa al hombre de la mujer, por no tener ésta sentido trascendental (*sin pensar en nada más allá* — Tr. XXXV). Es cierto que el poeta reconoce en la amada su "trigueña bondad" (Tr. VI), su poder reconfortante (Tr. XLV y LIII), su humildad (Tr. LXIV), y hasta "su obediencia de pechos" (Tr. XXXIV), pero son más comunes los poemas en que vislumbra una fundamental discordancia entre hombre y mujer. Y al meditar sobre esta discordancia, el poeta reconoce que el triste destino de sus amores se debe también a su ingratitud y a su injusticia. Su poesía se llena entonces de patetismo, porque, al confesar sus deficiencias espirituales, el poeta se siente también incapaz de remediarlas. En este punto, como en muchos otros, la poesía trílcica es expresión universal, válida para todas las tierras y todos los tiempos.

* * *

De los cinco poemas estudiados, resalta Tr. VI. Cuanto en él se expresa sobre *mi aquella/ lavandera del alma,* tan femenina y bienhechora, refleja gracia y genuina vehemencia. Muy inferior, en cambio, es el poema XLVI, del cual nada añadiremos aquí.

En cuanto a los poemas introspectivos, Tr. XXIV es composición meritoria, aunque no realmente notable; su forma repetitiva se ajusta al contenido psíquico que representa, circunstancia que la redime, pues, de otro modo, hubiera parecido estar estructurada en forma demasiado geométrica. Tr. XL, en cambio, es un poema de estructura barroca, que encierra un fondo psíquico complejo, hecho de remordimiento, tortura y autorreproche. Pocos son los poemas que dejan traslucir, en forma tan dramática, la horrenda inhumanidad del hombre, asociada, como en una pesadilla, a feas arañas y voraces moluscos, que despedazan a sus víctimas entre estertores y manchones de sangre. Igualmente impresionante es el iluso afán del que sueña imposibles y se sirve, en un arranque de ingenuidad, de armas ideales —*lustrales plumas terceras*— para ver si así logra tener conciencia de estar vivo. Tr. XL es un poema denso y sobrecogedor, en que se entremezclan imaginarios destellos de esperanza y pesarosas notas sombrías.

Por último, Tr. LXXVI, como acabamos de ver, es un autorretrato introspectivo de corte solemne y contradictorio, que traduce un terrible desconcierto espiritual.

Volvamos ahora a nuestro problema inicial. Dentro de los dos grupos de poemas, hemos hallado diferentes calidades artísticas, que no obedecen ni a la elección del tema, ni a la presencia de determinados correlatos objetivos, sino a concomitantes estéticos: hondura, gracia, contenido ideacional, potencialidad sugestiva, imbricación estructural, armonía de fondo y forma. Todo esto deja en claro la escasa importancia que tienen para el estudio de la poesía trílcica, la clasificación temática o el tipo de asociación objetiva presente en cada poema. La poesía trílcica entrega su secreto sólo cuando se la aprehende desde dentro, como potente y sincera vibración del espíritu.

6. El hijo — propensiones de trinidad: Tr. LXVII

Varios poemas trílcicos insinúan el posible advenimiento de un hijo. Este aparece en dos formas: como motivo de dramático distanciamiento entre dos amantes ([*carreta*] *desamada,/ amargurada bajo túnel campero*) (1) o, lo que es más común, como concreción de un anhelo avasallador. En este segundo caso, el hijo es, en puridad, un mero vuelo de la fantasía, sueño iluso, que le arranca al lírico patéticas exclamaciones de esperanza:

oh albas (Tr. LVI).

---

(1) Véase la discusión de Tr. IV, en Cap. IV, 3.

Los poemas en que Vallejo se refiere más directamente al hijo son Tr. LVI y Tr. LXVII (2). Como el primero de éstos lo discutimos en el capítulo III, nos ocuparemos aquí exclusivamente del segundo.

Trilce LXVII

1. Canta cerca el verano, y ambos
   diversos erramos, al hombro
   recodos, cedros, compases unípedos,
   espatarrados en la sola recta inevitable.

5. Canta el verano y en aquellas paredes
   endulzadas de marzo,
   lloriquea, gusanea la arácnida acuarela
   de la melancolía.

   Cuadro enmarcado de trisado anélido, cuadro
10. que faltó en ese sitio para donde
    pensamos que vendría el gran espejo ausente.
    Amor, éste es el cuadro que faltó.

    Mas, para qué me esforzaría
    por dorar pajilla para tal encantada aurícula,
15. si, a espaldas de astros queridos,
    se consiente el vacío, a pesar de todo.

    Cuánta madre quedábase adentrada
    siempre en tenaz atavío de carbón, cuando
    el cuadro faltaba, y para lo que crecería
20. al pie de ardua quebrada de mujer

    Así yo me decía: Si vendrá aquel espejo.
    que de tan esperado, ya pasa de cristal.
    Me acababa la vida ¿para qué?
    Me acababa la vida, para alzarnos

25.   sólo de espejo a espejo.

Tr. LXVII tiene como motivo central la futilidad de todo anhelo,

---

(2) Sobre la gravidez de la amada dice Tr. X: *...octubre habitación y encinta./ De tres meses de ausente y diez de dulce.* Sobre las relaciones del poeta con Otilia, véase JEA, pp. 69, 72-76.

pensamiento que nos llega a veces con contornos discernibles, y otras, como refractado por un juego de múltiples cristales.

El contenido del poema aparece circunscrito entre el comienzo del verano (*Canta cerca el verano*) y su fin (*marzo* — verso 6), como si el advenimiento del hijo hubiera de coincidir con la época de fructificación. Sin embargo, la época estival no es una realidad viva, sino un lapso en blanco y, por ello, interpretamos el primer verso más como anticipación que como nota ambiental. Asimismo, entendemos *aquellas paredes/ endulzadas de marzo* como referencia a un estado anímico.

La primera estrofa es una admirable síntesis de imágenes de la existencia humana, y no simplemente una acumulación de barroquismos:

1. Canta cerca el verano, y ambos
2. diversos erramos, al hombro
3. recodos, cedros, compases unípedos,
4. espatarrados en la sola recta inevitable.

Lo que más intriga de estos versos no es tanto la complejidad del significado como la rareza y variedad de los símbolos, algunos de los cuales deben su origen a circustancias que apenas podemos barruntar. La idea de dualidad humana, por ejemplo, está presente en *ambos* (verso 1), con lo cual queda expresada la desaparición del uno inmanente, mentado en Tr. V. Como remache se añade el adjetivo *diversos,* calificativo que da a la pareja humana el carácter de una fundamental disparidad. A estas notas de imperfección y discordancia hay que agregar varias imágenes de antagonismo y frustración. El *recodo* es símbolo de estancamiento o, como dice Vallejo, es lugar "sin entrada ni salida" (NyCC, p. 126); en sentido figurativo es también parte del laberinto interior de una persona. En la vida de los amantes no hay sólo desorientación, sino también *compases unípedos,* es decir, desequilibrio y anormalidad, conceptos también presentes en Tr. XXXIX, que representan la debilidad fundamental del hombre: *La salud va en un pie* (4). Y, por fin, mediante una imagen plástica digna de un buen pintor, se da término a la estrofa enlazando la linealidad del tránsito hacia la muerte con la barroca dislocación física, o mental, de seres que han

_____

(3) Recordamos: *Por sus recodos espirituales, yo me iba/ jugando...* (LHN, p. 43).
(4) La contraparte de "unípedo" es "bípedo", adjetivo que, para Vallejo, expresa lo concertado y estable: "...sublevar a la Prudencia bípeda y al bípedo Equilibrio" (AO, p. 27).

perdido el dominio de sí mismos (*espatarrados en la sola recta inevitable*) (5).

Descartando las asociaciones desagradables sugeridas por el adjetivo "arácnido", que ya hemos visto en Tr. XL, examinemos dos conjuntos imaginísticos típicos del mundo vallejiano:

    7.   lloriquea, gusanea la arácnida acuarela
    8.   de la melancolía.

La imagen del gusano se parece a la del ratón, porque en ambas se subentiende algo que destruye el yo interior del hombre. Son, pues, ideas afines "gusanear", "roer", "morder" y "huronear" (6). Más inesperada es la imagen de la *acuarela,* palabra ambivalente que, por un lado, pone de relieve la idea de acuosidad (ya insinuada en *lloriquea*) y, por otro, sirve de puente de unión con el sustantivo *cuadro,* que aparecerá tres veces en los versos siguientes:

    9.   Cuadro enmarcado de trisado anélido, cuadro
  10.   que faltó en ese sitio para donde
  11.   pensamos que vendría el gran espejo ausente.
  12.   Amor, éste es el cuadro que faltó.

Hay aquí dos sustantivos desconcertantes: *cuadro* y *espejo.* El *cuadro,* claro está, es una representación ambivalente de "imagen" y también de "desventura". Tomado en el primer sentido, el *cuadro* es la presencia espiritual del hijo deseado (*pensamos que vendría…*). Pero, como todo lo cuadrado o rectangular, el *cuadro* implica desdicha, tal como la *canción cuadrada,* de Tr. IV, porque en él está subyacente el numeral "cuatro". El *cuadro que faltó* es el *espejo ausente.* El hijo está concebido, pues, como imagen y como fuente de luz y vitalidad, porque también es espejo. Y con ello vemos una ambivalencia más, ya que lo deseado se da en compañía

---

(5) Creemos que toda la obra vallejiana contiene muy variadas calidades gráficas. Por ahora sólo dejamos apenas mencionado el tema de un posible proyecto de investigación. Véanse, a este respecto, algunas de las anotaciones hechas por Javier Martínez Palacio en "La trayectoria de César Vallejo", *Insula,* No. 234, mayo, 1966.

(6) Recuérdense otros ejemplos: "Unos celos sutiles,… se arrebujaron en sus entrañas, con furtivo y azogado gusaneo montaráz…" (NyCC, p. 105); "El corazón empezaba a decirle que en las visiones del adivino gusaneaba tal vez un porvenir nebuloso y lleno de amenazas" (*Hacia el reino de los Sciris,* NyCC, p. 157).

del numeral "cuatro", y con la idea de imperfección acarreada por un adjetivo de fraccionamiento: *trisado anélido* (7).

Tras de confesar la futilidad de las falsas anticipaciones, comparándolas a exterioridades doradas que disfrazan su oquedad e inconsistencia (*dorar pajilla*), se representa el lírico al hijo anhelado sirviéndose de una llamativa sinécdoque, en que se incluye un término científico: *encantada aurícula* (8).

Toda la quinta estrofa es un largo lamento promovido por la ausencia del hijo. Las esperanzas muertas las expresa la frase *en tenaz atavío de carbón,* que sugiere el color negro comúnmente asociado con lo fúnebre. La estrofa termina con una felicísima imagen sobre el destino de la madre:

> 20.   al pie de ardua quebrada de mujer.

Tan intenso es el deseo —dice el poema— que lo que se concibió sólo como "cristal" (verso 22) ya es más que mero objeto y se ha transformado en necesidad del espíritu (9). Según el contexto del poema, el *cristal* encierra una imagen de extrema fragilidad y, como representa a la criatura soñada, se puede asociar con el adjetivo *trisado,* del verso 9.

El poema termina con un verso de punzante dramaticidad:

> (para alzarnos) sólo de espejo a espejo.

Se nos hace sentir aquí el mudo aislamiento de los amantes, atenazados ahora por el mismo dolor y reducidos a meras imágenes

(7) En el vocabulario poético de Vallejo, *anélido* parece estar empleado en su sentido primario de "anillo" (Lat. *anellus,* dim. de *anulus*) y pertenece por tanto, al grupo de imágenes en que el anillo se asocia a lo nupcial. El anillo es también, para Vallejo, parte constitutiva del ser (*Cf.* "Los anillos fatigados", LHN, p. 92) y, por ello, el *anélido* puede entenderse como conjunto armonioso de anillos. No es de extrañar así que a la hermosa Nérida se la llame dos veces "divino anélido de miel" (NyCC, pp. 46 y 47). Así y con todo, el sustantivo *anélido* es poco feliz porque trae también a la mente una asociación zoológica.

(8) Como anunciando la hora fatal del deceso, empleará el lírico el sustantivo "aurículas" refiriéndose, sin duda, al corazón: *Esclavo, es ya la hora circular/ en que las dos aurículas se forman/ anillos guturales, corredizos, cuaternarios* (PH, p. 222).

(9) Si recordamos que en Tr. XXXVIII el cristal *ha pasado de animal,* y que el hijo soñado, en Tr. LXVII, *ya pasa de cristal,* discernimos inmediatamente tres escalones de una gradación, que va desde lo animal, a través de lo psíquico, hasta una tercera realidad aún más pura, que el poeta no especifica. (¿Estará aquí implícita esa entidad trascendente que vislumbramos en Tr. VIII?).

de su ser vivo, tan irreales como el *espejo ausente* que les obsede.

Es de notar que el lírico desgajó el final, haciendo de él una "estrofa" aparte, con lo cual subraya la idea de separación. El sustantivo *espejo,* por un lado, recalca la noción de incorporeidad y, por otro, la pérdida de todo lazo con la realidad física circundante (10).

La presencia de dos espejos enfrentados nos recuerda el final de Tr. XV: *sombra a sombra.* En ambos casos se advierte una misma nota de irrealidad y deshumanización. Perdida toda esperanza, los seres humanos se transforman en espectros, simples imágenes, sombras o reflejos.

Si se relee el poema como ensanchamiento sucesivo, se nota una gradual intensificación de la desesperanza en las estrofas finales, pero el efecto total no tiene la fuerza dramática de otros poemas; ello se debe a la presencia de un elemento disquisitivo, que toma la forma de preguntas y respuestas. El lírico se pregunta a sí mismo: "¿para qué hice yo esto?" (versos 13 y 23). Son también de poca eficacia emocional las estrofas intermedias por aparecer en ellas palabras que "cosifican" demasiado los aspectos espirituales del poema. Nos referimos en particular a los sustantivos *acuarela* y *cuadro,* ambos tomados del mundo pictórico. Si el poeta se propuso darnos, indirectamente, un "cuadro", como el que nos podría pintar un Dalí, o un Picasso, no logró su propósito, porque la realidad plástica está mentada más que sentida. Muy superior es, por esta razón, la primera estrofa; aquí el poema es una creación plástica en pureza, libre de apoyaturas extrínsecas.

El motivo del hijo deseado aparece siempre dentro de un marco existencial. El hijo es la negación de la inmanencia y eternidad postuladas filosóficamente en Tr. V (*Y no glise en el gran colapso*). En último análisis, el hijo es la actualización de las "propensiones de trinidad". La existencia, con sus naturales e instintivas "propensiones", no hace sino mostrar la imposiblidad de ese ideal de inmanencia con que el poeta quisiera garantizarse un puesto en un ámbito sin devenir. El poeta ha de rendirse a la realidad: el hombre y la mujer constituyen un grupo bicardíaco y el ser mismo, en su ger-

---

(10) En el poema "Hay un lugar que yo me sé", publicado en 1923 (y no recogido en OPC), se emplea el sustantivo *espejo* en un pasaje de carácter autoanalítico; la *puerta* insinúa aquí la vulnerabilidad del ser, cuya esencia es un *espejo:* —*Cerrad aquella puerta que/ está entreabierta en las entrañas/ de este espejo...* Véase: Pinto Gamboa, Willy, *César Vallejo en España-Perfil bibliográfico,* Lima 1968. Este valioso folleto contiene el cáustico articulejo de Luis Astrana Marín ("Los nuevos vates de allá"), una entrevista (quizá no del todo auténtica), una crónica, un discurso, dos relatos incaicos e informes bibliográficos varios.

men, es bipartito. El hijo es, pues, la proyección inevitable de la dúada y, puesto que toda dúada está condenada a ser siempre imperfecta, el descendiente del hombre ingresa en el mundo bajo un sino de inevitable adversidad.

El hijo es representación viva de cómo se transforma un guarismo en otro: la dúada se hace trinitaria y, al dar a luz al tres, se insertan en la vida *finales que comienzan, ohs de ayes,* tal como dice Tr. V. Ha de entenderse, por supuesto, que el "tres" es número ambivalente y que, en toda la discusión anterior, lo hemos interpretado como valor negativo.

Tr. LXVII no es un poema amoroso o erótico, sino un conjunto de emociones y de ideas germinales centradas en un anhelo. Tampoco vemos en este poema una concepción metafísica del amor, sino un fondo existencial del que se infieren tristes reflexiones:

15. ... a espaldas de astros queridos,
16. se consiente el vacío, a pesar de todo.

Los astros, siempre remotos e inalcanzables, son la concreción de las quimeras del hombre y el vacío que los rodea representa la futilidad de todo anhelo. Las preguntas *para qué,* de los versos 13 y 23, confirman insistentemente esta dolorosa verdad (11).

7. *Bohemia — balance impar*: *Tr. XVII, Tr. XXI, Tr. LXVIII*

Cuando se reunió el Simposium sobre Vallejo en la ciudad de Córdoba (Rep. Argentina) en 1959, hubo una larga discusión sobre la vida del poeta en el Perú y, entre los temas comentados, surgió inevitablemente el de la bohemia de nuestro autor. De ella dijo Antenor Orrego: "Sobre esa palabra 'bohemia' Monguió ha tejido una fantasía de disipación" (AV 2, p. 121). Cotejando este aserto con lo dicho por el profesor español, se ve que la "fantasía" no pasa de ser una ponderada oración sumaria: "El nuevo período de la vida de Vallejo en Lima debió de ser dedicado parejamente a una vida

---

(11) En más de una ocasión hemos hecho hincapié en el traslado borroso de algunas asociaciones trílcicas a artículos en prosa escritos varios años después. Por ejemplo, la frase *a espaldas de* (verso 15) aparece nuevamente asociada a *astros* en la crónica "La justa distribución de las horas" (AO, p. 165). A veces creemos hallar en algún trabajo en prosa toda la fundamentación de un poema trílcico, pero expresada en palabras no siempre iguales. Dejamos meramente apuntada aquí la posibilidad de un estudio de transferencias formales y semánticas dentro de la obra vallejiana, labor que contribuiría a aclarar numerosos versos oscuros de los distintos poemarios.

bohemia, de vagancia, alcohol, acaso las drogas, y a una intensa actividad en la impresión y publicación de su obra" (LM, p. 24).

En realidad, muy poco se adelantaría estudiando la bohemia real del bardo peruano, pues lo único que podría descubrirse a través de un estudio fáctico es que Vallejo era igual, en este aspecto, a muchos otros hombres. Lo que nos interesa es adentrarnos en la voluntad plasmadora subyacente en tres poemas trílcicos, en los cuales el poeta se sirve de motivos sacados de su vida bohemia para crear poesía. Estas composiciones quizá puedan aclararnos las varias formas en que se da categoría estética a hechos triviales, y mostrarnos también cómo ahonda el lírico en las sinrazones del ser y en el enigma de la conducta humana (1).

Comenzamos nuestra indagación haciéndonos tres preguntas de fondo: ¿tienen sentido, o no, estos poemas? Si lo tienen, ¿cuál es su motivo central? ¿Hay en ellos valores artísticos que los hagan dignos de ser recordados?

* * *

Trilce XVII

1. Destílase este 2 en una sola tanda,
    y entrambos lo apuramos.
    Nadie me hubo oído. Estría urente
    abracadabra civil.

5. La mañana no palpa cual la primera,
    cual la última piedra ovulandas
    a fuerza de secreto. La mañana descalza.
    El barro a medias
    entre sustancias gris, más y menos.

10. Caras no saben de la cara, ni de la
    marcha a los encuentros.
    Y sin hacia cabecee el exergo.
    Yerra la punta del afán.

    Junio, eres nuestro. Junio, y en tus hombros
15. me paro a carcajear, secando

---

(1) En Tr. LVII, que ya estudiamos en el Cap. III, 2, hay una estrofa entera —la primera— que representa también aspectos específicos de la bohemia vallejiana, pero estos aspectos no constituyen el motivo central de dicha composición.

416

mi metro y mis bolsillos
en tus 21 uñas de estación.

Buena! Buena!

Este poema puede fácilmente dejar en la mente del lector una impresión de perplejidad y también de disgusto. El comienzo lo componen dos versos oscurísimos que parecen no significar nada:

1. Destílase este 2 en una sola tanda,
2. y entrambos lo apuramos.

A juzgar por la presencia del numeral 2 (verso 1) y el indefinido *entrambos* (verso 2), parece sugerirse desde el principio que están presentes en el poema dos personas, noción de pluralidad que se repite en el posesivo *nuestro*, del verso 14. Lo más común en *Trilce* es hallar el *dos* como reflejo de un galardón femenino. Tr. LXXVI dice, por ejemplo: *En nombre de esa pura/ que sabía mirar hasta ser 2*. La misma idea está expresada claramente en Tr. XVIII: *Contra ellas* [las paredes de la cárcel] *seríamos contigo, los dos,/ más dos que nunca...* En otros casos, el *dos* se emplea para representar el lazo espiritual que une a dos personas, cada una de las cuales es su propio yo, y también una proyección de ese yo (2); semejante mutualidad puede darse entre dos hombres (*porque te quiero, dos a dos, Alfonso* — PH, p. 177), o entre un hombre y una mujer (*Hoy mismo, hermosa, con tu paso par/... saldremos de nosotros, dos a dos.* — PH, p. 202). Por otra parte, el numeral *dos* puede expresar simple voluntad de entendimiento sin especificar interlocutores determinados (*¡Con cuántos doses, ¡ay! estás tan solo!* — PH, p. 208). Y hasta es posible que se representen con el *dos* las ansias de donación, sin mencionar a una segunda persona. Este es el caso de "El lomo de las sagradas escrituras", en que el poeta dice de su ser espiritual: *Mi metro está midiendo ya dos metros* (JEA, p. 159).

A la luz de lo expuesto, ensayemos ahora un estudio de probabilidades en la interpretación del 2 en Tr. XVII.

a) Según Coyné, el poema representa una situación amorosa. Dice el crítico: "Que la voluntad de pedirle al 2 que acredite la

---

(2) Hay ocasiones en que el *dos* nos transmite otras ideas: la unión corporal, la existencia de dos personalidades en cada ser (una dulce y otra que no lo es) y también, en sentido poético, la euforia vital, por subentenderse la frase "vivir a dos vidas". Todo esto se halla, implícito o expreso, en el hermoso poema humano titulado "Palmas y guitarras" (PH, pp. 202 - 203).

conexión del 1 con el 1 predomina cada vez que se aman un hombre y una mujer, lo indica el comienzo de T 17" (AC II, p. 219). Esta interpretación aparece ampliada aún más, en una nota explicativa referente al verso 13 (*Yerra la punta del afán*): "Dos veces en *Trilce* (T 17 y T 26) y una vez en *Poemas humanos* ('*La punta del hombre...*'), el sexo se disfraza en 'punta': 'punta' saliendo de escuchar a su alma" (AC II, p. 246, nota 20). Cabe preguntar aquí si no se ha dado excesiva importancia a una sugerencia de valor secundario (3). Aun suponiendo que el verso final (*Buena! Buena!*), por tener terminación femenina, podría referirse a una mujer (lo cual nos parece poco probable), es seguro que el motivo central de Tr. XVII no es de índole erótica, pues, si así fuera, no tendrían cabida en dicho marco referencial la *última piedra*, el *barro*, el *exergo*, y muchos otros detalles.

b) Es posible suponer también que el *dos* corresponde al "nosotros" subentendido en *entrambos lo apuramos* y *eres nuestro*. Tendríamos aquí una alusión al poeta y a una segunda persona indefinida, probablemente otro hombre, como el de "Muro dobleancho", relato en que hasta se hallan vocablos parecidos a los del poema: "Hemos *entrambos* festinado días y noches de holgazanería, enjaezada de arrogantes alcoholes, dentaduras carcajeantes ... crápulas hasta el sudor y el hastío" (NyCC, p. 19). Si la suposición es correcta, el segundo personaje no tendría especial importancia, ya que nada se dice de él en Tr. XVII.

c) Queda como tercera posibilidad la existencia de un yo (el poeta) y su doble. En este caso, Vallejo expresaría con el 2, no una segunda persona, sino un interlocutor psíquico que representa el anhelo de proyección, las ansias de amistad.

De estas tres posibilidades, la segunda es la que mejor consuena con la totalidad del poema. En Tr. XVII el "yo" de la última estrofa parece tener más valor semántico que el "nosotros" del comienzo. Esto no elimina, claro está, la aceptación, por lo menos parcial, de las sugerencias acarreadas por las otras dos exégesis, pero sin convertirlas en punto de apoyo de todo el poema.

El verbo "apurar" del verso 2 significa aquí "beber" y, como el poema comienza con la noción de "destilar", es fácil suponer que

---

(3) Es posible que Coyné se haya basado en el contenido de una declaración hecha en "Muro antártico": "[El imperativo sexual]... por fin, afluye, como corriente eléctrica a las puntas..." (NyCC, p. 14). Estas *puntas* (en plural) pueden ser los terminales del sistema nervioso, ya que "punta", en el léxico vallejiano, es a menudo el extremo de una cuerda o hilo (*Cf.* NyCC, p. 198", "Punta" también es símbolo de lo punzante, como, por ejemplo, en Tr. XXXVI.

el poeta se refiere a una bebida espirituosa. La frase *de una sola tanda*, del primer verso, completa una posible escena de bodegón, que estaría muy de acuerdo con la segunda interpretación recién discutida: dos individuos se han dedicado a ingerir "de una sentada" una considerable cantidad de estimulantes alcohólicos.

Con lo dicho vemos que el comienzo es un excepcional encadenamiento de significados, a los cuales se adhieren numerosas connotaciones, debido a la forma muy especial en que se entrelazan las palabras. Por ejemplo, el verbo "destilar" no se asocia con lo destilado, como se esperaría en el discurso prósico, sino con los bebedores, o con el anhelo proyectivo de uno solo de ellos (*Destílase este 2...*). También se sugiere que la destilación imparte al bebedor (y a su posible *alter ego*) las características de un alambique. Para mayor abundamiento, "destilar" significa también "filtrar" con una destiladera, lo cual nos lleva a asociar el contenido del verso con otro aparato y otro proceso, dándole al verbo "destilar" el sentido de separar algo de sus impurezas, como si el estómago fuese una piedra porosa o algo parecido. Por último, si se piensan juntos el "destilar" y el "apurar", ya que aparecen muy cerca uno del otro, resulta una fusión de productor y consumidor.

Los versos siguientes aclaran considerablemente el sentido:

> 3. Nadie me hubo oído. Estría urente
> 4. abracadabra civil.

La oración *Nadie me hubo oído,* ya de sí un poco torcida sintácticamente, podría significar que el jaranero (uno o duplo) ha conseguido salir sin hacer demasiado alboroto (4). La *Estría urente,* esto es, el esófago encendido del bebedor, señala una primera sensación del que despierta tras una "tanda" del tipo que hemos esbozado (5).

Habrá de notarse que, desde el verso 3 en adelante, el poema tendrá una mínima ilación, como si el hablante no pudiera formular pensamientos con verdadera continuidad. En todo Tr. XVII se adivina un modo de ser bamboleante e inseguro y, por esto, el estilo abrupto, desprovisto de verbos, es parte esencial de la composición:

---

(4) En la reciente edición preparada por la viuda del poeta (OPC) se pone un punto después de *oído,* tal como nosotros lo hacemos.

(5) El adjetivo *urente* lo emplea Vallejo para expresar ardor en sentido literal o figurativo: "Ayer el ocaso ardía urente de verano" ("Mirtho", NyCC, p. 62). En *Poemas humanos* este mismo adjetivo aparece con *h* y en sentido traslaticio: *Escarnecido, aclimatado al bien, mórbido, hurente/ doblo el cabo carnal...* (PH, p. 222).

3.   ... Estría urente
4.   abracadabra civil.

El último verso anuncia un retorno milagroso al mundo de los mortales, sugerido por un cabalístico *abracadabra* (6), al cual se une una vaga nota urbana, sugerida por el adjetivo *civil*. El festejante sabe ahora, a medias, que está en la calle.

Intencionalmente hemos hecho acopio de significados y sugerencias. Si el lector relee toda la estrofa y junta algunas de las acepciones aquí presentadas con las que le propongan su imaginación y sensibilidad, podrá ver que Tr. XVII es un poema de estructura abierta y que su riqueza semántica es realmente portentosa.

La segunda estrofa es una apretada síntesis de sensaciones visuales y táctiles:

5.   La mañana no palpa cual la primera,
6.   cual la última piedra ovulandas
7.   a fuerza de secreto. La mañana descalza.
8.   El barro a medias
9.   entre sustancias gris, más y menos.

La versión de *Obra poética completa* (Lima, 1968) añade una coma al final del verso 5, tal como lo hacemos nosotros, con lo cual se aclara considerablemente el sentido, pues el verso 6 constituye así una unidad aparte. Dicho en otras palabras, la frase *la primera* del verso 5 se refiere sólo a *mañana* y no se asocia a *la última piedra* del verso siguiente, a menos que se aplique a ambas, como diremos más adelante, el adjetivo *ovulandas*. Los versos 5-9 acusan una visión muy particular de un mundo que no se siente y que tambalea. El verso 5 es bastante claro por ser un caso de antropomorfismo poético, ya que se atribuye a la *mañana* la insensibilidad del festejante. Los dos versos siguientes, sin embargo, son casi inasequibles:

6.   cual la última piedra ovulandas
7.   a fuerza de secreto.

Si *ovulandas* se interpreta como adjetivo (*Cf.* callandas, venerandas, etc.) se referiría entonces a la *primera* mañana y a la *última* piedra, esto es, al comienzo y al fin de una existencia sin sen-

_____
(6) Vallejo también emplea el adjetivo *abracadabrante* para decir "milagroso", o "mágico" (*Cf.*: AO, p. 154).

tido (7). *Ovulandas* sugiere todo lo infausto asociado con lo ovoideo, configuración que a Vallejo le insinuaba, quizá, un achata-
miento del símbolo pitagórico de la perfección — el círculo. Por
otra parte, si se desgaja el sentido del verso 6 (*cual la última piedra
ovulandas*) se podría pensar en la posibilidad de que el adjetivo
ovulandas fuese la segunda persona de un verbo inventado por Vallejo, "ovulandar", el cual podría representar el movimiento irregular de un huevo que se mueve con un vaivén parecido al del sujeto esbozado en el poema (8).

La alusión a lo pétreo de una losa sepulcral (*la última piedra*)
nos dice el estado de insensibilidad del hablante lírico, detalle que
consuena con lo expresado en el verso anterior (*La mañana no
palpa*).

Es curioso que el poeta haya añadido una cualificación adverbial: *a fuerza de secreto* (verso 7). Hay en esta frase dos significados, uno serio, y otro festivo. El *secreto* puede muy bien señalar la
impenetrabilidad de cuanto rodea al hombre y también la falta de
comunicación humana, como explica luego el poema en la tercera
estrofa. Pero también este "secreto" y el "no ser oído por nadie"
podrían insinuar la condescendencia del bebedor que, con ridícula
cautela, se impone silencio a sí mismo. Esta conjunción de dos planos es significativa, porque la aventura orgiástica empieza ahora a
tomar un nuevo cariz:

7.   ... La mañana descalza.

Esta *mañana descalza,* a la que ha retornado el hablante después de un período de inconsciencia, no es puramente un detalle
trivial —la pérdida de los zapatos— sino un nuevo antropomorfismo con el cual se hace una referencia indirecta a la cotidiana dureza del vivir, la realidad de miserias y fealdades que fuerzan al hombre a caminar por el lodo existencial (*El barro a medias*). Ahora
comprendemos que esa "mañana que no palpa", del verso 5, es
también parte de la misérrima circunstancia vital de un hombre
que no toma firme contacto con la realidad, con lo cual se corrobora nuestro más importante hallazgo: a lo risible del personaje

---

(7) También puede entenderse "La mañana parece insensible, tal como
la primera y la última piedra, ambas infaustas: cuna y sepultura". Esta
suposición la refuerza un pasaje de *La piedra cansada* en que se mencionan
las cuatro piedras del hombre: "la piedra de la cuna, la piedra breve, asus-
tadiza, de la boca, la gran piedra del pecho y la piedra alargada de la
tumba" (RevCul., p. 287b).

(8) Debemos esta segunda interpretación al profesor chileno, don Çe-
domil Goic.

se ha adherido, poco a poco, una concepción del mundo y, de este modo, el retorno a la realidad de la vida es como el haber perdido la magia del olvido. En Tr. XVII, pues, no se trata de representar una simple escena de borrachera sino de esbozar también una fuga, un modo de evitar las asperezas de la realidad. Este nuevo rumbo se impone a nuestra atención cada vez más insistentemente:

8.   El barro a medias
9.   entre sustancias gris, más y menos.

Están presentes en este pasaje tres expresiones de indefinición: *a medias, gris, más y menos*. Además, hay aquí varias peculiaridades estilísticas que acentúan la vaguedad de trazos. Por una parte, tenemos un violento hipérbaton, ya que *gris* modifica a *barro* y no a *sustancias* y, por otra, dos elipsis: "sustancias *vistas* a medias" y "barro *a veces* más *gris* y *otras veces* menos *gris*". Si reexaminamos los versos 8 y 9, vemos que el sentido es doble, ya que significan "el barro gris está a medias entre sustancias..." y también —y esto es lo más importante— "yo estoy entre sustancias grises", es decir, asediado por lo indefinido y lo vago. De esto se deduce que, a pesar de no haber concordancia entre *sustancias* y *gris,* el hecho real y efectivo es que estas dos palabras se unen en sentido por concordar en intención dentro del poema. Y se asocian también en nuestra mente *a medias* y *sustancias,* a pesar de que la frase *a medias* es frase adverbial y no adjetival. La imaginación suple aquí un verbo: "sustancias *hechas* a medias".

Parecido comentario podría hacerse sobre otra palabra minúscula: *y*. El verso 9 no dice" más o menos" sino *más y menos*, frase que sugiere una falta de proporción y también un vaivén entre la luz y las sombras. El poeta, como se ve, ha recurrido a solecismos y transposiciones para darnos nuevos sentidos, pasando por alto la lógica y la gramática. Las alianzas de sentido en los versos 8-9 están entre las más osadas novedades de la poesía trílcica. Tr. XVII es un todo vibrante y polimorfo cuyo significado total quedará siempre más allá de nuestras posibilidades de aprehensión.

El lector que haya dudado hasta este punto de la existencia de dos estratos semánticos —uno festivo y otro serio— hallará plena corroboración del segundo en la estrofa que sigue:

10.   Caras no saben de la cara, ni de la
11.   marcha a los encuentros.
12.   Y sin hacia cabecee el exergo.
13.   Yerra la punta del afán.

En estos versos se continúa, desde luego, la escena que ya hemos diseñado: impresiones borrosas, movimientos arrítmicos y falla de la voluntad. Pero los cuatro versos incluyen también importantes meditaciones poéticas que reflejan el ideal de comprensión humana antes discutido:

verso 10: los hombres no logran entender a otros seres humanos porque su incapacidad dialogística no les permite hallar un significado en la expresión facial del prójimo (*Caras no saben de la cara*);
verso 11: el ser social carece de aptitudes para establecer lazos cordiales (*no saben ... de la marcha a los encuentros*) (9);
verso 12: el ente humano, desprovisto de un propósito, vive tambaleante, inseguro de sus principios (*Y sin hacia cabecee el exergo*);
verso 13: la persecución de un fin lleva siempre consigo los gérmenes de un fracaso (*Yerra la punta del afán*) (10).

Enriquecen también la doble intención semántica las abundantes sugerencias adheridas a los estratos primarios. En la estrofa 3, por ejemplo, *cabecee el exergo* podría ser otro modo de decir "Ningún lema tiene gran valor", ya que el exergo es el espacio junto a los bordes de una moneda en que se pone una divisa o una máxima (11.) Este pensamiento concuerda perfectamente con el negativismo de toda la estrofa 3.

Los versos siguientes contienen una curiosa mezcla de seriedad y de irreflexión, lo cual no debe extrañarnos, ya que estas contraposiciones caracterizan el estado intermedio entre la lucidez y el embotamiento:

14. Junio, eres nuestro. Junio, y en tus hombros
15. me paro a carcajear, secando
16. mi metro y mis bolsillos

---

(9) La palabra *encuentro* tiene dos sentidos en *Trilce*: confrontación (*Si pues siempre salimos al encuentro/ de cuanto entra por otro lado* - Tr. XXII) y (b) mutualidad humana, cuya forma perfecta es el amor unánime tras la muerte (*Y preguntamos por el eterno amor,/ por el encuentro absoluto* - Tr. LXVIII).

(10) El significado de *punta* se puede deducir del poema que comienza *La punta del hombre* (PH, p. 165); aquí, como en Tr. XVII, *punta* simboliza todo lo que hay de afirmación fallida en el hombre.

(11) Es probable que el empleo del sustantivo *cara* (verso 10) le haya sugerido al poeta la imagen de una moneda y, por esto, se menciona luego el *exergo* (verso 12), Caras y sellos son para Vallejo símbolos del dualismo fundamental de la existencia. *Cf.*: NyCC, p. 127.

17. en tus 21 uñas de estación.

En las estrofas 2 y 3 queda esbozado, como ya dijimos, un lugar que es escenario simbólico de la incertidumbre. Ahora se añade un clima lúgubre al mencionarse el invierno (*Junio*), como si éste fuera el único clima espiritual en que por fuerza ha de vivir el hombre, pero, como el verso 14 no dice "estamos en junio", sino *eres nuestro*, también se declara el convencimiento de que el hombre está condenado a la destemplanza de su medio, no quedándole más recurso compensatorio que gritar su disgusto: *y en tus hombros/ me paro a carcajear*. Este último verso, y su forma reflexiva, eran palabras favoritas de Vallejo; en ellas se encierra su radical disconformidad con su sino. Al desafiar su ambiente, opone el hablante su cómica postura y su alegría alcohólica al tiempo adverso, y hasta señala su físico (*secando mi metro*) y su indigencia (*secando ... mis bolsillos*) para lanzar un olímpico ¡qué me importa! La referencia al invierno no puede ser más clara; el poeta hasta menciona el día 21 de junio, día inicial del invierno, señalando en particular su dureza: *en tus 21 uñas de estación*.

Termina el poema con una doble exclamación:

18. Buena! Buena!

En este verso se entrevé un retorno a la euforia del bebedor, quien recuerda sus excesos, quizá con una sonrisa "¡Menuda juerga! ¡Menuda juerga!" Se cierra inmediatamente el poema dejando en nuestro ánimo la sospecha de que cuanto se ha dicho desde el principio hasta el fin está expresado en la media lengua de un hombre entre dos luces, que se halla en un mundo impreciso e inseguro, pero que tiene suficiente lucidez para comprender el sentido de su mísera existencia.

El hablante se desdobla y es expectador de la tragicomedia humana, y también actor de su propia falta de compostura. Y aquí damos con otro posible testimonio de la presencia de ese doble que antes mencionábamos.

Tr. XVII implica una caída y también un intento de recuperación. Tras los excesos de la orgía (estrofa 1), se esfuerza el lírico por reintegrar su desperdigado yo (estrofa 2), meditando sobre la distancia que separa a los hombres, y la ausencia de valores (estrofa 3), para caer nuevamente en la incertidumbre (estrofa 4). Al terminar el poema, el hablante desea fortalecerse (*secando mi metro*) (12) e

_____

(12) Interpretamos *metro* como alusión del poeta a la insignificancia de su persona. *Cf.*: *Mi metro está midiendo ya dos metros* ("El lomo de las sagradas escrituras", JEA, p. 159).

424

intenta hacer frente a las uñas de la adversidad, pero lo hace estando todavía bajo el trastorno de su estado eufórico, con lo cual queda subentendida la falsedad de la solución, idea que ya estaba expresada en el poema mismo: *Yerra la punta del afán* (verso 13). Y con esto comprendemos que el final es un vano consuelo, porque en él va envuelta una ironía: *Buena! Buena!* (verso 18).

Es verdad que el poema tiene versos oscurísimos o de tal multivalencia que no es posible interpretarlos con seguridad, o en forma unívoca. Creemos que tales rasgos son parte esencial del arte trílcico, y, por lo tanto, no aceptarlos como tales es hacer imposible toda forma de participación vivencial en el mundo poético que configuran.

Fuera de la riqueza metafórica y la flexibilidad con que se entrelazan palabras y frases, el mérito principal de Tr. XVII está en el modo de entretejer en una burda urdimbre de experiencias personales los finos estambres de reflexiones, imágenes y sentimientos, con los cuales se estructura una visión del mundo. Surge así un todo poético que es confrontación y fuga, gesto solemne y mueca, momentáneo discernimiento y también estridente carcajada.

* * *

Trilce XXI

1. En un auto arteriado de círculos viciosos,
   torna diciembre qué cambiado,
   con su oro en desgracia. Quién le viera:
   diciembre con sus 31 pieles rotas,
5.   el pobre diablo.

   Yo le recuerdo. Hubimos de esplendor,
   bocas ensortijadas de mal engreimiento,
   todas arrastrando recelos infinitos.
   Cómo no voy a recordarle
10. al magro señor Doce.

   Yo le recuerdo. Y hoy diciembre torna
   qué cambiado, el aliento a infortunio,
   helado, moqueando humillación.

   Y la ternurosa avestruz
15. como que la ha querido, como que la ha adorado.
   Por ella se ha calzado todas sus diferencias.

Este poema introspectivo está hecho a base de recuerdos. En un momento de recapacitación, el lírico se mira a sí mismo comparando lo que fue con lo que es (13), y hasta parece derivar cierto placer al exponerse, en forma tan inmoderada, ante su propia conciencia. Es seguro que el lírico no piensa en el público, y que el propósito de sus versos no es justificar lo que hay de reprensible en su conducta, sino meditar en los vuelcos del destino. Tampoco le preocupa precisar ideas, a juzgar por la imprecisión del doble *como que,* del penúltimo verso. El hablante lírico aparece aplastado por su propia miseria y angustia. Todo el poema acusa cansancio, decaimiento y ruina moral.

El primer enunciado poético es típico de *Trilce* por su carácter hermético:

1. En un auto arteriado de círculos viciosos,
2. torna diciembre qué cambiado,
3. con su oro en desgracia.

Como dice Xavier Abril, despunta en el primer verso una referencia al uso de drogas, pero en forma indirecta (14). *Auto* se refiere a una autodeterminación del hablante; *arteriado* reúne la idea de *arterias* y de una multiplicidad de vías. Las dos palabras, tomadas conjuntamente, insinúan una práctica habitual, que luego aparece confirmada por la frase *de círculos viciosos,* y que acarrea sugerencias de repetición, vicio e inevitabilidad.

En Tr. XXI, como en tantos otros poemas, las palabras se prestan a múltiples interpretaciones. Tomemos, por ejemplo, el vocablo *auto.* Aunque su sentido es, en realidad, adjetival, podría también pensarse como sustantivo, en cuyo caso *auto* trae a la mente una representación del tipo que era común en la Edad Media, esto es, un acto cargado de solemnidad ritual. Aceptada esta posibilidad, *arteriado* se convertiría en adjetivo, y la frase *de círculos viciosos* haría las veces de un agente (arteriado *por* círculos viciosos). Hacemos estos comentarios fijándonos en el hecho de que *auto arteriado* aparece como dos palabras y no una. Por lo demás, nuestro propósito es sólo indicar cómo el más leve cambio de interpretación origina una serie de nuevos enlaces ideológicos, pero sin que en forma al-

---

(13) Los biógrafos de Vallejo nos dicen que los meses mencionados en el poema corresponden a diciembre de 1918 y diciembre 1919. *Cf.* JEA, p. 86. Larrea cree que son los años 1917 y 1920 (AV 5, p. 239).

(14) XA I, pp. 30-31. Esta explicación nos parece más exacta que la de Coyné, quien ve aquí un sentido temporal (AC I, p. 118).

guna contradiga una interpretación a la otra (15). Esta potencialidad semántica es una de las características más relevantes de todo *Trilce*, rasgo distintivo que hemos de aceptar, no como un defecto, sino como un modo intencional de dar mayor amplitud al enunciado poético.

El verso 2 emplea el sustantivo *diciembre* para señalar un fin de año, claramente implícito en el numeral 31, del verso 4. El poeta hace una autovaloración de su presente el día en que todos nos hacemos promesas para el año venidero. El verso 2 contiene, además, una inserción coloquial que reproduce el comentario de amigos y enemigos ("¡qué cambiado está!") y què, como recurso poético, representa otra característica trílcica: el ayuntamiento de un tropo multivalente con el más simple popularismo. El lector pasa rápidamente de la complejidad a la sencillez, obligándose a hacer un cambio de punto de vista y, a veces, de niveles de abstracción. Para el lector acostumbrado a tonos sostenidos, este poema bien puede ser motivo de verdadero desconcierto. Nos atrevemos a afirmar que estos repentinos cambios tonales son parte esencial del arte trílcico.

El uso del sustantivo *oro* es un préstamo modernista con que se señala lo valioso y, por esto, el *oro en desgracia* es símbolo de indigencia:

3.   Quién le viera:
4. diciembre con sus 31 pieles rotas,
5.   el pobre diablo.

La pobreza está también subentendida en las *31 pieles rotas*, frase en que se asocian los días del mes con una idea de riqueza venida a menos. Pero hay más, porque la frase *pieles rotas* puede aludir también, aunque muy oblícuamente, a la piel "auto arteriada" del poeta.

Una vez más recibimos el choque de un coloquialismo: *el pobre diablo* (verso 5), el cual es parte de toda una serie:

... qué cambiado,
... Quién le viera:
... el pobre diablo.

---

(15) Sirva de ejemplo el sustantivo *círculos* (verso 1), el cual, por llevar implícita la idea de línea continua, sugiere lo cerrado, algo opresivo, insistente y repetido, significados que traen a la memoria la obcecación obsesiva representada por *los anillos,* de Tr. IV. Lo circular y los anillos aparecen claramente unidos en el pasaje que dice: *Esclavo, es ya la hora circular/ en que las dos aurículas se forman/ anillos guturales, corredizos, cuaternarios* (PH, p. 222).

Estas tres expresiones tienen un valor especial por representar también un plano extrínseco al hablante, quien está repitiendo lo que dicen terceras personas. En la primera estrofa hay, pues, conjunción de dos puntos de vista. A éstos se añadirá otro más en la estrofa siguiente (*Yo*), y con ello el poema se convierte en una pluralidad de enfoques, que lo hacen aparecer como un cuadro picassesco en que se reúnen varias muecas de una misma cara, pero cuya suma es la representación de la anatomía facial distorsionada por el llanto (16). Quien se dé la molestia de releer todo el poema se dará cuenta de que Tr. XXI consiste en una variedad de "tomas" reunidas en una sola composición.

Tr. XXI se desenvuelve a continuación en dos estrofas llenas de recuerdos y contrastes. La primera de éstas dice en parte:

6. Yo le recuerdo. Hubimos de esplendor,
7. bocas ensortijadas de mal engreimiento,
8. todas arrastrando recelos infinitos.

El *yo le recuerdo* es un pensamiento recurrente, que refleja una persistente confrontación del pasado con el presente. En este pasaje hallamos uno de los muchos casos de múltiple trastrueque verbal: *Hubimos de esplendor*. Hay aquí tres construcciones en una: *Tuvimos* esplendor; *hubo* esplendor y, además, una forma del verbo "haber de" que lleva a pensar en una aseveración más larga: "hubimos (muchas pruebas) de esplendor". El resultado de este triple ensamblaje es un solecismo intencional cargado de significaciones (17).

En las *bocas ensortijadas* se funden dos imágenes distintas: bocas que exhiben dientes de oro y manos adornadas con sortijas, entendidas ambas como disfraces de un interior de vanidades y bajezas: ... *mal engreimiento*... (y) *recelos infinitos*.

9. Cómo no voy a recordarle
10. al magro señor Doce.

---

(16) A la pluralidad señalada habría que añadir un punto de vista más: él (*se ha calzado*). El hablante lírico se ha desdoblado en el *Yo*, del verso 6, y el personaje visto por ese hablante.

(17) Véase: Orrego, Antenor, "César Vallejo, el poeta del solecismo", *Cuadernos americanos*, XVI, No. 1, enero - febrero, 1957, pp. 209 - 216. Sobre las rupturas del continuo lógico y las irregularidades lingüísticas de Vallejo, véase también: Yurkievich, Saúl, "Vallejo, realista y arbitrario", RevCul., pp. 152 - 153.

He aquí otro ayuntamiento inesperado de un coloquialismo (verso 9) y una metáfora de orden numérico.

En contraste con el pasado se nos da un mísero presente, representado por *hoy*:

11. Yo le recuerdo. Y hoy diciembre torna
12. qué cambiado, el aliento a infortunio,
13. helado, moqueando humillación.

Se comprende ahora que toda la insistencia sobre diciembre tenía una razón de ser: diciembre (el *señor Doce*) es representación poética del lírico mismo, quien nos da detalles de su misérrima humanidad (*aliento a infortunio, helado, moqueando humillación*). En estas líneas, como en las anteriores, se transparenta el "doble" que hay en Vallejo: un contemplador y una persona contemplada, yuxtaposición que trae como resultado nuevamente dos puntos de vista: yo y "él" (18).

La última estrofa amplía el poema haciendo que un expectador mire ahora al doble y a su "amada", pero sin especificar quién es ésta:

14. Y a la ternurosa avestruz
15. como que la ha querido, como que la ha adorado.
16. Por ella se ha calzado todas sus diferencias.

La palabra *avestruz* nos conduce a toda una serie de asociaciones. Es muy probable, como supone Juan Larrea, que esta ave sea el anticisne, la negación de la marquesa Eulalia rubeniana; en sentido más restringido, es el trasunto de un amor pensado más como fantasma de noches de bohemia que como mujer real. En el presente poema se dice del ave que es *ternurosa* (conjunción, quizá, de *ternura* + *amorosa*), mientras que en Tr. XXVI se la describe como *ardiente* y *coja* (19). Sin duda, el *avestruz* simboliza algo desgarbado, persona o fantasma, recuerdo de algo que fue y ya no es.

El verso 15 expresa una relación insegura (*como que la ha querido*), y, por ello, es muy posible que el avestruz sea también el símbolo de su propia bohemia, en nombre de la cual el poeta se permite exhibir su más absoluta disconformidad:

---

(18) Descontando el hecho de que hay desdoblamiento en toda creación poética, parece que a Vallejo le interesaba el fenómeno de la personalidad escindida, a juzgar por el personaje central de *Fabla salvaje*.

(19) En *Los heraldos negros* hay un poema entero dedicado al avestruz, pero aquí el ave simboliza la melancolía.

16. Por ella se ha calzado todas sus diferencias.

Tr. XXI es un poema de menos hondura que la composición anterior. Su interés principal es su contenido psíquico, pero carece de fuerza dramática y de dimensión ideacional.

* * *

Trilce LXVIII

1. Estamos a catorce de Julio.
    Son las cinco de la tarde. Llueve en toda
    una tercera esquina de papel secante.
    Y llueve más de abajo ay para arriba.

5. Dos lagunas las manos avanzan,
    de diez en fondo,
    desde un martes cenagoso que ha seis días
    está en los lagrimales helado.

    Se ha degollado una semana
10. con las más agudas caídas; hase hecho
    todo lo que puede (20) hacer miserable genial
    en gran taberna sin rieles. Ahora estamos
    bien, con esta lluvia que nos lava
    y nos alegra y nos hace gracia suave.

15. Hemos a peso bruto caminado, y, de un solo
                                       desafío,
    blanqueó nuestra pureza de animales.
    Y preguntamos por el eterno amor,
    por el encuentro absoluto,
20. por cuanto pasa de aquí para allá.
    Y respondimos desde dónde los míos no son los tuyos
    desde qué hora el bordón, al ser portado,
    sustenta y no es sustentado. (Neto.)

    Y era negro, colgado en un rincón,

---

(20) En la edición Losada: *pueda*.

430

25.   sin proferir ni jota, mi paletó.

a
t
o
d
a
s
t
A

Este poema ha sido discutido lúcidamente por Juan Larrea; por lo tanto, trataremos de no repetir lo que él ya ha señalado (21).

En Tr. LXVIII predominan las representaciones de estímulos sensoriales y, en particular, las de tacto y de peso, como si el sujeto lírico fuese una criatura elemental y no un ser pensante. En las dos primeras estrofas, por ejemplo, hallamos un buen número de imágenes de humedad que reflejan el embotamiento del poeta. Este no parece percatarse de su mundo a través de la vista o el oído; es como un sordo-ciego que se mueve con paso inseguro en una silente oscuridad. Este detalle tiene especial significación por tratarse de un sujeto —el que se perfila en el poema— que renace después de seis días de orgía alcohólica, según rezan el verso 7 (*ha seis días*) y el verso 12 (*en gran taberna sin rieles*).

La primera imagen sensorial la hallamos en los versos 2-3:

2.   Llueve en toda
3.   una tercera esquina de papel secante.

El *papel secante* está empleado aquí en función simbólica para expresar insensibilidad, y la *lluvia* expresa un retorno del hablante al mundo de las sensaciones y un comienzo de reintegración espiritual. ¿Cómo se ha iniciado este proceso?

Recordemos que *esquina* es toda parte sensible y apetente del cuerpo humano. El hombre es como un objeto poliédrico por cuyos vértices se comunica con el mundo al rozarse con él. En Tr. XXII, por ejemplo, dice el poeta: *Ahora que chirapa* [llovizna] *tan bonito ... aquí me tienes ... para que sacies mis esquinas.* Sin embargo, en Tr. LXVIII, que es el poema que aquí nos ocupa, la

_____

(21) AV 5, pp. 268 *et seq.* En este minucioso y penetrante estudio se especifican la fecha de composición (14 de julio de 1919), el sentido de las expresiones más oscuras y el significado del motivo central. Véanse también las exactas observaciones de Coyné sobre el fondo cronológico del poema (AC II, p. 108).

palabra *esquina* tiene un significado más restringido por ir precedida de un artículo indefinido y de un adjetivo.

El poema dice específicamente "una *tercera* esquina". Es seguro que en el mundo imaginativo vallejiano "tres", "tercero" y "terciario" son palabras ambivalentes. Recordemos que en "Muro este" aparece el numeral "tres" con sentido singularizante y negativo: "Percibo esos sonidos trágicos y *treses,* bien distintamente, casi uno por uno" (22). El adjetivo "tercero, -a", por su parte, encarna una idea negativa en un relato en que se describe el crimen de un ladrón: "Pero los tribunales, naturalmente, no sospechan, ni sospecharán jamás esta *tercera mano* del ladrón" (23). Aún más numerosos son los casos de "tres", "tercero" y "terciario" en función meliorativa. En Tr. XVIII, por ejemplo, se dice: *Y sólo yo me voy quedando,/ ... en busca de terciario brazo.* Y en la novela *El tungsteno* el "tres" es símbolo de buen augurio: "Y creo que mañana seremos seis. Hoy empezamos ya entre tres. ¡Buen número!" (NyCC, p. 280). Si se piensa, además, en la trinidad vallejiana (cuerpo-alma-esperanza) (24) se comprende la posibilidad de ingresar a través de ella en el ámbito filosófico, sea para afirmar o negar algo conceptual. Ejemplo muy claro del doble significado del numeral "tres" y los vocablos a él asociados, es la trinidad humana (padre-madre-hijo), en la cual se subentienden el binomio amoroso y un tercer elemento —el hijo—, que puede ser el ansiado "espejo", de Tr. LXVII, o la barrera que se interpone entre los amantes (Tr. IV). En suma, "tres", "tercero" y "terciario" son calificativos ambivalentes aplicables a personas, cosas o acontecimientos insólitos, como también al mundo de los conceptos (25).

---

(22) NyCC, p. 17. En esta cita, y en las siguientes, la cursiva es nuestra.

(23) Véase: "Muro dobleancho", NyCC, p. 20. Luis Monguió asocia "terciario" con el recuerdo de la orden tercera de San Francisco (LM, p. 61). Juan Larrea hace otra asociación al discutir Tr. LXVIII: "... las tres coronas de los Magos que dieron nombre a la capital del Perú" (AV 5, p. 297).

(24) Sobre esta trinidad, consúltese: Larrea, Juan, "Significado conjunto de vida y obra de Vallejo" (AV 2, p. 239).

(25) Ejemplos de estas asociaciones: "hombre a dos aceras de realidad hasta por *tres sienes de imposible*" ("Cera", NyCC, p. 68); "Hacedores de metáforas, no olvidéis que las distancias se anuncian *de tres en tres*" ("Se prohíbe hablar al piloto", AV 1, p. 27). La misma expresión aparece después en *Poemas humanos*: *Se dobla así la mala causa, vamos/ de tres en tres a la unidad* (PH, p. 223). El sentido de lo espectacular o inesperado implícito en *tercer* se ve también en una crónica de 1925, en que se discute el reconocimiento de un poeta olvidado: "Y entre truenos y relámpagos, encendió su *tercer día,...*" ("La nueva generación de Francia" AO, p. 27). El uso de *tres* y los adjetivos de él derivados es una constante de la obra vallejiana. Otros ejemplos trílcicos del numeral "tres" podrán hallarse en Tr. X, XXVI, LVIII y LXIV. (La cursiva en esta nota es nuestra.)

En vista de los muchos términos negativos presentes en la primera estrofa, la oración *Llueve en toda/ una tercera esquina de papel secante* significaría, si no nos equivocamos, "Cae la lluvia en mi pobre alma atribulada (tercera esquina), hasta ahora inerte (papel secante) por los excesos de mi bohemia".

El verso siguiente añade una explicación más:

4. Y llueve más de abajo ay para arriba.

"Parece esto último decir —explica Juan Larrea— que los elementos y valoraciones asociados al 'abajo' son más influyentes, imponiendo su razón de ser a los superiores" (AV 5, pp. 278-279). Concordamos plenamente con esta interpretación. Sólo añadimos que para nosotros las frases adverbiales *de abajo* y *para arriba* implican, simbólicamente, que la lluvia habrá de acarrear algo de la bajeza humana (*abajo*) a la zona del espíritu (*arriba*), lo cual explicaría la lamentación contenido en *ay,* del verso 4.

La segunda estrofa nos dice cómo marcha a tientas un ser postrado por la desgracia:

5. Dos lagunas las manos avanzan,
6. de diez en fondo,
7. desde un martes cenagoso que ha seis días
8. está en los lagrimales helado.

Que estos versos reflejan una experiencia dolorosa es indudable. El sujeto lírico avanza extendiendo los dedos de ambas manos (*de diez en fondo*), como buscando un camino. Siguen predominando en esta estrofa las imágenes de humedad: *Dos lagunas, martes cenagoso, en los lagrimales helado.*

En los versos siguientes (9 a 14), se advierte el sentido de culpabilidad que agobia al sujeto poético, o sea el *miserable genial,* del verso 11, quien se acusa de excesos alcohólicos, recordando una *taberna sin rieles,* que ha sido testigo de una semana de desaforada bohemia (*Se ha degollado una semana*).

En la estrofa siguiente, el poeta pasará de las sensaciones de tacto a las de peso, y se servirá de tres conceptos que seguramente manejaba en sus clases de escuela primaria: peso bruto, neto y tara. Este último está sólo subentendido.

15. Hemos a peso bruto caminado,

Con esta referencia se representa al hombre con la totalidad de su peso, insinuándose así su grosera animalidad, muy diferente de la

433

otra animalidad natural, representada por *nuestra pureza de anima-les* (26) (verso 17).

A partir del verso 18 se opera por fin el retorno a la vida espiritual. Desde aquí, hasta terminar la estrofa, el poema deja de presentarnos el mundo elemental de las sensaciones y nos hace ingresar en el ámbito del pensamiento a través de tres reflexiones:

18. Y preguntamos por el eterno amor,
19. por el encuentro absoluto,
20. por cuanto pasa de aquí para allá.

Cada uno de estos pensamientos contiene, oblícuamente, una contraposición, a saber: *a)* el amor terrestre y el amor suprahumano; *b)* la inmediatez y lo metafísico (¿unión con Dios?); y *c)* la permanencia, frente a la concepción heraclitea del constante devenir, o bien, el ser consciente y la vida intrapsíquica (27).

Al principio llama la atención el paso de la elementalidad sensorial a la esfera especulativa. Este cambio tiene por objeto destacar una zona del conocimiento — el pensar abstracto. Se plantea así un viejo problema filosófico: ¿es posible disociar el pensamiento del ser físico que es el hombre? La respuesta ya la había dado el poeta en los versos 15-17:

15.   y, de un solo
16.   desafío,
17.   blanqueó nuestra pureza de animales.

El *desafío* es en sí una abstracción que el poeta se ha cuidado de poner en verso aparte; pero este estímulo no puede cambiar la naturaleza humana, pues ésta sigue siendo animal (28), a pesar de

---

(26) Considerando las veces que Vallejo maneja la idea de peso para referirse al ser físico del hombre, no parece necesario leer "paso" en vez de "peso", a pesar de aparecer el verbo "caminar": *Hemos a peso bruto caminado* (verso 15). En la "Epístola a los transeúntes", por ejemplo, se dice: *Y, entre mí, digo:/ ésta es mi inmensidad en bruto, a cántaros,/ éste es mi grato peso,...* (PH, p. 155). Véanse también: PH, p. 176 y 182. Al hablar de los artistas de avant-guerre se señalan sus lastres y rémoras innecesarias, diciéndose: "Los artistas se lanzaban al trabajo a ciegas, en peso bruto" ("Las nuevas disciplinas", *Variedades*, agosto 27, 1927).

(27) Los temas (a) y (b) los hemos tratado en Cap. IV, 3 y Cap. IV, 2 respectivamente.

(28) La animalidad del hombre es para Vallejo (a) un inevitable peso: *Considerando también/ que el hombre es en verdad un animal* (PH, p. 178); (b) un estrato primario y natural del ser. En ese segundo sentido coincide Tr. LXVIII con el concepto expresado en "Muro antártico": "ambos seguimos

su nueva pureza (verso 17). Por esto, no sorprende la argumentación poética de los versos que siguen:

21. Y respondimos desde dónde los míos no son los tuyos
22. desde qué hora el bordón, al ser portado,
23. sustenta y no es sustentado. (Neto.)

Con esta reflexión se afirma la imposiblidad de las disociaciones: lo que afecta a un ser repercute, en una forma u otra, en sus congéneres (verso 21); el objeto —un bastón en este caso (29)— y el hombre que de él se sirve son también inseparables (verso 22) y, finalmente, el peso neto (verso 23) no existe si no se concibe un peso bruto (verso 15). Con ello llegamos al concepto de interdependencia universal: en cuanto existe se funden antecedentes y consecuentes dentro de un marco de coacción omnímoda. Y con esto niega asimismo el poeta que existan separadamente esencias y existencia.

La última estrofa no es sino una corroboración de lo expresado antes:

24. Y era negro, colgado en un rincón,
25. sin proferir ni jota, mi paletó.
a
t
o
d
a
s
t
A

El alma sombría del hombre se proyecta hasta las cosas que cubren su físico; por eso, el paletó es negro. Y, así como el sujeto lírico piensa y articula palabras, así también el paletó proclama su fundamental inherencia en el mundo de lo creado y testimonia, como bandera *a toda asta,* la negrura interior del lírico.

En la segunda mitad del poema predominan las expresiones conceptuales, pero éstas han sido transmutadas en material poético. El poema no comunica sino que sugiere, a pesar de ser una indagación del sentido de la existencia y la naturaleza del ser humano.

---

después siendo buenos y puros con pureza intangible de animales..." (NyCC, p. 15). Por lo demás, el verbo "blanquear" sugiere precisamente un saludable retorno a inocentes normas de vida elemental.

(29) El *bordón,* o bastón, pensado como parte del peso bruto del hombre, aparece en *Poemas humanos: Pues quisiera en sustancia ser dichoso,... obrar sin bastón,...* (PH, p. 175).

Tr. LXVIII es una pieza reflexiva en que se poetiza el retorno del hombre a la vida consciente y a la certidumbre de su naturaleza mixta: el ser humano es cuerpo y alma, nunca esencia espiritual pura.

Tr. LXVIII es un lúcido examen de múltiples fallas (*agudas caídas*), que son consecuencia inevitable de la imperfecta condición humana. Este sino de desaciertos es el que proclama la bandera negra al fin del poema. Como bien dice Juan Larrea, en ella encarna una triste convicción expresada "a todo luto".

Tr. LXVIII es superior, como creación poética, al tercer poema de nuestra serie. Fuera de su implícita dramaticidad (*martes cenagoso ... en los lagrimales helado*), hallamos en él una sugestiva estilización del eterno combate del hombre con el ángel, del cuerpo con el espíritu.

* * *

Los tres poemas aquí estudiados tienen en común el mismo punto de partida —la bohemia del poeta—, pero en realidad todos son diferentes:

a) *Tr. XVII* (*Destílase este 2 en una sola tanda...*) poetiza la actitud desafiante del hombre frente a su circunstancia;

b) *Tr. XXI* (*En un auto arteriado de círculos viciosos...*) representa las veleidades del destino y la indefensión del hombre;

c) *Tr. LXVIII* (*Estamos a catorce de Julio...*) racionaliza en términos poéticos el convivio de la materia y el espíritu.

De lo anterior se desprende una conclusión obvia: en los tres poemas la bohemia del poeta no es el motivo central, sino un medio para abordar un aspecto u otro de la existencia humana.

Vallejo es un exponente más de la filosofía del yo como dualidad, que tanto afecta al pensamiento contemporáneo, desde Kierkegaard a Ortega y Gasset: el hombre es una antinomia viva, unión indivisible de libertad y necesidad. Este pensamiento persistirá a lo largo de los años como una maldición. En *Poemas humanos* se deja traslucir en más de una ocasión. Reflexionando sobre el hombre y su "cantidad pequeña" dirá con profunda tristeza:

Perro parado al borde de una piedra
es el vuelo en su curva;
también tenlo presente, hombrón hasta arriba.
Te lo recordarán el peso bajo, de ribera adversa,
el peso temporal, de gran silencio,
más eso de los meses y aquello que regresa de los años.

(PH, pp. 181-182).

SEGUNDA PARTE: MODOS DE SIGNIFICACION

CAPITULO VI.   FUNCION SIMBOLICA

1. *Realidad y figuración*: *Tr. XXIX, Tr. XXXII*

En varios poemas trílcicos se funden dos niveles de significación, el plano somático, real, más o menos obvio, y el plano simbólico. A veces, la proyección figurativa está estructurada como un gradual acercamiento a lo real; en otras ocasiones, hallamos dos planos paralelos que se mantienen aparte, como si fueran estratos independientes. En el primer caso, el poema se hace cada vez más claro y evidente a medida que avanzamos en la lectura; salimos de un ámbito ideal para ingresar en otro de mayor especificidad. Así ocurre con Tr. XXIX. En el segundo caso, la mente del lector puede construir un significado sobre la base del estrato más cercano, esto es, realidades relativamente asequibles, o bien, proyectarse al segundo plano y descubrir un significado ulterior; así acontece cuando se lee Tr. XXXII. Para captar el sentido de ambos poemas es preciso aprehender dos zonas de significación y los lazos que entre ellas existen (1).

A fin de aclarar estos dos tipos de contextura poética, nos serviremos de esquemas, en los cuales las líneas fragmentadas representan el plano simbólico, y las líneas continuas, el plano real.

_____

(1) No queremos que el lector acepte esta distinción en sentido absoluto. Hemos precisado las diferencias, quizá exagerándolas, a sabiendas de que jamás se da ninguno de los dos tipos con nitidez en poema alguno.

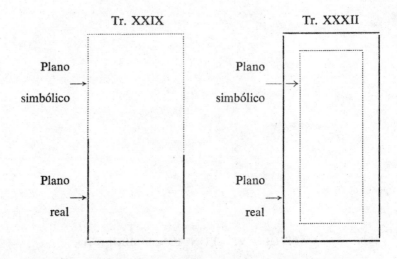

Tr. XXIX   Tr. XXXII

Plano simbólico

Plano real

De estos dos patrones, el segundo es, por lo común más complejo, pues la captación del sentido simbólico depende del grado de sutileza con que el poeta ha establecido el paralelo entre un plano y otro. En el primer caso, por el contrario, hay una relación de continuidad que facilita la interrelación de estratos.

En Tr. XXXII el "enlazamiento nocional" (2) entre las formas sensoriales y el contenido ideal está muy lejos de ser obvio porque el sentido ulterior se nos entrega, como en muchos otros casos, a la luz de modificantes trílcicos que están fuera del poema.

Trilce XXIX

1.   Zumba el tedio enfrascado
      bajo el momento improducido y caña.

      Pasa una paralela a
      ingrata línea quebrada de felicidad.
5.   Me extraña cada firmeza, junto a esa agua
      que se aleja, que ríe acero, caña.

      Hilo retemplado, hilo, hilo binómico,
      ¿por dónde romperás, nudo de guerra?

(2) Seguimos las distinciones establecidas por Heinz Schulte-Herbrüggen en su trabajo "Palabra - signo - símbolo", *Anales de la Universidad de Chile*, Año CXXIV, No. 139, julio - septiembre, 1966, pp. 5 - 29.

Acoraza este ecuador (3), Luna.

Tal como hicimos al estudiar Tr. XVI, intentaremos reproducir el proceso de estructuración de este poema en la mente del lector para mostrar cómo se amplía y restringe el significado al interrelacionar sus partes. Haremos, pues, varias suposiciones preliminares, que luego modificaremos a medida que avancemos en nuestro estudio.

Tr. XXIX está construido a base de un patrón de creciente especificación y, en esto, se parece a Tr. VII. La vaguedad del comienzo se aclara gradualmente con cada nuevo verso. Desde el punto de vista estructural, esta composición recuerda el bien conocido relato borgeano, "La secta del fénix", en el cual se sigue un procedimiento parecido.

Tr. XXIX es un poema sintético, compuesto de cinco partes. Olvidando por el momento la distribución estrófica, de la cual nos ocuparemos más adelante, se ve que hay cuatro pensamientos poéticos expresados en dos versos cada uno, más un verso final que es cima y remate de todo lo antes dicho. Cada una de estas cinco partes está anclada, no en la presencia de sustantivos, como en Tr. XII, sino en afirmaciones verbales. En vez de destacar cosas o personas, el poema subraya acciones dentro de un patrón de repetidas oposiciones. Observemos primero los verbos:

I.   (versos 1-2): *Zumba el tedio...*
II. (versos 3-4): *Pasa una paralela...*
III. (versos 5-6): *Me extraña cada firmeza, ...*
IV. (versos 7-8): *¿por dónde romperás, ...?*
... ...
.V   (verso 9): *Acoraza este ecuador, ...*

Es obvio que el poema refleja algo que ocurre o ha ocurrido, y no cosas. Aunque hay espacios ideológicos "en blanco" entre las partes que hemos señalado, se presiente la fuerza aglutinante de un motivo central.

Miradas las cuatro primeras partes por dentro, se observa que todas ellas contienen elementos antitéticos, que dejan traslucir una mal disfrazada colisión de fuerzas opuestas.

En el primer segmento (versos 1-2) se oponen dos ideas: la de búsqueda persistente (como la de un insecto aprisionado en un fras-

---

(3) En la edición Losada aparece un punto después de *ecuador.*

co) (4) y la de total futilidad de ese esfuerzo, expresada por dos vocablos negativos: *improducido, caña.*

    1.   Zumba el tedio enfrascado
    2.   bajo el momento improducido y caña.

En el segundo segmento (versos 3-4) se contraponen un sueño (*una paralela*) y la certeza de una triste realidad (*ingrata línea*), como si éstas fueran dos trayectorias condenadas a no juntarse jamás. Una vez más nos trasmite el poema una sensación de insatisfacción y padecimiento:

    3.   Pasa una paralela a
    4.   ingrata línea quebrada de felicidad.

En los versos siguientes (5-6), se opone lo fluido y endeble (*agua, caña*) a lo tenso y resistente (*acero*). El poema parece decirnos ahora que la vida está hecha de contrarios, y que a la firmeza de unos se opone la fragilidad de otros.

    5.   Me extraña cada firmeza, junto a esa agua
    6.   que se aleja, que ríe acero, caña (4).

Y, por último, se establece un parangón, en los versos 7-8, entre la tensión del hilo de la existencia (*retemplado*) y una extraña fuerza que presagia una ruptura:

    7.   Hilo retemplado, hilo, hilo binómico,
    8.   ¿por dónde romperás, nudo de guerra?

Ahora debemos entrar en detalles a fin de dar mayor precisión a lo expuesto. Comenzaremos con el verso 7, en el cual se repite una misma palabra tres veces:

    7.   Hilo retemplado, hilo, hilo binómico, ...

Como ya se dijo al discutir el poema XXXIII, son muy variados los sentidos en que Vallejo emplea el sustantivo "hilo". De todos los significados antes discutidos, el que mejor calza dentro de nuestra interpretación es el de continuo existencial: el hilo de la exis-

---

(4) Vale la pena observar que enfrascado también aporta un significado psicológico, es decir, "obsesionado", "poseído por algo".

tencia (5). Pero, ¿por qué *retemplado?* ¿Por qué *binómico?* La clave está en la última palabra del poema:

9.   Acoraza este ecuador, Luna.

La *Luna,* presentada aquí con mayúscula, es la gran celestina del amor. Así lo dice el propio Vallejo en su artículo "Se prohíbe hablar al piloto": "Al celestinaje del claro de luna en poesía, ha sucedido el celestinaje del cinema" (LityA, p. 22). Siguiendo esta pista, nos encontramos con que *ecuador* es también un símbolo —el símbolo de la pasión—, pues el sueño erótico de un adolescente lo llama el poeta "el ecuador albino [puro] de nuestra travesía [vida] (6). En vista de estos datos, el poema cobra una orientación manifiestamente erótica. Si se relee Tr. XXIX se comprende ahora que todo él es un conjunto de imágenes sobre el imperativo sexual. El *tedio enfrascado* (verso 1) es el aburrimiento de quien se siente incapaz de dar libre expresión a su yo pasional. *El momento improducido y caña* refleja la tensión de quien siente el peso de un vacío. La *línea* que pasa paralelamente a la línea *ingrata* y discontinua del lírico (versos 3-4) es la incitación del sexo opuesto, incitación fugitiva como *esa agua/ que se aleja,* y que *ríe* (verso 6) y que opone su complejo de entereza y fragilidad femenina (*acero, caña*) al autodominio del lírico (*firmeza*). El *hilo retemplado* (verso 7) traduce una pertinacia obsesionante, cuya tiranía la expresa la triple mención del mismo sustantivo en el verso 7: *Hilo retemplado, hilo, hilo binómico.* Ahora se comprende que el adjetivo *binómico* es alusión muy clara a los dos sexos y también a dos modos vitales —expansión y contención— que son la causa de un conflicto perturbador (7), esto es, el *nudo de guerra* (8), del verso 8.

En Tr. XXIX se enlazan fragmentos ideacionales y oleajes psicológicos por medio de repeticiones y resonancias. Por ejemplo, *caña* (9) (versos 2 y 6). La firmeza del verso 5 es análoga a la que está

_____

(5) De tenor diferente es la interpretación de Julio Ortega, quien ve aquí un significado temporal: "Contradictorio en sí mismo, el tiempo es un 'hilo retemplado, hilo, hilo binómico', imagen del instante..." (RevIb., p. 185).

(6) NyCC, p. 15. Lo más probable es que el autor haya querido decir también *alvino* (con v), tal como en Tr. XXVI.

(7) La dualidad hombre-mujer la hallamos también en Tr. V, poema en que se emplea el adjetivo *bicardiaco.*

(8) El *nudo* indica lo cerrado y misterioso. Véase el estudio de Tr. XII (Cap. XI, 1).

(9) No es raro que en el poema trílcico una misma palabra o expresión tenga dos sentidos diferentes (*Cf.: Un poco más de consideración,* en Tr. I). En Tr. XXIX, la *caña* del verso 2 sugiere lo hueco y vacío (*momento impro-*

implícita en el *hilo retemplado,* del verso 7. Las dos "líneas" que se esbozan en los versos 3 y 4 quedan subentendidas en el *hilo binómico,* del verso 7. La fragilidad de la *caña* halla eco en el *hilo* que amenaza romperse. Si se añaden ahora los contrastes entre lo masculino y lo femenino, la felicidad y la infelicidad, la firmeza y la incertidumbre, la proximidad y la lejanía, la seriedad y la risa, se comprenderá que el espíritu creador que dio forma a este poema lo hizo con una clara conciencia de síntesis y de armonía. Si examinamos las estrofas, por ejemplo, se ve que la distribución de los versos, que antes habíamos separado en grupos de dos, tiene su razón de ser, tal como la presenta el poeta, pues Tr. XXIX refleja un triple proceso psíquico:

I. Versos 1-2: tensión;
II. Versos 3-6: incitación;
III. Versos 7-8: inseguridad.

Hay también en Tr. XXIX, como en muchos otros poemas, varios elementos aglutinantes que bien pueden ser de tipo subconsciente, pero que establecen nexos sutilísimos y dan nuevos contornos a la concepción poética. Por ejemplo: ¿no es posible entrever en Tr. XXIX una borrosa imagen del globo terrestre, con un ecuador inquietante y "paralelos" transformados en "líneas ingratas", que indican rutas vivenciales disruptivas? (10).

Claro está que ni el escrutinio preliminar, ni la explicitación de significados representan la realidad artística que es Tr. XXIX. Por encima de los detalles, hay un todo homogéneo e indivisible que es, al mismo tiempo, conjunto de valores y actitudes, ideación y drama, juego de imágenes y de símbolos, todo ello integrado en una representación imaginaria que capta nuestra atención con su envolvente virtuosidad significativa. Este es el verdadero poema.

* * *

Trilce XXXII

1.   999 calorías.
     Rumbbb ... Trrraprrr rrach... chaz

---

ducido y caña); en el verso 6, por el contrario, el mismo sustantivo alude a un rasgo femenino: la fragilidad. Esta última noción la hallamos también en *La piedra cansada,* en donde se llama a una princesa india "¡Caña tierna!" (RevCul., p. 306a). Y hasta es posible que *caña* conlleve la noción de dulzura, como en "Idilio muerto" en que la personalidad de la *dulce* Rita se configura recordando *su sabor a cañas de Mayo del lugar* (LHN, p. 64).

(10) Señalamos estas posibles ampliaciones por creer que en la poesía trílcica se hallan, con cada nuevo sondeo, insinuaciones variadísimas, lejanas "nebulosas", diría Vallejo, cuyos débiles destellos también arrojan luz en la conciencia hechizada del lector.

Serpentínica *u* del bizcochero
engirafada al tímpano.

5. Quién como los hielos. Pero no.
    Quién como lo que va ni más ni menos.
    Quién como el justo medio.

    1.000 calorías.
    Azulea y ríe su gran cachaza
10. el firmamento gringo. Baja
    el sol empavado y le alborota los cascos
    al más frío.

    Remeda al cuco: Rooooooooeeeis...
    tierno autocarril, móvil de sed,
15. que corre hasta la playa.

    Aire, aire! Hielo!
    Si al menos el calor (——————— Mejor
                              no digo nada.

    Y hasta la misma pluma
20. con que escribo por último se troncha.

    Treinta y tres trillones trescientos treinta
    y tres calorías.

Más de un crítico ha visto en este poema una representación
humorística de un día de calor. Dice Coyné:

> "En realidad, la subordinación demasiado directa a una
> sensación de calor, insoportable, sofocante... —sensación
> de la cual se escapan tan sólo unas aspiraciones apenas
> elaboradas— ... hacen (*sic*) del poema que consideramos
> una experiencia aceptable por las condiciones elementales
> que nos revela, ..." (AC I, p. 119).

A diferencia de lo dicho en el párrafo citado, creemos que el
motivo del poema es otro y que, en realidad, Tr. XXXII no contiene "aspiraciones apenas elaboradas". El poema está hecho, a nuestro modo de entender, a base de una elaboración progresiva y suficiente.

Concordamos con Juan Larrea al pensar que Tr. XXXII tiene carácter humorístico, siempre que se aplique este juicio al plano somático, y no al plano simbólico (Cf.: AV 5, p. 273).

Nuestra tesis es que el poema tiene por objeto representar los estragos del imperativo sexual. Esta vez el poeta se sirve de medios completamente diferentes que funden, con sumo artificio, lo serio y lo festivo.

A buen seguro, Tr. XXXII tiene la apariencia de ser una fruslería lúdica, un juego de palabras, a juzgar por el uso de numerales inabarcables al final, los efectos onomatopéyicos (versos 2 y 13), y el empleo de palabras de intención burlona, tales como *gran cachaza, gringo, empavado* y *alborotar los cascos*. Creemos, sin embargo, que detrás de todo esto hay un segundo plano de mucho más valor. Llamaría la atención que el atormentado poeta de Santiago de Chuco hubiese incluido un simple pasatiempo humorístico en un volumen donde no hay ninguna otra composición de esa índole.

El comienzo mismo (*999*) no es simple grafía, sino expresión de inminencia, por ser éste el numeral que precede al millar. Es significativo que Vallejo use *mil* para expresar lo desorbitado o cuantioso. En "Yeso" (LHN, p. 45) dice: *llorando a mil pupilas.* En "Muro antártico", relato en que se describe también la sensación de desasosiego y tortura promovida por la pasión, se dice: "Ella, a mi lado, en la alcoba, carga el circuito misterioso de mil en mil voltios" (NyCC, p. 14). El mismo numeral expresa plétora, enormidad o grandeza en *Poemas humanos,* como, por ejemplo, en la siguiente declaración poética: "Oh la palabra del hombre, libre de adjetivos, de adverbio (*sic*), que la mujer declina en su único caso de mujer, aun entre las mil voces de la Capilla Sixtina!" (PH, p. 232). Se entiende ahora por qué el guarismo 999 es anuncio de algo que está por venir. El propio poeta confirma lo expuesto al darnos el numeral 1.000, en el verso 8, sugiriendo con ello el comienzo del estado crítico anunciado en el primer verso (11).

Es digno de notar también que en el primer verso se habla de *calorías,* y no de temperatura meteorológica, dándose a entender que el calor es interno, psicológico, se puede decir, y no simplemente el que se mide con un termómetro.

El final de la primera estrofa también tiene un significado ulterior:

---

(11) Se observará que el guarismo de inminencia (999) tiene la misma función que 99 con respecto a 100. En Tr. LXXVI se representa también el imperativo sexual y se dice: *Ebullición de cuerpos, sin embargo,/ aptos; ebullición que siempre/ tan sólo estuvo a 99 burbujas.* En este poema las *burbujas* son, simbólicamente, las *calorías* de Tr. XXXII.

3. Serpentínica *u* del bizcochero
4. engirafada al tímpano.

El verso 3 nos comunica una sensación de persistencia, a través del alargamiento vocálico en el pregón "¡bizcocheruuuuu...!" (12), idea reforzada por la referencia a la descomunal longitud del cuello de una girafa (*engirafada*).

La idea de extensión y de forma espiral que va envuelta en el adjetivo *serpentínica* estaba ya asociada al ardor pasional en "Rosa blanca". La "soga" que aquí se menciona es el flujo de la sangre, y la forma estrófica busca sugerir, según parece, la forma "serpentínica" de una voluta:

Soga sin fin
como una
voluta
descendente
de
mal...
soga sanguínea y zurda
formada de
mil dagas en puntal (LNH, p. 69).

En este poema, como en Tr. XXXII, también se ha llegado al numeral crítico: 1.000. Es curioso, además, que en "Rosa blanca" se encuentre asimismo una nota de automofa, no muy diferente de la que recubre el poema que estamos estudiando. Dice "Rosa blanca": *Me da risa esta soga/ rubí/ que rechina en mi cuerpo.* Este rechinar es el mismo que Tr. XXXII revela por vía onomatopéyica:

2. Rumbbb ... Trrraprrr ... chaz

También coincide "Rosa blanca" con Tr. XXXII en emplear la imagen del "hielo", como símbolo de impasibilidad. *Quién como los hielos,* dice Tr. XXXII, idea que "Rosa blanca" expresa así: *Ahora/ brilla un estoico hielo en mí.*

En cuanto a la estrofa 2, es ésta triple expresión de la ansiedad

---

(12) Tomamos este dato sobre la repetición de la vocal *u* del estudio de Juan Larrea antes mencionado. Algunos años antes, Luis Alberto Sánchez recordó al bizcochero en una hermosa colección de memorias: "César Vallejo, Haya de la Torre y otros personajes", *Cuadernos Americanos,* 1954, No. 3, p. 84.

del que se siente subyugado por el imperativo sexual y no logra recobrar su autodominio:

5. Quién como los hielos. Pero no.
6. Quién como lo que va ni más ni menos.
7. Quién como el justo medio.

Se comprenderá ahora por qué disentimos de quienes ven en estos versos una referencia a la imaginación creadora "y su alta calidad literaria" (13). Creemos que el poeta comprende su desazón y desequilibrio y, con una preocupación acusadora, tan típicamente vallejiana, hasta ansía recobrar *el justo medio* (verso 7), frase esta última que no tendría razón de ser, si el poeta se refiriese sólo a la temperatura de un día sofocante.

La estrofa 4 inicia el proceso de desequilibrio a que hemos aludido. Se ha llegado a las temidas *1.000 calorías.*

8. 1.000 calorías.
9. Azulea (14) y ríe su gran cachaza
10. el firmamento gringo. Baja
11. el sol empavado y le alborota los cascos
12. al más frío.

El cielo, lleno de dorada luz, (*gringo*) y el sol canicular, que se compara con un congestionado "pavo", todo concurre para desquiciar al lírico, o, como dice el poema, para "alborotarle los cascos".

Desde este punto en adelante, el poema cobra el aspecto de un trance apresurado y febril:

13. Remeda al cuco: Roooooooeeeeis...
14. tierno autocarril, móvil de sed,
15. que corre hasta la playa.

La obsesión del instinto tiene algo agorero que recuerda al *cuco* y hace pensar también en la pertinaz insistencia de un roedor, sugerida por la grafía del verso 13: Roooooooeeeeis... El verbo "roer(se)", como se dice en la sección dedicada a los poemas LIV y LXXIII, aperece a menudo en la obra vallejiana para sugerir el

---

(13) Véase: Villanueva, Elsa, *La poesía de César Vallejo,* Lima, 1951 p. 42.
(14) "Azulear" significa "exhibir su color azul", mientras que "azular" es "ponerse de color azul", como resultado de una gran tribulación (Tr. LIX), y también "blanquear la ropa" (Tr. VI).

quebrantamiento del yo interior. También hay contenido humano en el verso 14, esto es, en el adjetivo *tierno,* y en el sustantivo *autocarril,* a través del cual el imperativo sexual se da como algo móvil, sujeto a los designios del cuerpo. Lo mismo se subentiende en las palabras que el lírico prefirió no incluir, pero que representó por medio de una raya:

> 17. Si al menos el calor (————— Mejor
> no digo nada).

El pudor del lírico no se explicaría, si estuviese describiendo simplemente la temperatura de un día caluroso. Y, por último, el final acarrea el significado simbólico del "tres", que representa al "hijo" en la numerología vallejiana, concepto que refuerza la interpretación que hemos venido comentando (16):

> 21. Treinta y tres trillones trescientos (*sic*) treinta
> 22. y tres calorías.

Con esta generalización, el poeta iguala a toda la humanidad en lo que al instinto pasional se refiere.

Tr. XXXII encierra más de lo que parece "decir". Como todo genuino poema, sugiere; no comunica "ideas", ni representa escenas escabrosas, sino que nos invita a cavilar sobre las insinuaciones que contiene. Tr. XXXII se apoya en dos sugerencias: la tiranía del sexo y su imperio sobre la generalidad de los hombres. No creemos, pues, que sea un poema escrito para divertir al lector, ni tampoco una simple recreación poética de un día de verano.

* * *

Ninguno de los dos poemas estudiados es realmente poesía obvia, pero es forzoso convenir en que el segundo podría dejar al lector inmerso en las realidades inmediatas que representa, lo cual explica por qué se ha visto en esta creación lo físico antes que lo alegórico (17).

---

(15) También se usa "tierno" en Tr. XXX. composición en que se representa en detalle una experiencia erótica: *Quemadura del segundo/ en toda la tierna carnecilla del deseo.*

(16) Como se indica en el Cap. V, 6, el numeral 3 puede tener sentido peyorativo y acarrear la idea de imperfección y desquiciamiento.

(17) Nuestra interpretación no concuerda del todo con la que da James Higgins, quien dice: "El poeta es el prisionero de una situación de la cual no puede salir y en la que la realidad exterior le hace sufrir. Está experimentando el absurdo en carne propia". "Experiencia directa del absurdo en la poesía de Vallejo", *Sur,* mayo-junio, 1968, No. 312, p. 33.

Tr. XXIX mantiene una tónica de seriedad en toda su extensión, mientras que Tr. XXXII (*999 calorías*.) se inclina hacia la vena humorística en uno de sus planos, con lo cual se desvirtúa en parte el significado ulterior que contiene; lo humorístico y lo ideacional no están en armonía, pues uno es motivo de hilaridad, mientras que el otro es una proyección en el drama de la existencia.

2. *Dos símbolos insistentes*: Tr. XLVII, Tr. LXIX

La roca y el mar no aparecen nunca en *Trilce* como simples elementos decorativos, sino como medios de aproximación a un motivo poético, aun en aquellos versos en que las referencias marinas son alusiones de carácter secundario.

Para un temperamento terrígeno como era el de Vallejo, el mar fue siempre una inmensidad cambiante y misteriosa, y el embate de las olas un augurio de muerte. Esta visión pesimista se extiende a la roca, pues a ésta la ve el poeta como objeto de un constante asedio.

Obligado muchas veces a reflexionar sobre su vida, Vallejo seguramente vio en la roca y el mar algo de su propio ser. Por esto nos interesa aquí conocer el sentido íntimo de dos poemas —Tr. XLVII y Tr. LXIX—, a fin de desentrañar la lección fundamental que sacó el poeta de sus meditaciones. En el primero, la roca y el mar son fuentes de imágenes poéticas que expresan una norma de vida: afanarse es vivir . En el segundo, el mar aparece identificado con la vida del hombre moderno. Las dos piezas se complementan perfectamente, pues lo que en una es comienzo, el despertar del hombre, en la otra es realidad plena y, al mismo tiempo, indagación de consecuencias ulteriores (1).

Trilce XLVII

1. Ciliado arrecife donde nací,
    según refieren cronicones y pliegos
    de labios familiares historiados
    en segunda gracia.

5. Ciliado archipiélago, te desislas a fondo,
    a fondo (2), archipiélago mío!

---

(1) Queda fuera de la discusión Tr. I, aunque también contiene un motivo marino. Véase: Cap. I, 1.

(2) En la edición Losada se omite la coma después de *a fondo*.

Duras todavía las (3) articulaciones
al camino, como cuando nos instan,
y nosotros no cedemos por nada.

10. Al ver los párpados cerrados,
implumes mayorcitos, devorando azules bombones,
se carcajean pericotes viejos.
Los párpados cerrados, como si, cuando (4) nacemos,
siempre no fuese tiempo todavía.

15. Se va el altar, el cirio para
que no le pasase nada a mi madre,
y por mí que sería con los años, si Dios
quería, Obispo, Papa, Santo, o tal vez (5)
sólo un columnario dolor de cabeza.

20. Y las manitas que se abarquillan
asiéndose de algo flotante,
a no querer quedarse.
Y siendo ya la 1.

Comienza el poema con algunas alusiones histórico-geográficas
y, después de un arranque emocional (estrofa 2), parece desviarse
hacia la recreación de escenas familiares. Los cuatro últimos versos
esbozan el nacimiento del hombre, seguido de una referencia a la
primera hora del día, que simboliza el paso inexorable del tiempo.
Aunque logramos captar la atmósfera en que vibran las imágenes,
la variedad de motivos nos deja suspensos.

Una segunda lectura nos permite ver que el poema está concebido
en forma cinemática (6), esto es, como conjunto de partes que, sin
seguir un estricto orden temporal se funden unas en otras, unidas
por una idea matriz: la invalidez del hombre contemporáneo. Todo
esto se presenta, incluso algunas vagas referencias autobiográficas,
en cinco estrofas que se integran en una serie temporal arbitraria:

---

(3) En la edición Losada: *tus*.

(4) En la edición Losada se pone una coma totalmente superflua después
de *cuando*.

(5) En OPC: *talvez*.

(6) Empleamos esta palabra recordando un pasaje del propio Vallejo
que dice: "Muchas veces un poema no dice 'cinema', poseyendo, no obstante,
la emoción cinemática de manera obscura y tácita, pero efectiva y humana.
Tal es la verdadera poesía nueva". *Favorables - París - Poema*, No. 1, julio,
1926, p. 14. Reproducido en AV 1, p. 24.

1.ª estrofa: pasado histórico;
2.ª estrofa: presente inmediato;
3.ª estrofa: pasado (infancia);
4.ª estrofa: pasado (niñez);
5.ª estrofa: presente y visión del futuro.

Estos saltos temporales, por demás comunes en la poesía moderna, constituyen un modo de romper el orden cronológico y la logicidad de la poesía de años anteriores. Pero forzoso es reconocer que, por encima de la intencional dislocación de los estratos significantes, hay un manifiesto entrelazamiento de imágenes. Lo fragmentario y balbuciente se integra por fin dentro de un marco espiritual creado por la conciencia artística del lector.

La primera estrofa es de estructura abierta. En ella no hay verbo principal, ni tampoco precisiones objetivas. Lo primero que nos extraña es la alusión a un *arrecife* como lugar de nacimiento. El poeta no se identifica claramente en este poema con la formación marina, pues no dice "yo soy un arrecife", sino que afirma haber nacido en un "ciliado arrecife", esto es, en una proliferación rocosa cubierta de cilios —organismos ciliados protozoarios que abundan en la región costanera del Perú, y que se conocen con el nombre genérico de "plancton" (7). El arrecife es el punto de apoyo de una vida recién iniciada, y el mar la inmensidad desconocida e insegura que la circunda. La adición del adjetivo *ciliado,* que en sentido literal significa "con pelos", favorece la identificación del poeta a través del arrecife (8).

El *ciliado archipiélago,* que debió ser el punto de apoyo colectivo del recién nacido, resulta ser inconsistente e inútil, por lo cual exclama el poeta en dos angustiosos versos: ... *te desislas a fondo,/* (espacio en blanco) *a fondo archipiélago mío!* La segunda estrofa nos dice, pues, cómo pierde el hombre su entronque espiritual. Que el archipiélago puede concebirse como un sostén se colige de una frase escrita por el propio Vallejo al recordar a Apollinaire: "Un archipiélago de amor y desagravio surge en torno a su recuerdo" (9). Se notará que el archipiélago está asociado a rasgos espirituales

_____

(7) "Muy probablemente pertenecen al Plankton como también al benthos especies varias de los ciliados, los que casi nunca faltan en las aguas costaneras". Schweigger, Erwin, *El litoral peruano,* Lima, Cía. Administradora del Guano, 1947, p. 142.

(8) Si se recuerda que en 1911 Vallejo fue estudiante de Ciencias Naturales en la Universidad de San Marcos, no debe extrañar que aparezcan borrosas reminiscencias anatómicas en algunas estrofas, las cuales complementan el sentido del verbo *nací.*

(9) Véase "La Gioconda y Guillaume Apollinaire" en AV 1, p. 38.

(*amor, desagravio*), y que se conciben éstos como pequeño y tardío reconocimiento frente a un mar de indiferencia. Este mar es la vida, que va poco a poco deshaciendo al hombre, empecinado en inundar sus conquistas espirituales.

Es digno de especial observación el empleo de neologismos geográficos para representar fenómenos psíquicos: *te desislas a fondo,* ... Recordemos, de paso, que una de las características distintivas de la poesía trílcica es el empleo de genuinos tecnicismos, o de vocablos inventados a base de palabras científicas.

El desmoronamiento del archipiélago, entendido como símbolo poético, expresa la ineptitud de nuestros mayores:

7. Duras todavía las articulaciones
8. al camino, como cuando nos instan,
9. y nosotros no cedemos por nada.

Estos versos tienen dos sentidos: incapacidad física, e indiferencia ante la posibilidad de cambio. Quedan aquí subentendidas la insulsez de las veleidades heráldicas (*labios familiares historiados/ en segunda gracia*), y la convicción de que la vida es un hacerse a sí mismo, un no querer quedarse (10). Las generaciones anquilosadas, las que siguen teniendo duras articulaciones, no pueden prepararnos para nuestra empresa vital.

En la segunda estrofa, el diseño tipográfico deja un espacio en blanco al comienzo del verso 6, sugiriéndose así un lapso de tiempo vacío que ahonda aún más el efecto dramático al dejar momentáneamente interrumpido el enunciado poético. A esa intensificación contribuye también el simple hecho de repetirse la frase *a fondo* como grito desesperado.

La tercera estrofa presenta algunos problemas de forma y de significado. Es discutible el sentido de *pericotes,* en el verso 12. Vallejo pudo referirse aquí al ratón o al loro llamado comúnmente *perico.* De estas dos interpretaciones, la segunda está más de acuerdo con el significado de la estrofa, ya que el verbo *carcajearse* trae a la mente los repetidos estallidos de risa comunes en los niños, los cuales pueden muy bien imitar un loro. Sin embargo, de las dos acepciones, la primera es, sin duda, mucho más común en el Perú. En cuanto a la puntuación, hemos introducido una coma al final del

---

(10) Sobre el movimiento incesante y su significado en la vida de Vallejo ("alejarse", "partir", "no quedarse", etc.), véase el valioso artículo de Guillermo Sucre: "Vallejo, la nostalgia de la inocencia", *Sur,* No. 312, mayo - junio, 1968, p. 3.

verso 13, quitando a la vez la que sigue a *cuando* y *siempre* (versos 13 y 14); es muy probable que haya aquí un error de imprenta.

Hasta este punto el poema presenta al hombre como un ser inválido, que recibe una herencia cultural caduca. Es evidente que el poeta está contrastando lo viejo con lo nuevo. Idea parecida se le vino a la memoria, años más tarde, al discutir el dilema espiritual de Maiakovsky, que fue también, en parte, el suyo. Señaló entonces el poeta la "lucha interior entre el pasado que resiste, *aun perdido ya todo punto de apoyo en el ambiente,* y el presente que exige una adaptación auténtica y fulminante..." (11).

La cuarta estrofa amplía el fondo autobiográfico por medio de veladas alusiones al círculo familiar. Antes se habían mencionado los informantes en segunda gracia (verso 3), que deben de ser los abuelos paterno y materno de Vallejo, ambos sacerdotes, y también los hermanos mayores, los *implumes mayorcitos* del verso 11. El poeta recuerda después a la madre ya muerta, hecho que se ve reflejado en el empleo del imperfecto de subjuntivo (*pasase*), en la línea 16. También se menciona el infantil anhelo de llegar a ser obispo, ilusión que han recordado repetidas veces los biógrafos, y que constituye una pérdida más en el naufragio espiritual del poeta. Estas inserciones autobiográficas deben interpretarse como medios de representación poética y no como deseo de dar historicidad al poema. Se verá que todas ellas son expresiones de un estado de alma, esto es, una actitud de autoconmiseración de quien, como Maiakovsky, ha perdido su "punto de apoyo" (12).

En la cuarta estrofa aparece un verbo en presente (*Se va*) donde se esperaba un pasado (*Se fue, Se fueron*), puesto que sigue una cláusula dependiente en pasado *para/ que no le pasase...*). Estas incongruencias en el uso de los tiempos no son raras en los versos de Vallejo (13). Hay quienes, como Espejo Asturrizaga (14), leen aquí *para/ que no le pase nada a mi madre.* A nosotros nos parece mejor dejar la forma *pasase* como está, pues el poeta se refiere aquí a un hecho del pasado (15). Por la msima razón nos parece correcto el

---

(11) Véase la crónica "Wladimiro Maiakovsky" en AV 5, p. 80. (La cursiva es nuestra).

(12) Recuérdense aquí los versos 23 y 24 de Tr. XLIX: *quiero el punto de apoyo, quiero/ saber de estar siquiera.*

(13) Ejemplo muy conocido de falta de correspondencia de tiempos: *...le pegaban/ todos sin que él les haga nada* ("Piedra negra sobre una piedra blanca", PH, p. 190).

(14) JEA, p. 122.

(15) La madre del poeta murió el 8 de agosto de 1918, o sea, más de cuatro años antes de aparecer *Trilce.*

tiempo imperfecto en la línea 18 (*si Dios/ quería*). En este caso, el imperfecto añade un valor subjetivo.

La última estrofa contiene una importante referencia de doble sentido:

> 20. Y las manitas que se abarquillan
> 21. asiéndose de algo flotante, ...

Seguramente habrá quienes vean aquí un resto de religiosidad, pues se insinúa una actitud rogativa y una alusión muy vaga a la fe (*algo flotante*) (16). Por otra parte, la palabra *abarquillarse* podría representar exclusivamente el esfuerzo que hace quien ansía mantenerse a flote tras de perder el lazo que lo unía a su pasado cultural.

El último verso del poema tiene doble sentido, pues no sólo sugiere el comienzo de una vida dinámica sino también la integración de la personalidad, implícita en el numeral 1: *Y siendo ya la 1*. El lector ha de suplir aquí una forma verbal para completar el sentido. La oración completa sería: *Y (no podría ser de otro modo) siendo ya la l*. El prurito de economía verbal en *Trilce* es casi una monomanía.

¿Se refiere Tr. XLVII al hombre peruano en particular? Lo más probable es que no sea así. Al decir *ciliado arrecife* no piensa puramente en las islas guaneras, aunque el recuerdo de estas islas sea inevitable para cuantos conozcan la costa peruana. Nada hay en la composición, sin embargo, que lleve a pensar específicamente en el Perú, ni en la vida del poeta como peruano. Al contrario: hay por lo menos tres referencias en la primera persona del plural, las cuales ponen buena parte del poema fuera de lo meramente autobiográfico: *cuando nos instan* (verso 8), *nosotros no cedemos por nada* (verso 9) y *cuando nacemos* (verso 13). Estas cláusulas, que sin duda se refieren al hombre en sentido genérico, van mezcladas con construcciones en primera persona (*arrecife donde nací, archipiélago mío* y *por mí que sería ... Obispo*), pero estas últimas son parte del mundo poético de Tr. XLVII y no simples datos autobiográficos.

Es seguro que al poeta no le interesaba el choque de dos generaciones específicas —la suya y la anterior—, sino algo más importante, esto es, la pugna entre la aversión de los mayores a ponerse al día y el dinamismo de los nuevos, representados aquí por el poeta en su infancia. Y como ese conflicto se plantea bajo el aspecto de problema constante, ya que el poeta dice *como si, cuando nacemos,/*

---

(16) Recuérdese aquí la asociación de *manitas* con una vaga idea religiosa: *Verano, ya me voy. Y me dan pena/ las manitas sumisas de tus tardes./ Llegas devotamente*. (Véase "Verano", LHN, p. 33).

siempre no fuese tiempo todavía, resulta así que siempre habrá un grupo de últimos y que éstos serán siempre desvalidos.

Vallejo ve los comienzos de la anquilosis del hombre en la infancia misma, entre los "implumes mayorcitos", que ya parecen haber envejecido y "se carcajean (como) pericotes viejos". La única conclusión posible de tan desesperanzadas premisas es que sólo pueden ser factores de progreso los pocos que se atreven a "no quedarse".

Cabe preguntarse si el poema es un caso de incoherencia excesiva. Nosotros no lo creemos. Lo que más podría desconcertar al lector es la variedad de referentes. Apuntemos los más importantes:

verso   1 — él - yo: el arrecife - yo nací
verso   3 — ellos: labios familiares historiados
verso   5 — tú: (tú), ciliado archipiélago
verso   8 — nosotros: nos instan
verso   9 — nosotros: no cedemos
verso 11 — ellos: implumes mayorcitos
verso 13 — nosotros: nacemos
verso 15 — ellos: el altar, el cirio
verso 16 — ella: mi madre
verso 17 — yo: por mí
verso 20 — ellas: las manitas
verso 23 — (impersonal): siendo

El poema rota, como hemos visto, alrededor de una idea central —la orfandad del hombre—, que parece expresada como triple desventura: 1) el naufragio espiritual de la segunda estrofa; 2) la debilidad congénita del hombre, quien nace siempre antes de tiempo (tercera estrofa), y 3) la pérdida de las creencias religiosas (cuarta estrofa). El comienzo y el fin del poema reflejan, por su parte, la infancia y la niñez, respectivamente, y sirven de marco histórico al cuerpo central. Podría ponerse en tela de juicio la eficacia de este marco, ya que la niñez y la infancia no son las épocas más representativas de la totalidad del hombre. Para Vallejo lo eran. Más aún: a juzgar por la incidencia del motivo que aquí discutimos, podría afirmarse que Vallejo siempre vio en el hombre un niño. Y también inversamente, vio un prematuro anciano en el infante. No deja de ser significativo que la niñez y la vejez acudan a su mente en un mismo pensamiento: *implumes mayorcitos ... se carcajean* [como] *pericotes viejos.*

A pesar de todo lo dicho, preciso es confesar que la estructura de Tr. XLVII no parecerá realmente orgánica a quienes lean el poema como unidad en sí, pues el verdadero sentido de sus componentes se aclara sólo después de recordar el concepto vallejiano del hombre-niño y otras ideas asociadas a la doble noción infancia-niñez, poetizada en diferentes composiciones trílcicas. Este es otro caso de poema cuyo significado depende en parte de modificaciones que están fuera de él.

Tr. XLVII es, en suma, una de las muchas expresiones del dinamismo que Vallejo asociaba con la existencia del hombre en la tierra. Pero Vallejo no era ingenuamente optimista y, por esto, hay en Tr. XLVII una extraña mezcla de dos ingredientes: incertidumbre, que proviene de llegar el hombre al mundo siempre antes de tiempo (verso 14), y voluntad, expresada en el "no quedarse", del verso 22. Quizá sospechase ya el poeta que esa esperanza de salir flotando habría de llevar envuelta siempre una inseguridad, una problemática. Así se lo dirá, algunos años después, a su amigo Pablo Abril en una sentida carta en que se ven reflejos de Tr. XLVII:

"¿Será que *he nacido desarmado del todo* para luchar con el mundo? Puede ser. Pero este sobresalto diario viene a dar directamente en *mi voluntad,* y la apercolla y parece haberla tomado de presa preferida. En medio de mis horas más terribles *es mi voluntad la que vibra,* y su movimiento va desde el punto mortal en que uno se reduce a sólo dejar que venga la muerte, hasta el punto en que se intenta conquistar el universo a sangre y fuego" (17).

He aquí los mismos ingredientes que hemos hallado en Tr. XLVII: incertidumbre y voluntad. ¡Cómo alumbra esta carta el sentido íntimo del poema! Ahora se comprenden en toda su dramática desolación los versos 5-6:

5. Ciliado archipiélago, te desislas a fondo,
6.   a fondo archipiélago mío!

He aquí el grito angustioso del hombre desvalido que siempre fue Vallejo en su edad madura, ese doliente náufrago que nació, según sus propias palabras, "desarmado del todo" para luchar con el mundo...

_____

(17) Véase: Castañón, José Manuel, *Pasión por Vallejo,* Mérida (Venezuela), 1968, pp. 140 - 141. (La carta es del 26 de mayo de 1924. La cursiva es nuestra).

1.   Qué nos buscas, oh mar (18), con tus volúmenes
docentes. Qué inconsolable, qué atroz
estás en la febril solana.

Con tus azadones saltas,
5.   con tus hojas saltas,
hachando, hachando el (19) loco sésamo,
mientras tornan llorando las olas, despúes
de descalcar los cuatro vientos
y todos los recuerdos, en labiados plateles
10.   de tungsteno, contractos de colmillos
y estáticas eles quelonias.

Filosofía de alas negras que vibran
al medroso temblor de los hombros del día.

El mar, y una edición en pie,
15.   en su única hoja el anverso
de cara al reverso.

Poema complejo, complejísimo, que engaña con un primer plano de suma sencillez. En este caso tendremos, por fuerza, que examinar detalles.

El primer verso (*Qué nos buscas, oh mar,* etc.) puede significar: a) ¿Qué punto vulnerable buscas en nosotros...?; *b*) ¿Qué buscas, oh mar, para dárnoslo...?; *c*) ¿Qué buscas en nosotros para luego defraudarnos...? En *a*) fijamos la atención en un referente sustantival implícito en el interrogativo; en *b*) y *c*) atendemos más bien al dativo de interés (*nos*), entendiéndolo en sentido meliorativo y peyorativo, respectivamente. ¿Qué interpretación preferir? Si nos fijamos en el resto de la estrofa se entendería lo siguiente: "¿qué buscas en nosotros, oh mar, para enseñarnos tu (vieja) lección?" Ahora bien, como los versos 2-3 son de signo negativo, suponemos inmediatamente que la lección del mar habrá de ser desconsoladora, para el poeta y para la humanidad en general. De todo lo dicho se deduce que la interrogación inicial apunta a un referente impreciso, e implica a la vez algo desventajoso. Luego veremos que los *volúmenes docentes* son el correlato de la *edición en pie,* del verso 14. Esta y aquéllos contienen una y la misma lección.

---

(18)   Hemos añadido la coma siguiendo la versión de OPC.
(19)   Edición Losada: *en loco sésamo.*

El tono de la primera estrofa nos da a entender la desconfianza del hablante lírico ante el mar. No otro es el significado del adjetivo *atroz*. Tal actitud traduce una predisposición anímica negativa, la misma que se observa en otros poemas trílcicos sobre motivos marinos. El mar es la vida, inmensidad ignota en la que el hombre apenas se mantiene a flote. El mar es, además, pérfido, porque constantemente nos da una engañosa lección de activismo; a ésta se refiere el poeta al mencionar sus *volúmenes docentes*. Pero el mar entraña un dualismo porque es, por un lado, agitación y violencia (versos 4-6), y, por otro, angustia y atonía (versos 7-11). He aquí dos modalidades que se dan en constante y viva contraposición. Todo el poema insiste en esta nota de concurrencia, comenzando con la línea 2, en que se reúnen en una sola construcción la fase depresiva y la fase álgida por medio de adjetivos: *Qué inconsolable, qué atroz/ estás en la febril solana*. Inconsolable y atroz a la vez, el mar es la concreción de un modo de existencia ambivalente que encierra una *filosofía de alas negras,* pues todo ímpetu lleva envuelto un inevitable abatimiento. El mar es frenesí y, al mismo tiempo, un espectáculo de olas que "tornan llorando".

En la segunda estrofa, los versos 4-6 representan la frase activa a través de instrumentos cortantes: azadones, hojas (¿de cuchillos?) y hachas. Los verbos, por su parte, sugieren la acción de romper, cortar o destrozar: saltar, hachar. El momento álgido de esta desorbitada actividad está en el verso 6, que termina con una especificación inesperada: *el loco sésamo.* Esta frase trae a la memoria el sésamo, planta también llamada "alegría", y al mismo tiempo, la fórmula mágica "¡ábrete, sésamo!". El mar traspasa, en su denuedo, los límites de la acción eufórica, como buscando una entrada en el reino de lo mágico. Inmediatamente acude a nuestra mente un paralelismo con el destino del hombre, quien, tras una vigorosa y audaz empresa, también anhela dar con la fórmula mágica de su felicidad. Este paralelismo, como veremos, se acentúa cada vez más a medida que se desarrolla el poema.

La segunda estrofa, considerada como unidad en sí, deja traslucir, detrás de las muchas imágenes marinas, la presencia de una enorme imprenta en continuo y obstinado movimiento (20): el mar es esa imprenta. Los *azadones* son las planchas grabadoras que van y vienen, a compás con las hojas, que saltan también, convertidas en las páginas de un libro. Se combinan aquí una vez más los

(20) Se describe una imprenta parecida en "Liberación": "los aceros negros rebullían, chocaban cual reprochándose, rozábanse y se salvaban a las ganadas, giraban quizás locamente, con más velocidad que nunca" (NyCC, p. 41).

opuestos: la acción incesante de la máquina y el reposo de la hoja impresa que ha caído en los *plateles de tungsteno.* Ese mar que vive de recuerdos y llora es, por inferencia, el poeta. Y nada de extraño tiene que hayamos desembocado en el problema humano, pues estaba ya implícito en el primer verso del poema: (*Qué nos buscas, oh mar...*) y también en la palabra *recuerdos,* del verso 9. Tr. LXIX ha ido adquiriendo cuerpo y complejidad, como se ve, al pasar de un plano de significación a otro.

La concurrencia de los polos opuestos la indica claramente el adverbio *mientras,* del verso 7, que introduce la fase depresiva:

7.   mientras tornan llorando las olas, ...

Es imposible decir con certeza si fue la intención de Vallejo poner una coma después de *cuatro vientos* (verso 8), de modo que se lea:

7.   mientras tornan llorando las olas, después
8.   de descalcar los cuatro vientos,
9.   y todos los recuerdos, ...

En este caso, el verbo *tornan* iría gobernado por un doble sujeto: las olas tornan llorando ... los recuerdos tornan llorando. Si no se pone una coma en el verso 8, habría que pensar en un doble complemento directo y el sentido sería: descalcar las olas ... descalcar los recuerdos. De todos modos, en ambas construcciones se encierra una nota negativa, en un caso, de decaimiento, y en el otro, de destrucción. Ambas están a tono con el resto del poema.

Las líneas siguientes merecen especial atención:

9   ... labiados plateles
10.   de tungsteno, contractos de colmillos
11.   y estáticas eles quelonias.

Estos versos, que contienen varias alusiones al mundo de los libros, son parte de la imbricación poética iniciada en el primer verso; ésta se desenvuelve a lo largo de todo el poema apoyada en los siguientes sustantivos: *volúmenes docentes, hojas, plateles de tungsteno, eles quelonias, edición en pie* y las dos planas de una hoja única.

En los versos recién citados hay varias palabras de doble sentido y algunas expresiones herméticas. Los plateles del verso 9 traen a la mente la figura de una embarcación, no sólo por su forma misma y la sugerencia contenida en el verbo *descalcar,* sino también por una posible asociación con palabras como "bateles", o "bajeles". El adjetivo *labiados,* constituido a base de *labios,* sugiere los bordes de un objeto y comunica a la vez, por contener el sustantivo *labios,* la idea de expresividad.

La expresión *contractos de colmillos* es reflejo de frases adjetivales en que se combinan adjetivos y sustantivos, como, por ejemplo, "cerrados de mollera", "cortos de inteligencia", etc. El verso 10 es, pues, un remedo morfológico. El verso siguiente, por el contrario, es un caso de transformación eufónica: *eles quelonias.* La idea de estatismo (verso 11), que aparece contrapuesta a la de movimiento febril, quizá sugiriese al poeta la lentitud de un quelonio (tortuga) y, como el hablante ya había establecido la conjunción del mar y la imprenta, es probable que pensara en "olas" y "eles" al mismo tiempo. Además, la terminación misma de la palabra *plateles* sugiere letras del alfabeto (platos + eles). Todo esto explicaría por qué escogió "eles" y no "jotas" o "zetas", por ejemplo. Estas "variaciones" fonéticas y juegos de sonidos eran uno de los pasatiempos favoritos de Vallejo, al decir de varios informantes (21).

Examinemos ahora los versos 8-11, para mostrar, a modo de ejemplo, la multiplicidad de significados que contienen.

Recordemos, en primer lugar, que el verbo *descalcar* del verso 8 significa, en su sentido literal, "remover las estopas viejas de un barco". Así como el mar "descalca" las embarcaciones tras largas travesías en las cuatro direcciones de la brújula, así también el poeta, llevado y traído por su peripecia vital, va dejando parte de su humanidad aquí y allá, a lo largo del viaje de su vida, para retornar "averiado" a decirnos sus desilusiones en sus versos, los cuales saldrán de sus labios como salió el mensaje del mar a través de duros y *labiados plateles de tungsteno.* Pero los *recuerdos* del poeta, que son los de todos los hombres, no dirán un cuento alegre sino una larga historia de atrocidades (a las que aluden los *colmillos,* ahora *contractos*) y también derrotas (sugeridas por las *eles quelonias*). Quedan prendidos en esta urdimbre otros significados más sutiles, algunos de ellos apenas insinuados. Observemos, por ejemplo, que "colmillos contractos" son un sustituyente de "garras contraídas",

---

(21) Véase: JEA, p. 60. Los traslados de forma o sonido explican las grafías raras y algunos de los neologismos trílcicos: repetición de consonantes (*volvver*), alargamiento de consonantes (*grittttos*), intercambio de sílabas (*toroso Vaveo* por "baboso toreo"), partición de una palabra (*todo avía*). La fuerza asociativa de la palabra como sonido se deja traslucir en una carta de enero 29, 1918, que dice: "Un abrazo estupendo, inmortal, ruidoso, troglodítico, mamarracho, sin límites, sin vergüenza"... (Vaya, a fuerza de sin y sin y sin meto un sinvergüenza) (RevCul., p. 194a).

y que nos comunican la ferocidad de una lucha que ha terminado por el momento. Las *eles quelonias,* por su parte, nos dicen cuanto hay de inercia y de deformación en la apatía que sigue a un frenético activismo. Recuérdese, además, que "descalcar" significa trasladar o borrar, lo que ha sido calcado; es, por lo tanto, lo contrario de "imprimir", o sea, la acción a que aluden los *plateles* de la imprenta. Añádase ahora la nota de sarcasmo contenida en la palabra *recuerdos:* lo que fue realidad viva es ahora sólo memoria, y esto es lo único que el poeta podrá entregarnos en sus versos. Como se ve, en la segunda mitad de la estrofa 2 hay toda una variedad de interrelaciones y resonancias interiores que son partes constitutivas del poema, tan importantes como los contenidos más o menos obvios que acuden a la mente del lector al hacer la primera lectura.

Si relacionamos ahora la estrofa 2 con la estrofa 3, se ve inmediatamente que la fase eufórica (versos 4-6) y la fase depresiva (versos 7-11) son como los fundamentos de la meditación contenida en los versos 12-13. La tercera estrofa es, pues, suma y síntesis de la segunda. Y, como esa síntesis es de signo negativo, no es de extrañar que se asocien las *alas negras* al *medroso temblor de los hombros del día.* La palabra *hombros* nos hace pensar que, detrás de la *filosofía de alas negras,* está el poeta mismo, cuya presencia ya habíamos vislumbrado en versos anteriores. De todo lo vivido —nos dice Vallejo— sólo han quedado un residuo de tristes reflexiones y un temor que empoza la vida:

12. Filosofía de alas negras que vibran
13. al medroso temblor de los hombros del día.

En la última estrofa aparece el mar como un libro en que se funden dos modalidades opuestas. Dicho libro es ilegible, pues lo impreso por un lado en su única hoja está cara a lo impreso por el otro.

Hay, pues, una conjunción de dos textos, ambos al revés:

14. El mar, y una edición en pie,
15. en su única hoja el anverso
16. de cara al reverso.

Sobre el final de Tr. LXIX dice André Coyné: "luego, a partir de la última expresión, se origina una tentativa absurda y decisiva para agotarlo, para destruirlo todo, de la cual no sabemos si multiplica la angustia o si le abre una solución: 'en su única hoja el anverso/ de cara al reverso'" (AC I, p. 116).

¿Es, en realidad, este final "una tentativa absurda"? Según lo lo dicho en líneas anteriores, es más bien la culminación de la actitud negativa que el poeta ha venido esbozando desde la primera estrofa: *inconsolable, atroz, loco sésamo, filosofía de las alas negras,* etc. Nosotros no vemos una alternativa en los dos últimos versos, pues no abren "una solución", pero sí multiplican la angustia de que nos habla Coyné, porque el poeta adivina la similitud entre el mar y su propio modo de ser. Este final unívoco está en perfecta consonancia con el sentido de las estrofas anteriores. Para quien ansiaba resolver los dualismos de su vida contradictoria, el mar era una confirmación en grande de las inevitables antinomias del diario vivir y de su atribulada psique.

En la última estrofa omitió el poeta el verbo principal. La oración completa podría ser: "El mar y una edición en pie son iguales". Esta correspondencia es eco del contenido de toda la segunda estrofa. Ahora bien, como detrás de las imágenes marinas está el poeta, es posible asociar el libro de que nos habla el poema con una obra de Vallejo. En ésta habremos de hallar, pues, los mismos extremos que caracterizan al mar.

Los últimos versos son de hondo dramatismo porque dejan implícita una conclusión terrible y desalentadora sobre la ineficacia de la palabra escrita. Para un poeta, cuyo oficio es dar forma comunicable a las creaciones del espíritu, debió de ser angustioso pensar que los dualismos en que por fuerza vive el hombre son siempre indescifrables. La contraposición de las dos caras de la misma hoja es el reflejo del absurdo convivio de contrarios en el mar y en el hombre: actividad e inercia, estar *inconsolable* y ser *atroz.* He aquí lo incomprensible de la existencia. Con razón dirá el atormentado poeta: *Cómo detrás* [de todo] *desahucian juntas de contrarios* (Tr. X). El poema se cierra, pues, con una sombría reflexión. El mar y la imprenta seguirán empecinados en su tarea obsesiva y contradictoria sólo para producir un extraño libro "docente", que Vallejo asocia sin duda alguna con su propia obra.

Tr. LXIX sigue un plan, pues sus partes se ayuntan como piezas de un mosaico, como si existiera entre ellas una razón de necesidad. No deja de ser significativo, a este respecto, que al discutir la pintura de Juan Gris, Vallejo admirase en el artista español algo muy suyo también, esto es, "un riguroso sentimiento matemático del arte" (AV 1, p. 47).

Hagamos ahora un diagrama de Tr. LXIX para que resalte más claramente la disposición de sus partes y la manera de relacionar el contenido y el trasfondo metafórico:

1.ª estrofa: actitud ante un mar ambivalente.
2.ª estrofa: concepción bipartita, con un cariz positivo (versos 4-6) y otro negativo (versos 7-11). En esta estrofa se intensifica gradualmente el paramento artístico, cuyo comienzo está en los primeros versos: *volúmenes/ docentes.*
3.ª estrofa: conceptualización de signo negativo sobre el significado del mar.
4.ª estrofa: brevísima mención del mar al comienzo (verso 14) y desarrollo aún mayor de la visión poética: el libro, su única hoja, su mensaje.

La conjunción del contenido reflexivo y la alegoría la llevan a cabo varios términos ambivalentes que aluden al mar y al libro a la vez: *volúmenes* (cantidad de agua y libros), *hojas* (olas y páginas), *plateles* (embarcaciones y recipientes), *colmillos* (ferocidad del mar y tipos de metal), etc. Al fin del poema, mar y libro quedan totalmente fundidos uno en otro, constituyendo una sola unidad: el mar es como *una edición en pie.* Los dos componentes podrían representarse por medio de *a*) un rectángulo, esto es, el elemento reflexivo presente en todo el poema, y *b*) un triángulo interior, cuyo ápice está cerca del comienzo del poema (*volúmenes*) y cuyo cuerpo se ensancha cada vez más hasta llegar ambas figuras a coincidir por la base; éste sería el elemento alegórico:

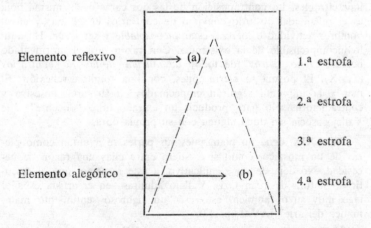

Tr. LXIX deja en nuestra memoria una triple imagen de desconcierto: un mar incontenible, "el loco sésamo", una creación humana —la imprenta— también en insana actividad, y un poeta que reflexiona sobre su propio activismo y sus versos, para deducir de todo ello una "filosofía de alas negras", que vibra al *medroso temblor* de sus propios hombros. ¡Sarcasmo de sarcasmos! El poeta ha de aceptar como verdad irrecusable precisamente lo que intentó rechazar al comienzo: *Qué nos buscas, oh mar...* Los "volúmenes" marinos han resultado ser en verdad "docentes" porque el que ha aprendido una nueva lección es el poeta mismo: el mar, esto es, la *edición en pie*, es la interioridad del propio sujeto lírico.

Si releemos el poema pensando principalmente en el yo lírico que lo compuso, hallaremos que cuanto se dice del mar es aplicable a él: inconsolable, atroz, febril, saltas ... hachando, "descalcando" recuerdos, "estático", o poseído de medroso temblor, etc. La "ciclotimia" del mar es la del lírico, quien se desvive entre realidades y recuerdos, entre la agitación afiebrada (*olas*) y la inercia (*eles quelonias*). Todo esto se resume en el verso 14:

14.   El mar y una edición en pie,

Tr. LXIX es un poema digno de ser recordado por su compleja contextura. Su contenido emocional, sugerido desde la primera estrofa, se hace cada vez más hondo sin ser jamas obvio. Contiene, además, muchos versos de manifiesta calidad gráfica (versos 4-6; 10-11) y muy sutiles connotaciones (versos 12-13) que enriquecen el significado total del poema. Tr. LXIX tiene, en suma, indiscutible valor artístico y un contenido profundamente humano, aunque a primera vista parece ser sólo un paisaje marino y una alegoría del mar.

* * *

Resumamos. Mirados los símbolos del mar y la roca como concreciones de las ideas de Vallejo, vemos ahora que el poeta no veía en ninguno de los dos su salvación: el primero le deja flotando en busca de asidero; la segunda le lleva a una filosofía pesimista y al autoanálisis. La roca es desfondamiento, la pérdida de toda certeza. El mar es una indeseable conjunción de opuestos y también espejo de una interioridad conflictiva.

CAPITULO VII. FORMA INTERIOR

1. *Temple ambiguo*: *Tr. XXXVII*

Hay un aspecto del temperamento vallejiano que se ha discutido raras veces: su cariz jocoso. Dominados por el dramatismo de los "temas", los críticos han puesto de relieve casi exclusivamente los rasgos sombríos, la propensión a la melancolía y a la desesperación. Pero también hay comentaristas que, por ceñirse a los datos que nos proporcionan los biógrafos, caen en interpretaciones equivocadas.

Es erróneo suponer que, porque Vallejo gustaba de chanzas y juegos verbales, su poesía es, en algunos casos, expresión de un espíritu festivo. El poeta Vallejo no tiene por qué coincidir con el hombre cotidiano. Puede ocurrir, por ejemplo, que un poema presente dos caras, una, al parecer, alegre, y otra seria. Separada la primera de la segunda, podría pensarse que Vallejo cultivaba la vena humorística, cuando lo que en realidad se proponía, como estructurador lírico, era enfrentar la primera a la segunda, y mostrar así el engaño de las apariencias y los sarcasmos de la vida. Este es el caso de aquellos poemas en que los arrestos másculos acaban en una forma de lamentación. Dos ejemplos:

a) Y hembra es el alma mía (Tr. IX).

b) Regocíjate, huérfano; bebe tu copa de agua
desde la pulpería de una esquina cualquiera (Tr. LXXI).

También es arriesgado tomar literalmente palabras como "reír" o "risa" para fundamentar una teoría sobre el espíritu del lírico. Basta recordar el sentido trágico de Tr. LIV para convencerse:

arde cuanto no arde y hasta
el dolor dobla el pico en risa.

Aquí no hay ni asomo de comicidad. El poeta usa la risa como máscara que encubre un tremendo descalabro espiritual.

No hay ningún poema trílcico que sea fundamentalmente humorístico, ni siquiera la conocida composición Tr. XXXIII (*999 calorías./ Rumbbb ... Trrraprrr rrach ... chaz*), que, por su forma exterior, parece ser una simple diversión poética. En *Trilce* el elemento humorístico es muy reducido y es siempre un medio, nunca un fin. Es común hallarlo vertido ya en segmentos que contienen un abultamiento desproporcionado de falsas presunciones (*Vusco volvvver de golpe el golpe* — Tr. IX), o en versos que ponen de manifiesto la indiferencia del ambiente ante las exigencias pasionales del hombre (*Azulea y ríe su gran cachaza/ el firmamento gringo* — Tr. XXXII).

Si reconsideramos los poemas de los cuales se han citado versos en los párrafos precedentes, hallamos que el proceso interior de estas composiciones es de dos tipos: desarrollo sucesivo —lo jocoso es seguido por lo serio—, y desarrollo concurrente —lo jocoso y lo serio en relación recíproca. Este segundo proceso es el que ahora nos interesa. Para determinar los mecanismos psíquicos que lo sustentan, y los efectos que pueden tener en el poema, examinemos ahora la composición XXXVII.

Trilce XXXVII

1. He conocido a una pobre muchacha
   a quien conduje hasta la escena.
   La madre (1), sus hermanas qué amables y también
   aquel su infortunado "tú no vas a volver".

5. Como en cierto negocio me iba admirablemente
   me rodeaban de un aire de dinasta florido.
   La novia se volvía agua

---

(1) Coyné cree que el poeta alude aquí a la madre de Otilia. Preferimos no hacer este tipo de identificaciones para no mermar el alcance artístico del poema. *Cf.*: AC II, p. 180, nota 11.

y cuan bien me solía llorar
su amor mal aprendido.

10.   Me gustaba su tímida marinera
de humildes aderezos al dar las vueltas,
y cómo su pañuelo trazaba puntos,
tildes, a la melografía de su bailar de juncia.

Y cuando ambos burlamos al párroco,
15.   quebróse mi negocio y el suyo
y la esfera barrida.

Desde el comienzo se nota una especie de desarmonía entre la
intención festiva y el asunto que sirve de motivo central. El poema
parece tener espíritu familiar y juguetón, y ser también expresión
de simpatía y ternura. El motivo está tratado en broma y en serio
a la vez:
a) Coloquialismo regocijado:

3.   La madre, sus hermanas qué amables ...
5.   Como en cierto negocio me iba admirablemente...

7.   La novia se volvía agua, ...
15.   Quebróse mi negocio ...

b)   Expresiones de aprecio compasivo:

1.   ... una pobre muchacha...
4.   su infortunado "tú no vas a volver".
9.   su amor mal aprendido.
10-11.   ... su tímida marinera/ de humildes aderezos...

Al choque que produce esta diferencia tonal hay que agregar el
desdoblamiento del lírico, quien es a) creador comprensivo y b) actor frívolo (dinasta florido):

a)   8.   y cuán bien me solía llorar
b)   15.   quebróse mi negocio y el suyo
16.   y la esfera barrida.

En este poema hay una realidad viva —el interés de una mujer
por ganarse el afecto de un hombre— y una representación histriónica que falsea el drama humano. En cuanto a esta última circuns-

tancia, es de observar que el poema coloca la acción en una especie de escenario teatral (*a quien conduje hasta la escena*) y luego, en un ruedo, como el de un circo (*y la esfera barrida*). El carácter dramático del poema resalta particularmente en la tercera estrofa, que representa una "escena" en la cual se mezclan la actitud admirativa y la falsa compasión. Releamos:

10. Me gustaba su tímida marinera
11. de humildes aderezos al dar las vueltas,
12. y cómo su pañuelo trazaba puntos,
13. tildes, a la melografía de su bailar de juncia.

No hay en *Trilce* ningún otro pasaje en que se vea tan claramente el gusto de Vallejo por la representación gráfica (*puntos, tildes, melografía*) de una escena pletórica de dinamismo. En el alma del poeta convivían un lírico y un dramaturgo.

Tr. XXXVII es una creación plural, compleja y hasta confusa: la joven admirada aparece ante nuestra conciencia como una mujer sencilla e inhábil, pero también interesada en su *negocio* (verso 15), nota, esta última, que añade al personaje femenino una dimensión de calculismo y de hipocresía:

a) Aparentismo:

7. La novia se volvía agua,
8. y cuán bien me solía llorar

b) Naturalidaď:

10. ... su tímida marinera
13. ... su bailar de juncia.

Al final aparece otra aseveración ambigua, que subraya el carácter paradójico del poema:

14. Y cuando ambos burlamos al párroco, ...

¿Es esta "astucia" expresión de un cálculo doble y de indiferencia, o queda, entre líneas, un sentimiento de bochorno disfrazado por la expresión poética?

En Tr. XXXVII hay realidades y apariencias, compasión y dureza, ingenuidad y artería. El lírico se ha bifurcado y aparece como hablante jocoso-serio. Esto explica por qué se han expresado pareceres tan diferentes sobre el poema. Unos toman el conjunto como expresión de desconsuelo ante la posibilidad de un cosmos hogareño que no llega a realizarse (RP, p. 67); otros destacan la burla que hace de sí mismo el lírico al verse reflejado en su propia conciencia (MI, p. 39), y también hay quienes consideran Tr. XXXVII como un caso de hipocresía femenina (AV 5. p. 32). En realidad, el poema contiene todos los rasgos apuntados, y también otros, pues su contextura interna es plural y no descansa en ninguna motivación psíquica en particular sino en la presencia de todas ellas.

La misma multiplicidad se ve en la primera versión del poema (JEA, pp. 189-190). Es verdad que Vallejo hizo revisiones. Cambió, por ejemplo, el vocablo común por otro más selecto (príncipe ⟩ dinasta; adorno ⟩ aderezos; bailar sin goce ⟩ bailar de juncia). También omitió un "porque" y una frase relativa (*que tuve*) y transformó el discurso indirecto en una cita ("tú no vas a volver"), dándole así al poema mayor dramaticidad. A pesar de estos cambios, Tr. XXXVII no logra convertirse en nada notable, porque el fondo siguió siendo el mismo: una situación trivial, sin ninguna trascendencia. Su falta de armonía interior no se debe a los cambios de vocabulario introducidos en los versos trílcicos sino a una dispersión de motivos ya presente en el texto original.

En la mayoría de las composiciones trílcicas la unidad del conjunto descansa en la coordinación de las fuerzas psíquicas que en ellas laten; cuando no está presente este factor, el poema corre el peligro de transformarse en un todo multiforme, desconcertado y confuso, particularmente si está hecho de numerosos componentes poéticos disímiles. Nada de particular tiene que en poesía se enlacen lo jocoso y lo serio, siempre que el motivo central de la composición lo permita. No es éste el caso de Tr. XXXVII. Las fuerzas interiores que en él se concitan no son armónicas. Dice Wolfgang Kayser: "Cuando las actuaciones son inarmónicas, es decir, de origen inconciliable, la obra es frágil de suyo" (2). Esta es, precisamente, la debilidad fundamental de Tr. XXXVII: el temple ambiguo del lírico hace chocar lo lamentable con lo risible, la compasión con la burla.

La ambigüedad, como ingrediente de la existencia, es preocupación constante en *Trilce* y tiene, naturalmente, su razón de ser, ya que es parte de la cosmovisión vallejiana. En Tr. XXXVII la ambigüedad no es tema o asunto sino reflejo de una bifurcación espiritual, postura ambivalente y contradictoria que transmite al poema

_____

(2) *Interpretación y análisis de la obra literaria*, Madrid, Gredos, 1954, p. 554.

el carácter de creación doble, como si se hubiesen juntado dos rumbos antitéticos dentro de una misma estructura.

Es verdad que el poema contiene "cierta burla jovial sobre la situación personal y económica del poeta (MI, p. 39), pero esta nota de autocrítica no es suficiente para desvanecer el dejo de tristeza que va envuelto en el fracaso amoroso de la *pobre muchacha* (verso 1), quien resulta ser víctima de su ingenuidad y del calculismo de aquellos que la rodean. La actitud ambigua destruye la eficacia del poema como expresión comprensiva de las debilidades humanas.

Para destacar mejor la naturaleza íntima de Tr. XXXVII quizá no sea importuno establecer dos comparaciones, una que aclare el sentido de lo jocoserio, y otra que distinga entre lo unívoco y lo bipartito.

a) Lo jocoso y lo serio.

Hay varios poemas trílcicos en que se dan conjuntamente estas dos zonas intencionales. Sirva de ejemplo Tr. L, poema que presenta un cancerbero de aspecto bobalicón, amigo de chanzas y pequeñas raterías. Hay aquí otra "tragicomedia", pero de índole muy distinta. La situación humana no es una "representación" de la vida sino la vida misma. Además, la actitud del lírico no es ambigua, pues desde el comienzo se nos hace sentir los efectos de un drama, en el cual no hay nada cómico, a pesar del aspecto risible del personaje central. En Tr. XXXVII, por el contrario, entendemos la totalidad de la aventura como algo de poca consecuencia, como un semidrama que es también travesura. En el poema sobre el cancerbero queda pendiente la solución: el dolor humano no termina con la anécdota, sino que se da a nuestra conciencia como fatalidad. Tr. XXXVII pone fin a la acción donde, en realidad, comienza un nuevo drama. El fin es artificial y no se desprende del poema mismo.

b) Orientación única y orientación doble.

En *Los heraldos negros* hay un poema titulado "Capitulación", en que el poeta declara su actitud de conmiseración ante una mujer:

> Pobre trigueña aquella; pobres sus armas; pobres
> sus velas cremas que iban al tope en las salobres

---

(3) "Capitulación" ha sido estudiado con el rigor del enfoque estructural por Giovanni Meo Zilio. Como buen ejemplo de este tipo de aproximación a un poema, véase AV 2, pp. 340 - 351.

espumas de un marmuerto. Vencedora y vencida, ...

(LHN, p. 77).

Lo que nos interesa aquí no son las circunstancias de esta composición, que no son iguales a las de Tr. XXXVII. Hay una diferencia fundamental entre los dos poemas: en "Capitulación" se descubre una armonía entre el asunto del poema y la postura mental del lírico. El poema tiene una orientación unívoca porque el sentimiento se entrevera con lo reflexivo sin que uno implique la negación del otro. El poeta no se burla de la realidad presentada por el poema.

Por todas las razones antedichas, creemos que Tr. XXXVII —único poema trílcico en que predomina un contenido de regocijo y de burla— es una creación interiormente escindida que no logra, en definitiva, ni regocijar ni conmover.

2. *Talante poético y forma*: Tr. *IX*, Tr. *XXXIX*

Hemos escogido dos composiciones de asunto completamente distinto para determinar las varias maneras en que el talante poético puede afectar la intención significativa y la forma de un poema. Tr. IX es de especial interés por presentar una escena erótica, que es transformada en experiencia insólita por la exultación del hablante; éste aparece primero ante nuestra conciencia como actor orgiástico y, luego, como víctima de sí mismo. Tr. XXXIX es también una manifiesta estilización, pero de otra índole, pues en este segundo caso el hablante recurre a la ironía como medio de configuración poética.

En Tr. IX hallamos una representación de sentido centrífugo: el interés se vuelca sobre una segunda persona. Tr. XXXIX, por el contrario, es de orientación centrípeta: el poeta asume una postura irónica y se deforma a sí mismo para justificar su modo de ser y destacar las terquedades del destino.

* * *

Trilce IX

1. Vusco volvvver de golpe el golpe.
   Sus dos hojas anchas, su válvula
   que se abre en suculenta recepción
   de multiplicando a multiplicador,

5. su condición excelente para el placer,
    todo avía verdad.

    Busco volvver (1) de golpe el golpe.
    A su halago, enveto bolivarianas fragosidades
    a treintidós cables y sus múltiples (2),
10. se arrequitan pelo por pelo
    soberanos belfos, los dos tomos de la Obra,
    y no vivo entonces ausencia,
                ni al tacto.

    Fallo bolver de golpe el golpe.
15. No ensillaremos jamás el toroso Vaveo
    de egoísmo y de aquel ludir mortal
    de sábana,
    desque la mujer esta
            ¡cuánto pesa de general!

20. Y hembra es el alma de la ausente.
    Y hembra es el alma mía.

La ortografía de las dos primeras palabras nos permite ver, desde un principio, la intención deformadora:

1. Vusco volvvver de golpe el golpe.

El mismo vocablo puede tener dos o tres variantes: *Vusco - Busco; volvvver, volver, bolver* (3). Nos inclinamos a pensar que cuanto hay de anormalidad en la situación erótica poetizada en el poema está insinuado en la ortografía defectuosa de éstas y otras palabras (4).

Tr. IX está hecho a base de referencias oblicuas sobre tres motivos diferentes: *a)* la anatomía humana, *b)* el acto genésico y *c)* los efectos psicológicos de la conjunción sexual. Considerado desde

---

(1) En OPC: *vol ver.*
(2) En la edición Losada, sin coma.
(3) Interpretamos el verbo "volver" en el sentido de establecer una reciprocidad, esto es, "contestar" *golpe* por *golpe.*
(4) Dejaremos fuera de nuestro comentario lo puramente autobiográfico, y nos contentaremos con suponer que el incidente que dio origen a este poema es, probablemente, el que relata Espejo Asturrizaga en su biografía (JEA, p. 85). Lo único que nos interesa aquí de esta aventura es su cariz novelesco, porque de la naturaleza misma de los hechos debió de surgir la intención que informa al poema IX.

estos tres puntos de vista, Tr. IX es un poema de excepcional riqueza metafórica. Las fuentes del material imaginístico son las siguientes:

A. Anatomía humana

1. El mundo de los libros: *Sus dos hojas anchas* (verso 2); *los dos tomos de la Obra* (verso 11);
2. El ámbito de la mecánica: *su válvula/ que se abre ...* (versos 2-3);
3. El campo histórico-geográfico: *... bolivarianas fragosidades* (verso 8);
4. Anatomía animal: *soberanos belfos* (verso 11).

B. El acto genésico

1. Atractivos gastronómicos: *suculenta recepción* (5) (verso 3);
2. Funciones aritméticas: *de multiplicando a multiplicador* (verso 4);
3. Actividades deportivas (¿boxeo? ¿esgrima?): *Busco volvver de golpe el golpe* (verso 7);
4. Conexiones eléctricas: *a treintidós cables y sus múltiples* (6) (verso 9);
5. Procesos de preparación preliminar: *se arrequintan* (7) (verso 10);
6. Corridas de toros: *el toroso Vaveo* (8) (verso 15);

---

(5) Imagen parecida se emplea en Tr. LXXI: *Nadie/ sabe mi merienda suculenta de unidad.*

(6) Vallejo recurre varias veces a la imagen "eléctrica" para referirse a la conjunción sexual: "Ella, a mi lado,... carga el circuito misterioso de mil en mil voltios por segundo" ("Muro antártico", NyCC, p. 14); *...el circuito/ entre nuestro pobre día y la noche grande* (Tr. XXX). En el poema que venimos estudiando hay, sin duda, una referencia al mundo de la electricidad, ya que "múltiple" es la unión de dos o más circuitos en serie paralela. El sustantivo "múltiple" denota también una vertiginosa progresión, pues los múltiples de 32 son 2, 4, 8 y 16.

(7) Interpretamos el verbo "arrequintarse" en el sentido de "ponerse tenso". Dice el *Diccionario General de Americanismos,* de Francisco J. Santamaría (Méjico, 1942): "apretar fuertemente..."

(8) Hay aquí, al parecer, un trueque de sílabas: baboso toreo > toroso Vaveo. Es probable que "Vaveo" sea una variante vallejiana de "babeo", palabra con que se designa la fase en que el gusano de seda hace el capullo. Véase: Romero, Emilio, *Geografía económica del Perú,* Lima, 1939, p. 303.

C. Efectos psicológicos

1. Inmediatez y realismo: *todo avía verdad* (9) (verso 6); *y no vivo entonces ausencia,/ ni al tacto* (versos 12-13);
2. Actitud briosa e intrépida: *enveto* (10) (verso 8);
3. Postura ergotista: *toroso Vaveo/ de egoísmo* (versos 15-16);
4. Vacuidad espiritual: *Y hembra es el alma de la ausente* (verso 20);
5. Inquietud: *Y hembra es el alma mía* (verso 21).

"¿Cómo interpretar —se pregunta Xavier Abril— el sentido profundo de estos versos:

"Y hembra es el alma de la ausente.
"Y hembra es el alma mía"?

Dice el crítico, respondiendo a su pregunta:

"Sin pretender alcanzar la solución exacta —propia, en todo caso, de un experto en materia psicológica y sexológica—, intuyo, a mi modo, el complejo que presupone el vínculo del alma ausente y del alma presente. La acción de la primera —ausente— sobre la segunda —desvalida—, determina el predominio de la concepción femenina del alma, y aún más, sexual, si se relaciona con el sentido orgánico del poema, intensamente erótico" (XA I, pp. 95-96).

Quizá haya en esta interpretación una lectura equivocada, puesto que el verso 20 no dice "Y hembra es el alma ausente", sino "Y hembra es el alma *de la ausente*". El verso 20 se refiere al alma de una mujer específica, la del poema, y el verso 21 al alma del lírico, puesto que dice ... *el alma mía*.

El problema se convierte en determinar los significados de la palabra *hembra* en dos versos distintos y en relación con dos per-

---

(9) En este caligrama se funden el adverbio "todavía" y el verbo "haber": había, avía.

(10) No hemos hallado el verbo "envetar" en los diccionarios. Contamos con un texto en prosa, sin embargo, que despeja toda duda. Al describir un conjunto escultórico de Antoine Etex, menciona el lírico a "un fornido mozo en actitud de envetar un toro" ("El arco del triunfo", *Variedades*, abril 9, 1927). "Envetar" significa, pues, "domeñar" y, en sentido más amplio, "contener"; según lo dicho, hay una difusa relación de significado entre el verso 8 (*enveto*) y el verso 15 (*no ensillaremos jamás el toroso Vaveo*).

sonas diferentes. Para ello tendremos que atenernos al texto del poema.

Los versos 20-21 representan la desconexión que hay entre el cuerpo, subentendido en el proceso genésico, y el alma, de la cual no se advierte ninguna manifestación, excepto al final. Después de haberse embelesado en la reconstrucción del acto físico, no sin añadir connotaciones ligeramente festivas, el poeta retorna a la esfera de los valores y descubre el abismo que hay entre cuerpo y alma (verso 21).

La minuciosidad con que se mira el imperativo fisiológico pone al descubierto los mecanismos corporales en toda su elemental y obsesionante animalidad, y el retorno al autodominio no hace sino recalcar el despropósito de la actitud picaresca, ya que lo que parecía puro y simple placer se transforma, al final, en pesadumbre y desengaño.

Vallejo veía en el sexo masculino tanto agresividad como desenfado, y en el femenino, receptividad y padecimiento; por esta razón, el acto amoroso aparece en *Trilce,* muy comúnmente, como disparidad, y no como ecuación. En Tr. XIII, por ejemplo, se dice: *Oh Conciencia,/ pienso, sí, en el bruto libre/ que goza donde quiere, donde puede.* Y de la función femenina nos dice Tr. XXX: *El sexo sangre de la amada que se queja/ dulzorada, de portar tanto...* Sin embargo, el poema que venimos estudiando dramatiza una evidente inversión de actitudes, como bien lo revelan las dos fases del proceso psicológico que contiene. En las dos primeras estrofas parece haber una relación normal, pero, a partir de la tercera estrofa, se entrevé un involuntario trueque de papeles. Así lo declara el siguiente pasaje:

18.   ... la mujer esta
19.   ¡cuánto pesa de general!

El ente masculino ha sido desvirtuado por la incontrastable acometividad erótica de la contraparte femenina, quien, al final, ni siquiera tiene conciencia del significado anímico de cuanto ha ocurrido. En el verso 20 la palabra *hembra* va seguida de una anotación sobre el vacío espiritual que sigue al acto genésico, vacío que aleja a la mujer de la conciencia masculina hasta transformarla en un ser *ausente*. La misma palabra sugiere la reversión de actitudes a que nos hemos referido y el bochorno que esto significa (11).

(11) La identificación de lo másculo con la idea de iniciativa, y de lo femenino con la de pasividad, la expresó muy claramente el bardo en uno de sus fulminantes manifiestos publicados en *Favorables*: "En el mundo hay

Corrobora esta interpretación el hecho de aparecer el hombre como incapacitado para desempeñar el papel que le corresponde. De aquí que el poema diga específicamente:

14.   Fallo bolver de golpe el golpe.

Se habrá de notar que las dos primeras estrofas comienzan con el verbo "buscar", y que "fallar" aparece en la tercera estrofa, dándose a entender que a la insistente búsqueda ha seguido un fracaso, todo lo cual da sentido muy claro al final del poema. No creemos, pues, que el verbo "fallar" se deba asociar a un fallo judicial, ya que nada hay en el poema hasta el verso 20 que implique la presencia de una actitud razonadora o discriminante. Tampoco nos parece que "fallar" precise, como cree la señorita Estela dos Santos, "la llegada al equilibrio" (AV 5, p. 41). El equilibrio en verdad se recobra, pero no en virtud de una decisión o fallo por parte del lírico.

Tr. IX es un poema hiperbólico. Las numerosas deformaciones que encierra responden a dos circunstancias que, al final, resultan contrapuestas: 1) la expresión de la libido, y 2) el deseo de afirmación masculina. Uno de los méritos más relevantes de Tr. IX es la interrelación de estos dos móviles en forma mutuamente excluyente, todo ello organizado en una escala de variable intensidad. El punto culminante está en la estrofa 2, la más catacrésica de todas; las estrofas 3 y 4 integran una etapa de progresiva distensión. El patrón interior de Tr. IX podría representarse así:

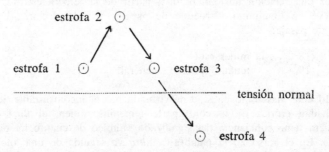

El poema termina con un brusco cambio: la exultación se transforma en una punzante autoacusación de insuficiencia (12).

---

actores y espectadores. Los primeros son machos, los segundos son hembras" (LityA, p. 23).

(12) Nos preguntamos si el número de veces que el poeta emplea la letra v (volvvver, volvver, bolver) en realidad indica una disminución progresiva

1. Quién ha encendido fósforo!
   Mésome. Sonrío
   a columpio por motivo.
   Sonrío aún más, si llegan todos
5. a ver las guías sin color
   y a mí siempre en un punto. Qué me importa.

   Ni ese bueno del Sol que, al morirse de gusto,
   lo desposta todo para distribuirlo,
   entre las sombras, el pródigo,
10. ni él me esperaría a la otra banda.
    Ni los demás que paran sólo
    entrando y saliendo.

    Llama con toque de retina
    el gran panadero. Y pagamos en señas
15. curiosísimas el tibio valor innegable
    horneado, trascendiente (*sic*).
    Y tomamos el café ya tarde,
    con deficiente azúcar que ha faltado,
    y pan sin mantequilla. Qué se va a hacer.

20. Pero, eso sí, los aros receñidos, barreados.
    La salud va en un pie. De frente: marchen!

En Tr XXXIX la ironía toma la forma de una autodenigración.
Todo el poema es un conjunto de negativismos realzados por un
desmedido amor propio. El lírico se nos presenta como un ser superior que mira a los demás (*todos*, verso 4), como si fueran común
y espesa humanidad. Pero el contraste entre el gesto olímpico y la

---

de la intensidad anímica, o si no es la estrofa 2, como hemos dicho, la que
contiene el punto de culminación. Véase el estudio de la Srta. Estela dos
Santos, tantas veces mencionado. Permítasenos aquí una simple especulación.
Es posible que para Vallejo las diferentes articulaciones de la *b* (*v*), ya como
explosiva, fricativa o labiodental (aun cuando esta última no exista en español),
estuviesen asociadas a diferentes tipos de acciones humanas. Es curiosa la
repetición de la grafía *v*, en Tr. IX. ¿Será que el lírico propone aquí una
labiodental, tal como aquella otra, "la v dentilabial", de Tr. LII, en que la
falsa pronunciación va asociada también a un acto fallido, hecho que se
recalca con el modismo "salirle (a uno) el tiro por la culata"? Sea como sea,
nada de esto tiene significación especial para el editor de *Obra poética completa*, pues pone *vol ver* donde la edición Losada dice *volvvver*.

miseria del ser real crea en el lector un sentimiento de compasión por el sujeto que se denigra. Sin dar importancia al ser real, dirá el poeta con orgullo: *Sonrío/ a columpio* (13) (versos 2-3). Al lado de esta suficiencia se perfila, sin embargo, una profunda desazón interior y un lamentable desmedro físico, que el hablante trata de encubrir con una sonrisa (*Sonrío aún más,* verso 4), o con el elogio irónico de una imaginaria normalidad:

21. La salud va en un pie. De frente: marchen!

Hay, pues, en la ironía una intención ulterior y un modo indirecto de expresarla, doble modificación que afecta tanto la forma como el contenido del poema.

La expresión irónica máxima es aquella en que se funden una aparente calma y la inminencia de una tragedia. En Tr. XXXIX no se llega a ese extremo, porque no se señala una fatalidad. El primer verso, que pudo haber suplido el ingrediente trágico, requiere un excesivo ensanchamiento del significado, a la luz de otros poemas, para alcanzar la dimensión de que hablamos:

1. Quién ha encendido fósforo!

Esta no es una pregunta, sino una exclamación: "¡A quién se le ha ocurrido hacer luz momentánea en esta oscuridad en que vivimos!" Recuérdese aquí el final del poema LVI (*Fósforo y fósforo en la oscuridad,/ lágrima y lágrima en la polvareda*), y observemos que Tr. XXXIX no tiene el mismo tono angustioso, pues el verso 1 recién citado expresa una ironía más: "¡Para qué traer a nuestra conciencia lo que ya sabemos!"

Lo más eficaz de Tr. XXXIX, como medio de intensificación del drama interior, es el extremismo de cuanto afirma el lírico; se exagera, pues, la imperturbabilidad de éste, pero haciendo saber al lector que detrás de la máscara hay un ser sangrante. Entre las expresiones de indiferencia están las siguientes:

a) 2. Mésome. Sonrío
    3. a columpio...
b) 6. Qué me importa.
c) 19. Qué se va a hacer.

---

(13) La frase "a columpio" la interpretamos en el sentido de "con ganas", porque el columpio y el trapecio son objetos que sugieren, en la obra vallejiana, una acción vertiginosa. Véase Cap. VI, 1.

Si se interpreta el verbo "mesarse (la barba)" como expresión de rabia, resulta totalmente irónico a la luz de lo que sigue: *Mésome. Sonrío/ a columpio* (14). Aun cuando se entendiera solamente la acción de "pasar la mano por la barba", sería también irónico, pues las circunstancias no justifican semejante gesto.

Igual desproporción se advierte en los versos 4-6:

4. Sonrío aún más, si llegan todos
5. a ver las guías sin color
6. y a mí siempre en un punto... (15).

Es evidente que el poeta se ha convertido en una isla de egocentrismo; hasta parece alegrarse de su discordancia con el medio humano que le circunda. A esto se suma la certeza de que en los alardes de indiferencia y superioridad se esconde un mecanismo de defensa y de autojustificación. Para nosotros este juego de emociones genuinas y de aparentismo es lo que da a Tr. XXXIX una tremenda tensión interior. Observemos que, tras cada una de las demostraciones de suficiencia, se apuntan los desmedros del hombre físico. Hay algo terriblemente dramático en el ser que se yergue por sobre sus miserias y ensaya una actitud de insensibilidad. El propio hablante confiesa su degradada condición, pero lo hace como si ésta no tuviera importancia: ... *llegan todos/ a ver las guías sin color* (versos 4-5) y, para hacer resaltar su indiferencia, revela su total estancamiento moral, describiéndose como un hombre que está siempre *en un punto* (verso 6). Semejante simulación es, ciertamente, patética.

Toda la primera estrofa recuerda la doble faz de una máscara, sonriente por un lado y compungida por el otro. Esta coexistencia de sentimientos opuestos, raíz de la ironía fundamental que el poe-

---

(14) Entre las frases favoritas de Vallejo están las que comienzan con la preposición *a*, con o sin adjetivo: *a mil pupilas* (LHN, p. 45), "trancarse a piedra y lacre" (NyCC, pp. 47-48); "a la recíproca" (NyCC, p. 103); "a la miseria" (NyCC, p. 34); *a las porfías* (PH, p. 175); *a dos manos... a dos pechos... a dos hombros* (PH, p. 183). Véase el estudio sobre el poema XXVI, en el cual se discuten *a todo sollozo* y otras expresiones similares.

(15) Hay dos palabras en esta cita que requieren una breve explicación: *guías* y *punto*. La "guía sin color" es el nuevo tallo o renuevo que no promete crecer por su aspecto desmedrado. El color lo asocia Vallejo a menudo con la vitalidad y la buena fortuna. En "Dios" dice: *Pero yo siento a Dios. Y hasta parece/ que él me dicta no sé qué buen color* (LHN, p. 96). Estar en un *punto* no es progresar, pues el *punto* no se extiende sino en la *línea* (concepción pitagórica). El contraste entre punto y línea es bastante común en la poesía vallejiana. Ejemplo: *Qué me da, que me azoto con la línea/ y creo que me sigue, al trote, el punto?* (PH, p. 214).

ma encierra, es una de las cualidades artísticas más notables de Tr. XXXIX.

El poema se mantiene en el mismo doble plano hasta el final. Si examinamos la estrofa 2 hallaremos numerosas corroboraciones:

> 7. Ni ese bueno del Sol que, al morirse de gusto,
> 8. lo desposta todo para distribuirlo,
> 9. entre las sombras, el pródigo,
> 10. ni él me esperaría a la otra banda.

Tr. XXXIX contiene una actitud antijerárquica que arranca de un disgusto fundamental con la vida. Todo es mezquino, el Hombre y el Cosmos. Al sol —centro de la vida planetaria, fuente de energía y de luz—, se le denigra con apelativos de suma condescendencia:

> 7. ... ese bueno del Sol
> 9. ... el pródigo

Y, como si esto no fuese suficiente, el diario nacer y morir de la luz se compara con el trabajo de un carnicero que desposta una res y "distribuye" presas y pingajos:

> 7. ... ese bueno del Sol...
> 8. lo desposta todo para distribuirlo,
> 9. entre las sombras, el pródigo, ...

Además, se hace del sol poniente un motivo de risa:

> 7. ... al morirse de gusto...

El verso 10 es de especial importancia:

> 10. ni él me esperaría a la otra banda.

Hallamos aquí un trasunto de una idea expresada en otras composiciones trílcicas: hay una zona desconocida (*otra banda*) a la que se arriba tras la muerte.

En Tr. XXXIX el sol es casi nada... También son casi nada los hombres, pequeñas hormigas obsesionadas por "falsos trajines":

> 11. Ni los demás que paran sólo
> 12. entrando y saliendo.

La antítesis establecida por el verbo "parar", por un lado, y "entrar" y "salir" por otro, refleja la sinrazón del ajetreo humano.

La tercera estrofa vuelve a reducir en importancia al Sol, llamándole el *gran panadero,* a la vez que se equipara la prosaica acción de hornear pan con el espectáculo del alba que con su luz nos llama a la vida. De la belleza del mundo que despierta no se recuerda nada, pero sí se trae a la mente la torpeza del que se despereza y que, con *señas curiosísimas* —otra caracterización peyorativa— se entrega a la tarea de llenar el estómago, labor que se asocia burlonamente con un acto otrora tomado en serio —trascender—, representado aquí socarronamente con una incorrección ortográfica: *trascendiente* (16) (verso 16).

El final del poema es un comentario burlón sobre la fragilidad del ser físico, representado por *aros receñidos, barreados* (verso 20), que son aquí símbolos de la endeble arquitectura humana (17). A modo de última observación mordaz se hace aparecer al hombre como un ágil soldado que obedece una orden de marcha ... después de afirmarse que su *salud va en un pie* (18).

Todo Tr. XXXIX es una serie de ironías que traducen el profundo dolor de una derrota moral y física, disfrazada con un barniz de causticidad defensiva que no hace sino poner de relieve la impotencia del atribulado lírico.

Tr. XXXIX es un poema evidentemente esquemático, como puede comprobarlo el lector que se tome la molestia de examinar "Los desgraciados" (PH, pp. 207-209), composición que tiene un motivo central muy parecido y una técnica expresiva muy distinta.

Tr. XXXIX sólo insiste en las líneas generales del motivo central; en él no vemos la abundancia de detalles que caracteriza la tercera fase vallejiana, la de *Poemas humanos.* El tema del hambre, por ejemplo, está sólo insinuado. En la época trílcica, Vallejo

---

(16) ¿Es la *i* superflua en *trascendiente* un simple desliz, o un intento de estilización basado en el hecho de haber en español dos terminaciones participiales (—ente, —iente)?

(17) En el sustantivo *aros* creemos ver una velada referencia al círculo que forman las costillas en la caja torácica. A este respecto, recordemos una alusión al acto de tocar un instrumento de viento. Dice el bardo: "Si la presión atmosférica alcanza en cada aro respiratorio una que otra interlínea extra-anatómica, será por instinto social de elevación" (AO, p. 190).

(18) La frase *en un pie* contiene una imagen de signo negativo, tal como el adjetivo *unípedo,* discutido ya en relación con el poema LXI. La insuficiencia del hombre puede expresarla también el lírico sirviéndose del verbo "cojear", el cual nos representa el acto de sostenerse casi enteramente en un pie. Así lo entendemos al leer "Al cavilar en la vida...", poema que contiene un débil eco de Tr. XXXIX: *A juzgar por la forma, no obstante, voy de frente,/ cojeando antiguamente* (PH, p. 153).

quería llegar a un máximun de brevedad y, por ello, recurre a la representación indirecta —simbólica, numérica, irónica, conceptual, etc—. Tr. XXXIX da la impresión de entablar una lucha entre el mundo material y un espíritu reacio que no se doblega, y que busca en la ironía un modo de explicarse a sí mismo.

En cuanto al lenguaje, el poema exhibe una gran variedad de elementos lingüísticos minorativos o antifrásticos, que intensifican el tono desfalleciente del conjunto. Veamos ejemplos:

Minoración	Antífrasis
guías sin color (verso 5)	ese bueno del Sol (verso 7)
Y tomamos café ya tarde (verso 17)	morirse de gusto (verso 7)
	(Sol) ... el pródigo (verso 9)
deficiente azúcar (verso 18)	(Sol) ... el gran panadero (verso 14)
pan sin mantequilla (verso 19)	
La salud va en un pie (verso 21)	aros receñidos (verso 20)
azúcar que ha faltado (verso 18)	(aros) barreados (verso 20)

El temple irónico es sugerente y puede concordar sin dificultad con los fines de la representación poética. La ironía también implica una actitud histriónica, pues se dice una cosa para expresar otra. Dicho de otro modo, es inherente al discurso irónico una perspectiva que, sumada al hecho que la motiva, produce la insinuación deseada. La eficacia de la ironía depende de la sutileza con que se disfraza la intención ulterior sin ocultarla totalmente. Tr. XXXIX nos permite ver, detrás de lo declarado, un esfuerzo intelectual subyacente que busca cohonestar varias posturas falsas con pericia y calculismo, para obtener la visión distorsionada con que se da expresión a la creación poética.

* * *

Ninguno de los poemas recién estudiados es una composición compleja, pues ambos representan actitudes configurativas que, en último análisis, se decantan en los mismos contenidos anímicos: voluntad de expresión y derrota moral. Tr. IX y Tr. XXXIX responden, pues, a un talante poético ambivalente. Pero hay ciertas dife-

---

(19) En la época trílcica, el lírico busca, inquiere, protesta, arguye o ironiza. Lo que en *Trilce* es interrogación, en *Poemas humanos* es un hondo meditar tras una búsqueda que ha terminado. Tal como dice Magnus Enzensberger, *Trilce* es "un testimonio de cavilación interminable, de desilusión torturante y de frustración individual", RevCul., p. 133a.

rencias. En Tr. IX lo positivo y lo negativo se dan en forma sucesiva y en muy desigual proporción, como ya se ha insinuado. Por esto el verso final, que contiene un vuelco psicológico (*Y hembra es el alma mía*) resulta intempestivo. Reconozcamos, al mismo tiempo, que, a pesar de lo dicho, el poema deja una honda impresión por ser tan opuestos los extremos comparados, y por arrancar ambos de la misma experiencia. En Tr. XXXIX la ambivalencia aparece ante nuestro espíritu como un convivio de contrarios, íntimamente enlazados desde el principio hasta el fin. Estructuralmente, esta segunda composición es un todo más orgánico, pero su valor como conjunto de imágenes es inferior: la ironía se expresa en él a través de representaciones de simple vida diaria: guías sin color, despostar, gran panadero, deficiente azúcar, etc. Este prosaísmo imaginativo da un cariz de ordinariez a toda la composición, con lo cual el drama humano queda colocado sobre un plano de biología y cotidianeidad que destruye en parte la eficacia de la modificación irónica: la desorientación espiritual del comienzo se transforma, poco a poco, en un problema alimenticio.

Tr. IX y Tr. XXXIX presentan al lírico inserto en dos complejos emocionales, uno de engaño involuntario, y otro de engaño justificatorio. Confesión y simulación: dos talantes que traducen dos maneras profundamente humanas de reaccionar ante la realidad del yo, incapacitado siempre, según Vallejo, para llegar a la plena realización de sí mismo, sea que se desenvuelva en el seno de la alegría, o detrás de una máscara irónica.

CAPITULO VIII. COMPENETRACION LIRICA

1. *Objetos y presencias*: *Tr. LXII* y *Tr. LXXII*

En los dos poemas estudiados en esta sección se poetizan principalmente cosas para reconstruir un conjunto de emociones; en ambos se subentiende la presencia de una mujer asociada a objetos del hogar.

Trilce LXII

1.   Alfombra
        Cuando vayas al cuarto que tú sabes,
        entra en él, pero entorna con tiento la mampara
        que tanto se entreabre,
5.   casa bien los cerrojos, para que ya no puedan
        volverse otras espaldas.

        Corteza
        Y cuando salgas, di que no tardarás
        a llamar al canal que nos separa:
10.   fuertemente cogido de un canto de tu suerte (1),
        te soy inseparable,
        y me arrastras al borde (2) de tu alma.

        Almohada

---

(1) En la edición Losada, sin coma.
(2) No comprendemos por qué OPC propone: *de borde de.*

Y sólo cuando hayamos muerto ¡quién sabe!
15.   Oh no. Quién sabe!
entonces nos habremos separado.
Mas, si, al cambiar el paso, me tocase a mí
la desconocida bandera, te he de esperar allá,
en la confluencia del soplo y el hueso,
20. como antaño,
como antaño en la esquina de los novios
ponientes de la tierra.

Y desde allí te seguiré a lo largo
de otros mundos, y siquiera podrán
25. servirte mis nos musgosos arrecidos,
para que en ellos poses las rodillas
en las siete caídas de esa cuesta infinita,
y así te duelan menos.

Hay en este poema dos conjuntos poéticos que conviene distinguir: 1) precisiones objetivas y 2) presencias humanas. Estos componentes se combinan dentro de una escala de progresiva desrealización.

1) Precisiones objetivas.

Tr. LXII se compone de tres estrofas, cada una de ellas encabezada por un sustantivo (*Alfombra, Corteza, Almohada*), y una estrofa final que es una ofrenda. Fuera de esta disposición general, el poema no se ciñe a otra línea que la del recuerdo, humanizando los objetos de las dos primeras estrofas (*Alfombra/ cuando vayas...*; *Corteza/ Y cuando salgas, ...*); no ocurre así con la tercera. Este detalle no deja de tener cierta importancia, como luego se verá. No es, pues, la humanización lo que da coherencia al poema.

En las tres estrofas, opuestos a los objetos específicos ya mencionados, aparecen otros objetos que son símbolos de negativismo. Lo que aquellos afirman, éstos niegan. Comparemos:

Objetos sentimentales	Objetos simbólicos
1. Alfombra... (verso 1)	a) mampara (verso 2)
2. Corteza... (verso 7)	b) canal (verso 9)
3. Almohada... (verso 13)	c) bandera (verso 18)

Estos dos grupos representan la dualidad fundamental que Vallejo ha descubierto en la existencia: lo positivo frente a lo negativo.

a) *La mampara.* Esta parece tener la misma función simbólica que la puerta y está, por lo tanto, asociada a dos oposiciones: abrir(se) - cerrar(se) y partir - quedar. Se observará que el poema dice de la mampara: *que tanto se entreabre* (verso 4). La mampara y la puerta aíslan un trozo del mundo; son garantías de intimidad porque, al servir de protección al hogar, protegen también al ser humano. La mampara entreabierta, por el contrario, es un signo negativo, como lo es la puerta que se abre y se cierra agitada por el viento (Tr. XV) (3). Observemos, de paso, la inserción de una frase con que se alude a la partida del ser amado:

5. casa bien los cerrojos, para que ya no puedan
6. volverse otras espaldas.

b) *El canal.* Este es indicio de ruptura, como ya se indicó en relación con Tr. LXIV (... *el canal de Panamá*). El "llamar", del verso 9, lo entendemos en el sentido de un ruego: el poeta implora conmiseración y acercamiento. En el verso siguiente, inmediatamente después de dos puntos, hay un cambio abrupto de sujeto, por lo cual nos inclinamos a pensar que el verso 9 debió terminar con punto y coma:

8. di que no tardarás
9. a llamar al canal que nos separa;
10. fuertemente cogido de un canto de tu suerte
11. te soy inseparable,
12. y me arrastras al borde de tu alma.

Como la forma participal es masculina (*cogido*), el antecedente es el lírico, quien (por vía de la corteza de pan) expresa su total entrega a la amada.

c) *La bandera.* En Tr. LXII este objeto se relaciona con una vaga noción del más allá, representado por una felicísima imagen: *la confluencia del soplo y el hueso* (verso 19), tropo que, por lo demás, sirve de punto de unión con la última estrofa ¿Qué pudo llevar a Vallejo a hacer de la bandera "desconocida" un símbolo de muerte? Larrea asocia esta bandera con la desplegada en Tr. LXVIII "a toda asta" (AV 5, p. 270). La observación es muy

---

(3) La puerta, como incierta protección, aparece varias veces en *Poemas humanos*: ...*por mucho cerrarla robáronse la puerta* (PH, p. 183). Véase también PH, pp. 152, 153, 188, 237.

atinada, porque la "desconocida bandera" de Tr. LXII aparece en un contexto en que se ofrenda amor eterno a la amada, y éste es justamente uno de los pensamientos que se incluyen en Tr. LXVIII: *Y preguntamos por el eterno amor, / por el encuentro absoluto,/ por cuanto pasa de aquí para allá.* La similitud con la segunda mitad de Tr. LXII puede ser un indicio más de cómo las imágenes suscitan ciertas ideas, o viceversa. Por otra parte, habrá quienes vean en la *desconocida bandera* un trasunto de la "bandera negra" que, según algunas canciones quechuas, marca el lugar por donde ha de pasar el alma del muerto en su viaje al más allá ("la gran selva") (4).

Los objetos sentimentales (*Alfombra, Corteza, Almohada*) constituyen meras insinuaciones de la vida doméstica y actúan como portavoces o testigos del hablante lírico, esto es, funcionan como correlatos objetivos —para usar la terminología de T. S. Eliot—, porque han dejado de ser cosas concretas y se han convertido en objetivaciones poéticas, que configuran un drama humano. Por lo tanto, los verdaderos sujetos de la composición son dos presencias: el alma del lírico y el alma de la amada. Si se examina Tr. LXII como expresión de un drama, se verá que en las dos primeras estrofas queda tácito un "tú" en los verbos, pero ya en la tercera estrofa, la cosa, esto es, el tú objetivo, no es un interlocutor sino mero testigo. Es aquí donde comienza, más abiertamente, el viraje hacia lo humano. Sin duda, el "nosotros", el "tú", y el "yo" que gobiernan todos los verbos restantes se refieren exclusivamente a las dos presencias antes mencionadas, pero esto no quiere decir que hayan cambiado los referentes del poema. Los objetos que integran la atmósfera de domesticidad han sido el puente de unión espiritual entre el lírico y la mujer amada porque, según Vallejo, el mundo físico es siempre parte intrínseca de aquellos que en él viven.

2) Presencias humanas.

En la primera estrofa se insinúa una partida, que es el principio de un progresivo alejamiento:

Primera estrofa: *partida*

5. ...para que ya no puedan
6. volverse otras espaldas.

---

(4) En una canción funeraria recogida por José María Arguedas se dice: *En la montaña por donde debes pasar/ una bandera negra flamea,...* Véase: *Canciones y cuentos del pueblo quechua,* Lima, 1949, p. 46.

Segunda estrofa: *separación*

8. ... di que no tardarás
9. a llamar al canal que nos separa:

Tercera estrofa: *muerte*

17. Mas, si, al cambiar el paso, me tocase a mí
18. la desconocida bandera, ...

Al aumentar el alejamiento se van diluyendo cada vez más las realidades de la vida humana, como si el mundo de las cosas hubiera quedado atrás. Pero, he aquí un detalle curioso: en la última estrofa el poeta se imagina estar ya al otro lado de la muerte, pero sin haber dejado su identidad humana. Igualmente, la amada, mera memoria en las tres primeras estrofas, reaparece como espíritu, y también como cuerpo. El verso 26, por ejemplo, hasta menciona sus *rodillas.* Teniendo presentes todos los detalles mencionados, parece justificado sospechar que no fue intención del poeta esbozar una metafísica ontológica en Tr. LXII.

El paso al más allá estaba ya prefigurado en los versos 21 - 22:

21. (te he de esperar) como antaño en la esquina de los novios
22.   ponientes de la tierra.

Hay aquí varias significaciones adheridas al sentido literal de las palabras. La *esquina* es "apetencia", como en Tr. XXII, y también "distorsión", "anomalía", como en Tr. VII y LXXI. El adjetivo *ponientes,* por su parte, añade la idea de muerte, por ser símbolo de adversidad (opuesto a "oriente", que es trasunto de lo soñado). Los *novios ponientes de la tierra* recalcan, por lo tanto, el destino caduco de lo terrenal. Empero, es preciso recordar también que el sustantivo *novios,* fuera de representar el sentimiento auténtico, es, para el poeta, concreción de la inmanencia ideal, tantas veces poetizada en *Trilce,* esto es, la permanencia del ser en una etapa anterior a una transformación que se concreta en humanidad y que, por llevar implícita la pérdida de bienes paradisíacos, condena al hombre a un destino mortal. El sentido positivo de *novios* se ve muy claro en Tr. V, que dice: *Los novios sean novios en eternidad* (5).

---

(5) Véase también PH, pp. 194, 242.

Transpuesto el umbral de lo desconocido, se perfila una especie de vida múltiple en *otros mundos* (verso 24), que bien podría sugerir los avatares del pensamiento indostánico. Dice la última estrofa:

23. Y desde allí te seguiré a lo largo
24. de otros mundos, y siquiera podrán
25. servirte mis nos musgosos arrecidos,
26. para que en ellos poses las rodillas
27. en las siete caídas de esa cuesta infinita,
28. y así te duelan menos.

Por ser tan paradojal la visión del más allá, sospechamos que al poeta sólo le interesaba expresar una ofrenda de amor eterno y nada más (6). Y lo hace como rendido amante, confesando la poquedad de su persona, con lo cual hace resaltar las excelsitudes de la mujer amada:

25. ... mis nos musgosos y arrecidos,

El *nos,* que aquí funciona como sustantivo, refleja todo lo que hay de negativo en el alma vallejiana, alma que se asocia a lo húmedo (*musgosos*) e inmovilizado por el frío (*arrecidos*) (7).

En la estrofa recién citada se apunta una oposición más entre un concepto numérico positivo (*siete*) y un concepto bíblico (*caídas*) (8). Es un poco extraña la frase *siete caídas,* pues no concuerda con el texto bíblico, según el cual Cristo cae tres veces, y no siete. Es posible, por lo tanto, que Vallejo haya querido simplemente impartir al verso una connotación religiosa (9), sugiriendo una especie de calvario. De todos modos, lo importante para el lírico, en el presente caso, es la configuración estética, y no la trascendencia de sus ideaciones.

---

(6) La idea de haber "otro mundo" libre de tribulaciones debió ser un pensamiento insistente, pues en 1924 le escribía el bardo a Pablo Abril diciéndole: "Sí. Sí; debe haber otro mundo de refugio para los que mucho sufren en la tierra". Véase: Castañón, José Manuel, *Pasión por Vallejo,* Mérida (Venezuela), 1963, p. 164. Véase también *La piedra cansada,* RevCul., pp. 317b y 318 a.

(7) El musgo (como las algas y los líquenes) indican lo húmedo (Cf. NyCC, pp. 35, 36). A estos sustantivos se asocian los adjetivos *oriniento* y *oxidado.* Véase la discusión de *oxidente,* en relación con el poema LXIII (Cap. III, 2).

(8) La misma asociación de "siete" y "caídas" hallamos en el relato "El unigénito" (NyCC, p. 47).

(9) Así lo entiende Juan Larrea. Véase AV 5, p. 233.

Establecido el plano personal, el poeta proyecta las dos presencias por sobre lo caduco, haciendo de ellas entidades eternas. La
muerte ha sido sólo un despertar en otra realidad en que la existencia es ardua ascensión por una *cuesta infinita,* y sigue siendo
un drama humano (10).

Este modo de supervivencia es casi igual al que el poeta había
ya poetizado en "El tálamo eterno". Citaremos partes de este
poema, subrayando los versos pertinentes a nuestra discusión:

> Sólo *al dejar de ser,* Amor es fuerte!
> Y la tumba será una gran pupila,
> en cuyo fondo *supervive* y llora
> la angustia del amor, como en un cáliz
> de *dulce eternidad* y negra aurora.
> ... ...
> *cada boca renuncia para la otra*
> una vida de vida agonizante.
>
> Y cuando pienso así, *dulce es la tumba*
> donde todos al fin se compenetran
> en un mismo fragor;
> *dulce es la sombra,* donde todos se unen
> en *una cita universal de amor* (LHN, p. 85).

Comparado con estos versos, el poema LXII resulta ser mucho más complejo, pues representa, específicamente, el momento
de "partir" (*la confluencia del soplo y el hueso*) y alude, además,
al comienzo de una larga peregrinación, algo así como una vía
purgativa (*cuesta infinita*). El sueño romántico se ha impregnado
de orientalismo, como lo indican claramente la presencia del numeral "siete" y la referencia a *otros mundos* (¡en plural!). A la
concepción de "El tálamo eterno" se han adherido, sin duda, residuos de lecturas védicas, pero, a pesar de estas adiciones, palpita en el fondo de Tr. LXII la misma "metafísica emoción de
amor", como dice el poeta en otro poema de *Los heraldos negros* (LHN, p. 84).

Quien lea Tr. LXII detenidamente no podrá menos de adver-
tir una marcada intensificación de su contenido anímico. Primero
pide el lírico a su circunstancia física (la *mampara*) que no deje

---

(10) Aunque la última estrofa representa un vuelo, éste no es la ascensión
ideal concebida por los poetas renacentistas, puesto que, al ingresar el ser en
el más allá no desaparecen las impurezas de la realidad terrenal. *Cf.*: Salinas,
Pedro, *Reality and the Poet,* Baltimore, 1940, p. 93.

partir a su amada; luego hace a ésta una rendida entrega de su alma (*te soy inseparable*), para lanzarse después, en ansiosa proyección imaginística, a un más allá indefinido y, por fin, tras de ofrecer fidelidad eterna, hace un acto de contrición, rememorando sus defectos e injusticias (*mis nos musgosos arrecidos*), a la vez que reconforta a su amada, a quien se imagina en una especie de calvario ultraterrenal.

Tr. LXII es una extraña composición que prefigura, en cierto modo, un poema en prosa escrito años después:

> "Cuando alguien se va alguien queda... Unicamente
> está solo, de soledad humana, el lugar por donde
> ningún hombre ha pasado" (PC, p. 231).

Queda vibrando un lazo unitivo entre seres y cosas y, a través de él, perviven en el mundo físico los seres ausentes. Los correlatos objetivos, transfigurados por la magia vallejiana, obligan al lector a compartir un drama humano.

Hacia 1922 Vallejo todavía creía en la realidad del alma, pero concibiendo a ésta siempre atribulada por rupturas, pérdidas y distancias. De aquí que el lírico intente sobreponerse a su destino imaginándose una forma de perennidad en los objetos, y un más allá hecho de voluntarismo y ensoñación poética.

Trilce LXXII

1. Lento salón en cono, te cerraron, te cerré,
    aunque te quise, tú lo sabes,
    y hoy de qué manos penderán tus llaves.

    Desde estos muros derribamos los últimos
5. escasos pabellones que cantaban.
    Los verdes han crecido. Veo labriegos trabajando,
    los cerros llenos de triunfo.
    Y el mes y medio transcurrido alcanza
    para una mortaja, hasta demás.

10. Salón de cuatro entradas y sin una salida.
    hoy que has honda murria, te hablo
    por tus seis dialectos enteros.
    Ya ni he de violentarte a que me seas,
    de para nunca; ya no saltaremos
15. ningún otro portillo querido.

Julio estaba entonces de nueve. Amor
contó en sonido impar. Y la dulzura
dio para toda la mortaja, hasta demás.

He aquí otro poema en que aparecen cosas con sentido emblemático. Entre éstas están las siguientes:

salón	muros	mortaja
cono	pabellones	entradas
manos	labriegos	salida
llaves	cerros	portillo

Ninguna de estas "cosas" funciona en el poema en sentido puramente literal. Y, porque tienen virtualidad poética, afectan el
significado de los verbos y sustantivos abstractos del poema: cerrar, derribar, cantar, saltar; (los) verdes, murria, dialectos enteros, sonido impar, dulzura. En una palabra, no hay casi nada en
Tr. LXXII que haya de entenderse en su sentido común y corriente.

La unidad de este poema descansa en la identificación del poeta
con una cosa central —el salón—, que le recuerda una irremediable pérdida. Cuanto a él se asocia expresa tristeza y, por esto,
casi todos los versos convergen hacia la misma emoción.

A primera vista parecería que el poeta construyó el poema haciendo un juego de alusiones centradas en el salón (estrofas 1 - 3),
y en el dolor asociado a dicho lugar (estrofas 2 - 4), como si el
poema fuera la suma de dos pares de estrofas. Representada grá-
ficamente la distribución estrófica sería así:

(*a*)   1.ª estrofa: Lento salón...
(*b*)   2.ª estrofa: (Mundo emocional).
(*a'*) 3.ª estrofa: Salón de cuatro entradas...
(*b'*) 4.ª estrofa: (Mundo emocional).

Hay, ciertamente, un juego de intercalaciones (b + b') sobre
un fondo objetivo (a + a'), que deja traslucir una especie de
vaivén psicológico: el espíritu del poeta se aleja del motivo básico,
abrumado por los recuerdos; súbitamente retoma el hilo del poema y vuelve a la imagen central en la estrofa 3, para caer en
una nueva divagación en la estrofa 4. Las dos divagaciones ter-
minan de la misma manera: *alcanza (dio) para una (toda la) mortaja, hasta demás.*

Abatido por su tristeza —la *honda murria,* del verso 11—, siéntese el lírico incapaz de toda acción y, fundiendo su alma con la del salón, transfunde en éste la angustia que le aqueja. Cosas y personas se incorporan una vez más al mismo ambiente emocional. El adjetivo *lento,* que parece modificar al salón, expresa en realidad una desvitalización, claro está, del poeta. Recordemos aquí que la lentitud se asocia en *Trilce* con lo que decae y se arrastra; así lo expresa Tr. XLIV: *lentas ansias amarillas de vivir, / van de eclipse.* Pero el *lento salón* está asociado, además, a un cuerpo geométrico, que sugiere también disminución: el *cono* se hace progresivamente angosto, hasta terminar en un extremo cerrado (11).

¿Por qué recurrió Vallejo a la figura del cono? Ensayemos una explicación provisional. Es sabido que el triángulo, por llevar en sí un número impar, es símbolo de lo opresivo y desconcertado en el mundo imaginista de Vallejo (12) y, por la misma razón, el *cono,* o sea, el cuerpo correspondiente a la figura triangular, sugiere también lo cerrado e infausto (13). No nos estraña, pues, que el salón tenga *cuatro entradas* (¿los cuatro puntos cardinales?), pero no una *salida.* El numeral cuatro tiene aquí el mismo sentido que las cuatro paredes de una celda (Tr. XVIII). Al identificarse el lírico con el *lento salón en cono* nos trasmite, pues, su abatimiento y desventura: lo que fue espacio con cuatro entradas es ahora una especie de confinamiento, algo que semeja una tumba. Se notará que esta última idea la contienen dos versos casi iguales (9 y 18), en los cuales se subentiende una muerte espiritual a través de la *mortaja.* Curiosas asociaciones: cono, reducción, celda, mortaja. Se han como entrelazado varios poemas trílcicos, lo cual nos hace suponer, una vez más, que, al hacer Va-

---

(11) El *cono* es uno de los muchos elementos geométricos de la simbología vallejiana. Otros: línea (I, X, XXIX, LVIII), cuadrado (IV), cóncava (XVI), vertical (XX), círculo (XXI, XXVI), óvalo (XXVI), paralela (XXIX), punto (XXX), aristas, (XXXI), circular (XXXI), ángulo (XXXVI), esfera (XXXVII, LIX), redondo (XLVIII, LXVI), 360 grados (LIII), cuadrangular (LIV), centro (LIX), cono (LXXII). Hay, además, una gran abundancia de vocablos no geométricos que indican forma o volumen: (a) sustantivos: esquina, punta, canto, ápices, cúspides, cúpulas, etc., etc.; (b) adjetivos: ovulandas, serpentínica, engirafada, columnario, longirrostro, jiboso, etc.; (c) verbos: ondear, serpear, enflechar, redondearse. Creemos que Vallejo tenía una natural propensión a representar calidades plásticas, especialmente líneas y formas. Esta propensión se ve también en *Poemas humanos.*

(12) Recordemos aquí una asociación característica del triángulo con lo infausto: "Este relato intenso y triangulado de dolor..." (LityA, p. 26).

(13) De igual tenor es el "...inmenso palpitante cono de sombra" de NyCC, p. 15.

llejo la revisión final de su libro un mismo estado psíquico persistente le dictaba imágenes afines.

Como prueba de lo que afirmamos, no está de más observar que la idea de limitación se repite al emplearse el verbo "cerrar", el cual, como ya se ha visto más de una vez, constituye, con "abrir", una polaridad fundamental de la existencia. También es significativo el uso del sustantivo *llave*, pues se asocia con el verbo "abrir", o sea, con la acción de poner a alguien en libertad, imagen que hallamos en Tr. XVIII, aunque asociada aquí a la madre:

Amorosa llavera de innumerables llaves (14).

La estrofa 2, como ya dijimos, es un conjunto de asociaciones emocionales. La divagación hasta lleva a comparar la realidad interna, esto es, *los últimos/ escasos pabellones que cantaban*, con el paisaje exterior (15). La naturaleza, es decir, cuando está fuera de la celda espiritual, es indiferente al dolor del poeta y se derrama en su abundancia:

6. Los verdes han crecido. Veo labriegos trabajando,
7. los cerros llenos de triunfo.

Se cierra la estrofa con una insinuación de muerte, apuntándose, de paso, un lapso de tiempo (*mes y medio transcurrido*), que es, con toda probabilidad una anotación temporal exacta (16).

La tercera estrofa presenta una vez más la antítesis "entrar-salir", que no requiere comentario. Incluye, sin embargo, dos versos bastante oscuros; tratemos ahora de entenderlos en su función simbólica:

12. (te hablo) por tus seis dialectos enteros.

---

(14) Como ocurre en muchos otros casos, un mismo objeto puede apuntar a imágenes totalmente diferentes. Así, por ejemplo, la *llave* también puede ser símbolo fálico, como en Tr. LXXVI (*llave y chapa muy diferentes*), o en PH, p. 191 (*tu candado ahogándose de llaves*).

(15) Vallejo recurre varias veces a la imagen del cobertor cuando desea señalar su felicidad íntima. Los pabellones de Tr. LXXII nos recuerdan "la tienda chapada" y el "par de pericardios" de Tr. VIII, las "dos alas del Amor", (Tr. XL), el "mantillo que iridice" (Tr. XLIX) y las "tibias colchas/de vicuña" (Tr. LII).

(16) Coyné ha hecho un minucioso rastreo de fechas y acontecimientos en relación con el poema LXVIII (*Estamos a catorce de Julio*), composición que el crítico asocia a la que aquí discutimos. Sus cálculos le llevan a interpretar el verso 16 de Tr. LXXII (*Julio estaba entonces de nueve*) como una fecha, esto es, el 9 de julio de 1919, día que siguió al de la ruptura con Otilia. Véase: AC II, p. 108. Otros comentarios sobre este mismo período de tiempo pueden hallarse en un estudio de Larrea: AV 5, p. 281.

Es muy probable que la noción numérica de "cuatro" (*cuatro entradas*), que es de signo negativo, como ya sabemos, haya sugerido otro símbolo numérico negativo, el *seis*. El verso 12 contiene, pues, una antítesis, puesto que, por una parte, implica hondura, vehemencia y totalidad a través del adjetivo *enteros,* (17) y, por otra, la futilidad del esfuerzo, implícita en el numeral *seis*. El verso 12 lo entendemos, en suma, como reflejo de un imperioso anhelo de comunicación. Y, como esto se dice asociando el mudo salón con la amada ausente, el afán del lírico se hace hondamente dramático, máxime al reconocerse que antes la vida era sonido y canto (... *pabellones que cantaban*) (18) — verso 5).

El otro verso oscuro es el siguiente:

15. (Ya no saltaremos)/ ningún otro portillo querido.

Lo más probable es que el *portillo* sea la salida antes mencionada (verso 10), pero ahora inexistente. El *portillo* implica un recuerdo de lo que fue, en otro tiempo, plenitud; esta idea la corrobora el verbo "saltar", que expresa vida dinámica, en contraposición con el estatismo del presente (*lento salón en cono*) (19).

Mucho más numerosos, claro está, son los verbos de negación, entre los cuales hay que contar *te cerraron, te cerré, derribamos, ni he de violentarte, ya no saltaremos;* también son de signo negativo: *últimos, escasos, honda murria, sin una salida,* etc. Aunque parezca increíble, hasta el mes de *julio* es símbolo de infelicidad, como ya lo ha demostrado Larrea en su magnífico análisis del poema "París, octubre 1936" (AV 1, pp. 69-74).

El final del poema funde dos opuestos, pero lo hace convirtiendo lo positivo (*dulzura*) en la causa misma de lo negativo:

17.　　　　　... Y la dulzura
18. dio para toda la mortaja, hasta demás.

---

(17) Para comprender mejor el significado simbólico de "entero", recuérdense las concomitancias psicológicas de la palabra: *Esta casa me da entero bien, entero/ lugar para este no saber dónde estar* (Tr. XXVII); "y yo, desde lo más entero de mi ser... lloraba..." (NyCC, p. 25).

(18) En la poesía trílcica se dan a veces patrones rítmicos que de súbito surgen y se desvanecen ocasionando en el poema una marcada mutación interior. Observemos, por ejemplo, la presencia del patrón acentual — — — — — — — — — — — — — —(*últimos/ escasos pabellones que cantaban*). Lo mismo ocurre en Tr. LII, para mencionar sólo un caso más: *con cantora y linda cólera materna; a jugar a las cometas azulinas azulantes*.

(19) Todo estudio de los patrones mentales básicos de la fase trílcica tendría que incluir el examen de la polaridad "dinamismo - represión", expresada a través de verbos de afirmación y de negación. Son numerosísimos.

Con esto se hace del placer y del dolor una dualidad inseparable y fatal. Se introduce así, al final del poema, una nota filosófica que repercute en otras imágenes ya conocidas. Al asociarse la desgracia humana a un *sonido impar*, recordamos que la aflicción del hombre es, a la vez, sonido ominoso, como la "canción cuadrada en tres silencios", de Tr. IV, y también número imperfecto, el impar, que se da en la experiencia humana, según Tr. XXXVI, *potente de orfandad*. Naturalmente, es imposible decir si asociaciones de este tipo son partes integrantes del poema bajo estudio, pero son tantas las veces que una composición trílcica repercute en otra que quizá no sea un error pensar en una carga connotativa común. *Trilce* no es una mera colección de poemas sueltos, sino un mosaico con una peculiar organización asimétrica, algo así como un cuadro hecho de componentes variados que se tocan y entrelazan, a veces, y que, por encima de su diversidad, establecen, no un patrón, sino un conjunto extrañamente armónico.

Nunca sabremos hasta qué punto son significativos los cambios menores que a menudo se introducen en una composición, como, por ejemplo, transformar *una* mortaja (verso 9) en *la* mortaja (verso 18). Sea como sea, el cambio, si es realmente significativo, contribuiría a darle a Tr. LXXII una terminación inequívoca.

Tampoco podemos determinar con precisión el significado de palabras multivalentes, cuyo sentido está también determinado por los modificativos que las acompañan. Sirva de ejemplo el sustantivo *pabellones*:

4. Desde estos muros derribamos los últimos
5. escasos pabellones que cantaban.

De las doce acepciones registradas por el diccionario al menos cinco están implícitas en los *pabellones* de Tr. LXXII: 1) tienda de campaña en forma de cono; 2) colgaduras de una cama; 3) edificio que es parte de otro; 4) patrocinio que se dispensa a alguien; 5) cualquier cosa que cobija a manera de bóveda. Por estar presente el verbo "derribar", quedan particularmente justificadas las acepciones 3 y 5, sin que por ello tengamos que descartar las demás. El "pabellón" significa, pues, una forma de construcción protectora. De acuerdo con este supuesto, cuanto los amantes han logrado "construir" ha sido gradualmente "derribado" por su propia acritud o mutua animadversión. Este sentido nos lo comunica la preposición *desde* (verso 4), la cual deja subentendida la idea de domesticidad mal fundamentada. Destruidos por ambos amantes los *últimos* y *escasos* lazos cordiales (versos 4-5), desaparece para siempre la alegría del hogar protector sugerido por los *muros,* del verso 4. Y con esto comprendemos que el sentido de *pabellones* se logra, no meramente a la luz de aquellos modificativos que a ellos se refieren (*últimos, escasos, que cantaban*), sino también en virtud de una preposición y de los verbos "derribar" y "cantar".

* * *

Los dos poemas recién discutidos contienen objetivaciones poéticas empleadas en formas distintas. En Tr. LXXII el objeto físico y el objeto simbólico entablan una dialéctica humana que, al deshacerse, halla contrapeso y compensación en un vuelo imaginativo de carácter trascendental. En Tr. LXII no hay evasión poética, sino conciencia de una doble fatalidad, que hace del hombre el causante de su propio infortunio.

2. *Desdoblamiento lírico: Tr. XLIII*

A fin de tener una base sólida en que fundamentar una valoración estética de Tr. XLIII, estudiaremos primero su fondo psicológico, desentrañándolo de la interioridad del poema mismo.

Trilce XLIII

1.   Quién sabe se va a ti. No le ocultes.
     Quién sabe madrugada.

     Acaríciale. No le digas nada. Está (1)
     duro de lo que se ahuyenta.
5.   Acaríciale. Anda! Cómo le tendrías pena.

     Narra que no es posible
     todos digan que bueno,
     cuando ves que se vuelve y revuelve,
     animal que ha aprendido a irse... No?
10.   Sí! Acaríciale. No le arguyas.

     Quién sabe se va a ti madrugada
     ¿Has contado qué poros dan salida solamente,
     y cuáles dan entrada?

---

(1) En OPC el verso 3 no es comienzo de estrofa.

Acaríciale. Anda! Pero no vaya a saber
15. que lo haces porque yo te lo ruego.
Anda!

A. *Estructura psíquica*

Aparecen en Tr. XLIII las dos personalidades poéticas que siempre convivieron en Vallejo: el lírico que se juzga a sí mismo y la persona juzgada. Ambas representan un proceso psicológico de integración, esto es, el intento de cohonestar la ambivalencia de un ser humano que tiene momentos lúcidos de compasión, y también momentos de extremo descarrío

El poema estructura un triángulo en que el lírico (A) justifica y encomienda a su otro yo, esto es, "él", (B), ante un interlocutor representado por "tú", que es la amada. A y B son dos personalidades del mismo ser:

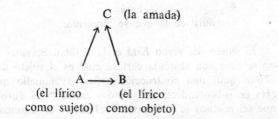

C (la amada)

A ⟶ B
(el lírico   (el lírico
como sujeto) como objeto)

Esta vez el ser objetivo está, aparentemente, pensado como una entidad distinta. Tr. XLIII tiene como base una estructura "esquizofrénica" (2).

En el fondo de Tr. XLIII se adivina una desarmonía que el lírico no puede ni justificar, ni defender. Su papel es crear una atmósfera sentimental favorable al perdón, como si el remedio de la escisión psicológica estuviese en la benevolencia amorosa de la amada.

Tr. XLIII poetiza un complejo emocional cuya falta de lógica es, precisamente, el signo bajo el cual adquieren sentido los com-

---

(2) Muy iluminadores son los estudios que recoge J. S. Kasanin sobre las perturbaciones ocasionadas por la esquizofrenia. Véase: *Language and Thought in Schizophrenia*, New York, W. W. Norton and Co., 1944. Aunque en Tr. XLIII tenemos sólo una "esquizofrenia" poética, es curioso observar que encierra algunas características típicas: incoherencia, desconexión lógica, deformaciones sintácticas.

ponentes de la "argumentación". El poema contiene cinco tipos de elementos psíquicos:

1. Ruego: *No le ocultes.../ Acaríciale. No le digas nada.../ No le arguyas.../ yo te lo ruego.*
2. Conmiseración: *Está/ duro de lo que se ahuyenta.*
3. Raciocinio: *... no es posible/ todos digan que bueno.*
4. Esclarecimientos: *... se vuelve y revuelve,/ animal que ha aprendido a irse...*
5. Advertencias: *Pero no vaya a saber/ que lo haces porque yo te lo ruego.*

Detrás de estos procesos psicológicos hay tres "razonamientos" que debemos singularizar.

a) *El castigo redime:*

3.   ... Está
4. duro de lo que se ahuyenta.

El sujeto del verbo *Está* es la entidad B, antes presentada, pero no se sabe con absoluta certeza cuál es el sujeto de *ahuyenta*. ¿Tenemos aquí una contrucción reflexiva: aquello que *se* ahuyenta? ¿Ha de subentenderse un sujeto y leerse "está duro" de lo (mucho) que (él mismo) se ahuyenta? Preferimos la segunda opción, porque el ahuyentarse parece corresponder al verso 9, que dice *ha aprendido a irse.* Si esto es así, el "estar duro" (¿aterido?) es el castigo de quien se ha ido del hogar; de este modo, el verso 4 se transforma en un modo de aminorar la culpa del amante infiel, quien aparece aquí como ya castigado por su falta de buen sentido.

b) *Todo hombre es un animal:*

8.   ... se vuelve y revuelve,
9. animal que ha aprendido a irse...

Se encierra en este pasaje una convicción básica vallejiana, que tomará cada vez más cuerpo con los años, al aferrarse a una concepción determinista de la vida: el hombre es fundamentalmente un animal,y será siempre imperfecto. ¿Para qué exigirle entonces lo que no puede dar de sí? Serán muchas las veces que Vallejo habrá de meditar sobre este punto. Recordemos, a modo de ejemplo, el verso que dice: ... *hasta que ande/ el animal que soy* (PH, p. 170).

c) *El ser humano carece de permeabilidad*:

12. ¿Has contado qué poros dan salida solamente,
13. y cuáles dan entrada?

¡Cuánto más fácil es proyectarse hacia afuera y perderse en lo objetivo! La oposición "entrar-salir" representa algo mucho más complejo que el simple movimiento hacia dentro o hacia fuera, porque el entrar en las galerías interiores de otra persona es una forma de autointegración (Tr. XXII, XXXIV, XL), y el quedar separado de la persona amada es una forma de no ser (Tr. LXXII).

Por todo lo que se ha expuesto en las líneas anteriores, se comprenderá que, para nosotros, los personajes del poema son el lírico (y su doble) y la amada, *y no dos niños,* como han supuesto otros comentaristas de Vallejo.

En su primer libro sobre el bardo peruano, Coyné interpretó Tr. XLIII como expresión de una "angustia infantil" (AC I, p. 116), pensamiento que luego desarrolla Roberto Paoli haciéndolo preludio de la generosa visión humanitaria contenida en poemas posteriores:

> "nella XLIII, in un gioco di bimbi, in un invito alla bontà e al perdono che rivolge ad un compagno, c'è già l'alberino di pietà, di tenerezza, di comprensione e di amore che crescerà potentemente in *Poemas humanos* e in *España...*" (RP, p. LXIII).

Si releemos el poema XLIII, cabría preguntarse: ¿es plausible que un niño diga a un compañero de juegos *cuando ves que se vuelve y revuelve,/ animal que ha aprendido a irse?* ¿Preguntaría un niño a otro niño si ha contado *qué poros dan salida solamente/ y cuáles dan entrada?* (3). Detrás de estos versos nosotros vemos al hombre maduro que apela a su amada. Por lo tanto, el sentido psicológico del poema es otro, y su valor artístico descansa precisamente en el subterfugio del lírico, circunstancia que da a todo

---

(3) Sospechamos que los *poros* no son, para Vallejo, meros orificios cutáneos sino las vías de la experiencia aperceptiva. De aquí que los poros impliquen un modo de conocer. Se comprende así por qué dice el poeta, años más tarde: *Qué universo se lleva ese ronquido!/ Cómo quedan tus poros enjuiciándolo!* (PH, p. 208).

el conjunto el aspecto de una petición ingenua, dentro de un marco de desdoblamiento psíquico.

Tr. XLIII, como el poema LI, presenta el drama del poeta bajo el ropaje de un discurso atolondrado y sentimental, pero que en el fondo es un grueso tejido de complejas emociones.

B. *Valoración artística*

Todo el poema es llamamiento y ruego, y acusa el apremio de un retorno a la integración espiritual deseada. Se subentiende también una culpa, aminorada por malas razones reunidas al azar, sobre una base de sentimientos. Todo este bagaje de vehemencia y su deshilvanada expresión constituyen uno de los principales atractivos del poema.

Añádase la concentración de sentido en versos sumarios, que dejan apenas insinuado el pensamiento, provocando con su indefinición una variedad de ecos. Comparemos los versos 2 y 11.

2. Quién sabe madrugada.
11. Quién sabe se va a ti madrugada.

Sin duda, el verso 11 es el verso 2, pero algo más elaborado; sin embargo, ni aún así deja de ser elíptico. Igualmente elíptica es la segunda mitad del primer verso (*No le ocultes*), que, probablemente, dice: "No le ocultes nada", o, "No te ocultes de él", o "No le ocultes aquello que él necesita", o, finalmente, la suma de las tres interpretaciones a la vez. Los dos versos comentados, cualquiera que sea su sentido, acusan una perturbación interior. Una vez más la forma responde al contenido espiritual del poema.

En Tr. XLIII hay un repetido juego de afirmaciones y negaciones y una atmósfera de ingenuidad poética, como si el poeta hubiese transformado a la amada en madre, y el amante (en la persona de B) fuese un simple niño "maldadoso", a quien hay que perdonar.

En el fondo de todo el poema no hay ningún elemento intelectual, a pesar de que muchos versos parecen ser un alegato y una justificación. El doble carácter de ruego y de emocionada petición y todo lo que estos modos encierran de culpabilidad y arrepentimiento constituyen otro de los encantos de Tr. XLIII. Detrás de lo trivial se oculta un drama profundamente humano.

Si el poema se lee con miras a hallar en él refinamientos verbales, el lector quedará decepcionado. Por el contrario, si se aprehense como un todo artístico en que la forma se ha puesto al servicio de la concepción, se verá que los elementos formales —estructura exterior, tipo de lenguaje, sintaxis, organización interna— están en perfecta consonancia con el complejo psicológico que sirve de fundamento al poema. Mirado por dentro, Tr. XLIII es un ejemplo más de engañosa simplicidad.

CAPITULO IX. PITAGORISMO: ESENCIA E IMAGEN

1. *Metafísica del número*: Tr. *XLVIII*

Tal como lo ha indicado Ricardo Gullón en un estudio de reciente data, el pitagorismo fue una de las muchas exploraciones espirituales con que los poetas hispanoamericanos, y en particular los modernistas, buscaron respuestas a problemas fundamentales del vivir. La moda persistió, y, entre los que continuaron la tradición, está César Vallejo. De él dice Gullón: "Unidad y pluralidad no se contraponen; se resuelven en la poesía, como hizo César Vallejo, con acento tan personal, en su pitagórico *Trilce*" (1).

El problema que se nos presenta es indagar si Vallejo vio o no en el pitagorismo una creencia salvadora, o si se sirvió de él más bien como fuente de imágenes poéticas para afirmar su propia cosmovisión. Puesto que es muy poco lo que en realidad se sabe de Pitágoras y su filosofía, nos apoyaremos en los comentarios de algunos de sus exégetas, y veremos si es posible rastrear la influencia de estos pensadores en la poesía de Vallejo.

Es indiscutible que hay indicios de una preocupación numérica en algunos poemas vallejianos anteriores a 1922, año en que apareció *Trilce*. En ellos hallamos una que otra mención de números y su significado simbólico:

¡Que en cada cifra lata,

---

(1) Gullón, Ricardo, "Pitagorismo y modernismo". En: *Estudios críticos sobre el modernismo*, Madrid, Gredos, 1968, p. 370.

recluso en albas frágiles,
el Jesús aún mejor de otra gran Yema!
("Líneas" LHN, pp. 78-79).

hay un riego de sierpes
en la doncella plenitud del 1.
("Absoluta" LHN, p. 75).

El tema pitagórico estaba en el ambiente intelectual peruano desde los días premodernistas, sin duda por la influencia de la poesía francesa (2). Por otra parte, a Vallejo le tocó en suerte hacer amistad con Antenor Orrego, conocido forjador de aforismos, experto en filosofía. Es seguro que de éste recibió más de una aguda insinuación filosófica (3). Recordemos también que en 1916 pasó por tierra peruana el inquieto José Vasconcelos, quien acababa de publicar un libro *Pitágoras — Una teoría del ritmo* (La Habana, 1916). Este libro se conocía en Lima, pues el propio Vasconcelos recordó años más tarde una conversación con Abraham Valdelomar sobre el estilo de dicha obra. Es cierto que Vallejo llegó a Lima después de la estancia de Vasconcelos en la capital peruana, pero es muy probable que aún quedasen ecos de las charlas que éste tuvo con intelectuales de aquellos días. Además cabe pensar que el bardo peruano conoció la teoría pitagórica en las aulas universitarias, ya que uno de los campos obligatorios de todo principiante era la historia de la filosofía. Pero quizá ninguna de estas circunstancias fuera tan decisiva como la necesidad de hallar una creencia que pusiese orden en el caos de su mundo interior. Habiendo perdido gran parte de la estructura ideológica de sus años juveniles, es posible que el poeta sintiera la ausencia de una ancla

---

(2) Dice Arturo Marasso en su extraordinario libro *Rubén Darío y su creación poética* (Buenos Aires, ed. aumentada, 1941): "Un extraño panpsiquismo atómico, mezcla de pitagorismo moderno (y) de un desvirtuado espiritualismo influido por la India, empezó a penetrar en la poesía francesa de comienzos del siglo XIX" (p. 100).

(3) El mismo año que aparecía *Trilce*, publicó Orrego en Trujillo un pequeño volumen poético-filosófico titulado *Notas marginales - Aforísticas*. En él se expresan muchas ideas diametralmente opuestas a las que Vallejo nos entrega en su poemario: creencia en Dios, fe en el conocimiento, armonía del universo, posibilidad de coordinar lo finito y lo infinito, convivio de Dios y la naturaleza, posibilidades positivas de las limitaciones del hombre, etc. Lo curioso es que, a veces, ambos escritores usan el mismo vocabulario y se ocupan de los mismos temas. Hasta parece que las palabras de Orrego fuesen contestaciones a argumentos presentados por Vallejo. Igual impresión deja la lectura de *El monólogo interno*, otra colección de aforismos y breves ensayos, publicada también en Trujillo (1929). Es preciso añadir que hay algunas coincidencias de pensamiento entre estos dos hombres, ambos miembros del llamado Grupo Norte.

espiritual. Estando en estas circunstancias, ¿fue a la filosofía pitagórica como quien busca una senda de luz? O, por el contrario,
¿hemos de pensar que la "ciencia" de los números sólo le confirmó
en sus dudas?

Quizá el mejor representante de las preocupaciones numéricas
vallejianas sea el poema XLVIII:

Trilce XLVIII

1. Tengo ahora 70 soles peruanos.
    Cojo la penúltima moneda, la que sue-
    na 69 veces púnicas.
    Y he aquí, al finalizar su rol,
5. quémase toda y arde llameante,
          llameante,
    redonda entre mis tímpanos alucinados.

    Ella, siendo 69, dase contra 70;
    luego escala 71, rebota en 72.
10. Y así se multiplica y espejea impertérrita
    en todos los demás piñones.

    Ella, vibrando y forcejeando,
    pegando grittttos,
    soltando arduos, chisporroteantes silencios,
15. orinándose de natural grandor,
    en unánimes postes surgentes,
    acaba por ser todos los guarismos,
          la vida entera.

"Gracias a la naturaleza del número —dice el fragmento 18a,
de Filolao, exégeta de Pitágoras— aprendemos a conocer y obte-
nemos una guía que nos muestra todas las cosas; sin ella todo es
desconocido e impenetrable para el hombre" (5). Añade el comentarista que el número es también una categoría de la mente: "nadie
podría formarse noción clara sobre cosa alguna, *ni sobre las cosas
en sí y sus relaciones,* si no existiesen el número y la esencia del
número" (6).

---

(4) Véase: *La tormenta,* México, 1936, 4.ª edición, p. 393.
(5) Todas nuestras citas de Filolao son por la versión de José Vasconcelos: *Pitágoras - Una teoría del ritmo.* México, Cultura, 1921. La primera
edición de este libro es de 1916.
(6) Vasconcelos, José, *op. cit.,* p. 132. (La cursiva es nuestra).

A Vallejo le interesaba esta doble función del número, no sólo por lo que en ella hay de desmaterialización y ulterioridad poética, sino también por la red relacional que establece entre las cosas. Obsesionado por llegar al trasfondo de la materia, ingresa por vías pitagóricas en un sistema de ideas que habrá de emplear luego como símbolos poéticos, aceptando algunos supuestos y rechazando otros.

Como bien se ve, el poema XLVIII plantea un problema metafísico: la capacidad creativa y unanimista del número. Este punto llamó la atención de los comentaristas de Pitágoras, como, por ejemplo, Syrianus. Refiriéndose a este filósofo, da Thomas Taylor, una larga cita de su libro sobre aritmética teórica, en relación con la página 78 de su traducción al inglés de Iamblicus — *Life of Pythagoras* (Londres, 1926). Dice la cita:

> "Puesto que todos los números, separados unos de otros, poseen individualmente *un poder demiúrgico o fabricativo*, que los números matemáticos imitan, el mundo sensible en igual forma contiene imágenes de aquellos números que lo adornan; es así como *todas las cosas están en todo*, pero en forma apropiada a cada una de ellas" (7).

Están presentes en esta idea los dos puntos esenciales del poema XLVIII: *a*) el principio generativo del número, poder "demiúrgico", según Syrianus, y *b*) la unidad de todo lo creado en virtud del guarismo. Vallejo dice lo propio en la siguiente forma:

a)   Ella (la moneda), siendo 69, dase contra 70;
       luego escala 71, rebota en 72.

b)   acaba por ser todos los guarismos,
       la vida entera.

Ambos conceptos arrancan de la concepción pitagórica del mundo como obra de la mónada primera, Dios. Dice el fragmento 22 de Filolao:

> "Pero el mundo ha existido de toda eternidad y subsistirá eternamente porque es uno, gobernado por un principio cuya naturaleza es semejante a la suya, y cuya fuerza es todopoderosa y soberana. Además, el mundo uno, continuo, dotado de respiración natural y de movimiento

_____
(7) Taylor, Thomas, Iamblicus, *Life of Pythagoras*, Londres, 1926, p. 225 (La traducción y la cursiva son nuestras).

circular y continuo, posee el principio del movimiento y del cambio. Una parte de él es inmutable, la otra es cambiante... Ahora bien, puesto que el motor obra desde la eternidad y continúa eternamente su acción, y el móvil recibe su manera de ser del motor que sobre él obra, resulta necesariamente de aquí que una de las partes del mundo imprime siempre el movimiento que la otra recibe con pasividad... El compuesto de estas dos cosas, el divino eterno en movimiento y *la generación siempre cambiante*, es el mundo" (8).

Volviendo al poema XLVIII, comprendemos ahora por qué insiste Vallejo en representar el número y su poder "fabricativo"; observemos, sin embargo, que no menciona la esencia divina de que emana dicho poder. El mundo es, pues, el resultado del poder demiúrgico y transformador del número (9). En el poema se expresa la transformación generativa a través de imágenes de luz, de sonido y de acción.

a) *Luz*. Es ésta una forma de vida transmitida a la tierra por el espejo del sol. Recordemos que en Tr. LXXV dice Vallejo, explícitamente: *la vida está en el espejo* (10). No debe extrañarnos, por lo tanto, la presencia de numerosas imágenes lumínicas, flamígeras o ígneas en Tr. XLVIII:

```
5.  quémase toda y arde llameante,
6.       llameante,
10.  ... y espejea impertérrita
14.  soltando arduos, chisporroteantes silencios, ...
```

b) *Sonido*. Sería fácil tarea hallar imágenes auditivas en *Trilce* para representar el dinamismo humano o su negación, con o sin acompañamiento numérico. Por ejemplo, en *Tr. V* dice el poeta: *Pues no deis 1, que resonará al infinito*. Y en Tr. LXXII asociará

---

(8) Vasconcelos, José, *op. cit.*, pp. 141 - 142. (La cursiva es nuestra).
(9) Es curioso que Vallejo haya escogido el numeral 70, esto es, el número "perfecto" de los pitagóricos (10), multiplicado por el número mágico (7). Nunca sabremos si semejantes detalles son intencionales o casuales. Lo que sí es seguro es que tanto el 7 como el 10 son, para Vallejo, números de especial significación.
(10) Esta misma idea la expresa el fragmento 14 de Filolao, que en parte dice: "De suerte que hay dos soles: el cuerpo ígneo que está en el cielo, y la luz ígnea que de él emana y se refleja en una especie de espejo que es el sol".

el amor desesperanzado a sonidos inarmónicos: *Amor/ contó en sonido impar*. En el poema que estudiamos lo dinámico se traduce en imágenes de sonidos intensos:

2-3. ... la que sue/na 69 veces púnicas.
7. ... tímpanos alucinados.
12. ... vibrando...
13. pegando grittttos (11),
14. soltando arduos, chisporroteantes silencios.

c) *Acción*. Se expresa ésta en Tr. XLVIII como fuerza efectiva o potencial:

3. ... 69 veces púnicas.
8. ... dase contra 70;
9. luego escala 71, rebota en 72.
10. Y así se multiplica...
12. ... vibrando y forcejeando,
15. orinándose de natural grandor.

Si bien es verdad que estas tres formas de vida parecen ser, por separado, el centro de rotación de cada una de las tres estrofas, hay también imágenes múltiples, a través de las cuales comprendemos el carácter sintético del principio evolutivo. Ejemplos: *a*) fusión de lo visual y de lo auditivo — *quémase toda y arde llameante,/ redonda entre mis tímpanos alucinados; b*) fusión de lo visual y lo dinámico — *espejea impertérrita/ en todos los demás piñones; c*) fusión de lo auditivo y lo dinámico — *ella, vibrando y forcejeando*.

Tras el proceso de cambio que hemos esbozado se acusa una y la misma esencia dinámica. La vida es, como dice el poema, la totalidad de todos los guarismos. Las cosas de la creación se entrelazan unas con otras en una malla de fuerzas, porque en todas ellas hay una esencia común que les da realidad: el número. Según los pitagóricos lo finito adviene por obra de lo infinito, que le da realidad desde "fuera". Y si hay relaciones entre las cosas de la creación es por la presencia constante de una fuerza que permanece en ella. El poema XLVIII no hace más que representar esa fuerza y su capacidad de creación.

La conclusión lógica de las premisas aquí expuestas es que el hombre, como cualquier otra entidad, es parte de una inabarcable

_____

(11) Muy probablemente la ortografía de esta palabra intenta representar un grado máximo de estridencia, tal como lo apunta la Srta. Estela dos Santos en su trabajo "Vallejo en *Trilce*", AV 5, p. 40.

malla de números que buscan expresión final en nuevas realidades, en las cuales habrá de palpitar la misma fuerza impulsora que mueve toda la creación. El mundo es múltiple, algo así como un conjunto de ruedas que engranan unas en las otras:

10. Y así se multiplica y espejea impertérrita
11. en todos los demás piñones.

La idea de número como creación está inserta en el verbo *se multiplica* (verso 10), y la inevitabilidad del cambio y del movimiento la insinúa la imagen de los piñones (verso 11), singular sinécdoque que nos hace sentir la presencia de una enorme mecánica cósmica. Por desgracia, Vallejo no pudo oír los "números acordes" que percibía el atento oído de Fray Luis de León. Más que música, el enjambre numérico es, para Vallejo, un arduo forcejeo inarmónico.

La misma connotación dinámica y la presencia de una enorme maquinaria aparecen en un pasaje "pitagórico" del relato "Muro noroeste", en el cual se presenta la vida como "una urdimbre de motivos del destino dentro del gran engranaje de fuerzas que mueven a seres y cosas enfrente de cosas y seres" (NyCC, p. 12).

En cuanto a los *postes,* éstos constituyen una afirmación, tal como las "estacas", según se ve en una crónica vallejiana: "Un archipiélago de amor y desagravio surge en torno a su recuerdo. Nacen las estacas. Vuelan los trapecios... Armonía ha llamado: *Apollinaire!...* ("La Gioconda y Guillaume Apollinaire", *Variedades,* oct. 1.º, 1927).

El poema no es simple disquisición filosófica, ya que incluye algunas referencias a objetos y acciones de la vida diaria: *70 soles peruanos, orinándose de natural grandor, unánimes postes.* También hay unos cuantos verbos que dejan traslucir actividades del quehacer contidiano: rebotar, forcejear, darse contra algo, soltar, etc. De esta curiosa mezcla de lo común y ordinario con lo intelectual y abstracto resulta un poema que a muchos parecerá desconcertante, pues lo usual es asociar la filosofía con cierto grado de elevación mental.

Tampoco es Vallejo un simple epígono, pues su actitud crítica y de feroz independencia intelectual no le permitía seguir huellas a ciegas. En Tr. XLVIII se diseña un mundo cambiante y móvil, como el que concebían los pitagóricos, pero otros poemas del mismo volumen nos hacen saber que el poeta rechazaba la idea de una armonía o ritmo sustentados por una esencia numérica. Por el contrario, la realidad de la vida es choque, oposición y lucha. De aquí

513

que diga el lírico en Tr. XXXVI: *Rehusad la simetría a buen seguro. Intervenid en el conflicto/ de puntas...*

Otro punto fundamental de divergencia, ya insinuado antes, es la omisión de toda alusión a Dios, la Mónada primera de los pitagóricos, suma de todos los números. Y esto se explica fácilmente: la fase trílcica tiene un marcado acento humano y terrenal; han desaparecido en gran parte el sueño romántico y la confianza en un más allá. Vallejo no ve la presencia divina en el mundo de las cosas. punto que para Aristóteles era la piedra angular de la teoría pitagórica. Dice el Estagirita: "la sola adición que hayan hecho (los pitagóricos) y que los distingue porque les puede ser señalada como propia consiste en que ellos no han visto en lo finito y lo infinito y la unidad naturalezas diferentes de las cosas" (12). Como se ha señalado ya en varios lugares, Vallejo vivía bajo el peso de una convicción derrotista: la de ser ente humano desposeído de perfección y eternidad. Para Vallejo entre lo finito y lo infinito hay un abismo. El hombre está condenado a la Nada (Tr. XLIX) y su morada terrenal es una pobre esfera que se está deshaciendo con el tiempo en la vastedad del éter (Tr. LIX). ¿Cómo pensar entonces que Vallejo concordara, en su fase trílcica, con la convicción pitagórica que hace del mundo una realidad eterna? Filolao afirma que el número "es la fuerza soberana y autógena que sostiene la permanencia eterna de todas las cosas en el cosmos" (Fragmento 17). Como es fácil comprender, Vallejo no podía suscribir semejante idea.

Tampoco coincide Vallejo con la noción pitagórica del destino. En una nota de su edición de *Los versos de oro* de Pitágoras, nos dice Mario Meunier que para Hierocles —otro comentarista del filósofo de Samos— el destino "no es efecto del azar, ni de un capricho divino. Es el ejercicio de la voluntad humana que, al escoger entre la obediencia o la desobediencia respecto de las leyes divinas, por sí mismo acarrea la suerte que merece" (13). En la época trílcica Vallejo no aceptaba semejante teoría, pues tenía la convicción, como se ve en varios poemas trílcicos, de que la voluntad del hombre es insuficiente para sobreponerse a los males inherentes a la condición humana.

Debemos pensar, además, en las muchas veces que Vallejo representa la lucha entre el alma y el cuerpo, haciendo de éste una fuerza incontrastable. Imposible le era, por lo tanto, concordar con Filolao, quien afirma en el fragmento 23, a: "El alma se introduce

---

(12) *Metafísica*, libro I, cap. V. La versión citada es la de Vasconcelos, *op. cit.*, p. 37.

(13) *Pitágoras - Los versos de oro - Hierocles*, Madrid, 1929, p. 214.

en el cuerpo y se asocia con él, merced al número, y *por virtud de una armonía* a la vez inmortal e incorpórea" (14).

A este respecto dice Xavier Abril que, mediante el número, "Vallejo alcanzó el sentido infinito de la Unidad (XA I, p. 59). Para demostrarlo no cita un verso de *Trilce*, sino de *Los heraldos negros*: "Oh unidad excelsa..." Carecemos de datos suficientes para afirmar que, hacia 1918, fecha del primer poemario vallejiano, el poeta había conciliado su bagaje numérico con la idea de unidad, pero sí creemos que, hacia 1922, fecha en que se publica *Trilce*, el mundo aparecía ante los ojos de Vallejo como un caos, abandonado de Dios, y sin otro destino que la unidad de la Nada (Tr. XLIX).

En Tr. XLVIII, como se dijo, se poetizan algunos aspectos de la teoría pitagórica del número. En él se deja ver el destino humano, aunque en forma muy vaga, pero, de todos modos, la idea objetivada en la moneda se puede hacer aplicable al hombre, ya que éste es también objeto, como una cosa cualquiera, y está igualmente animado por la esencia del número. Así nos lo dice Syrianus, quien ve un número en cuanto existe: "En verdad, de los números participan los cielos, y hay un número solar y también un número lunar... Pero también hay un número perteneciente a cada animal..." (15).

Es de singular importancia descubrir el significado de los últimos versos. El poeta nos dice —y permítasenos aquí una breve prosificación—: "la moneda — acaba por ser todos los guarismos, esto es, la vida entera". A través del número cada cosa participa de todos los objetos, porque todos ellos poseen un elemento común que los identifica y los une: el número (16). Pero aquí hay un misterio: ¿quiso el poeta decirnos que, por existir este unanimismo, la vida es mejor, más armónica y más inteligible, como lo afirmaban los pitagóricos? Nada hay en el poema que respalde semejante suposición. Por el contrario, Tr. XLVIII está lleno de tensiones y desarmonías, como ya vimos. Al terminar su rol, la moneda se comporta como un can cualquiera: *orinándose de natural grandor, / en unánimes postes surgentes.* ¿En qué sentido hemos de interpretar entonces el interés del lírico por la "ciencia" de los números? Ya que el poema deja esta pregunta sin respuesta categó-

---

(14) Vasconcelos, *op. cit.*, p. 142. (La cursiva es nuestra).

(15) Taylor, Thomas, *op. cit.*, p. 226.

(16) Este pensamiento siguió preocupando a Vallejo años después de aparecer *Trilce*, pero con un nuevo significado. Lo que en 1922 era multiplica-

rica, examinemos otros poemas trílcicos. El primero que llama nuestra atención es Tr. X, que dice:

> 7. Cómo detrás desahucian juntas
> 8. de contrarios. Cómo siempre asoma el guarismo
> 9. bajo la línea de todo avatar.
>
> 10. Cómo escotan las ballenas a palomas.
> 11. Cómo a su vez éstas dejan el pico
> 12. cubicado en tercera ala.
> 13. Cómo arzonamos, cara a monótonas ancas.

Aquí se representan poéticamente la presencia desconcertante de los contrarios (verso 8), la lucha entre la fuerza y la gracia (verso 10) y las bochornosas contradicciones de la existencia (versos 11 - 13). Y dentro de este ámbito de negativismos, exclama el poeta: *Cómo siempre asoma el guarismo/ bajo la línea de todo avatar.* El número no está concebido, pues, como algo deseable sino como una potencialidad desconcertante que *siempre,* esto es, inevitablemente, se deja entrever en toda transmutación (17). Atando cabos, llegamos a la suposición de que para el poeta el número era, en la fase trílcica, un motivo más de desazones, porque encierra una fuerza inarmónica. Esto explicaría el estridente final del poema XLVIII y la referencia a *unánimes postes surgentes,* que nada tienen que ver con el reposo, reflexión y sabiduría de los *versos dorados,* atribuidos a Pitágoras. Un segmento de ellos dice:

> "Poco numerosos son los (hombres) que han aprendido
> a libertarse de sus males./ Tal es la suerte que turba
> los ánimos de los mortales. Semejantes a cilindros,/

---

ción, constante y unánime devenir, se transformará en posibilidad de conciliación. Este es otro de los cambios fundamentales que se operan en la ideología de Vallejo en los años de su residencia en París. En 1927 decía ya el poeta: "... no hay que atribuir a las cosas un valor beligerante de mitad, sino que cada cosa contiene posiblemente virtualidad para *jugar todos los roles, todos los contrarios,* ..." AO, p. 173. (La cursiva es nuestra).

(17) Así queda explicada la actitud francamente negativa expresada por ciertos números que para los pitagóricos son símbolos de excelsitud. Es bien sabido, por ejemplo, que la tétrada era número "sagrado" para el maestro griego y sus discípulos, y que aparecía nada menos que en el juramento de lealtad que se exigía de todo neófito. El *cuatro* representaba la justicia, la figura de un sólido, la esencia divina, es decir, el orden perfecto. Nada de esto hallamos en *Trilce,* volumen en que el *cuatro* está cargado de malos

ruedan de acá para allá, abrumados por infinitos males./
Innata en ellos, la aflictiva Discordia les acompaña
y daña sin que ellos lo echen de ver" (18).

Es casi seguro que, por la fecha en que Vallejo escribía el
poema XLVIII (hacia marzo de 1921, según Espejo Asturrizaga) (19), el bardo peruano no lograba convencerse de que las distinciones numéricas de los pitagóricos fuesen reales. "El hombre ... —dice en el relato "Muro noroeste"— ... ignora a qué
hora el 1 acaba de ser 1 y empieza a ser 2, ..." (NyCC, p. 12).
Y, si esto es así, ¿cómo es posible creer que Vallejo era realmente "pitagórico"? Añádase que, en el pasaje de *El tungsteno*
tantas veces citado, se presenta a un hombre apartado del Señor,
"condenado a errar al acaso, como número disperso, zafado de la
armonía universal..." (p. 123). Es éste otro indicio más de que
el poeta no creía en la malla relacional pitagórica que une a todos
los seres y los armoniza unos con otros (20).

Tr. XLVIII desprestigia lo que pudo haber de misterioso en la
transmutación de las cosas, haciendo de dicho devenir, no una obra
divina, sino un cambio incesante e inexorable, contrario a la natural aspiración del espíritu. Las relaciones entre los números son
violentas, como si entre ellos hubiera "guerras púnicas". Para Vallejo, un número cualquiera es sólo etapa de transición, puesto
que cada guarismo lleva al que le sigue y, al darse éste, el que
le ha precedido "finaliza su rol" y "se quema", como dicen los
versos 4 - 5. Este continuo transformismo es la negación de la
plenitud unitaria a que aspiraba la mente vallejiana (21).

Tr. XLVIII es un poema de reducido valor artístico. Quizá la
razón principal de su ineficacia poética sea el haberse escogido
una cosa, la moneda, como objeto central del poema, puesto que
su concreción física dificulta el paso a la idea de número, noción
que tampoco es suficiente para hacernos sentir el peso de su significado como símbolo del eterno devenir en la vida del hombre.

---

agüeros. *Tr. XXVI* dice, por ejemplo: *Y así, desde el óvalo, con cuatros al
hombro, / ya para qué tristura.*

(18) Citamos por la versión de J. M. Q., con introducción y notas de
Mario Meunier, Madrid, 1929.

(19) *Op. cit.*, p. 114.

(20) Vallejo no niega que exista una mecánica celeste regida por fuerzas
armónicas (cuya "música" él no percibe), pero sí niega que en el mundo de
los hombres existan un orden y un sentido. En "Liberación", por ejemplo,
se contrasta la "armonía secreta de los cielos" con el mundo de los hombres,
donde siempre arrecia "un premioso y hosco augurio sin causa" (NyCC, p. 42).

(21) Sobre este punto, véase el excelente ensayo introductorio de Américo
Ferrari (AF, p. 23).

La mayor parte del poema está en tercera persona y se refiere a objetos y conceptos, y no al destino humano. Cuando por fin se hace extensiva a la *vida entera* la capacidad "fabricativa" del número, la imagen, apenas roza nuestra imaginación. Como lectores, hasta pudiera escapársenos el negativismo del final, que representa en forma indirecta, la imposibilidad de toda ilusión de persistencia.

2. *El número — sustancia humana*: *Tr. V*.

Según Hierocles, una parte fundamental de las enseñanzas de Pitágoras se refería a la conducta humana. Debemos preguntarnos ahora si hay algo en la poesía trílcica que revele este aspecto normativo de la concepción pitagórica del hombre y del mundo. Para contestar esta pregunta nos serviremos de Tr. V, poema en que se nos representa un problema humano a través del concepto de número.

Trilce V

1. Grupo dicotiledón. Oberturan
   desde él petreles, propensiones de trinidad,
   finales que comienzan, ohs de ayes
   creyérase avaloriados de heterogeneidad.
5. ¡Grupo de los dos cotiledones!

   A ver. Aquello sea sin ser más.
   A ver. No trascienda hacia afuera,
   y piense en són de no ser escuchado,
   y crome y no sea visto.
10. Y no glise en el gran colapso.

   La creada voz rebélase y no quiere
   ser malla, ni amor.
   Los novios sean novios en eternidad.
   Pues no deis 1, que resonará al infinito.
15. Y no deis 0, que callará tanto,
   hasta despertar y poner de pie al 1.

   Ah grupo bicardiaco.

Sobre este abstruso poema hemos hallado dos comentarios, con los cuales concordamos sólo en parte. Del primero es autor Carlos Cueto Fernandini, quien nos da una paráfrasis en que incorpora todo lo esencial del poema (1). Da por claro y evidente que existe una voz (*La creada voz rebélase* — verso 11), pero no la identifica, y acepta la aparición del *uno,* pero sin explicarla. Sin embargo, creemos que al destacar la "perseverancia interior" del ser, ha apuntado al meollo mismo de la composición.

Mucho más extensa es la explicación de Coyné, quien llama a Tr. V "uno de los [poemas] más significativos de las honduras mentales y expresivas del libro" (2). Señala el crítico francés, el trasfondo erótico (¿erótico-simbólico?) y asocia el guarismo a la noción de muerte, concepto que nosotros no vemos como constituyente esencial del poema. Al desarrollar su interpretación, deduce que el amor puede "acabar con lo heterogéneo de la existencia cotidiana". Puesto que Tr. V dice explícitamente *Y no glise en el gran colapso,* nosotros vemos en la conjunción sexual el fin de esa "perseverancia interior" señalada por Cueto Fernandini, y la pérdida de toda inmanencia, pero no la noción de muerte.

Nuevamente recurre el lírico a una imagen botánica y luego a una imagen biológica para representar el drama del número humano. La idea del hombre está al principio y al final del poema. Comparemos:

    1.   Grupo dicotiledón.
  17.   Ah grupo bicardiaco.

Tr. V comienza y termina representándonos el concepto de dualidad. A este concepto se opone un *aquello* (verso 6), que es singular, es decir, el grupo mentado en los versos 1 y 5. Estamos, pues, frente a dos imágenes pitagóricas: la mónada y la dúada. ¿Qué desea representarnos Vallejo? El lírico parece haberse propuesto dejarnos, hasta el final, en dramática expectación.

A la imagen botánica se une inmediatamente otra de índole marina:

    1. ... Oberturan
    2. desde él petreles,...

El ruido de los *petreles* (3) —palmípedas del litoral peruano—

---

(1) Cueto Fernandini, Carlos, "Trilce", *Sphinx,* Lima, año III, julio-octubre, 1939, Nos. 6-7, pp. 115-121. En este trabajo hay algunas observaciones extremadamente lúcidas sobre varios aspectos de *Trilce.*

(2) AC II, p. 37, nota 31. El crítico examina el poema con detenimiento en las páginas 217, 219 y 220.

(3) Larrea intuye la presencia del "tres" en *petreles.* Véase: AV 2, p. 244, nota 4.

trae a la memoria "los más soberbios bemoles" de Tr. I. Somos testigos, pues, de algo armonioso que está a punto de principiar, como lo sugiere "la obertura" del comienzo, y el verbo *comienzan*, del verso 3. El poeta ha creado un escenario entre botánico y marino para dar principio a un drama. Ese drama traduce el posible advenimiento de un hijo (4), esto es, el tercer elemento de la *trinidad* del verso 2, acontecimiento en que palpita el número 3, a modo de inminente consecuencia del 2, implícito en el *dicotiledón*, la dúada humana —lo masculino y lo femenino—, cuyo ritmo vital está expresado también en el adjetivo *bicardiaco* del verso final. El poema no se refiere a un ser bisexual sino a dos entes de distinto sexo —los actores del drama de la creación— cuyo destino es existir en relación de mutua necesidad. Así lo da a entender el empleo del plural en el verso 13: *Los novios sean novios en eternidad.*

Siguen dos estrofas que contienen una larga argumentación compuesta de nueve negaciones, sin contar otras que están subentendidas:

Negaciones explícitas

6.	*sin* ser más	11 - 12	*no* quiere/ ser malla
7.	*No* trascienda	12.	*ni* amor
8.	*no* ser escuchado	14.	no deis 1
9.	*no* sea visto	15.	no deis 0
10.	*no* glise		

Negaciones implícitas

10. el gran colapso
11. rebélase
13. sean novios y no más
15. callará tanto

Con esto queda delineada la estructura interior del poema, que podría representarse así:

a) Primera mitad del marco poético: *grupo dicotiledón*

1. Presentación de un actor (grupo dicotiledón) y un vago escenario; anuncio de una inminencia (versos 1 - 5);

---

(4) Damos este significado específico al verso 2 (*propensiones de trinidad*) en virtud de las muchas referencias a los sexos que el poema contiene. Larrea,

2. Negación ontológica: afirmación de un modo de ser, especificándose lo que no debe ser (versos 6 - 13);
3. Negación conductista: afirmación de un modo de actuar, especificándose nuevamente una serie de negaciones (versos 14 - 16);

b) Segunda mitad del marco poético: *grupo bicardiaco.*

Podría argumentarse que hemos introducido en este esquema un falso equilibrio interior. Así es, a primera vista. Sólo queremos repetir lo dicho en otro lugar: Vallejo no cae nunca en simetrías externas, pues la estructura de sus poemas descansa en una forma interior. Nuestro esquema es una simple conveniencia metodológica. Por otra parte, observemos que el poema muestra algunas rupturas de la supuesta simetría: el no haber desligado el comienzo, para hacerlo paralelo al final; el no distinguir las partes (2) y (3) mediante una división estrófica después del verso 13. Más que dibujo simétrico hay en la poesía trílcica, como en el arte barroco, una proliferación externa bajo la cual se adivina una dramática estructura psíquica.

Volviendo a la primera estrofa, hallamos en ella dos antítesis en las cuales debemos detenernos:

3. finales que comienzan, ohs de ayes

El "terminar" y el "comenzar" tienen en este poema, como en algunos otros, un significado importante, porque el paso de un fin a un comienzo se entiende como una forma de trascendencia indeseada. Así lo dice el poema mismo: *No trascienda (el ser) hacia fuera* (verso 7). En otras palabras, el lírico desea persistir en un estado amoroso, que le eternice en un "adentro" porque la proyección hacia "afuera" implica una mutación, y ésta, un fin. Este concepto lo hallamos también en Tr. XXVI, poema en el cual las uñas "crecen... para adentro (y) mueren para afuera". Creemos, pues, que el "afuera" implica un modo de ser cotidiano y mortal, un tipo de existencia que, según Tr. XXXVI, *todaviiza/ perenne imperfección.* Por lo mismo, el llegar a un fin es no perdurar en el estado anterior, no ser perenne potencialidad incambiable, sino, por el contrario, crecimiento y deceso. Los *finales que comienzan* constituyen, en el presente poema, un cambio indeseado (5).

---

por el contrario, ve en el número tres "un deseo de regeneración o palingenesia, producto de amor metafísico asentado en el período precedente" (AV 2, p. 239).

(5) Vemos la misma intención negativa en el verso: *llanto al que da término a lo que hace, guardando los co/mienzos* (PH, p. 193).

La segunda antítesis contrapone una exclamación admirativa (*oh*) a un quejido (*ay*), recalcándose una vez más lo paradojal, y anunciando el paso de lo placentero a lo doloroso; se complementa de este modo la afirmación anterior.

Como se ve, se ha introducido en el poema casi insensiblemente una nota negativa, una anticipación de algo engañoso. Este último concepto lo hallamos también en el verso siguiente:

> 4. creyérase avaloriados de heterogeneidad (6).

La dualidad representada por el *grupo de los dos cotiledones* es un atractivo engañoso, puesto que su valor es el de un "abalorio". El neologismo *avaloriado* no puede ser más explícito.

Termina la primera estrofa con un verso que deja cuanto se ha dicho sin solución y cargado de expectativas:

> 5. ¡Grupo de los dos cotiledones!

Ahora se comprende mejor por qué veíamos el comienzo de un drama en la primera estrofa.

La segunda estrofa se abre con una frase que expresa voluntad de clarificación (*A ver*), y que sirve de preámbulo a una serie de afirmaciones. La primera de éstas dice:

> 6. ... Aquello sea sin ser más.

El neutro es aquí una forma desrealizante del ser, cuya existencia no ha de tener transitivación; el lírico anhela persistir como mónada pitagórica, como conjunto unitario. ¿Repetía aquí Vallejo parte de un concepto atribuido a Pitágoras? Sobre este punto E. Schuré nos dice:

> "La Monade réprésent l'éssence de Dieu, la Dyade
> sa faculté génératrice et reproductive. Celle-ci
> génère le monde, épanouissement visible de Dieu
> dans l'espace et le temps" (7).

Hay aquí una coincidencia importante con el poema *V*, ya que Vallejo deja entendida la presencia de un ser masculino y otro

---

(6) Omitiremos en nuestras discusiones toda cuestión puramente gramatical (¿*creyéranse?*), a menos que tenga importancia para la mejor interpretación de un texto.

(7) *Les grands initiés*, 92a ed., París, 1927, p. 334.

femenino al decir *propensiones de trinidad* (verso 2), idea que se aclara sin dejar lugar a dudas en el verso 13: *Los novios sean novios en eternidad.* El sustantivo *novios* está empleado, a nuestro entender, tal como todos aquellos nombres que indican una etapa preliminar —capullo, víspera, alba, etc.—, en la cual el lírico quisiera eternizarse (8). Por lo tanto, el propósito del poema es expresar un anhelo de perpetuación indefinida, en oposición al cambio que gobierna el mundo y determina su inestabilidad. En cuanto a la palabra *eternidad,* no creemos que tenga aquí el sentido temporal que le asigna Coyné: "El sentimiento angustiado del tiempo, en que todo es pasaje y todo pasaje una agonía, se lleva el poema entero" (AC I, p. 90). Nosotros interpretamos *eternidad* como sinónimo de no-tiempo.

Lo más curioso de este poema es que los tres versos siguientes repiten en forma sumaria, pero negativa, lo mismo que se destaca en el poema anterior (Tr. XLVIII). En Tr. V se apuntan las mismas expresiones funcionales con que la moneda pasa de un número a otro: sonido, cambio visual y acción. Específicamente, el lírico desea un estar siendo sin fin:

8. y pienso en són de no ser escuchado (sonido)
9. y crome y no sea visto (cambio visual)
10. Y no glise en el gran colapso (acción)

No es mera coincidencia que estas tres manifestaciones aparezcan juntas, como si fueran eco de Tr. XLVIII: en ambos poemas se presenta el número en sentido pitagórico, o sea, como realidad sensible que se ve, se oye y se mueve (9).

El complejo hombre - mujer es para Vallejo un estado ideal siempre que no se transforme en dualidad. El *grupo dicotiledón* está concebido teóricamente, como una especie de dualismo poético. El *uno* ha de seguir siendo Unidad, en el no-tiempo, eternizado en sí (10). Pero el poeta sabe que la vida tiene leyes inelu-

---

(8) El deseo de persistencia lo hemos discutido ya en otros lugares. Recordemos, aunque sea sólo de paso, el segmento de "Sabiduría", que dice: "¡Felices los capullos, porque ellos son las joyas natas de los paraísos...! ¡Felices las vísperas, porque ellas *no han llegado todavía* y no han de llegar jamás a la hora de los días definibles!" (NyCC, p. 127). Esta es, precisamente, la "eternidad" deseada en el poema bajo estudio. (La cursiva es nuestra.)

(9) Este punto lo discute Aristóteles en su *Metafísica.* Libro XIII, Cap. II.

(10) Hay un verso muy significativo en "Absoluta" (LHN, p. 74), citado ya en otro lugar, que explica muy claramente, a través de la palabra "doncella", la significación del Uno como esencia unívoca, libre de la dualidad acarreada por el contacto sexual: *hay un riesgo de sierpes / en la doncella plenitud del 1.*

dibles y, por eso, prevé la conjunción sexual, esto es, *el gran colapso* del verso 10, el cual acarrea la posibilidad de un nuevo número, el tres, implícito en la frase *propensiones de trinidad*, del verso 2.

Tr. V se ha convertido en una confrontación de lo que ha de ser con lo que se anhela ser. Realidad frente a ilusión. La transmutación del 1 en 2, y luego en 3, representa la viabilidad del número, que, en último análisis, es cambio, creación constante, con un principio y un fin repetidos incesantemente. Para los pitagóricos el número es la esencia divina que hace posible el nacimiento del mundo de lo específico. Para Vallejo es la inminencia de un devenir, pero también la negación de toda perennidad. Estamos en presencia de una diferencia radical que nos pone en guardia: el concepto numérico vallejiano no siempre coincide con el de los pitagóricos en sentido esencial. No es nuestra intención afirmar que Vallejo sea antipitagórico, sino que su adhesión a las enseñanzas del filósofo griego no fue siempre la misma a través del tiempo (11). Si nos atenemos al poema V, se podría pensar que, hacia los años en que Vallejo escribía algunos de sus poemas trílcicos, no seguía, en muchos respectos, la concepción pitagórica del número. Por lo menos, es seguro que los guarismos no eran para él garantía de plenitud o de armoniosa concurrencia.

El espíritu negativo que hemos venido destacando se expande a la tercera estrofa, cuyos dos primeros versos dicen:

11.   La creada voz rebélase y no quiere
12.   ser malla, ni amor.

Esta declaración no nos permite concebir la *trinidad* del verso 2, en lo que al presente poema se refiere, como algo deseado. El poeta dice específicamente que la unidad dicotiledónea, a la cual ha llamado *grupo* dos veces, no quiere proyectarse hacia afuera para existir en relación con otros entes, ni quiere rendirse a las exigencias del amor. Esto deja entrever que el número no está empleado en Tr. V para expresar una posible armonía entre la unidad y la pluralidad.

No debe extrañarnos que la trinidad y, por ende, el número

---

(11) Es muy probable que Vallejo estuviese más cerca de la filosofía pitagórica en años anteriores, y por esto se puede suponer que la cita de Xavier Abril, tomada del poema "Absoluta" (LHN, pp. 74-75), contiene resonancias pitagóricas, particularmente si nos fijamos en los versos que cierran la cuarta estrofa: *Un latido único de corazón / un solo ritmo*: Dios! (XA I, p. 59). Son especialmente significativas dos palabras: *único* y *ritmo*.

tres, no sean siempre signos positivos, a pesar de ser éste numeral (junto con el 4 y el 10) una de las bases primordiales del pensamiento pitagórico (12).

Volviendo al poema V, hemos de hacer una advertencia: sería erróneo suponer que el número tres, implícito en *trinidad,* tiene sólo significado negativo. Ya hemos visto en otros poemas que el "tres" también está presente en el "terciario brazo" (Tr. XVIII) y las "lustrales plumas terceras" (Tr. XL) (13).

Vienen a continuación tres versos muy citados por cuantos afirman el pitagorismo de Vallejo:

    14.   Pues no deis 1, que resonará al infinito.
    15.   Y no deis 0, que callará tanto,
    16.   hasta despertar y poner de pie al 1.

Se encierran aquí dos ideas pitagóricas: el *uno* es la unidad creadora de la que nacen todas las cosas; hacer entrega de esta potencialidad creadora es iniciar una creación y no seguir siendo lo que se es. Por otra parte, no puede el hombre encerrarse en un total egoísmo (dar O) porque la esencia numérica es "fabricativa" y se afirmará a sí misma logrando *poner de pie al 1,* con lo cual se establece la posibilidad de una proliferación.

El poema termina con un verso extremadamente significativo, pues lleva envuelto un despertar a la realidad de la vida:

    17.   Ah grupo bicardiaco.

Una vez más hallamos un final que contradice las elaboraciones mentales que lo preceden. Cuanto se ha afirmado sobre unidad e inmanencia como medios de eternización —nos dice el poema— resulta ocioso: en la vida palpitan las dualidades, querámoslo o no, y una de ellas es la de los sexos, representada aquí por un doble corazón (*bicardiaco*). La existencia de dualismos era

---

(12) Los casos en que "tres" es símbolo negativo son muy numerosos en otras obras vallejianas. Recordemos, de paso, a modo de ejemplo: "esos sonidos trágicos y treses" (NyCC, p. 17); "tres sienes de imposible" (NyCC, p. 68); *la tórtola corta en tres su trino* (PH, p. 188); *Acaba de ponerme* (*no hay primera*) / *su segunda aflicción en plenos lomos* / *y su tercer sudor en plena lágrima* (PH, p. 201); *Entre el dolor y el placer median tres criaturas...* (PH, p. 227); *se la ayuda a arrastrar sus tres rodillas...* (Esp. p. 262).

(13) Sobre los múltiples significados del "tres", véase: Allendy, René F., *Le symbolisme des nombres,* París, 1921. Véase también: Valens, Evans G., *The Number of Things,* Londres, 1965, Cap. I.

para Vallejo una verdad irrecusable (14). Y ¿qué es el dualismo sino la presencia del número 2? El poema termina, pues, con un retorno a la realidad, declarando implícitamente la inconsecuencia de las ideas que no se compaginan con el ser real y verdadero del hombre. El último verso es una afirmación de los sexos, dualidad que constituye el fundamento mismo de la existencia y que es uno de los diez grupos de contrarios que, según nos afirma Aristóteles, formaban la base del pensamiento pitagórico (15). Pero había una diferencia fundamental. Los pitagóricos concebían el mundo como armonía de opuestos; Vallejo, por el contrario, no concibió jamás la posible conciliación de contrarios durante la época trílcica, excepto en el limbo del absurdo.

Tr. V, según Coyné es "un poema de amor". Nosotros preferiríamos decir que es un poema especulativo, si no filosófico. De todos modos, la conclusión de Coyné nos parece muy certera: "*Ah grupo bicardiaco* es un grito de derrota y de zozobra irremisible" (AC I, p. 90).

Aquí se hace necesaria una nueva aclaración. El numeral "dos" que aparece repetidas veces en Tr. V no siempre tiene el mismo sentido en la totalidad del volumen. A veces se nos da como símbolo afirmativo, para ensalzar la presencia de una mujer —la amada, o la madre—; otras veces es un símbolo negativo, que destaca lo disonante, fragmentado o fatídico. Comparemos:

a) Sentido positivo:

> ... un par de pericardios, pareja/ de carnívoros en celo (Tr. VIII);
> Contra ellas seríamos contigo, los dos,/ más dos que nunca (Tr. XVIII);
> las dos largas (paredes) que tienen esta noche/ algo de madres... (Tr. XVIII);
> las dos alas del Amor (Tr. XL);
> (esa pura)/ que sabía mirar hasta ser 2 (Tr. LXXVI).

---

(14) La imposibilidad de ser Uno e indiviso en el mundo de los mortales está muy claramente expresada en un pasaje del relato "Sabiduría", en que un hombre se lamenta de su condición humana, tras de haber perdido su inocencia edénica: "¡Cuando pude... apostarme ante todos los tabiques [símbolos de escisión], a blandir *a dos manos el número 1*, ..." (NyCC, p. 127). (La cursiva es nuestra.) La misma idea, pero en sentido inverso, aparece en *Poemas humanos*: (*la cólera del pobre*) *tiene un fuego central contra dos cráteres* (PH, p. 226).

(15) *Metafísica*, Libro I, Cap. V.

b) Sentido negativo:

> Rechinan dos carretas... (Tr. IV);
> dos puertas que al viento van y vienen (Tr. XV);
> a dos badajos inacordes de tiempo (Tr. XXXIII);
> a razón de dos o más posibilidades tantálicas (Tr. XL);
> arterias/ trasdoseadas de dobles todavías (Tr. XL);
> embrazados siempre/ a los dos flancos diarios de la fatalidad! (Tr. XL);
> las dos piedras que no alcanzan a ocupar/ una misma posada a un mismo tiempo (Tr. LIII);
> ... dos días que no se juntan,/ que no se alcanzan jamás! (Tr. LXXVI).

La ambivalencia de sentido que hemos señalado en relación con el "tres" y el "dos" vallejianos muestra, por encima de toda duda, que las nociones numéricas no siempre aparecen en *Trilce* como símbolos pitagóricos sino que también tienen significados puramente personales.

Tr. V desarrolla un motivo por demás frecuente en la poesía trílcica —el anhelo de ser uno y perenne— que aquí, como en otros poemas, el lírico rechaza bajo el peso de la realidad existencial. La vida, con sus inevitables dualidades, hace de los utopismos del poeta simples ficciones de la mente.

Mirado desde el punto de vista artístico, Tr. V contiene poco que lo recomiende y lo haga obra meritoria. El lector no logra sentir el drama del hombre que ansía ser eternamente uno. El poema nos defrauda, pues, por exceso de simbolismo (*Grupo dicotiledón*), falta de calor humano (*Aquello sea sin ser más*) y vaguedad referencia! (*No trascienda ... no deis 1 ...*).

* * *

¿Qué añaden los símbolos numéricos a la expresión poética? Por una parte, el prestigio de lo misterioso, pues el ser humano aparece bajo un velo de abstracciones; por otra, una desmaterialización de la sustancia poética. El número satisfacía, además, el deseo vallejiano de ir más allá de lo experiencial para ingresar en el reino de las esencias. Aunque es poco lo realmente metafísico que el número aporta en la poesía trílcica, da la impresión de ser un sondeo en un más allá inmaterial. Con esto adquieren los versos cierto rango filosófico y establecen una polaridad entre lo inmediato y lo ulterior.

Debemos añadir, sin embargo, que Vallejo no logra siempre establecer consonancia tonal entre el motivo poético y los símbolos numéricos. Tal es el caso de los dos poemas que hemos estudiado en el presente capítulo; en ambos hay una orientación inesperada al final que hace del pitagorismo un medio y no un fin. Como contenido y como forma, el número resulta ser algo secundario y no esencial. Este desmedro es particularmente visible en aquellos poemas en que el número se asocia a algo que no es realmente significativo. Mucho más artística es la simbología numérica en que el *dos* es imagen de la amada, o de la madre, o en que el *tres* es anuncio del hijo por venir; cosa muy diferente es el juego de números desprovisto de carga humana. Veamos algunos ejemplos:

a) *Número como sustancia humana*

amargurada bajo túnel campero/ por lo uno (Tr. IV);
galoneándose de ceros a la izquierda (Tr. XVI);
Contra ellas seríamos contigo, los dos,/ más dos que nunca (Tr. XVIII);
¡Cuatro humanidades justas juntas! (Tr. XXII);
Y así, desde el óvalo, con cuatros al hombro (Tr. XXVI);
quiero reconocer siquiera al 1 (Tr. XLIX).

b) *Número con concepto filosófico*

Pues no deis 1, que resonará al infinito (Tr. V);
Cómo siempre asoma el guarismo/ bajo la línea de todo avatar (Tr. X);
Amoniácase casi el cuarto ángulo del círculo (Tr. XXXVI);
la (moneda) que sue-/ na 69 veces púnicas (Tr. XLVIII);
pero sin traspasar los eternos/ trescientos sesenta grados (Tr. LIII).

El uso de los números se hace paradojal en *Trilce* y notoriamente vitando y dramático en *Poemas humanos,* como lo ha indicado Coyné con riqueza de detalles.

Por cuanto hemos dicho en las secciones 1 y 2 de este capítulo, llegamos a tres conclusiones: 1) el número pitagórico le interesa más a Vallejo, durante la fase trílcica, como causa de diversificación y de lucha que como fuerza unificante y armonizadora; 2) considerando el pitagorismo vallejiano en su totalidad, vemos que el lírico siguió al filósofo griego en lo accesorio más que en lo esencial; sin duda alguna, el número no tiene, en *Trilce,* ningún sentido normativo, ético o religioso; 3) el gusto por los números traduce ciertas preferencias vallejianas por un tipo de imágenes poéticas, con las cuales, sin embargo, puede expresar el lírico ideas totalmente divergentes. No se podría, por lo tanto, asociar la poesía trílcica al pitagorismo, a menos que se especifiquen algunas importantes limitaciones.

CAPITULO X. ESTILIZACION LINGÜISTICA

1. *Prosaísmo intencional*: *Tr. XXVIII*

Toda nueva poesía —dice T. S. Eliot— es siempre un retorno a la lengua popular (1). Caduca el vehículo poético perfeccionado por una época, pero la lengua sigue en constante evolución. En esta fuente, siempre cambiante, halló Vallejo nuevos materiales para sus creaciones, y, entre esos materiales, dos de los más significativos y, al mismo tiempo, de los más desconcertantes, son la expresión coloquial y el prosismo sintáctico (2).

En general, los poemas trílcicos que reconstruyen el pasado son claros y sencillos; aquellos en que el espíritu del poeta se enfrenta con las adversidades del presente son por el contrario, complejos y hasta herméticos. El más somero examen revela que Vallejo emplea coloquialismos tanto en un tipo de poemas como en otro. El lenguaje de todos los días no va necesariamente asociado a la poesía trílcica "fácil". Más aún: el empleo de coloquialismos en un poema "fácil" no implica en modo alguno una estructura interior simple, aun cuando los hechos denotados por el lenguaje coloquial sean incidentes de la vida cotidiana.

En Tr. XXVIII hallamos la doble orientación señalada: sencillez y complejidad. Veamos ahora si un ligero análisis del poema corrobora esta afirmación.

---

(1) *On Poetry and Poets*, New York, 1961, p. 23. (Noonday Books, 214).
(2) Usamos el vocablo "prosismo" en el sentido que le da Amado Alonso *Cf.*: *Poesía y estilo de Pablo Neruda*, Buenos Aires, Edit. Losada, 1940, pp. 119 - 131.

1. He almorzado solo ahora, y no he tenido
    madre, ni súplica, ni sírvete, ni agua,
    ni padre que, en el facundo ofertorio
    de los choclos, pregunte para su taɩdanza
5. de imagen, por los broches mayores del sonido.

    Cómo iba yo a almorzar. Cómo me iba a servir
    de tales platos distantes esas cosas,
    cuando habrase quebrado el propio hogar,
    cuando no asoma ni madre a los labios.
10. Cómo iba yo a almorzar nonada.

    A la mesa de un buen amigo he almorzado
    con su padre recién llegado del mundo,
    con sus canas tías que hablan
    en tordillo retinte de porcelana,
15. bisbeando por todos sus viudos alvéolos;
    y con cubiertos francos de alegres tiroriros,
    porque estanse en su casa. Así, qué gracia!
    Y me han dolido los cuchillos
    de esta mesa en todo el paladar.

20. El yantar de estas mesas así en que se prueba
    amor ajeno en vez del propio amor,
    torna tierra el bocado que no brinda la
                            MADRE,
    hace golpe la dura deglusión (3); el dulce,
25. hiel; aceite funéreo, el café.

    Cuando ya se ha quebrado el propio hogar,
    y el sírvete materno no sale de la
    tumba,
    la cocina a oscuras, la miseria de amor.

La característica formal más importante de este poema es su lenguaje prosaico y familiar. A primera vista podría pensarse que debajo de este lenguaje se oculta una intención puramente referencial. Así parecen indicarlo los diferentes tipos de coloquialismos presentes en el poema:

---

(3) En OPC: *deglución.*

1) exhortación indirecta: *y no he tenido ... ni sírvete;*
2) exclamaciones interrogativas: *Cómo (me) iba yo a* + infinitivo (3 veces);
3) frases explicativas introducidas por *cuando*:

     8. cuando habrase quebrado el propio hogar,
     9. cuando no asoma ni madre a los labios.
   26. Cuando ya se ha quebrado el propio hogar, ...

4) exclamaciones admirativas:

   17. ... qué gracia!

5) Calificaciones genéricas:

     7. ... esas cosas
   20. ... estas mesas así

La sintaxis de Tr. XXVIII es estrictamente prosaica. Los únicos elementos que dan al poema un aire de cosa no dicha todos los días son el uso de los enclíticos (*habrase, estanse*), una palabra desusada (*yantar*) y algunos vocablos poco comunes (*facundo, nonada, deglusión*). Sin embargo, Tr. XXVIII es poesía, y no pierde el carácter de tal por contener coloquialismos. Puesto que ninguna palabra tiene carácter y sentido fuera de su contexto, hay que entender los coloquialismos dentro del poema, es decir, en relación con la concepción poética que los informa. Esta concepción apunta a metas ulteriores y, consciente e inconscientemente, proyecta el bagaje coloquial —¡milagro de milagros!— a un mundo de espiritualidad. El coloquialismo queda transformado así en material anímico (4).

1) *Ambiente espiritual*

En Tr. XXVIII aparecen enfrentados el mundo de los recuerdos y una circunstancia inmediata, fría e inarmónica. El lírico se nos entrega como repartido entre dos zonas vitales: por un lado, una atmósfera desprovista del punto de apoyo que pide su ser espiritual, y por otro, un cúmulo de sentimientos que, al recordarle mejores tiempos, le llenan de nostalgia. En los ejemplos que siguen

---

(4) Hemos omitido toda referencia a las circunstancias reales que dieron motivo a Tr. XXVIII. El lector puede hallarlas en la biografía de Espejo Asturrizaga (JEA, p. 87).

emplearemos dos letras para indicar los dos tipos de componentes:
O = objetividad; S = subjetividad:

1. (O) He almorzado solo ahora, y (S) no he tenido
2. madre, ni súplica, ...
18. Y (S) me han dolido (O) los cuchillos
19. de esta mesa en todo el paladar.
20. (O) El yantar de estas mesas así en que (S) se prueba
21. amor ajeno en vez del (S) propio amor,
22. torna (O) tierra el bocado que (S) no brinda la
23.   MADRE.

En Tr. XXVIII hay toda una serie de entrecruzamientos de los elementos señalados. Advertimos, sin embargo, que el acento también recae en la diferencia de dos tiempos (presente y pasado), como si éstos fueran dos formas de ser, una en que la interioridad del poeta está inacorde con lo que le rodea, y otra, en que el yo subjetivo y la realidad recordada se hallan en consonancia emocional. Pero no es que haya dos módulos temporales sucesivos sino corrientes anímicas coexistentes. Como la única zona psíquica operante es la del recuerdo, ésta imparte, por vía contrastiva, significados peyorativos a la realidad inmediata, haciéndola aparecer inexpresiva, imperfecta y cursi. Así nos lo dicen los siguientes versos:

a) Inexpresividad:

7. ... platos distantes
29. la cocina a oscuras, la miseria de amor.

b) Imperfección:

15. bisbiseando por todos sus viudos alvéolos;
26. ... ya se ha quebrado el propio hogar

c) Cursilería:

13. con sus canas tías que hablan
14. en tordillo retinte de porcelana,
17. ... Así, qué gracia!

2) *Cariz obsesivo*

En la urdimbre psicológica del poema se incluyen las reiteraciones típicas de un estado emocional crítico, todas expresadas en lenguaje directo. Observemos las repeticiones:

1.   He almorzado
11.   ... he almorzado

1 - 2.   y no he tenido/ madre
9.   no asoma mi madre ...
22-23.   que no brida la/ MADRE

6.   Cómo iba yo a almorzar
10.   Cómo iba yo a almorzar

8.   cuando habrase quebrado el propio hogar
26.   Cuando ya se ha quebrado el propio hogar

19.   de esta mesa
20.   ... de estas mesas

21.   ... del propio amor
26.   ... el propio hogar.

El poema está concebido en tres oleajes sucesivos que corresponden a tres partes, cuyo comienzo es muy parecido:

I.   Estrofas 1-2. Comienzo: He almorzado solo ahora. ...
II.   Estrofa 3. Comienzo: A la mesa de un buen amigo he almorzado.
III.   Estrofas 4-5. Comienzo: El yantar de estas mesas así, ...

Cada una de estas partes se inicia con una referencia a un hecho concreto —el almorzar—, el cual pasa inmediatamente a segunda fila, dejando irrumpir una onda sentimental que se expande a lo largo de cada sección. El poeta está obseso con su zozobra interior y vuelve, una y otra vez, al mismo tema, pero variando el segmento intermedio para representar la familia extraña, con lo cual establece el mismo contraste que dejó subentendido en los muchos entrecruzamientos a que antes nos hemos referido.

3)   *Función simbólica*

El estado de confusión se deja traslucir a través de cosas, seres y acontecimientos ordinarios cargados de potencialidad emotiva, con lo cual se da entrada a sutilísimos rasgos poéticos de religiosidad, sencillez patriarcal, espíritu hogareño o venerable vetustez (5). Tienen función simbólica los siguientes componentes del poema: *a*) los *choclos,* que parecen ser las hostias de una eucaristía familiar; *b*) el *almorzar,* ya que la acción de comer en grupo es, para Vallejo, expresión de intimidad (6); *c*) los *amigos,* que representan claramente un conjunto humano desprovisto de significado emocional; *a*) el bisbiseo y el choque de cubiertos, que son trasunto de vida vulgar, sin sentido ritual, y que contrasta fuertemente con el *facundo ofertorio* de la primera estrofa, en que el padre parece oficiar como un "sacerdote" (7); *e*) el paladar, símbolo de humanidad sensible, y los *cuchillos,* que representan lo que hiere; *f*) la alimentación, que es tortura y, por eso, es *hiel* y, finalmente, *g*) la *cocina a oscuras,* que hace las veces de un hogar vacío, cuyas tinieblas nos hablan de ausencia y de muerte.

4) *Concentración sugestiva*

Hay dos segmentos que contienen imágenes múltiples. Dicen los versos 4 y 5:

[ni padre que ... pregunte] para su tardanza
de imagen, por los broches mayores del sonido.

Ya hemos visto cómo la *tempranía* (Tr. XIV) y la *tardanza* son, probablemente, términos psicológicos. El poeta nos dice, en lenguaje poético, que su padre, ya anciano, no transforma con rapidez lo que oye en imagen significativa, y pide que le repitan lo enunciado para coordinar pensamientos. Esto último está expresado por medio del sustantivo *broches,* que entendemos aquí como sencillos alfileres de gancho, o presillas, que unen una cosa con otra (8).

Igualmente reconcentrado es el sentido de los versos 13 y 14:

13. ... canas tías que hablan
14. en tordillo retinte de porcelana.

---

(5) Sobre los símbolos como síntomas de vida interior, véase: Langer, Susanne K., *Philosophy in a New Key,* New York, 1961, (11.ª ed.), p. 79.

(6) Son numerosos los poemas en que el comer o servirse algo son portadores de contenidos psicológicos. Sirvan de ejemplo: *Oh tus cuatro gorgas,...* (XXIII); *El almuerzo con ella...* (XXXV); *Ah! qué nos vamos a servir ya nada* (XLVI); *y en el almuerzo musical,/ cancha reventada, harina con manteca,* (LII).

(7) Sobre el sentido religioso de este pasaje véase RP, p. 56.

(8) Según James Higgins, el sentido de estos versos es el siguiente: "porque los choclos no aparecen por ninguna parte (tardanza de imagen) el padre pregunta por ellos en voz alta". Cf.: *César Vallejo - An Anthology of his Poetry,* Oxford, New York, 1970, p. 37.

Se han fundido aquí el color oscuro de utensilios muy usados (*tordillo*) con el ruido (*retinte* = retintín) de cacerolas, del tipo que se usarían en días de informalidad casera. Color, sonido y calidad, todo unido en apretado nudo, para caracterizar seres humanos. Se pueden asociar varios otros significados a la palabra *tordillo,* pero en todo caso, se nos entrega una imagen múltiple de señoras antañonas, de pocos dientes y modesto aspecto, aferradas a un sencillo mundo doméstico, cuyo eje vital va desde la cocina hasta el comedor. Los versos recién comentados son un excelente ejemplo de pluralidad semántica expresada en lenguaje de todos los días,

5) *Adherencias connotativas*

Hay en Tr. XXVIII varios detalles que contribuyen a enriquecer el poema con diferentes contenidos emocionales, a saber: *a)* desapego emocional, expresado por el adjetivo *distantes,* que en el poema aparece referido a los platos (*tales platos distantes* — verso 7); *b)* insensibilidad, representada por alimentos inapetentes que parecen no existir (*almorzar nonada* — verso 10); *c)* distanciación humana, que pone un abismo entre la interioridad y el mundo (verso 12), de donde acaba de llegar el padre extraño; *d)* sentimiento de soledad, sugerido por el hogar "quebrado" (9); *e)* desasosiego producido por la incongruencia de sonidos bucales de quienes manejan los utensilios de la mesa como si fueran instrumentos de viento (*alegres tiroriros* — verso 16); *f)* profunda amargura, implícita en el sustantivo *hiel,* del verso 25, que trae a la memoria la tortura de Cristo crucificado y, finalmente, *g)* la zozobra de un moribundo, insinuada por el *aceite funéreo,* del verso 25, que recuerda, sin duda, el sacramento de la extremaunción.

Tr. XXVIII no es un conjunto de escenas folklóricas, sino un sondeo psíquico vertido en múltiples símbolos cargados de emotividad. El empleo del lenguaje coloquial, como se ha visto, no implica en manera alguna una actitud simplificadora, o un contagio de cursilería. Aun cuando el giro familiar carece de novedad en sí y no tiene el valor sugestivo de la expresión suntuosa o insólita, puede traducir sutilezas de espíritu. Esto es precisamente lo que Jorge Guillén ha demostrado al estudiar la "lengua prosaica" de Berceo (10).

_____

(9) En *Los heraldos negros* es común el empleo del verbo "quebrar(se)" con intención simbólica. Véase: pp. 31, 44, 52, 102.

(10) Guillén Jorge, *Language and Poetry,* Cambrigde, Mass., Harvard University Press, 1961, pp. 3 - 24.

Tr. XXVIII no contiene sueños inefables, ni aventuras del intelecto, ni vuelos metafísicos, pero logra dejar en el alma del lector una profunda emoción de tristeza y desamparo. El lector se siente bajo el sortilegio de una hermandad con el poeta, que le lleva, milagrosamente, por los meandros de un mundo experiencial nuevo. Se adentra así el lector en la intimidad del lírico y logra una vivencia personal de nimios detalles que originan concordancias espirituales bajo el ímpetu emotivo que es el poema. Cobran, de este modo, nuevo significado las palabras insistentes, las exclamaciones y los símbolos. Tr. XXVIII es, en suma, un verdadero canto poético porque en él prima una honda vibración capaz de transformar lo vulgar y cotidiano en genuina sustancia espiritual.

2. *Puerilización poética*: *Tr. III y Tr. LI*

Hay dos formas de llevar a cabo este tipo de estilización, una esencialmente formal, cuyo recurso básico es el empleo del lenguaje infantil, y otra, de tipo semántico, que pone en juego acontecimientos tomados del mundo de la infancia. Del primer tipo es Tr. III, poema en que el lírico se transfigura y retorna a la edad de la inocencia. Tr. LI, por el contrario, recurre a un remedo de la ingenuidad infantil con un propósito ulterior. Podría argüirse que en ambos poemas hay simulación; así es, pero con una diferencia: en Tr. III se anula casi totalmente el presente y se reconstruye el pasado a modo de refugio; en Tr. LI, por el contrario, se deja transparentar un presente cargado de quebrantos y zozobras (1).

Trilce III

1. Las personas mayores
    ¿a qué hora volverán?
    Da las seis el ciego Santiago,
    y ya está muy oscuro.

5. Madre dijo que no demoraría.

    Aguedita, Nativa, Miguel,
    cuidado con ir por ahí, por donde

(1) Queremos distinguir entre los dos poemas elegidos para esta sección —ejemplos ambos de un tipo de estilización— y los poemas en que la niñez es vía de escape: XI, XX, XXIII, XLII, LVIII y, especialmente, LII y LXXIV. Véase Cap. V, 1.

acaban de pasar gangueando sus memorias
dobladoras penas,
10. hacia el silencioso corral, y por donde
las gallinas que se están acostando todavía,
se han espantado tanto.
Mejor estamos aquí no más.
Madre dijo que no demoraría.

15. Ya no tengamos pena. Vamos viendo
los barcos ¡el mío es más bonito de todos!
con los cuales jugamos todo el santo día,
sin pelearnos, como debe ser (2):
han quedado en el pozo de agua, listos,
20. fletados de dulces para mañana.

Aguardemos así, obedientes y sin más
remedio, la vuelta, el desagravio
de los mayores siempre delanteros
dejándonos en casa a los pequeños,
25. como si también nosotros
          no pudiésemos partir.

Aguedita, Nativa, Miguel?
Llamo, busco al tanteo en la oscuridad.
No me vayan a haber dejado solo,
30. y el único recluso sea yo.

He aquí un poema sencillísimo en que el poeta ha integrado
con sutileza y buen gusto tres elementos opuestos.

I. *El niño y el hombre*

Gran parte del poema está hecho de impresiones e incidentes
tan infantiles que podrían pasar inadvertidos los numerosos detalles
en que se transluce el poeta-hombre. Observemos, primero, que hay
tres grupos de personas:

A. Los mayores, entre los cuales se destaca la madre ausente:

---

(2) No sabemos por qué OPC corrige este verso y propone *como debe
de ser,* siendo optativo el uso de la preposición *de* (para expresar obligación)
cuando sigue el verbo *ser.* OPC también corrige el verso 29, que Vallejo pudo
haber escrito "a ver…" con un propósito determinado, tal como lo indica
Bernardo Gicovate en su trabajo "De Rubén Darío a César Vallejo: una
constante poética", *La Torre,* Año XIII, No. 49, enero - abril, 1965, p. 43.

B. Los niños, con el poeta-niño sirviendo de hablante lírico;
C. El poeta-hombre, como hablante lírico indirecto.

A. *Los mayores*

Aparecen en el primer verso: *Las personas mayores.* Se nos entregan primero como presencia implícita, pero luego ingresan en el poema como presencias inmediatas a través de citas insertas en lo que los niños repiten. Fijémonos primero en las admoniciones de los mayores contenidas en el discurso infantil:

a) Precaución: *cuidado con ir por ahí* (verso 7);
b) Prudencia: (*Mejor estamos*) *aquí no más* (verso 13);
c) Reconvención: *todo el santo día* (verso 17);
d) Comportamiento: (*sin pelearnos*) *como debe ser* (verso 18);
e) Docilidad: (*Aguardemos así*) *obedientes* (verso 21).

Estas admoniciones son como pautas de seguridad que protegen la vida del niño y dejan subentendido el contraste con la vida del hombre maduro en que todo es incierto.

B. *El poeta-niño*

Entre las expresiones más genuinamente hermosas de Tr. III están las frases realmente infantiles:

— (por donde) las gallinas que se están acostando todavía.
   se han espantado tanto (versos 11-12);
— ¡el mío es más bonito de todos! (verso 16);
— fletados de dulces para mañana (verso 20);
— Aguedita, Nativa, Miguel? (verso 27).

C. *El poeta-hombre*

Son reflejos de la presencia del poeta las formas que implican *a)* una estructura literaria, *b)* una reflexión de persona mayor o *c)* un contenido ético. Ejemplos:

a) ... *dobladoras penas* (verso 9);
    ... *hacia el silencioso corral* (verso 10);
b) ... *Las personas mayores* (verso 1);
    (*dejándonos en casa*) *a los pequeños* (verso 24);
    ... *y sin más/ remedio* (versos 21-22);

... los mayores siempre delanteros (verso 23);

c)   *...sin pelearnos* (verso 18);
  ... el desagravio/ de los mayores (versos 22-23).

Hay otras inserciones en Tr. III que traducen la angustia del poeta, aun cuando éste trata de disfrazarla con la máscara de la puerilidad:

25.   como si también nosotros
                    no pudiésemos partir.

El verbo "partir" expresa la urgencia de una proyección, o el comienzo de una derrota, como dejamos ya insinuado al discutir el verbo "quedarse", que es su negación (3). El simbólico "partir" aparece ya en *Los heraldos negros* (*siento un algo que no quiere partir,* LHN, p. 100) y se repetirá varias veces en la obra posterior a *Trilce,* como, por ejemplo, en este "verso": *Todos han partido' de la casa, en realidad, pero todos se han quedado en verdad* (PH, p. 231).

Igualmente significativo es el verso 28, que también acusa la presencia del poeta - hombre:

28.   ... busco al tanteo en la oscuridad

Aquí, el sustantivo *oscuridad* acarrea un significado filosófico, como el que tiene en Tr. LVI, que dice: *Fósforo y fósforo en la oscuridad* (4).

Finalmente, hallamos también un reflejo de la experiencia carcelaria al final:

30.   ... el único recluso sea yo.

Estas inserciones demuestran que la evasión poética a los "gozosos" días de la niñez es también una forma de autoengaño. El poema se transforma así en una experiencia agridulce; quizá ésta fuese la que llevó a Vallejo a llamar sus años pueriles "mi adolorida infancia" (Tr. LXI).

II.   *Exterior e interior.*

Se incluyen en el poema dos versos cuyo valor consiste en revelarnos un ambiente crepuscular y misterioso:

────────────

(3)   Véase también: Escobar, Alberto, "Símbolos en la poesía de Vallejo", en *Patio de letras,* Lima, 1965, pp. 258 - 281.

(4)   Véase Cap. III, 7.

3. Da las seis el ciego Santiago
10. ... el silencioso corral,...

Frente a este paisaje se advierte el alma temerosa e insegura del niño, quien transfiere su espanto a las gallinas, y busca luego recobrar la calma con el juego colectivo. Queda subentendida una vez más la incertidumbre del propio poeta.

III. *Fuga y reencuentro.*

Todo Tr. III está cargado de inseguridad y de miedo, emociones que se intensifican a medida que se desenvuelve el poema. Lo que al principio es confianza a medias (*Madre dijo que no demoraría*) se transforma pronto en amago de pánico:

29. No me vayan a haber dejado solo.

El poema refleja la creciente zozobra del hombre maduro que busca solaz y seguridad en el recuerdo de años mejores, pero que descubre en ellos el germen de su "mayoría inválida". Vemos así cómo el hablante lírico halla inseguridad en su propia infancia; con esto el recuerdo se transforma en algo así como un espejo que se ha empeñado. El hablante-niño y el hablante-poeta se identifican en la incertidumbre que les acosa por igual.

Juzgado como creación poética, Tr. III merece ser colocada entre las composiciones más genuinamente líricas de todo el volumen, porque el desdoblamiento del creador en niño y en hombre acaba en mismidad. Lo que parecía ser otro mundo es un esbozo del presente (5).

Sospechamos, por lo tanto, que la hora crepuscular (*las seis*) algo debe de tener en común con la imperfección del numeral y que las *dobladoras penas* de la niñez son las mismas que abren "zanjas oscuras ... en el lomo más fuerte", y también las que doblan como las campanas en día de difuntos (Tr. LXVI) (6).

* * *

---

(5) A este mismo detalle se refiere Roberto Paoli en estas palabras: "E un'orfanezza momentanea che presagisce l'orfanezza permanente e terribile della maggiore età..." (RP. LXII).

(6) Es sabido que entre las muchas supersticiones de Vallejo figuraba la de los ruidos ocasionados por almas en pena. Véase *El tungsteno* (NyCC, p. 191) y también "Hojas de ébano" (LHN, p. 51).

1. Mentira. Si lo hacía de engaños,
   y nada más. Ya está. De otro modo,
   también tú vas a ver
   cuánto va a dolerme el haber sido así.

5. Mentira. Calla.
   Ya está bien.
   Como otras veces tú me haces esto mismo,
   por eso yo también he sido así.

   A mí, que había tanto atisbado si de veras
10. llorabas,
    ya que otras veces sólo te quedaste
    en tus dulces pucheros,
    a mí, que ni soñé que los creyeses,
    me ganaron tus lágrimas.
15. Ya está.

    Mas ya lo sabes: todo fue mentira.
    Y si sigues llorando, ¡bueno pues!
    Otra vez ni he de verte cuando juegues.

Antes de comenzar nuestro comentario, debemos aclarar un punto, del cual depende toda la interpretación que damos en esta sección.

Este poema lo cita entero José María Valverde y lo admira por su ternura y capacidad de contagio emocional. Llama la atención, sin embargo, que el crítico lo entienda como una escena *entre dos niños*. Dice: "Habla un niño a otro; ha ocurrido algo, no se sabe qué, ha habido llanto y quiere darle consuelo..." (7) Roberto Paoli que, sin duda leyó el trabajo de Valverde, repite la misma idea:

"Lo stesso si può dire per la LI, giustamente
messa in risalto dal Valverde ed ancor piú
valida dell'altra per un linguaggio completamente immune da ogni intellettualizzazione.
Il bambino Vallejo si pente di aver fatto
piangere, sia pure involontariamente, *un
suo compagno...*" (RP, p. LXIII. La cursiva es nuestra).

---

(7) Valverde, José María, *Estudios sobre la palabra poética*, Madrid, Ed. Rialp, S. A., 1952, p. 32.

Nuestra interpretación concuerda en gran parte con la de Coyné (AC II, pp. 147, 149, 159), y la de Espejo Asturrizaga (JEA, p. 117): en Tr. LI el lírico se dirige *a su amada*. Nos llevan a este convencimiento varias razones: en el poema hay un verdadero drama, no puramente una explicación pueril; el empleo del "tú" (*tus lágrimas*) está muy lejos de coincidir con el uso de tercera persona que hallamos en otra escena que sí es recuerdo de aventuras en círculos infantiles (... *ya no le asestaré/ puñetazos a ninguno de ellos* — Tr. LVIII). Además, el poema LI dice expresamente *te quedaste/ en tus dulces pucheros,* oración muy difícil de concebir en boca de un niño que se dirige a otro niño (8). Hay también varias palabras en Tr. LI que recuerdan vocablos típicos del discurso amoroso vallejiano. Comparemos:

Tr. LI	Otros poemas vallejianos
1. Si lo hacía de engaños	pero todo de engaños (Tr. XI)
2. cuanto va a dolerme	que ha de dolerme aún ("Yeso"
3. el haber sido así	"¡No seas así!" ("Heces")
4. Calla.	Cállate (Tr. LXXI)
5. me ganaron tus lágrimas	cúan bien me solía llorar
	(Tr. XXXVII)

Mirado desde el punto de vista humano, Tr. LI expresa un profundo arrepentimiento y un ruego. La misma situación hallamos en dos poemas de *Los heraldos negros* que contienen circunstancias que podrían ser algo así como el motivo del drama diseñado en Tr. LI:

> Aquella noche de setiembre, fuiste
> tan buena para mí ... hasta dolerme!
> ... ...
> Aquella noche sollozaste al verme
> hermético y tirano, enfermo y triste. ("Setiembre", LHN, p. 35).

> ¡Forja allí tu perdón para el poeta,
> que ha de dolerme aún, ...! ("Yeso", LHN, p. 45).

---

(8) El simulacro de Tr. LI, como dice Coyné, se basa, quizá, en *la imitación* de alguna escena en que el niño Vallejo daba explicaciones a una de sus hermanitas (AC II, p. 159), pero, en vista del sentido del verso 12 (*tus dulces pucheros*) nosotros vemos en el poema, tal como dice el crítico francés, un drama entre adultos.

El contenido total de la situación humana esbozada en Tr. LI se resume en dos versos de "El poeta a su amada":

> Y ya no habrán reproches en tus ojos benditos;
> ni volveré a ofenderte.

Las consideraciones recién expuestas muestran que no son insólitas ni la situación amorosa representada en Tr. LI, ni la manera de tratarla.

Veamos ahora si un ligero análisis de la composición corrobora lo que se ha afirmado en líneas anteriores.

Hay en Tr. LI una gran variedad de ondas emocionales con las cuales se organiza la situación humana. En dicha situación hallamos un ruego, en que se reconoce una falta, no confesándola el poeta, sino encubriéndola *con el simulacro de una reyerta infantil,* cohonestada con una actitud emocional, débiles razonamientos, manifiesta preocupación, intentos de apaciguamiento y un cumplido. Tr. LI se caracteriza por eso que Jung denomina "sincromaticidad" psicológica. Comprobemos primero la presencia de los componentes emocionales mencionados:

1) Confesión de culpabilidad:

4. ... el haber sido así.
8. por eso yo también he sido así.

2) Encubrimiento:

1. Mentira. Si lo hacía de engaños,
5. Mentira.
16. ... todo fue mentira.

La palabra "mentira" —quizá la disculpa más común en boca de un párvulo acusado por otro— está empleada en el sentido de "simulación" o "engaño".

3) Exculpación sentimental:

3. ... tú vas a ver
4. cuánto va a dolerme ... (9)
14. (A mí) me ganaron tus lágrimas.

---

(9) He aquí otra expresión que no se daría en boca de un niño.

545

4) Razonamientos tangenciales:

      7.   Como otras veces tú me haces esto mismo,
9 - 10. [Yo] que había tanto atisbado si de veras/ llorabas

5) Apaciguamiento maternal:

      2. Ya está.
      5. Calla.
      6. Ya está bien.
   15. Ya está

6) Incapacidad argumentativa:

      2. De otro modo,
   17. bueno, pues!

7) Actitud admirativa:

   12. ... tus dulces pucheros.

Se ve claramente que al poeta le interesaba la representación de móviles y la manifestación exterior de éstos. No nos cabe ninguna duda de que Vallejo prestaba especial atención a estos aspectos de la vida psicológica. En un pasaje del relato "Cera" nos dice: "Propúseme observar *con toda la sutileza y profundidad* de que era capaz *las más mínimas ondas psicológicas y mecánicas* del chino" (10). Creemos, pues, que el poema LI encierra un verdadero estudio psicológico, pero de un tipo muy especial, como luego se verá.

De gran importancia es el empleo de algunos verbos. El verbo "callar", del verso 5, por ejemplo, no tiene un sentido literal sino que nos da a entender un deseo de apaciguamiento, que acarrea consigo hasta una especie de ruego. Particularmente importante es

---

(10) NyCC, p. 73. (La cursiva es nuestra). Observaciones de este tipo pueden hallarse también en *Fabla salvaje*, novela corta en que se estudia el vendaval interior de un hombre —Balta—, que es en parte Vallejo mismo. Se destacan aquí: "... vibraciones y movimientos faciales, planos, sombras, caídas de luz, afluencia de ánimo, líneas, avatares térmicos, armonías imprecisas, corrientes internas y sanguíneas y juegos de conciencia..." (NyCC, p. 102). Dejamos meramente anotada aquí la presencia de nociones plásticas en el mundo psíquico (planos, sombras, caídas de luz... líneas). Este dato habrá de tomarse en cuenta en toda comparación del estro vallejiano con las calidades del arte pictórico.

también el verbo "jugar", porque da a la escena el carácter de una diversión infantil.

¿Constituye la expresión pueril verdadera poesía? Xavier Abril nos da una respuesta negativa: "En ocasiones —hay que decirlo— las imágenes infantiles son meras derivaciones psicológicas más que poesía" (XA, I, p. 16). Se opone a esta opinión la de José María Valverde, quien cita todo el poema LI y lo llama "cumbre de ese estremecimiento casi corporal de tan secreto. El poema es instantáneo, sin preparación ni explicación, y por ello pasa inadvertido en un primer encuentro" (11). Concordamos plenamente con esta segunda opinión.

Tr. LI es una estructura artística, y no una simple acumulación de derivaciones psicológicas. El poema está concebido como un estremecido monólogo, confuso, repetitivo, anhelante, cuya falta de continuidad (versos 2, 17) y de lógica acrecienta la naturaleza torrencial del discurso poético. Y hasta el hecho mismo de no intervenir la amada, quien permanece muda y como distante, le da mayor dramaticidad. Hay también algunos rasgos dramáticos (*había atisbado, dulces pucheros, lágrimas*) que por sí mismos valen más que toda palabra. Por encima de este drama familiar se ensaya un retorno al mundo no axiológico del niño, mundo que es juego, ingenuidad y afecto, último modo de poner remedio a una falta y amenguar así el peso del remordimiento. Se han descartado la historia, la ética, el saber y las experiencias de la vida adulta para traer a ésta lo que no da de sí: armonía, comprensión y paz del espíritu. Hay, pues, presente en el poema, una doble actitud, una que simplifica la existencia, y otra que deja traslucir profunda angustia.

Teniendo presentes las repeticiones, los ruegos, los vocablos reforzativos, los "raciocinios", en fin, cuanto expresa la agitación del lírico tras la máscara de puerilidad, se comprende que éste no es un poema cualquiera, sino un complejo ensamblaje de formas y contenidos hábilmente armonizados para recrear un borrascoso drama interior. El poema es pura y simple humanidad convertida en materia poética por la magia de lo que llama Valverde "la palabra inocente", esto es, la ingenua y prístina comunicación espiritual.

* * *

Tr. III y Tr. LI son estilizaciones engañosas: parecen ser mera anécdota, acumulaciones de datos sueltos. Pero la verdad es otra.

---

(11) Valverde, José María, *op. cit.*, pp. 31 - 32.

Ambos poemas acusan una estructura interior y un genuino estremecimiento lírico. Y porque ambos encierran una voluntad de forma que da coherencia y fuerza persuasiva a lo que nos transmiten las imágenes, ideas y sentimientos, por eso son genuina poesía.

CAPITULO XI.   ESTRUCTURACION SIGNIFICANTE

1.   *Dos formas sintéticas*: *Tr. XII, Tr. XIV*

Tr. XII y Tr. XIV son poemas en que Vallejo intentó llegar
a un máximun de economía verbal. En ambos se omiten verbos
principales, palabras de relación y cláusulas. En ambos hay ideas
sintetizadas, disyunciones de pensamiento y saltos ideológicos entre "estrofas". Sin embargo, ninguno de los poemas es simple re-
positorio de materiales sueltos: sus componentes están elegidos en
tal forma que constituyen un cuerpo coherente de sugerencias y
también un clima emocional.

Hacia 1922, fecha de *Trilce,* eran ya temas favoritos entre los
intelectuales, y particularmente los poetas, la movilidad, valor plástico, posibilidades tropológicas y carácter sintético del cine. Como
hombre interesado en hallar nuevas formas de expresión, Vallejo
seguramente comprendió las calidades y limitaciones del nuevo
arte.

En años posteriores Vallejo siguió interesado en los rasgos distintivos de la pantalla, y hasta reprodujo una crónica "cinemática", en que se ayuntan datos y escenas en rápida sucesión (AO,
p. 24). Más tarde volvió a ocuparse de la "manera cinemática" destacando el decorado y sus múltiples ambientes que "se
suceden vertiginosamente" (AO, p. 68).

Quien examine con detenimiento el poema XII hallará en él la
fragmentación y síntesis que caracterizan a una película:

1. Escapo de una finta, peluza a peluza.
   Un proyectil que no sé dónde irá a caer.
   Incertidumbre. Tramonto. Cervical coyuntura.

   Chasquido de moscón que muere
5. a mitad de su vuelo y cae a tierra.
   ¿Qué dice ahora Newton?
   Pero, naturalmente, vosotros sois hijos.

   Incertidumbre. Talones que no giran.
   Carilla en nudo, fabrida
10. cinco espinas por un lado
   y cinco por el otro: Chit! Ya sale.

Estamos ante un poema alegórico en que se representan los comienzos de la existencia a través de fenómenos naturales tomados de tres zonas de la creación: el mundo botánico (estrofa 1), el insectil (estrofa 2) y el humano (estrofa 3). No es que el poeta quiera, con esta disposición de las estrofas, ir acercándonos, poco a poco, a los problemas humanos, pues en todo el poema está presente el hombre, aunque no se le mencione directamente en ningún verso. Reexaminemos la primera estrofa:

1. Escapo de una finta, peluza a peluza (*sic*).
2. Un proyectil que no sé dónde irá a caer.
3. Incertidumbre. Tramonto. Cervical coyuntura.

La palabra *finta* (usada en esgrima con el sentido de "amago de ataque") seguramente le sugería a Vallejo un acto amenazante y azaroso (1); la *pelusa,* por otra parte, es una clara alusión al fino pelaje o vello de algo recién nacido. El hombre ingresa, pues, en el reino de lo fortuito tal como algo que vuela (*proyectil*) por sobre los montes. Se observará que todos los verbos indican acción incierta o difícil, o inactividad (escapar, tramontar, morir, caer a tierra, no girar). La insistencia en acciones breves y de gran dramaticidad deja claramente delineada una actitud negativa.

Mezclados con los verbos, hay varios elementos sustantivales, con los cuales nos da el poeta, en forma sumarísima, tres etapas

---

(1) La palabra *finta* aparece también en "Los Caynas", como parte de una serie con que se representan acciones desmesuradas. Véase NyCC, p. 51. También hemos hallado la frase "la finta de un boxeador" en una crónica vallejiana. Véase "En torno al heroísmo", *Mundial*, agosto 19, 1927.

de un proceso natural; arranque de algo, quizá una semilla (*Escapo de una finta*), vuelo (*moscón que muere*) y germinación (*Ya sale*). Pero no nos engañemos. Detrás del proceso germinal, tan fragmentado y vertiginoso como el de un film, se presenta una concepción de la vida humana en que predomina lo fortuito. Si examinamos los sustantivos de la primera estrofa —y esto podría hacerse con los del resto del poema—, observamos que su eficacia depende de varios factores: el estar todos ellos relacionados por una misma actitud negativa; el haber saltos entre una imagen y otra, pero sin que se rompa la continuidad tonal del discurso poético, y el presentarse todo dentro de una atmósfera de dramaticidad. Excelente ejemplo, el verso 3:

3. Incertidumbre. Tramonto. Cervical coyuntura (2).

Se combinan aquí un sustantivo abstracto, un verbo de movimiento y una alusión a una parte del cuerpo. El secreto de estas acumulaciones cinemáticas está en que no destruyen la ilación ideacional del poema. La estructura es, pues, orgánica (3). Dicho en otras palabras, la relación lógica cede el paso a una relación de analogía.

El arte cinemático permite una gran variedad de inserciones. Examinemos dos de ellas en la segunda estrofa:

a) 4. Chasquido de moscón que muere
   5. a mitad de su vuelo y cae a tierra.
b) 6. ¿Qué dice ahora Newton?
   7. Pero, naturalmente, vosotros sois hijos.

Es obvia aquí la presencia de dos tipos de expresión, uno metafórico (versos 4 - 5), y otro, argumentativo (versos 6 - 7). Esta vez la unión entre los dos segmentos es un elemento conceptual, es decir, la ley de la gravitación. Con ello nos dice Vallejo que la condición humana está sujeta a leyes ineludibles. Y, como caer es también morir en la poesía vallejiana, se funden en el poema la temporalidad y la pesantez. El hombre es como un *moscón que muere* ... *y cae a tierra,* idea esta última que se insinúa una vez más en los versos argumentativos (6 y 7).

---

(2) En esta frase se presienten dos connotaciones: humillación y asentimiento. En una crónica titulada "Los peligros del tenis", dice Vallejo: "Un día no habrá rugby. Pero la flexión cervical la habrá siempre", AO, p. 103.

(3) Sobre este tipo de coherencia tonal o de actitud, véase: Brooks, Cleanth, *The Well Wrought Urn.* New York, 1947 (Harvest Books), 1947, p. 245 *et seq.*

Estos versos son bastante confusos. ¿Qué nos quiso sugerir el lírico? Observemos primero que el poema comienza con afirmaciones en primera persona (*Escapo* ... *Tramonto*), mezcladas con frases impersonales. En el verso 6 se podría subentender el mismo sujeto. Si esto es así, el sentido sería: "Y yo pregunto: ¿estará satisfecho ahora el científico (*i. e.* Newton) viendo la corroboración de sus leyes físicas?" El verso 7, por su parte, nos daría algo así como una respuesta del sabio, quien dice a los hombres: "¿Por qué extrañarse? Vosotros sois hijos de la tierra y, por lo tanto, sois también objetos físicos". Sin embargo, el adverbio *naturalmente,* del verso 7, parece introducir una sutil referencia irónica para destacar el férreo logicismo y suficiencia de los científicos. Pero lo que más llama la atención es que, frente al determinismo físico, destaque el lírico dos veces la incertidumbre (versos 3 y 8), como diciéndonos que, a pesar de la presencia de leyes físicas, el hombre ingresa, al nacer, en una problemática. En suma, a lo fatal se añade en el poema lo imprognosticable.

La tercera estrofa es una rápida ojeada a un proceso de germinación simbólica:

8. Incertidumbre. Talones que no giran.
9. Carilla en nudo, fabrida
10. cinco espinas por un lado
11. y cinco por el otro: Chit! Ya sale.

Desde el punto de vista técnico, tenemos aquí dos rasgos típicos del arte cinematográfico: el enfoque de detalles ("close-up") —*talones, carilla, espinas*—, y el empleo de la expectación ("suspense") — *Chit! Ya sale.*

Una vez más hallamos una marcada preferencia por lo sustantival. La idea de nacimiento del hombre, por ejemplo, está sugerida por *talones* y *carilla.* Los talones quedan por fin anclados en la tierra condenando al hombre a ser ente terrenal, concepto ya insinuado en el verso 5 (*cae a tierra*). La *carilla en nudo* (verso 9) es imagen con que se representa el aspecto exterior de un recién nacido, resplandeciente (*fabrida*) (4), como todas las cosas nuevas (5).

---

(4) El adjetivo *fabrida* (*febrida*) es de origen catalán. Aparece en las *Coplas* de Jorge Manrique, con una e, como en el verbo de que se deriva (febrir): *las vajillas tan febridas* (verso 220). No deja de ser significativo que en *Trilce* aparezcan varias palabras usadas en las *Coplas*: "recordar", en el sentido de "despertar" (Tr. LXXVII); "partir", para decir "comenzar a vivir" (Tr. III); el mismo verbo para representar el morir (Tr. XLIX); *eternal* (Tr. VIII); *chapada* (Tr. VIII) y *anciania* (Tr. LII).

(5) Por haber en *Trilce* más de una alusión a "borradores" y "hojas" de

Los dos últimos versos tienen doble sentido:

10. cinco espinas por un lado
11. y cinco por el otro...

Tomando la palabra *espinas* en su sentido corriente, el poema nos dice que la vida comienza bajo el signo del dolor, que nos acosa por ambos lados, pero también podría entenderse que el hombre viene al mundo con un doble mecanismo de defensa y agresión, o sea, diez "garras". Igual significado doble hallamos en un verso de 1937: (*Amado sea*) *el justo sin espinas* (PH, p. 185).

Las muchas pausas presentes en *Tr. XII* parecen decirnos que el nacer y la vida a que da comienzo son un conjunto de hechos abruptos, determinados por fuerzas no sujetas a la voluntad humana y que se suceden unos a otros con finalidad irremediable:

7. Pero, naturalmente, vosotros sois hijos.

Con razón dice Coyné, al referirse a este verso, que Vallejo quiso expresar aquí "una falsa lógica tranquilizante" (AC I, páginas 111 - 112). Todo el poema rota alrededor de dos ideas fundamentales: incertidumbre e inevitabilidad. Cuanto nace en la tierra se abate a tierra, y en la tierra se instala precariamente.

La nota más significativa de *Tr. XII* es su aparente impersonalismo. En las tres estrofas no hay una sola palabra que exprese emotividad y, por esto, el poema parece estar construido como si fuera una serie de anotaciones en el cuaderno de un científico (6). La verdad, sin embargo, es muy otra, pues en todas las estrofas hay numerosas connotaciones, todas ellas sutilmente entrelazadas:

peligrosidad: *Escapo de una finta* (verso 1);
obstrucción: *peluza a peluza* (verso 1);
rebajamiento: *Cervical coyuntura* (verso 3);

---

libros, es posible entender "carilla" como "página" sin nada escrito en ella (en nudo = desnuda) y resplandeciente, por estar en blanco. Por otra parte, la palabra "nudo" puede indicar también lo hermético, cerrado o misterioso: "Entonces Palomino... superpone círculos con la fantasía herida de sospecha, ... vuelve a sorprender nudos, ..." (NyCC, pág. 37). La frase *Carilla en nudo* también puede significar, según lo dicho, "semblante misterioso".

(6) En el fondo del poema, se discierne una visión mecanicista y zoológica de la Humanidad. Véanse, a este respecto, los excelentes comentarios de James Higgins sobre la animalidad del hombre: Cf. "Conflict of Personality in Vallejo's. *Poemas humanos*", *Bulletin of Hispanic Studies*, Vol. XLIII, 1966, pp. 50 *et seq*. También en JH I, pp. 225 *et seq*.

insignificancia: *moscón que muere* (verso 4);
fatalidad: *Pero, naturalmente,...* (verso 7);
adinamia: *Talones que no giran* (verso 8);
misterio: *Carilla en nudo* (verso 9);
aspecto amenazante: *cinco espinas...* (versos 10 - 11).

Como se ve, el poema está muy lejos de ser simple acopio de datos objetivos. Resaltan, sí, los objetos, pero siempre con una significación simbólica. Esos objetos reflejan trozos coherentes del pensar, tal como ocurre en el cine, y la correlación de todos ellos encierra el motivo central, que el lector reconstituye con la misma facilidad con que integra en un todo los componentes de una película.

Tr. XII es la expresión poética de una vieja contraposición: tierra y cielo. Por los años en que Vallejo escribía sus poemas trílcicos, el cielo seguía representando a su imaginación una teórica armonía (¿residuos pitagóricos?), y, por eso, dirá en una de sus narraciones: "¡oh armonía secreta de los cielos!" (NyCC, página 42). Pero también dirá ya en 1918 que la tierra es el seno de lo imprevisible y de lo que muere:

> ... la Tierra
> es un dado roído y ya redondo
> a fuerza de rodar a la aventura,
> que no puede parar sino en un hueco,
> en el hueco de inmensa sepultura.
> ("Los dados eternos" - LHN, p. 91)

La misma idea de abatimiento persiguió al poeta hasta sus últimos años. Usando irónicamente el verbo "levantarse" lamentará su destino terrenal, y recordará una vez más que tierra y muerte son términos sinónimos:

> Haber nacido para vivir de nuestra muerte!
> Levantarse del cielo hacia la tierra
> por sus propios desastres
> y espiar el momento de apagar con su sombra su tiniebla!
> (PH, p. 216).

Este "levantarse" hacia la tierra es la misma idea obsesiva que inspiró *Tr. XII*:

2.   ... no sé dónde irá a caer

4.   ... moscón que muere
a mitad de su vuelo y cae a tierra (7).

* * *

Pasemos ahora al segundo poema:

Trilce XIV

1   Cual mi explicación.
    Esto me lacera de tempranía.
    Esa manera de caminar por los trapecios.
    Esos corajosos brutos como postizos.
5. Esa goma que pega el azogue al adentro.
    Esas posaderas sentadas para arriba.
    Ese no puede ser, sido.
    Absurdo.
    Demencia,
10. Pero he venido de Trujillo a Lima.
    Pero gano un sueldo de cinco soles.

Este breve poema expresa rabia y dolor (8). Su motivo central
es la aberración fundamental del oficialismo burocrático.

Los dos primeros versos presentan un problema de forma. Existe la posibilidad de que haya aquí un error de puntuación, como lo
supone la señorita Elsa Villanueva, quien pone una coma al final
del primer verso y comienza el segundo con minúscula (9). Si ésta
fue la intención de Vallejo, el comienzo se transformaría en una
comparación, pues *Cual* tendría el sentido de un *Como,* o de la
frase "Tal como";

1. Cual mi explicación,
2. esto me lacera de tempranía

---

(7) Nuestra interpretación no coincide del todo con los comentarios de
James Higgins, para quien Tr. XII representa "las desgracias que caen sobre
el hombre gratuitamente" (RevIb., p. 219). Aún más distanciados estamos de
Roberto Paoli. Dice el crítico italiano: "...tutta la XII è una riprova della
forte componente nevrotica della prigione psichica vallejiana" (RP, p. 81).

(8) Es muy probable que, en el fondo, el disgusto del poeta haya sido
promovido por sus penurias financieras y la incertidumbre de su futuro. Se
sabe que regresó a Lima en marzo de 1921 y que sólo en junio "es nom-
brado profesor accidental de la sección primaria del colegio de Guadalupe",
según nos informa Ernesto More en su folleto *Los pasos de Vallejo,* Lima,
s. f., p. 26.

(9) Villanueva, Elsa, *La poesía de César Vallejo,* Lima, 1951, p. 32.

Así organizada, la primera estrofa (10) establecería un paralelismo entre *explicación* y *esto*. El significado sería entonces: "Tal como la explicación misma, esto (que voy a decir) me lacera de tempranía". Los versos 3-9 serían, en este caso, un resumen de los contenidos implícitos en *esto*. El sustantivo *tempranía* tendría que pensarse como asociado a *explicación*, por estar los dos términos unidos por el sentido, según lo dicho.

Por otra parte, si los dos primeros versos se toman como unidades separadas por un punto, entonces el verso 1 sería una expresión elíptica: "(Diré esto) a modo de explicación". El segundo verso, no teniendo ya conexión directa con el primero, podría interpretarse como un anuncio de lo que sigue. El sentido podría ser cualquiera de los que aquí apuntamos o todos ellos conjuntamente: 1) "Esto es lo que me lacera desde mi juventud"; 2) "Esto es lo que me hiere por ser pueril"; 3) "Esto es lo que me hiere por haberme creído muy hábil y despierto". De todos estos significados, nos inclinamos a favorecer el tercero, por creer que hay una oposición entre "tardanza" y "tempranía". "Tardanza" es lentitud de percepción causada por la vejez, como en *Tr.* XXVII: [*no he tenido*] *ni padre que... pregunte para su tardanza/ de imagen, por los broches mayores del sonido.* "Tempranía", por el contrario, sería exceso de confianza, fatuidad de una juventud ingenuamente segura de sí misma.

Ahora se ve claramente que hay en el poema cuatro momentos, que corresponden a cuatro actitudes: primero, una autoacusación (*Esto me lacera de tempranía*); luego, un desbordamiento de ira al representarse el lírico ante su conciencia la "lisura" del mundo oficial (versos 2-7); en tercer lugar, una doble execración (*Absurdo. Demencia.*); y, por fin, una triste resignación (versos 10-11). Una vez más, vemos cómo un poema trílcico se integra en una serie de ondas anímicas perfectamente imbricadas unas en otras.

A partir del verso 3, se hace patente un olímpico desdén por todo lo que es acomodaticio y falso. Vallejo debió de sentir profundo desprecio por el "trapecista" que puede cambiar de pensamiento o de lealtad, sin cargo de conciencia, según lo que dicte el interés personal.

3. Esa manera de caminar por los trapecios.

_____

(10) Decimos "primera estrofa" suponiendo que los dos primeros versos (como los dos finales) constituyen una sola unidad. Esta es la distribución tipográfica de la edición Losada, la cual no concuerda con la que se da en *Obra poética completa*, Fco. Moncloa, editores, Lima, 1968. Aquí se reúnen todos los versos haciendo del poema una sola "estrofa".

La palabra *trapecios* la emplea Vallejo en varias ocasiones para indicar lo variable y cambiadizo, el paso de un extremo a otro. En el relato titulado "Liberación", por ejemplo, se describe la angustia de un presidiario que se imagina rodeado de ocultos peligros:

> "y era grato, de un agrado misterioso, dejarle subir su cuesta, dejarle cruzar los pasillos y galerías en penumbra, y entrar y salir por las celdas frías, en su horrendo juego de inestables trapecios, de vuelos de agonía, al acaso, sin punto fijo donde ir a parar" (NyCC, p. 36).

La misma idea de cambiabilidad la asocia Vallejo con el sustantivo "columpios" cuando afirma que la justicia se ejerce "en subterránea armonía, al otro lado de los sentidos, de los columpios cerebrales" (NyCC, p. 13).

A los hombres acomodaticios vuelve a referirse el poeta en términos despectivos:

> 4. Esos corajosos brutos como postizos.

Otra característica de la vida burocrática es su capacidad de transformismo, esto es, ese arte de birlibirloque que hace estable lo cambiante. Así nos lo dice el verso 5, en el cual se menciona una mágica "goma", con la cual el hombre ducho en componendas hasta detiene el escurridizo azogue:

> 5. Esa goma que pega el azogue al adentro.

La *goma* no sólo trae a la imaginación una sustancia usada en despachos y oficinas sino también la posibilidad de "parches", del tipo que haría el acomodaticio. La última palabra, *adentro*, no se refiere exclusivamente al tubo de un termómetro, por ejemplo, sino a cuanto es secreto y ocultamente interesado.

Viene en seguida una imagen grotesca de todo lo subvertido o trastrocado, en la cual se reproduce algo así como la postura de un payaso frente a un público, y que dice todo lo que hay de bufonería en el hombre sin dignidad:

> 6. Esas posaderas sentadas para arriba.

Termina la serie de fulminaciones con un críptico comentario de la lógica elemental y férrea de un funcionario que niega peticiones con las consabidas frases: "¡Imposible!" "¡Ya es demasiado tarde!"

7. Ese no puede ser, sido.

Interpretado en sentido más amplio, este verso puede expresar, a la vez, una oposición o una conformidad (por increíble que parezca) entre lo factible y lo no factible, con lo cual se subraya la imposibilidad de entender el sentido de la circunstancia humana. ¿Cuál de las dos lecturas propuestas es más aceptable? No hay modo de contestar esta pregunta, puesto que el poema nos presenta tanto personas y acontecimientos, más o menos específicos, como abstracciones (versos 8-9). En Tr. XIV lo concreto y lo conceptual están indisolublemente unidos.

8. Absurdo.
9. Demencia.

Sea cual sea el rumbo de nuestra interpretación, estos versos ponen fin a la encendida anatema vallejiana, a la par que insinúan una sumaria meditación filosófica.

En los últimos siete versos recién comentados hay, sin duda, una actitud de arrogancia y una severísima condenación de un medio envilecido. Pero esta actitud apolínea la contrarrestan luego dos tristes consideraciones: nada puede el provinciano en la capital, ni caben protestas demasiado violentas cuando se tiene que resguardar un sueldo, por misérrimo que sea:

10. Pero he venido de Trujillo a Lima.
11. Pero gano un sueldo de cinco soles.

En el poema, considerado como un todo, hay amargura y, al mismo tiempo, una atroz confesión de impotencia. Muy poco nos dice el poeta de su drama interior, pero es fácil adivinarlo. Se han puesto, una vez más, en parangón, la realidad de la vida y una tácita norma superior.

Tr. XIV es para ser leído en voz alta y con tono acusatorio, prestando atención al ímpetu de una fuerza dramática que culmina en el verso 9. El resto del poema está cargado de tristeza y nos trae un acento débil y angustiado.

* * *

Tr. XII y Tr. XIV son composiciones muy diferentes, a pesar

de parecerse algo en la forma. Es verdad que ambos poemas están estructurados a base de una técnica de omisiones y de breves "escenas" presentadas en rápida sucesión. Pero el parecido termina aquí. Establezcamos ahora algunas diferencias básicas.

1) En Tr. XII todos los componentes integran un solo proceso vital —el ingreso en el mundo—, es decir, las diferentes partes del poema son constitutivas e instrumentales, y forman un todo orgánico. En Tr. XIV hallamos una simple serialización de elementos muy variados, unidos solamente por la actitud hostil del lírico. Lo que en una composición es unidad temática, en la otra es unidad tonal.

2) Tr. XII es, en el fondo, una síntesis; Tr. XIV representa una concepción analítica.

3) Tr. XII responde a una actitud cognitiva: el lírico se halla frente a un misterio y quiere saber cuál será su destino. En Tr. XIV el poeta reacciona ante una circunstancia conocida, por demás vergonzosa y agraviante. Lo que en un poema es acción, en el otro es reacción.

4) El primer poema es, en gran parte, objetivo. Las insinuaciones que contiene sobre el talante emocional del lírico son muy sutiles y apenas observables, como ya vimos. No ocurre así en Tr. XIV, que es un poema vehemente y dramático, construido sobre una escala ascendente de emotividad (versos 1-9), seguida de un rápido anticlímax en que el lírico lamenta su impotencia (versos 10-11).

5) El primer poema representa acontecimientos inevitables, es decir, lo que *tiene que ser,* mientras que el otro señala aberraciones, e indica lo que *debe ser.* El primero de nuestros poemas insiste en la inevitabilidad de nuestro destino terrenal ,y por ello, tiene visos de tragedia. El segundo es un drama, porque las acciones que en él se representan son susceptibles de cambio y mejoramiento.

6) En Tr. XII hay, implícita, una cavilación sobre el por qué de nuestra existencia, mientras que en Tr. XIV nos hallamos, en la mayoría de los casos, frente a situaciones inmediatas. Aquél generaliza el trance del poeta y lo extiende a toda la humanidad; el *yo* subentendido en los verbos *Escapo, Tramonto, no sé,* etc., no es solamente el lírico como ente creador, sino también el hombre en general. En Tr. XIV, por el contrario, la determinación espacio-temporal es obvia, y lo es también la circunstancia específica en que se encuentra el lírico.

7) Tr. XII no tiene concomitancias morales; Tr. XIV, sí, pues es, en parte, un enjuiciamiento de la calidad moral de los hombres que pululan en un medio social depravado.

8) En Tr. XII la vida está representada como una serie de fenómenos físicos, y el nacer aparece asociado a una ley natural, pero en Tr. XIV se han singularizado ciertos aspectos de la vida humana para criticarlos, pues todos ellos son resultado de la "absurdidad" y la "demencia" humanas. Un poema invita a la reflexión; el otro promueve, principalmente, nuestro enojo.

9) Ambos poemas son presentativos, pero con diferentes grados de sutileza. Tr. XIV es mucho más obvio que Tr. XII. Dicho en otra forma, un poema es más estilizante que el otro.

10) Finalmente, observemos que todo Tr. XII es una serie de aconteceres expresados por verbos: escaparse, volar, tramontar, caer, salir, en el sentido de nacer, etc. Tr. XIV está hecho, principalmente, de posturas y gestos y, por esto, tiene mayor calidad gráfica. Los lectores "ven" escenas de vuelo desde un trapecio a otro, "ven" la cara de individuos tozudos y artificiales, "ven" posiciones clownescas y ridículas y las ínfulas de burócratas oficiosos. Tr. XIV es, en gran parte, un múltiple retablo de aberraciones y torpezas.

Consideradas en su totalidad, ninguna de las dos piezas es una creación extraordinaria, pero Tr. XII es superior a Tr. XIV en complejidad, sentido universalista y sutileza. Ambos son poemas sintéticos, pero fundamentalmente disímiles por seguir dos rumbos distintos: uno deja establecida una verdad, el otro expresa una alteración.

2. *Desarticulación onírica*: *Tr. XLII, Tr. LV*

Tr. XLII y Tr. LV se diferencian claramente de otros poemas en que contienen representaciones poéticas de estados patológicos o febriles. Para los efectos de este estudio, no es de especial significación que el primero sea un conjunto de escenas domésticas, y que el segundo tenga como escenario un hospital, probablemente anexo a una penitenciaría. Lo que sí es importante es determinar si los pasajes "absurdos" de ambas composiciones son hacinamientos ilógicos de datos sueltos, o si se integran en un todo orgánico y artístico (1).

El estilo oscuro y difícil de estos poemas es, indiscutiblemente, resultado de una reacción en contra del logicismo de la poesía modernista. A esa oscuridad también contribuye la naturaleza misma

---

(1) Dentro del mismo grupo podrían colocarse dos poemas (XVIII y LVIII), que discutimos ya en el **Cap. V,** 4.

de los fenómenos psíquicos que en ambos poemas se poetizan. Por esta razón, trataremos de descubrir qué rasgos del estado febricitante o semicomatoso pueden arrojar alguna luz sobre estructuras y tropos. Creemos que el trasfondo psicológico de estas composiciones es relativamente claro y que, conocido éste en sus detalles, es posible hallar un sentido en varios pasajes aparentemente "absurdos", y descubrir, al mismo tiempo, una intención artística.

Trilce XLII

1. Esperaos. Ya os voy a narrar
    todo. Esperaos sossiegue (*sic*)
    este dolor de cabeza. Esperaos.

    ¿Dónde os habéis dejado vosotros
5. que no hacéis falta jamás?

    Nadie hace falta! Muy bien.

    Rosa, entra del último piso.
    Estoy niño. Y otra vez rosa:
    ni sabes a dónde voy.

10. ¿Aspa la estrella de la muerte?
    O son extrañas máquinas cosedoras
    dentro del costado izquierdo.
    Esperaos otro momento.

    No nos ha visto nadie. Pura
15. búscate el talle.
    ¡A dónde se han saltado tus ojos!

    Penetra reencarnada en los salones
    de ponentino cristal. Suena
    música exacta casi lástima.

20. Me siento mejor. Sin fiebre, y ferviente.
    Primavera. Perú. Abro los ojos.
    Ave! No salgas. Dios, como si sospechase
    algún flujo sin reflujo ay (2).
    Paletada facial, resbala el telón

---

(2) En la edición Losada: *hay*.

25. cabe las conchas.

Acrisis. Tilia, acuéstate.

Juzgado por su contenido, Tr. XLII representa un proceso psicológico integrado por cuatro etapas de decreciente intensidad. Esta escala descendente se acusa también en la extensión cada vez más reducida de cada uno de los segmentos que a dichas etapas se refieren. La estructura total del poema podría representarse de la siguiente manera:

versos 1-19: visiones afiebradas (19 versos);

versos 20-23: retorno a la realidad y a la vida consciente (4 versos);

versos 24-25: sueño recuperador (2 versos);

versos 26: calma final (1 verso).

De este esquema se sacan dos conclusiones: a) el desideratum principal que guió a Vallejo al organizar el poema, consciente o inconscientemente, fue el proceso psicológico mismo antes mencionado; b) la escala descendente de intensidad está en relación directa con el grado de acercamiento a la normalidad, es decir, el poema pierde en fuerza dramática a medida que se acerca a su fin.

Un ligero análisis nos permitirá ver que en Tr. XLII se diseñan a) diferentes aspectos del ente lírico, b) un variado juego de ondas anímicas y c) distintos ambientes espirituales. La conjunción de los componentes, la variedad de enfoques y los cambios de tono dieron como resultado un poema multiforme y de muy variado movimiento interior.

A. *Aspectos del ente lírico*

En Tr. XLII hay varios seres fundidos en la persona del creador. Tal multiplicidad es perfectamente comprensible tratándose de una composición que versa sobre un estado febril. El sujeto estructurador es, en rápida sucesión, el "maestro" que habla a sus familiares empleando la forma familiar "vosotros", el niño ingenuo de antaño (*Estoy niño*), el amante que busca a su amada (versos 14-19) y un enfermo, momentáneamente lúcido (versos 20-23). Este conjunto de seres es como la suma ilógica de los varios hombres del hombre, pero no representando distintas épocas vitales sino modos de ser.

B. Fondo psicológico

El poema es también un múltiple juego de ondas anímicas que integran un proceso psicológico.

a) Compulsión. Esta la expresa claramente la forma verbal *Esperaos*, que aparece cuatro veces, tres de ellas en la primera estrofa. El poeta se siente impulsado a hacer algo que su estado físico no le permite realizar. El poema se abre, pues, *in medias res*, cargado de premura (3).

1. Esperaos. Ya os voy a narrar
2. todo. Esperaos sossiegue (*sic*)
3. este dolor de cabeza. Esperaos.

b) Miedo de la muerte. Su única expresión está en el verso 10:

¿Aspa la estrella de la muerte?

Lo importante de esta oración es su contenido onírico, sugerido por un movimiento circular (aspar), que es típico de las visiones febriles y que, a la vez, augura un funesto desenlace.

c) Esperanza. En oposición al temor ante la muerte, apunta el lírico la posibilidad de hallar sostén espiritual en una mujer:

11. O son extrañas máquinas cosedoras
12. dentro del costado izquierdo.

Es muy probable que esta oración fuera también pregunta, ya que los versos 11-12 son el segundo elemento de la disyuntiva establecida por la conjunción o. En cuanto a significado, este pasaje parece estar relacionado a un hermoso verso de Tr. XXXV, en el cual hallamos una referencia a la amada y a su amorosa solicitud: *¡oh aguja de mis días/ desgarrados! se sienta a la orilla/ de una costura, a coserme el costado a su costado, ...* Es probable que el

---

(3) El empleo de esta forma del verbo "esperar" no parece ser casual porque se halla también en el cuento "Muro este". Aquí, como en el poema, introduce una angustiosa escena: "Esperaos. No atino ahora cómo empezar. Esperaos. Ya" (NyCC, p. 17).

ruido de la máquina o la sensación física que ésta implica sean también representaciones de lo que el enfermo siente en su estado de excitación febril (4).

d) *Incertidumbre.* Si hemos de dar crédito a los datos biográficos que nos proporciona Espejo Asturrizaga, se poetizan en Tr. XLII "aquellos instantes de sobresalto y de fiebre en la casa de puertas y pasadizos del local del Colegio en que, para verse con Otilia, debía esquivar y burlar la vigilancia de los familiares" (JEA, p. 117). Esos parientes desconfiados eran, según el biógrafo, Rosa —hermana de Otilia— y su marido. Si se lee todo el poema se verá que el contenido de éste no coincide con los datos biográficos recién citados, pues en Tr. XLII Rosa y Otilia aparecen juntas, como testigos de lo que está ocurriendo. Naturalmente, lo único que nos interesa a nosotros es lo que el poema configura. Por esta razón, cuanto afirma el biógrafo sobre tiranteces de familia y la necesidad de "burlar la vigilancia de los familiares", tiene, en lo que al poema se refiere, escasa importancia. Tr. XLII responde a su propia noesis, la cual es suficiente en sí misma:

14. No nos ha visto nadie. Pura
15. búscate el talle.
16. ¡A dónde se han saltado tus ojos!

La palabra *pura* es un apelativo con que distingue Vallejo a una mujer excepcional. Así lo entendemos en Tr. LXXVI, donde se dice de la amada: *En nombre de esa pura/ que sabía mirar hasta ser 2.* En el poema bajo estudio, el vocablo *Pura* se ha convertido, por antonomasia, en el nombre de la amada. A ésta incita el lírico (*búscate el talle*) para contrarrestar su inseguridad (5) (verso 15).

Es posible, aunque menos probable, que la oración *búscate el talle* en realidad nos diga "el talle te busca", esto es, "estás tan agitada que tu cuerpo parece estar separado de tu alma" (o viceversa). Idea parecida hallamos en el "Poema para ser leído y cantado", en que se señala el físico del hombre (*talle*) como algo que antes al-

---

(4) Nuestra suposición concuerda plenamente con la de Larrea, quien ve en el poema un ser "en pleno delirio" (AV 5, p. 387).

(5) El imperativo *búscate,* empleado como medio de exhortación, aparece en "Los desgraciados": *búscate debajo del colchón... ponte el saco... remiéndate...* (PH, pp. 207-208). En sentido más específico, "buscarse" significa "reencontrar el yo físico tras un máximo sobresalto". Cf.: "Palpéme en mi propio cuerpo como *buscándome,* y me di cuenta de que allí estaba yo temblando de asombro" ("Cera", NyCC, p. 73. La cursiva es nuestra.)

bergaba una dispersa entidad humana: *Sé que hay una persona compuesta de mis partes, a la que integro cuando va mi talle/ cabalgando en su exacta piedrecilla* (PH, p. 203). Cualquiera que sea la forma gramatical pensada por Vallejo, se subentiende un momento de extrema agitación, tal como en el verso 16, que dice: *¡A dónde se han saltado tus ojos!* Lo que es muy discutible es cambiar la forma verbal, como hace Coyné, ("búscote el talle"), pues así se da pie, artificialmente, a la interpretación del final como resurgimiento de una compulsión erótica (*Cf.*: AC II, p. 149).

A nuestro modo de entender, el poema tiene un ritmo descendente. Todo el final es una distensión, un retorno al sueño reparador. Así nos lo dice la voz de una tercera persona: *Acrisis. Tilia, acuéstate.* Ahora no hay "reflujos" sino inconsciencia, sugerida por el telón que cae y pone fin al drama familiar.

C. *Ambientes*

A través de la segunda estrofa se diseñan borrosos recuerdos de la vida escolar de Vallejo (6), expresados intencionalmente en lenguaje anómalo:

4. ¿Dónde os habéis dejado vosotros
5. que no hacéis falta jamás?

Es de notarse que el empleo de la forma familiar en plural es aquí parte de un esfuerzo de estilización, ya que sería muy raro el maestro sudamericano que hablara a sus discípulos empleando las formas regidas por "vosotros". Aún más específico es el recuerdo contenido en el verso 6, en el cual se reproducen fragmentos de diálogos escolares, ligeramente deformados. El maestro echa un vistazo a su clase para anotar ausencias:

6. Nadie hace falta! Muy bien.

Un segundo escenario es el lugar de las reuniones con la amada:

17. Penetra reencarnada en los salones
18. de ponentino cristal. Suena
19. música exacta casi lástima.

---

(6) Sobre Vallejo y su trabajo escolar, véase el hermoso artículo de Ciro Alegría: "El César Vallejo que yo conocí", *Cuadernos Americanos*, año III, No. 6, nov.-dic., 1944, pp. 175-191.

Hay en estos versos una visión extraterrestre de la amada (*reencarnada*) (7) y recuerdos de sensaciones, traducidas ya en imágenes visuales —el sol poniente—, o en imágenes auditivas — la música monótona (*exacta*) de algún instrumento martirizado por manos inexpertas. Pero todo está aquí desarticulado, como percibido por un ser febril. En "Aldeana" (*Los heraldos negros*) se halla también una imagen pictórica que representa el crepúsculo, pero en ella no hay nada borroso o indefinido, o anormal: *sangra su despedida el sol poniente*. En el poema que aquí estudiamos, por el contrario, el objeto principal es recrear una atmósfera de pesadilla y, por esto, recurre el poeta a la indefinición de trazos y a la estructura caótica.

El adjetivo *ponentino* sugiere la hora del crepúsculo y añade una dramática nota de acabamiento (8). La desrealización del ser humano y el aura de misterio e inminencia que lo rodea son dos indicios más de una indiscutible intención estilizadora.

Se notará que la construcción sintáctica del verso 19 es anómala:

18.   **Suena**
19.   música exacta casi lástima.

Es bien sabido que la poesía vanguardista condenaba el uso de los nexos. Aquí se han omitido un artículo, un relativo y hasta un verbo. La ventaja de este tipo de construcción es que multiplica los significados, dejando amplio campo para las asociaciones libres. Los versos citados podrían significar: *a*) se oye una música monótona que es casi una lástima; *b*) se oye una música que casi da lástima; *c*) se percibe una música lastimera.

En el poema se recrea también un tercer ambiente —el de la niñez— sugerido por un nombre propio: Rosa (9).

7.   Rosa, entra del último piso.
8.   Estoy niño. Y otra vez rosa:
9.   ni sabes a dónde voy.

---

(7) Este adjetivo es, posiblemente, un residuo de palingenesia oriental.

(8) El empleo del crepúsculo (ocaso o atardecer), o los adjetivos que con él se relacionan (ponentino, crepuscular, etc.), es por demás común en la obra vallejiana para presagiar una desgracia o la muerte. La frase *ponentino cristal* (verso 18) parece reflejar otra predilección del poeta, pues hallamos la misma asociación de "cristal" y lo crepuscular en "Impía": *Señor! Estabas tras los cristales / humano y triste de atardecer* (LHN, p. 38).

(9) En relación con Rosa —hermana de Otilia—, relata Espejo Asturrizaga un incidente digno de una película. *Op. cit.*, pp. 74-75.

En la poesía trílcica las asociaciones lingüísticas se llevan a cabo por muy variadas vías: semejanza de sonidos (*olas* y *eles,* en Tr. LXIX), semejanza de aspecto exterior (*cubeta* y *almácigos,* en Tr. LV), oposición de sentido (vagaroso y vigoroso, que se funden en *vagoroso,* Tr. XXX), afinidad de sentido (ternura amorosa se juntan en *ternurosa,* Tr. XXI), o, finalmente, igualdad de ortografía, como en el presente poema, en que *Rosa* es primero nombre de una persona, y después el de una flor. Este último proceso asociativo quizá represente aquí una característica más del estado febril.

El retorno mental a la infancia era para Vallejo un modo de evitar las durezas del presente. Numerosísimos son los versos trílcicos en que se deja entrever este mecanismo de compensación. En Tr. XLII, como en muchos otros poemas, hasta se imita el lenguaje de un párvulo —*ni sabes a dónde voy*— frase que encierra el tono desafiante y nimio de la niñez: "¡a que no sabes a dónde voy!". Para Vallejo el vocabulario y la actitud infantiles eran modos poéticos de representar la ternura, inocencia y gracia que había perdido en su "mayoría inválida de hombre".

Comenzando con el verso 20 el poema cambia de rumbo. La mente del poeta, libre ahora de la fiebre, ve el mundo jubilosamente. Así nos lo dicen las frases cortas, con las cuales van entremezcladas una expresión de agradecimiento (*Ave!*) y un consejo (*No salgas*). Se inserta también muy vagamente un pensamiento religioso:

20. Me siento mejor. Sin fiebre, y ferviente.
21. Primavera. Perú. Abro los ojos.
22. Ave! No salgas. Dios, como si sospechase
23. Algún flujo sin reflujo ay.

El retorno a la realidad lo expresa la palabra *Perú,* que sugiere una especie de reencuentro de la personalidad; en cuanto al regocijo del enfermo, se apunta éste en el sustantivo *Primavera.* Todo está dicho brevísimamente, pero con bastante claridad, aunque todavía hay restos de incoherencia en los versos 22-23, sin que por ello se haga inaccesible el sentido: Dios —parece decir el poema— interviene trayendo el sueño y evita una nueva crisis que pudiera ser fatal (*algún flujo sin reflujo*). Esta interpretación explicaría el uso del verbo *sospechase,* en el verso 22. La exclamación final (*ay*) anuncia el cambio que sigue inmediatamente después: el poeta recibe ahora una *paletada facial.* Esta imagen sugiere el repentino aletargamiento del que recibe tierra en la cara y queda como semienterrado. El sujeto lírico se entrega a un reposado sueño. La pesadilla ha concluido; todo ha sido como un acto de un drama, a juzgar por algunas palabras: *telón ... las conchas*. Estas últimas son, sin duda, las candilejas que alumbran el escenario. Es de notar que el drama termina con la misma rapidez con que se pone fin a una representación. He aquí otro medio de desrealizar un hecho cotidiano, y de poner fin al estado febril:

> 24. Paletada facial, resbala el telón
> 25. cabe las conchas.

El poeta decidió añadir un verso más:

> 26. Acrisis. Tilia, acuéstate.

Se ha sugerido que *Acrisis* podría ser nombre propio. Si se interpreta este sustantivo dentro del complejo semántico que hemos venido detallando, no parece tener otro significado que el de las palabras negativas que comienzan con *a*, tales como "anormalidad", "amoralismo", etc. *Acrisis* significaría simplemente: "ha pasado la crisis", lo cual explicaría la alusión final a Tilia.

Tr. XLII fue uno de los poemas retocados por Vallejo en los días en que preparaba la edición de su segundo libro, entre marzo de 1919 y abril de 1920. Los poemas, afirma Espejo, "sufrieron radicales transformaciones. Los amigos íntimos que los conocimos, nos encontramos, al leerlos ya definitivos en *Trilce*, con estrofas nuevas, otras suprimidas y, en su mayor parte, muchos poemas reducidos" (10). En una nota añadida al pie de la página explica el biógrafo:

> "Vallejo elimina, en su trabajo de pulir, las palabras que considera de más y nos da en forma esquemática sus emociones, para sugerir al lector lo que a éste su percepción le alcance, dentro de sus propios recursos. Deja, pues, el poema librado a la imaginación... Pero el poema al sufrir estas limitaciones, remiendos y enmendaturas numerosas no ha perdido su valor emocional primigenio" (JEA, p. 112).

Hay en Tr. XLII varias omisiones intencionales obvias y también cambios en el sentido de las palabras: falta una conjunción

---

(10) JEA, p. 112. Entre los poemas especialmente señalados para corroborar lo dicho, menciona el biógrafo, precisamente, Tr. XLII.

en el verso 2: *Esperaos* (hasta que) *sossiegue/ este dolor de cabeza;* en el verso 6 se usa "hacer falta" por "faltar" (estar ausente),
cambio que, en realidad, añade muy poco al sentido del poema.
Hay omisión intencional también en la línea 19, como ya dijimos,
(*música exacta casi lástima*), pero los varios significados de este verso no son muy diferentes unos de otros, como ya se vio. En todo
Tr. XLII aparecen sólo tres núcleos poéticos realmente fuera de
lo común, a saber: versos 11-12: *O son extrañas máquinas cosedoras...*; versos 17-18: *... los salones/ de ponentino cristal,* y el
verso 24: *Paletada facial.* La sugestividad del poema no descansa,
pues, en la palabra selecta o el tropo insólito (con las excepciones
ya mencionadas), sino en la multiplicidad de elementos constitutivos. El único verso en que parece anunciarse una proyección ulterior es el que presenta a Dios *como si sospechase/ algún flujo sin
reflujo...*, pero este verso no insinúa, en realidad, un ingreso en el
reino de la metafísica. Aunque encierra expresiones varias de ansiedad y tensión, el poema no representa el drama del hombre.

En último análisis, Tr. XLII es una composición experimental
que demuestra la posibilidad de combinar diferentes planos espacio-temporales y múltiples estratos de significación. Sin embargo,
es preciso añadir que, como creador, Vallejo no sacó todo el provecho posible de las posibilidades de su creación por haberse dejado
llevar de problemas de forma y estructura, sin proyectar su espíritu más allá de lo dicho, esto es, en dirección de conceptos universales y eternos.

Trilce LV

1. Samain diría el aire es quieto y de una contenida
   tristeza.

   Vallejo dice hoy la Muerte está soldando cada
   lindero a cada hebra de cabello perdido, desde la cu-
5. beta de un frontal, donde hay algas, toronjiles que
   cantan divinos almácigos en guardia, y versos antisépticos sin dueño.

   El miércoles, con uñas destronadas se abre las
   propias uñas de alcanfor, e instila por polvorientos
10. harneros, ecos, páginas vueltas, zarros (11),
       zumbidos de moscas

---

(11) OPC corrige: sarros.

cuado hay muerto, y pena clara esponjosa y cierta
esperanza.

Un enfermo lee (12), La Prensa, como en fasistol (13).
15. Otro está tendido palpitante, longirrostro,
cerca a estarlo sepulto.
Y yo advierto un hombro está en su sitio
todavía y casi queda listo tras de éste, el otro lado.

Ya la tarde pasó diez y seis veces por el subsue-
20. lo empatrullado,
y se está casi ausente
en el número de madera amarilla
de la cama que está desocupada tanto tiempo
allá
enfrente.

Tr. LV es un poema en prosa, dividido en cinco párrafos. La
versión que aquí damos es la de la edición Losada, con algunos
pequeños cambios (14). Si hubiéramos de esquematizarlo, diríamos
que sus partes constitutivas son cuatro:

1) Introducción: cita de Samain (versos 1 - 2);
2) Visión onírica (versos 3 - 13);
3) Visión semiconsciente (versos 14 - 20);
4) Conclusión: desrealización final (versos 21 - 25).

La introducción es el texto español de un verso de Samain que
dice: "L'air est calme et d'une tristesse contenue" (15). En el contraste que esta cita entabla con la visión onírica que sigue ve
Yurkievich dos modos opuestos de concebir la realidad: un enfoque dulzón y lánguido, el de Samain, y una visión dramática y

_____

(12) OPC omite la coma después de *lee*.
(13) OPC corrige: facistol.
(14) Al citar los "versos" de Tr. LV nos referimos a los renglones de la
composición. Llamaremos "estrofas" a un conjunto de renglones separados de
otros grupos de "versos" por un espacio en blanco. La edición hecha recientemente por la Sra. Georgette de Vallejo contiene renglones algo diferentes
y no deja un espacio en blanco entre los "versos" 14 y 15 y, además, coloca
el último verso a la derecha, y no en el centro.
(15) La traducción española de todo el poema ("Automne") seguramente
la halló Vallejo en *La poesía francesa contemporánea - Antología ordenada y
anotada por Enrique Díez-Canedo y Fernando Fortún*, Madrid, Renacimiento,
1913, pp. 171-172.

atormentada, la vallejiana. Se trata, según palabras del crítico argentino, de "una oposición de técnica, de temática y de lenguaje poético" (SY, p. 27). Sin duda, la oposición es real y decisiva, pero quizá no haya sido el propósito de Vallejo fundamentar sobre ella una poética, ya que hay en *Trilce* otros poemas que consuenan con el espíritu de la poesía de Samain. Nos inclinamos a pensar más bien que el contraste tiene sólo una función artística dentro del poema —la de comparar la tristeza exterior con la lobreguez y atonía del lírico.

Tr. LV versa sobre exterioridades, pero, como luego veremos, casi todas ellas en función catacrésica.

El segmento onírico (versos 3 - 13) es una pequeña obra maestra. Insistamos desde luego en un punto importante: aquí no tenemos una representación del subconsciente sino una recreación poética de un estado psicológico anormal que nos revelará, en último análisis, la relación entre cuerpo y espíritu. Sería del todo improcedente imaginar que estos versos fueron escritos bajo la tensión de un caos mental y emotivo. Como luego se verá, los contenidos espirituales que se recrean son tan complejos y están tan bien elegidos que no es posible pensar en una construcción poética automática, del tipo que preconizaban algunos superrealistas. Tampoco se trata del aluvión psicológico preverbal, porque éste es informe e impensado. Teniendo presentes estas consideraciones, interpretaremos los versos 3 - 13 como estilización de un estado de anormalidad mental. No queremos decir con ello que este segmento sea simple psicologismo. Hay también en Tr. LV un sentido generalizador, como lo hay en toda genuina expresión artística, pues ésta hace del creador un vidente que va más allá de la simple autobiografía (16).

Examinaremos ahora la primera mitad del segmento onírico, haciendo, ante todo, una salvedad: todas las asociaciones sugeridas en nuestra discusión *son meros ejemplos de posibilidades,* dentro del tenor del poema, y no interpretaciones absolutas.

3. Vallejo dice hoy la Muerte está soldando cada
4. lindero a cada hebra de cabello perdido, desde la cu-
5. beta de un frontal, donde hay algas, toronjiles que
6. cantan divinos almácigos en guardia, y versos anti-
7. sépticos sin dueño.

---

(16) Intencionalmente pasamos por alto las causas de la patogenia vallejiana contenida en Tr. LV (¿infección? ¿trastorno claustrofóbico? ¿drogas? etcétera) porque toda consideración en estos campos sobrepasaría nuestra competencia crítica y nos desviaría, además, del propósito de este libro.

Característica distintiva de la figuración visionaria es el ayuntamiento de imágenes dentro de series ilógicas en que los componentes se amplían recíprocamente en significado, aun cuando pertenezcan a órdenes conceptuales disímiles. Se asocian así las limitaciones del hombre (*lindero*) a un fenómeno por demás común en días de enfermedad —la pérdida del cabello (*cabello perdido*) (17). Resultan así aunados lo filosófico y lo físico. El elemento que relaciona estos dos mundos tan diversos es la *Muerte* (verso 3), denominador común de cuanto el hombre es, sea como cuerpo o como espíritu.

También es típico del proceso aquí comentado el consorcio de realidades e ideaciones anormales en diferentes grados de disolución. Sintiéndose el lírico bajo el peso de su ruina física, es lógico que su preocupación principal sea su cuerpo, que es ahora tan "cosa" como cualquier objeto del hospital. Resulta así un hombre cosificado: la frente, a la cual Vallejo muy a menudo llama *frontal* (18), no es más ni menos que un simple recipiente, y por eso no sorprende que aparezcan unidos lo físico y lo humano en la frase *desde la cubeta de un frontal* (versos 4 y 5). Este detalle dice más que todo comentario exegético sobre la psicología de un enfermo. Conviene tener presente, sin embargo, que en Tr. LV las cosas traducen un estado espiritual, particularmente en la estrofa 4. Por lo tanto, lo que más interesa en este poema es determinar cuál es el sentido ulterior del mundo físico, recordando que ese sentido no arranca de tal o cual palabra, sino de la totalidad de un ambiente configurado por un enfermo, cuyas reacciones intelectuales y emotivas no están sujetas a su voluntad de autodominio.

El estado patológico que da carácter a Tr. LV acusa también la presencia de lazos accidentales. El pensamiento se nos da como un fluir verbal casi discontinuo, compuesto de fragmentos ideológicos apenas relacionados, resultando así en un mismo grupo las *algas,* los *toronjiles* y los *versos.* Hay, sin embargo, una sutil re-

---

(17) Sospechamos que los sustantivos *cabello* y *pelo* le sugerían al poeta imágenes de vitalidad; por esta razón, perder el cabello, verlo ralear o saber que ya no crece son todos indicios de desvitalización o de muerte. Ejemplos: *Hay gentes tan desgraciadas, que ni siquiera/ tienen cuerpo; cuantitativo el pelo...* (PH, p. 184); [¿Qué te diré ahora?] *Nada más que no crece ya el cabello* (PH, p. 211).

(18) Ejemplos: "¡oh los costados y el espaldar, el hombro y el frontal del jugador!" ("Cera", NyCC, p. 76); "Existe y existirá... la corona de espinas para todo frontal sobresaliente..." (AV 1, p. 44). Y en el "Himno a los voluntarios de la República" hallamos: *tu frontal elevándose a primera potencia de martirio* (PC, p. 250).

lación entre tan dispares referentes. Los renglones 5 - 7 nos representan el ambiente de un borroso laboratorio, del cual se mencionan cubetas, antisépticos y extraños cultivos (*algas,... toronjiles*). Observemos, ante todo, la presencia de una anfibología en los versos 5 - 6, pues se pueden asociar el sujeto y el objeto directo en dos formas: a) los toronjiles ... cantan ... almácigos, y b) los almácigos ... cantan ... toronjiles. Esta indefinición del pensamiento, claro está, concuerda con el estado mental del enfermo. Cualquiera que sea la construcción que aceptemos, resalta, de todos modos, el verbo *cantan*, el cual encierra algo así como un anuncio de verdor y de vida. Por otra parte, el haberse presentado algas y toronjiles juntos sugiere también una oposición, pues aquéllas —las *algas*— lo mismo que el musgo y los líquenes, se asocian casi automáticamente, en la imaginación de Vallejo, a lo húmedo y sombrío (19), mientras que el color del toronjil parece estar vinculado a gratas memorias. Esta hierba probablemente le recordaba al poeta la "farmacopea" casera, y quizá también alguna canción popular (¡hojita de toronjil!), asociación que estaría muy en consonancia con los *toronjiles que cantan*, de los versos 5 - 6.

Hay dos calificativos más que amplían enormemente el sentido, aunque también en forma imprecisa: a) *divinos* (verso 6), que podría ser, simplemente, reflejo de una exclamación familiar ("¡son divinos!"), y b) *en guardia* (verso 6), frase adverbial que acusa la aprehensión de un hombre que vive atento a los ruidos amenazadores de la patrulla carcelaria, discutida más adelante.

En todo el poema hay un ambiente ominoso y agobiante que contrasta con el tono cansado y la actitud pasiva del hablante lírico. Dicen los versos siguientes:

8.   El miércoles, con uñas destronadas se abre las
9.   propias uñas de alcanfor, e instila por polvorientos
10.   harneros, ecos, páginas vueltas, zarros,
11.   zumbidos de moscas
12.   cuando hay muerto, y pena clara esponjosa y cierta
13.   esperanza.

Estos versos recalcan la miseria física del hablante, singularizando sus *uñas destronadas;* éstas son una prueba más de su de-

(19) En un pasaje cargado de presentimiento y desasosiego dice el poeta: "verdes ojos de alga polar" ("Liberación", NyCC, p. 36). *Cf.: mis nos musgosos arrecidos* (Tr. LXII).

cadencia física, como lo era la pérdida del cabello en el segmento anterior. La decadencia se asocia ahora a un remedio, el *alcanfor* (verso 9), lo cual nada tendría de particular, si no fuera por el hecho de que a esta sustancia se le atribuían, en la "farmacopea" de hace cincuenta años, toda clase de propiedades contradictorias, incluso algunas de que se aprovechaba la magia negra. Es curioso también que la oración comience con una alusión al *miércoles,* o sea, la víspera del día más temido, el jueves (20). Hay aquí, pues, una atmósfera premonitoria, del tipo que es común en las pesadillas. La misma idea se subentiende en la insinuación de un posible suicidio (*se abre las propias uñas*), en las connotaciones acarreadas por los *polvorientos harneros* (versos 9 - 10), que son símbolos de lo viejo y raído, y en las *moscas,* obsesionado séquito de los restos mortales del hombre (21).

A veces el dramatismo de una expresión arranca de un detalle minúsculo. Los *polvorientos harneros,* por ejemplo, implican la presencia de un aparato, con el cual se separan algunos estímulos exteriores, que permanecen ahora fuera del contexto vital que los unía, noción que concuerda perfectamente con la idea de disgregación mencionada antes, y con la serie de sustantivos sueltos que sigue. Otro ejemplo de detalle sugestivo lo hallamos en el verso 12, en el cual se asocia la zozobra del enfermo a una circunstancia: *cuando hay muerto.* Vallejo no dice "cuando alguien ha muerto", ni "cuando hay *un muerto*". El verso omite el artículo indefinido y, por su impersonalismo y tenor frecuentativo, se carga de siniestras connotaciones.

En todo este ambiente se ve el talento dramático de Vallejo: el derrotismo que se cierne sobre el enfermo no está descrito sino simplemente sugerido; además, se han fundido en una sola impresión lo hórrido y fatal del destino y la insignificancia del hombre, intensificándose así el tono sombrío de todo el pasaje.

Una vez más se observa la dispersión psíquica del lírico en versos que no llegan a constituir significados coherentes. Aparecen como flotando en el vacío de una campana neumática *ecos, páginas vueltas, zarros, zumbidos...* La única reacción espiritual sostenida es la de autoconmiseración, rasgo psicológico que Vallejo ha encerrado en una frase felicísima: *pena clara esponjosa.* Con ella se nos comunica todo un conjunto de contenidos: emociones

---

(20) Así lo dice el poeta en "Piedra negra sobre una piedra blanca": *Me moriré en París —y no me corro—/ tal vez un jueves, como es hoy, de otoño* (PC, p. 189).

(21) Recuérdese: *doblo el cabo carnal.../ donde acaban en moscas los destinos* (PH, p. 222).

elementales, atonía espiritual, voluntad en derrota... Han desaparecido todos los valores artificiales —títulos, fama, orgullo familiar, posición social—, y sólo queda el hombre-cuerpo, delirante y lacerado, incapaz de nada grande, y reducido a simple materia *esponjosa*. El ser humano se ha estancado en su más básico dilema: vida o muerte (22).

A través de todo el pasaje onírico se insinúa también una obsesionada conciencia desvalorante. Los antisépticos *versos sin dueño* —sin duda, los del propio Vallejo— aparecen desligados del creador, reducidos también a la categoría de cosas sueltas (23). Los versos 3 - 13, en suma, habrán de recordarse como una de las más cabales representaciones poéticas del derrumbamiento moral y físico del ser humano.

En el segmento siguiente se trasluce una recuperación, expresada en imágenes algo más precisas, pero que siguen siendo elementales y de orden visual principalmente —dato que concuerda con la opinión de psicólogos y patólogos sobre estados depresivos:

14. Un enfermo lee, La Prensa, como en fasistol.
15. Otro está tendido palpitante, longirrostro,
16. cerca a estarlo sepulto.

No hay en estas líneas ninguna manifestación externa del desgarramiento interior del lírico. Su drama está nuevamente implícito en la siniestra dejadez con que mira a otro ser agónico, y, luego, a su propio cuerpo:

17. Y yo advierto un hombro está en su sitio.
18. todavía y casi queda listo tras de éste, el otro lado.

Tenemos aquí un detalle más del estado semicomatoso: la segmentación del cuerpo. Obsérvese, a este respecto, la presencia de una frase premonitoria: *un hombre ... casi queda listo*. Estas palabras tienen una complementación tácita: "listo para el viaje postrero" (24).

---

(22) Hallamos la misma idea en el cuento "Liberación": "A la mañana siguiente, el sueño aquel me tenía sobrecogido, con crecientes palpitaciones de encrucijada: la muerte - la vida" (NyCC, pp. 40 - 41).

(23) En cuatro ocasiones parece aludir Vallejo —siempre peyorativamente— a sus versos. Descontando el poema bajo estudio, creemos verlos también en las *falsillas*, de Tr. VI, los *borradores*, de Tr. XXV, y en la incomprensible *edición en pie*, de Tr. LXIX.

(24) He aquí un ejemplo de lo que ocurre cuando se *busca* veracidad histórica en una creación artística. Espejo Asturrizaga (JEA, p. 87) da a

La última estrofa configura un callado desenlace (¿desmayo? ¿coma? ¿muerte?):

19. Ya la tarde pasó diez y seis veces por el subsue-
20. lo empatrullado,
21. y se está casi ausente
22. en el número de madera amarilla
23. de la cama que está desocupada tanto tiempo
24.   allá
25.   enfrente.

El numeral *diez y seis* es aquí expresión de hipersensibilidad auditiva y de obsesión contadora, dos detalles más que caracterizan al hombre enfermo que se tortura con el agobiante peso de la repetición.

Los versos finales son de tremenda fuerza expresiva. A la miseria física se añade ahora la pérdida del autodominio: el pensamiento va poco a poco desligándose del mundo físico: *y se está casi ausente,* dice el verso 21. La mente busca apoyo en algo y encalla por fin en un número —quizá el del lecho de muerte—, cuyo color es indicio de insensibilidad y marchitez: *el número de madera amarilla* (25) (verso 22).

Los versos finales están admirablemente organizados en escala descendente y encarnan el lento fenecer del ente poético. Esto lo hace Vallejo dándonos una imagen doble en que se funden un tiempo alargado (*cama ... desocupada tanto tiempo*) y una localización trastrocada (*allá/ enfrente*) (26). Tiempo y espacio se deslíen en una nada sugerida por un caligrama final:

24. allá
25. enfrente.

entender que el enfermo era él, y no Vallejo. Resulta así poco comprensible la patrulla que pasa con paso de tropa por el subsuelo del hospital. Este último dato —insistimos en ello— vale por lo que contribuye *a la representación poética,* y no por su significación como circunstancia histórica, sea ésta comprobable o no.

(25) El amarillo, como símbolo negativo, lo hallamos en Tr. XLIV (*ansias amarillas de vivir*) y en "El unigénito": "lunas amarillas de saudad" (NyCC, p. 47).

(26) El trastorno visual es motivo favorito en los relatos vallejianos. En "Más allá de la vida y la muerte", por ejemplo, dice el lírico: "...esto era error de visión de mi parte, ya que tal cambio no se puede ni siquiera concebir". Más adelante se añade: "Sin duda, pues, había yo sufrido una desviación en la vista" (NyCC, p. 28). Otros ejemplos pueden hallarse en "Liberación", "Los caynas" y "Mirtho".

Nos hemos detenido en el estudio de Tr. LV por tener el convencimiento de que este poema podría colocarse entre las composiciones más meritorias de cuantas escribió Vallejo. En él hay, indiscutiblemente, conocimiento certero de síntomas patológicos, cuidadosa selección de detalles significativos, hondura dramática y una increíble riqueza de sugerencias. El poeta sabe mantenerse dentro de una gama limitada de tonos emocionales sin caer jamás en el sentimentalismo barato. Por otra parte, la multiplicidad de recursos técnicos, con los cuales se da cuerpo y variedad al poema, revela un perfecto dominio de un problema central: el armonizar sentimientos elementales y rudimentos de ideas dentro de una complejísima trabazón de rasgos caracterizantes. El resultado es un todo artístico y armónico, que no es ni obvio, ni simple (27).

Para terminar, preguntémonos en qué consiste el sentido suprapersonal de Tr. LV, al cual nos referimos de pasada en líneas anteriores. El hablante lírico de Tr. LV es el ente poético y también el enfermo. Podría decirse que el lírico ha hecho un poema sobre su propia muerte, desdoblándose en espectador y actor de su drama existencial, pero lo hace sin intención autobiográfica, puesto que no da datos sobre lugar o tiempo, ni tampoco precisiones personales. Además, el sujeto del poema, como ya dijimos, está totalmente desprovisto de dinamismo, revelando así su calidad de objeto.

El poeta aparece en Tr. LV abrumado por un pensamiento que es una constante de toda la poesía vallejiana: la conciencia de insalvables limitaciones. Estas aparecen asociadas a la caducidad del ser físico que, por constituir la más pesada tara del hombre, niega la posibilidad de ser lo que en Tr. LXVIII se llama "peso neto". El poema es, pues, un dolorido meditar sobre la relación directa que hay entre el vaso mortal y nuestras proyecciones fallidas —las *lindes*, o *linderos* de la poesía vallejiana. Se hace resaltar esa relación soldando *cada lindero a cada hebra de cabello*: cada una de nuestras derrotas espirituales es como un deceso parcial de nuestro ser corpóreo, o viceversa. En suma, en la vida del hombre no hay mera "quietud", ni "contenida tristeza", como decía Samain, sino un drama desgarrador.

¿Por qué escribió Vallejo Tr. XLII y Tr. LV? Nos atrevemos a conjeturar que no fue para recrear dos momentos de su vida

---

(27) Al hacer la explicitación de este poema no hemos intentado, en forma alguna, determinar el carácter, función y efecto estético de sus imágenes, trabajo que merece hacerse en forma metódica con todo *Trilce*, siguiendo un esquema teórico razonado, tal como lo ha hecho Carlos Bousoño en su libro sobre la poesía de Vicente Aleixandre.

real. Si juzgamos por los poemas mismos, en cuanto creaciones poéticas, vemos que ambos son ensayos de sincronismo, comparables, en cierto modo, al trabajo de un pintor que desea dar unidad a los elementos constitutivos de un cuadro. Vallejo se propuso probarse a sí mismo, consciente o inconscientemente, que es posible amalgamar lo onírico y lo psíquico real en un poema esquemático y sugestivo. Este propósito se ve muy claramente en Tr. XLII, composición en la cual ni siquiera hay un trasfondo filosófico. Vallejo sospechaba que su vehículo poético, de suyo abigarrado y polifacético, podía ponerse a prueba en estos poemas.

Al caracterizar oblicuamente el estado febril, Vallejo ha logrado crear una suprarrealidad cuyas características son las siguientes: *a)* subversión de las relaciones espacio-temporales (XLII); *b)* concurrencia de entes (XLII); *c)* asociaciones inesperadas de elementos dispares (XLII y LV); *d)* sustitución de una realidad por otra (XLII y LV); *e)* fraccionamiento del sentido poético (XLII y LV); *f)* repudio de algunos elementos constitutivos de un todo (XLII y LV); *g)* diapasón repetitivo (Tr. LV). En cuanto a la forma, ambos poemas se caracterizan por el empleo de un vocabulario plurivalente y por su descoyuntada arquitectura. Tr. XLII nos permite ver un propósito; Tr. LV, en cambio, es una plena realización.

Podría pensarse que Vallejo siguió el modelo de Rimbaud, pero ésta es sólo una verdad a medias: a la par que el poeta francés se sirve de su fantasía para darnos "una tempestad de descargas alucinantes" (28), reduciendo la realidad a un trampolín desde el cual se lanza en prodigioso vuelo a lo desconocido, Vallejo nos presenta un fondo onírico perfectamente comprensible, sin perder jamás de vista al hombre, ni aun en sus representaciones del delirio; su interés artístico no le desliga del drama existencial.

Tr. XLII y Tr. LV acusan un gran esfuerzo. El trabajo de elaboración lo imaginamos como un afán por mantener la intuición poética en toda su frescura. Ambos poemas involucran fenómenos opuestos, pero íntimamente relacionados uno con el otro —un atisbo poético inicial y una configuración objetiva—; aquél, libérrimo y prístino; ésta, calculada y selectiva.

---

(28) Son palabras de Hugo Friedrich. Véase: *Estructura de la lírica moderna,* Barcelona, Edit. Seix Barral, 1959, p. 130.

CAPITULO XII. MODULOS INTERPRETATIVOS

1. *Nivel humano y superestructura*: Tr. VII

Aunque fueron pocas las veces que Vallejo hizo incursiones por el campo de la teoría literaria, nos ha dejado, en artículos relatos y crónicas, algunas declaraciones muy significativas, que nos permiten conjeturar cuáles eran, para él, los rasgos fundamentales del arte poético durante la época inmediatamente anterior y posterior a la publicación de *Trilce*. Si no nos equivocamos, entre esos rasgos estaban los siguientes:

1) *Integridad constitutiva*. Un poema es un conjunto de componentes trabados por una cohesión inviolable. En un breve artículo publicado en *Favorables* (1926) dice el bardo:

"Un poema es *una entidad vital mucho más orgánica* que un ser orgánico en la naturaleza ... Si a un poema se le amputa un verso, una palabra, una letra, un signo ortográfico.

MUERE" (1)

Esta declaración condena, desde luego, todo desgajamiento. Hay, pues, una integración interior en el poema que es ingrediente esencial de su ser. Este criterio constituye, por cierto, una de las bases más sólidas de toda la poesía trílcica.

_____

(1) LityA, p. 21. La cursiva en esta cita y las dos siguientes es nuestra.

2) *Sentido humano.* La creación poética lleva en sí una requisitoria: la de dar ante todo *"un timbre humano,* un latido vital y sincero" (LityA, p. 37). La poesía —se nos dice— ha de crearse a base de una sensibilidad *"simple y humana"* (LityA, página 13). El arte tiene que ir indefectiblemente a los "problemas vivientes de la realidad" (LityA, p. 83). Se comprende ahora por qué Vallejo condenó siempre toda forma de deshumanización y por qué, a pesar de ser vanguardista, no concordaba con varias de las nuevas corrientes de su época (2). Queda también explicado su fulminante anatema contra los "fraguadores de linduras" (LityA, p. 22). Se encierra en esta frase una doble execración, pues están subentendidos en ella un categórico repudio de toda postura falsa —insinuada por el verbo "fraguar"—, y el más franco desprecio por las fruslerías estetizantes ("linduras").

3) *Virtualidad emotiva.* Al reseñar un libro de Pablo Abril, insistió Vallejo en un punto capital: el arte poético debe tener "la virtud de emocionar" (LityA, p. 38). La idea se fomenta creando un clima propicio a ella, pero éste es anterior a aquélla (3). Por esta razón, Vallejo rechazó siempre todo intento encaminado a hacer de la creación poética una obra de tesis. (*Cf.*: AV 5, p. 69).

4) *Transfiguración creativa.* Hay, para Vallejo, una estética que "se ciñe estrechamente a los datos del original", y otra, que se sirve de esos datos "como de mero punto de partida para crear una cosa absolutamente nueva y distinta" (AO, p. 46). Esta es la estética creadora, la misma que lleva al lírico, en la época trílcica, a no querer ser literal, a evitar esa servidumbre a la realidad cotidiana que hace a algunos artistas fijarse más en el "parecido" que en el contenido espiritual y la intención de aquello que representan (4). Idéntico parecer está subentendido en una estampa

(2) Son muchos los trabajos en que se señala el contenido humano de la obra vallejiana. Sirvan de ejemplo: Valcárcel, Gustavo, "Algunos apuntes sobre la poesía de César Vallejo", *Poesía de América,* Año II, no. 5, feb., 1954; Romualdo, Alejandro, "El humanismo de César Vallejo", RevCul., pp. 154-160.

(3) Esta convicción aparece ya muy claramente expresada en la tesis de bachillerato (1915). Al discutir la poesía de Arnaldo Márquez, poeta peruano, dice: "...le ocurría (a Márquez) lo que, en virtud de las leyes de la génesis del verso, ocurre a todo poeta verdadero: primero la emoción y después la idea" (Elrom., p. 62).

(4) Queda planteada una vez más la diferencia entre realidad diaria y realidad poética. Sobre esta cuestión se han expresado opiniones muy encontradas, según cuál sea la teoría literaria del que opina. Véase, por ejemplo,

escrita en 1920, esto es, por los años en que Vallejo escribía *Trilce*. Se nos dice en "Muro este" que, al surgir el poema, "la sed desaparece ... cambia de valor en la sensación, es lo que no era, hasta alcanzar la llave contraria" (NyCC, p. 17). Este llegar a ser algo diferente es el proceso de estilización que venimos comentando.

5) *Totalismo temático.* Trilce contribuyó poderosamente a echar por tierra el viejo discrimen según el cual hay temas que son poéticos, y otros que no lo son. Vallejo creía que todo cabe en el arte, hasta las referencias a las más bajas funciones del cuerpo, siempre que sirvan un propósito. Este rasgo ha sido observado por varios críticos —entre otros, Estuardo Núñez, en un penetrante comentario sobre la obra vallejiana. (*Cf.*: "Poesía humana", *Revista 3*, 1939, No. 3, p. 82).

6) *Equilibrio creador.* Vallejo concebía el arte poético como una conjunción de dos imperativos: uno que justifica el más libérrimo albedrío, y otro que es ponderación. "¡Dios sabe cuánto he sufrido para que el ritmo no traspasara esa libertad y cayera en libertinaje!" (5). En este sabio consorcio de expansividad y contención está el secreto de toda gran expresión poética. Para el bardo de Santiago de Chuco el cultivo de la poesía es un oficio responsable, en que han de concordar siempre la autonomía y la necesidad.

7) *Palabra trascendente.* Vallejo entendía su arte como voluntad de realizar actos espirituales más allá de toda contingencia, y de expresarlos en palabras cargadas de ulterioridad. De aquí que muchos le hayan llamado "poeta metafísico". El bardo creía que, por encima de los avances científicos y tecnológicos de su época, se cierne "el apogeo del Verbo, que revela, que une y nos arrastra más allá del interés perecedero del egoísmo" (AO, p. 35). No ha de extrañar a nadie, por consiguiente, que la mente vallejiana proceda del ser al verbo, y de la cosa a las esencias.

---

el estudio de Segisfredo Luza, "El desgarramiento y el ámbito de la transferencia comunicativa en Vallejo", RevCul., pp. 161 - 168. Contrapone aquí el crítico algunas de sus opiniones a las de James Higgins.

(5) Véase: Mariátegui, José Carlos, *Siete ensayos de interpretación de la realidad peruana*, Lima, Empresa Edit. Amauta, S. A., 1957, p. 275. Interpretamos la palabra *ritmo* en el sentido de compás vital, y no de orden métrico. Lo que el poeta busca —dijo Vallejo en 1929— es "el tono o ritmo cardíaco de la vida" (AV 5, p. 68). La cursiva es nuestra.

8) *Forma interior*. Hacia 1922, Vallejo creía en la necesidad de estructurar el poema de acuerdo con los imperativos de la vida psíquica. Es fácil comprender, por lo tanto, la abundancia de formas que reflejan órdenes y procesos de la dinámica espiritual: oposiciones, rupturas, decrecimientos, aceleraciones, contrapunteo, dualidades, intensificación, etc. La poesía trílcica no es simple pirotecnia de palabras. No es procedente, a nuestro modo de ver, referirse a *Trilce* como si fuera un conjunto de "malabarismos lúdicos" y "fórmulas brillantes" (6). En *Trilce* no hay iridiscencias, encajes verbales, plasticidades decorativas, juegos tropológicos. Es probable que estas mismas consideraciones fuesen las que llevaron a Larrea a decir con absoluta justeza: "Su estética (la de Vallejo) no es de la forma, sino la del contenido psíquico" (AV 5, p. 113).

9) *Economía de formas*. El arte poético vallejiano tiende hacia las formas sintéticas. A éstas llega el creador por medio de yuxtaposiciones, conglomerados figurativos, solecismos, fusiones léxicas, múltiples formas de elipsis, novedades ortográficas y espacios en blanco.

10) *Nueva receptividad*. A algunos podría parecer extraño que el autor de *Trilce* condene categóricamente la poesía hecha de palabras y metáforas nuevas. Evitemos aquí un posible error de interpretación. Vallejo no niega la importancia de las formas insólitas, siempre que respondan a "una sensibilidad auténticamente nueva" (LityA, p. 11), esto es, "nuevos temples nerviosos", capaces de aprehender el peso y problematicidad, si no el sentido, de una nueva manera de vivir.

Teniendo presentes los puntos recién expuestos, haremos primero breves exposiciones de los aspectos parciales de Tr. VII que han destacado otros vallejistas, y terminaremos estructurando una visión totalitaria del poema, para exponer luego la relación que haya entre teoría y práctica. El texto del poema es el siguiente:

Trilce VII

1. Rumbé sin novedad por la veteada calle
    que yo me sé. Todo sin novedad,

---

(6) En este punto nuestra interpretación de *Trilce* no coincide con la de la Srta. Maria José de Queiroz, cuyo libro (*César Vallejo - Ser e existencia*, Coimbra, 1971) contiene muchos y muy penetrantes juicios sobre la obra del poeta peruano.

de veras. Y fondeé hacia cosas así,
y fui pasado.

5. Doblé la calle por la que raras
    veces se pasa con bien, salida
    heroica por la herida de aquella
    esquina viva, nada a medias.

    Son los grandores,
10. el grito aquel, la claridad de careo,
    la barreta sumersa en su función de
                                    ¡ya!
    Cuando la calle está ojerosa de puertas,
    y pregona desde descalzos atriles
15. trasmañanar las salvas en los dobles.

    Ahora hormigas minuteras
    se adentran dulzoradas, dormitadas, apenas
    dispuestas, y se baldan,
    quemadas pólvoras, altos de a 1921.

I. El poema como autobiografía

Espejo Asturrizaga asocia el poema VII con el recuerdo de
Otilia. Dice el biógrafo:

"Asimismo, esa nostalgia que aún perdura lo lleva,
revistiéndose de valor, a pasar por la calle, 'por
la que raras veces se pasa con bien, salida heroica por la herida de aquella esquina viva, nada a
medias', donde aún vivía Otilia" (JEA, p. 116).

En realidad, el dato biográfico aquí señalado no tiene ninguna
importancia para la comprensión del poema, puesto que nada hay
en *Tr. VII* que en lo más mínimo sea reflejo de las relaciones entre Otilia y el poeta (7). El único personaje delineado en el poema es el lírico; todos los demás participantes son simples esbozos
y aparecen en función artística y no anecdótica.

_____

(7) La necesidad de estudiar a Vallejo a base de una "biografía ahondada
en *experiencias interiores*" la señaló ya Juan Carlos Ghiano ("Equívocos sobre
Vallejo", *Sur,* mayo - junio, 1968). Los peligros de esta aproximación, cuales-
quiera que sean los medios de que se sirva el crítico, los ha destacado Alfredo
Roggiano; véanse los comentarios que siguen a su "Mínima guía bibliográfica",
RevIb., pp. 353 - 358. (La cursiva es nuestra).

II. El poema como reflejo del tiempo

La primera persona que destacó el significado temporal del poema fue la señorita Elsa Villanueva. En su estudio *La poesía de César Vallejo* (Lima, 1951), nos dice:

> "Simplicidad alusiva que requiere las voces precisas, pero en la que advertimos un modo peculiar, una forma propia, una original expresión: 'Y fondeé hacia cosas así y fui pasado', dice en la primera estrofa despersonalizándose el poeta en el tiempo, objetivando en sí el pasado; para continuar: 'salida heroica por la herida de aquella esquina viva' —a través del mismo proceso de objetivación de lo abstracto— la imagen de algún recuerdo latente aún. Hallamos luego los 'descalzos atriles' de las calles 'ojerosas de puertas', para terminar con esa elocuente figura del tiempo que pasa invisiblemente y sin huellas: 'ahora hormigas minuteras se adentran dulzoradas, dormitadas...'" (pp. 43-44).

Este comentario parece estar cimentado en dos afirmaciones que, en una forma u otra, se relacionan con el tiempo: ... *fui pasado* (verso 4) y *hormigas minuteras* (verso 16). Por desgracia, lo dicho sobre la "despersonalización" del poeta y la "objetivación" de lo abstracto no nos despejan la incógnita principal: ¿qué dice el poema?

También destaca Julio Ortega el sentido temporal de Tr. VII:

> "El tiempo aquí aparece intuido desde una calle que el poeta dice conocer 'Rumbé sin novedad por la veteada calle/ que yo me sé'; al final de su recorrido llega 'sin novedad', sin mayor conocimiento que el saberse 'y fui pasado', porque recorrer esa calle equivale a transcurrir hacia atrás, no sólo en la memoria sino también en el mismo tránsito pleno de pasado. El tiempo asume también aquí la imagen de una 'barreta sumersa en su función de ¡ya'!."

Tras de citar los versos 13 - 15, añade el crítico, refiriéndose a un verbo en particular: "Transmañanar: ir más allá, detrás de la mañana, traspasar el tiempo" (RevIb., p. 180). ¿No se establece aquí una relación entre ciertos significados particulares y un concepto previo de qué dice el arte trílcico? Esta pregunta deja en pie toda una cuestión de metodología y muestra que el punto de partida del crítico no coincide con el nuestro.

No son realmente esclarecedores los comentarios que inserta André Coyné en su primer libro sobre el poema VII, pero sí es de notar un detalle que lleva al lector a fijarse en la psique del lírico y que, como se dirá más adelante, es cabalísimo:

"Ocurre también que el poeta se vuelve más decididamente hacia sí mismo en *una exploración de los
abismos interiores* (*Cf*. Tr. VII: 'Y fondeé hacia
cosas asi/ y fui pasado...')" (AC I, p. 114).

Pasando por alto las otras observaciones de Coyné, que se refieren a la forma y a ciertas similitudes con el vocabulario de Herrera y Reissig, tenemos que saltar al año 1968, fecha en que el crítico retoma el hilo de sus comentarios sobre el poema VII ampliándolos considerablemente. Esta vez singulariza el verbo "trasmañanar", del verso 15, al cual asocia la idea de la muerte, apoyándose en una frase (*un mañana sin mañana*) tomada de otro poema:

"A falta del 'mañana sin mañana', oye la calle
que 'pregona ... / *trasmañanar* las salvas en los
dobles', y a él lo proyecta, dual también, más
allá del día ineluctable que lo apremia, en un
día indebido, pero que tal vez signifique, en una
forma u otra, alguna ruptura en la fatal secuencia crónica de los días" (AC II, p. 211).

No se explica aquí cómo ha surgido la idea de la muerte, ni cómo puede relacionarse con el resto del poema, en el cual hay numerosas referencias locativas que no consuenan con la idea de tiempo destacada por el crítico: *la veteada calle, salida heroica, esquina viva, la calle ... ojerosa de puertas, altos*. Inclúyese, sin embargo, una frase que llama la atención —"en un día indebi-do"—; ésta deja entrever la sospecha de que el poema contiene algo fuera de lo normal. El resto del comentario parece apoyarse en el posible sentido de *dobles* como reflejo de dualidad, pero sin decírsenos qué relación hay entre esa dualidad y la "ruptura" del tiempo mencionada hacia el final.

Sobre el contenido temporal de *Tr. VII* también hace Roberto Paoli algunas observaciones generales, sin negar la posibilidad de que haya en el poema dos niveles. Este último punto es de capital importancia. Por desgracia, no le pareció necesario decir en qué consiste lo que él llama la "singularidad" del poema, aunque sin duda tiene una idea muy clara de ella:

> "oppure la VII, che ci ripropone la stessa esperienza vitale dell'altro livello, ma non piú *in re,* bensí scheletrizzata e geometrizzata in una proiezione di simboli, in un diagramma spazio-temporale, dove, se si perdono i connotati atti a ravvisarla nella sua singolarità, non si perde però il sentimento doloroso del tempo paralizzatosi nel presente (*ya*) (RP, p. LXXV).

Es cierto que la experiencia vital no está presentada con la concreción y claridad necesarias para ser aprehendida en una primera lectura, pero queda por determinar si no es esa experiencia vital la que da coherencia y sentido a todo el poema, quizá en forma más directa que la idea de tiempo.

III. El poema como anticipación de la muerte

Algunos años antes que Coyné, Mariano Iberico insistió en tres detalles del poema —*barreta, dobles, hormigas*— para explicar el sentido escatológico de la composición:

> "Este poema contiene algo así como una anticipación tétrica de la muerte, describiendo en forma ambigua y por lo tanto más sugerente, los pasos que conducen a ella y aún las etapas postmortem de la sepultura con la barreta sumersa en su función de ¡ya! de los dobles melancólicos en la mañana que despierta y por último de la oscura devoración de los macabros carnívoros, devoración que consuma total abolición de lo humano" (MI, p. 32).

Como en los casos anteriores, quedan sin explicación la *salida heroica,* la *esquina viva,* el *grito aquel* y las *salvas,* expresiones todas de vida, y no de muerte. Preciso es añadir, sin embargo, que, en un modo muy particular, es posible justificar la idea de muerte, como se verá más adelante.

586

IV. El poema como conjunto de representaciones simbólicas

En 1960 apareció un sugestivo estudio de Alejandro Lora Risco en que se alude, de paso, al significado de algunos pasajes de *Tr. VII*. Los puntos principales de este trabajo son dos: ininteligibilidad de una parte de la poesía trílcica y significado del subconsciente. Concordamos con todo lo referente al segundo punto, pero ponemos en duda la impenetrabilidad del poema VII. Antes de citar la composición entera, dice el crítico:

> "*Trilce* ya no busca otra cosa que la oportunidad de señalar el misterioso paréntesis —y a veces todo el poema es sólo paréntesis— que se abre con la cláusula del motivo poético y se cierra en el instante en que ella se transforma en todo lo contrario, en alusión secreta. Las significaciones pertinentes a una imagen de contextura sintáctica o metafórica se suspenden y desvanecen casi de entrada, para vaciar de golpe el contenido enigmático del poema, y sin cuidarse para nada de la inteligibilidad, ni de la contextura orgánica del verso" (8).

Más adelante une el crítico la ilogicidad de la concepción vallejiana con algunas referencias a su actitud ensimismada ante el inconsciente. Hay en la poesía trílcica pasajes de indiscutible hondura metafísica, pero no está del todo claro que ciertas palabras y frases de Tr. VII sean apuntaciones de sentido filosófico. Recordando quizá lo dicho por Vallejo en su carta a Antenor Orrego, dice el crítico en el estudio recién citado:

> "Desde luego, no le es fácil [al poeta] asomarse a estas simas. Puede perecer en medio de su autocontemplación abismática. A menos que el hombre, heroicamente, esté respaldo por el poeta. ¿No es el poeta, acaso, el único capaz de revelar y atrapar lo entrevisto, rápidamente, antes que lo otro, lo incomprensible —*la claridad del careo; la barreta sumersa en la función de !ya!*— a falta de un hombre, de una mención o de un simple símbolo lógico

(8) "Introducción a la poesía de Vallejo", *Cuadernos Americanos*, Año XIX, No. 4, julio - agosto, 1960, p. 269.

(que no existe), devore a la criatura, audaz y temeraria-
mente asomada: *al borde del fondo voy?*" (*Op. cit.*, pp. 274-
275).

Según lo expuesto en la cita anterior, Tr. VII contiene pasajes
ininteligibles que dejan traslucir una preocupación autoanalítica.
Creemos que esta preocupación es real, y que está presente en
Tr. VII, pero, por otro lado, no nos parece que haya nada en el
poema que sea "incomprensible".

V. El poema como experiencia vital

Hay quienes piensan que Tr. VII se refiere a una mina y al
trabajo que en ella se hace. Tal interpretación se apoya, sin duda,
en palabras como *veteada, barreta, pólvoras* y *minuteras,* tomando
este último adjetivo como reflejo del sustantivo "minutera", es decir, el instrumento con que se mide el tiempo laboral en las grandes instalaciones industriales. Fuera de que, las más veces, Vallejo
emplea lo concreto en sentido simbólico, esta interpretación no explicaría el *careo,* la calle con *puertas,* las *salvas,* los *dobles,* etc.
Las explicitaciones fundamentadas en cuatro o cinco palabras son
siempre insatisfactorias, particularmente cuando se hace caso omiso
de todo lo que las contradice. ¿Qué sentido podría tener, por
ejemplo, la presencia de *atriles* en una mina? Y, si suponemos que
las *hormigas* son los mineros, ¿qué razón hay para que "se aden-
tren" en los socavones con expresión "dulzorada"?

En 1967 dos críticos apuntaron nuevamente al contenido experiencial del poema. En su largo trabajo de revisión crítica, titulado "Considerando a Vallejo", al refutar el origen mallarmeano
de la imagen envuelta en el sustantivo *salida,* cita Juan Larrea la
primera estrofa del poema VII y dice que la idea contenida en
salida/ heroica por la herida de aquella/ esquina viva ... "parece
ser de índole sexual" (AV 5, p. 233). Creemos que este juicio es
exacto y que puede defenderse sin necesidad de forzar el texto
poético en forma alguna.

La misma idea, pero en forma más específica, apunta Giovanni
Meo Zilio en su excelente trabajo sobre "Neologismos en la poesía
de César Vallejo", en el cual, al referirse a las *hormigas minuteras,* dice:

"Se trata en lo semántico de las prostitutas que pululan
("en la calle donde raras/ veces se pasa con bien [...]", *ib.*)

como las hormigas, y miden los minutos del placer, como los
minuteros del reloj..." (GMZ II, p. 77).

Creemos que Larrea y Meo Zilio han sentado las bases para
una lectura del poema como un conjunto de vivencias, por supuesto, muy estilizadas, a las cuales se prenden gérmenes de ideas
y muy sutiles notas emocionales.

El análisis del poema VII que damos a continuación se apoya
en las coordenadas que expusimos en líneas anteriores. Estudiaremos el poema, pues, como unidad en que caben todos sus elementos constitutivos, y fijaremos la atención en su contenido humano, virtualidad emocional y forma interior, haciendo notar la
transformación de la realidad a través del soplo creador que les da
vida y forma artística. No nos entregaremos a una interpretación
cerrada, pues no queremos desconocer la presencia de múltiples
concomitancias, a las cuales daremos luego su correspondiente valor a la luz de la totalidad del poema.

Reconocemos la presencia de dos niveles de significación y, por
ello, dividiremos nuestro comentario en dos partes: *a*) aproximación vivencial y *b*) superestructura ideacional.

A.   *Aproximación vivencial*

Tr. VII tiene una factura por demás compleja, pues entrega su
contenido por parcialidades, obligándonos a configurar gradualmente en nuestra imaginación un motivo central que dé sentido a la totalidad. Es muy probable que la mayoría de los lectores no lleguen
a una comprensión totalitaria del poema, sino al terminar la última estrofa, pues la referencia más específica a los personajes (*hormigas minuteras*) está casi al final.

Tr. VII es el resultado de una manifiesta intención reguladora.
Para demostrarlo, nada mejor que esquematizar su contenido:

A.   Exterior

Primera estrofa: contornos vivenciales de un escenario;
Segunda estrofa: ampliación del escenario mediante una estimativa;

B.   Transición

Tercera estrofa: diseño de un ambiente: esta estrofa une el exterior
al interior:

C.   Interior

Cuarta estrofa: caracterización más detallada del mismo ambiente, relacionando otra vez el exterior (verso 15) con el interior (versos 14-15).

Quinta estrofa: ampliación mayor del ambiente interior.

Hay manifiesta continuidad entre las estrofas 1 y 2, porque el centro de rotación es el lírico mismo. También hay continuidad entre las estrofas restantes, pues el eje de todas ellas es un lugar, en este caso, una calle de burdeles. El cambio de punto de vista no significa, sin embargo, la presencia de una ruptura entre las partes señaladas (A, B, C), ya que es fácil ver que el poema considerado en su totalidad, es un largo clímax, que se extiende desde el comienzo hasta el verbo *se baldan* del verso 18, al cual sigue un brevísimo y explosivo anticlímax (verso 19), que cierra abruptamente la composición.

Habrá de observarse, además, que Tr. VII va pasando, a medida que se desenvuelve, de lo general e impreciso a lo específico, reduciendo cada vez más el campo visual. Lo que al principio es una *veteada calle/ que yo me sé* va transformándose, poco a poco, en un lugar definido. La localización más clara y más específica está en el último verso: *altos*.

El motivo central de Tr. VII es la estridente sordidez y vulgaridad de un ambiente prostibulario (9). Nada hay en el poema que constituya una revelación, desde el punto de vista fáctico.

Aparecen al principio cinco verbos en primera persona: *rumbé, me sé, fondeé, fui, doblé*. El contenido anecdótico de estas formas verbales es más aparente que real, pues promueven por sí mismas, o a través de las palabras que las rodean, asociaciones varias que van más allá de lo puramente personal. En todo el poema está presente el lírico y no meramente el Vallejo de todos los días. Nuestro parecer se contrapone, pues, a la opinión de Espejo Asturrizaga, quien se inclina demasiado a ver autobiografía específica en la obra vallejiana. Tampoco nos parece justificado ver, primordialmente, en *Trilce VII*, un fondo filosófico, pese a la presencia de algunos términos de carácter general, tales como *esquina viva, los grandores, la claridad de careo* y *función de ¡ya!* Si se interpretan estas expresiones dentro del ambiente poético a que pertenecen, se

_____

(9) Armando Bazán, amigo íntimo del poeta, cita todo el poema VII y lo asocia a ciertas aventuras noctámbulas específicas: "Y eso quiere decir que en Lima frecuentaba sin recato ni medida esas atrayentes sucursales de la Francia placentera, que abundan en la calle de Monopinta, Quilca o El Huevo y donde las sacerdotisas galas [*i. e.*, francesas] del amor oficiaban, en kimonos de seda transparente, las misas nocturnas del pecado". *César Vallejo - dolor y poesía*, Buenos Aires, 1958, p. 22.

verá que su significado es doble, como se explicará más adelante. Veamos ahora algunos detalles significativos de las distintas estrofas.

La primera palabra (*Rumbé*), pensada en conjunción con el verbo *fondeé,* del verso 3, nos coloca inmediatamente en un ambiente marino, detalle que nos hace recordar un verso de Tr. XXXIV en que se alude a la afectuosidad de una mujer llamándola *tu gran bahía.* Ahora bien, en Tr. VII el poeta es como una embarcación que va a un "puerto" conocido. Ya sabemos que ese puerto es un prostíbulo. Como el verbo "fondear" implica cierta hondura, también sugiere un irse a fondo, una caída, que está aquí presentada como simple fatalidad. A la idea de sumersión se une la de búsqueda, como la que hace un minero, quien, siguiendo una oscura galería, va tras una veta. De ahí que al escenario se le llame "una veteada calle", esto es, un corredor oscuro y subterráneo (10). Y, en contraste con todo ello, se intensifica la "naturalidad" de cuanto ha ocurrido con las frases *que yo me sé* y *de veras.* En la primera estrofa hay, pues, sutiles connotaciones que transforman el significado literal en un complejo de móviles confesados a medias, y cohonestados por una "naturalidad" poco convincente, como la del que traiciona su supuesta inocencia con excesivas excusas. Estas sutilezas, que son resultado de una cuidadosa selección del vocabulario, constituyen uno de los muchos méritos artísticos del poema VII (11).

Papel importante tienen también las alusiones imprecisas, la primera de las cuales se halla en el verso 3: *cosas* así. Estas son parte de la intención oblicua que acabamos de mencionar. Lo mismo podría decirse de la oración *y fui pasado,* que no especifica aquí una instancia ideal o intuición ordenadora, sino un modo de ser, concebido como modalidad "natural" de la existencia. En Tr. VII, "ser pasado" es, para nosotros, "reincidir en un patrón de vida ya establecido", o bien, "exhibir una tara ancestral del ser humano" (12).

---

(10) Sospechamos que las vetas minerales iban asociadas, en la mente de Vallejo, a lo tenebroso y funesto, a juzgar por el siguiente pasaje de *El tungsteno*: "Así venían los idilios y los amores, que habrían de ir luego a anidar en las bóvedas sombrías de las vetas fabulosas" (NyCC, p. 170).

(11) Sólo un ejemplo de estas sutilezas: (*veteada calle/*) *que yo me sé.* El poema no dice "que conozco" o "que bien conozco". El verbo "saberse" reúne en sí tres ideas: (a) el conocimiento más que mediano de algo; (b) la ventaja que deriva el sujeto de dicho conocimiento, y (c) el deseo implícito de no querer divulgar o discutir tal conocimiento. Todos estos significados caben a la perfección dentro del marco expresivo del poema.

(12) Vallejo también emplea el sustantivo *pasado* en Tr. XXXVIII: *Quie-*

Al comienzo de la segunda estrofa se insinúa una actitud reflexiva que deja entrever esa especie de autoenjuiciamiento, tan común en la obra vallejiana, especialmente en todo lo relativo a la tiranía de la carne: (calle) *por la que raras/ veces se pasa con bien,...*

El sentido axiológico de estos versos lo refuerza la explicación que hallamos inmediatamente después:

```
6.              ... salida
7.    heroica por la herida de aquella
8.    esquina viva, nada a medias.
```

La actitud *heroica,* en este caso, es la del que, haciendo un esfuerzo, intenta mantener una semblanza de compostura ante la realidad del imperativo sexual. Nuevamente hallamos un desdoblamiento del ente lírico, que lucha subconscientemente entre dos extremos opuestos, pero rindiéndose a una tiranía que es superior a sus fuerzas. El reconocimiento de que hay algo reprochable en lo que se ha representado está también subentendido en la frase: *la herida de aquella esquina viva.* En este caso, *herida* tiene un significado ulterior, pues no se refiere puramente a la rotura de las carnes de un ser humano, sino también a la presencia de una úlcera humana, sentido que se aclara plenamente a través de la frase *una esquina viva,* del verso 8.

La palabra *esquina* tiene significados muy especiales en *Trilce* y, por esto, quizá no sea impertinente comparar textos:

a) lugar de encuentro: *(te he de esperar allá...) como antaño en la esquina de los novios/ ponientes de la tierra* (Tr. LXII).

b) lugar de lo imprevisible: *en las cien esquinas de esta suerte/ tan vaga a donde asomo* (Tr. XXXI).

c) símbolo de quiebra o distorsión (13): *Llueve en toda/ una tercera esquina de papel secante* (Tr. LXVIII).

d) apetencias del ser: *aquí me tienes, de quien yo penda,/ para que sacies mis esquinas* (Tr. XXII).

---

nes lo ven allí triste individuo/ incoloro, lo enviarían por amor,/ por pasado y a lo más por futuro. La serie misma en que se insertan los sustantivos nos da a entender que *pasado* y *futuro* no funcionan en este poema en cuanto órdenes temporales, sino como sugerencias poéticas cargadas de humanidad; éstas aluden al peso de lo ya consagrado y a la promesa de lo que está por venir, respectivamente. Detalle curioso: el mismo sentido existencial le da el poeta al sustantivo "pasadista", palabra que pide prestada para referirse a "los que todavía creen en la bohemia, en el 'claro de luna', en fin, los que vagabundean de noche..." (AO, p. 145).

(13) Este es el significado que Vallejo da también a "esquinado": "mi bohemia... broncería esquinada siempre de balances impares". Véase: "Cera" (NyCC, p. 68).

En el poema que estudiamos, *esquina viva* sugiere, por encima de su sentido literal, lo torcido o doblado, un mal no oculto, sino patente y público, y también una esfera sensible del ser que no admite paliativos. Por eso se añade: *nada a medias*. La tercera estrofa es un magnífico ejemplo de concentración semántica:

9. Son los grandores,

Este verso es continuación de la idea recién expresada: en el burdel todo es desaforado, comenzando con los diálogos a gritos (*el grito aquel*), el trato directo y sin tapujos en que se enfrentan las partes, quizá para regatear (*la claridad de careo*) y la admisión física del interesado en el prostíbulo, sugerida por la *barreta sumersa* que da su aprobación y permite la entrada con un significativo *¡ya!* Se entiende, naturalmente, que hay en estos versos otros significados prendidos a la idea general que hemos esbozado. Si se relee toda la estrofa 3, se verá que es expresión clarísima de ordinariez, lujuria y desvergüenza:

9. Son los grandores,
10. el grito aquel, la claridad de careo,
11. la barreta sumersa en su función de
12.   ¡ya!

¿Quién podrá negar que en el desgajamiento de la última palabra (¡ya!) están subentendidas una espera, representada por el espacio en blanco, y una aprobación final, tan breve y seca como el golpe metálico de un cerrojo o barra que se descorre?

La cuarta estrofa no tiene verbo, pero la imaginación lo suple sin dificultad por haber quedado ya claramente establecidos un ambiente, un escenario y el temple de los personajes. Lo que éstos hacen no necesita dilucidación, pues está implícito en la somnolencia y desgaste de energías atribuidos a la calle (*la calle está ojerosa de puertas*), la música barata de humildes músicos, sugeridos por atriles sin zapatos (*descalzos atriles*) y la gritería general, en que se entremezclan atronadores ruidos y bulliciosos brindis (*salvas ... dobles*).

El verso 15 merece especial atención. Si tomamos el verbo "trasmañanar" en el sentido que nos da el diccionario, esto es, diferir una cosa de un día en otro, tendríamos aquí una insinuación de persistencia en lo que se hace. Suponiendo, además, que *salvas* y *dobles* constituyen un contraste de fenómenos auditivos, se entenderían las salvas (de cohetes, por ejemplo) con que se inicia una celebración y los dobles de las campanas con que se pregona la muerte. El verso nos dice, pues, cómo comienza y cómo llega a su fin la ruidosa fiesta. Pero no termina aquí el sentido, ya que se podrían subentender dos alusiones más, una a la cerveza fuerte, llamada "cerveza doble", y otra, al vaso más grande que el común en que se sirven bebidas alcohólicas. En resumen, ninguno de los significados aquí descritos está fuera de la potencialidad semántica del verso 15. Todo lo expuesto, y mucho más, está dicho en la estrofa 4, como bien puede verificarlo el lector, si relee los versos comentados:

> 13. Cuando la calle está ojerosa de puertas,
> 14. y pregona desde descalzos atriles
> 15. trasmañanar las salvas en los dobles.

Toda esta estrofa, que es expresión de vida orgiástica y de chocarrera impulsividad, tiene perfecta coherencia interior y una extraordinaria concentración de significados.

Llegamos, por fin, a la última estrofa, en la cual hallamos un nuevo estallido de vitalidad y también una callada nota de conmiseración. El lector se queda con la incertidumbre del lírico, quien representa la torpeza y la ordinariez del hombre, sabiendo que éste es imperfecto y que sus caídas son inherentes a la condición humana:

> 16. Ahora hormigas minuteras
> 17. se adentran dulzoradas, dormitadas, apenas
> 18. dispuestas, y se baldan,
> 19. quemadas pólvoras, altos de a 1921.

En la elección de la frase *hormigas minuteras* con que se representan las mujeres del burdel se deja entrever una nota admirativa, pero es una nota ambivalente, porque dice la laboriosidad y pequeñez de las asiladas, especificando una medida del tiempo (minutos), que corresponde a la ganancia que esa medida reporta (14). Hay, además, una referencia indirecta a un tipo de trabajo que obliga a las prostitutas a presentar una máscara sonriente, con la cual en-

---

(14) El adjetivo *hormigueante* y el sustantivo *hormiga* aparecen en *España, aparta de mí este cáliz* con los sentidos indicados: *...la activa, hormigueante eternidad* (PC, p. 251); *...la hormiga/ traerá pedacitos de pan al elefante...* (PC, 252). El contraste entre pequeñez y tamaño descomunal ya lo había señalado Meo Zilio (GMZ I, p. 181, nota 110-112).

594

cubren su desazón interior y su cansancio. Así lo dice el poeta por medio del neologismo *dulzoradas,* que es, probablemente, un compuesto de "dulzor" y "azoradas". Esta impresión la aclaran aún más las frases que siguen: *dormitadas, apenas/ dispuestas,* frases que por su claridad corroboran lo que antes dijimos sobre el creciente grado de precisión que caracteriza el final.

El verbo más dramático de todo el poema es *se baldan,* del verso 18, porque en él se encierra todo el drama de quienes se ofrecen a una voluntaria degradación, asociándose las "hormigas minuteras" con gentes inválidas o enfermas. Esta idea la refuerza la frase *quemadas pólvoras,* que no requiere comentario (15).

El críptico final (*altos de a 1921*) reúne en apretado nudo tres ideas: una localización específica —los altos de una casa—, la tarifa (*de a*) (16) y hasta una fecha: 1921. La precisión ha llegado a su grado máximo.

Permítasenos insistir en un punto capital: en el fondo de Tr. VII, casi perdida entre las muchas manifestaciones del imperativo sexual, resuena una nota de comprensión humana y de piedad. Así lo dicen las siguientes frases:

16. hormigas minuteras
17-18. apenas/ dispuestas
18. se baldan

El hablante lírico ha asumido, a lo largo del poema, tres posturas: actitud confesional frente a su propia conciencia (estrofas 1-2); sinceridad desnuda ante las realidades de la vida pasional (estrofas 3-4); proyección comprensiva con respecto al destino de la mujer prostituida (estrofa 5). De estas tres actitudes, la primera es la más objetiva. Cuanto hace el lírico se expresa como una necesaria fatalidad. Y es precisamente este rasgo inicial de aparente objetividad y calma (*Todo sin novedad/ de veras*) el que hace luego más significativas las resonancias emocionales orquestadas en otros pasajes del poema.

Aunque Tr. VII trata un motivo sencillo, está muy lejos de ser un poema simple. En él hemos hallado una organización consciente-

---

(15) El sustantivo *pólvora* lo usa Vallejo también en una de sus crónicas: "La Peniche 'Delices', donde tenía lugar la escena, quemaba toda su pólvora de placer mundano" ("La danza del leopardo", AO, p. 51).

(16) El lector seguramente reconocerá en esta abreviatura la frase con que se indica el precio de algo: "Estas son de a diez (de a veinte), etc." Esta frase es, a su vez, la forma elíptica de otra más larga: "Estas son de (las que se venden) a diez, a veinte, etc." El propio poeta emplea la expresión "de a" con toda claridad en Tr. XXXV: *su verecundia / de a centavito.*

mente trabajada, multiplicidad de significados y una extraordinaria riqueza de sugerencias, todo lo cual acusa una conciencia artística exigente y rigurosa que es, a la vez, sentido de formas, síntesis y finura de concepción.

En prueba de lo dicho, fijemos la atención en una sola frase: *descalzos atriles*. Están presentes aquí varios módulos desrealizantes y numerosas connotaciones:

a) Primera sustitución: el objeto principal (el instrumento) es reemplazado por un objeto accesorio (el atril);

b) Segunda sustitución: los músicos son reemplazados por objetos humanizados (descalzos atriles);

c) Realidad económica: gentes de humilde condición, quizá indios;

d) Papel social de esos hombres: ser músicos de prostíbulo;

e) Primera insinuación filosófica: ir descalzo es transitar por la vida incapacitado para atender necesidades básicas.

f) Segunda insinuación filosófica: el hombre es concreción de pequeñez, representada por su zapato, el objeto que se roza con la tierra. Cuando dicha pequeñez es crítica, Vallejo reduce el zapato a un taco (*hombrecillo,/ hombrezuelo,/ hombre con taco, quiéreme, acompáñame...* — PH, p. 181). Y si la insignificancia es máxima, dirá *descalzo* o *a pie*.

g) Pero la frase *descalzos atriles* sufre una modificación más en virtud del orden de sus componentes: dadas las circunstancias, el calificativo lógico (descalzos) representa una cualidad comúnmente asociada al sustantivo, con lo cual se ingiere una idea de fatalidad: tales "atriles" van casi siempre descalzos (17).

Naturalmente, el sentido poético de la frase estudiada es suma y síntesis de varios o todos los significados antedichos, y también de otros, que, seguramente, nosotros no hemos captado. En el arte poético vallejiano se concitan sustituciones, oblicuidades, sutiles sugerencias y encabalgamientos nocionales, fundido todo en brevísimas frases cuyo valor último descansa en su potencialidad exaltadora y creativa.

Tr. VII lleva envuelto en su movimiento interior un antagonismo

---

(17) Este tipo de sondeo, extendido a todo *Trilce*, revelaría, con toda seguridad, la presencia de patrones imaginistas definidos y también sus variantes. Por ejemplo, si comparamos *descalzos atriles* (Tr. VII) con *La mañana descalza* (Tr. XVII) y *numeradores a pie* (Tr. XXV), se observarán inmediatamente similitudes de contenido y forma: las tres frases son ejemplos de desrealizaciones peyorativas en que está presente el hombre; además, las tres se parecen en su forma, ya que todas contienen un sustantivo y una cualificación adjetival.

entre lo que es y lo que debe ser, y es justamente esta dualidad axiológica la que nos lleva directamente a la segunda parte de nuestra exposición.

B. *Superestructura ideacional*

Al nivel mundano que hemos discutido se enlazan, como dijimos antes, gérmenes de ideas, atisbos psicológicos y elementos de meditaciones filosóficas, pero ninguno de estos constituyentes tiene la consistencia necesaria para ser la columna vertebral del poema y, por lo tanto, erigirlos en estructuras poemáticas, es darles un valor fuera de toda proporción.

¿Por qué incluyó Vallejo tales ingredientes en el poema VII? Barruntamos que el lírico se propuso darnos una transformación del ente pensante que es el hombre en el ente animal que con aquél convive. El poema tiene, en la primera mitad de su estructura interior, numerosas apuntaciones espirituales que van, poco a poco, desapareciendo hasta ser eliminadas totalmente, desde la estrofa 4 en adelante. Si se examina todo Tr. VII como proceso psíquico, descubrimos tres partes:

1) Presencia del espíritu y convivencia con el cuerpo (estrofas 1 - 2);
2) Momento crítico de confrontación entre el cuerpo y el espíritu (estrofa 3);
3) Presencia del cuerpo y anulación del espíritu (estrofas 4 - 5).

Este esquema coincide con el diagrama que ofrecimos en páginas anteriores al discutir lo puramente vivencial del poema. Ahí distinguíamos un ambiente exterior, una transición locativa y un ambiente interior. El primero es aquel en que el lírico puede hacerse un examen de conciencia y se siente responsable ante sí mismo, y el último es aquel en que, habiendo abandonado todo mecanismo de autodominio, es sólo instinto. Ha desaparecido el "yo" de *Rumbé, yo me sé, fondeé, fui pasado* y *doblé,* esto es, ha desaparecido el *sujeto* orientado hacia sí mismo, y sólo queda el mundo de los *objetos,* es decir, calles, puertas, atriles, hormigas.

Se comprende, pues, por qué tantos comentaristas que se han acercado a Tr. VII no podían dejar de sentir la presencia de algo más que simples vivencias. Hay en el poema, tal como dice Roberto Paoli, dos niveles: uno, que es primordialmente espiritual, sutilísimo, de índole metafórica, y otro, que atañe a exigencias mundanas, oblicuo al principio y de concreción cada vez mayor en la última estrofa. Se comprende también por qué el poema parece ir "cosificándose" a medida que se desarrolla. El proceso artístico que une a estos dos niveles es una especie de trasvasamiento. Nunca se dan los dos niveles en pureza sino en diferentes grados de interpenetración. En las dos primeras estrofas ya hay notas de vida animal, en lo que es fundamentalmente un espejo del espíritu, y en las dos últimas también hay una nota espiritual —compasión por las prostitutas— en lo que es primordialmente un panorama de desenfreno corporal. Quizá el esquema que pueda dar la idea más clara del trasvasamiento y de la desigual proporción de constituyentes sería el doble triángulo:

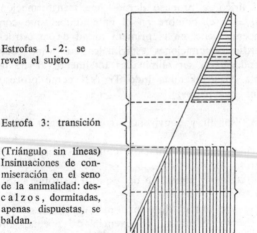

Estrofas 1 - 2: se revela el sujeto

(Triángulo con líneas) Insinuaciones de la corporeidad en el seno del espíritu: veta, fondo, herida, esquina.

Estrofa 3: transición

(Triángulo sin líneas) Insinuaciones de conmiseración en el seno de la animalidad: descalzos, dormitadas, apenas dispuestas, se baldan.

Estrofas 4-5: se revela el mundo de los objetos.

El contraste entre las dos primeras estrofas y las dos últimas es extremadamente agudo. Al comienzo el lírico quiere reflejar su calma, aunque sea contra viento y marea, y nos dirá con insistencia machacona que desea ser, o cree ser, amo de sí mismo:

1. ... sin novedad,
2. ... Todo sin novedad,
3. de veras ... cosas así,...

Nada de esta actitud precavida hallamos en las últimas estrofas. Por el contrario, el poema se hace centrífugo y vertigi-

598

noso, y lo termina con una total entrega a las fuerzas instintivas. Del contraste recién establecido se deduce que la estrofa intermedia tiene una importancia extraordinaria como simbiosis de las entidades enfrentadas por el poeta. Releamos esta estrofa:

9. Son los grandores,
10. el grito aquel, la claridad de careo,
11. la barreta sumersa en función de
12.   ¡ya!

El sustantivo *grandores* no sólo apunta a lo que hay de elevado e ideal en la vida del espíritu, sino también a lo que hay de extralimitado en la vida sexual. Y el *grito* no es sólo lo que el lírico oye en el ambiente vivencial antes descrito, sino también una demanda interior. De estas terribles confrontaciones resulta la *claridad de careo,* porque el *careo* es precisamente la oposición de dos entes opuestos, cada uno insistiendo en decir "su" verdad. Y, por fin, los versos 11 - 12 *(la barreta sumersa en su función del ¡ya!)* no señalan únicamente una cosa (parte de una puerta, o lo que a ella se arrima para asegurarla), sino que contienen también un símbolo fálico. El *¡ya!* del verso 12, tomado en sentido simbólico, no requiere explicación. Hay, pues, en el poema, una ambivalencia fundamental que descansa en el doble nivel señalado. Todas las palabras clave de la primera mitad reflejan esa ambivalencia, o bien, una ironía:

la veta — lo preciado y lo subterráneo y bochornoso;
la salida heroica — gran esfuerzo y una derrota;
la herida — fuente de dolor y punto a que converge la animalidad;
la esquina viva — la zona de la sensibilidad moral y extremos de sensibilidad física.

En último análisis, lo que Tr. VII ofrece a nuestro espíritu es la emoción de sumarias dudas sobre el eterno dilema del espíritu frente a la carne, pero ese dilema está tan sutilmente entretejido en un grueso cañamazo vivencial que casi no se ve. En suma, el poema es conjuntamente una red vital —eso que Vallejo llama "latido", "sangre", "célula"— y también poderoso espíritu creador, que ha hecho posible una "cosa absolutamente nueva y distinta", que va más allá del "parecido" con la realidad diaria. Hemos vuelto a las coordenadas que propusimos al comienzo. Vallejo no nos ha defraudado: desapareció del poema, poco a poco, el hombre que vivió una experiencia inmediata, y tomó su lugar un visionario, un ente proyectivo y totalizador que va más allá de lo puramente fáctico. Este cambio no implica una pérdida de sentido inteligible, sino un afinamiento y una estilización. Una vez organizada mentalmente la estructura artística, se descubre que los detalles ensamblan todos dentro de un conjunto unitario y sintético y que, conjuntamente con lo humano, se deja entrever una forma interior equilibrada, a la que se prende una meditación sobre los vendavales que agitan al hombre y le obligan a desdecirse de su capacidad de autodominio.

2. *Minucia y verdad poética*: Tr. *XXII*

Hay en Tr. XXII numerosos detalles plurisémicos que no parecen responder a una misma orientación mental. Discutiremos los varios sentidos de esos detalles para señalar cómo éstos pueden desviarnos del motivo primordial, si no se interpretan dentro de la estructura múltiple a que pertenecen. El presente estudio tendrá, pues, como objeto principal insistir en una tesis que hemos insinuado más de una vez: el valor de la creación trílcica se fundamenta en su sentido total, aprehendido en la contextura misma de su bagaje emocional e intuitivo. Para precisar mejor el giro de la discusión, presentaremos cada detalle como contenido dual, pero relacionándolo con otros contextos a fin de observar sus múltiples reverberaciones.

Trilce XXII

1. Es posible me persigan hasta cuatro
magistrados vuelto. Es posible me juzguen pedro.
¡Cuatro humanidades justas juntas!
Don Juan Jacobo está en hacerio,
5. y las burlas le tiran de su soledad,
como a un tonto. Bien hecho.

Farol rotoso, el día induce a darle algo,
y pende
a modo de asterisco que se mendiga
10. a sí propio quizás qué enmendaturas.

Ahora que chirapa tan bonito

en esta paz de una sola línea,
aquí me tienes,
aquí me tienes, de quien yo penda,
15. para que sacies mis esquinas.
Y si, éstas colmadas,
te derramases de mayor bondad,
sacaré de donde no haya,
forjaré de locura otros posillos,
20. insaciables ganas
de nivel y amor.

Si pues siempre salimos al encuentro
de cuanto entra por otro lado,
ahora, chirapado eterno y todo,
25. heme, de quien yo penda,
estoy de filo todavía. ¡Heme!

1) *Vuelto*: ¿recapturado, o de espaldas?

En su primer libro sobre Vallejo, Coyné interpretó *vuelto* en
el sentido de "recapturado" (AC I, p. 101), pero en su volumen
más reciente parece abandonar esta hipótesis (AC II, pp. 181 - 182,
nota 16). Fernandes Leys optó por corregir el texto, pluralizando
el adjetivo en dos ocasiones: cuatro magistrados *vueltos*. Este cambio podría justificarse, no tanto a base de la concordancia gramatical, sino más bien en vista de otros versos vallejianos que contienen una estructura en plural:

Me sobra así el tamaño,
me ven jueces desde un árbol
me ven con sus espaldas, ir de frente (1) (PH, p. 174).

Pero, ¿es necesaria la enmienda? Si no se cambia el texto y leemos *vuelto,* se entenderá "estando yo vuelto", "sin atender a lo
que importa", sentido que puede aceptarse sin ninguna dificultad,
ya que en Tr. LVI se emplea la misma construcción: ... *[Sin saber si]* ... *es sólo corazón y que ya vuelto, lamentará/ hasta dónde
esto es lo menos* (2).

(1) James Higgins identifica los jueces con los pájaros. Estos minúsculos
jueces "vueltos" —añadimos nosotros— hacen resaltar con su postura la
insignificancia del lírico. Véase: "Experiencia directa del absurdo en la poesía
de Vallejo", *Sur*, No. 312, mayo-junio, 1968, p. 32. Lo mismo en JH I,
pp. 131-132.
(2) La expresión vuelto(s), o sea, "de espaldas a algo", implica una noción
negativa: *Un árbol de espaldas sólo crece en los lugares donde nunca nació
ni murió nadie* (PH, p. 233).

2) *Lugar*: ¿la calle o la celda?

Podría argüirse que el sujeto del poema, por estar ahora *chi-rapado* y haber visto un *farol rotoso,* se encuentra deambulando por una calle sin nombre. También podría suponerse que el sujeto está en una cárcel, como parece sugerirlo el numeral "cuatro", que es símbolo, como ya sabemos, de confinamiento: *cuatro/ magistrados... ¡cuatro humanidades justas juntas!* Este es el pensamiento que lleva a Coyné, si no nos equivocamos, a hablar de "lo carcelario" del poema, para reducir luego la especificidad de su afirmación, añadiendo: "T 22 es también poema, si no exactamente de la cárcel, del momento carcelario; en él rige la preocupación por el proceso..." (AC II, p. 182, nota 16). Como se verá más adelante, no es de mucha consecuencia determinar el *locus* de la acción, pues es evidente que al lírico no le interesaba precisarlo.

3) *Referente*: ¿la madre o la amada?

Coyné también destaca el tema de la madre y ve cierta relación entre Tr. XXII y Tr. LVIII; en este último aparece claramente la madre. Si se reexamina el poema bajo estudio se verá que nada en él expresa el amor de un hijo en los términos admirativos empleados por Vallejo en otras composiciones. Además, en Tr. XXII hay un verso que expresa una poderosa apetencia, del tipo que se asociaría más bien con la amada:

14.   aquí me tienes, de quien yo penda,
15.   para que sacies mis esquinas.

Por otra parte, como no se especifica claramente quién es el "tú" subentendido en los versos 14 - 15, tenemos que interpretarlo como otra alusión intencionalmente ambigua.

4) *Rousseau*: ¿romanticismo o antirromanticismo?

Dice el poeta:

4.   Don Juan Jacobo está en hacerio (4),

---

(3) La asociación del *cuatro* con la cárcel se observa también en Tr. XVIII (*Oh las cuatro paredes de la celda*) y en Tr. L (*El cancerbero cuatro veces / al día maneja su candado...*).

(4) No parece necesario suplir aquí un significado nuevo, suponiendo que *hacerio* es creación vallejiana, ya que existe el sustantivo *hacerío*, que significa "desgracia", según el *Novísimo diccionario de la lengua castellana,* de don Carlos Ochoa (París-México, 1921).

5. y las burlas le tiran de su soledad,
6. como a un tonto. Bien hecho.

Es claro que en estos versos está presente la concepción del hombre natural, no contaminado por la sociedad. Pero cabe preguntar, ¿se identifica Vallejo con el pensador francés, o se lamenta, por el contrario, de haberse acogido a una teoría simplista del hombre y de la vida? Fernandes Leys se declara en favor de la segunda opción, diciendo: "Las ideas de Juan Jacobo Rousseau —que son las de Vallejo— han sido ridiculizadas" (5). Nosotros preferimos aceptar el consorcio de ambas ideas, ya que el final refleja a la vez la arrogancia e idealismo de un héroe romántico, y también, como luego se verá, la sospecha de que esa actitud no ha de consolidarse.

5) *El farol*: ¿el poeta o el sol?

Indudablemente, es posible identificar el *farol rotoso* (verso 7) con el hablante lírico. Ambos "penden" de algo. Por esta razón, Mariano Iberico dice: "Poema en que el poeta parece simbolizar, en el farol, la víctima que ha sido condenada por un veredicto de los magistrados que figuran en los primeros versos" (MI, p. 35). A esta interpretación, que se apoya en el contenido de la primera estrofa, se opone la de Fernandes Leys, quien identifica el farol con el sol: "El sol se inserta en la meditación de César Vallejo. Es un modo de escapar del encierro..." Y añade luego: "Asistir a un día de lluvia con sol —chirapa— es una manera de sentir al sol que llora, que se mendiga a sí mismo enmienda" (6). Como se ve, el crítico está entre los que ven la cárcel como realidad concreta. Pero veamos ahora cómo estos detalles implican otros. Cabe la posibilidad, por ejemplo, de que la figura esquelética de un farol visto en día de llovizna le recordara al lírico la forma de un *asterisco,* y que éste, a su vez, le llevase a pensar en un documento legal con una enmendatura, que responde a la llamada del asterisco. Detrás de todo esto hay un fondo de "legalismo" que permite asociar a jueces con *enmendaturas* (7). Por otra parte, este último sustantivo podría significar simplemente "mejora" o "cambio".

---

(5) Fernandes Leys, Alberto, "Dimensión y destino de César Vallejo", *Universidad,* Santa Fe (Argentina), 1962, No. 51, enero-marzo, p. 94.

(6) *Ibid.,* p. 95.

(7) El poeta también entendía *enmendaturas* en el sentido de correcciones en un texto escrito. Cf.: "La casa de Renan", *Mundial,* agosto 30, 1929.

En cuanto al sustantivo *día,* lo interpretamos, no en sentido temporal, sino como circunstancia propicia a actos generosos, idea que reaparece ensalzada al final (8).

6) *Tú*: ¿el farol o la amada?

En la estrofa 3 está subentendido un "tú", que puede asociarse con dos referentes distintos:

14. aquí me tienes,
15. aquí me tienes, de quien yo penda,
16. para que sacies mis esquinas.

¿Es el "tú" el *farol rotoso* (el sol, según Fernandes Leys), o ha de asociarse ese "tú" con la persona de quien recibe apoyo el lírico? En contra de la primera suposición está el hecho de aludir el poeta al farol (estrofa 2) con un pronombre de tercera persona *(le),* y no con el "te", que se esperaría, si identificamos el farol con el *tú* discutido.

7. Farol rotoso, el día induce a dar*le* algo

Este último detalle no tiene por qué preocuparnos, pues el poeta pudo referirse al *farol* en tercera persona (verso 7), para luego dirigirse a él en forma familiar en la estrofa siguiente. Estos cambios de persona son por demás comunes en la poesía trílcica. En cuanto a *quien,* del verso 15, se podría pensar que no consuena con el "tú" de *aquí me tienes.* Esta discordancia se desvanece si entendemos la última frase como construcción elíptica: aquí me tienes (tú, farol rotoso), [teniendo yo] *de quien yo penda* [tal como tú]. Deducción: aunque se podría subentender un referente femenino, no es absolutamente indispensable, aun teniendo presentes los vehementes términos insertos en la estrofa 4. Releamos:

16. Y sí, éstas colmadas,
17. te derramases de mayor bondad,
18. sacaré de donde no haya,
19. forjaré de locura otros posillos,
20. insaciables ganas
21. de nivel y amor.

---

(8) Sobre este punto véase el trabajo de Julio Ortega, "Lectura de *Trilce*", RevIb., p. 168.

Juntando conceptos, inferimos que el apoyo recibido lleva al poeta a una concepción ecuménica e igualitaria del conjunto humano: *insaciables ganas/ de nivel y amor.* Este es, precisamente, el significado esencial del poema y, para aprehenderlo, no es necesario asociarlo a una fuente cósmica, como se dirá más adelante.

7) *Locura*: ¿signo positivo o negativo?

19. forjaré de locura otros posillos (9)

Fuera de significar irracionalidad, la locura es también, para Vallejo, un acto sobrehumano, o, mejor dicho, una función normal de un ser edénico, aún no desposeído de los dones de que disfrutaba en el paraíso. Así nos lo dice un pasaje de "Liberación":

"¡Cuando pude borrar de *una sola locura* los puentes
y los istmos, los canales y los estrechos, ...!"
(NyCC, p. 127. La cursiva es nuestra).

La *locura* es aquí, como en Tr. XXII, expresión de potencialidad paradisíaca, prerracional.

8) *Eterno*: ¿lo poético o lo metafísico?

Examinemos los versos finales:

22. Si pues siempre salimos al encuentro
23. de cuanto entra por otro lado,
24. ahora, chirapado eterno y todo,
25. heme, de quien yo penda,
26. estoy de filo todavía. ¡Heme!

El poeta va más allá de lo poético (*chirapado*) y se siente trascendido a un plano de intemporalidad (*eterno*), después de hacer frente a todas las negatividades de la existencia, esto es, a *cuanto entra por otro lado.* Convertido en fuente de amor universal, se han cumplido sus deseos de *nivel* y *amor* (10). El hablante lírico es más que un simple farol rotoso: es un hombre que está *de filo.*

---

(9) Interpretamos *posillos* como "asiento" de algo.
(10) Curiosa coincidencia: este "salir a los encuentros" recuerda el programa de dialogismo y acción colectiva preconizado por Martin Buber. La misma idea —expresada negativamente— está presente en Tr. XVII: *Caras no saben de la cara, ni de la / marcha a los encuentros.*

Esta última frase traduce una disposición afirmativa y fehaciente, que ha de contrarrestar lo mezquino y degradante del convivio humano. Por lo tanto, el último arranque poético (¡*Heme!*), en vez de ser un pensamiento inconcluso, es una afirmación categórica, muy apropiada para poner fin al poema.

9) *Libertad*: ¿ideal humanitario o urgencia inmediata?

Fernandes Leys identifica el farol con el sol, éste con la luz, y éste con la libertad en su más amplio sentido —como necesidad del espíritu— y también en su sentido inmediato, esto es, como fin del encarcelamiento. No creemos que la libertad, en el primer sentido, y mucho menos en el segundo, sea el motivo principal de Tr. XXII.

10) *Lado*: ¿concepto positivo o negativo?

Vallejo usa tres sustantivos —flancos, costados, lados— para referirse al ser humano. A veces piensa en el "lado" derecho y el izquierdo como representaciones de una oposición entre lo positivo y lo negativo, lo normal y lo anormal, en cuyo caso puede recurrir a la frase "el otro lado, o flanco" (con artículo), que lleva envuelta la idea de dualidad (... *embrazados siempre/ a los dos flancos diarios de la fatalidad* - Tr. XL). En otras ocasiones se subentiende una pluralidad de lados, en representación de las varias zonas sensibles del hombre; entonces el poeta dirá simplemente "otro flanco, o lado" (sin artículo), o "algún flanco", o "sus flancos" (*Temo me quede con algún flanco seco* - Tr. LXXVII; "no pudo sustraerse al corte cordial y solidario de sus flancos" - NyCC, p. 193). También aparece "flanco" en singular y con sentido genérico; entonces es símbolo de lo meramente animal o corpóreo (... *monótonos satanes,/ del flanco brincan,/ del ijar, de mi yegua suplente;* - PH, p. 223) (11). En el poema que venimos comentando entendemos *otro lado* como lugar vulnerable, y no como parte de una contraposición.

Resumamos. Tr. XXII incorpora un buen número de las multivalencias que hemos señalado, pero muy particularmente, aquellas que proyectan cosas y seres hacia un estado trascendente, pues éste es la culminación de todo el poema. En esa tesitura la vida se

____

(11) En sentido menos oblicuo, los *flancos* pueden representar los dos costados del cuerpo humano ("sus huesosos flancos" - NyCC, p. 75), o bien, las diferentes facetas de algo ("Así en los demás flancos de la existencia". "La vida como match", *Variedades*, set. 24, 1927).

hace inteligible, ahí se hermanan lo inmediato y lo ulterior (*chira-pado, eterno y todo*), ahí no prevalece ya la inseguridad (represen-tada en las primeras estrofas), sino una conciliación integrativa y vivificante. No creemos, por lo tanto, que el poema sea simple-mente reflejo de una experiencia carcelaria, sino el gradual forta-lecimiento anímico de una alma atribulada que logra un momento de altivez y dé grandiosa trascendencia. Podrá ser perseguido, po-drá desvanecerse la ilusión romántica, y hasta sentirse *rotoso* y mendigo, pero la *paz* de un día de fina lluvia le hace entrever las magnificencias de una divina locura: *sacaré de donde no haya* (verso 18). Con esto queremos decir que el sentido del poema re-side en el proceso de afianzamiento espiritual a que nos hemos referido, cuyas etapas constitutivas son las siguientes:

Primera estrofa: cautela y autorreproche;

Segunda estrofa: primera proyección sentimental a través del *farol;* comienzo de un cambio (*enmendaturas*);

Tercera estrofa: segunda proyección sentimental, esta vez en un ambiente de paz, que da pie a la confianza;

Cuarta estrofa: principio de un estado eufórico, cuya culminación serán las *insaciables ganas/ de nivel y amor;*

Quinta estrofa: imaginaria plenitud (*eterno y todo*).

Los magistrados, el recuerdo borroso de una causa judicial, la memoria de Rousseau, el farol, la llovizna y el apoyo de un posible ser femenino son todos detalles circunstanciales —negativos unos, favorables otros— a través de los cuales toma cuerpo el sentido fundamental del poema, sin que ninguno de dichos detalles consti-tuya el meollo mismo de Tr. XXII. Volvemos al comienzo: la mi-nucia experiencial de una composición trílcica ha de entenderse en su función auxiliar, y no de otro modo.

¿De quien *pende el lírico*, en última instancia? De su propia in-tegración espiritual, cuyo comienzo, desarrollo y punto álgido se dejan traslucir en las distintas estrofas. Pero queda una fase más que debemos destacar.

Entre las declaraciones de fortaleza, aparece al final un *toda-vía,* que hace de la "eternidad" una trascendencia pasajera (*estoy de filo todavía* — verso 26). Aquí, como en otros poemas, este omi-noso adverbio confirma la impotencia innata de nuestro ser (Tr. XL) y la transitoriedad de nuestros sueños, pues, como dice Tr. XXXVI, la existencia *todaviiza/ perenne imperfección.* La última etapa del proceso anímico encierra la callada certeza de un futuro derrumbamiento. Vallejo no logró nunca creer, durante la fase trílcica, en la posibilidad de una verdadera y sostenida plenitud.

* * *

Es de lamentar que sea esta lúgubre nota la que haya de poner fin a nuestra discusión. Pero así tenía que ser, ya que los versos trílcicos son, en último análisis, el espejo trisado en que contemplamos la imperfección humana.

Vallejo ha resucitado, decíamos al comenzar esta larga y arriesgada aventura por los campos de la investigación; pero no es que el poeta haya cobrado sentido sólo a la luz de las preocupaciones de nuestra época, sino que, al meditar sobre su compleja personalidad en sus mejores momentos, descubrimos muchos rasgos que siempre han distinguido al hombre excepcional: honradez, originalidad, hondura, ansias de autognosis, sentido de donación, autenticidad, independencia de pensamiento, proyección hacia nuevas problemáticas, actitud fidedigna. También se nos han hecho patentes los indiscutibles méritos de su arte: sutileza, búsqueda de ulterioridades, universalismo, calor humano, conmovedora dramaticidad, afán configurativo, economía de formas y espíritu de innovación.

A más de medio siglo de publicarse *Trilce* siguen repercutiendo en los oídos del lector moderno resonantes notas de vida interior, que representan al hombre en toda su inquerida poquedad, angustia y desamparo:

> Y sólo yo me voy quedando,
> con la diestra, que hace por ambas manos,
> en alto, en busca de terciario brazo
> que ha de pupilar, entre mi dónde y mi cuándo,
> esta mayoría inválida de hombre.

¡Cuán mezquino es el tamaño del ser vivo, y cuán menguada la tregua que le da la muerte! La vida no es más que eso: un minúsculo *dónde* y un ínfimo *cuándo*. Ante tal certeza no cabe más consuelo que repetir con el lírico:

> Canta, lluvia, en la costa aún sin mar!

EPILOGO

¿Qué significa "Trilce"?

Variadas y curiosas son las explicaciones que se han dado de cómo nació la palabra "trilce".

1. En Lima se oye a menudo la anécdota según la cual, al buscar un título para su libro, recordó el poeta el costo de ciertos cambios de última hora —tres libras— y, aficionado como era al juego de sonidos y de sílabas, se supone que de "tres libras" pasó al neologismo: *Trilce*. Esta explicación es poco convincente, ya que hay mucha distancia entre la frase originaria y su derivado (1). Otros hay que asocian "trilce" con "tres soles", esto es, el precio del ejemplar.

2. Roberto Paoli señala la relación entre *Trilce* y *tres, tríade, tríceps, trino, triple* o *tríplice*, destacando, como se ve, el numeral "tres":

> "minorità valida —tesi del passato—, maggiore età invalida —antitesi del presente—, ricerca di una maggiore età valida —sintesi dell'avvenire—" (RP, p. LXXXII).

3. Juan Larrea, por su parte, nos hace notar cómo se pasa de *duple* a *triple* en algunos versos trílcicos, esto es, de *dúo* a *trío*, de *duplicidad* a *triplicidad* y de *dulce* a *trilce*. (AV 2, p. 242). La asociación tiene, sin duda, una base de realidad y es del todo acepta-

---

(1) Coyné da las formas intermedias: tres, tres, tres... tress triss, trisess, tril, trilsss... (AC II, p. 127) *Cf*. JEA, p. 127; XA I, p. 127.

ble, con tal de que no se asocie siempre el concepto de "dos" con lo dulce, ya que la dúada puede significar también la pérdida de la unicidad.

4. Hay también quienes ven en "trilce" una fusión de dos adjetivos: triste y dulce (2). Tal ayuntamiento es fácil de suponer, pues ambas palabras son muy comunes en *Los heraldos negros*. En "Setiembre", por ejemplo, se repiten "triste" y "dulce" dos veces cada una, a final de verso. También aparecen estos vocablos como final de "verso" en Tr. XXVII:

8. Yo no avanzo, señor dulce.
9. recuerdo valeroso, triste
10. esqueleto cantor.

Con la misma facilidad con que ayuntaba un sustantivo con un adjetivo (dulzor + azorada = dulzorada; ternura + amorosa = ternurosa), así también podía soldar "tristeza" con "dulce". Lo más probable es que la asociación de estas palabras respondiese, en un principio, a la siguiente cadena de pensamientos: lo "dulce" es parte esencial del recuerdo, esto es, el pasado, y lo "triste" es la característica distintiva del presente. En la carta que Vallejo le dirigió a su hermano Manuel el 2 de mayo de 1915, se ve muy claramente esta asociación: "cuando la tarde cae otra vez me viene el recuerdo dorado de tí, de la familia, de *tantas cosas dulces*. Y me pongo *triste, muy triste*, hermano mío" (AV 5, p. 331). Como las oposiciones son fundamentales en la concepción poética vallejiana, lo "trílcico" resulta ser exactísima representación de un aspecto de esa concepción, que, además, implica el choque de dos mundos, uno vivido penosamente, y otro recordado como felicidad perdida.

Por los años en que escribía *Poemas humanos* vuelven a acudir a la mente del lírico las palabras "triste" y "tristeza", y, menos comúnmente, el adjetivo "dulce". Aunque no había de contrastar más los dos vocablos, seguirá pensándolos, pero en forma diferente, como, por ejemplo, en "Terremoto" (PH, p. 150), en donde asocia la paradoja de la vida corporal a *miel llorada*, palabras en que se encierran nuevamente lo dulce y lo triste. Lo común en *Poemas humanos*, sin embargo, es hallar la tristeza asociada al sentimiento de

---

(2) Véanse: Castañón, José Manuel, *Pasión por Vallejo*, Mérida (Venezuela), 1963, p. 58; Ferro, Hellén, *Historia de la poesía hispanoamericana*, Nueva York, 1964, p. 256; Franco, Jean, *The Modern Culture of Latin America: Society and the Artist*, New York, 1967, p. 138. Esta es la explicación que dimos nosotros en conferencias públicas cuando comenzábamos a estudiar la obra vallejiana, atraídos por el hermoso estudio de Luis Monguió.

frustración o de ira (... *mi triste tristura se compone de cólera y tristeza* — PH, p. 151), y lo dulce, enfrentado al dolor (*hoy sufro dulce, amargamente* — PH, p. 177). Es posible imaginar numerosas asociaciones más para llegar a "trilce", pero lo más probable es que el neologismo sea una fusión de dos palabras y un modo de sugerir "tres" en su doble acepción. Conviene, por lo tanto, no fijarse únicamente en el aspecto lingüístico, pues lo trílcico es también una obsesionada y dolorosa búsqueda de un ámbito ideal. En su más amplio sentido, *Trilce* representa un estado espiritual, una filosofía del vivir y un modo de crear.

APENDICE

La intención y propósitos de este libro no nos permitieron tratar numerosos temas relacionados, directa o indirectamente, con el examen crítico de *Trilce*: unos fueron omitidos ex profeso, otros quedaron diseñados, y otros, en fin, aparecen sólo como partes constituyentes de *Trilce*, aun cuando debieran estudiarse en relación con toda la obra vallejiana, dentro de un marco comparativo que permita establecer similitudes y diferencias a través del tiempo. Señalamos a continuación algunas de las cuestiones que merecen estudio aparte, sea refiriéndolas exclusivamente a *Trilce*, o a toda la obra vallejiana.

I. *Creación poética*

1. Fundamentos de la estética vallejiana.
2. Presencia de lo esotérico.
3. Influencias pictóricas.
4. La simbología trílcica y sus funciones.
5. Pluralidad de niveles temporales y su valor artístico.
6. El modo dramático en *Trilce*.
7. La creación trílcica como fase intermedia en la evolución artística de Vallejo.
8. Armonías y disonancias tonales.
9. Material imaginístico de fondo religioso.
10. Tipología de movimientos internos en *Trilce*.

II. *Contenido psicológico*

1. Los enfoques trílcicos frente a los grandes sistemas psicológicos del siglo XIX.

2. Diseños y formas recurrentes en la imaginación vallejiana.
3. Cuerpo, alma y espíritu.
4. Sueños y estados febriles.
5. Transmutación de lo psíquico en materia poética.
6. Patrones mentales determinantes.

III. Pensamiento

1. Estudio integral de la cosmovisión trílcica.
2. El pensamiento trílcico y el mundo filosófico contemporáneo.
3. Dimensiones metafísicas de la fase trílcica.
4. Estilización de ideas: pensamiento frente a ideación.
5. Dualidad y contraposición en *Trilce*.
6. Impacto de las ciencias en la visión trílcica.
7. Reminiscencias de la tradición quechua.

IV. Nuevos enfoques

1. Lo arquetípico en la obra de Vallejo.
2. El fondo psiquiátrico de *Trilce* y su expresión poética.
3. Enfoque evolutivo de contenidos vallejianos.
4. Aproximación folklórica: formas de concurrencia.

V. Lengua

1. Fuentes lexicográficas.
2. Sintaxis trílcica.

VI. Estilo

1. Prosa y poesía en *Trilce*.
2. Estructuras estilísticas y su dinámica.
3. Función artística de referentes innominados, vagos o plurales.
4. Tipos de superposiciones y conglomerados semánticos en *Trilce*.
5. Expresividad de signos, grafías y caligramas.
6. Gradaciones valorativas: su función en el poema trílcico.
7. Módulos de oblicuidad.
8. Valores fónicos y musicales en *Trilce*.

VII. Estudios textuales

1. Edición crítica de *Trilce*.
2. Concordancia vallejiana.
3. La poesía trílcica en relación con las crónicas vallejianas.

VIII. Relaciones literarias

1. La obra poética de Vallejo frente a las corrientes literarias contemporáneas.

2. Lecturas vallejianas no literarias y su influencia en *Trilce*.
3. Reminiscencias de literaturas europeas.
4. Posibles influencias de autores peruanos.
5. Lecturas de otros literatos hispanoamericanos.

IX *Revaloraciones*

1. Instrumentales y procedimientos, legítimos e ilegítimos.
2. Análisis valorativo de la opinión crítica.

X *Traducciones*

1. Estudio comparativo de traducciones a otras lenguas.
2. Examen crítico de textos trílcicos vertidos al inglés.
3. Traducción de *Trilce* al inglés: escollos y posibilidades.

REGISTRO DE POEMAS

616

618

INDICE DE NOMBRES PROPIOS

621

622

623

Nervo, Amado, 263, 312, 312n
Nietzsche, Friedrich Wilhelm, 85, 227, 261, 292
Novalis (Friedrich von Hardenberg), 43
Núñez, Estuardo, 305n
Ochoa, Carlos, 50, 75, 602
Oliva, Aldo F., 339n
Orozco, José Clemente, 360
Ortega, Julio, 41n, 143, 143n, 280, 443, 584, 604
Ortega y Gasset, José, 436
Orrego, Antenor, 34, 415, 428n, 508, 508n, 587
Otilia, 400n, 410n, 497n, 566n, 583
Palma, Clemente, 32, 41n
Paoli, Roberto, 93, 187, 233, 332, 346, 346n, 354, 367, 392, 503, 657n,
    543, 585, 597, 609
Pardo, José, 87n
Parménides, 268
Paseyro, Ricardo, 11
Paz, Octavio, 143n, 164
Pérez Galo, René, 64, 238
Picasso, Pablo, 414, 428
Pinto Gamboa, Willy, 414
Pitágoras, 188, 507, 509, 514, 515n, 516, 518, 635
Poe, Edgar Allan, 219
Pucciarelli, Ana María, 340
Punta, La, 217n
Queiroz, María José de, 299, 582n
Reverdy, Pierre, 134
Richards, I. A., 104n
Rimbaud, Arthur, 134, 578
Roca Franqueza, J. M., 10n
Roggiano, Alfredo, 583n
Rojas, Pedro, 135n
Romains, Jules, 349n
Romero, Emilio, 475n
Romero, Francisco, 59n, 62n
Romualdo, Alejandro, 157n, 580n
Rousseau, Jean Jacques, 603
Sáez de R., F., 31
Salinas, Pedro, 493n
Salomon, Noël, 17n
Samain, Albert, 570, 577
Sánchez, Luis Alberto, 23, 33n, 55n, 447
Sandóval, María Rosa, 248n
Santamaría, Francisco, 475n
Santos, Estela dos, 120, 124, 146, 151, 190, 208, 354, 387, 395n, 478,
    479, 512n
Schleiermacher, Friedrich Ernst Daniel, 141
Schopenhauer, Arthur, 161, 202, 317n, 318, 318n, 319, 320, 397

LEXICO POETICO

Se incluyen en este índice únicamente las palabras y frases comentadas en este volumen. Los nombres propios aparecen en lista aparte.

— A —

627

Almohada, 217, 488, 490
Almorzar: símbolo poético, 535; — nonada, 537
Alpaca: —s brillantes, 209
Alto (s.): humanizado, 291; —s de a 1921, 590, 595
Alto: en —, 234, 372
Altura: — madre, 268
Alvino, —a, 208, 443n; nudo —, 214
Allá: más —, 140; — enfrente, localización trastrocada, 576
Allende, 93, 94
Amada: representación imaginista, 383 - 384
Amaestrar, 296
Amanecer, 198
Amar: amemos las actualidades, 216
Amargurado, —a, 240, 245
Amarillo, —a, 138, 576n; número de madera —a, 576
Amarrado, —a, 119, 119n, 124n
Amarse, 114
Amazonas: — de lloro, 157n
Ambiguo, —a: emoción —a, 317
Ambos, 411; — dos, 167
Ambulante: —batuta, 234
Amenaza, 102, 103, 104
Ameracanizar (sic), 71
América: imagen geográfica, 316; —s inéditas, 71, 316
Amigo: símbolo de impersonalismo, 536
Amoniácase, 283
Amor, 122, 154, 252, 453; gran —, 122; — terrenal, contrapuesto a amor
    divino, 252, 434; entradas de —, 268; asociado a sonidos inarmóni-
    cos, 512; no quiere ser malla, ni —, 624; ganas de nivel y —, 605
Amordazar, 40, 40n
Amotinado, —a: —os nichos, 267
Anca: monótonas —s, 158n; significado simbólico, 190
Ancianía, 331
Andes, 255, 257
Anélido, 413n; trisado —, 413
Anillarse, 241n
Anillo: significado simbólico, 242, 242n, 335, 413n, 427n
Animal, 150n; pureza de —es, 434
Ansia: lentas —s amarillas de vivir, 138, 141, 495
Ante, 193
Antiséptico, —a: versos —s, 575
Anverso: contrapuesto a "reverso", 462, 463
Año: tardes —s latitudinales, 353, 396n
Apañuscar: — alfarjes, 331
Apealarse, 72
Apeonar, 212
Apice: el alto más negro de los —s, 292
Apolillarse, 316

629

Ausencia: y no vivo entonces —, 476
Ausente, 476; espejo —, 414; se está casi —, 576
Austral: ah míos —es, 297; lo —, 297n
Auto: signo de involución, 426; significados varios, 426
Autocarril: sentido simbólico, 449
Avaloriado, —a: —s de heterogeneidad, 522
Avatar, 311, 311n, 492
¡Ave!: expresión de agradecimiento, 567
Avestruz: ternurosa —, 209; — coja, 212, 212n, 214; ¿anticisne?, 429;
    como símbolo, 429n
Avístate: variantes, 80n, 84
Ay: lamentación, 296; contrapuesto a oh, 522; doble sentido, 567
Ayo: sillón —, 346
Azadón, 459
Azogue: muertes de —, 171; signo de lo escurridizo, 557
Azulante, 328, 331
Azular, 256, 390; comparado con "azulear", 448n
Azulear: comparado con "azular", 448n
Azulino, —a, 328

— B —

Baboso, —a: — toreo, 475n
Badajo: los —s inacordes de tiempo, 309, 313
Bahía: tu gran —, 396
Bailar: — de juncia, 470
Bajar, 44, 47, 101; contrapuesto a "subir", 45
Bajo, 139
Balance, 289, 291, 291n
Baldarse, 590, 595
Balde: en —, 234
Ballena, 189
Banda: la otra —, 482
Bandera: la verde — presidencial, 84; indica una directiva, 84; desco-
    nocida —, 489
Barbado (s.), 160
Barrancos, 217, 217n
Barreado, —a, 483
Barreta, 586; — sumersa, imagen ambivalente, 593, 599
Barro: el — a medias, 421, 422
Base: —s cúspides, 268
Basta: cinco lecturas, 109
Bastar: sentido negativo, 123
Bastidor, 274
Bastón, 435n; contrapuesto a "hombre", 435
Batiente: — nata, 90, 94
Batuta: ambulante — del destino, 234
Belfo: soberanos —s, 475

Dispuesto, —a: apenas —as, 595
Distante: signo de desapego, 537
Distribuir, 482
Diverso, —a, 411
Divino, —a, 573; oh nuestros —s, 297
Divinamente, 297n
Doblador, —a: —as penas, 542
Doblar (de campanas), 176, 183; —el pico en risa, 292, 293, 293n
Doblarse, 260
Doble (s.), 586; sentido dual, 585; alusión a un vaso grande, 594
Doble (adj.): —s todavías, 399, 403
Doblez: — ceñudo, 315, 315n
Doce: —, deshoras, 124; las —, 125; el señor —, 429
Docena: —s de escaleras, 219
Docente, 459; volúmenes —s, 458, 459, 464, 465
Dolor, 293n; túneles de —, 136, 137; — de ser hombre, 237n; mi hondo
    —, 315n
Domingo, 317, 317n; — de Ramos, 250, 250n, 251; como falsa promesa,
    317, 318, 319; — bocón y mudo, 319; día esperado, 317; símbolo
    de muerte, 320; día de la esperanza, 320
Doncella, 523
Doncellez, 129
Dónde (s), 372
Dorado, —a: — placer, 298, 299
Dorar, 131n; — pajilla, 413
Dormir: — horrible mediatinta, 268; quedarse dormido masticando, 376
Dormitado, —a: —as apenas dispuestas, 594, 595
Dos, 154, 167, 232, 246, 304, 353, 371, 403, 406, 407, 417, 418, 419,
    520, 524, 526, 528, 610; hasta ser 2, 372; significados varios, 417,
    417n; símbolo ambivalente, 526, 527
Dosificarse, 245, 246n
Ductor: —es índices grotescos, 269n, 275
Duda, 289, 290
Dulce: contrapuesto a "triste", 351, 610; tus —s pucheros, 544, 547;
    tantas cosas —s, 610; segundo componente de la palabra "trilce",
    610; asociado al recuerdo del pasado, 610
Dulzorado, —a, 595, 610
Duluzura, 495, 498
Duplo, —a, 286n
Duro, —a: —a vida, 153; estar —, 502

— E —

Ebullición: — de cuerpos, 406
Eclipse, 138; van de —, 496
Eco, 227, 574
Ecuador: símbolo de la pasión, 443

— LL —

Llaga: rosado de —, 152, 346
Llave, 497; innumerables —s, 371; asociada a abrir, 497; asociada a la madre, 497; símbolo fálico, 497n
Llamar, 357, 489
Llorar: llorando a mil pupilas, 446
Lloro (s.): amazonas de —, 158
Llover, 44n; 433
Lluvia: símbolo poético, 42, 43, 44, 44n, 45n, 48, 119, 608 —que nos lava, 431

— M —

Macho: afirmación máscula, 383
Madera: símbolo de insensibilidad, 316, 320; número de — amarilla, 576
Madre: muerta inmortal, 337, 349; asociada a creaciones arquitectónicas, 346; evolución del motivo materno, 346; asociada a España, 346; asociada a la iglesia, 346; asociada a la virgen, 346; símbolo universal, 348; contrapuesta al hijo, 369; — acabada, 396; — dijo que no demoraría, 542; frente a la amada, 602
Madrugada, 147n, 285n
Madrugar, 327
Maduro, —a: hijar —, 147
Magdalena, La, 217n
Mágico, —a: varillas —as, 136n
Magistrado: cuatro —s, 602
Mampara, 488, 489
Manco, —a: aire —, 81, 82
Manitas, 455n
Mano, 233; parte de una escala de sensibilidad, 209; griegas —s matinales, 213n; la — negativa, 249, 250; sentido emblemático, 495
Manquear, 81
Mantillo: — líquido, 36, 36n; — que iridice, 36n, 316
Mañana (adv.), 302, 303, 306
Mañana (s.), 302; — sin mañana, 226; humanizada, 421; la — descalza, 421, 596n; la — no palpa, 421
Máquina: extrañas —s cosedoras, 569
Mar, 133; signo amenazante, 47, 608; activismo del —, 129: asedia al hombre, 129, 453; símbolo existencial, 458, 461, 464; frente a "roca", 450; lección de engañoso activismo, 459; asociado a una enorme imprenta, 459; representa la psique del poeta, 460, 463; comparado a un libro ilegible, 462; frente a libro, 464; es el yo lírico, 465; el — y una edición en pie, 464; indeseable conjunción de opuestos, 465
María: — ecuménica, 100; dos —s, 247, 248, 250
Martes: — cenagoso, imagen de humedad, 433, 436

Moquear: — humillación, 429
Morder, 181, 182
Morderse el codo, 236, 236n
Moreno, —a: —a sota de islas, 209
Moribundo, —a: —as alejandrías, 205, 209; cuzcos —s, 205, 206, 208
Mortaja, 495, 496
Mortal (adj.): la línea — del equilibrio, 38
Mosca, 574
Moscón: — que muere, representación del hombre, 551, 554
Muchacha: una pobre —, 472
Mucho: de — en —, 270
Mudez, 407n; — que asorda, 139
Mudo, —a, 407; estruendo —, 30; domingo bocón y —, 318; las más —as equis, 407
Mueble: —s hindúes, 119, 120; —s cansados, 120; — vándalo, 121
Muerte, 253; passim, 259, 361, 563, 572; aunque la — concibe y pare de Dios mismo, 145; frente al sexo, 149, 151, 156; la — es así, 156; la dura — eterna, 156; —s de azogue, 171; frente a vida, 575n; fin final, 309; la — de rodillas mana su sangre blanca, 361; la — está soldando cada lindero, 572
Muerto (s.), 174; passim, cuando hay —, 574
Muerto, —a, 138; estáis —s, 261; passim
Múltiple (s.), 475
Multiplicador: de multiplicando a —, 475
Multiplicando: de — a multiplicador, 475
Multiplicarse: referido al número, 513
Mundo: este —, 195; otros —s, 311, 492, 493; otro —, 492n
Murmurado, —a: — de inquietud, 273
Muro, 500
Murria, 496; honda —, 498
Musgo, 492n
Musgoso, —a: mis nos —s, 492
Muslo, 209
Mustio, —a, 73

— N —

Nacer, 452, 455
Nacido, —a: el ala aún no —a, 132
Nacimiento, 273
Nada (s.), 133; — a medias, 593
Nadamente, 260
Nadie: — me hubo oído, 419
Nadir, 260
Nata: batiente —, 90, 94
Natividad, 105
Naturalmente: signo de normalidad, 137; signo de fatalidad, 354
Nautilo, 285

— S —

Sollozar: solloza la sierra del alma, 292; y nos ponemos a —, 357
Sollozo: a todo —, 214
Sombra, 167; sus significados, 148; ámbito del hombre, 148; fresca —, 153; — unánime, 156; representa a un muerto, 181; símbolo de la amada ausente, 400; — a —, 414
Sonda, 348
Sonido: — impar, 495, 499; expresión de dinamismo, 511
Sonoro, —a: caja —a, 260
Sonreír: sonrío a columpio, 480
Sorber, 57, 58
Sospechar, 567
Sota: morena — de islas, 209; griega — de oros, 209, 213; griega — frente a "morena sota", 214
Subir: contrapuesto a "bajar", 44, 45, 46, 101
Suculento, —a, 91, 157; —a recepción, 475
Sudar, 94, 298
Sudoroso, —a, 176n, 181
Sueño, 87 con el sentido de "soñación", 82; como ambición personal, 86; como ilusión, 317
Sur: alude a orígenes desconocidos, 212, 297n
Surgente: unánimes postes —s, 516
Sustancia: entre —s gris, 422
Sustantivo: como imagen poética, 59, 59n
Sutura: horrible —, 318

— T —

Taberna: gran — sin rieles, 431, 433
Tácito, —a: —s volantes, 349
Tacto: ni al —, 476
Talón: — es que no giran, 552, 554
Talle: búscate el —, 564
Tanda: de una sola —, 419
Tantálico, —a: posibilidades —as, 399
Tanto: expresión de aprecio, 385
Tardanza: frente a "tempranía", 536, 556
Tarde (s.): la — se anilla en mi cabeza, 241; sus significados, 396, 397; calurosa —, 396
Tarde (adj.): —s años latitudinales, 353 396n
Tarde (adv.): — la noche, 396
Tardo, —a: —as (dimensiones), 269
Tascado, —a, 242, 242n
Tascar, 348
Tecla: —s de resaca, 131, 133
Tedio: el grillo del —, 124; — enfrascado, 443
Tejido (p. p.), 104
Telón, 328, 568
Temblor: medroso —, 462, 465

Trajín: falsos —es, 345, 347
Transcurrido, —a: mes y medio —, 497
Transparencia: posibles connotaciones, 244, 244n
Transparente, 244n
Trapecio, 480n, 556
Trascender: no trascienda (hacia afuera), 521, 527
Trascendiente (sic), 483, 483n
Trascurrir, 249
Trasdoseado, —a: —a (de dobles todavías), 371n, 402
Trasmañanar, 584, 593
Traspasar, 227; sin — (los eternos trescientos sesenta grados), 234
Trastear, 99
Treinta y uno, 247
Tres, 244, 246, 378, 432, 432n, 524, 525n; alude a lo inestable, 187;
    implica la presencia del hijo, 190, 449, 527; acarrea reminiscencias
    religiosas o filosóficas, 190, 432n; — silencios, 244, 244n; ¿implícito
    en "trinar"?, 353, 353n; implícito en "tercero" y "terciario", 372,
    415; símbolo negativo, 449, 449n, 525, 525n; sentido singularizante,
    432; implica una inminente consecuencia, 520; ¿implícito en "petre-
    les"?, 519n; — tardas dimensiones, 269; su ambivalencia, 432
Triángulo: —́ incompleto, 283n
Trifulca, 240
Trifurca, 240, 245, 246
Trifurcado, —a, 245
Trilce: como un solo poema, 180; mosaico asimétrico, 499; coordenadas
    para su estudio, 579; asociado a triple, 609; asociado al número "tres",
    609; asociado a la frase "tres libras", 609; asociado a "tres soles",
    609; fusión de "triste" y "dulce", 610; asociado al choque de dos
    mundos, 610; significado conjunto, 611
Trinar: asociado al numeral "tres", 353, 353n
Trinidad, 520; — vallejiana implícita, 228, 432; — humana implícita,
    432, 520; propensiones de —, 523, 524; representa lo deseado, 524;
    símbolo ambivalente, 525
Trisado, —a: — anélido, 413, 413n
Triste: — destino, 261; frente a "dulce", 351, 610; asociado a la ad-
    versidad del presente, 611
Tristura, 211, 214
Trompa (instrumento), 137n, 139, 141
Trópico, 241
Trueno, 139, 141
Tú: su ambivalencia, 604
Tuétano, 132
Túnel: —es de dolor, 135, 137; bajo —es, 136; — campero, 240, 245n;
    sugiere lo telúrico, 240n
Tungsteno: plateles de —, 460, 461

— U —

Ultimo, —a, 499; —s pañales, 315